S.F.
V.

Philippe Ariès und Georges Duby (Hg.)

# Geschichte des privaten Lebens

S. Fischer

# Geschichte des privaten Lebens

## 4. Band: Von der Revolution zum Großen Krieg

Herausgegeben von
Michelle Perrot

Deutsch von
Holger Fliessbach und Gabriele Krüger-Wirrer

S. Fischer

Die französische Originalausgabe des 4. Bandes der ›Histoire de la vie privée‹
mit dem Titel ›De la Révolution à la Grande Guerre‹
erschien 1987 bei Editions du Seuil, Paris.

Umschlaggestaltung: Buchholz/Hinsch/Walch
Satz und Druck: Wagner GmbH, Nördlingen
Bindung: G. Lachenmaier, Reutlingen
Printed in Germany 1992
ISBN 3-10-0033613-5

# Inhalt

Michelle Perrot

# Einleitung

Die Historiker, hierin vergleichbar mit viktorianischen Bürgern, haben lange gezögert, die Schwelle zum Privaten zu überschreiten, aus Schamgefühl, Unkenntnis und Respekt vor einem Wertesystem, das den »öffentlichen Menschen« zum Helden und Akteur der einzigen Art von Geschichte erklärte, die beachtet und überliefert wurde: die große Geschichte von Staat, Wirtschaft und Gesellschaft.

Diese Schwelle zu überschreiten setzte eine Umwälzung der Wertordnung voraus. Erst als das private Leben nicht länger verpönt, beargwöhnt, ja, beschwiegen wurde, konnte es als Schauplatz von Vergnügungen und Zwängen, von Konflikten und Träumen entdeckt und, zumindest vorläufig, zum legitimen Studienobjekt werden. Das Private zu erforschen ist ein Experiment der Gegenwart.

Zahlreiche Faktoren, darunter sowohl große Ereignisse wie große Bücher, haben zur Aufwertung des Privaten beigetragen. An erster Stelle ist hier der Druck der Politik zu nennen. Der Despotismus totalitärer Staaten, der ausgeprägte Interventionismus in demokratischen Staaten, der sich anheischig macht, alle Risiken zu verwalten – »die Rationalität des Widerwärtigen und die Rationalität des Gewöhnlichen«, wie Michel Foucault gesagt hat –, rückten die Mechanismen der Macht ins Blickfeld und verstärkten das Bemühen der Menschen, einzeln und in kleinen Gruppen dem Zugriff der sozialen Kontrolle zu wehren. Arbeiter erfahren heute ihre Wohnungen, die bisweilen sogar ihr Eigentum sind, als Schlupfloch aus der Fabrikdisziplin. Der in westlichen Gesellschaften weit verbreitete Brauch, den Kindern ein Erbe zu hinterlassen, ist nicht nur ein Resultat der Verbürgerlichung, sondern wohl auch ein Einspruch gegen die Wankelmütigkeit von Sozialordnungen.

In der ersten Hälfte des 20. Jahrhunderts waren Ideologien, Sprache und Verhaltensweisen in der Ökonomie, der Politik und der Ethik zunehmend durch »die Massen« bestimmt, während jetzt unverkennbar Einzelinteressen und Unterschiede betont werden. Die Analyse der zeitgenössischen Gesellschaft stützt sich weniger auf einen allgemeinen Klassenbegriff als vielmehr auf Altersschichtung, Geschlechtskategorien oder ethnische und regionale Besonderheiten. Die Frauenbewegung erblickt in der Geschlechterdifferenz eine treibende Kraft der Geschichte. Die Jugendlichen begreifen sich als eigene Gruppe, die ihren Zusammenhang durch Kleidung und Musik markiert. Das Ich, ob nun psychoanalytisch oder autobiographisch entpuppt (der »Lebensbericht« ist das zentrale Vehikel der »oral history«), tritt ans Licht und teilt sich mit. Überall stößt man auf Prozesse der Aufteilung, der Dissoziation und der Streuung.

An diesen komplexen Phänomenen entzünden sich die Fragen nach dem Verhältnis von öffentlich und privat, von kollektiv und individuell, von männlich und weiblich. Sie sind der Rohstoff vieler und unterschiedlicher Interpretationen sowie einer umfänglichen Literatur, aus der nur einige herausragende Titel genannt werden sollen. Albert Hirschman etwa (*Shifting Involvements*, 1981) legt seiner Deutung einen Zyklus zugrunde, bei dem sich Phasen intensiven öffentlichen Engagements mit Phasen abwechseln, die vornehmlich der Verfolgung privater Ziele dienen; Enttäuschungen im einen oder anderen Kontext bewirken jeweils den Phasenwechsel. Andere Autoren erkennen in der Privatisierung der Lebensgewohnheiten und in der Individualisierung langfristig wirksame Tendenzen von hoher Prägekraft.

Für Norbert Elias (*Über den Prozeß der Zivilisation*, 1939) ist Privatisierung gleichbedeutend mit Zivilisierung. Anhand einer Untersuchung von Anstandsfibeln seit Erasmus zeigt er, daß die Verfeinerung unserer Sensibilität, die wir »Schamgefühl« nennen, Handlungen wie etwa Naseputzen, Koten oder körperliche Liebe, die früher unverhohlen geschahen, auf Diskretion verpflichtete. Ein neues Bewußtsein des Selbst, vermittelt durch ein neues Körpergefühl, veränderte die Art und Weise, wie man aß, sich wusch oder einander liebte – und auch die Art und Weise, wie man wohnte.

Louis Dumont sieht in der Entfaltung des Individualismus in der westlichen Welt den entscheidenden Unterschied zum Holismus des Orients (Indien etwa), der persönliche Interessen den Zwecken der Gesellschaft unterordnet. Die Renaissance markiert den Beginn dieses einschneidenden Wandels, dessen Charta gewissermaßen die Erklärung der Menschen- und Bürgerrechte ist. Doch es sollte noch eine ganze Weile dauern, bis das abstrakte juristische Individuum Wirklichkeit wurde. Ebendies ist das Thema unseres Bandes: die Geschichte des 19. Jahrhunderts.

Jürgen Habermas und Richard Sennett befassen sich beide mit der Epoche der Moderne seit der Aufklärung und versuchen zu erklären, wie der bürgerliche Liberalismus ein Gleichgewicht zwischen privater und öffentlicher Sphäre herstellte, das nach Meinung beider Autoren nun gestört sei. Doch interpretieren sie diesen Befund unterschiedlich. Habermas erkennt die Ursache der Störung im Vordringen des Staates, der auf Ausschließung und soziale Ungleichheit setzt, während Sennett in der allgegenwärtigen oder alles verschlingenden Kernfamilie, die immer stärker von weiblicher Macht dominiert wird, die Hauptquelle des Verfalls der »Sozialität« ausmacht, den auch Philippe Ariès beklagte. Für Sennett bedroht eine zunehmend tyrannische Intimität den »öffentlichen Menschen«, der sich in den Bürgerstädten des 18. und 19. Jahrhunderts gebildet hatte und der seinen vollkommenen Spiegel im Theater besaß.

Das 19. Jahrhundert war das Goldene Zeitalter des Privaten, in dem Vokabular und Habitus des privaten Lebens Gestalt annahmen und sich differenzierten. Sozialität, Privatheit, intime Beziehungen und Individuum bewegten sich im Idealfall in konzentrischen Kreisen, in der Realität freilich überschnitten sie sich.

Dieser Band ist der Geschichte dieses Modells gewidmet. Er beginnt mit Aufruhr: mit der Französischen Revolution, deren Traum von Transparenz im Sinne Rousseaus an der Klippe der sozialen Unterschiede zerschellte – die wichtigste und widersprüchliche Erfahrung, die das ganze folgende Jahrhundert bestimmte. Der Band endet eingangs des 20. Jahrhunderts mit dem Heraufdämmern einer neuen Modernität, die vom Ersten Weltkrieg erschüttert wurde. Die Entwicklung wurde in mancher Hinsicht beschleunigt, in anderer verlangsamt oder in eine neue Richtung gedrängt, aber nie vollständig abgebrochen.

Bei der Darstellung dieser Geschichte konnten wir auf zahlreiche Quellen zurückgreifen, informationsreiche oder lückenhafte, geschwätzige oder spröde. Daß das Private im Mittelpunkt des politischen und ökonomischen Denkens sowie der sozialen, moralischen und medizinischen Fürsorge stand, spiegelte sich vornehmlich in theoretischen Abhandlungen, die sich normativ oder deskriptiv mit der Familie befaßten. In den öffentlichen Dokumenten dagegen hinterließ es kaum Spuren. Der Staat regierte noch nicht in die Familien hinein. Lediglich Familienkonflikte, die eine beunruhigende Gewalt freisetzten, geboten seine Einmischung. Deshalb waren Polizei- und Gerichtsarchive interessant für uns. Im Gegensatz zum 18. Jahrhundert verlor der Polizeibeamte jedoch nach und nach seine Funktion als Beschützer und Vertrauter. Die Menschen wandten sich seltener um Hilfe an ihn, er intervenierte häufiger in eigener Initiative. Man nahm eher die Justiz in Anspruch und bekräftigte so die Macht des Gesetzes anstelle von privater Rache. Leider wurden Gerichtsakten bis vor kurzer Zeit verstreut in lokalen Archiven aufbewahrt; so entstanden durch Vernachlässigung irreparable Schäden. Nur die Strafakten der Serie U in den Archiven der Départements können innerhalb gewisser zeitlicher Begrenzungen, die für alle »persönlichen« Archive vorgeschrieben sind, konsultiert werden. Diese Strafprozeßakten haben es Historikern erlaubt, einige Breschen in die Mauer zu schlagen, die die Zone der Intimität umgibt.

Privatarchive, unmittelbare und besonders reichhaltige Auskunftsquellen, sind sozial ungleichmäßig verteilt; der Zugang zu ihnen hängt ebenso wie die Wahrscheinlichkeit ihrer Erhaltung vom Zufall ab. Um weiterzubestehen, müssen solche Archive dauerhaft an einem festen Ort untergebracht sein. Die Nachkommen müssen entweder interessiert daran sein, das Andenken zu bewahren – etwa wenn der Vorfahre eine bekannte Persönlichkeit war, so daß die Papiere gewissermaßen »Reliquien« wurden –, oder selber auf Geschichte oder Genealogie achten. Gegenwärtig herrscht die Neigung, solche Nachlässe begierig zu pflegen. Familienkorrespondenzen und »persönliche« Literatur (Tagebücher, Autobiographien, Memoiren), unersetzliche Zeugnisse, sind dennoch keine »wahren« Dokumente des Privaten. Sie gehorchen den Regeln des Anstands und sind Selbst-Bekundungen, in denen Mitteilung und Fiktion sich verschränken. Nichts ist weniger spontan als ein Brief; nichts ist weniger transparent als eine Autobiographie. Doch diese subtilen Strategien – was zeigt man, was verbirgt man – führen uns immerhin vor die Tore der Festung.

Der Roman des 19. Jahrhunderts, gesättigt mit Familienintrigen und privaten Tragödien, vermittelt in der Fiktion oft ein »getreulicheres« Bild als die Niederschriften des tatsächlich Erlebten. Dennoch ziehen wir ihn nur sehr vorsichtig und nur für ganz bestimmte Belange heran – etwa um den Lebensstil zu erschließen –, da wir uns der Bedeutung des Kunstmittel-Gebrauchs und der spezifischen Sprechweisen eines literarischen Textes bewußt sind. Aber unleugbar leben die Helden der Literatur in jedem von uns, wir sind durchdrungen von ihrer Musik.

Zweifellos wirft die Ergründung des privaten Lebens schwierige Probleme auf. Es gibt bisher nur wenige Forschungsberichte, man muß also Hypothesen aufstellen, ohne über genügend Analysen zu verfügen, und aus fragmentarischen Dokumenten Strukturen »ermitteln«.

Doch es gibt noch andere Schwierigkeiten. Insbesonders ist hier die ungleiche Verteilung der Quellen zu nennen, welche die Aufmerksamkeit ungebührlich auf die Stadtbevölkerung lenkt; das Leben auf dem Lande, erstarrt in folkloristischen Bildern, bleibt weithin »unleserlich«. In der Stadt zieht das Bürgertum das Hauptaugenmerk auf sich. Trotz den Anstrengungen der Dokumentarist(inn)en verstärkt die Ikonographie noch den Eindruck, daß die Bourgeoisie die Szene beherrschte.

Eine weitere Schwierigkeit rührt daher, daß es nicht möglich ist, die westliche Welt in ihrer Totalität zu erfassen – ein Bruch im Vergleich zu den vorausgegangenen Bänden. Doch dieser Bruch hat einen Grund. Der Überfluß an Material, die Komplexität der Problemstellung, der Mangel an Forschungen zum Thema und vor allem die Errichtung »nationaler Räume« machten diese Entscheidung unumgänglich. Wir untersuchen vorrangig die Entwicklung in England, da das dort ausgebildete Muster des privaten Lebens nachhaltig die französische Gesellschaft (und andere europäische Gesellschaften) beeinflußt hat.

Eine »Geschichte des privaten Lebens« zu schreiben bedarf einer speziellen Optik. Die klassischen Methoden der Sozial- und Wirtschaftsgeschichte reichen hier nicht aus. Historische Demographie ist zwar unerläßlich, liefert aber nur ein grobes Raster. Die Historische Anthropologie und die sogenannte »Geschichte der Mentalitäten« erwiesen sich da als stimulierender, weil sie Theorie und Praxis in der jeweiligen Zeit zu verbinden suchen. Die Anregungen des Interaktionismus (E. Goffman) und die detaillierten Analysen der Mikro-Historie waren uns nützlich, ebenso die Kultursoziologie. All diesen Verfahren verdanken wir viel. Noch stärker verpflichtet sind wir jedoch den feministischen Untersuchungen, die in den letzten Jahren über das Öffentliche und das Private, die Konstituierung verschiedener Lebenssphären und die Beziehungen der Geschlechter in Familie und Gesellschaft angestellt wurden.

Dennoch bleibt die Schwierigkeit, etwas anderes zu entdecken als das äußere und öffentliche Gesicht des privaten Lebens. Es ist unmöglich, *hinter* den Spiegel zu gelangen. Hier schafft das Sagbare das Unsagbare, Licht erzeugt Dunkelheit. Das Ungesagte, das Unbekannte, das, was wir niemals kennen werden, bewegt sich im selben Maße voran wie unser Wissen, das vor unseren Füßen Geheimnisse aufreißt. Es bleibt die ungreifbare Undurchsichtigkeit des Gegenstands, sobald man über eine Sozialgeschichte des privaten Lebens hinausgehen und jenseits von Gruppen und Familien die Geschichte der Individuen mit ihren Vorstellungen und Emotionen erfassen möchte: die Geschichte der Handlungs- und Lebensformen, der Art zu fühlen und zu lieben, der Regungen des Herzens und des Körpers, der Flugbahnen der Träume und Phantasien. So wie eine Geschichte der Familienintrigen in der Weise Balzacs wünschten wir uns eine Geschichte der Sehnsucht in der Weise Nervals und eine Geschichte der Intimität in der Weise Prousts.

Hier nun also unser Versuch, verfaßt von sechs Autorinnen und Autoren auf der Suche nach tausend Personen und Charakteren. Die Geschichte spielt hauptsächlich im Frankreich des 19. Jahrhunderts. Das Vorspiel bestimmt ein ganz besonderes Duo: Französische Revolution und englisches »home«. Sodann Auftritt der Akteure: der Familie und anderer. Schauplatz: Häuser und Gärten. Und schließlich in den Kulissen das einsame Individuum mit seinen intimen Geheimnissen. Im Hintergrund, noch schwer zu erkennen, die Statue des Kommandeurs: der Schatten des Staates. Denn jenseits von aufschlußreichen Anekdoten ist die Geschichte des privaten Lebens auch politische Alltagsgeschichte.

Vorhang auf – das Spiel kann beginnen ...

*Das Vaterland in Gefahr oder Die Rekrutierung Freiwilliger* 1797–1799 (François Gérard zugeschrieben). Die Revolution auf dem Forum oder der Triumph der »öffentlichen Sache«, in transparenter Gemeinschaft mit dem privaten Leben. (Vizille, Musée de la Révolution française)

Lynn Hunt, Catherine Hall

# I. Vorspiel

Walter Deverell, *Ein Haustier*. Das andere Extrem: das abgesonderte Individuum in Gestalt dieser Frauenfigur, die zwischen Haus und einem Garten in englischem Stil mit einem Vogel spricht.
(London, Tate Gallery)

## Vorbemerkung von Michelle Perrot

Im 18. Jahrhundert begann man, das Private und das Öffentliche feiner zu unterscheiden. Das Öffentliche als »Sache« des Staates wurde gewissermaßen »entprivatisiert«, während man das Private, früher bedeutungslos oder negativ, nun so sehr aufwertete, daß es zum Synonym für Glück wurde. Man verstand es bereits in einem familiären und räumlichen Sinne, der jedoch bei weitem nicht alle Formen persönlicher Sozialität umfaßte.

Die Französische Revolution markiert in dieser Entwicklung einen dramatischen Bruch voller Widersprüche, wobei man freilich kurzfristige und langfristige Folgen auseinanderhalten muß. Unmittelbar nach der Revolution standen »private«, ja, überhaupt »besondere« Interessen im Verdacht des Komplotts oder des Verrats. Das öffentliche Leben verlangte Transparenz. Indem man die Bürger neue Symbole und Gesten lehrte, wollte man Gebräuche und Gemüter beeinflussen, Raum und Zeit neu ordnen und so einen »neuen« Menschen schaffen, der sich in Aussehen, Gefühlen und Sprache vom Habitus des alten unterschied.

Langfristig allerdings wurden öffentliche und private Sphäre nach der Revolution genauer bezeichnet, die Familie wurde gefördert, und die Geschlechterrollen, die den politischen Mann in Gegensatz zu der häuslichen Frau stellten, wurden differenziert. Es war eine patriarchalische Revolution, dennoch wurde die Macht des Vaters in vielen Punkten eingeschränkt und das Recht auf Scheidung anerkannt. Gleichzeitig wurden die Rechte des Individuums durch die rudimentäre Version einer Habeas-corpus-Akte gestärkt. Die Revolution legte dafür das Fundament, indem sie die Unverletzlichkeit des Wohnsitzes garantierte. Artikel 184 des Strafgesetzbuches von 1791 bedrohte Zuwiderhandlungen mit strengen Strafen.

Es füllte einen eigenen Band, wollte man die turbulente Geschichte des privaten Lebens während der Revolution in allen Aspekten des Rechts und der Sitten, der Rhetorik und des Alltags nachzeichnen. Lynn Hunt, Spezialistin für diese Epoche, wird hier in groben Zügen ein Ereignis schildern, dessen Feuerschein noch am Horizont des 19. Jahrhunderts leuchtete.

Im Sog des Protestantismus, des Utilitarismus und einer ökonomischen Entwicklung, die Arbeitsplatz und Wohnung gegeneinander selbständig machte, vollzog sich in England zu Beginn des 19. Jahrhunderts eine strikte Trennung der öffentlichen von der privaten Sphäre (die nun mit der Familie gleichgesetzt wurde); gleichzeitig wurden die Geschlechterrollen stärker unterschieden. Diese Ausdifferenzierung beschreibt Catherine Hall an einigen charakteristischen Beispielen. Von Caroline, der gekränkten Königin, deren Prozeß 1820 die öffentliche Meinung leidenschaftlich erregte, bis zum Juwelier aus Birmingham, der in der Einrichtung seines Häuschens mit Garten den Sinn und Zweck seiner Existenz erblickte, wird uns hier die Karriere des neuen häuslichen Ideals erzählt.

## Einflüsse von außen und englisches Modell

Bei der Herausbildung dieses neuen Ideals spielten die Mittelschichten, die an ihm ihre Identität beglaubigt hatten, eine wesentliche Rolle. Es strahlte aus auf die Arbeiterklasse, die es nun, angespornt von den Tugenden der guten Hausfrau, moralisch zu erziehen galt. Die Arbeiter übernahmen das Ideal, aber auf ihre eigene Weise und zu ihren eigenen Zwecken. Auch der Landadel pflegte jetzt eine intimere Geselligkeit und ließ seine Schlösser in Landsitze umbauen. Zwischen »nursery« und Garten entfaltete sich unter dem Einfluß der Hausfrau – dem »guten Geist des Hauses« – die Aura des trauten Heims. Hier liegt der Ursprung der viktorianischen »privacy«, die ganz Europa fasziniert hat.

Welche Bedeutung erlangte dieses Modell für die französische Gesellschaft, die auf der Suche nach einem neuen Gleichgewicht zwischen Berufstätigkeit und Lebensglück war? Über zahlreiche Vermittlungen – Reisende, Dandys, Emigranten, Kaufleute, Kindermädchen und englische »Misses« für Kinder aus gutem Hause – prägte das englische Vorbild die Oberschichten, deren Anglomanie ein Mittel der Abgrenzung nach unten war. In Körperhygiene (Seife, WC, Badewanne usw.), Mode, Sprachgewohnheiten, beim Spiel, in der Empfindsamkeit und in der Liebe findet man unzählige Spuren dieser Beeinflussung, selbst beim einfachen Volk. Die Gewerkschaftsbewegung um 1900 forderte Grünflächen und Stadtparks, man wollte Sport treiben und Freizeit haben. Plakate der kommunistisch geprägten Gewerkschaft CGT, auf denen der Achtstundentag und die »englische Woche«, d. h. der arbeitsfreie Samstagnachmittag, eingeklagt wurden, ähneln den Stichen von Cruikshank. Und all dies trotz einer neuen Anglophobie, die von jedem ökonomischen oder politischen Konflikt wieder geschürt wurde.

Es ist sicher angemessen, daß wir in unserer Darstellung England für die erste Hälfte des 19. Jahrhunderts die Priorität eingeräumt haben. Danach übte Deutschland erheblichen, insbesondere kulturellen, Einfluß aus, und ab dem Beginn des 20. Jahrhunderts gewannen die USA eine wachsende und manchmal konkurrierende Anziehungskraft. Daraus folgt, daß die Frage nach fremdländischen Einwirkungen auf die französischen Verhältnisse über umkämpfte Grenzregionen wie das Elsaß, Nizza oder Savoyen hinaus zu erweitern ist. War Italien unverändert das klassische Land, in dem junge Menschen die ersten Liebesabenteuer erlebten und ihre ästhetischen Empfindungen schulten, wie zur Zeit Rousseaus oder Stendhals? Im Falle einer jungen Frau namens Geneviève Breton galt dies zwar immer noch, aber wie verhielt es sich allgemein? Welche Anregungen aus Nord-, Ost- oder Südeuropa waren im Frankreich des 19. Jahrhunderts besonders virulent und zu welchem Zeitpunkt? Eine Frage, auf die wir keine Antwort wissen – und auf die es vielleicht gar keine plausible Antwort gibt. Denn man kann kulturelle Aneignungsprozesse und private Verhaltensweisen nicht gegeneinander verrechnen. Auch bilden isolierte Erfahrungsimpulse, selbst wenn sie eingebürgert sind, noch keinen Lebensstil – in Betracht ziehen muß man sie dennoch.

Abgesehen von seiner Offenheit nach außen ist Frankreich ein tief widersprüchliches Land. Seine demographische Situation – frühzeitig rückläufige Geburtenrate, anhaltend hohe Sterblichkeit und daher geringes Bevölkerungswachstum – war in Europa einmalig, und so wurde Frankreich ein Einwanderungsland. In der zweiten Hälfte des 19. Jahrhunderts war der Zustrom von Belgiern, Italienern und von Juden, die vor Pogromen in Osteuropa geflohen waren, massiv (zwischen 1880 und 1925 kamen ca. 100 000 Juden nach Frankreich, die sich zu 80 Prozent in Paris konzentrierten). Ihre Zahl erhöhte sich von 380 000 im Jahre 1851 auf über eine Million im Jahre 1901, das heißt, auf 2,9 Prozent der Gesamtbevölkerung und 6,3 Prozent der Einwohnerschaft von Paris. Die Einwanderer waren in der Regel arme Leute. Und sie wuden als »fremd« empfunden. Belege dafür sind das Mißtrauen, mit dem assimilierte Juden aus alteingesessenen Familien die Neuankömmlinge aus den Gettos Osteuropas empfingen, und der Haß des einfachen Volkes, vor allem in Krisenzeiten, auf die Italiener. Um überleben zu können, mußten die Einwanderer ihre Familienstrukturen und Lebensweise intakt halten; doch die Gesetzgebung (etwa das Gesetz von 1889 über die Einbürgerung) begünstigte eher die Assimilierung. Welchen Einfluß nahmen diese Wanderungsbewegungen auf Gebräuche und Formen des privaten Lebens?

Dazu im Kontrast stand das selbstgewisse und selbstbewußte Frankreich der Jakobiner, in dem die Einheitsschule ein allgemeingultiges, wenn auch relativ starres Modell von Bürgertugenden und gutem Benehmen errichtete. Die Kinder durften keinen Dialekt sprechen, jeder unvertraute Akzent wurde korrigiert – ob Einwanderer oder Wanderer im eigenen Lande, jeder wurde in dasselbe Schema gepreßt. Ein Buch jüngeren Datums, *La France sensible* (1985) von Pierre Sansot, bezeugt die fortdauernde Wirksamkeit dieser Methode, persönlichen Eigensinn zugunsten öffentlicher Systemwerte auszulöschen.

Die Feindseligkeit gegenüber den Ideen Freuds und die Weigerung, Sexualität als wichtige Dimension menschlicher Existenz zu begreifen, sind Indizien dafür, wie nachdrücklich sich in Frankreich die Bilder von Intimität und vom Selbst nach außen verriegelten. Offensichtlich können die Modelle privaten Lebens im 19. Jahrhundert nicht getrennt von der jeweiligen Nationalkultur erfaßt und beschrieben werden.

Louis Léopold Boilly, *Triumph Marats*. In dieser revolutionären Menschenmenge, die sich um Marat, den »Volksfreund«, der »Sonderinteressen« anprangert, schart, mischen sich die Geschlechter, Altersgruppen und Kleidungsstile. Boilly stellt mit Vorliebe volkstümliche städtische Szenen dar, die er genau beobachtet.
(Lille, Musée des Beaux-Arts)

Lynn Hunt

# Französische Revolution und privates Leben

Die Grenzen zwischen öffentlicher und privater Sphäre waren während der Französischen Revolution fließend. »La chose publique« und »l'esprit public« drangen in alle Bereiche und Winkel des privaten Lebens ein. Doch paradoxerweise beförderten die Erweiterung des politischen Raums und die Politisierung des Alltags die Herausbildung einer schärfer abgegrenzten Privatsphäre zu Beginn des 19. Jahrhunderts. Die Expansion der Öffentlichkeit, die vor allem zwischen 1789 und 1794 zunehmend an Gewicht gewann, bekräftigte die Neigung des Einzelnen, sich auf sich selbst zurückzuziehen, und das Verlangen der Familie, sich in der eigenen Häuslichkeit einzuschließen. Zuvor freilich war das private Leben einem strategischen Angriff ausgesetzt, wie es ihn bisher in der westlichen Welt nicht gegeben hatte.

Die Revolutionäre nahmen die Unterscheidung zwischen öffentlich und privat beim Wort. Keinerlei Partikularismen (und Interessen waren per definitionem Sonderinteressen) sollten den allgemeinen Willen der neuen Nation zersplittern. Von Condorcet zu Thibaudeau und Napoleon war die Losung dieselbe: »Ich gehöre keiner Partei an.« Besonderung und Parteipolitik (damals die Politik von Interessengruppen oder Individuen) wurden als verschwörerisch gebrandmarkt; »Interessen« war ein Codewort für Verrat an der Nation.

Auf dem Höhepunkt der Revolution bedeutete »privat« soviel wie Häresie, die Privatsphäre wurde der aufrührerischen Heimlichkeit verdächtigt, in der das Komplott gedieh. Unausgesetzte Wachsamkeit und ständiger Dienst an der »öffentlichen Sache« (damals sehr weit gefaßt) sollten verhindern, daß Privatmachenschaften und Splittergruppen sich formierten. Politische Versammlungen mußten jedermann offenstehen; gesetzgebende Versammlungen erhielten ihre Legitimation durch vollbesetzte Säle und häufige Zwischenrufe. Jeder Salon, jeder Zirkel, jeder private Kreis wurde sofort denunziert. Im öffentlichen Reich der Politik private Interessen auszudrücken, galt als konterrevolutionär. »Es gibt nur eine Partei, die der Ränkeschmiede«, rief Chabot, »der Rest ist die Partei des Volkes.«[1]

Dieses zwanghafte Beharren darauf, private Interessen aus dem Reich der Öffentlichkeit zu verbannen, hatte bald den paradoxen Effekt, daß sich die Grenzen zwischen »öffentlich« und »privat« verschoben. So wie soziale Kategorien, z. B. Aristokrat und Sansculotte, eine politische Bedeutung bekamen – ein Sansculotte konnte als Aristokrat abgestempelt werden, wenn er die Revolution nicht leidenschaftlich ge-

Einer der letzten revolutionären Tage. Die Sansculotten dringen in den Konvent ein. Obwohl tatsächlich Frauen anwesend waren, gehört ihre Gegenwart auch zur mythischen Darstellung blutiger Gewalt. *Journée du 1er prairial de l'an III. Ferraud, der Volksvertreter, wird im Nationalkonvent ermordet.* (Paris, Bibliothèque Nationale)

nug unterstützte –, so auch der Charakter des Einzelnen. Im Oktober 1790 prangerte Marat die Nationalversammlung an: »[...] setzt sich fast ganz aus ehemaligen Adligen, Prälaten, Angehörigen der Robe, Leuten des Königs, Offizieren, Juristen, Männern ohne Seele, ohne Moral, ohne Ehre und Sinn für Anstand zusammen; Feinde der Republik aus Prinzip und aufgrund ihres Standes.« Die Mehrzahl der Gesetzgeber seien »schlaue Halunken und unwürdige Scharlatane«. Sie seien »korrupt, gerissen und verräterisch«.[2] Es genügte nicht, die falsche politische Meinung zu haben; der Opposition wurden auch die elementaren menschlichen Qualitäten abgesprochen. Wer die Revolution nicht angemessen verteidigte, der mußte wohl korrupt sein. Marat gab die Richtung an, andere folgten. 1793 wurde ein »aristokratischer Feuillant«* in einem nicht sonderlich geistreichen Pamphlet folgendermaßen dargestellt: »Er hat das Los der notleidenden patriotischen Bevölkerung nicht verbessert, obwohl er bekanntermaßen die Mittel dazu hatte. Er heftet sich aus Bosheit keine Kokarde mit drei Daumen Durchmesser an; er trägt keine nationale Kleidung, und vor allem ist er nicht stolz darauf, sich des Titels und der Mütze eines Sansculotten zu rühmen.« Kleidung, Sprache, Betragen gegenüber den Armen, in der Stadt oder auf dem Land für Arbeit zu sorgen – all dies war zum Kriterium des Patriotismus geworden.

Die Verschmelzung von privatem moralischen Charakter und öffentlichem politischen Verhalten beschränkte sich nicht auf die örtlichen Sektionssitzungen in Paris oder die radikalen Zeitungen. Das bekannteste Einzelbeispiel ist wohl Robespierres Rede »Sur les principes de

* Name einer gemäßigten Gruppe zu Beginn der Revolution. *A.d.Ü.*

la morale politique« [»Über die Prinzipien politischer Moral«] vom 5. Februar 1794. Ausgehend von der These: »Die treibende Kraft der Volksregierung in der Revolution sind gleichermaßen die Tugend und der Terror«, kontrastiert der Sprecher des Wohlfahrtsausschusses die Tugenden der Republik mit den Lastern der Monarchie: »In unserem Land wollen wir die Moral an die Stelle des Eigennutzes setzen, Redlichkeit statt Ehre, Prinzipien statt Gewohnheit, Pflicht statt Vornehmheit, das Reich der Vernunft statt Modetyrannei, Verachtung des Lasters statt Verachtung des Unglücks, Stolz statt Anmaßung, Seelengröße statt Eitelkeit, Streben nach Ruhm statt Streben nach Geld, gute Menschen statt amüsanter Gesellschaft, Verdienst statt Intrigen, Genie statt glatter Schöngeister, Wahrheit statt Glanz, Freuden des Glücks statt Überdruß an der Wollust, menschliche Größe statt Kleinlichkeit der Großen.« Und: »[. . .] im System der Französischen Revolution ist unmoralisch, was unpolitisch ist, und konterrevolutionär, was korrumpierend ist.«

Obwohl die Revolutionäre glaubten, daß Privatinteressen (womit die Interessen bestimmter Parteien oder kleiner Gruppen gemeint waren) in der öffentlichen politischen Arena keinen Platz hätten, waren sie davon überzeugt, daß private Tugend und öffentliches Wohl eng zusammenhingen. So erklärte die »Zeitweilige Revolutionäre Überwachungskommission der befreiten Stadt« Lyon im November 1793: »Um ein wahrhafter Republikaner zu sein, muß jeder Bürger in sich dieselbe Revolution verspüren und schüren wie diejenige, die das Antlitz Frankreichs verändert hat. [. . .] Jeder, der seine Seele den kalten Berechnungen des Eigennutzes öffnet; jedermann, der rechnet, wieviel ein Stück Land, ein Amt, ein Talent für ihn wert sind [. . .], jeder-

Directoire-Stil oder der Kampf um die Erscheinung. Die neue Bourgeoisie macht sich lustig über die Unbelehrbaren, die sich immer noch nach der ehemaligen aristokratischen Mode aufputzen. (Paris, Bibliothèque Nationale)

mann, der so denkt und sich Republikaner zu nennen wagt, betrügt die Natur [. . .]. Fliehen sollen sie aus dem Land der Freiheit, denn man wird sie bald erkennen und den Boden mit ihrem unreinen Blut tränken.« Dieses revolutionäre Pathos der Politik war inspiriert von Rousseau. Wie gut das öffentliche Leben sich gestaltete, hing ab von der Transparenz der Seelen. Weder Parteien noch andere Interessengemeinschaften konnten zwischen Staat und Individuum vermitteln; doch man erwartete von den Individuen, daß sie in ihren Herzen private Revolutionen vollzogen, im Gleichklang mit der gesellschaftlichen Umwälzung. Die Privatsphäre wurde gründlich politisiert und drohte von den öffentlichen Ansprüchen verschlungen zu werden. »Die Republik«, erklärten die Revolutionäre von Lyon, »will in ihrem Herzen nur freie Menschen beherbergen.«

## Der Wandel der Erscheinungsbilder

Zur Entwicklung neuer Kleidungsformen wurden die Künstler herangezogen. David zeichnete 1794 Entwürfe einer Uniform für städtische Beamte, die verschiedene Stile in sich vereinigt: Antike, Renaissance, republikanischer Bürgerstil. Louis David, *Tracht der städtischen Beamten mit Schärpe.* (Versailles, Musée d'Histoire)

Eines der aufschlußreichsten Beispiele für den Einbruch des Öffentlichen in das Private war die signifikante Beobachtung der Kleidung. Seit der Eröffnung der Generalstände 1789 war jedes Gewand mit einer politischen Konnotation behaftet. Michelet schilderte anschaulich den Unterschied zwischen den nüchtern gekleideten Abgeordneten des Dritten Standes an der Spitze der Eröffnungsprozession – »eine große Zahl von Männern, schwarz gekleidet [. . .], schlichte Anzüge« – und der »leuchtenden kleinen Schar von Abgeordneten des Adels [. . .] mit ihren Federhüten, Spitzen und Goldborten«. Dem Engländer John Moore zufolge galt die »einfache oder fast schäbige Art, sich zu kleiden, als Nachweis des Patriotismus«.[3]

1790 bildeten Modezeitschriften ein »Konstitutionskostüm« ab, aus dem 1792 das »Kostüm der Gleichheit mit einem Hut, der unter Republikanerinnen sehr in Mode ist«, wurde. Laut dem *Journal de la mode et du goût* trug die »große Dame« 1790 »Streifenkleider in den Nationalfarben«, und die »Patriotin« kleidete sich »in Königsblau, mit einem schwarzen Filzhut mit Band und Kokarde in den Farben der Trikolore«. Für die Männer war die Mode zunächst minder streng reglementiert, doch das änderte sich bald. Denn die Kleidung war das öffentliche Zeichen der persönlichen Einstellung. Gemäßigte und Aristokraten erkannte man an ihrer verächtlichen Weigerung, die Kokarde zu tragen. Nach 1792 waren rote Freiheitsmütze, die kurze Jacke, die man »Carmagnole« nannte, und weite Hosen die Tracht des Sansculotten, des wahren Republikaners also.

Was man trug, war so besetzt mit politischer Bedeutung, daß der Konvent im Oktober 1793 die »Freiheit der Kleidung« neu bestätigen mußte. Das Dekret scheint an sich ganz harmlos: »Keine Person des einen oder anderen Geschlechts darf einen anderen Bürger oder eine andere Bürgerin zwingen, sich in einer bestimmten Weise zu kleiden [. . .] unter Strafe, als verdächtig angesehen und behandelt zu werden.« Die Diskussion im Nationalkonvent verrät jedoch, daß dieses Dekret vor allem gegen Frauenklubs gerichtet war, deren Mitglieder rote Jako-

Die Szenen mit spielenden Kindern sind ein Vorwand zur bürgerlichen Erziehung und zur Darstellung neuer Moden. Stiche von Bonnet, nach Jean-Baptiste Huet, *Die erstürmte Bastille oder die kleine Victoire. Der nationale Trommler.* (Paris, Bibliothèque Nationale)

binermützen trugen und andere Frauen nötigten, ihrem Beispiel zu folgen. Nach Ansicht der Abgeordneten drohte zu diesem Zeitpunkt der Revolution – in der Periode der Entchristlichung – die Politisierung der Kleidung die Ordnung der Geschlechter zu unterlaufen. Fabre d'Églan-

Die »Damen von Orléans« defilieren in Reih und Glied, eine Blume am Hut und das Gewehr präsentiert. Eine wohlberechnete Mischung von Attributen und Funktionen im geordneten Raum der Feste von 1793. (Paris, Bibliothèque Nationale)

S. 25 unten: Hauben »à la Verfassung« tragen diese Frauen, die zurückhaltend patriotisch sind und weiterhin in ihrer Rolle als ehrbare, wohltätige Familienmütter aufgehen. Ein Dekret vom 9. Brumaire an II (November 1793) verbot die Frauenklubs, die man als mit der privaten Rolle der Frau unverträglich ansah. Le Sueur, *Patriotischer Frauenklub.* (Paris, Musée Carnavalet)

tine argwöhnte einen Zusammenhang zwischen Jakobinermütze und »Vermännlichung« der Frauen: »Heute verlangen sie die rote Jakobinermütze, doch damit werden sie sich nicht zufriedengeben; bald werden sie einen Pistolengurt fordern.« Und er fährt fort, daß »die Frauenklubs sich nicht aus Familienmüttern, Töchtern oder Schwestern, die sich um ihre jüngeren Geschwister kümmern, zusammensetzen, sondern aus Abenteurerinnen, emanzipierten Mädchen und Amazonen«.[4] Der Applaus, der Fabre unterbrach, zeigt an, daß er einen empfindlichen Nerv der Abgeordneten getroffen hatte, die am nächsten Tag dafür stimmten, die Frauenklubs abzuschaffen, weil sie die »natürliche« Ordnung untergrüben, das heißt, sie »emanzipierten« die Frauen von ihrer ausschließlich auf die Familie gegründeten Identität. Zwei Wochen später herrschte Chaumette eine Frauenabordnung an: »Seit wann ist es üblich, daß Frauen ihre heilige Pflicht im Haushalt und die Wiege ihrer Kinder verlassen, um an öffentlichen Orten aufzutreten und die Rednertribüne zu besteigen?« Selbst die radikalsten Jakobiner lehnten die aktive Beteiligung der Frauen an öffentlichen Angelegenheiten und erst recht ihre Einmischung in den politischen Prozeß ab.

Obwohl der Konvent das Recht jedes Menschen, sich nach eigenem Gutdünken zu kleiden, verteidigte, griff der Staat zunehmend stärker in diese Entscheidungen ein. Ab dem 5. Juli 1792 waren alle Männer verpflichtet, die blauweißrote Kokarde zu tragen, ab dem 3. April 1793 sogar alle Bürger, ungeachtet des Geschlechts. Im Mai 1794 forderte der Konvent den Abgeordneten und Maler David auf, Vorschläge zu einer Verbesserung der nationalen Kleidung zu unterbreiten. David legte acht Zeichnungen vor, darunter zwei Entwürfe für Ziviluniformen. Der Unterschied zwischen der vorgeschlagenen Bürgerkleidung und dem Anzug von Beamten war geringfügig. Beide Trachten bestanden aus einer kurzen offenen Tunika, die in der Taille von einer Schärpe zusammengehalten wurde, einer enganliegenden Hose, kurzen Stiefeln oder flachen Schuhen, einer Art Barett und einem dreiviertellangen Mantel. Diese Aufmachung kombinierte Reminiszenzen an Antike und Renaissance mit Emblemen der Theatralik. Davids Zivilkleidung wurde, wenn überhaupt, nur von ein paar jungen Bewunderern des Meisters getragen. Dennoch bezeugt die Idee einer standardisierten Bürgertracht, geboren in der Republikanischen Kunstakademie des Volkes (»Société populaire et républicaine des arts«), daß manche hofften, die Trennlinie zwischen Öffentlichkeit und Privatheit endgültig verwischen zu können. Alle Bürger, ob Soldaten oder nicht, sollten Uniform tragen. Die Kunstakademie beharrte darauf, daß die Mode der Zeit eines freien Mannes nicht würdig sei; wenn der Charakter revolutioniert werden sollte, dann mußte auch die Kleidung von Grund auf verändert werden. Wie sollte Gleichheit entstehen können, wenn soziale Unterschiede weiterhin das Erscheinungsbild bestimmten? Es ist kaum erstaunlich, daß den Künstlern ebenso wie den Gesetzgebern die weibliche Bekleidung in dieser Hinsicht minder korrekturbedürftig schien, »ausgenommen ihre lächerlich übertriebenen Taschentücher«, wie Wicar bemerkte. Da die Frauen auf ihre häusliche Rolle beschränkt werden sollten, war es belanglos, ob sie die nationale Bürgeruniform trugen oder nicht.

Selbst als der Staat das hochgesteckte Projekt der Reform und Standardisierung der männlichen Kleidung aufgab, blieb das Erscheinungsbild ein politisches Signal. Die »Muscadins« (junge Dandys) während der Reaktionsphase des Thermidor bevorzugten weißes Leinen und at-

*Junge Französin auf dem Weg zum Exerzieren auf dem Marsfeld.*
(Paris, Bibliothèque Nationale)

Die Revolution prägt auch das alltägliche Dekor eines Zimmers oder Salons. (Fragment einer Tapete, die mit Kokarden und Trophäen gemustert ist, ein Modell von 1793–1794.) (Vizille, Musée de la Révolution française)

tackierten vermeintliche Jakobiner, die sich nicht das Haar puderten. Zur Tracht »à la Guillotine-Opfer« der Muscadins gehörten ein Mantel mit quadratischem Ausschnitt und elegante Schuhe; das Haar trugen sie an den Seiten lang, und sie waren mit kurzen, bleibeschwerten Stöken bewaffnet. Insgesamt hat der revolutionäre Umbruch die Kleidung »entlastet« und das Bekleidungsritual gelockert. Bei den Frauen bedeutete dies, daß immer mehr Haut zur Schau gestellt wurde: »Mehrere Göttinnen erschienen in Kleidern, die so leicht und durchsichtig waren, daß man um das größte Vergnügen an der Lust kam – man hatte keine Lust mehr zu raten.«[5]

## Das Dekor des Alltags

Die intimsten Gegenstände der Privatsphäre trugen den Stempel öffentlicher Zeichen für revolutionäre Begeisterung. In den Häusern wohlhabender Patrioten standen »Revolutionsbetten« oder »Föderationsbetten«. Porzellan und Geschirr wurden mit republikanischen Emblemen oder Vignetten geschmückt. Tabakdosen, Rasierbecken, Spiegel, Truhen, ja, sogar Nachttöpfe wurden mit Szenen aus den Tagen der Revolution oder mit Allegorien bemalt. »Liberté«, »Égalité«, »Prospérité« und »Victoire« wurden als hübsche junge Göttinnen dargestellt und zierten die Wohnräume der republikanischen Bourgeoisie. Selbst arme Schneider oder Schuhmacher hatten einen Revolutionskalender mit der neuen Zeitrechnung und den unerläßlichen republikanischen Vignetten an der Wand hängen. Porträts revolutionärer und antiker Helden oder historische Bilder von den wichtigen Ereignissen der Revolution ersetzten die alten Holzschnitte und Stiche von der Muttergottes und den Heiligen zweifellos nicht ganz und gar; auch können wir nicht als sicher annehmen, daß die Verhaltensweisen des Volkes sich während dieses Experiments politischer Erziehung grundlegend wandelten. Doch das Eindringen neuer öffentlicher Symbole in Privaträume war ein wesentliches Moment der Begründung einer revolutionären Tradition. Und die zahllosen Porträts von Bonaparte sowie die mannigfaltigen Bildnisse seiner Siege waren der Rohstoff des Napoleon-Mythos. Der Wille der revolutionären Führer und ihrer Nachfolger, die Lebenswelt zu politisieren, der sich auch in der Ausstattung privater Räume materialisierte, hatte langfristige öffentliche Folgen.

## Veränderungen der Sprache

In dem Maße, wie politische Symbole in die privaten Verhaltenspraktiken einsickerten, eroberten Zeichen der individuellen Lebenspraxis das Ausdrucksfeld der Öffentlichkeit. Das vertrauliche »Du« wurde üblich. Im Oktober 1793 stellte ein eingefleischter Sansculotte im Konvent den Antrag »im Namen meiner ganzen Wählerschaft, daß jeder ohne Unterscheidung alle Männer und Frauen duzen soll, mit denen er allein spricht, bei Strafe, sonst als verdächtig zu gelten«. Er argumentierte,

Republikanischer Kalender für das Jahr III, entworfen und gestochen von Ph.-L. Debucourt. Geschaffen von den Konventsmitgliedern Gilbert Romme und Fabre d'Eglantine, war der Revolutionskalender ein extremer Versuch, die Zeit neu zu gestalten und »die Ewigkeit zu dekretieren« (B. Baczko). Das Jahr beginnt mit der Tag-und-Nacht-Gleiche; die Monate bestehen aus drei Dekaden, weil man den Sonntag abschaffen wollte; die Tage feiern eine bestimmte Pflanze oder ein landwirtschaftliches Gerät. Die Philosophie, angetan mit einer phrygischen Mütze, stellt die Ordnung der Natur wieder her. (Paris, Bibliothèque Nationale)

diese Übung führe zu »weniger Arroganz, weniger Klassenunterschieden, mehr Neigung zu Brüderlichkeit, weniger Feindschaft, größerer Vertraulichkeit und daher zu mehr Gleichheit«. Die Abgeordneten lehnten es zwar ab, das »Du« zum Gebot zu erheben, aber in radikalen Zirkeln bürgerte es sich ein. Der Gebrauch umgangssprachlicher Wendungen in der Öffentlichkeit – das »Du« war besonders in den Unterklassen weit verbreitet – hatte eine explosive Wirkung und bedrohte die geläufigen Sprachregelungen.

Noch folgenreicher war die Aufnahme der Vulgärsprache in den öffentlichen und politischen Diskurs sowie in die Zeitungssprache. Politisch eher rechts orientierte Zeitungen wie *Actes des Apôtres* und *Les Sabats jakobites* oder anonyme Pamphlete wie *La Vie privée de Blondinet Lafayette, général des bluets* begannen damit bereits in den frühen Jahren der Revolution, indem sie die katholische Messe parodierten und ihre Spalten für die »galanten und zweideutigen Witze«, die in den höchsten Kreisen des Ancien Régime überaus beliebt waren, öffneten. Linke Zeitungen, vor allem Héberts *Père Duchesne*, reagierten sofort auf die Herausforderung – in einem erst recht vulgären Ton. Schimpfwörter wie »Idioten«, »Arschlöcher«, »Scheißdreck« wurden ebenso ungehemmt gedruckt wie die ungezählten modischen Flüche. Der Vulgarismus fand einen seiner Kristallisationspunkte in der Beschreibung Marie-Antoinettes: »Die österreichische Tigerin wurde in jedem Haus als die schlimmste Prostituierte Frankreichs betrachtet. Sie wurde öffentlich beschuldigt, sich mit ihren Dienern im Schmutz zu suhlen, und es war unmöglich zu sagen, welcher Kerl für die kümmerlichen, eitrigen Buckelzwerge verantwortlich war, die aus ihrem faltigen dreiwülstigen Bauch kamen.«[6] Marie-Antoinette erschien als das perfekte Gegenteil dessen, was eine Frau sein sollte: eher ein wildes Tier als eine zivilisierende Kraft; eher eine Prostituierte als eine Frau; eher ein Monster, das deformierte Geschöpfe zur Welt brachte, als eine Mutter. In den Angstvorstellungen der Revolutionäre verkörperte sie die exzessive Lasterhaftigkeit der Frau; eine gräßliche Perversion weiblicher Sexualität. Ebendiese Perversion gebot anscheinend eine widerwärtige Sprache, wie sie normalerweise in den Zoten der Männer vorkam. In der Öffentlichkeit wurde sie angewendet, um die Aura von Königtum, Adel und Hochachtung zu zerstören.

Nicht zuletzt die Sprache enthüllte, wie fließend der Übergang vom öffentlichen zum privaten Bereich und vice versa geworden war. Der revolutionäre Staat suchte die Privatsprache zu reglementieren, indem er forderte, daß nicht Patois oder Dialekt, sondern Französisch gesprochen wurde. Barère erläuterte den Vorsatz der Regierung: »Die Sprache eines freien Volkes muß für jedermann ein und dieselbe sein.« Der Kampf zwischen »öffentlich« und »privat« wurde auch in der Linguistik ausgetragen; in den neuen Schulen wurde Französisch propagiert, vor allem in der Bretagne und im Elsaß, und sämtliche Regierungserlasse wurden in dieser Sprache verfaßt. In vielen Regionen Frankreichs war die öffentliche Sprache daher nationalisiert, während Patois und Dialekt privatisiert wurden.

Manche erfanden sich eine Spezialsprache, die sie für den Verlust der

Ein Lichtkranz umgibt diese braunhaarige Republik mit der runden Mutterbrust, geschmückt mit Jakobinermütze und dem gallischen Hahn. Um den Hals trägt sie ein gleichschenkliges Dreieck, Symbol der Gleichheit. (Paris, Bibliothèque Nationale)

Privatsphäre entschädigen sollte. Soldaten, die ihren persönlichen Lebenszusammenhang abbrechen mußten, wenn sie einberufen wurden, entwickelten einen eigentümlichen Veteranenjargon (»parler des Grognards«), um sich von den Zivilisten zu unterscheiden. Sie hatten ihre eigenen Begriffe für Ausrüstung, Uniformen, die Vorfälle auf dem Schlachtfeld, den Sold, ja, sogar für die Nummern im Lotto (zwei war »das Hühnchen«, drei »das Judenohr«). Die deutschen Feinde hießen »Krautköpfe«, die Engländer die »Gottverdammten«.

Eine Lehrerin der Republik mit römischem Profil, Jungfernschleier und jugendlicher Brust, deren ABC-Fibel die Erklärung der Menschen- und Bürgerrechte ist. (Paris, Bibliothèque Nationale)

## Marianne und die republikanische Familie

Symbole des Familienlebens entfalten in dieser Umsturz-Zeit eine beträchtliche politische – und daher öffentliche – Wirkung. Die römische Freiheitsgöttin, das Emblem der Republik, hatte auf offiziellen Siegeln, Vignetten oder Statuen oft einen abstrakten Gesichtsausdruck. Viele Darstellungen zeigten sie aber auch als vertrautes junges Mädchen oder blutjunge Mutter. Bald wurde sie – zuerst spöttisch, dann liebevoll – Marianne genannt, wie ein ganz gewöhnliches Mädchen. In einer Zeit, in der Frauen kaum konkrete politische Rechte zugestanden wurden, konnte eine weibliche Gestalt dennoch (oder gerade deswegen?) zur Galionsfigur der neuen Republik werden.

Der politische Diskurs und die Ikonographie der Revolutionsdekade erzählten eine Familiengeschichte. Zu Beginn wurde der König als gütiger Vater dargestellt, der die Probleme des Königreichs erkennen und sie mit Hilfe seiner nun erwachsenen Söhne (vor allem der Abgeordneten des Dritten Standes) lösen würde. Als er im Juni 1791 außer Landes zu fliehen versuchte, konnte man diese Version jedoch nicht mehr aufrechterhalten. Die Söhne wurden radikaler und forderten immer häufiger einschneidende Veränderungen, bis sie den Vater schließlich absetzen wollten. Dem Vorhaben, sich des tyrannischen Vaters zu entledigen, korrespondierte die blinde Wut gegen die Frau, die niemals als Mutter figurierte. Marie-Antoinettes Ehebruch war eine Beleidigung der Nation und mußte dazu herhalten, ihr schreckliches Ende zu rechtfertigen. Das Königspaar wurde in einem neuen familiären Abbild der Macht ersetzt durch die Brüderlichkeit der Revolutionäre, die sich zum Schutz der beiden zerbrechlichen Schwestern Freiheit und Gleichheit verschworen haben. In den neuen Bildnissen der Republik taucht niemals ein Vater auf, auch Mütter kaum einmal, und wenn, dann ungewöhnlich junge. Die Eltern dieser Familie waren verschwunden und überließen es den Brüdern, eine neue Welt zu schaffen und ihre nun verwaisten Schwestern zu hüten. Gelegentlich, vor allem zwischen 1792 und 1793, wurden die Schwestern auch als aktive Teilnehmerinnen der Revolution abgebildet, doch zumeist als schutzbedürftige Wesen. *Die* Republik wurde geliebt, aber sie war abhängig von *dem* Staatsbürger, einer eindrucksvollen männlichen Macht.

## Öffentliche Institutionen und privater Glaube

Die Auswirkungen der Revolution auf das private Leben waren nicht nur »symbolisch«; sie erfaßten nicht nur Kleidung, Sprache oder bestimmte politische Rituale. Auf vielen anderen Gebieten forderte der revolutionäre Staat direkt soziale Institutionen des Ancien Régime heraus – Kirche, Zünfte, Adel, Dorfgemeinschaft und Großfamilie – und eröffnete so neuen Raum für das Individuum und seine privaten Rechte.

Dieser Prozeß vollzog sich nicht ohne Widerstand oder Doppeldeutigkeiten. Dies zeigt sich insbesondere in der Auseinandersetzung zwischen dem Staat und seinem Hauptkonkurrenten um die Kontrolle des privaten Lebens: der katholischen Kirche. Der Katholizismus, gleichzeitig privates Glaubenssystem und öffentlich praktiziertes Ritual, war der Schauplatz, auf dem die erbittertsten öffentlichen (und vielleicht auch privaten) Konflikte ausgefochten wurden. Die Revolutionäre beabsichtigten zunächst, ihre Herrschaft auf allgemeine religiöse Toleranz zu gründen; Glaubensfragen hielt man für Privatangelegenheiten. Aber alte Gewohnheiten und der steigende Bedarf an Finanzmitteln mündeten dann in einem weichen Kompromiß: Der Grundbesitz der Kirche wurde eingezogen, und für den Klerus verabschiedete man eine »Zivilverfassung«. Bischöfe sollten gewählt werden wie andere öffentliche Amtsträger; die nachfolgenden revolutionären Versammlungen forderten außerdem einen Loyalitätseid des Klerus und verboten das Tragen von Priesterkleidung. Die Unterstützung von »réfractaires« (Priester, die sich weigerten, den Eid auf die Republik abzulegen) galt als konterrevolutionär; Ort, Zeit und Art der Messe wurde zunehmend staatlich kontrolliert. Mit dem Konkordat von 1801 verzichtete Napoleon auf die extremsten Praktiken staatlicher Überwachung, doch nur um den Preis, daß der Staat stets das Recht haben sollte, sich in Glaubensfragen einzumischen.

Obschon zahlreiche Katholiken eine Reform wünschten, akzeptierten sie die Kontrolle durch den Staat nicht ohne Vorbehalt. Viele Gläubige, vor allem Frauen und Kinder, spielten nun zum erstenmal eine Rolle in der Öffentlichkeit, um ihre Kirche und deren Rituale zu verteidigen. Abbé Grégoire zufolge wurde die neue konstitutionelle Kirche erstickt von »zwielichtigen und aufrührerischen Frauen«. Sie versteckten Priester, die den Amtseid nicht leisten wollten, und halfen, heimliche Messen und sogar »weiße« Messen ohne Priester zu organisieren. Nach dem Umsturz vom 9. Thermidor drängten sie ihre Ehemänner, bei der Regierung Petitionen zur Wiederöffnung der Kirchen einzureichen; sie weigerten sich, ihre Kinder von Priestern, die auf die Republik geschworen hatten, taufen oder verheiraten zu lassen, und wenn das alles nichts nützte, demonstrierten sie für die Glaubensfreiheit. Die Verehrung volkstümlicher Heiliger wurde wiederbelebt, insbesondere in Gegenden der Konterrevolution vergötterte man neue Märtyrer. Den Rosenkranz zu beten wurde zu einem Akt politischen Widerstandes. Die »furchtlose Suzanne« aus dem Dorf Villethiery im Département Yonne war so kühn, im Jahre VII ein aufrührerisches Pamphlet zu ver-

Der Sansculotte stellt sich dar als der »savoyische Priester« des Bürgers Emile. *Sansculotte, der dem höchsten Wesen seine Ehrerbietung erweist.*
(Paris, Bibliothèque Nationale)

Kinder, Jugendliche, Erwachsene und Würdenträger feiern bei einem fröhlichen Dorffest das Alter. Ab dem Jahr IV der Revolution werden Zeremonien und Feste zu den einzelnen Lebensaltern häufiger als alle anderen Feiern. Diese Rückkehr zur Natur und zur zivilen Gesellschaft ist laut Mona Ozouf »eine Art, das Fest zu beenden, und damit die Revolution«. (*La Fête révolutionnaire*, 1976) Stich von Duplessis-Bertaux, nach Pierre Alexandre Wille, *Feier des Alters*. (Paris, Bibliothèque Nationale)

öffentlichen: »Nirgendwo gibt es eine so despotische Regierung wie die unsere. Man sagt uns, ihr seid frei und souverän, während wir doch gegängelt werden, so daß wir am Sonntag nicht singen und spielen dürfen, ja nicht einmal das Knie beugen, um das Höchste Wesen zu ehren.«[7]

Angegriffen vom Staat und vor allem von den entschlossenen Revolutionären in Paris, wurde Religion zu einer »Privatsache«. Nach der Emigrationswelle, den Deportationen, Hinrichtungen, Haftstrafen, nach der Abdankung und Heirat vieler Priester waren 1794 nur noch wenige Geistliche übrig, die ihre Religion öffentlich zelebrierten. Man kam seinen religiösen Pflichten zu Hause nach, im Kreise der Familie oder in kleinen integren Gruppen. Aber sobald die Einschränkungen gelockert wurden, bekannten sich die Menschen wieder offen zu ihrem Glauben. Pfarrkirchen, die man als Getreidespeicher, Ställe, Fischmärkte, Klubhäuser oder zur Salpeterherstellung genutzt hatte, wurden renoviert und neu geweiht. Meßgeschirr und Meßgewänder wurden aus ihren Verstecken ausgegraben, und wenn kein Priester gefunden wurde, bat man einen Lehrer oder ehemaligen Geistlichen, die Messe zu lesen. In vielen Orten, vor allem auf dem Lande, hielten die Bewohner sich nicht an die »décadi«, die vom Revolutionskalender verordneten freien Tage, sondern kamen am Sonntag zusammen, um ihren Unwillen zur Arbeit zu bekunden. Im Gefolge dieser merkwürdigen Vermischung von öffentlichen und privaten Interessen etablierte sich eine neue und dauerhafte Struktur religiöser Gebräuche: Die Frauen blieben die Säulen der Kirche, die sie so hartnäckig verteidigt hatten, während die Männer nur »alle heiligen Zeiten« zur Messe gingen. Neue Stätten des öffentlichen Austauschs – Wirtshaus und Café – warteten nun auf die männliche Bevölkerung.

## Die Familie an der Grenze zwischen Öffentlichkeit und Privatheit

In keinem anderen Bereich war der Zugriff der öffentlichen Autorität so offensichtlich wie in der Familie. Die Ehe wurde säkularisiert, und die Zeremonie mußte vor einem städtischen Beamten stattfinden, um gültig zu sein. Unter dem Ancien Régime bestand die Eheschließung formal aus der Einverständniserklärung der Brautleute; der Priester war lediglich Zeuge. Doch nach dem Dekret vom 20. September 1792 mußte der Beamte nicht nur das Zivilregister beachten, sondern das Paar auch vor dem Gesetz für vereint erklären. Die Obrigkeit übernahm nun eine aktive Rolle, wenn eine Familie gegründet wurde. Der Staat bestimmte, ob und welche Hindernisse einer Eheschließung entgegenstanden, und schuf ein neues Adoptionsrecht. Illegitimen Kindern wurden gewisse Rechte zugestanden (die der Code civil dann wieder einschränkte), die Scheidung wurde eingeführt, das Elternrecht beschnitten. Seinem Versuch, ein neues nationales Erziehungssystem aufzubauen, legte der Konvent das Prinzip zugrunde, daß Kinder, wie Danton sagte, »zuerst der Republik gehören, bevor sie den Eltern gehören«. Auch Bonaparte beteuerte: »Das Gesetz nimmt das Kind bei der Geburt an, sorgt für seine Erziehung, bereitet es auf die Arbeit vor, legt fest, wie und unter welchen Bedingungen es heiraten, reisen und sich einen Beruf erwählen kann.«

Die Familiengesetzgebung bezeugt die konkurrierenden Absichten der revolutionären Regierungen. Der Schutz der individuellen Freiheit,

Eine *Liberté* ohne Mütze, aber mit einem Schwert an der Seite, krönt die *Egalité*, die durch ein gleichschenkliges Dreieck symbolisiert wird. Miniaturen sind eine sehr private Verbreitungsform von revolutionären Bildern. Anonym, Miniatur auf Elfenbein 1793–1795. (Vizille, Musée de la Révolution française)

Die neuen, verweltlichten Hochzeitsrituale unterstreichen die Rolle des gegenseitigen Einverständnisses und der öffentlichen Autorität. Aber der religiöse Aspekt bleibt in den Symbolen gewahrt: Altar, Göttin (eine Verkörperung der Vernunft?), das Auge des Höchsten Wesens. *Das Ehegelöbnis*. (Paris, Bibliotheque Nationale)

die Aufrechterhaltung der Solidarität in der Familie und die Festigung der staatlichen Kontrolle mußten miteinander in Einklang gebracht werden. Vor allem während der Periode des Nationalkonvents, aber auch schon früher, räumte der revolutionäre Staat dem Schutz des Individuums vor der möglichen Tyrannei von Familie und Kirche den Vorrang ein. Insbesondere die »lettres de cachet« erklärte man für schändlich, da manche Familien Mißbrauch mit ihnen getrieben hatten; Jugendliche waren nur deshalb eingesperrt worden, weil sie rebellisch oder verschwenderisch gewesen waren. Als im August 1790 Familiengerichte eingesetzt wurden, ermutigten die Gesetzgeber gleichzeitig die Familien, ihre Konflikte intern zu lösen, einschließlich einer eventuellen Scheidung (die ein Gesetz vom 20. September 1792 ermöglichte). Der spätere Code civil war sehr viel weniger als die voraufgegangenen Gesetze um das Glück und die Selbstbestimmung des Individuums, vor allem des weiblichen, besorgt und bekräftigte erneut die Befugnisse des Vaters. Die Macht, die zuvor die Familiengerichte ausgeübt hatten, kam nun entweder dem Vater als Familienoberhaupt oder staatlichen Instanzen zu. Allgemein kann man sagen, daß der Staat die Kontrolle durch Familie oder Kirche oft lockerte, um die eigene Macht zu stärken; er garantierte zwar individuelle Rechte und legte Wert auf den Zusammenhalt der Familie, schränkte jedoch die Macht der Eltern in manchen Belangen ein.

## Das Recht auf Scheidung

Die Spannung zwischen individuellen Rechten, dem Bestand der Familie und staatlicher Kontrolle zeigt sich deutlich am Fall des Scheidungsrechts, das während der Revolution zum erstenmal in der Geschichte Frankreichs eingeführt wurde. Das Recht auf Scheidung war die logische Folge der liberalen Ideen in der Verfassung von 1791. Artikel 7 säkularisierte die Ehe: »Das Gesetz betrachtet die Ehe von nun an lediglich als zivilrechtlichen Kontrakt.« Wenn die Ehe ein zivilrechtlicher Vertrag auf der Basis gegenseitigen Einvernehmens war, dann konnte sie auch wieder aufgelöst werden. Die Macht der Umstände verlieh diesem Argument eine besondere Dynamik. Die Zivilverfassung des Klerus hatte die katholische Kirche gespalten, und in zahlreichen Gemeinden weigerten sich Brautpaare, sich von einem »Schwörer« (einem Pfarrer, der den Eid auf die Republik abgelegt hatte) trauen zu lassen. Indem der Staat die Ehe säkularisierte, erlangte er die Kontrolle über die Zivilregister (Geburt, Tod, Heirat) und ersetzte die Kirche als höchste Autorität in Familienangelegenheiten. In den Debatten über die Scheidung – die trotz der Neuartigkeit dieses Vorhabens nicht sehr langwierig waren – nannte man noch andere Gründe für die Einführung der Scheidung: Erleichterung für das unglückliche Paar; Befreiung der Frau von der ehelichen Tyrannei; Gewissensfreiheit für Protestanten und Juden, deren Religionen die Scheidung nicht verboten.

*Nationalgarde heiratet im Antlitz des Höchsten Wesens.*
(Paris, Bibliothèque Nationale)

Das Scheidungsrecht von 1792 war bemerkenswert liberal. Man ließ sieben Scheidungsgründe zu: Wahnsinn, Verurteilung eines der Partner zu einer entehrenden Strafe oder Verlust der bürgerlichen Ehrenrechte, Verbrechen, Brutalität oder ernste Verletzungen, die der eine Partner dem anderen zugefügt hatte, notorische Zügellosigkeit, Trennung seit mindestens zwei Jahren, spurloses Verschwinden seit mindestens fünf Jahren und Emigration (wenn sie ein Zeichen konterrevolutionärer Absichten war). In diesen Fällen wurde die Scheidung unmittelbar gewährt. Außerdem konnte sich ein Paar innerhalb von vier Monaten in gegenseitigem Einvernehmen scheiden lassen, und nach einem sechsmonatigen Versuch der Versöhnung konnte die Scheidung wegen Unvereinbarkeit der Temperamente oder der Charaktere ausgesprochen werden. Ein Jahr mußte man bis zur Wiederverheiratung warten. Die rechtlichen Prozeduren waren mit geringen Kosten verbunden, so daß eine Scheidung für den größten Teil der Bevölkerung möglich war. Im übrigen ist verblüffend, daß Männer und Frauen gleichermaßen die Scheidung einreichen konnten. Kurz, es gab damals kein vergleichbar liberales Scheidungsrecht.

In Paragraph VI des napoleonischen Code civil war die Anzahl der Scheidungsgründe auf drei reduziert: Verurteilung wegen eines Verbrechens zu einer entehrenden Strafe bzw. Verlust der bürgerlichen Ehrenrechte, Brutalität oder Ehebruch. Napoleon festigte die Rechte des Mannes generell; gleichzeitig und in Übereinstimmung damit wurden die Rechte der Frauen erheblich beschnitten. Der Ehemann konnte sich scheiden lassen, wenn die Frau untreu war, aber die Ehefrau hatte diese Möglichkeit nur, wenn der Gatte »seine Konkubine im Haus der Familie unterhielt« (Artikel 230). Auch konnte die Ehefrau zu zwei Jahren Gefängnis verurteilt werden, wenn man sie des Ehebruchs überführte, während der untreue Ehemann im selben Fall straffrei ausging. Scheidung in gegenseitigem Einvernehmen war nach wie vor möglich, wiewohl sehr eingeschränkt: der Ehemann mußte mindestens fünfundzwanzig Jahre alt sein; die Frau mußte zwischen einundzwanzig und fünfundvierzig sein; das Paar mußte zwei bis zwanzig Jahre lang verheiratet sein; außerdem war die Erlaubnis der Eltern erforderlich. Zwischen 1792 und 1803 gab es in Frankreich ca. 30 000 Scheidungen, danach deutlich weniger (1816 wurde die Scheidung wieder abgeschafft). In Lyon etwa, einer Stadt, die man in dieser Hinsicht erforscht hat, gab es zwischen 1792 und 1804 jährlich 87 Scheidungen, im Zeitraum von 1805 bis 1806 lediglich 7 pro Jahr. In Rouen wurden 43 Prozent der insgesamt 1129 Scheidungen zwischen 1792 und 1816 in den Jahren 1792 bis 1795 ausgesprochen; nach 1803 wurden nur noch sechs Scheidungen jährlich anerkannt.

## Scheidungsrecht und Alltagsleben

Hatte die Möglichkeit, sich scheiden zu lassen, tatsächlich eine Auswirkung auf das private Leben der Bürger in der neuen Republik? In der Stadt gewißlich, doch auf dem Lande kaum. In Toulouse etwa gab es zwischen 1792 und 1803 347 Scheidungen, in den ländlichen Bezirken Revel und Muret im selben Zeitraum jeweils nur zwei. In Großstädten wie Lyon und Rouen waren bis 1802 3 bis 4 Prozent der Ehen, die während der Revolution geschlossen worden waren, geschieden worden, die Paare waren also allenfalls zehn Jahre verheiratet gewesen. Um 1900, nach der Wiedereinführung der Scheidung im Jahre 1884, lag die Scheidungsrate bei 6,5 Prozent – wahrscheinlich wenig höher als im

Nach dem Gesetz von 1792 ist die Scheidung leicht, aber wenig empfehlenswert. Die revolutionäre Moral, sehr familiär ausgerichtet, appelliert im Interesse des Kindes gegen die zerstörerischen Leidenschaften an die Vernunft: eine neue Vorstellung, die in der Realität jedoch nicht so zentral war, wie das Bild suggerieren möchte. Le Sueur, *Die Scheidung*. (Paris, Musée Carnavalet)

*Die Scheidung*, 1793.
(Paris, Bibliothèque Nationale)

letzten Jahrzehnt des 18. Jahrhunderts, wenn man berücksichtigt, daß eine Scheidung nur in den zehn Jahren nach 1792 leicht zu erlangen war. Geschiedene Paare gab es in allen sozialen Schichten der Städte, obwohl Handwerker, Kaufleute und Angehörige freier Berufe öfter auf Scheidung pochten als andere. Frauen zogen offensichtlich Nutzen aus den neuen Gesetzen; in zwei Dritteln der Fälle in Lyon und Rouen, in denen eine Scheidung nicht in gegenseitigem Einvernehmen eingereicht wurde, waren Frauen die Initiatorinnen. Scheidungen auf bei derseitigen Wunsch waren selten, nur in einem von vier oder fünf Fällen beantragte ein Paar gemeinsam die Scheidung.

Die Hauptursachen für Scheidungen unter dem Gesetz von 1792 waren Verlassen oder lange Abwesenheit. Am zweithäufigsten wurde Unvereinbarkeit der Charaktere genannt. Selbst die trockensten Statistiken berichten gelegentlich eine traurige Geschichte: Bei einem Viertel der Ehen, die in Lyon geschieden wurden, war der Ehepartner seit über zehn Jahren abwesend, bei der Hälfte fünf bis zehn Jahre ... Die Revolution gewährte manchen die Chance, Gesetz und Realität einander anzugleichen. Und diese Realität schloß auch immerwährende Probleme ein. Männer und Frauen gaben etwa gleich oft als Scheidungsgrund an, sie seien vom Ehepartner verlassen worden oder sie könnten sich nicht vertragen. Aber überrascht es uns denn, daß es vorwiegend die Frauen waren, die sich über brutale Behandlung beklagten? Die Akten der Familiengerichte und später der Zivilgerichte sind voll von Geschichten über Ehemänner, die ihre Frauen mit Fäusten, Besen, Geschirr, Bügeleisen und manchmal sogar mit Messern angegriffen hatten, häufig, wenn sie aus dem Wirtshaus nach Hause kamen.

Die Scheidungsgesetzgebung sollte nicht nur das Individuum von den Fesseln einer unglücklichen häuslichen Situation befreien. Das unglückliche Paar mußte vor einem Familiengericht oder bei einem Familientreffen die Scheidungsarrangements festlegen, je nach Art der Scheidung, die gewünscht wurde. Diese Gremien setzten sich aus Verwandten zusammen (oder Freunden, wenn es keine Angehörigen gab), die Ehemann und Ehefrau bestimmt hatten, und entschieden über die Zulässigkeit des Antrags, über die Verteilung des Eigentums und das Sorgerecht für die Kinder. Die Scheidung wurde in der Mehrzahl der Fälle bereitwillig akzeptiert, denn nur ein gutes Drittel der Anträge wurde abgelehnt (vermutlich auf Verlangen der Familie). Die Anzahl der Fälle, in denen tatsächlich geschieden wurde, überrascht, wenn man bedenkt, wie neu die Scheidung war und wie sehr die Kirche sich ihr widersetzte. Selbst die Bischöfe, die hinter der Verfassung standen, stimmten einer Scheidung einzig unter der Bedingung zu, daß sie zu Lebzeiten der ehemaligen Gatten nicht zu einer Wiederverheiratung führte. Dennoch heiratete etwa ein Viertel der geschiedenen Männer und Frauen ein zweites Mal. (Nach 1816 akzeptierte die Kirche diese Eheschließungen, wenn die erste Heirat nur standesamtlich gewesen war, da solche Ehen in ihren Augen nicht gültig waren.) Scheidungsgesuche führten selten zu Streitigkeiten über das Sorgerecht – teils, weil viele der Antragsteller keine kleinen Kinder hatten (drei Viertel der Paare, die sich in Lyon und Rouen scheiden ließen, hatten keine minderjährigen Kinder), und teils, weil weder Gerichte noch Verwandte Kinder als integralen Bestandteil der Familieneinheit zu betrachten schienen. Die Anhaltspunkte für diese These sind zwar zumeist negativer Art, aber dennoch überzeugend: Kinder wurden in den eidlichen Aussagen des Paares oder in den Gerichtsakten kaum erwähnt; die Entscheidungen über das Sorgerecht stießen so gut wie nie auf Widerstand; oft bekannte das Paar lediglich, daß es Kinder habe, jedoch ohne ihre Vornamen oder die Kinderzahl zu nennen.

Die Scheidungsformalitäten erlauben uns einen Blick in die Welt der Gefühle während der Revolutionszeit. Es ist schwer zu sagen, wieviel sich in dieser bewegten Zeit im Gefühlsleben des Individuums verändert hat. Nougaret erzählt die Geschichte von einem Mädchen, das von seinem verheirateten Liebhaber geschwängert worden war. Die Mutter des Mädchens gab vor, selbst schwanger zu sein, so daß sie aufs Land gehen konnten, bis die Tochter ihr Kind gebar; die Ehre der Tochter blieb so geschützt. Diese vorbildliche Mutter in *Paris ou le rideau levé* (veröffentlicht im Jahr VIII) scheint unberührt von der Erfahrung der Revolution. Die Probleme in der Ehe waren vermutlich weitgehend dieselben wie vor 1789. Daß Frauen geschlagen wurden, war gewiß keine Neuheit der Revolutionsperiode. Doch die *Möglichkeit* einer Scheidung muß einen Einfluß auf die Ehe gehabt haben. Nun gab es Frauen, wie die Lyoner Bürgerin Claudine Ramey, die ihren Ehemann verlassen

Hier spielt die Frau ihre Rolle als Botin und Mittlerin zwischen Gefängnis und Außenwelt. Der Korb der Hausfrau ist auch eine Waffe. Anonym, Miniatur auf Elfenbein, 1796.
(Vizille, Musée de la Révolution française)

wollten, weil sie »nicht mit ihm glücklich sein können«[8]. Viele Menschen verlangten, daß Liebe die Grundlage der Ehe sein solle. Im übrigen schien die Ehe während der Revolution ungewöhnlich in Mode zu kommen; die durchschnittliche jährliche Zahl von Eheschließungen wuchs von 239000 unter Ludwig XVI. auf 327000 im Jahre 1793. Nicht immer handelte es sich um Liebesheiraten; die Anzahl der Fälle, in denen der Bräutigam jünger als fünfundzwanzig Jahre alt und zehn Jahre jünger als seine Frau war, stieg 1796 von 9 bis 10 Prozent in den Jahren zuvor auf 19 Prozent – wahrscheinlich, weil eine Heirat das beste Mittel war, der Einberufung zu entgehen.

## Privates Leben, geheimes Leben

Es ist schwer festzustellen, welche Bedeutung das private Leben für die Revolutionäre besaß. Die Memoiren, die uns überliefert wurden, sind bemerkenswert unpersönlich. Sie handeln zumeist von den Ereignissen des öffentlichen Austauschs, ähnlich wie die Memoiren unter dem Ancien Régime. Liebe, Ehe oder die eigene Gesundheit zum Beispiel bleiben im dunkeln, als seien sie irrelevant für das große Experiment, eine neue Nation zu begründen. Selbst Memoiren, die sehr viel später niedergeschrieben wurden, entsprechen noch diesem Muster. La Révellière-Lépeaux, der seine Erinnerungen etwa 1820 bis 1825 schrieb und viele romantische Passagen über seine ersten Liebesaffären einflocht, widmete lediglich ein Kapitel von drei Bänden seinem »Privatleben«, das mit der Revolution zu enden und erst wieder zu beginnen schien, als er sich von der öffentlichen Tätigkeit zurückzog. La Révellière beschreibt sein frühes Zusammentreffen mit dem künftigen Abgeordneten Leclerc (aus Maine-et-Loire) im Collège von Angers als »einen der bemerkenswerten Umstände in meinem Privatleben«. Die Erfahrung der öffentlichen Aktivität während der Revolution hatte fast all seine Erinnerungen an die Vergangenheit gefärbt. Die einzigen privaten Dinge, die La Révellière schildert, sind die wichtigen Vorkommnisse in seiner Familie: seine Suche nach einer Frau und seine Gefühle ihr und den Kindern gegenüber. Wo er seine Erfahrungen darlegt, da ist ausschließlich von seinen politischen Vorhaben die Rede. Das Private und die Politik wurden nicht vermengt.

Sogar Madame Roland schrieb in diesem konventionellen Stil. Als sie wußte, daß man sie hinrichten würde, verfaßte sie ihre *Historischen Notizen über die Revolution*, die den Memoiren von Politikern, die in die täglichen politischen Ereignisse verwickelt sind, sehr ähneln. Gleichzeitig jedoch schilderte sie dort ihre Kindheitserinnerungen: »Ich nehme mir vor, in den Mußestunden meiner Gefangenschaft nachzuzeichnen, was meine Persönlichkeit geprägt hat.« Detailliert beschrieb sie das Zusammenleben mit ihren Eltern und widmete ihren Gefühlen weit mehr Raum als La Révellière-Lépeaux. Sie war gebrochen vor Kummer, als ihre Mutter starb, aber eher unberührt von dem ersten Eindruck, den Monsieur Roland auf sie machte: »Sein Ernst, seine Moral, seine Gewohnheiten, seine Hingabe an die Arbeit waren die Ursache, daß ich ihn gewissermaßen als geschlechtslos ansah oder als *Philosophen*, der nur durch den Verstand existierte.«

In den Briefen, die Madame Roland nach 1780 schrieb, verwob sie ein wachsendes Interesse an politischen Entwicklungen mit der andauernden Faszination durch Details des Alltags. Doch das bewegte und alles verschlingende öffentliche Leben in den Jahren nach 1789 ermöglichte ihr nicht, die Madame Sévigné der Revolutionsära zu werden; sie war zu sehr mit der Tagespolitik beschäftigt, um in Muße Briefe zu schreiben. Sie erkannte die Auswirkungen der Revolution auf die Privatsphäre sofort und notierte am 4. September 1789: »Wenn ein ehrbarer Mann der Fackel seiner Liebe folgen kann, so erst, nachdem er sie am heiligen Feuer des Vaterlandes entzündet hat.« Das Jahr 1789 war der Wendepunkt in ihrem Leben ebenso wie in der nationalen Politik. Ihre persönlicher gehaltenen »privaten Memoiren« umfassen daher nur die Zeit bis zum Beginn der Revolution. Doch angesichts des Todes verlieh Madame Roland auch den Empfindungen für ihre Tochter Ausdruck: »Ich hoffe, daß sie eines Tages in friedlicher Abgeschiedenheit die herzergreifenden Pflichten einer Hausfrau und Mutter erfüllen kann.«[9] Das öffentliche Engagement dieser Frau hatte ihre Existenz verzehrt, und sie hoffte, ihre Tochter werde ein anderes Schicksal haben – ein glückliches privates Leben, fern von den Blicken der Öffentlichkeit.

## Leben und Sterben

Das Wenige, was wir über Gefühle im letzten Jahrzehnt des 18. und zu Beginn des 19. Jahrhunderts wissen, belegt, wie sehr zuerst der revolutionäre Prozeß, dann der Aufbau des Kaiserreichs die Menschen beschäftigte. Jeder war in gewisser Weise betroffen: Söhne wurden in den Krieg geschickt, Priester deportiert, Kirchen wurden für weltliche Zwecke genutzt und wieder neu geweiht; Ländereien, die unter den Auktionshammer gekommen waren, wurden zurückgekauft, wenn eine Emigrantenfamilie zurückkehrte; Ehen wurden auf neue Art geschlossen, und die Scheidung war möglich geworden. Sogar Vornamen unterlagen dem Einfluß der Revolution. 1793 und 1794 taufte man Kinder auf die Namen Brutus, Mucius-Scaevola, Périclès, Marat, Jemmapes oder sogar Navette, Betterave oder Messidrice. Jungen bekamen häufiger revolutionäre Vornamen als Mädchen, uneheliche und ausgesetzte Kinder häufiger als eheliche. Nach 1794 flaute diese Mode schnell ab, doch es gab bis ins 19. Jahrhundert noch gelegentliche Echos: Prairial, Épicure-Démocrite, Marie-Liberté. Vornamen wurden zu Trägern öffentlicher Bedeutungen.

Die revolutionären Ereignisse spiegeln sich in den wenigen ausführlichen Briefen und autobiographischen Fragmenten, die von »gewöhnlichen Leuten« stammen. Jacques-Louis Ménétra, ein Pariser Glasergeselle, beschrieb in seinem Tagebuch, welche Erfahrungen er mit der revolutionären Politik gemacht hatte. Obwohl seine Version durchaus Originalität besitzt, folgt seine Sprache dem Wortschatz der politischen Führer des Thermidor: »Die Franzosen atmeten nur noch Blut. [...]

Der Konvent war unter Robespierre nur eine Höhle von Denunzianten, von rachsüchtigen Männern, die eine Partei vernichten wollten, um eine andere an ihre Stelle zu setzen.« In Briefen an seinen Bruder schilderte der Pariser Buchhändler Nicholas Ruault detailliert die Wechselfälle der Pariser und nationalen Politik, andere Nachrichten fehlen fast völlig. Nur selten notierten diese beiden Männer etwas aus ihrem Familienleben. Ruault unterbrach seine Korrespondenz, als sein einziger Sohn starb, und erklärte später sein Schweigen: »Das Fieber oder der Arzt haben uns das geraubt, was uns das Liebste war. Wozu ist es noch gut, daß wir leben?« Ménétra berichtete von der Scheidung und der Wiederverheiratung seiner Tochter und hoffte, sie würde »den Schmerz und den Kummer, den sie von ihrem ersten Mann, diesem Monster, erdulden mußte«, vergessen. Während der großen Not im Jahre 1795 bekannte er stolz: »Ich lebte sehr gut. [. . .] Wir spürten die Hungersnot kaum, [. . .] wir hatten immer einen gutgedeckten Tisch.«

Wen Not und Elend niederdrückten, der hinterließ in der Regel keine Spuren in der Öffentlichkeit, es sei denn mit dem Scheitern seines Überlebens-Kampfes. In den Jahren 1794, 1804 und 1814 erhöhte sich die Sterblichkeitsrate (obwohl sie nicht höher war als 1747). Auch die Anzahl der Selbstmorde nahm zu, und 1812, im Kaiserreich, erreichte sie ihren Höhepunkt. Unter Napoleon gab es in Paris pro Jahr etwa 150 Selbstmorde; die meisten Verzweifelten gingen in die Seine. Männer wählten im Vergleich zu Frauen dreimal so oft den Freitod, zweifellos aufgrund des kirchlichen Verbotes, das bei Frauen stärker wirkte. Die Selbstmörder von Paris waren keine wurzellosen Vagabunden, die ihrem Unglück zufällig ein Ende setzten, während sie sich in der Hauptstadt aufhielten; es waren erschöpfte Männer und Frauen, deren oft hartes Dasein unerträglich zu werden schien. Sie hinterließen nur die Kleider, die sie am Leibe trugen, und die Zeugenaussagen von Verwandten, Freunden oder Nachbarn, die die Leichen identifizierten. Von ihren Emfindungen gibt es nur indirekte Signale – wir wissen lediglich, daß sie den Tod im brackigen Wasser der Seine einer aussichtslos gewordenen Existenz vorgezogen haben.

## Marquis de Sade und die Deklaration der Rechte des Eros

Um uns ein Bild vom privaten Leben während der Revolution zu machen, müssen wir auf die Daten der Sozialgeschichte (Scheidungs- oder Selbstmordraten etwa) oder die Augenzeugenberichte weniger Angehöriger der Oberschicht zurückgreifen, die Gelegenheit hatten, ihre Erlebnisse und Beobachtungen niederzuschreiben. Wir wissen sehr wenig darüber, was die Bevölkerung innerlich bewegte. Woran dachte der Soldat in seinem Zelt, der Gefangene in seiner Zelle, die Frau des Revolutionärs bei der Haushaltsarbeit oder eine Prostituierte auf der Straße oder nachts im Bett, wenn sie nicht schlafen konnte? Wir wissen nicht einmal, ob diese flüchtigen Momente, in denen man seinen Gefühlen und Gedanken nachhängt, für die Menschen der Revolutionszeit viel bedeuteten. Aber es gibt ein hochberedtes Extrembeispiel für

Louis Léopold Boilly, *Galerie des Palais Royal*. Der Palais Royal, am Ende des Ancien Régime Hochburg des freien Ausdrucks und der Libertinage, behält diese Rolle während der Revolution und wird in der Folgezeit zu einem Schauplatz des Privathandels. Man macht Geschäfte aller Art: hier werden Tiere verkauft, aber auch weibliche Reize. (Paris, Musée Carnavalet)

»privates« Bewußtsein – Marquis de Sade. Sade erkundete die äußersten Grenzen der Sexualität; seine Experimente entriegelten einige der Geheim- (und Schreckens-)Kammern der Moderne. Ist es ein Zufall, daß sein Hauptwerk zwischen 1785 und 1800 entstand?

Nichts im jungen Leben von Donatien Alphonse François de Sade läßt auf den späteren Autor von *Justine*, *Die Philosophie im Boudoir* oder *Die hundertzwanzig Tage von Sodom* schließen. Wie viele andere junge Adlige und zukünftige Oberhäupter von Adelsgeschlechtern besuchte er das Collège Louis le Grand, bevor er in die königliche Armee eintrat. Dreiundzwanzigjährig heiratete er und wurde ein paar Monate später auf Geheiß einer »lettre de cachet« wegen »maßloser Ausschweifungen« in Vincennes eingesperrt – der Beginn einer langen Karriere der Libertinage, unterbrochen von Gefängnisaufenthalten. Er verbrachte zwischen 1778 und 1790 elf Jahre in Vincennes und der Bastille; nach 1801 war er lebenslang inhaftiert. Trotz seiner vornehmen Abstammung überlebte Sade die Revolution in Paris, schrieb Theaterstücke und war sogar eine Zeitlang revolutionärer Funktionär (Sekretär der Sektion der »Piques«), bevor er 1794 mehrere Monate interniert wurde (im selben Gefängnis wie Laclos).

Vor 1789 war Sade ein notorischer Libertin, doch erst seine Bücher machten ihn während der Revolution weithin berüchtigt. In den zehn Jahren nach der Veröffentlichung 1791 erlebte *Justine* sechs Auflagen. Der 300 Seiten umfassende Roman wurde mit *La Nouvelle Justine* (1797) auf 810 Seiten erweitert; *Juliette*, im selben Jahr veröffentlicht, zählte über tausend Seiten. *Aline und Valcour* und *Die Philosophie im Boudoir* erschienen 1795. Vor allem für *Justine* wurde Sade in den Zeitungen angeprangert; *La Nouvelle Justine* und *Juliette*, die beiden anderen Romane des Zyklus, trugen ihm zum letztenmal eine Gefängnisstrafe ein. Der Verkaufserfolg und die legendäre Anrüchigkeit von *Justine* belegen, daß der Name ihres Urhebers in der Revolutionszeit ein »Markenzeichen« war. *Lolotte et Fanfan* (1788), das bekannteste Werk des extravaganten Ducray-Duminil, der sentimentale Romane im Stil von Anne Radcliffe verfaßte, erlebte sage und schreibe zwölf Auflagen, aber Ducray-Duminil war der populärste Autor der damaligen Zeit. In dieser Epoche steigender Romanproduktion (nach Schätzungen vier- bis fünftausend Romane zwischen 1790 und 1814) und des ausgedehnten Publikumsgeschmacks an diesem Genre – beflügelt noch durch die Eröffnung neuer Lesehallen in Paris nach 1795 – genoß Sades Werk breiten Zuspruch.

Sades philosophische Erzählungen unterminierten den revolutionären Ideenbestand – nicht, weil sie ihn verwarfen, sondern weil sie ihn bis zur äußersten Konsequenz trieben. Laut Blanchot »formuliert er eine Art Deklaration der Rechte des Erotizismus«, Natur und Vernunft dienten den Begierden eines ungedämpften Egotismus. Der konventionelle Triumph der Tugend über das Laster wurde wieder und wieder ins Gegenteil verkehrt. Sade selbst behauptete von sich: »Ich bin in ihren [der Natur] Händen nur eine Maschine, die sie nach ihrem Gutdünken in Bewegung setzt.« In der neuen Welt absoluter Gleichheit zählte nur Macht, oftmals bestialische, grausame Macht. Geburt, Privi-

Jean-Jacques Lequeu (1757–1825), der inspirierteste visionäre Architekt in einer Zeit, in der es viele gab. Unter der Revolution, gegen die er permanent protestierte, war er dennoch sehr produktiv. Verwirrende Schönheit des weiblichen Körpers in dieser ansonsten recht rätselhaften Zeichnung.
(Paris, Bibliothèque Nationale)

leg, alle Unterschiede verschwanden angesichts dieses Regimes, in dem es (zumindest im herkömmlichen Verstande) kein Gesetz gab. Freiheit, Gleichheit, ja, selbst Brüderlichkeit wurden in Sades Romanen glorifiziert und gleichzeitig pervertiert. Freiheit war das Recht, sein Vergnügen ohne Rücksicht auf Gesetz, Konvention oder die Wünsche anderer zu verfolgen (und diese grenzenlose Freiheit für einige wenige Männer bedeutete in der Regel Gefangenschaft für die erwählten Frauen). In der Jagd nach Lust herrschte Gleichheit, niemand hatte aufgrund seiner Geburt einen besonderen Anspruch darauf, seine Triebe zu befriedigen, doch nur die Skrupellosesten und Eigennützigsten konnten gewinnen (und fast immer waren es Männer). Und welche Brüderlichkeit vermöchte mehr zu verblüffen als das Beispiel der vier Freunde in *Die hundertzwanzig Tage von Sodom* oder des »Klubs der Freunde des Verbrechens« in *Juliette*, dessen Reglement die Freimaurerlogen und die unzähligen »Klubs der Verfassungsfreunde« (Jakobiner) während der Revolutionsära parodierte.

Das Private hat in Sades Romanen einen ganz speziellen Platz. Es ist das Terrain der exzessivsten und grausamsten Lustbefriedigung und zugleich das Stigma extremer Isolation. Wie Barthes bemerkt: »Abgesehen von dem religiösen Geheimnis ist das Sadesche Geheimnis nur eine theatralische Form der Einsamkeit.«[10] Verliese, Krypten, unterirdische Gänge und Höhlen gehören zu den bevorzugten Schauplätzen der Sadeschen Geschichten. Heimlichkeit und Einsamkeit boten insbesondere Schlösser, die von der Gesellschaft abgeschieden waren: Schloß Silling im Schwarzwald in *Die hundertzwanzig Tage von Sodom*, in *Justine* das Schloß von Sainte-Marie-des-Bois. Das Äußere der Schlösser wird kaum beschrieben, das Innere stets in Begriffen der Gefangenschaft – die Betonung liegt auf der Abgeschlossenheit, aber auch auf einer sich wiederholenden Ordnung. In Silling »mußte man alle Tore zumauern, durch die man ins Innere gelangte und sich vollkommen einschließen, als befinde man sich in einer belagerten Zitadelle. [...] Diese Empfehlung wurde ausgeführt, wir verbarrikadierten uns so gründlich, daß man nicht einmal mehr erkannte, wo die Tore gewesen waren, und wir richteten uns im Inneren ein.« Innerhalb dieser von außen abgeschnittenen, absolut privaten Welt herrschte eine starre Ordnung. Perversion bedeutete nicht Anarchie, sondern *systematische* Verletzung aller Tabus, regelmäßige Überschreitung aller Grenzen, bis die Lust schließlich nach Mord verlangte.

In diesem hyperprivaten Raum sind die Lust- und Disziplinierungsobjekte normalerweise Frauen: »Zittert, erratet unsere Wünsche, gehorcht, kommt uns zuvor, und [...] vielleicht werdet ihr nicht ganz und gar unglücklich sein« (*Die hundertzwanzig Tage von Sodom*). Mit wenigen Ausnahmen sind die Frauen in Sades Romanen Gefangene, sie empfinden kaum Lust nach eigener Wahl. »Geteilte Lust ist halbe Lust.« Konventionelle heterosexuelle Liebe kommt kaum vor, der Vagina werden andere Körperöffnungen fast immer vorgezogen. Frauen sind Objekte männlicher Aggression und haben keinerlei physische Identität. Juliette scheint eine Ausnahme zu sein, doch selbst sie muß stehlen und töten, um zu überleben. Wie in Umkehrung der Hypothese Tocquevilles befeuern Gleichheit und Brüderlichkeit zwischen den Männern ihre Tyrannei über die Frauen. Viele der weiblichen Opfer sind Aristokratinnen, doch der »neue Mann« in der Welt Sades stellt in der isolierten Schloßzelle wieder eine Art Feudalmacht her.

Sades Einstellung gegenüber Frauen ist gewiß nicht typisch, aber sein Werk lenkt unsere Aufmerksamkeit auf die besondere Rolle der Frau, die nun mit dem Privaten gleichgesetzt wurde. Das Private ist in Sades Romanen der Ort, wo Frauen (manchmal auch Kinder und darunter auch Jungen) zum sexuellen Nutzen der Männer eingesperrt und gequält werden. Wird hier nicht das Postulat der Sansculotten und Jakobiner, der Platz der Frau sei im Reich des Privaten, bis auf seinen absurden Kern reduziert? Die Revolutionäre verpflichteten die Frau auf die Funktion der Mutter und Schwester – ihre Identität hing von Ehemännern und Brüdern ab. Sade verwandelte sie in Prostituierte oder Frauen, die nichts anderes mehr auszeichnete als ihre Fähigkeit, sich von Männern versklaven zu lassen – ihre Bestimmung war die eines Sexualobjekts. In beiden Vorstellungen besaßen Frauen keine Eigenständigkeit – oder zumindest wünschten die Männer nicht, daß sie eine besaßen. Frauen galten als Unruhestifter, als unberechenbar, also mußten sie gezügelt werden. Weshalb sonst beschworen die Jakobiner das Chaos, das entstünde, wenn die Frauen ihr Recht auf öffentliches Handeln einforderten? Weshalb sonst beharrte Sade geradezu obsessiv auf

*Die Insel der Liebe* oder die verzauberte Insel der Liebesfreuden. Architektonische Umsetzung eines literarischen Mythos. Blumen, Vögel und Tiere aller Art sind zahlreich in diesem Palast vertreten, der vielerlei Einflüsse und Phantasievorstellungen in sich vereint, die durch eine perfekte Symmetrie gebändigt werden.
(Paris, Bibliothèque Nationale)

der Metapher vom zugemauerten Schloß? »Um Angriffen von außen vorzubeugen, die kaum gefürchtet wurden, ebenso wie Angriffen von innen, die weitaus gefährlicher schienen« (*Die hundertzwanzig Tage von Sodom*).

Ein Frauenbild, das die Frau als besonders ungeeignet für das Öffentliche ausgab, war am Ende des 18. Jahrhunderts in fast allen französischen Intellektuellenkreisen verbreitet. Pierre Roussels Abhandlung *Du système physique et moral de la femme* von 1775 avancierte rasch zum Standardwerk in der Diskussion um die Frauenfrage. Frauen identifizierte man mit ihrer Sexualität, mit ihrem Körper, Männer mit ihrem Geist und ihrer Leistungskraft. Die Gebärmutter war die Chiffre für die biologische, emotionale und moralische Existenz der Frau. Ihre Fortpflanzungsorgane hielt man für extrem empfindlich, ihre Gehirnfunktionen für wenig differenziert. Frauen hätten schwächer ausgebildete Muskeln und seien aufgrund ihrer ganzen Veranlagung seßhaft. Diese Kombination von geringer Verstandeskapazität und Muskelschwäche, zusammen mit ihrer ausgeprägten Emotionalität, bestimme die Frau naturhaft zur Aufzucht von Kindern. Der Uterus markierte den Ort der Frau in der Gesellschaft – als Mutter. Der medizinische Diskurs kam zu denselben Schlüssen wie der politische.

Während der Revolution schrieb Roussel gelegentlich für *La Décade philosophique*, eine durchaus ideologisch gefärbte Zeitschrift, und er war Mitarbeiter der Abteilung »Morales et Politiques, Seconde Classe« am Institut de France. Sein jüngerer Kollege Georges Cabanis teilte seine Anschauungen. Männer waren biologisch stark, herausfordernd und unternehmend; Frauen waren schwach, ängstlich und heuchlerisch. Trotz seiner Freundschaft mit Madame de Staël und Madame Condorcet erachtete Cabanis die Frauen für nicht befähigt zu Gelehrsamkeit oder politischer Verantwortung; derlei Karriereansprüche ruinierten die Familie als Basis der bürgerlichen Gesellschaft und der natürlichen Ordnung. Cabanis' Schüler und Mitstreiter Jacques-Louis Moreau (de la Sarthe), der die neue Wissenschaft der »moralischen Anthropologie« mit seiner zweibändigen Studie *Histoire naturelle de la femme* (1803) voranzutreiben hoffte, hegte ähnliche Gedanken: »Wenn es richtig ist, festzustellen, daß der Mann nur in gewissen Augenblicken Mann ist, während die Frau ihr ganzes Leben lang Frau ist, muß man sie daher vor allem diesem Einfluß [des Uterus] zuordnen; dieser verweist die Frau kontinuierlich auf ihr Geschlecht und verleiht all ihren Lebenslagen eine ausgeprägte Physiognomie.« Daraus folge, daß »Frauen stärker als Männer dazu neigen, an Geister zu glauben und Erscheinungen zu haben, sie nehmen leichter abergläubische Gebräuche an, weil ihre Vorurteile zahlreicher sind; tatsächlich haben sie zum großen Teil den Erfolg des Mesmerismus begründet«. Es überrascht nicht, daß man solche Geschöpfe der Hörigkeit gegenüber konterrevolutionären Priestern zieh und sie der Bereitwilligkeit, sich sexuell versklaven zu lassen, beschuldigte ...

Im 19. Jahrhundert wurden die Frauen mehr als je zuvor in die Privatsphäre abgedrängt. Diese Entwicklung hatte zwar bereits in der zweiten Hälfte des 18. Jahrhunderts begonnen, sie wurde aber von der Revolution beschleunigt und verschärft. Die Beziehung zwischen Mann und Frau ebenso wie die Konzeption der Familie wurden neu gefaßt. Frauen wurden zunehmend mit dem »Zuhause« assoziiert, nicht nur, weil die Industrialisierung es den Frauen der Mittelschichten ermöglichte, sich auf diese Weise zu definieren oder definieren zu lassen, sondern auch, weil die Französische Revolution die Möglichkeit – für Männer: die Gefahr – einer Umkehrung der »natürlichen« Geschlechterordnung offenbart hatte. Die Frau wurde zu der zerbrechlichen Gestalt, die vor der Außenwelt (der Öffentlichkeit) geschützt werden mußte; sie war das Symbol des Privaten. Wegen ihrer angeblichen biologischen Defekte wurde sie an die Privatsphäre gefesselt. Doch das Private selbst hatte sich aufgrund der Politisierung und Stärkung des öffentlichen Sektors während der Revolution als instabil erwiesen. Wenn der Staat das Familienleben regelte und die Zählung von Tagen und Monaten neu bestimmte, wenn es Politikern möglich war, die Namen von Kindern und die Kleiderwahl zu beeinflussen, dann konnte das Gehege des Privaten gänzlich zerbrechen. Und je mehr das private Leben durch die Säkularisierung der Ehe, die Beschränkung von Gottesdiensten und die Massenmobilisierungen unter Druck geriet, desto fragiler schien die ehedem natürliche Ordnung zu werden. Frauen konnten nun darauf pochen, sich wie Männer zu kleiden und an der Front zu kämpfen; wenn sie »unglücklich« waren, konnten sie die Scheidung fordern. Der Verlust der Ehrerbietung gegenüber Königen, Königinnen, Adligen und Reichen schien auch die Ehrerbietung der Frau gegenüber ihrem Gatten anzutasen, ja, vielleicht sogar die Ehrerbietung der Kinder gegenüber dem Vater.

Ab 1794, 1803, 1816 und das ganze 19. Jahrhundert hindurch wurde die Trennung zwischen Öffentlichkeit und Privatheit, Männern und Frauen, Politik und Familie immer rigider. Selbst die radikalsten Revolutionäre konnten die Spannung nicht mehr ertragen, die durch das Eindringen des Öffentlichen in den Privatbereich entstanden war. Bereits vor dem Thermidor distanzierten sie sich von ihrem eigenen Projekt. Aber die dramatischen Erschütterungen, die sie verursacht hatten, wirkten bis in die siebziger Jahre unseres Jahrhunderts nach, als die französische Familiengesetzgebung endlich zu einigen der Prinzipien von 1792 zurückkehrte: Das neue Scheidungsgesetz vom 11. Juli 1975 erleichterte die Scheidung zu Bedingungen, die 1792 formuliert worden waren; das Gesetz vom 4. Juni 1970 schaffte in der Ehe die männliche Vorherrschaft ab, die bereits in den frühen Jahren der Revolution eingeschränkt worden war; das Gesetz vom 3. Januar 1972 sicherte die Rechte unehelicher Kinder, wie es bereits im Jahr II versucht worden war. Genau daran lassen sich die »Modernität« der Ideen von 1789 und die langanhaltende Wirkung – zum Besseren *und* zum Schlechteren – des revolutionären Erbes ermessen.

## Anmerkungen

1 F. Brunot, *Histoire de la langue française, des origines à nos jours*, 13 Bände, Paris 1967, Bd. 9, *La Révolution et l'Empire*, S. 823.
2 *L'Ami du peuple*, 16. Oktober 1790, S. 8.
3 John Moore, *A View of the Causes and Progress of the French Revolution*, 13 Bände, Paris 1967, Bd. 9, *La Révolution et l'Empire*, S. 823.
4 Fabre d'Églantine, *Réimpression de l'Ancien Moniteur*, 18: 290 (Sitzung am 8. Brumaire, Jahr II [29. Oktober 1793]).
5 Zitiert nach D. Gay Levy, H. Branson Applewhite und M. Durham Johnson, *Women in Revolutionary Paris, 1789–1795*, Illinois 1979, S. 219.
6 Vgl. Brunot, *Histoire de la langue française*, Bd. 10, *La Langue classique dans la tourmente*, S. 191.
7 Archives Nationales F7 3699. Dieses Dokument stellte mir Professor Suzanne Desan zur Verfügung.
8 Zitiert in D. Dessertine, *Divorcer à Lyon sous la Révolution et l'Empire*, Lyon 1981, S. 276.
9 Zitiert aus »Mémoires particuliers«, in: *Mémoires de Madame Roland*, Paris 1986, S. 201 u. 330, und *Lettres en partie inédits de Madame Roland*, Paris 1867, Bd. 2, S. 576.
10 R. Barthes, *Sade, Fourier, Loyola*, übs. v. M. Sell u. J. Hoch, Frankfurt a. Main 1974, S. 22.

Edwin Landseer, *Königin Victoria und Prinz Albert in Windsor, zusammen mit der königlichen Prinzessin* (Ausschnitt). Das königliche Paar – ein ideales Paar.
(Sammlung der Königin Elizabeth II.)

Catherine Hall

# Trautes Heim

1820 war in England das Jahr Königin Carolines. Caroline von Brunswick, die »gekränkte Königin von England«, war die Frau des Prinzregenten George, Sohn König Georges III. Es war eine arrangierte Ehe, und die Ehegatten empfanden wenig Liebe füreinander. Sie trennten sich bald nach der Hochzeit, obwohl sie nur eine Tochter hatten, Prinzessin Charlotte. Während George seine eigenen Wege gehen konnte und sich Freundschaften und politischen Intrigen widmete, erwartete man von Caroline, daß sie das zurückgezogene Dasein einer königlichen Ehefrau, wenn auch ohne Gatten, auf sich nähme. Ihre vulgäre deutsche Art – zumindest sah George das so –, ihre Indiskretion und ihr sorgloses Geplauder erbosten den Prinzen, der nur daran dachte, sie loszuwerden. Angesichts der unversöhnlichen Feindseligkeit ihres Gatten, der zudem die Kontrolle über die Tochter behielt, verließ Caroline England, um auf dem Kontinent das Leben einer »reisenden Prinzessin« zu führen.

## Caroline, die »gekränkte Königin«

1820 starb König George III., und der Prinzregent, der die Regierungsgeschäfte übernommen hatte, als sein Vater wahnsinnig geworden war, empfing nun die königlichen Insignien. Aber würde Caroline als seine Königin anerkannt werden? George IV. war entschlossen, dies zu verhindern; ihr Name sollte während der Liturgie nicht genannt werden. Caroline war erzürnt, daß er ihr vorenthalten wollte, was sie für ihr Recht hielt, und setzte die Segel nach England. Sie landete inmitten einer stürmischen Kontroverse, zur großen Freude der Radikalen, die jede Gelegenheit, den König anzugreifen willkommen hießen. Die königlichen Minister rieten zu Verhandlungen, vermochten den König jedoch nicht zu überzeugen. Er bestand darauf, sich von seiner Frau scheiden zu lassen, und wandte sich an das House of Lords, um ein spezielles Verfahren in Gang zu setzen.

Dieser öffentliche Prozeß bewegte 1820 die Gemüter der gesamten Nation. Nie zuvor hatte man ein solches Spektakel erlebt. Wochenlang füllte der Skandal im Königshaus die Klatschspalten der National- und Provinzpresse, während Ihre Lordschaften den Beweisen für Skandale, nämlich für skandalöse Beziehungen zwischen Herrin und Dienern und für eine Ehe ohne Liebe, lauschten. Die Peers des Königreichs saßen zu

George IV. und Caroline, die »gekränkte Königin«: der Beginn der »königlichen Seifenoper«. (Paris, Bibliothèque Nationale)

Gericht über eine Frau, die gegen die Macht der Krone und die Majestät Ihrer Lordschaften kämpfte. Doch die öffentliche Meinung war nicht auf der Seite des Königs. Er erregte Abscheu, als er seine Helfer aufmarschieren ließ, seine Informanten aufbot und Beweismaterial vorlegte, ohne jemals selbst vor Gericht zu erscheinen. Die Königin dagegen wurde von einer Menschenmenge umringt, wenn sie in den Westminsterpalast ging, als einzige Frau in einer Versammlung von Männern. Ja, ihre Popularität wuchs in dem Maße, wie schmutzige Einzelheiten ihres Benehmens enthüllt wurden – allerdings von ausländischen Dienern, deren Loyalität und Glaubwürdigkeit zunehmend in Zweifel gezogen wurden. Carolines geringe Indiskretionen waren nichts im Vergleich mit der Welle der Empörung über ihre ungerechte Behandlung. Ungerecht, weil sie von einem Mann angeklagt wurde, dessen eigene Indiskretionen seit Jahrzehnten für Klatsch sorgten; ungerecht, weil sie als Frau Opfer einer verkommenen Staatsmaschinerie wurde; ungerecht, weil sie den Preis für das korrupte System aristokratischer Eheschließungen zahlen sollte.

Die Grundlage der heftigen Sympathien des Volks für Caroline war eine abweichende Auffassung von dem angemessenen Verhältnis zwischen Mann und Frau, vom Wesen der Ehe und von der Bedeutung der Häuslichkeit in einer sittlichen Gesellschaft. Ehen, die aus finanziellen Erwägungen geschlossen worden waren, konnten nicht glücklich verlaufen. Die Parteigänger der Königin stellten sie als tugendhafte Heldin dar, die von einem Mann unterdrückt wurde, so daß andere Männer ihr beistehen mußten. Sie war ein unglückseliges Opfer. Jeder »mutige Mannesarm« mußte bereit sein, sie vor Schimpf und Schande zu retten, und somit auch den guten Ruf Englands. Väter, Ehemänner, Brüder – alle wurden aufgefordert, »fest zu bleiben für die Sache einer Frau«. Carolines Hilflosigkeit, ihre Verlassenheit und Abhängigkeit waren der Grund für den Ruf zu den Waffen. Sie konnte sich selbst nicht schützen; also mußten andere es tun. »Häusliche Tugend« war der leuchtende Schmuck der englischen Zivilisation. Wurde sie nicht bewahrt, so würde Verfall die Folge sein. Die Kupferschmiede und Erzgießer von London organisierten eine Demonstration für die Rechte der Königin. Die Spitze des Zuges bildeten acht Ritter in voller Rüstung, mit weißen Federbüschen auf den Helmen und begleitet von Schildknappen. Alle Teilnehmer hatten Bronzestöcke, viele trugen Bronzekappen; Blaskapellen spielten auf. Das Gebot männlicher Ritterlichkeit, das im England des frühen 19. Jahrhunderts einen mächtigen Einfluß ausübte, stützte sich auf Ideale von Männlichkeit und Weiblichkeit, die auch in anderen Bereichen ihren Widerhall fanden. Aber der tapfere Ritter, der seiner hilflosen Lady in Bedrängnis zu Hilfe eilte, wollte immerhin sichergehen, daß er für eine reine und tugendhafte Dame focht.

Caroline war ganz und gar nicht geeignet für diesen Theaterpart. Ihre Fehltritte wurden als boshafte Erfindungen ränkischer italienischer Diener dargestellt, sie selbst wurde zum schwachen, abhängigen Opfer stilisiert, zu der gequälten Mutter, der man das Kind entrissen hatte. Diese mythische Rolle im königlichen Melodrama war für die volkstümliche Phantasie weit attraktiver als die obszönen Details der Verfehlungen. Die Kluft zwischen der Frau und dem Mythos wurde offenbar, als die öffentliche Meinung von ihr abfiel, nachdem der König den Prozeß verloren hatte und sein Versuch, sich scheiden zu lassen, fehlgeschlagen war. Ihre Hoffnung, die Bevölkerung von London würde ihr zur gemeinsamen Krönung verhelfen, erfüllte sich nicht, und der König konnte sich allein krönen lassen. Doch sein öffentlicher Triumph kam nur um den Preis seiner »privaten« Niederlage zustande: er mußte alle Versuche aufgeben, seine unglückliche Königin weiter zu drangsalieren.

Die Affäre um Königin Caroline gehörte zu den ersten öffentlichen Signalen einer neuen Auffassung von Ehe und Sexualität, die über beträchtlichen Rückhalt im Volk verfügte. John Bull, Symbol englischer Männlichkeit und Ehre, dichtete in der »Ode an George IV. und Caroline, seine Frau«:

»A *Father* to the *Nation* prove,
A *Husband* to thy *Queen*,
And safely in thy peoples Love
Reign tranquil and serene.«[1]

Das »Volk« beharrte auf der Meinung, Königtum schließe Verpflichtungen gegenüber der eigenen Familie ebenso wie väterliche Verpflichtungen gegenüber den Bürgern ein. Ein guter König mußte auch ein guter Ehemann und Vater sein. Öffentlicher Friede konnte nur herrschen, wenn das Glück der Familie gewährleistet war. Häusliche Tugend bildete das Kernstück englischer Zivilisation, und das Volk konnte seinen »königlichen Vater« nur lieben, wenn er diese Tugend vorbildlich bewies. Der Regent hatte mit seiner Verachtung der heiligen Ehe und seiner Weigerung, ein Familienleben zu führen, Werte in Verruf gebracht, die wichtigen Agenten der öffentlichen Meinung am Herzen lagen. Unmoralisches Verhalten mochte in der Aristokratie gang und gäbe sein, doch das war nur ein Beleg mehr dafür, daß diese Klasse korrupt und verderbt war. Nicht Geld, sondern Liebe und Gemeinschaft sollten die Substanz der Ehe sein; das Paar sollte seine Elternpflichten ernst nehmen. Der Mann sollte für Frau und Töchter sorgen und sie beschützen, denn Frauen waren ihrem Wesen nach abhangig. Das Zuhause sollte ein Ort der Ruhe und des Friedens sein, kein Herd von Konflikten und Machtkämpfen.

Die »gekränkte Königin« prägte nachdrücklich das öffentliche Bild der Monarchie. Georges Nachfolger, William und Adelaide, wurden als ideales Paar gefeiert. Victoria, die »Rosenknospe Englands«, wurde zum Vorbild aller Ehefrauen und Mütter. Ein populärer Prediger erklärte 1854: »Inmitten glücklicher Familien und in den treuen Herzen ihrer Untertanen blüht und gedeiht der Thron unserer geliebten und geehrten Königin. Ihr höchster Anspruch auf unser Vertrauen und unsere Liebe liegt in ihren eigenen häuslichen Tugenden. Sie ist eine *Königin* – eine wahrhafte Königin –, aber sie ist auch eine wahrhafte *Mutter* und eine treue *Ehefrau*.«[2] Victoria besaß ein Recht auf die Treue und die Liebe ihrer Untertanen, weil sie selbst lieben konnte, wie es einer wahren Ehefrau ziemte. Ohne den Glanz eines »männlichen Charakters« als

Arthur Hughes, *Zeit zum Schlafengehen*, 1862 (Ausschnitt). Das Abendgebet, eine mütterliche Pflicht.
(Preston, Harris Museum)

Vater und Ehemann hatte George IV. nicht erwarten können, daß sein Volk ihm gehorsam diente. Und Victoria erlangte die Treue ihrer Untertanen, weil sie wahre Weiblichkeit verkörperte und dem Volk ins Gedächtnis rief, daß sie eine Frau wie jede andere war. Jede Familie sollte ein Reich der Liebe sein, mit dem Vater als Monarchen und der Ehefrau als Königin. Die »königliche Seifenoper« erforderte ein königliches Familienleben, in dem man sich selbst wiedererkennen konnte, wenn auch in einer höheren Sphäre. Nach 1820 war es offensichtlich, daß ein Monarch häuslich sein mußte, um populär zu werden. Sexuelle Ausschweifungen waren nicht mehr in Mode, Ehe und Familie standen jetzt hoch im Kurs.

## Die Botschaft der Prediger

Vor allem Gruppen innerhalb des Bürgertums formulierten die Kritik an der Doppelmoral aristokratischer Sexualbeziehungen, die männliche Untreue akzeptierte, aber ehebrecherische Frauen geißelte, und an einer Form der Ehe, die Liebe und Gemeinschaft herabsetzte. 1820 waren Radikale der Mittelschichten die Wortführer, weil die Verteidigung einer bestimmten Auffassung von Familie und Häuslichkeit einherging mit einer Attacke gegen den König. Sir Francis Burdett, der gefeierte Westminster-Abgeordnete, und James Mill, ein Freund Benthams und eingeschworener Utilitarist, zählten zu den lautesten Anhängern der Königin. Im Oberhaus vertrat insbesondere Henry Brougham, Mitbegründer der *Edinburgh Review*, ihre Sache. Aber nicht in jedem Fall be-

John Philipp, *Presbyterianischer Bibelunterricht*. Presbyterianische Katechese: Im Familienkreis wird die Bibel gelesen. (Edinburgh, National Gallery of Scotland)

Anonym, *Familienandacht*. (Cambridge, St. John's College)

stand ein Zusammenhang zwischen einem solchen Familienbild und politischer Radikalität. Viele waren vom Verhalten ihrer Standesgenossen schockiert und unterstützten die Sache der Königin. So kam eine moralische Mehrheit zustande, die Anglikaner und Unitarier, Tories, Whigs und Radikale vereinte. Diese moralische Mehrheit war das Resultat von jahrzehntelangen intellektuellen Auseinandersetzungen, in deren Verlauf die Beziehung zwischen Mann und Frau mit neuen Bedeutungen erfüllt und neu bestimmt worden war.

Im Mittelpunkt der Diskussion stand der Auftritt der Evangeliumsgläubigen, einer Reformbewegung innerhalb der anglikanischen Kirche seit dem Ende des 18. Jahrhunderts. Diese Bewegung – zum Teil eine Reaktion auf den Methodismus, der vornehmlich niedere Schichten affizierte – wollte die Kirche von innen reformieren und appellierte insbesondere an die Reichen und Vornehmen. Anfangs wurde sie hauptsächlich vom deklassierten niederen Adel unterstützt. Die bekanntesten Verfechter des Evangelismus, William Wilberforce und Hannah More, riefen die oberen Klassen auf, »die wahren Werte Englands« wiederzuentdecken. Die evangelische Botschaft beruhte auf Sünde, Schuld und der Chance der Wiedergutmachung. Die Bekehrung zum Licht und die Erkenntnis der eigenen sündigen Natur waren die Bedingungen der möglichen Erlösung und Rettung durch Christus. Das Zentrum dieser Weltsicht bildete die Spiritualität des Individuums. Die Ursache für den Verfall der Spiritualität lag in der geistigen und moralischen Dekadenz des 18. Jahrhunderts. Die Gesellschaft war bis ins Mark verfault, eine Folge der religiösen Gleichgültigkeit. Ein nominelles Christentum, wie die evangelischen Christen die seichten Praktiken jener »Gläubigen« nannten, die zur Kirche gingen und die Bibel lasen, ohne das Wort Gottes in ihr Herz dringen zu lassen, war kein Weg zum Heil. Wahrhaftes Christentum gründete in der Verpflichtung, ein neues Leben zu beginnen. Vom Augenblick der Bekehrung an durften Männer und Frauen, die sich als Sünder erkannt hatten und das Heil suchten, hoffen, daß ihr Geist gereinigt werde. Das bedeutete freilich, mit den alten Gewohnheiten zu brechen, jede individuelle und gesellschaftliche Handlung kritisch zu überprüfen und die christliche Bedeutung jedes Gedankens und jedes Brauchs zu dechiffrieren.

Ein solcher Glaube verlangte viel von seinen Anhängern. Das Ziel war die Veränderung des Individuums: der neue Mensch in Christus. Dazu bedurfte es wirksamer Unterstützung – eines inneren Kontrollsystems, das bereits die Puritaner mit den religiösen Tagebüchern entwickelt hatten, und ebenso der Hilfe von außen, von den Geistlichen und anderen Gläubigen. In diese Anstrengung war der gesamte Alltag einbezogen: die Einstellung zur Familie und zu Freunden, zu Dienstboten und Angestellten, das Erteilen und Befolgen von Anordnungen, die Mahlzeiten und die Freizeitvergnügungen. Ob man zu Hause oder an der Arbeitsstelle war, in der Kirche oder im Stall: Gott sah alles und hörte alles, und diese allgegenwärtigen Augen und Ohren mußten zum Gewissen jedes Einzelnen werden. Jeder Aspekt menschlichen Verhaltens mußte genau erforscht werden. Selbsterkenntnis war das Wesen des Heils. So schrieb der bevorzugte Dichter der evangelischen Gläubigen, der Puritaner John Milton:

»Wohl liebt der Geist des Menschen, zügellos
Umherzuschweifen ohne Maß und Ziel,
Bis durch Erfahrung er begreifen lernt,
Daß nicht das breite Wissen unnützen
Geheimen Krams, vielmehr die Kenntnis des,
Was uns das Leben täglich nahelegt,
Die wahre Weisheit, was darüber geh,
nur leerer Dunst sei ...«[3]

Sich selbst und den eigenen Seelenzustand zu kennen, war die »wahre Weisheit«, Gottes Wort zu verbreiten, andere für das Evangelium zu gewinnen, die zweitwichtigste Pflicht. Und schließlich galt es, die ganze Gesellschaft zu reformieren. Dieser Eifer, die Welt zu verbessern, wurde intensiviert durch die Furcht, die sich nach der Französischen Revolution in der britischen Oberschicht ausbreitete. Geschockt von den Ereignissen in Frankreich, argumentierten Repräsentanten der englischen Gesellschaft, das eigene Haus in Ordnung zu bringen habe die höchste Priorität. Während die Radikalen sich von dieser Neuordnung eine parlamentarische Regierung und Kritik an der alten Korruption erhofften, bestanden die evangelischen Gläubigen auf einer Revolutionierung der Sitten und der Moral.

Eine solche Revolution mußte mit dem individuellen Heil beginnen. Die Einheit jeder Seele mit Christus, die Erfahrung einer Wiedergeburt waren die Voraussetzungen, die erfüllt sein mußten, um den moralischen Verfall abwenden zu können. Äußerst wichtig war Selbstverleugnung: »Man muß sein Ich verleugnen und in den Staub werfen, damit Christus uns ganz erfüllen kann«, schrieb eine Frau.[4] Das Herz soll in heiligem Gehorsam hingegeben, der Wille in Unterwerfung geübt werden. Privates Beten war hochgeachtet, ebenso das Studium der Bibel. Die private Selbsterforschung, auch in Tagebüchern, sollte durch das

Gebet in der Familie gestützt werden. Die religiöse Hausgemeinschaft, die sich täglich zum Gebet versammelte, bot die stärkste Unterstützung bei der Entfaltung einer christlichen Existenz. Weil die Welt voller Hochmut und Sünde war, suchte man Zuflucht in erbaulicher Lebensgestaltung. Die Abkehr von der »Welt« war jedoch für Männer schwieriger als für Frauen, da Berufstätigkeit nach allgemeiner Ansicht dem religiösen Streben nicht förderlich war, während die häuslichen Tätigkeiten von Frauen der Mittel- und Oberschicht eine christliche Lebensführung begünstigten. In Haushalt und Familie konnte man dem Druck und den Einflüsterungen der Außenwelt entgehen; an diesem Ort des Friedens übten Herr und Herrin die Kontrolle über Kinder und Dienerschaft aus. Die Familie schien die »kleine Kirche« zu sein, von der die Puritaner geträumt hatten, der »kleine Staat«, der seinem Herrn untertan war, was auch immer draußen in der Welt geschehen mochte.

## Hannah Mores Familienethik

Die Bedeutung, die man dem Alltagsleben zuschrieb, hatte zur Folge, daß evangelische Christen Verhaltensmaßregeln zu formulieren suchten. Die Schriftstellerin Hannah More tat sich mit ihrem Versuch her-

Samuel Butler, *Familiengebet*, 1864. Im England des 19. Jahrhunderts versammelt sich die Familie zum Gebet um den Vater, den Verwahrer der heiligen Schriften. Heimelig oder steif: Epoche und Szenerie ändern sich.
(Cambridge, St. John's College)

vor, Vorbilder für christliche Männer und Frauen zu entwerfen, denen man im Alltag nacheifern konnte. Ihr Vater war ein verarmter Landadliger, und so waren die Töchter gezwungen, eine Schule zu eröffnen, um sich ihren Lebensunterhalt zu verdienen. Bevor More um 1770 konvertierte, war sie eine bekannte Schriftstellerin und Intellektuelle. Sie war mit dem berühmten Schauspieler und Impresario David Garrick und dem gefeierten Dr. Johnson befreundet und Mitglied der »Blaustrümpfe«, einer Gruppe literarisch interessierter Frauen, die sich in London trafen, um zu diskutieren. Ihre Bekehrung zu ernsthaftem Christentum kam nicht plötzlich, ebensowenig wie bei ihrem Freund William Wilberforce. Nur sehr allmählich veränderte die Religion Mores Wertvorstellungen. Zwischen 1780 und 1790 schrieb sie eine Reihe Bücher, in denen sie die Selbstgefälligkeit der englischen Oberschicht anprangerte und das Programm einer moralischen Erneuerung verfocht.

Wie für viele ihrer Generation war die Französische Revolution für Hannah More ein Wendepunkt. Mehr und mehr verwandte sie ihr Talent darauf – zum Teil auf Bitten der Regierung –, die Gesellschaft von der eminenten Bedeutung der christlichen Botschaft zu überzeugen. Ihre Broschüren gehörten zu den intellektuellen Hauptwaffen im Arsenal der herrschenden Klasse. Der vom Evangelium inspirierte Versuch, durch Propaganda für einen traditionellen Paternalismus und die christliche Erneuerung die Köpfe und Herzen der Menschen zu gewinnen, war das Zuckerbrot zur Peitsche der Repression, die Pitt in den Jahren nach 1790 geschickt schwang. In Traktaten für die Armen predigte More Gehorsam gegenüber der Obrigkeit und rühmte die Freuden, die in der himmlischen Heimat die Frommen erwarteten. Wie die meisten evangelischen Christen war More politisch konservativ. Das stand allerdings im Widerspruch zu ihrer religiösen Radikalität und ihrer beharrlichen Forderung nach einem »neuen Leben«. Die spirituelle Leidenschaft und die moralische Gewißheit, die ihre Schriften erfüllen, ließen More zu einer der meistgelesenen Autorinnen ihrer Zeit werden.

Mores Bemühungen zielten auf das religiöse Heil. Die Familie spielte ihrer Ansicht nach bei der Erlangung dieses Heils die entscheidende Rolle, und familiäre Pflichten waren überaus wichtige Hilfsmittel bei dem Versuch, ein christliches Leben zu führen. Zwar besaßen alle Männer und Frauen eine individuelle Seele und hatten daher die Möglichkeit, das ewige Leben zu gewinnen; aber die Pflichten von Frauen und Männern waren deutlich verschieden. Mores populärstes Werk war ihr einziger Roman *Coelebs auf der Suche nach einer Frau* (1807). Es wurde in London und in den Provinzstädten sofort zum Gesprächsstoff und drang bis in die Winkel des Empire vor. *Coelebs* war für die Mittelschichten geschrieben, denn sie waren nach Mores Meinung die Hauptakteure der notwendigen moralischen Regenerierung. Obwohl sich der evangelische Glaube an den Randzonen der Gesellschaft entzündet hatte, wurde bald klar, daß sein Feuer aus Gruppen innerhalb der Mittelschichten kam. Kaufleute, Fabrikanten, Bankiers, Händler, Bauern, Ärzte und Rechtsanwälte, einige

Im England des 19. Jahrhunderts sind die Lebenssphären von Männern und Frauen getrennt. Im Hause leben die Frauen, Kinder und Dienstboten; zur Teestunde schürt man das Feuer für Tante Emily. *Tante Emily kommt zu Besuch*, 1845.

Handwerker und Männer mit geistlichen Berufen, zusammen mit ihren Frauen und Kindern, bildeten die Gemeinden in Pfarreien, in denen die evangelische Botschaft Anklang und Rückhalt fand. Die Armen waren kaum für den neuen Glauben zu gewinnen, für sie blieb der Methodismus attraktiver.

*Coelebs* gibt eine Zusammenfassung von Mores Anschauungen vom »richtigen« Verhältnis zwischen Mann und Frau und expliziert, wie jedes Geschlecht auf seine Weise ein spirituelles Leben führen kann. Der Held ist ein junger Christ mit einem komfortablen Einkommen aus Grundbesitz, der sich nach dem Tode seiner Eltern auf die Suche nach einer Frau begibt. Der Roman, der sowohl belehren wie unterhalten sollte, ist voll von Beschreibungen des Alltagslebens – der Sorge um die Kinder, der Verantwortung den Dienern gegenüber, des Stellenwerts des Geschäfts im Leben eines Mannes, der häuslichen Pflichten der Frau, Gartengestaltung und Einrichtung eines Hauses, ja, sogar der richtigen Instruktionen für die Armen. Im Laufe seiner Reise kommt Coelebs zuerst nach London, wo ihn der Leichtsinn und die Vergnügungssucht der Hauptstädter entsetzen. Die jungen Ladies, die er hier kennenlernt, findet er nichtssagend und frivol, sie haben keinen ernsthaften Gedanken im Kopf und sind zu selbstloser Hingabe nicht fähig. Er zieht sich aufs Land zurück. Hier trifft er mit den besten Freunden seiner verstorbenen Eltern, den Stanleys, zusammen und bleibt bei ihnen.

Die Stanleys sind die vollkommene religiöse Familie, ein Haushalt, der nicht nur seine Mitglieder zu Spiritualität ermutigt, sondern auch die Besucher. Mr. Stanley, der Patriarch, ist ein Muster christlicher Integrität und verkörpert die Tugenden, die im Verständnis der evangelischen Gläubigen die »neue Männlichkeit« charakterisieren: Sanftmut, Güte und Autorität. Mr. Stanleys Religiosität prägt sein ganzes Alltagsverhalten und liegt all seinen Handlungen zugrunde. Er ist nicht wie der traditionelle Gentleman des 18. Jahrhunderts vor allem mit Jagen, Fischen, Schießen, Trinken und Essen beschäftigt. Mr. Stanley ist ein Grundbesitzer mit einem ernsthaften moralischen Vorsatz, entschlossen, seine Pflichten gegenüber seinen Pächtern zu erfüllen, Pflichten, die sowohl moralischer und religiöser wie auch ökonomischer Natur sind. Auch seine familiären Aufgaben nimmt er überaus ernst, sei es als Ehegatte oder als Vater. Es ist männlich, meint Hannah More, häuslich zu sein, das Familienleben zu genießen und bereitwillig Verantwortung für Kinder zu übernehmen. Vor einer Männlichkeit, die sich in sexuellen Zerstreuungen, Trinkgelagen und Zügellosigkeit zu beweisen strebt, muß man sich hüten. Der neue christliche Mann, gleichgültig, ob er nun adliger Grundbesitzer, Kaufmann, Geistlicher oder Rechtsanwalt ist, muß seine Pflichten in religiösem Geist erfüllen. Seine Autorität als Vorgesetzter in seinem Beruf wie als Familienoberhaupt soll er in christlicher Liebe wahrnehmen.

## Der öffentlich aktive Mann und die privat handelnde Frau

Der evangelische Mann wurde als Person mit Verantwortung und Pflichten in der öffentlichen Welt dargestellt. Die Frau dagegen war ganz und gar auf das Heim und die Familie verwiesen. Hannah More glaubte, daß Männer und Frauen in unterschiedlichen Wirklichkeiten lebten. So wollte es die Natur, ebenso Sitte und Anstand. Die Natur hatte Männer und Frauen unterschiedlich geschaffen, jedes Geschlecht hatte seine spezifischen Eigenschaften. Jeder Versuch, seine angestammte Wirklichkeit zu verlassen, war zum Scheitern verurteilt. Daß More Mary Wollstonecraft verabscheute, lag nicht nur an ihrer Abneigung gegen den von Thomas Paine beeinflußten Radikalismus der 1790er Jahre, sondern auch an ihrer Überzeugung, daß Wollstonecrafts Forderung nach Gleichheit der Geschlechter widernatürlich und unmoralisch sei. Weiblicher und männlicher Körperbau seien Ausdruck einer unterschiedlichen Bestimmung, dachte More; eine Frau, die Erfolg in der Wirklichkeit des Mannes haben wollte, leugnete die speziellen Aufgaben und Obligenheiten, die Gott ihr vorgegeben hatte. »So wie der Fisch Flossen hat, um zu schwimmen«, schrieb sie, »hat der Vogel Flügel, um zu fliegen, und der Mann einen stärkeren Körper und einen schärferen Verstand, damit er in wagemutigen Handlungen und in der Versammlung den Vorrang habe: in der schwierigen Kunst des Regierens, im Streit der Waffen, in den komplizierten Tiefen der Wissenschaft, im Geschäftsleben und in jenen Berufen, die einen weiten Horizont und weitreichende Kraft erfordern.«[5] More verschärfte die sichtbaren biologischen Unterschiede zwischen Mann und Frau zu einem Register von Eigenschaften, die sie als »von Natur aus« weiblich oder männlich bezeichnete.

Die evangelische Sicht von Weiblichkeit gründete in der Annahme, daß weibliche Frömmigkeit eng verbunden war mit den Pflichten als Mutter und Ehefrau. Evas Sündenfall war die Folge ihrer dreisten Sinn-

... die Männer dagegen kümmern sich im *Royal Exchange* um die »Geschäfte« (1847).

lichkeit. Doch Maria, die Muttergottes, hatte den Frauen neue Hoffnung eingeflößt, als sie Jesus gebar. Der Apostel Paulus, ein Mentor zahlreicher evangelischer Christen und auch Hannah Mores, hatte die Frauen belehrt, ihre Pflicht sei es, den Haushalt zu verwalten. Ehefrau und Mutter zu sein war der Beruf der Frau, Heim und Herd ihr Einflußbereich und Ort ihres Handelns. Die weiträumige Bühne öffentlicher Betätigung blieb ihr verschlossen. Sie konnte ihren Stern im Haus erstrahlen lassen, im Schatten des Ehemannes.

Die evangelischen Christen glaubten fest an das Recht aller Menschen, ob Mann oder Frau, auf Erlösung; aber das Zugeständnis spiritueller Gleichheit bedeutete nicht soziale Gleichheit. Die verschiedenen Wirklichkeiten von Mann und Frau, der »kleinere Kreis«, der die Frau umgab, zeigten an und bürgten dafür, daß die Frau dem Mann gesellschaftlich untergeordnet war. »Ihr Frauen, seid untertan euren Männern wie dem Herrn«, hatte der Apostel Paulus proklamiert[6], und wer besäße die Autorität, dagegen aufzubegehren? Dies alles bedeutete indes nicht, daß es den Frauen gänzlich an Einfluß mangelte. Die Männer verfügten zwar über die Macht in der Welt, aber Frauen konnten sie beeinflussen, und eben darin bekundete sich ihre Geschicklichkeit. Ihre Verantwortung lag darin, so für die Männer zu sorgen, daß sie auf die Frau hörten und ihren Rat und ihre Worte schätzten.

Der evangelische Glaube bot Männern und Frauen der Mittelschichten eine neue Identität und neue Möglichkeiten, ihrem Leben und ihren Erfahrungen einen Sinn zu verleihen. Angesichts einer sich wandelnden Welt, in der die Überlegenheit von Titeln und Grundbesitz nicht mehr recht stach, stiftete die Religiosität eine neue Werteskala. Achtung vor Grundbesitz und Paternalismus wirkten zwar fort, aber die Fähigkeit, ein spirituelles Leben zu führen, wurde höher bewertet als der Glanz eines Adelstitels. So schrieb William Cowper:

»My boast is not that I deduce my birth
From loins enthroned or rulers of the earth
But higher far my proud pretensions rise
The son of Parents passed into the skies.«[7]

[»Ich rühme mich nicht, von den Reichen und Mächtigen dieser Welt abzustammen, sondern erhebe einen noch stolzeren Anspruch: Ich bin der Sohn von Eltern, die in den Himmel aufgefahren sind.«]

Ein Leben in Christus zu führen, war der stolzeste Anspruch, den Männer oder Frauen geltend machen konnten. Die moralische Gewißheit, die zumeist mit solchen Ansichten einherging, verlieh ernsthaften Christen die Energie und den Eifer, hart im Weinberg des Herrn zu arbeiten. Die bevorzugte Maxime eines evangelischen Christen in der Viktorianischen Ära soll folgendermaßen gelautet haben: »Besser erschöpft von der Arbeit als eingerostet.«[8] Dieses Motto wäre eine passende Grabschrift für viele seiner Glaubensgenossen. Ihre Energie war unerschöpflich, denn sie waren überzeugt, für den Herrn zu arbeiten. Gleichwohl brauchte die evangelische Reformbewegung einige Jahrzehnte, um sich durchzusetzen. Mitte des 19. Jahrhunderts war es soweit: der Einfluß und die Macht der evangelischen Christen in kirchlichen wie staatlichen Institutionen war beträchtlich. Erreicht hatte man das mit zielstrebiger Arbeit: Ausbildung von Geistlichen, Stiftungen für Pfarreien, Einrichtung von Schulen und Sonntagsschulen, in denen die evangelische Doktrin gelehrt wurde. Man achtete darauf, daß Anhänger der evangelischen Lehre in öffentlichen Körperschaften vertreten waren; man publizierte Flugblätter, Pamphlete und Zeitungen; man sammelte Geld, um das Wort zu verbreiten; man propagierte die Lehre, wann und wo immer sich dazu Gelegenheit bot. Ein derart aggressives Unterfangen rief zwangsläufig Feinde auf den Plan. Von Cobbetts Schmähungen bis zu den Karikaturen von Dickens oder Thackeray reichten die Angriffe der Gegner. Aber diese Angriffe waren nicht zuletzt ein Gradmesser für Erfolg. In den neuen Stadtgebieten arbeiteten die Gläubigen hart, um Kirchen und geistliche Ämter einzurichten; in ländlichen Pfarreien ersetzten sie verschlafene Pluralisten durch fleißige junge Geistliche, die von wohlhabenden Laien unterstützt wurden. So flochten sie allmählich ein dichtes Kommunikationsnetz, bis sie um 1850 sogar in der Kirchenhierarchie strategisch wichtige Positionen besetzten.

Die Kampagne, die evangelische Gläubige in der anglikanischen Kirche im frühen 19. Jahrhundert führten, um England vor dem moralischen Verfall zu retten, wurde gestützt durch die Zunahme nonkonformistischer evangelischer Christen. Die nonkonformistischen Gruppen, die im 18. Jahrhundert den Ton angegeben hatten – Quäker, Unitarier und Presbyterianer –, überlebten, oft mit schwindender Mitgliederzahl, aber einem hohen Anteil der einflußreichen oberen Mittelschicht in ihren Reihen. Mitgliederzahl und Rückhalt der neuen Nonkonformisten – wie man Methodisten, Unabhängige und Baptisten manchmal nannte – wuchsen inzwischen rasch. Diese neuen Nonkonformisten teilten mit den evangelischen Christen das Vertrauen in das Erlebnis der Bekehrung, in die Macht von Erlösung und Gnade und auch die Überzeugung, daß es um eine spirituelle Schlacht ging. Sie wollten Kopf und Herz des englischen Volkes für ein religiöses Leben gewinnen und als »Armee von Christen« gegen die Feinde des Lichts kämpfen, seien es Anhänger des Sozialreformers Owen, seien es Sozialisten oder andere Radikale und Atheisten. Von 1790 bis etwa 1840 waren die Bemühungen der Evangelischen, für die gute Sache zu kämpfen, unvermindert zäh. Trotz anhaltender Meinungsverschiedenheiten zwischen Anglikanern und Nonkonformisten über das Verhältnis von Kirche und Staat waren ernsthafte Christen zur Zusammenarbeit bereit, sobald es um die Überwindung der Religionsfeindlichkeit ging.

Diese Christen vertraten auch ein gemeinsames Konzept der Rolle von Mann und Frau. Im evangelischen Diskurs über Männlichkeit und Weiblichkeit verkörperte sich die neue Orthodoxie. Hannah More und der Dichter William Cowper, der die Freuden eines ruhigen häuslichen Daseins pries, errichteten den Deutungsrahmen, in dem sich die männlichen und weiblichen Bürger bewegten. Der ideale christliche Mann sollte für alle sorgen, die von ihm abhängig waren, seien es seine Angestellten oder seine eigene Familie. Seine Macht wurzelte in moralischer Integrität, nicht in physischer Tapferkeit. Obwohl Geschäft und Politik zu seinen Tätigkeitsfeldern zählten, sollte er sich mit Liebe seinem »trauten Heim« zuwenden. Die christliche Frau war definiert durch ihre Beziehung zu anderen: als Ehefrau und Mutter. Sie fand Erfüllung in ihren Pflichten gegenüber Haus und Familie und wirkte in ihrem »ureigenen Bereich« mit dem Bewußtsein des Einflusses, den sie dort nehmen konnte. Cowper und More erhoben Einspruch gegen einen Begriff von Männlichkeit ohne religiöse Sensibilität, wie er früher vom Adel und von der Oberschicht vertreten worden war, ebenso wie gegen die gefährlichen Argumente Wollstonecrafts und ihrer Mitstreiter, die postulierten, daß Männer und Frauen gleich seien. In der Mitte des 19. Jahrhunderts waren diese evangelischen Auffassungen zum Gemeingut der englischen Mittelschicht geworden.

## Propagierung des häuslichen Lebens

Wie kam es zu dieser Veränderung? Wie konnte die öffentliche Meinung 1820 bestimmen, daß englische Könige die Bande der Ehe und der Familie nicht mißachten dürften? Wie war aus Hannah More, die zwischen 1780 und 1800 von manchen Beobachtern in der etablierten Kirche als gefährliche Radikale eingeschätzt wurde, eine Autorität geworden, die man in jeder Familie kannte, die von der Kanzel herab zitiert und in zahllosen Texten gepriesen wurde? Warum hatte man sich von früheren Behauptungen über die unersättliche Sexualität der Frau gelöst und betonte nun ihre Bescheidenheit und natürliche Passivität? Wann waren herkömmliche Anschauungen von der Partnerschaft zwischen Mann und Frau in der Familienökonomie durch die Vorstellung ersetzt worden, es sei die Pflicht des Mannes, finanziell für Frau und Kinder zu sorgen? Weshalb wurde Frauenarbeit, die über das Hauswesen hinausging und lange Zeit ganz selbstverständlich war, nun auf rein häusliche Tätigkeiten beschränkt? Seit wann erblickten Frauen ihre Berufung in der Rolle als Ehefrau und Mutter, während Männer eine Vielzahl neuer Fähigkeiten und Beschäftigungen, vom Gutsverwalter zum Ingenieur, vom Direktor zum Versicherungsagenten, für sich entdeckten?

Geistliche predigten die unterschiedlichen Aufgaben von Männern und Frauen und befolgten diese Differenzierung auch in der Kirchenorganisation. Männer nahmen die aktiven, öffentlichen Funktionen wahr, Frauen die helfenden, privaten. Männer konnten geistliche Ämter ausüben, die zunehmend eine spezielle Ausbildung erforderten, Frauen nicht. In nonkonformistischen Gemeinden, in denen die Mitglieder zugleich die verwaltende Körperschaft bildeten, zogen Männer mehr und mehr Kompetenzen an sich. Kleine informelle Kirchen des 18. Jahrhunderts entwickelten sich bis zum 19. Jahrhundert zu großen, mächtigen Gemeinden. Das Bevölkerungswachstum, die Expansion der Städte und der angewachsene Besitzstand der Mittelschichten erforderten neue Fähigkeiten und ließen neue Bedürfnisse hervortreten.

Betrachten wir das Beispiel einer kleinen nonkonformistischen Gemeinde im Zentrum Birminghams, einer rasch wachsenden Stadt, die durch Metallindustrie reich geworden war. In der Mitte des Jahrhunderts war Carr's Lane eine etablierte und relativ vermögende Freikirche. Sie besaß ein großes Kirchengebäude, das ständig verbessert wurde, beschäftigte zwei Geistliche, und bei den Sonntagspredigten waren oft mehr als tausend Mitglieder anwesend, die überwiegend der oberen und unteren Mittelschicht entstammten. Die Hauptfigur war in den Jahren von 1805 bis 1857 Reverend John Angell James, dessen Predigten und Schriften in ganz England bekannt waren. In seinen populären Werken wie *The Young Man's Friend and Guide through Life to Immortality*, *Female Piety* und *The Family Monitor, or a Help to Domestic Happiness* lehrte James, daß Männer die Könige und Herren der Familie sein sollten, daß Frauen ihre Zeit und Aufmerksamkeit ausschließlich dem Haushalt widmen sollten (es sei denn, es sprächen gewichtige Gründe dagegen), und daß der religiöse Haushalt die einzig verläßliche Basis einer stabilen Gesellschaft sei. Geistliche wurden von der Gemeinde eingesetzt, die ihre Dienste bezahlte. Jedoch waren nur die männlichen Mitglieder stimmberechtigt, wenn ein neuer Geistlicher gewählt wurde; einzig die männlichen Mitglieder durften als Kuratoren fungieren und die Finanzen der Gemeinde verwalten; lediglich die männlichen Mitglieder konnten Ämter in der Freikirche bekleiden. Frauen stand zwar die Gemeindemitgliedschaft offen, denn der Apostel Paulus hatte gesagt: »Da ist nicht Jude noch Grieche, da ist nicht Sklave noch Freier, da ist nicht Mann und Weib, denn ihr alle seid *einer* in Jesus Christus.«[9] Diese spirituelle Einheit spiegelte sich jedoch nicht in den sozialen Beziehungen der Gemeinde wider. Männer und Frauen waren wie überall für verschiedene Bereiche zuständig. Bei den Gemeindeversammlungen in Carr's Lane war es Frauen erlaubt zu sprechen – keineswegs ein Privileg, das sie in allen nonkonformistischen Kirchen beanspruchen konnten. Willkommen war ihre freiwillige Hilfe in der Gemeindearbeit:

Traktate verteilen, in Sonntagsschulen Mädchen unterrichten, die Armen besuchen und die Anweisungen der hauptamtlichen Geistlichen befolgen – das war die Rolle, die ihnen zukam.

Nicht nur in religiösen Einrichtungen der Mittelschichten war man bestrebt, die Geschlechter zu trennen. Auch in Satzungen und Gebräuchen neuer kultureller Institutionen wie literarischer oder philosophischer Zirkel oder Kunstvereine, für die evangelische Christen sich engagierten, waren männliche und weibliche Aktivitäten oftmals klar geschieden. Frauen konnten ebenso Mitglieder werden wie Männer, doch die Aufgaben und Befugnisse waren eindeutig nach dem Geschlecht definiert. Männer waren aktive Funktionäre in Komitees und wurden in Anerkennung ihres Wissens zu Dozenten gewählt; sie konnten Kurse ebenso abhalten wie besuchen und sämtliche Einrichtungen und Vergünstigungen nutzen. Frauen zahlten zwar die gleichen Beiträge, waren aber nicht in Organisationsgremien repräsentiert, konnten an Wahlen nur indirekt teilnehmen, indem sie eine Vollmacht erteilten, und wurden häufig von geselligen Veranstaltungen ausgeschlossen, etwa wenn die Männer sich einmal im Jahr zu einem kulinarischen und fröhlichen Dinner trafen. Die Birmingham Philosophical Institution – ein Beispiel unter vielen – verbot Frauen die Nutzung des Lesesaals, der als das Allerheiligste der Männer galt, wo sie in Ruhe Zeitung lesen konnten, ungestört von »Weibergeschwätz«. So überrascht es nicht, daß solche Vereine eine Männerdomäne waren. Wenige Frauen traten ihnen bei, sie waren aber oftmals Nutznießer dieser Einrichtungen, weil ihr Vater, Ehemann oder Bruder Mitglied war. Gegen Ende des 19. Jahrhunderts, als Frauen Selbstbewußtsein zu bekunden begannen und zunehmend die Beengtheit ihrer als »rein privat« bestimmten Lebenssphäre empfanden (im Gegensatz zur öffentlichen Welt der Männer), forderten und erlangten sie allmählich Zugang zu solchen Klubs und Zirkeln. Doch im frühen 19. Jahrhundert unterschieden die mittelständischen Bürger, die die Welt nach ihrem Bilde zu verändern suchten – stolz auf ihre beruflichen Erfolge und vertrauend auf den Herrn –, strikt zwischen männlichen und weiblichen Rollen.

## Die Familie Cadbury

Die materiellen Lebensumstände des Mittelstands hatten sich gewandelt, so daß es möglich geworden war, männliche und weibliche Arbeiten strenger gegeneinander abzugrenzen. Bauern, Fabrikanten, Kaufleute und Intellektuelle schöpften aus diesen veränderten Umständen eine neue Ideologie, die Pflichten und Verantwortlichkeiten innerhalb der Familie stärker als zuvor nach dem Geschlecht differenzierte. Ein Beispiel ist die Familie Cadbury in Birmingham, die dort seit dem Ende des 18. Jahrhunderts einen Laden besaß. Richard Tapper Cadbury, geboren im Westen Englands, kam als Lehrling zu einem Tuchhändler. Er stammte aus einer angesehenen Quäkerfamilie, und die Quäker hatten ein dichtmaschiges Netz religiöser, wirtschaftlicher und sozialer Verbindungen geknüpft. Richard Cadbury absolvierte seine Lehre in Gloucester, seine Ausbildung zum Gesellen in London; 1794 ließ er sich als Seiden- und Tuchhändler in Birmingham nieder. Sein Vater hatte das Lehrgeld und einen Eintrittsbeitrag für die jeweiligen Quäkergemeinden bezahlt und stellte ihm nun das Kapital für ein bescheidenes Geschäft zur Verfügung. 1800 zog Richard mit seiner Frau Elizabeth und der rasch anwachsenden Familie in ein Geschäftshaus ein, das er an der Bull Street, einer der Hauptgeschäftsstraßen Birminghams, gekauft hatte. Zu dieser Zeit war es durchaus üblich, über oder neben dem Geschäft zu wohnen. Eisenfabrikanten hatten ihr Wohnhaus direkt neben den Gießereien, Rechtsanwälte praktizierten neben ihrer Privatwohnung, Kaufleute richteten ihr Domizil über den Verkaufsräumen ein. Nur Angehörige des sehr wohlhabenden Mittelstandes konnten es sich leisten, in einem Haus zu leben, das vom Familienunternehmen ganz und gar getrennt war.

Elizabeth Cadbury hatte als Mädchen weniger Ausbildungschancen als ihr späterer Ehemann. Frauen war es kaum möglich, eine Lehre zu absolvieren, da man annahm, sie würden das Nötige schon lernen, weil sie bei jedem Handwerk helfen mußten. Man erwartete normalerweise, daß die Frau im Familienbetrieb mitarbeitete, anders war es nur bei den »ganz Reichen«. Eine Bauersfrau etwa war verantwortlich für die Milchwirtschaft, die Frau eines Kaufmanns half im Geschäft oder im Büro, eine Handwerkersfrau führte den Betrieb weiter, wenn der Mann gestorben war. Elizabeth Cadbury half, wenn es nötig war, im Geschäft und kümmerte sich um alles, wenn ihr Mann unterwegs war. Sie führte den großen Haushalt, zu dem neben den Familienmitgliedern auch Lehrlinge und Ladenmädchen gehörten. In den ersten fünfzehn Jahren ihrer Ehe gebar sie zehn Kinder; acht davon überlebten. Außerdem zog Elizabeths Mutter zu ihnen, als sie alt geworden war.

In einem solchen Haushalt gab es stets hungrige Mäuler zu füttern, Kleider zu waschen, Hemden zu nähen und zu flicken, Wasser hinauf- oder hinunterzutragen. Doch mit der Hilfe zweier Dienstmädchen brachte Elizabeth Cadbury es fertig, auch im Geschäft noch eine aktive Rolle zu spielen. Als Richard in London war, um neue Stoffe für den Laden zu besorgen, schrieb er ihr: »Ich habe nach Bombassin* gesucht, aber es ist schwierig, alle Farben zu bekommen. Die Stoffe, die ich gesehen habe, sind sehr schön, und morgen will ich sehen, ob ich schwarzen bekomme.«[10] Er erkundigte sich besorgt, ob sie von den Leinenstoffen gehört habe, die sie aus Irland erwarteten, und teilte mit, daß er bereits »ein paar farbige und purpurrote Schärpen und Schals« gekauft und eine Haube für ihre Tochter Sarah bestellt habe. Seine Briefe sind voll von kaufmännischen und familiären Details und spiegeln die Haupttatsachen des gemeinsamen geschäftlichen und sozialen Lebens von Mann und Frau.

1812 lief das Geschäft gut, und Richard Tapper Cadbury mietete ein zweites Haus in der Islington Row am Stadtrand, beinahe schon auf dem Lande. Dort wohnten nun die kleineren Kinder mit ihrem Kindermädchen und ihren Schoßtieren – Tauben, Kaninchen, Hund und

* Weicher Kleiderstoff aus Merinokammgarn. *A.d.Ü.*

Die zweite Generation der Familie Cadbury: John, Candia und ihre sechs Kinder 1847 vor ihrem Haus in Edgbaston. Das Idealbild einer Quäkerfamilie.

Katze. Außerdem pachtete Cadbury ein weiteres Stück Land, auf dem man Obst und Gemüse anbauen konnte. Mrs. Cadbury beaufsichtigte nun zwei Haushalte und bewegte sich zusammen mit ihren älteren Töchtern ständig zwischen den beiden Häusern hin und her. 1827 ging es ihr gesundheitlich nicht gut, doch bald darauf berichtete Richard einer der Töchter glücklich, daß Elizabeth sich genügend erholt habe, um einen arbeitsreichen Tag im Laden zu verbringen, ohne daß ihr Wohlbefinden beeinträchtigt wurde. Die Söhne traten in die Fußstapfen des Vaters. Jeder ging als Lehrling in eine andere Stadt, um sich in einem bestimmten Zweig des Einzelhandels auszubilden. Benjamin, der älteste, kam zu einem Tuchhändler, da er später das Geschäft übernehmen sollte; John, der zweitälteste, erlernte den Tee- und Kaffeehandel. Ihre Schwestern wurden von der Mutter in die Geheimnisse der Backkunst und der Haushaltsführung eingeweiht, und sie lernten, ihre Fertigkeiten zu gebrauchen, um im Geschäft auszuhelfen, wenn es nötig war. Sie zogen Obst und Gemüse oder halfen der Mutter, im Winter zusätzliche alte Teppiche auszulegen, damit es wärmer war, oder sie standen ihrem Vater in dessen täglicher Arbeit bei. Der Laden war für jedes Familienmitglied ein Teil des Alltags. So schrieb Elizabeth Cadbury, als das Haus in der Bull Street umgebaut werden sollte und sie sich Gedanken machte, ob sie danach im Wohnzimmer noch ausreichend Licht haben würden: »Ich glaube, wir dürfen uns nicht beklagen, denn es ist ja zum Wohle des Geschäfts.«[11]

## Die Arbeitsteilung und die Trennung von Wohnung und Arbeitsplatz

Aber die allgemeinen Wirtschaftsverhältnisse änderten sich allmählich so sehr, daß es schwierig wurde, die ganze Familie in sie einzubinden. Verheiratete Frauen hatten nicht das Recht, Verträge zu schließen, Klage zu erheben oder verklagt zu werden, noch konnten sie Teilhaberinnen werden. Ihre Stellung als Ehefrau bedeutete, daß ihre Ehemänner rechtlich für sie hafteten; sie besaßen keinen unabhängigen juristischen Status. Lediglich alleinstehende Frauen und Witwen konnten eigenverantwortlich ins Geschäftsleben eintreten. Oft bot der Tod des Ehemanns oder Vaters dazu Gelegenheit. In Familienunternehmen wie dem der Cadburys war es im 18. Jahrhundert üblich, daß Mann und Frau in einer inoffiziellen Partnerschaft kooperierten und die Sorge um Geschäft und Familie teilten. Die juristische Verantwortung lag auf den Schultern des Mannes, doch im Alltag waren die Funktionen nicht scharf voneinander abgegrenzt. Dennoch gab es eine Reihe von Aufgaben, die dem Mann vorbehalten blieben, beispielsweise der Wareneinkauf. Kurz, die inoffizielle Partnerschaft schmälerte keinesfalls die Substanz männlicher Autorität.

Die Neugründung von Fabriken, die steigende Handelstätigkeit und die Veränderungen in der Landwirtschaft ließen neue geschäftliche Gepflogenheiten entstehen, welche die herkömmlichen und inoffiziellen Beziehungen zwischen Frau und Mann bedrohten. Da damals Partnerschaften die Hauptbasis ökonomischer Expansion bildeten, bedeuteten die juristischen Beschränkungen, die man Ehefrauen auferlegte, und die Erwartungen, die man gemeinhin an Töchter richtete, daß Geschäftspartner fast immer Männer waren, zumeist Verwandte oder Glaubensbrüder. Die neuen Formen von Erziehung und Ausbildung, die vornehmlich den Postulaten der Geschäftswelt gehorchten, waren Frauen nicht zugänglich. Zu Beginn des 19. Jahrhunderts entstanden zahlreiche neue pädagogische Einrichtungen, die sich zum Ziel setzten, Männer mit Fertigkeiten und Fähigkeiten für eine Karriere in der Industrie auszustatten. Mädchen dagegen wurden immer noch zu Hause erzogen. Sobald die jungen Männer einmal ins Geschäftsleben eingetreten waren, konnten sie unschwer die Kontakte und Verbindungen entwickeln, deren es bedurfte, um Kredite zu bekommen und Kunden zu akquirieren. Für Frauen war es sehr viel schwieriger, in den Arkanbereich ökonomischer und finanzieller Transaktionen Einlaß zu finden. Anleihen, die man früher inoffiziell aufgenommen hatte, wurden zunehmend über Banken abgewickelt. Getreide, das man früher auf dem Markt verkauft hatte, wurde nun an der Getreidebörse gehandelt – und dieses Institut wurde ausschließlich von Männern frequentiert. Auch die Aktienbörse, die man für den expandierenden Finanzmarkt aufgebaut hatte, hatte keinen Platz für Frauen.

Der Tuchhandel war die erste Sparte, die systematisch die Charakteristika des modernen Einzelhandels ausprägte. Anders als andere Kaufleute, die Produktion und Distribution verbinden mußten – etwa der Metzger, der sein Vieh schlachtete und verkaufte, oder der Bäcker, der

Im Geschäft: Frauen und Männer zu beiden Seiten des Ladentisches. Der Feinkosthandel bleibt eine Männerdomäne (1846).

Brot buk und verkaufte –, hatte ein Textilkaufmann mit der Warenproduktion kaum etwas zu tun. Entwicklungen in der Textilproduktion, insbesondere die Verwendung von Baumwolle, erweiterten den Textilmarkt, um 1820 florierte allenthalben der Stoffhandel. Textilkaufleute, die ihr Kapital zur Verbesserung der Läden einsetzen konnten, waren oft die ersten, die Schaufenster, Warenauslagen und Gaslicht einführten. Sie begannen auch damit, die Waren auszuzeichnen und Barzahlung zu verlangen.

Das Geschäft der Cadburys gedieh und expandierte. John unterhielt nun nebenan eine Tee- und Kaffeehandlung. Er führte nicht nur die neuesten Verbesserungen ein – besonders stolz war er auf seine großen Schaufenster , sondern beschloß auch, sein Geschäft zu erweitern und in die Kakaoherstellung einzusteigen, sobald er das nötige Kapital haben würde. Er errichtete eine separate Fabrik und führte beide Geschäftsbereiche gleichzeitig. Er und Priscilla, seine erste Frau, die 1828 nach erst zweijähriger Ehe starb, wohnten wie zuvor seine Eltern über dem Laden. 1832 schloß er eine zweite Ehe mit der Kaufmannstochter Candia, und bis zur Geburt ihres ersten Kindes lebten sie in der Bull Street; kurz darauf zogen sie von der Stadtmitte in das nahegelegene Edgbaston.

Die Vorstadt Edgbaston, etwa eine Meile von Birmingham entfernt, war von dem evangelischen Lord Calthorpe, einem reichen Grundbesitzer, zu Beginn des 19. Jahrhunderts geplant worden. Er entwarf sie als vornehmen Wohnsitz des Mittelstandes, unbeeinträchtigt durch Schmutz, Lärm und unangenehme Nachbarn, die in der Stadtmitte unvermeidlich waren. Die Pachtverträge wurden sorgfältig kontrolliert,

Das große Lagerhaus der Cadburys ist ein Indiz für die Bedeutung ihres Geschäfts. Nach einer Skizze von Richard Cadbury.

damit Kaufleute ihre Häuser nicht in Geschäfte verwandeln oder Fabrikanten Werkstätten in den Gärten errichten konnten. Man legte breite Straßen an, pflanzte viele Bäume, und allmählich entstanden auch Parks und Kirchen. Edgbaston war stolz auf seine reizvollen Villen in unberührter Landschaft; es bot alle Vorteile der Stadt und lag doch auf dem Lande. Sich in einer solchen Gegend niederzulassen bedeutete allerdings die Trennung von Wohnung und Arbeitsplatz. Calthorpes Gründung, eine der ersten dieser Art, entsprach der wachsenden Neigung des Mittelstands, Familienleben und Geschäftsleben auseinanderzuhalten. »Die süßen Liebkosungen und Zärtlichkeiten von Frau und Kindern« sollten von den »Sorgen und Mühen des Geschäfts« deutlich geschieden sein.

Ökonomische und kommerzielle Veränderungen beförderten diese Neigung. Je umfangreicher das Unternehmen der Cadburys wurde, desto weniger war eine Frau zu qualifizierter Mitarbeit fähig. Die Fabrik lag ein Stück vom Haus entfernt, so daß Candia nicht wie ihre Schwiegermutter die kleinen Kinder beaufsichtigen und gleichzeitig die Angestellten überwachen konnte. Jede Erweiterung des Geschäfts hatte eine Vertiefung der Arbeitsteilung zur Folge. Es wurden mehr männliche Arbeitskräfte eingestellt, die Buchhaltung komplizierte sich – alles Dinge, mit denen ein Mann leichter zurechtkam. Sowohl John wie auch sein Vater waren an der Planung und am Bau einer beeindruckenden neuen Markthalle beteiligt, die den Verkauf der Waren erleichtern sollte und charakteristisch für die Einführung fortgeschrittener Geschäftspraktiken in dieser Zeit war. Handel und Geschäft wurde zu einer Männerdomäne. Die wenigen Geschäftsfrauen, die es noch gab, fand man vor allem im Lebensmittel- oder Damenmodehandel. Als die jungen Cadburys beschlossen, sich ein neues häusliches Domizil für sich und ihre Kinder zu schaffen, das gegen die berufliche Betriebsamkeit abgeschlossen war, besiegelten sie stillschweigend die Entflechtung von Lebens- und Arbeitswelt.

## Wohnhaus und Kinderzimmer

John und Candias neues Haus blieb fast vierzig Jahre lang der Familienwohnsitz. Nach und nach bauten sie es um und vergrößerten es in dem Maße, wie die Familie wuchs und das Einkommen stieg. Candias Platz war daheim, wo sie sich um die Kinder kümmerte, kochte, wusch und den Garten versorgte. So wie ihre Tochter Maria das Haus später beschrieb, »sah es fast wie ein kleines Cottage aus, ohne die vielen Umbauten wäre es zu klein gewesen, aber die ländliche Umgebung hatte unsere Eltern veranlaßt, es zu nehmen, anzubauen und die Gärten nach ihrem eigenen Geschmack anzulegen. [. . .] Unsere Mutter arbeitete ausgesprochen gern im Garten, unser Vater war vor allem mit dem Geschäft in der Stadt und anderen Interessen ausgefüllt und hatte während der Woche kaum Zeit für seinen Garten«.[12] Bald besaß das Haus ein Spielzimmer, das später in ein Schulzimmer verwandelt wurde, und im ersten Stock gab es ein Kinderzimmer für die Kleinen. Das Leben Can-

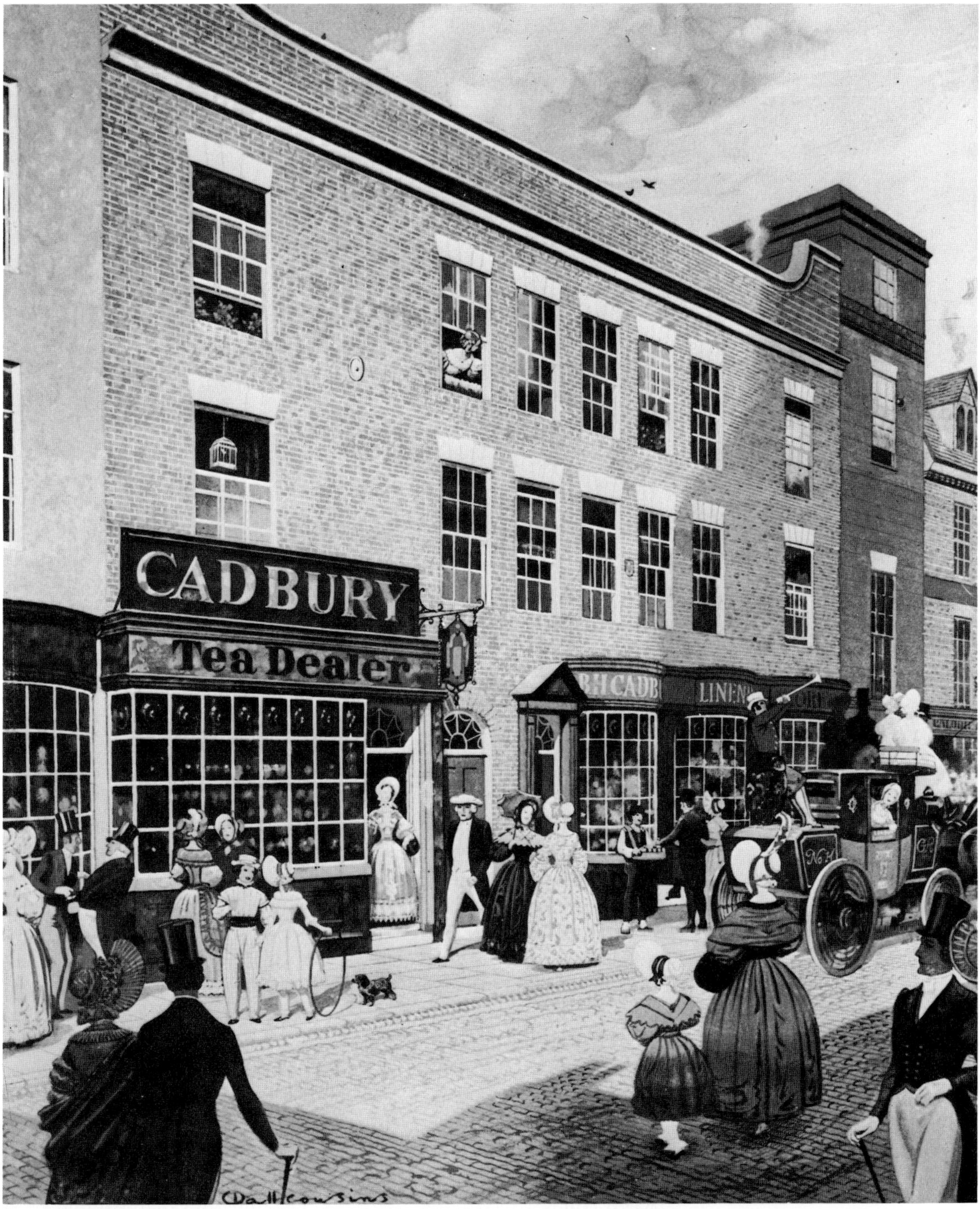


Bull Street, Birmingham, um 1824: Das Reich der Cadburys. Rechts das Tuchgeschäft von Richard Cadbury, dem Vater, links der Kaffee- und Teehandel von John Cadbury, dem Sohn. Zeichnung von E. Wall Cousins.

Ein großes Bürgerhaus im neoklassizistischen Stil in Berwickshire, um die Mitte des 19. Jahrhunderts.

dias und ihrer Kinder konzentrierte sich auf das Zuhause und die Schule, während der Ehemann sein Heim als Refugium ansah, wo er Kraft für seine geschäftlichen und politischen Aktivitäten in der Stadt schöpfte.

In einem solchen Zuhause mit Eßzimmer, Wohnzimmer, Schulzimmer und Kinderzimmer verkörperte sich ein neues Wohnkonzept. Eine derartige Spezialisierung des Raums war in den sichelförmig angelegten Wohnvierteln, den »crescents«, die im 18. Jahrhundert die Regel waren, nicht möglich gewesen; man hatte sie auch nicht für wünschenswert gehalten. Der Vorsatz, separate Räume für die Kinder zu schaffen und Küche und Eßzimmer zu trennen, ging einher mit dem Gedanken, daß es für Männer einen gesonderten Ort der Arbeit gab. Häuser dieser Art verlangten auch eine besondere Möblierung, da die Ansprüche an Wärme und Komfort stiegen. J. C. Loudon, der damals den Geschmack des Mittelstandes in Architektur, Innenausstattung und Gartengestaltung bestimmte, instruierte die Leser seiner immens verbreiteten Zeitschriften, wie ein Kinderzimmer auszusehen habe, wie ein Wohnzimmer eingerichtet sein sollte und welche Annehmlichkeiten der Garten für Ehemann und Ehefrau zu bieten vermochte. Denn nicht nur diese Wohnhäuser waren eine Neuheit, sondern auch die Gärten, die sie umgaben. Im 18. Jahrhundert hatte man sich noch mit einem kleinen Vorgärtchen mit einem Eingangsweg begnügt. Mitte des 19. Jahrhunderts avancierte der Garten zu einem wichtigen Element des mittelständischen Alltags. Gebändigte Natur, eingerahmt von Bäumen und Hekken, damit die Privatsphäre geschützt war, bildete den perfekten Rahmen für das Familienleben. Die Männer kümmerten sich um Bäume und Weinstöcke, denn Loudon bemühte sich, ihnen zu versichern, daß an dieser Art körperlicher Tätigkeit nichts Verächtliches sei, und genossen nach einem harten Arbeitstag in der Stadt die Entspannung im Grünen. Den Frauen oblag die Aufsicht über den Blumengarten, der den natürlichen Zusammenhang zwischen dem liebevollen, sanften Wesen der Frau und der Zartheit der duftenden Blüten aktualisierte. (In dieser Zeit verglich man häufig Frauen und Blumen.) Zudem konnten Mütter ihren Kindern beibringen, Pflanzen zu ziehen und zu säen.

## Heim, Arbeit und Tugend

John und Candia Cadburys Haus mit Garten in Edgbaston ist ein konkretes Beispiel für eine bestimmte Vorstellung vom Familienleben, von den speziellen Aufgaben von Mann und Frau und von deren unterschiedlichen Beziehungen zur Außenwelt. Hannah Mores Ideal war in den Wohnhäusern des Mittelstands und einer verfeinerten Umgebung steinerne Realität geworden. Die religiöse Verpflichtung, eine neue Lebensweise zu begründen, die spirituelles Engagement ermöglichte, hatte in der allmählichen Trennung und Abgrenzung von männlicher und weiblicher Arbeit ihren materiellen Ausdruck gefunden. Während sich den Männern in der expandierenden Wirtschaft neuartige Tätigkeitsfelder eröffneten und ihre Identität immer stärker mit ihren beruflichen und öffentlichen Aktivitäten verschmolz, zogen die Frauen sich aus der Welt zurück und erblickten in Mutterschaft und Haushaltsführung ihren einzigen Beruf. Diese Teilung der Wirklichkeit in eine

Der Garten, Zeitvertreib von Frauen und Kindern, kann auch zur Passion der ganzen Familie werden und die Tugend festigen (1864).

Das *Mechanic Institute* 1825 in Manchester: ein Ort zur Weiterbildung der Arbeiterklasse.

männliche und eine weibliche Sphäre hatte eine religiöse Konnotation; das Getümmel der öffentlichen Geschäfte stand im Ruf des Amoralischen. Und die Männer, die in dieser Sphäre wirkten, konnten sich ihre seelische Unversehrtheit nur bewahren, indem sie den Bund mit der Integrität des trauten Heims bewahrten, wo die Frau als Trägerin der reinen Werte fungierte. Das traute Heim war ein Ort süßer Freuden, der sichere Hafen für den umtriebigen Mann, der den materiellen Wohlstand gewährleisten mußte, auf dem dieses Zuhause ruhte. Seine Männlichkeit gründete in der Fähigkeit, für die abhängigen Familienmitglieder zu sorgen; die Quelle der Weiblichkeit von Frauen und Töchtern war ihre Abhängigkeit. Die Würde eines Mannes folgte aus seinem Beruf; eine Frau verlor ihre Würde, wenn sie arbeitete. In der Mitte des Jahrhunderts war das mittelständische Ideal des brotverdienenden Ehemanns und der häuslichen Ehefrau mit den abhängigen Kindern so verbreitet, daß der oberste Standesbeamte bei der Volkszählung nicht nur die Kategorie »Hausfrau« einführte, sondern in seinem Bericht von 1851 auch schrieb: »Jeder Engländer hat den überaus starken Wunsch, ein eigenes Haus zu besitzen, denn es zieht einen deutlich abgegrenzten Kreis um die Familie und den heimischen Herd – heiliger Schrein seiner Sorgen, Freuden und Erbauung.«[13]

## Die Dominanz mittelständischer Werte

Viele Engländer wären über die Annahme des Standesbeamten, sie wünschten sich »eigene Häuser«, erstaunt gewesen. Doch dessen Anspruch, in dieser Sache für alle zu sprechen, läßt erkennen, in welchem Grade Sprachregelungen des Mittelstandes inzwischen normative Kraft gewonnen hatten. Dies war zum Teil ein Ergebnis des missionarischen Eifers überzeugter Christen und anderer mittelständischer Gruppen wie der Utilitaristen, die sich beharrlich bemühten, die Welt nach ihrem Bilde umzugestalten. Sie hofften, sowohl die oberen wie die unteren Klassen zu ihrem Glauben zu bekehren, und propagierten entschieden ihren Verhaltenskodex. Aristokratie und Oberschichten sollten der Zügellosigkeit entsagen, die Armen sollten sich in Fleiß und Geduld üben. Alle sollten die Bedeutung eines stabilen Familienlebens und einer angemessenen Häuslichkeit ernst nehmen. Darin stimmten freikirchliche Christen jeder Couleur und Utilitaristen überein. Auch der große Jeremy Bentham war fest davon überzeugt, daß Männer und Frauen unterschiedliche Fähigkeiten besäßen. Die Politik der Utilitaristen wurde ebenso wie die der evangelischen Freikirchen bestimmt von der Gewißheit schicklicher Beziehungen zwischen den Geschlechtern. Für Benthams Anhänger waren getrennte männliche und weibliche Sphären jedoch eher ein Gemeinplatz als ein moralisches Gebot. Welchen Einfluß die Protagonisten dualistischer Lebenswelten im frühen 19. Jahrhundert ausübten, zeigt sich daran, daß diese Unterscheidung für naturgegeben erachtet wurde.

## Moralische Belehrung der Armen

Wie erfolgreich waren die mittelständischen Weltverbesserer? Inwieweit nahmen die Strumpfwirker, Handweber, Baumwollspinner, kleinen Handwerksmeister, Gastwirte und Händler, die im frühen 19. Jahrhundert die »arbeitenden Klassen« bildeten, die neuen häuslichen Werte an, die zum evangelischen Glauben gehörten? Auf dem Lande entstanden Schulen, Sonntagsschulen und philanthropische Institute, die das mittelständische Reglement, was sich für Männer und was sich für Frauen schickte, bekräftigten. Wenn die Frauen aus den Mittelschichten Sonntagsschülerinnen, Mädchen in Waisenhäusern oder alten und kranken Frauen häusliche Werte predigten, definierten sie damit gleichzeitig ihre eigene »angemessene Sphäre« und den Platz, der Frauen aus der Arbeiterklasse zukam. Sie sollten entweder als Dienstboten in den Häusern der Bessergestellten arbeiten oder als respektable, bescheidene Frauen und Mütter ihr eigenes Zuhause in Ordnung halten. Eine Organisation zur Unterstützung alter und kranker Frauen etwa sammelte Geld für »diejenigen, die ihren Verpflichtungen als Ehefrau und Mutter nachgekommen sind« und im Alter allein und verlassen zurückgeblieben waren.[14] Die Organisatoren achteten strikt darauf, ob die Frauen solcher Hilfeleistungen würdig waren, ob sie tatsächlich ein bescheidenes, ehrenhaftes Leben geführt hatten. Jungen und Mädchen wurden in den Schulen getrennt unterrichtet, oft in verschiedenen Gebäuden; man legte Wert auf jeweils angemessene Erziehungsziele. Weiterbildungsanstalten und Debattierzirkel waren den Männern vorbehalten. Die neuen Mechanics Institutes, die meist von

Die Sonntagsschulen, Einrichtungen christlicher Philanthropen, dienten der Alphabetisierung der Armen, sollten sie aber auch moralisch erziehen. Sie wurden gelobt und karikiert; hier eine positive Darstellung.

Bentham-Anhängern beeinflußt wurden, standen zunächst ausschließlich Männern offen. Man wollte sie nicht nur dazu anhalten, fleißig zu werden, vernünftig und systematisch zu denken, sondern sie auch zu guten Ehemännern, Vätern und Brüdern heranbilden. Der erste Bericht über ein solches Institut betonte nachdrücklich, daß die ganze Familie profitiere, wenn der Mann diese Anstalt besuchte. Er würde nüchterner, intelligenter und ruhiger werden; seine Anwesenheit zu Hause würde angenehmer sein; er würde lernen, seine Finanzen einzuteilen, und daher mehr Geld für die Ausbildung der Kinder haben. Seine Frau würde durch sein gutes Beispiel sauber, ordentlich und fürsorglich werden. Kurz, die Familie würde ein lebendiges Modell häuslichen Glücks werden.

Dieser Anspruch war natürlich immens. Es überrascht kaum, daß Männer und Frauen der Arbeiterklasse sich nicht durch Anweisungen des Mittelstandes auf wundersame Weise in respektable und sanfte Männer oder in häusliche und liebevolle Frauen verwandelten. Aber Historiker haben nachgewiesen, daß sie diese kulturellen Werte der Herrschenden auch nicht einfach ablehnten. Wie Robert Gray in seiner Untersuchung der Arbeiteraristokratie im Edinburgh des späten 19. Jahrhunderts festgestellt hat, fand zwischen Herrschenden und Beherrschten eine Art »Austauschprozeß« statt, der bei den Arbeitern neue Vorstellungen von Würde und Respektabilität entstehen ließ. Diese Vorstellungen waren zwar imprägniert mit mittelständischen Werten, aber zugleich vom Vertrauen in gewerkschaftliche Aktion und von einem kräftigen Klassenbewußtsein begleitet. Ähnlich hat David Vincent in seiner Studie über den Begriff »nützliches Wissen« in Autobiographien von Arbeitern belegt, daß ihm ein eigentümliches klassenspezifisches Handlungskonzept zugrunde lag.[15]

Das gleiche gilt im Hinblick auf männliche und weibliche Sphäre. Männer und Frauen der Arbeiterklasse machten sich die Ansichten des Mittelstandes von schicklicher Lebensweise nicht umstandslos zu eigen. Doch die eine oder andere religiöse und weltliche Erwägung über männliches und weibliches Betragen und häusliches Leben fand in Teilen der Arbeiterklasse durchaus Resonanz, da sie realen Bedürfnissen und Erfahrungen entsprach.

Nehmen wir etwa die Temperenzlerbewegung, die, so wurde häufig argumentiert, ein vorzügliches Beispiel für die Durchsetzung der Werte des Mittelstandes sei. Die radikale Abstinenzler Kampagne war von klassenbewußten Arbeitern ausgegangen, die Verbindungen zum Chartismus* unterhielten. Aber der Appell, »sich selbst zu bessern«, konnte leicht mit den kulturellen Mustern des Mittelstandes verschmelzen. Argumente gegen die Trunksucht waren normalerweise mit der Betonung von Heim und Familie verknüpft, denn eine der schlimmsten Wirkungen des Alkoholismus war der Ruin mancher Arbeiterfamilien. Eine berühmte Reihe von Stichen des äußerst populären Cruikshank mit dem Titel *Die Flasche* zeigt auf dem ersten Bild eine bescheidene Arbeiterfamilie, die in ihrem einfachen, aber sauberen und gemütlichen Zuhause beim Essen sitzt – das Ideal einer glücklichen Familie: die Kleider sind sorgfältig gestopft, ein Familienporträt hängt an der Wand, die

* Erste sozialistische Arbeiterbewegung in England, benannt nach der *Peoples Charte* von 1838. *A.d.Ü.*

kleinen Kinder spielen, ein behagliches Feuer knistert im Herd, und das Türschloß sichert diesen Ort des Rückzugs und der Geborgenheit. Doch dann bietet der Mann seiner Frau zu trinken an, und Szene auf Szene dokumentiert Cruikshank den entsetzlichen Verfall von Heim

Drei der acht berühmten Stiche von George Cruikshank, *Die Flasche* (1847), die zeigen sollten, welch schlimme Auswirkungen der Alkoholismus auf die Familie hatte. Zuerst: Eine glückliche Familie, aber der Mann führt die Frau in Versuchung.
Zweites Bild: Der arbeitslose Mann verpfändet alle Kleider der Familie, um weiter zu trinken.
Drittes Bild: Streit und Prügeleien sind die natürlichen Folgen des Trinkens. Solche Darstellungen zur Volkserziehung waren sehr verbreitet, auch in der Gewerkschaftsbewegung.

und Familie. Am Schluß ist der Ehemann wahnsinnig und erschlägt seine Frau mit einer Flasche, die beiden älteren Kinder sind Zuhälter und Dirne geworden. Der Vergleich der unglücklichen Familie des Trinkers mit der häuslichen Idylle des abstinenten Arbeiters war ein beliebtes Klischee der Temperenzler. Ein Trunkenbold, der sich gebessert hat, erklärt poetisch:

»I protest that no more I'll get drunk –
For I find it the bane of my life!
Henceforth I'll be watchful that nought shall destroy
That comfort and peace that I ought to enjoy
In my children, my home and my wife.«[16]

[»Ich schwöre, nie wieder zu trinken, denn das zerstört mein Leben. Von nun an soll nichts mehr den Frieden und das Glück trüben, das ich in meiner Familie und meinem Heim finde.«]

Derlei Beteuerungen bezeugen, daß die Arbeiterklasse das Ideal mittelständischer Häuslichkeit verinnerlicht hatte. Arbeiter und Arbeiterinnen entwickelten jedoch auch eigenständige Vorstellungen von Männlichkeit und Weiblichkeit, obschon sie durch das herrschende Bild beeinflußt waren. John Smith, ein enthusiastischer Temperenzler aus Birmingham, argumentierte folgendermaßen: »Das Glück am heimischen Herd gehört zum Programm der Temperenzler, und wir wissen, daß die Frau das leuchtende Juwel an diesem Ort der Heimeligkeit ist. Die meisten Annehmlichkeiten des Lebens hängen doch ab von unseren Frauen und weiblichen Verwandten, ob im Kindesalter, in reifen Jahren oder im Alter.«[17] Mit diesen Worten berührte er einen empfindlichen Nerv, denn für einen Arbeiter hingen die Annehmlichkeiten des Lebens tatsächlich von seinen weiblichen Verwandten ab. Und diese Frauen brauchten andere Fähigkeiten als ihre mittelständischen Schwestern. Die Ideologen der Mittelschichten rühmten die moralische Inspirationskraft der Frauen und ihre Gabe, einen großen Haushalt zu verwalten; von einer Frau und Mutter in der Arbeiterklasse wurden praktische Fähigkeiten gefordert: kochen, waschen, Kinder großziehen; Würde und Selbstwertgefühl erlangte eine Frau, die solche Aufgaben gut erfüllte.

### Francis Place: Lob der guten Hausfrau

Die Schriften zweier wichtiger Theoretiker und politischer Denker – Francis Place und William Cobbett – illustrieren, daß ein bestimmtes Bild von Häuslichkeit in Teilen der Arbeiterklasse akzeptiert wurde. Place, 1771 geboren, lernte im Reithosenhandel und wurde später ein erfolgreicher Schneider. Er verbrachte sein Leben in London, war beteiligt an den radikalen Bewegungen in den Jahren nach 1790, unter anderem als Sekretär der London Corresponding Society, und spielte eine wichtige Rolle bei der Gewerkschaftsreform nach 1820. In späteren Jahren war er ein Vertrauter Benthams, und da es ihm aufgrund seines finanziellen Erfolgs möglich war, sich vom Geschäft zurückzuziehen, konnte er sich ganz seinen reformerischen Vorhaben widmen. In seiner Jugend war Place sehr arm gewesen und hatte das typische Leben eines Handwerkers im späten 18. Jahrhundert geführt. Er verfocht die geläufigen Ansichten von der Rolle der Frau und erwartete, daß sie dem Manne bei der Arbeit half, wann immer es nötig war. Er engagierte sich außerdem in der Verfeinerung der Sitten und Moral der Arbeiter. Ausführlich beschreibt er das in seiner Autobiographie. Besonders gern erzählte er, wie die sexuell freizügigen Straßenspiele, die er aus seiner Jugend kannte, allmählich verschwanden, und mißbilligte scharf, wenn Arbeiter tranken und deshalb ihre Familie vernachlässigten – sein eigener Vater war ein Beispiel dafür. Place war lange vor dem oben zitierten Standesbeamten fest davon überzeugt, daß ein »eigenes Haus« überaus wünschenswert sei: »Nichts führt so sehr dazu, daß Mann oder Frau die gegenseitige Achtung oder die Selbstachtung verlieren – vor allem die Frau – als die Tatsache, daß man essen, trinken, kochen, waschen, bügeln und überhaupt alle häuslichen Arbeiten in dem Raum verrichten muß, in dem der Mann arbeitet und der gleichzeitig Schlafzimmer ist.« Er war hocherfreut, als er eine neue Wohnung bekam, in der er ein eigenes Arbeitszimmer hatte: »So konnte meine Frau die Wohnung besser in Ordnung halten. Auch zeitigte es eine sittliche Wirkung. Ich war nicht immer dabei, wenn sie sich um das Kind kümmerte, das Feuer anfachte, kochte, das Zimmer putzte, Kleider wusch und die Wäsche bügelte.«[18]

Als Junge war Place in die Lehre gegeben worden; seine Frau war »in Stellung« gewesen, ohne besondere Ausbildung. Place verdiente mit seiner Arbeit wesentlich mehr als seine Frau, die nicht nur Haushalt und Kinder versorgte, sondern ihn auch in seinem Handwerk unter-

Illustration des berühmten Traktats *Cottage Economy* von William Cobbett: Landleben, Eigenverbrauch und die Tugenden einer guten Hausfrau gewähren das Glück der Familie und das Gleichgewicht der Gesellschaft.

stützte. Sein Leben lang war er begierig auf Weiterbildung; er las und schrieb, kaufte Bücher und kam mit bekannten Intellektuellen in Kontakt, obschon der soziale Abstand nie ganz überbrückt wurde. Jeremy Bentham und James Mill ermunterten Place, seine Autobiographie zu schreiben. Seine Frau bildete sich auf andere Weise fort. Sie wurde eine ausgezeichnete Schneiderin und Modistin und konnte »eine Mode mit einem Blick erkennen und sie dann auf alles anwenden, was sie nur wollte«. Wie ihr Mann berichtet, blieb sie eine schlichte Frau, die sich freute, als guter Hausgeist, ehrenhafte Ehegattin und fürsorgliche Mutter bekannt zu sein, und die nicht den Ehrgeiz besaß, ihren »angestammten Bereich« zu verlassen. Place scheint es nicht in den Sinn gekommen zu sein, an dieser Tradition zu rütteln. Er zog seinen Vorteil aus ihr und kaschierte die Deklassierung der Frauen mit Lob für ihr Bestreben, eine brave Hausfrau und Mutter zu werden. Die Politik des Fortschritts ist nicht immer ein Fortschritt der Politik.

## William Cobbett und seine Schrift *Cottage Economy*

William Cobbett, laut E. P. Thompson derjenige Schriftsteller und Journalist, der den größten Einfluß auf den Radikalismus zu Beginn des 19. Jahrhunderts ausübte, beweist in der Frage nach den Lebensbereichen von Mann und Frau die nämlichen Denkmuster. Cobbett prägte die Kultur der Radikalen in den Jahren nach 1820, wie Thompson erklärt, »nicht weil er ihre originellsten Ideen hervorgebracht hätte, sondern in dem Sinne, daß er den Ton, den Stil und die Argumente fand, die dem Weber, dem Schulmeister und dem Schiffsbauer zu einer gemeinsamen Sprache verhalfen. Die Mannigfaltigkeit von Anliegen und Interessen führte er zu einem radikalen Konsens«.[19] Doch Cobbetts »radikaler Konsens« verwies die Frauen entschieden in die häusliche Sphäre. Energisch plädierte er für die Häuslichkeit und für seiner Meinung nach fest begründete und erprobte Vorbilder des Familienlebens. Glückliche Familien, so meinte er, seien die Basis einer funktionierenden Gesellschaft. Mit seiner Schrift *Cottage Economy* hoffte Cobbett dazu beizutragen, daß vertraute häusliche Fertigkeiten, die er durch das System der Lohnarbeit für ernstlich bedroht hielt, wiederauflebten. Seine Idealisierung der Vergangenheit mündete in die Aufwertung alter patriarchalischer Verhaltensmodelle und Alltagspraktiken. In *Cottage Economy* erklärt er ausführlich, wie man Bier braut, nicht nur, weil es zu Hause billiger hergestellt werden konnte, sondern auch, weil gutes hausgebrautes Bier die Männer veranlassen würde, die Abende mit der Familie zu verbringen, anstatt ins Wirtshaus zu gehen. Eine Frau, die nicht backen konnte, war es Cobbett zufolge »nicht wert, daß man Vertrauen in sie setzte [...], sie fällt nur der Gemeinde zur Last«. Allen Vätern versicherte er, das beste Mittel, ihre Töchter glücklich zu verheiraten, sei, sie so zu erziehen, daß sie »in den nötigsten Dingen des Haushalts geschickt, fähig und fleißig sind«. »Grübchen und Apfelbäckchen« genügten nicht; eine Frau mußte brauen und backen, Kühe melken und buttern können, um respektiert zu werden. Welches Bild könnte gottgefälliger sein als der »Arbeiter, der an einem kalten Winterabend nach des Tages Müh und Plage mit Frau und Kindern um ein lustig knisterndes Feuer sitzt, während der Wind im Kamin heult und der Regen auf das Dach prasselt«[20]?

Cobbett hatte keine Verwendung für die »neumodischen« Vorstellungen von Weiblichkeit, wie sie in Teilen des Mittelstands aufkamen. Er verabscheute die »falsche Vornehmheit«, wie er es nannte, von Bauersfrauen, die ihre Wohnzimmer in Salons umtauften, Klaviere kauften und ihre Töchter zu affektiertem Gehabe ermunterten. Für eine Bauersfrau zieme es sich, sich um die Milchwirtschaft zu kümmern und die Landarbeiter, die mit im Hause wohnen sollten, ordentlich zu verpflegen. Doch Cobbett beschwor nicht nur die Vergangenheit. Er forderte auch neue Rechte für die Arbeiter, zum Beispiel das Recht auf einen ausreichenden Lohn, mit dem sie Frau und Kinder zu ernähren vermochten. Er forderte das Recht auf Gedankenfreiheit; die Arbeiter sollten lesen können, was sie wollten, und sagen, was sie dachten. Und vor allem verlangte er uneingeschränktes Wahlrecht; politische Vertretung sollte nicht vom Besitz abhängen, sondern davon, ob man ehrlich arbeitete. Cobbett zufolge bestand der Besitz des Arbeiters in seinen Fähigkeiten. Frauen und Kinder sollten dem Mann als dem Familienoberhaupt gehorchen; sowohl politisch wie rechtlich sollte der Mann für seine Familie verantwortlich sein. Frauen sollten nicht unabhängig handeln und auch nicht wählen können, denn »die Natur ihres Geschlechts macht die Ausübung dieses Rechts unvereinbar mit der Harmonie und dem Glück der Gesellschaft«[21].

Im Zentrum einer radikalen Kultur der Arbeiterklasse stand die An-

Richard Redgrave, *Die arme Lehrerin*, 1843. Die englische Miss hat es schwer mit ihren Schülern. Die einsame, hübsche junge Hauslehrerin ist aufgrund ihrer Armut in düsteres Schwarz gekleidet. Ein Symbol weiblicher Einsamkeit im 19. Jahrhundert.
(London, Victoria and Albert Museum)

erkennung der weiblichen Passivität und Fügsamkeit, der Glaube, Frauen seien »von Natur aus« häuslich und die Trennung der Geschlechter sei die einzig mögliche Garantie gesellschaftlicher Entwicklung. Auch die Theorie der Geschlechtsrollen wurde in der Arbeiterklasse akzeptiert. Daran mag man ermessen, wie tief die Mutmaßungen über die Unterschiede der Geschlechter im Denken der Arbeiter verankert waren.

## »Familienlohn« und die Hausfrau am Herd

Die Übereinstimmung zwischen Vorstellungen evangelischer Christen und der männlichen Arbeiterschaft erweist sich auch in der staatlichen Politik zur Frauenarbeit in den Jahren nach 1840. Zwischen 1830 und 1850 wurden Männer zunehmend als verantwortliche politische Bürger bestätigt, während die Frauen zu öffentlichem Schweigen verdammt blieben. Ein bedeutsamer Aspekt war der Gedanke, der sowohl von Place als auch von Cobbett vorgetragen wurde, daß jeder Mann einen »Familienlohn« verdienen solle, mit dem er sich selbst sowie Frau und Kinder ernähren konnte. Dieses Ideal von männlichem Auskommen und weiblicher Abhängigkeit, das in der Kultur des Mittelstands längst eingebürgert war, fand nun auch in die Lebensgewohnheiten der Arbeiter Eingang. Die Lohnverhandlungen der Männergewerkschaften stützten sich auf das Argument eines »Familienlohns«. Doch auch die-

Die Parlamentsberichte, wegen ihres blauen Einbands *Blue Papers* genannt, verdanken ihre große Wirkung den groben, aber suggestiven Stichen, die einen Einblick in die Arbeitsbedingungen von Frauen und Kindern in den Bergwerken vermitteln. Diese beiden Stiche stammen aus dem »Ersten Bericht über die Gruben« von 1842. Oben: Kohlenträgerinnen, normalerweise kleine Mädchen. Unten: Ein junges Mädchen zieht einen Förderwagen voll Kohle, an dem sie mit einem Geschirr befestigt ist.
(Paris, Bibliothèque Nationale)

ser Sachverhalt zeigt, daß die Arbeiterklasse die Normen des Mittelstands nicht einfach übernahm, sondern sie an die eigenen Klasseninteressen anpaßte.

Das Thema Frauenarbeit in Bergwerken wurde Mitte des 19. Jahrhunderts zum Brennpunkt der Debatte über unschickliche weibliche

Arbeit. Eine Frau aus dem Mittelstand etwa, die einer Lohnarbeit nachging, war bereits als unweiblich abgestempelt. Wenn es um Frauen aus den armen Arbeiterschichten ging, war die Norm nicht ganz so streng. Es war akzeptabel, wenn eine Frau bezahlte Tätigkeiten ausübte, die sich als eine »Erweiterung« ihrer »natürlichen« weiblichen Rolle deuten ließen. Weibliche Dienstboten, die wuschen, kochten oder Kinder versorgten, verletzten die Anstandsregeln nicht. Durchaus schicklich war es auch, als Schneiderin oder Putzmacherin zu arbeiten oder in irgendeiner Weise mit Lebensmitteln zu hantieren. Doch manche Berufe galten als gänzlich unpassend für Frauen, vor allem, wenn Männer und Frauen zusammenarbeiteten. Daß eine Frau unter Tage arbeitete, war kraß unvereinbar mit der evangelischen Konzeption von Weiblichkeit. Eine Kommission, die Arbeitsbedingungen von Kindern in Bergwerken untersuchen sollte, war entsetzt, als sie entdeckte, unter welchen Bedingungen Frauen dort tätig waren. Ihre Vorstellungen von der Natur der Frau wurden durch den Anblick von Frauen, die leicht bekleidet neben Männern arbeiteten, gründlich gereizt – ein derartiger Affront gegen die öffentliche Moral ließ für den Bestand der Familie und die Sitten der gesamten Arbeiterklasse Schlimmes befürchten. Evangelische Christen spielten die treibende Rolle bei der Kampagne, die Frauenarbeit unter Tage zu verbieten. Die Grubenarbeiter unterstützten ein solches Verbot, doch nicht aus denselben Motiven wie die Streiter aus dem Mittelstand. Wie Angela John gezeigt hat, teilten sie nicht die Ansichten des Kommissionsmitglieds Tremenheere, der erklärte, der Ausschluß von Frauen sei »der erste Schritt hin zu einem höheren Niveau häuslicher Lebensführung und der Sicherung eines respektablen Zuhause«.[22] Die Arbeiter waren verstimmt über die Einmischung von Angehörigen des Mittelstands, die ihnen vorzuschreiben versuchten, wie sie mit ihren Familien leben sollten. Sie wollten ihre Familien selbst kontrollieren und forderten ein besseres Leben für ihre Frauen und Töchter. Wenn die Frauen der Grubeneigner zu Hause bleiben konnten, dann sollte das auch ihren Frauen möglich sein. Die Bergarbeiter griffen die Grubeneigner an, die Frauen weiterhin illegal beschäftigten. Und sie hatten ein weiteres starkes Motiv, den Ausschluß von Frauen zu unterstützen. Das Bündnis der englischen und irischen Bergarbeiter trat 1842 in Kraft, drei Tage vor dem Datum, ab dem Frauen unter achtzehn Jahren die Gruben verlassen mußten. Im *Miner's Advocate* steht klar und deutlich, daß die Gewerkschaft strikt gegen die Einstellung von Frauen war. Sie versuchte, die Arbeitszeit in den Gruben zu verringern und maximale Löhne auszuhandeln. In der Frauenarbeit erblickte man eine direkte Bedrohung dieses Ziels, denn Frauenarbeit hielt die Löhne niedrig. Die Grubenarbeiter hatten ihre eigenen Gründe, ihre Frauen aus eigener Kraft zu ernähren. Die Frauen wurden nicht gefragt. Sie verabscheuten zwar die Arbeitsbedingungen, benötigten aber das Geld. Doch ihre Stimmen verklangen ungehört. In einer der wichtigsten öffentlichen Debatten zwischen 1840 und 1850 verständigten sich Staat, Philanthropen aus dem Mittelstand und Repräsentanten der Arbeiterklasse, die Frauen auf Hauswesen, Ehepflicht und Mutterschaft zu vereidigen.

## Der Adel und die »neue Privatsphäre«

1820 mußte George IV. erfahren, daß der mächtige englische Mittelstand familiäre Treue und häusliche Werte favorisierte. Doch wurden hoher und niederer Adel von der scheinbaren Vorherrschaft mittelständischer Deutungen der Geschlechterdifferenz wirklich berührt? Lawrence Stone und Rudolph Trumbach argumentieren beide, die Anschauungen der landbesitzenden Klassen im 18. Jahrhundert hätten dem Siegeszug der »neuen Häuslichkeit« Vorschub geleistet. Stone meint, daß diese Anschauungen von der Elite der Handels- und Finanzbourgeoisie inspiriert wurden.[23] Magazine wie *The Spectator* formulierten einen Begriff von Vornehmheit, der zunehmend mit der Funktionstrennung von Männern und Frauen gleichgesetzt wurde. Diese Tendenz nahmen evangelische Christen auf und entwickelten sie weiter. Die wachsende ökonomische, politische und soziale Macht des Mittelstands im frühen 19. Jahrhundert spiegelt sich auch darin, daß Gewohnheiten und Einstellungen, die ihren Ursprung im Milieu von Bauern, Fabrikanten und Kaufleuten hatten, vom Adel und von den Oberschichten nachgeahmt wurden. Wie Leonore Davidoff nachgewiesen hat, »wurden vor allem mittelständische Verhaltensmuster auf den Ehrenkodex des hohen oder niederen Adels übertragen und ließen so ein erweitertes Konzept von ›Vornehmheit‹ entstehen«.[24] Oder, wie Mark Girouard es ausdrückt, die Oberschichten hatten sich um die Jahrhundertmitte den oberen Mittelschichten angenähert, der soziale Abstand zwischen ihnen war geringer geworden. »Schließlich paßte die Oberschicht ihr Image den Moralbegriffen der Mittelschicht an. Sie wurde – zum Teil aufrichtig, zum Teil zumindest äußerlich – seriöser, religiöser, häuslicher und verantwortungsbewußter.«[25]

Die mittelständische Kritik an der Gleichgültigkeit, Verderbtheit und Unmoral der Oberschichten erreichte ihren Höhepunkt in den Jahren zwischen 1820 und 1840 und ließ in dem Maße wieder nach, wie Adel und »gentry« sich stärker an häuslichen Werten orientierten. Sie schufen das »moralische traute Heim«, wie Girouard es nennt, konzentriert auf ein glückliches, behütetes Familiendasein mit gemeinsamen Gebeten, Beachtung des heiligen Sonntags und der Ordnung des häuslichen Alltags. Frauen, ausgeschlossen von Geschäften oder der Teilnahme am öffentlichen Leben, regierten die Privatsphäre durch das System der Etikette, der Regeln der »feinen Leute« und der jeweiligen »Saison«. Sie waren in der Gesellschaft tonangebend und fungierten als »Türhüter«, die über Zulassung oder Zurückweisung entschieden. Persönliche Bekanntschaft war das Prinzip dieser Regulierung – man akzeptierte nur jemanden, den man kannte. Die Geselligkeit in den Häusern der Reichen, zu denen nur Bekannte Zutritt hatten, wurde exklusiver und privater. Familie und Verwandtschaft spielten in dieser kontrollierten sozialen Interaktion eine Schlüsselrolle: Wollte man akzeptiert werden, mußte man Beziehungen haben. Die mittelständische Familie als sicherer Hort für Frauen und Kinder, wo die Männer Kraft schöpften für den Wettbewerb, hatte freilich eine andere Funktion.

Titelblatt einer der bekanntesten Zeitschriften, die sich dem Lob des »Familienkreises« widmete: die verschiedenen Lebensalter, verbracht in der »Wärme des Nestes«.

Die Bequemlichkeit im »trauten Heim« erforderte funktionale Möbelstücke, das berühmte »englische Mobiliar«, das in Frankreich erst später eingeführt wurde. Diese *Enzyklopädie* von 1839 zeigt einen ganzen Katalog von Modellen, »Frauenmöbel« wie den Sekretär, das Sofa oder die Bank für den Nähsalon. Unten ein hoher Babystuhl. J. C. Loudon, *Encyclopaedia of Cottage, Farm and Villa Architecture and Furniture*, London 1839.



1942

1943

which resembles the preceding one in every respect, except in being rather plainer These are very useful articles for industrious young ladies. We have seen some of them, and also of the articles in the two preceding and two following paragraphs, in Mr. Dalziel's show-room, of much more elaborate beauty, executed in the rarest exotic woods, and finished with French polish; but we have preferred giving these simple Designs, as likely to be more generally useful.

1944

2115. *Lady's Work Tables.* Figs. 1947 and 1949 are fitted up with drawers for holding cottons; and they have bag frames, which are of wood, covered with fluted silk, and fringed at bottom for containing work.

2116. *Sofa Tables.* Figs. 1948, 1950, 1951, and 1952 are four different varieties of sofa or occasional tables for drawingrooms. Drawers may be introduced under the tops; but the effect is not then so good, as it requires the upper part of the frame to be made deeper, and consequently gives the table too massive a character for an article of drawing-room furniture. In examining whether the tables, in this and the preceding paragraph,

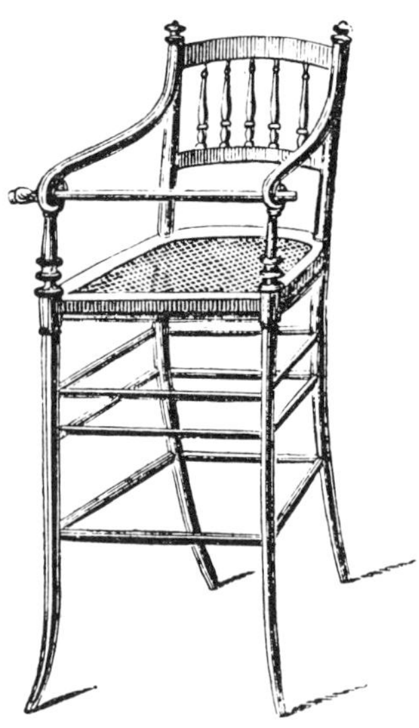

1920

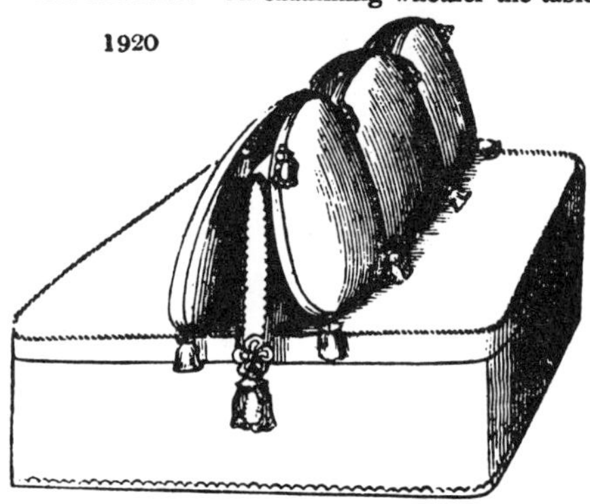

1921

1922

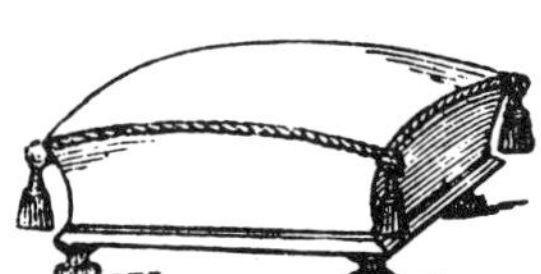

Das Interesse von Adel und Oberschicht an mehr Privatsphäre und Abgeschlossenheit zeigt sich auch an der Struktur ihrer Häuser. In einer mittelständischen Villa brachte man die Diener im Obergeschoß unter; auf einem Landsitz war es möglich, sie durch separate Treppenaufgänge unsichtbar zu machen. Die Zimmer der Dienstboten wurden sorgfältiger gestaltet, man achtete auf die Trennung der Geschlechter und brachte in jedem Zimmer nur ein oder zwei Angestellte unter. Kinder bekamen in der Nähe ihrer Eltern spezielle Räumlichkeiten; Loudons »nurseries« waren bald überall zu sehen. Viele Häuser hatten besondere Familienflügel mit einem Elternschlafzimmer, einem Kinderzimmer und einem Wohnraum. Junggesellen-Schlafzimmer lagen zumeist nicht an demselben Korridor wie die Zimmer der Ladies – manchmal sogar in einem anderen Flügel. Rauchzimmer wurden ausschließlich für die Männer eingeführt; Damenzimmer dienten den Damen vormittags als Aufenthaltsraum. Die Halle fungierte im Innern als Treffpunkt. Und der Garten bot einen idealen Rahmen, in dem die Geschlechter einander in perfekter Ergänzung begegnen konnten. Die bescheidenen Ambitionen der Hausbesitzer in Edgbaston um 1830 hatten sich nun in die grandiosen gotischen Träume der landbesitzenden Klassen verwandelt.

## »Trautes Heim«: das Haus des Juweliers

1820, im Jahr der Verteidigung Königin Carolines, zog James Luckcock, ein Juwelier aus Birmingham, der sich ein »bescheidenes Einkommen« gesichert hatte und sich mit neunundfünfzig Jahren aus dem Geschäft zurückziehen konnte, mit seiner Frau, einem Sohn und einer Tochter in ein kleines Haus in Edgbaston. Das Land hatte er von Lord Calthorpe erworben. Er hatte sich das Haus seiner Träume erbauen lassen, ein »trauliches, behagliches Häuschen, bescheiden in der Größe und im Preis«. Das Land hatte er in zwei Grundstücke aufgeteilt, das zweite Haus vermietete er und sicherte sich damit sein Auskommen. In seinem eigenen Haus und Garten hatte er »alles, was mein Herz sich wünschen konnte. Haus und Garten habe ich selbst geplant, die Lage ist malerisch, geschützt und reizvoll, man sieht auf den südlichen Abhang eines Hügels, der Boden ist tief und sehr fruchtbar; und die ganze Pflanzung wächst schnell zu Schönheit und Vollkommenheit heran«. Er pflanzte Roßkastanien und Ebereschen in seinem Garten, »denn ich war immer der Meinung, daß einige ehrwürdige, majestätische Bäume wesentlich zum Charakter eines respektablen Landhauses beitragen«. Außer Gemüse zog er auch Blumen, »das bescheidene Schlüsselblümchen und den anspruchslosen Fingerhut, das zarte Schneeglöckchen ebenso wie die keusche und elegante Lilie oder die prachtvolle Päonie«. Das paßte zu seinem lebenslangen politischen Radikalismus, denn damals wurden Blumen mit Berufsgruppen assoziiert, Nelken etwa galten als Blumen der Handwerker, während Dahlien vornehmer und teurer waren. Luckcock schmückte seinen Garten mit Vasen und Urnen voller Inschriften über häusliche Harmonie; der Kanal am Ende des Grundstücks war von Hecken gesäumt, die ihn wie einen Fluß aussehen ließen. Hier, in »Lime Grove«, wie er seinen Besitz nannte, fand er den »Höhepunkt des Glücks, zufrieden über seinen Rückzug aus der Welt und all ihrer trügerischen, unzulänglichen Verblendungen [...], gesegnet mit dem Besitz eines kleinen Paradieses«.[26] Hier verbrachte Luckcock seine Zeit; er arbeitete im Garten, schrieb Bücher, traf sich mit Freunden, organisierte den Bau einer neuen Sonntagsschule für die Unitarier in Birmingham, besuchte reformerische Versammlungen und spielte weiterhin eine aktive Rolle in der Öffentlichkeit. Eines Tages wurde er ernstlich krank und fürchtete um sein Leben. Als begeisterter Amateurdichter verfaßte er anstelle seiner Frau ein Gedicht über sich selbst; er nahm sozusagen die Gestalt seiner Frau an und zählte einige der Tugenden des Ehemannes auf, den sie wohl vermissen würde:

»Who first inspir'd my virgin breast
With tumults not to be express'd,
And gave to life unwonted zest?
My husband.

Who told me that his gains are small,
But that whatever might befal,
To me he'd gladly yield them all?
My husband.

Who shunn'd the giddy towns turmoil,
To share with me the gardens toil,
And joy with labour reconcile?
My husband.

Whose arduous struggles long maintain'd
Adversity's cold hand restrain'd
And competence at length attain'd?
My husband's.«[27]

[»Wer hat mir erst das Glück gebracht,
Erfüllt mit Träumen meine Nacht,
Wer hat mein Leben schön gemacht?
Mein Gatte.

Wer sagt mir, sein Besitz sei klein,
Doch was er habe, sei auch mein,
Halt und Schutz wolle er mir sein?
Mein Gatte.

Wer hat entsagt der lauten Welt,
Der an meiner Seite nun den Garten bestellt,
So daß Glück und Arbeit in eines fällt?
Mein Gatte.

Wer hat fleißig gestrebt ein Leben lang
An seiner Seite war mir nie bang,
Und schließlich war er frei von der Geschäfte Zwang?
Mein Gatte.«]

Zeichnung von Richard Doyle für den *Punch*, *The London Charivari*, eine berühmte satirische Wochenzeitschrift, gegründet 1841, die Taine für »äußerst aufschlußreich« hielt. Die viktorianische Familie mit ihrer Kinderschar – hier zehn an der Zahl –, Insel des Friedens in einer stürmischen Welt, versammelt unter Königin Victorias Porträt, war häufig Zielscheibe der Karikaturen des *Punch*. *Punch*, 1849, Bd. XVII.

Wahrscheinlich gingen nur wenige Ehemänner so weit, mit der Stimme ihrer Frauen ihr Selbstlob zu singen. Dennoch fanden Luckcocks Träume ihren Widerhall in den Herzen zahlloser Menschen. In der Phantasie der Engländer um die Mitte des 19. Jahrhunderts war das »traute Heim« in der Tat ein Ort »süßer Freuden«. Doch Männer und Frauen erlebten diese Freuden ganz unterschiedlich. Männer mochten den Wechsel zwischen den Sorgen und den Gratifikationen öffentlicher Tätigkeit einerseits, den Reizen des behüteten Hauses andererseits genießen; für Frauen gab es diesen Wechsel kaum, das »traute Heim« war ihr »ein und alles«, das »natürliche« Gehege ihrer Weiblichkeit. Die gesellschaftliche Rollenschranke der Geschlechter ließ zwar gemeinsame Erfahrungen zu, aber keine wirkliche Gemeinsamkeit der Erfahrung.

## Anmerkungen

1 »Ein *Vater* deinem Volke sei / deiner Frau ein treuer *Mann* / so wirst du auch vom Volk geliebt / und herrschst dein Leben lang.« John Bull, »Ode an George IV. und Caroline, seine Frau«. Sammlung der British Library von Pamphleten und Gedichten über Königin Caroline.

2 Reverend George S. Bull, »Wie schafft man ein glückliches Zuhause«, Vortrag in der Stadthalle von Birmingham, 1854.

3 Dieses Zitat aus John Miltons *Paradise Lost* ist das Motto von Hannah Mores *Coelebs in Search of a Wife, comprehending of domestic habits and manners, religion and morals*, 9. Auflage, London 1809. (Zitiert nach J. Milton, *Das verlorene Paradies*, übs. v. B. Schuhmann, München 1966, S. 186.)

4 The Marsh Children, *Memorials of a Beloved Mother by her Children*, Birmingham 1837, S.26.

5 Hannah More, *Structures on the Modern System of Female Education*, in: *The Works of Hannah More*, 11 Bde., London 1830, Bd. VIII., S. 27.

6 Paulus, Epheserbrief 5: 22, zitiert nach Züricher Bibel.

7 Dieser populäre Vierzeiler von William Cowper wurde häufig in Tagebüchern, Briefen und Notizbüchern zitiert. Vergleiche z. B. Charlotte Sturge, *Family Records*, London 1882, S. 107.

8 Reverend Edward Bickersteth, zitiert nach O. Chadwick, *The Victorian Church*, 2 Bde., London 1966, Bd. 1, S. 443.

9 Paulus, Galaterbrief, 3: 28, zitiert nach Züricher Bibel.

10 Richard Tapper Cadbury an Elizabeth Cadbury, 10. Februar 1815. *Briefe der Familie Cadbury 1806–1855*, Birmingham, 466/300/1–21.

11 Elizabeth Cadbury an Maria Cadbury und Sarah Barrow, 3. Juni 1828, ebda.

12 Maria Cadbury, *The Happy Days of Our Childhood*, Birmingham Reference Library 466/344.

13 General Report, *Census of Great Britain, 1851* (1852), I, XXXVI.

14 *Aris' Birmingham Gazette*, 13. Januar 1834.

15 Zu den Wechselbeziehungen zwischen der Kultur des Mittelstands und der Arbeiterklasse vgl. beispielsweise R. Q. Gray, *The Labour Aristocracy in Victorian Edinburgh*, Oxford 1976; D. Vincent, *Bread, Knowledge, and Freedom. A Study of Nineteenth Century Working Class Autobiography*, London 1981; A. John, *By the Sweat of their Brow. Women Workers at Victorian Coal Mines*, London 1984; Th. W. Laqueur, *Religion and Respectability. Sunday Schools and English Working Class Culture, 1780–1850*, New Haven 1976.

16 Birmingham Temperance. *A Selection of Tracts and Handbills published in aid of the Temperance Reformation*, Birmingham 1839.

17 John Smith, Rede vor der Temperenzlerversammlung in Birmingham, 14. Dezember 1835, Birmingham 1835.

18 F. Place, *The Autobiography of Francis Place, 1771–1854*, hrsg. von M. Thrale, Cambridge 1972, S. 116 u. 138.

19 E. P. Thompson, *Die Entstehung der englischen Arbeiterklasse*, Frankfurt a. Main 1987, S. 845.

20 W. Cobbett, *Cottage Economy*, London 1822, S. 199.

21 W. Cobbett, *Advice to Young Man, and incidentally to Young Women in the Middle and Higher Ranks of Life*, Oxford 1980, S. 317.

22 H. S. Tremenheere, zitiert in Angela John, »Colliery Legislation and its Consequences: 1842 and the Women Miners of Lancashire«, in: *Bulletin of John Rylands 61*, 1978: 90.

23 L. Stone, *The Family, Sex, and Marriage in England, 1500–1800*, London 1977;

R. Trumbach, *The Rise of the Egalitarian Family. Aristocratic Kinship and Domestic Relations in Eighteenth Century England*, New York 1978.

24 L. Davidoff, *The Best Circles. Society Etiquette and the Season*, London 1973, S. 36.

25 M. Girouard, *Das feine Leben auf dem Lande. Architektur, Kultur und Geschichte der englischen Oberschicht*, Frankfurt a. Main/New York 1989, S. 307.

26 J. Luckcock, »My House and Garden: Lime Grove, Edgbaston«, Birmingham Reference Library, 375/948.

27 J. Luckcock, *Sequel to Memoirs in Humble Life*, Birmingham 1825.

Sommersonntag in einer kleinen Provinzstadt. Die Familie schart sich um die alten Eltern, vielleicht feiert man einen Geburtstag, an den das Photo künftig erinnern soll. Das Milieu ist bescheiden, man drängelt sich auf dem Bürgersteig, an der Grenze zwischen Privatbereich und einem öffentlichen Bereich, den man sich nur halb aneignet. Doch an den Wohnzimmerfenstern hängen Gardinen *und* Vorhänge, Zeichen für Respektabilität und Abgrenzung des Intimen. (Sammlung Sirot-Angel)

Michelle Perrot, Anne Martin-Fugier

# II. Die Akteure

Châteauroux, um 1900. Er ist Tischler. Sie, eine Winzerstochter, träumt von Aufstieg und Schönheit, wie man aus diesem Photo herausfühlt, das mit den drei Töchtern Andrée, Madeleine und Thérèse im Studio aufgenommen wurde. Ein Augenblick, festgehalten für die Ewigkeit.
(Privatsammlung)

## Vorbemerkung von Michelle Perrot

Die Hauptbühne des privaten Lebens im 19. Jahrhundert war die Familie; sie stellte die Figuren und Rollen, gab die Bräuche und Rituale, die Intrigen und Konflikte vor. Als »unsichtbare Hand« der bürgerlichen Gesellschaft war sie sowohl Nest wie Netzwerk. Triumphierend beherrschte sie Doktrinen und Debatten – von den Konservativen bis zu den Liberalen, ja, sogar zu den Fortschrittsparteien, die sie einmütig als Keimzelle der organischen Gesellschaftsordnung feierten. In Wirklichkeit freilich war die Familie sehr viel weniger stabil und kontrastreicher, als ihre Verfechter glauben machen wollten. Die Kernfamilie war gerade erst aus weitläufigen und noch fortbestehenden Verwandtschaftsgefügen entstanden, die je nach Stadt oder Land, nach Region, Tradition, sozialem und kulturellem Milieu variierten. Der Familienverband versuchte zwar, seine Mitglieder strikt auf seine Zwecke einzuschwören. Aber immer häufiger rebellierten die Individuen dagegen. Es kam zu Spannungen zwischen den Generationen und Geschlechtern oder zwischen Individuen, die ihr Schicksal selbst bestimmen wollten – Spannungen, die gelegentlich explosiv wurden. Häufiger als früher wandte man sich an die Justiz, um Streitigkeiten zu schlichten; dadurch geriet die Familie zunehmend unter eine äußere Kontrolle. Die Autonomie der Familie – vor allem in den ärmeren Schichten – war von der wachsenden Intervention des Staates bedroht. Da der Staat seine Absichten nicht immer mittels der Familie verwirklichen konnte, setzte er sich allmählich an deren Stelle, jedenfalls wenn es um ein ausnehmend bedeutsames gesellschaftliches Kapital ging – Kinder und ihre Erziehung.

Sicherlich beschränkte sich das private Leben nicht auf die Familie, sondern bewegte sich auch auf anderen Schauplätzen und in anderen Konstellationen. Dennoch zeigt das 19. Jahrhundert – zum Teil aus politischen Gründen – die Tendenz, alle Funktionen des Privaten an die Familie zu binden, nicht zuletzt die Sexualität, deren »Kristallisationspunkt« (M. Foucault) sie war und deren Regeln und Normen sie festlegte. Institutionen oder Individuen außerhalb der Familie – Gefängnisse und Internate, Kasernen und Klöster, Vagabunden und Dandys, Nonnen und Lesbierinnen, Bohemiens und Ganoven – mußten sich nach dem Register der Familie definieren oder sich von ihm abgrenzen. Sie war das Zentrum, alles andere Peripherie.

Dominique Ingres, *Die Familie Stamaty*, 1818. In der ersten Hälfte des 19. Jahrhunderts entsprach die Mode der Familienporträts einem starken gesellschaftlichen Bedürfnis. Die größten Maler wandten sich diesem Genre zu. Hans Naeff konnte fünf Bände allein mit den Familienporträts von Ingres füllen (*Die Bildniszeichnungen von J. A. D. Ingres*, Bern 1978). *Die Familiee Stamaty* ist ein Klassiker des Genres. Das Interieur dient als Dekor, alle Gegenstände sind von symbolischem Wert. Jede Figur spielt ihre Rolle: der Vater in napoleonischer Positur, die Mutter im Festtagsgewand, das graziöse junge Mädchen am Pianoforte, der Jüngling mit der rebellischen Frisur und der Jüngste, dessen Spielzeug sein Geschlecht verrät. Fertig ist die Pose für das Photo. (Paris, Louvre)

Michelle Perrot

# Der Triumph der Familie

Die Französische Revolution hatte die Schranke zwischen öffentlichem und privatem Bereich abzubauen gesucht. Sie wollte einen »neuen Menschen« schaffen, den Alltag durch eine Neustrukturierung von Raum, Zeit und Erinnerung umwälzen. Doch das gewaltige Projekt scheiterte am Widerstand der Menschen. Althergebrachte Bräuche erwiesen sich als stärker denn neue Gesetze.

Diese Erfahrung hatte die zeitgenössischen Denker tief irritiert: Benjamin Constant, George Sand, Edgar Quinet haben sie immer wieder bedacht. Inwiefern hatte die Revolution ihr Leben und das ihrer Mitbürger verändert oder unberührt gelassen? George Sand beschrieb die zähe Resistenz der Bauern aus dem Berry gegen das unterschiedslose Duzen, das die »petits Messieurs« aus der Stadt einführen wollten: aufgestiegene Bürger, die nun stolz darauf waren, Sands Großmutter, die »ehemalige Adlige« Madame Dupin, mit »Du« anzureden. Und Benjamin Constant entschlüsselte die tiefsitzenden Vorbehalte der Bevölkerung: »Ich habe in dieser Zeit die schwungvollsten Reden gehört; ich habe die nachdrücklichsten Bekundungen gesehen; ich war Zeuge der feierlichsten Schwüre, doch es nützte nichts. Die Nation nahm an solchen Zeremonien teil, um keinen Ärger zu bekommen, und danach ging jeder zurück nach Hause, ohne zu glauben oder zu fühlen, stärker verpflichtet zu sein als zuvor.«[1]

Das Verhältnis zwischen Öffentlichem und Privatem stand im Mittelpunkt jeder nachrevolutionären politischen Theorie. Die Beziehung zwischen Staat und ziviler Gesellschaft, zwischen Gemeinschaft und Individuum wurde zum Hauptproblem. Während im ökonomischen Denken, das sich auf den Errungenschaften des 18. Jahrhunderts ausruhte, das Ideal der »unsichtbaren Hand«, des »laisser-faire«, vorherrschend blieb, suchten die politischen Theorien, die Grenzen abzustekken und zu klären, wie man die »privaten Interessen« organisieren konnte. Der auffälligste Wandel verdichtete sich in der hohen Bedeutung, die man der Familie als dem Hort der Gesellschaft beimaß. Das häusliche Leben wurde zu einer gewichtigen Regulierungsinstanz; es spielte die Rolle eines verborgenen Gottes.

Diese Überlegungen wurden in ganz Europa angestellt. Catherine Hall hat dargelegt, wie das Prestige der Häuslichkeit zu Beginn des 19. Jahrhunderts in England parallel von Evangelikalen und von Utilitaristen entfaltet wurde. Das panoptische System, das heißt, die Transparenz und Überschaubarkeit, wie Bentham sie für die Zivilgesellschaft forderte, entsprach dem souveränen Überblick des Familienvaters, der gottgewollter oder vernunftgemäßer Herr der Familie war.

## Hegel: Die Familie als Grundlage der zivilen Gesellschaft

In Hegels Philosophie ist diese Differenzierung zwischen »öffentlich« und »privat« wohl am weitesten entwickelt. In den *Grundlinien der Philosophie des Rechts* von 1821 analysiert er die Beziehungen zwischen drei wesentlichen Bestandteilen menschlicher Organisation: Individuum, Zivilgesellschaft und Staat. Das Individuum bildet das Fundament des Rechts, das nur »persönlich« sein kann. Der Körper definiert das Ich, das des individuellen Eigentums bedarf, um sich selbst zu objektivieren. (Das äußerste Zeichen der Souveränität des Ichs ist der Freitod.) Doch das Individuum ist der Familie untergeordnet, die, neben verschiedenen Körperschaften, einen der Pfeiler der zivilen Gesellschaft darstellt. Ohne sie hätte es der Staat nur mit »anorganischen Gruppen« zu tun, mit Massen, die für jeden beliebigen Despotismus anfällig sind.

Die Familie garantiert die natürliche Moral. Sie gründet sich auf die monogame Ehe, die in gegenseitigem Einvernehmen geschlossen wird. Leidenschaft ist sekundär, ja, geradezu gefährlich; die besten Ehen sind die »arrangierten«, wobei die Neigung dem Ehebund folgt, nicht umgekehrt. Die Familie ist ein vernünftiges und freiwilliges Gebilde, das durch starke materielle und geistige Bande – etwa das Andenken – zusammengehalten wird. Das Patrimonium ist ebensowohl ökonomisch notwendig wie symbolische Bestätigung. Die Familie, »für ihre Angehörigen ein Gegenstand der Ehrfurcht«, ist ein moralisches Wesen: »eine einzige Person, die einzelnen Mitglieder sind ganz zufällig«. Familienoberhaupt ist der Vater; nur sein Tod löst die Familie auf und befreit die Erben. Die Familie ist ein Ganzes, das mehr wiegt als die einzelnen Teile, die sich fügen müssen; in der Gesellschaft des 19. Jahrhunderts ist sie im Sinne der Definition Louis Dumonts eine »holistische« Gruppe. Die unterschiedlichen Rollen der Geschlechter wurzeln in deren »natürlichem Charakter« und folgen der Opposition aktiv/passiv, innen/außen, die das ganze Jahrhundert kennzeichnet. »Der Mann führt daher sein wirkliches substantielles Leben im Staate, der Wissenschaft und dergleichen, und sonst im Kampfe und der Arbeit mit der Außenwelt und mit sich selbst, so daß er nur aus seiner Entzweiung die selbstständige [sic!] Einigkeit mit sich erkämpft, deren ruhige Anschauung und die empfindende subjektive Sittlichkeit er in der Familie hat, in welcher die Frau ihre substantielle Bestimmung und in dieser Pietät ihre sittliche Gesinnung hat.« Die Kinder sind sowohl Mitglieder der Familie wie Individuen. Als freie Individuen müssen sie erzogen werden. Sind sie volljährig, können sie eine eigene Familie gründen: »die Söhne als Häupter, die Töchter als Frauen«. Aber es ist in der Tat der Tod des Vaters, der ihnen diesen neuen Status ermöglicht. Die Freiheit, ein Testament zu verfassen, wird durch das Familienrecht eingeschränkt. In diesem Punkt kritisiert Hegel heftig die Willkür des Römischen Rechts;

Pierre-Alexandre Jeanmiot, *Die Bekanntmachung*. Mutter oder Kupplerin? Was hat dieses junge Mädchen mit dem abwesenden Blick sich zuschulden kommen lassen, daß es diesem Flegel angeboten wird, einem Kettenraucher, der nicht einmal den Hut abnimmt? Die beabsichtigte Doppeldeutigkeit dieses Bildes von Jeanmiot suggeriert die Doppeldeutigkeit der Situation und des Ritus selbst.
(Paris, Musée du Petit Palais)

er mißbilligt das Erstgeburtsrecht und den Ausschluß der Töchter. In seinen Augen zählt nicht die in feudalem Bewußtsein fundierte »Ahnenreihe«, sondern die Familie, die er zu einer Kerninstanz der modernen Gesellschaft erklärt. »Eine Vielheit von Familien«, verschiedene »Kreise« von »selbstständigen [sic!] konkreten Personen«, bilden die zivile Gesellschaft, die nichts anderes ist als »die Versammlung zerstreuter Familiengemeinden«[2].

## Der Haushalt bei Kant

Während Hegel der makrosozialen Wechselbeziehung von Öffentlichkeit und Privatsphäre nachspürte, interessierte sich Kant vorwiegend für den Mikrokosmos des Haushalts. Häusliche Rechtschaffenheit besiegelt für ihn den Triumph der Vernunft. Das Zuhause fesselt den Wunsch nach Flucht, es gibt dem Individuum Wurzeln und unterwirft es seiner Disziplin. Die Familie wird regiert von einem »bewahrenden Gesetz [...], das den Ruf der Weite und der barbarischen Wälder in den Herzen erstickt«. Das Heim ist die Basis der gesellschaftlichen Ordnung und Moral. Es ist der Generator des privaten Lebens, der allerdings dem Vater untersteht; der Vater allein ist in der Lage, die Instinkte zu bändigen und die Frau zu bezähmen, denn stets droht häuslicher Krieg: »Die Frau kann zur Vandalin werden, und das Kind, angesteckt von seiner Mutter, kann sich zu einem willensschwachen oder gehässigen Geschöpf entwickeln, das häusliche Wesen wieder seine Freiheit fordern.« Die Frau, Mittelpunkt des Heims, ist gleichzeitig eine potentielle Bedrohung. »Sobald sie entflieht, wird sie sofort zur Rebellin und Revolutionärin.«[3] Daher rührt auch die Widersprüchlich-

Francisque Grenier de Saint-Martin, *Vorstellung eines möglichen Bräutigam aus Paris*, nach 1830. Wie viele Töchter hat diese Familie von Provinzadeligen zu verheiraten! Biedere Freundlichkeit des Vaters, neugierige Liebenswürdigkeit der Mutter, Geflüster der jüngeren Schwestern und Getuschel der Dienstmädchen begrüßen die Ankunft des lächerlich herausgeputzten Bewerbers. Die angebliche Unschuld senkt den Blick auf ihre Näharbeit, wie es sich gehört. Welche Mitgift dieses hübsche junge Mädchen wohl mitbekommen wird? Die Vorstellung, ein ehemals höfisches Ritual und nun Ritual der Heiratsvermittlung, ist ein beliebter Topos satirischer Malerei. (Paris, Bibliothèque des Arts décoratifs)

keit ihres juristischen Status, die Kant durchaus bewußt war: Als Individuum genoß die Frau individuelle Rechte; als Familienangehörige war sie dem im Prinzip monarchischen Eherecht unterworfen. Der »gezähmten« Frau stand stets die »begehrliche« Frau gegenüber.

## Die liberale Familie

Infolge akuter Probleme beim politischen, juristischen und sozialen Wiederaufbau nach der Revolution bietet die französische Philosophie im 19. Jahrhundert reichhaltiges Material zum Thema Familie. Es geht vor allem um drei Sachverhalte: die Grenzen zwischen »öffentlich« und »privat« und die Vorstellung von verschiedenen »Sphären«; die Natur der zivilen Gesellschaft; die unterschiedlichen Aufgaben von Mann und Frau.

Die Liberalen – von Germaine de Staël bis hin zu Alexis de Tocqueville – waren insbesondere um die Verteidigung einer Grenze bemüht, mit der sie die Freiheit von »Privatinteressen« garantieren wollten, die ihrer Meinung nach die Macht einer Nation stärkten. »Die Republik wird die Liebe ihrer Bürger nur gewinnen, wenn sie die gesonderte Existenz von Privatvermögen respektiert«, schreibt Madame de Staël, die vom Staat erwartete, daß er »nicht fordert, nicht drückt«.[4] »Die Freiheit wird uns um so kostbarer sein, je mehr die Ausübung unserer politischen Rechte uns auch noch Zeit für unsere Privatinteressen läßt«, bemerkt Benjamin Constant.[5] Beide unterschieden zwischen den alten Zeiten, in denen man für die Teilnahme an Politik oder Krieg lebte, und der modernen Welt, in der die Individuen Industrie und Handel trieben, tunlichst ermutigt durch das »laisser-faire«. Diese Konzentration auf das Private hatte zur Bedingung, daß man die öffentlichen Angelegenheiten Stellvertretern anvertraute. Die Unterscheidung von zwei einander ergänzenden Sphären impliziert ein repräsentatives System und, in gewissem Maße, die Spezialisierung der Politik und der Politiker sowie ihre Professionalisierung.

Guizot hatte das begriffen. In einer Schrift, die ein wenig an Hegel gemahnt, analysiert er die verschiedenen Funktionen der Macht. Ordnung und Freiheit hängen ab von der Verknüpfung der »sozialen Macht«, Rechenschaftsinstanz der zivilen Gesellschaft, mit der politischen Macht, die zuständig war für die Orientierung des Ganzen und die man »Experten«, einer Elite von Organisatoren, übertragen hatte. Politische Macht war Männersache und gehörte nicht in die frivolen Salons, in denen Männer und Frauen sich trafen. Obwohl die soziale Macht sehr viel mit Häuslichkeit zu tun hatte, gebührte sie nicht den Frauen. Schlüsselfigur in der Familie war der Vater, doch seine Machtstellung war nicht willkürlich, sondern »Ausdruck einer höheren Vernunft, denn er ist besser als die anderen befähigt, über Recht und Unrecht zu entscheiden«. Als Ort ständiger Kompromisse ist die Familie, Guizot zufolge, ein politisches Modell der Demokratie. »Nirgendwo ist das Wahlrecht so real und weitgesteckt. Nur in der Familie ist dieses Recht nahezu universal.«[6]

Royer-Collard und Tocqueville machten sich ihrerseits Gedanken über das Wesen der zivilen Gesellschaft. »Die Revolution hat nur Individuen zurückgelassen. [...] Aus der Gesellschaft, die wie in einzelne Staubkörner zermahlen war, entstand der Zentralismus«[7], schreibt Royer-Collard, der in »natürlichen Zusammenschlüssen« – Familie, Gemeinde – ein Gegenmittel gegen das Jakobinertum erblickte. Tocqueville, durchaus empfänglich für den Reiz des Privaten und Intimen, erkannte jedoch auch die Gefahren eines übertriebenen Individualismus – »Jeder für sich allein« –, wie ihn Baron Dupin verfocht. »Der Despotismus, der seinem Wesen nach furchtsam ist, sieht in der Ver-

Paul Gavarni, *Die Vernunftheirat*, 1839. Eine arrangierte Eheschließung (mehr oder weniger erzwungen?) im kleinbürgerlichen Milieu der Julimonarchie. Das zufriedene Lächeln der Verwandten und die spöttischen Blicke der »lustigen Junggesellen«, die ihren »in die Falle getappten« Kameraden begleiten, kontrastieren mit der Niedergeschlagenheit des jungen Paares. Gavarni war ein scharfsichtiger Beobachter der zeitgenössischen Sitten, vor allem der Beziehungen zwischen Mann und Frau. (Paris, Bibliothèque Nationale)

einzelung des Menschen das sicherste Unterpfand seiner Dauer, und er bemüht sich gewöhnlich sehr sorgfältig, sie voneinander abzusondern. [...] Ein Gewaltherrscher [...] nennt [...] diejenigen gute Bürger, die sich eng in sich abschließen.«[8] Tocquevilles gesamtes Werk kreist um dieses Problem: Wie lassen sich privates Glück und öffentliche Tätigkeit miteinander verbinden? Er empfahl Zusammenschlüsse und rühmte die Tugenden der amerikanischen Familie: »Die Demokratie lockert die gesellschaftlichen Fesseln, aber sie festigt die natürlichen Bande. Die Verwandten enger verbindend trennt sie zugleich die Bürger voneinander.« Für die Liberalen war die Familie, weil in gewisser Weise eine »natürliche« Gemeinschaft, der Schlüssel zu privatem Glück und öffentlichem Wohl.[9]

## Die Traditionalisten

Die Familie war auch das zentrale Thema der Traditionalisten, deren Wortführer Louis de Bonald (während der Restauration) und später auf ganz andere Weise Frédéric Le Play und seine Schule waren. Obsessiv kritisierten sie den Verfall der Sitten, die Verkehrung der Geschlechterrollen und die »Verweichlichung« der Männer. Liederliche Familien und pflichtvergessene Frauen waren übrigens stets die Sündenböcke, wenn die Nation eine militärische Niederlage erlitt oder wenn es zu sozialen Unruhen kam. Die Restauration und ihre moralische Ordnung sind dafür ein ebenso beredter Beleg wie später, noch ausgeprägter, die Vichy-Regierung.[10]

In dreifacher Hinsicht gingen die Traditionalisten während der Restauration in die Offensive. Erstens religiös: Respekt vor der Familie wird zum obersten Programmpunkt der Missionsarbeit: »Wo könnte mir wohler sein als im Schoße der Familie?« heißt es in einem Choral von 1825. Zweitens politisch: Sie attackierten das Scheidungsrecht von 1792 und erreichten 1816 seine Abschaffung. Drittens ideologisch: Bonald zog energisch die Flagge der Familie auf; er kämpfte verbissen für eine Remoralisierung der Aristokratie. Mutmaßungen über eine verderbte Adelsschicht, die ausschweifend im Luxus lebt, halten sich in der Volkspsychologie so hartnäckig, daß man sie heute noch in den Kommentaren von Fremdenführern vernehmen kann, die Touristen durch die Schlösser geleiten – letzte Reflexe eines »Goldenen Zeitalters« der Aristokratie, das längst vergangen ist.

Bonalds Vorstellungen von der Familie finden sich beispielsweise in seiner Rede »Für die Abschaffung der Scheidung« (26. Dezember 1815) vor der Abgeordnetenkammer. Die Scheidung sei eine Perversion, nicht nur wegen ihrer ungerechten Folgen für die Frauen und Kinder, die vor allem darunter litten, sondern aus moralischen Gründen. In einer impliziten Anerkennung des Rechts auf Leidenschaft räumt er der Liebe in der Ehe einen denkwürdigen Platz ein. Liebe in der Ehe, insbesondere von Frauen immer wieder gefordert, schwäche allerdings die väterliche Autorität: »In einer wahren häuslichen Demokratie ermöglicht die Liebe es der Gattin, dem schwächeren Teil, sich der Autorität

Simon Durand, *Hochzeit auf dem Standesamt*. Eine doppelte Satire, einerseits auf die standesamtliche Eheschließung, die man als belanglos erachtete – eine betrübliche, erniedrigende Formalität, sagt G. Droz –, andererseits auf die Ehe selbst: Wird der Bräutigam dieser reiferen Dame, die einsam dasitzt, noch erscheinen? (Paris, Bibliothèque Nationale)

des Ehemannes zu widersetzen.« Die Würde einer Gattin gründe in ihrer Unterordnung unter den Mann oder, wenn sie Witwe ist, unter den ältesten Sohn, den Erben des überkommenen Familiensitzes. Die Familie, Fundament des monarchischen Staates, ist selber eine patriarchalische Monarchie im kleinen, eine um den Familienstamm organisierte Gesellschaft, die Stabilität, Dauer und Kontinuität garantiert. Der Vater ist ihr natürliches Oberhaupt, so wie der patriarchalische König das natürliche Oberhaupt Frankreichs sein sollte, das ja auch ein »Herrschaftshaus« ist. Die Monarchie wieder einzusetzen bedeutete zugleich, die väterliche Autorität wiederherzustellen. »Um den Staat wieder aus den Händen des Volkes zu befreien, muß man die Familie aus den Händen der Frauen und Kinder befreien.« Die Ehe ist nicht nur ein zivilrechtlicher Kontrakt, sondern, untrennbar davon, auch ein religiöses und politisches Bündnis. »In der Familie muß die Sitte herrschen, so wie im Staat Gesetze herrschen müssen. Man muß die häusliche Macht, ein natürliches Element der öffentlichen Macht, stärken und die völlige Abhängigkeit von Frauen und Kindern – die Garantie für den dauerhaften Gehorsam des Volkes – sanktionieren.«

Frédéric Le Plays Ansichten waren weder konterrevolutionär noch fortschrittlich.[11] Ihre Originalität liegt darin, daß er eine Strategie der soziologischen Beobachtung entwickelte, die zu einer Intervention zugunsten der Familie eingesetzt werden sollte. Er war gegen eine weitere Ausdehnung der Staatskompetenzen und wollte die zivile Gesellschaft durch das Glück der Familien neu beleben, ein Glück, das er als »Gesetz der Moral plus Brot« beschrieb. »Das Privatleben prägt dem öffentlichen Leben seinen Stempel auf; die Familie ist das Prinzip des Staates« (*Ouvriers européens*, 1877). Dennoch war Le Play keineswegs ein Liberaler. Den Egoismus von »Privatinteressen« im Dschungel des »laisser-faire«, die wilde Urbanisierung und Industrialisierung, die Vernachlässigung der Zehn Gebote und der Moral erachtete er für die Ursachen der steigenden Proletarisierung. Als Heilmittel schlug er die Wiederherstellung der »Stammfamilie« vor, die einen einzigen, von den Eltern ausgewählten Erben begünstigte (die »melouga« in den Pyrenäen oder das »oustal« im Gévaudan etwa). Dieses Modell setzte er der »instabilen« Familie nach dem Recht des Code civil und der patriarchalischen

Familie entgegen. In der patriarchalischen Familie konzentrierte sich die ganze Macht in den Händen des erstgeborenen Erben; Le Play wollte die Hierarchie auf Verdienst und Fähigkeit gegründet wissen. Die Wahrung sozialen Gleichgewichts gebot Achtung vor der Hierarchie. Doch die Herren ihrerseits sollten ihre Untergebenen respektieren und beschützen. Die »soziale Frage« und die wachsende Intervention des Staates resultierten aus der Pflichtvergessenheit der Arbeitgeber. Paternalismus und Patronat waren für Le Play die optimalen Formen sozialer Beziehungen. Ähnlich war die Familie dem Vater untertan. Doch maß Le Play, so wie später sein Schüler Émile Cheysson, auch den Tugenden der Hausfrau hohe Bedeutung bei. Seine Familienmonographien sind eine außergewöhnliche Dokumentation über Aufgabe, Rolle und Macht der volkstümlichen Familienmutter und ihre häuslichen Arbeiten.

Die Ideen Le Plays und der »Réforme sociale« sind unter den Konzeptionen im 19. Jahrhundert, die die Familie in den Mittelpunkt von Denken und Handeln stellen, die am weitesten fortgeschrittenen. Aus politischen und ideologischen Gründen, die schließlich zum Triumph der soziologischen Schule Émile Durkheims und der Republik führten, gerieten diese Ideen ins Hintertreffen. Unschuldiges Opfer dieses Umschwungs war die Familie, die nun für lange Zeit das Interesse der Forschung nicht mehr auf sich ziehen sollte.

## Die Sozialisten und die Familie

Bevor der Marxismus nach den bürgerlichen oder kleinbürgerlichen Ursprüngen der »Privatsphäre« zu fahnden begann, hatten die Sozialisten der Familie ihren Respekt gezollt.[12] Obschon die Sozialisten die Familienstruktur kritisierten, forderten sie, von wenigen Ausnahmen abgesehen, nicht ihre Abschaffung. Ebenso selten erhoben sie den Ruf nach dem Umbau der Geschlechterrollen, so tief war der Glaube an eine natürliche Ungleichheit von Mann und Frau verwurzelt. Doch gab es sehr unterschiedliche Lösungsvorschläge. Zu den Verfechtern unbegrenzter Freiheit zählten Fourier, Enfantin, die Feministin Claire Démar und die Kommunisten nach 1840 wie etwa Théodore Dézamy, dessen *Code de la communauté* gegen die puritanische profamiliäre Haltung in Cabets *Icarie* argumentiert. »Keine vereinzelten Haushalte mehr! Keine häusliche Erziehung mehr! Schluß mit der Doktrin von der Familie! Schluß mit der Unterwerfung unter den Ehemann! Freie Gattenwahl! Vollkommene Gleichheit der Geschlechter! Freie Scheidung!« forderte Dézamy, während Cabet die freiwillige Ehelosigkeit geißelte und die »wilde Ehe und den Ehebruch« als »Verbrechen ohne Entschuldigung« verdammt. In *Icarie* rumort ein kompromißloser Moralismus und »Machismo«. In Nauvoo, der amerikanischen Kolonie, wo Cabet seine Utopie zu verwirklichen hoffte, gab es übrigens Streit mit den Frauen, die sich aus Eitelkeit weigerten, uniformierte Kleidung zu tragen.

Fourier vertrat einen extremen Radikalismus sowohl hinsichtlich der Geschlechterrollen wie der sexuellen Beziehungen. Er, der die Frauen

E. Beaudoin, *Beim Photographen*. Säule und Stoffdraperien bilden das übliche Dekor für dieses Photo eines verwitweten Vaters und seiner beiden Kinder; die Porträts an der Wand zeigen vermutlich die verstorbene Mutter und ein verstorbenes Kind *in memoriam*.

»die Proletarier der Proletarier« nannte, hielt ihre Emanzipation für den Motor des Fortschritts. »Das Ausmaß der Privilegien für Frauen ist das allgemeine Prinzip jeglichen sozialen Fortschritts.« Innerhalb der Fourierschen »Phalansterien«* sollte vollkommene Gleichheit herrschen. Sämtliche Funktionen sollten austauschbar sein, freie Partnerwahl und freie Scheidung sollten uneingeschränkt Geltung haben. Seine Bedenken gegen ein zu massives Bevölkerungswachstum waren von Malthus inspiriert, nicht jedoch sein Votum für legale Empfängnisverhütung und Abtreibung. Fouriers radikale Ansichten machten seinen Schülern und Schülerinnen angst, darunter Zoé Gatti de Gamond oder Considérant, die seine Theorie in diesem Punkt »säuberten«. Sein revolutionärstes Werk, *Le Nouveau Monde amoureux*, wurde nicht von ihnen, sondern erst 1967 von Simone Debout ediert. Das aus Fouriers Theorien entwickelte »Familisterium«, das Godin in Guise (Aisne) aufzubauen versuchte, verzichtete auf jede zentrale Moralvorstellung und stand in dieser Hinsicht der *Icarie* näher als dem Phalansterium.

Die Saint-Simonisten nach Enfantin, die Mehrheit der Kommunisten, die religiösen Sozialisten – Pierre Leroux, Constantin Pecqueur, Louis Blanc und sogar Flora Tristan – verlangten eine »Modernisierung« der Institution Familie, Gleichheit der Geschlechter, auch in der Erziehung, und das Recht auf Scheidung. Doch bleibt die monogame Ehe in ihren Augen die Grundlage einer Kernfamilie mit starken Gefühlsbindungen, in der die Kinder im Mittelpunkt stehen sollten. Nach 1840 schlossen sich die meisten Feministinnen (etwa die Kämpferinnen von 1848, die im Staat einen »großen Haushalt« sahen) diesen gemäßigten Positionen an, die ihrer Forderung nach zivilrechtlicher Gleichstellung entsprachen – George Sand, die persönlich sehr freizügig lebte, aber eine Befürworterin der Familie war, gehörte zu ihnen.

* Kleine, sich selbst genügende Gemeinschaften. *A.d.Ü.*

Gustave Courbet, *Pierre Joseph Proudhon und seine Kinder*, 1865 (Ausschnitt). Proudhon ohne seine Töchter – auf Courbets Bild rechts – ist nur ein halber Proudhon. »Die Vaterschaft hat eine riesige Leere in mir gefüllt«, sagte der Theoretiker der Anarchie, der das Idealbild eines Familienvaters war. (Paris, Musée du Petit Palais)

Schließlich gab es noch ein eher traditionalistisches Konzept, das von Buchez, den christlichen Sozialisten des »Atelier«, den Schülern Lamennais' und von Proudhon formuliert wurde. Sie beharrten auf der in der Natur begründeten Ungleichheit der Geschlechter, der notwendigen Unterordnung der Frau, die ihre Freiheit im Gehorsam gewinnen solle, und der unauflöslichen patriarchalischen Ehe, der Garantie für Ordnung und Moral. Proudhon insbesondere betonte wiederholt die schöpferische Überlegenheit des männlichen Prinzips; außerdem erklärte er, Keuschheit sei würdevoller als Sinnlichkeit, die Arbeit mehr wert als das Vergnügen. Für diesen Theoretiker der Anarchie war die Familie die lebende Zelle eines privaten Organismus, der die Sphäre des Öffentlichen absorbieren und den Staat überwinden sollte.

Die Entwicklung von Fourier zu Proudhon verwies also nicht auf erhöhte Freiheit der Sitten. Sicher mußten die Sozialisten sich mit zweierlei Erfordernissen auseinandersetzen: Der Moralismus der Zeit und die Kritik des Bürgertums an der »Verrohung« des Proletariats führten dazu, daß sie sich auf eine Position der Respektabilität versteiften; auch mußten sie die Wünsche ihrer Anhänger, die ihr Klassenbewußtsein aus der Familienökonomie und -moral schöpften, beachten.

Die Sozialisten in der ersten Hälfte des Jahrhunderts glaubten an eine Revolution, die von der »Basis« und der Praxis ausging. Sie stellten sich vor, daß exemplarische Gemeinschaften ansteckend wirken könnten: Kommunen und Kooperativen auf familiärer Grundlage, die altruistische Version eines Kleinbetriebs. Daher rührte der Wunsch nach »Transparenz«, den bereits Rousseau vorgetragen hatte und der einen Streit über die »Öffentlichkeit der Sitten« entfesselte. Manche von Saint-Simon beeinflußte Frauen forderten gegen Enfantin das Recht auf Intimität als Errungenschaft für die Würde der Frau. In *Ma loi d'avenir* empörte sich Claire Démar über traditionelle Hochzeitsriten und über »die Öffentlichkeit der skandalösen juristischen Debatten, die unsere Gerichte mit dem Widerhall von Worten wie Ehebruch, Impotenz und Vergewaltigung erfüllen und die abstoßende Befragungen und Verhaftungen zur Folge haben«.

Blanquisten und vor allem Marxisten hegten andere Konzepte zur Eroberung der Macht. Eine politische Revolution von oben mußte ihrer Meinung nach der ökonomischen Revolution durch den Staat notwendigerweise vorausgehen. In der Gesellschaftsanalyse wurde die Familie durch die Produktionsweise ersetzt, die Sittlichkeit dem »Überbau« zugeschlagen. Engels pflichtete den Schlußfolgerungen Bachofens und besonders Morgans über die Existenz eines Matriarchats in der glücklichen, egalitären Urgesellschaft zwar bei und erklärte, seine Abschaffung sei die »große historische Niederlage des weiblichen Geschlechts« gewesen. Dennoch hielt er an der These fest, die Umwälzung der Produktionsverhältnisse sei die notwendige – wenn nicht sogar hinreichende – Bedingung, um die Gleichheit der Geschlechter wiederherzustellen. Die Frauen wurden aufgefordert, ihre Ansprüche und Hoffnungen dem Klassenkampf unterzuordnen. Fortan war der Feminismus sozusagen seinem Wesen nach bürgerlich: Beginn eines lange währenden Mißverständnisses.

Dem entsprach, daß sich der Marxismus – und ebenso der Sozialismus, der von ihm beeinflußt war – anthropologischen Analysen verschloß, die als idealistisch galten. Dies war kein Zufall, sondern eine logische Folge von Marx' Kritik an der Hegelschen *Philosophie des Rechts* in der *Deutschen Ideologie* und außerdem der Negierung des Dualismus Staat/Zivilgesellschaft und Individuum/Bürger.[13] Doch die Vernachlässigung der Familie in der Gesellschaftstheorie geht nicht nur auf Marx, sondern ebenso auf Durkheim zurück.[14] Durkheim, der nur universelle gesellschaftliche Fakten für wichtig hielt, »pulverisierte« die Anthropologie. Zur gleichen Zeit verbannte die positivistische Geschichtsschreibung, die sich gänzlich dem Aufbau der Nation und der Politik zuwandte, das Private aus ihrem Blickfeld.

Während die Familie als Forschungsgegenstand aus den Sozialwissenschaften verschwand, behauptete sie sich in der Aufmerksamkeit einiger der Gründer der Dritten Republik wie Grévy, Simon, Ferry und anderer. Das Nachdenken über die Familie hörte auf, die Familienpolitik begann. Denn die Funktionen der Familie – sowohl zugewiesene wie angeeignete – wogen schwerer als ihr heuristischer Wert.

## Anmerkungen

1 B. Constant, *Journaux intimes (1803–1816);* zitiert in: A. Jardin, *Histoire du libéralisme politique. De la crise de l'absolutisme à la Constitution de 1875*, Paris 1985, S. 233.

2 G. W. F. Hegel, *Grundlinien der Philosophie des Rechts*, in: G. W. F. Hegel, *Sämtliche Werke* (20 Bände), Bd. 7, Stuttgart 1928, S. 246, S. 250, S. 255 u. S. 261.

3 B. Edelman, *La maison de Kant*, Paris 1984, S. 27, 31.

4 G. de Staël, zitiert in: Jardin, *Histoire du libéralisme politique*, S. 204.

5 B. Constant, zitiert in Jardin, a. a. O.

6 Pierre Rosanvallon, *Le Moment Guizot*, Paris 1985, S. 81.

7 P.-P. Royer-Collard, zitiert in Jardin, a. a. O., S. 255.

8 A. de Tocqueville, *Über die Demokratie in Amerika*, übs. v. H. Zbinden, München 1976, S. 590.

9 Ebenda, S. 688.

10 Siehe dazu R. Deniel, *Une image de la famille et de la société sous la Restauration (1815–1830)*, Paris 1965; M. Ozouf, *La fête révolutionnaire (1789–1799)*, Paris 1976; R. Paxton, *Vichy France: Old Guard and New Order, 1940–1944*, New York 1972.

11 Siehe F. Arnoult, *Histoire de Frédéric Le Play. De la métallurgie à la science sociale*, unveröffentlichte Dissertation, vorgelegt an der Universität von Nantes, 1986.

12 Vgl. L. Devance, *La pensée socialiste et la famille de Fourier à Proudhon*, unveröffentlichte Dissertation, vorgelegt an der Universität Dijon, 1976.

13 Vgl. J. Capdevielle, *Fétichisme du patrimoine. Essai sur un fondement de la classe moyenne*, Paris 1986.

14 Siehe dazu H. Le Bras und E. Todd, *L'Invention de la France*, Paris 1981.

Disdéri, *Gruppenphoto einer Familie*, um 1870. Eine Familie, geschickt am Fuße der Treppe eines schönen Bürgerhauses gruppiert. Keine Pose ist zufällig oder improvisiert. Der einzige Mann in der Gruppe, ein wenig abseits von den übrigen, hält ein kleines Mädchen auf dem Schoß, neben seinem Ellbogen liegt ein Buch, während eine Mutter sich zärtlich an ihre Tochter lehnt. Disdéri, ein berühmter Pariser Photograph während des Zweiten Kaiserreichs, nahm in seinem Atelier Tausende von Porträts auf; Gruppenphotos und Außenaufnahmen waren seltener.

Michelle Perrot

# Funktionen der Familie

Die Familie verwaltete die »Privatinteressen«, deren reibungslose Wahrnehmung für die Macht des Staates und den Fortschritt der Menschheit bedeutsam war. Zahlreiche Aufgaben wurden ihr zugeteilt. Als Stützpfeiler der Produktion gewährleistete sie den Wirtschaftsprozeß und die Weitergabe des Erbes von Generation zu Generation. Sie war die Keimzelle der Reproduktion, sorgte für Nachwuchs und führte ihn in das Normensystem der Gesellschaft ein. Als Bewahrerin der menschlichen Gattung wachte sie über Gesundheit und Reinheit. Als »Schmelzofen« des Nationalbewußtseins vermittelte sie symbolische Werte und hielt die Erinnerung an die Staatsgründung wach. Sie förderte Bürgersinn ebenso wie zivilisiertes Benehmen. Die »gute Familie« war das Fundament des Staates. Vor allem für die Republikaner gehörten Liebe zur Familie und Liebe zum Vaterland zusammen und erzeugten Achtung vor der Menschheit.[1] Daher rührte das wachsende Interesse des Staates an der Familie, das zunächst den Familien der Armen, dem schwachen Glied in der Kette, und schließlich allen galt.

Doch zumeist handelte die Familie während des 19. Jahrhunderts noch relativ unabhängig. Unter dem Firnis der Zentralisierung sind je nach religiösen und politischen Traditionen sowie nach sozialem und lokalem Milieu beträchtliche Unterschiede zu beobachten.

## Familie und Erbe

Die Familie, ein Netz von Personen und zugleich ein Hort von Gütern, war ein Name, eine Blutlinie, ein materieller und symbolischer Wert, der von Generation zu Generation vererbt wurde. Die Überlieferung des Eigentums wurde vom Gesetz geregelt.

Der Code civil hatte alte Bräuche abgeschafft, Testamente verboten, das Erstgeburtsrecht aufgehoben und für die Gleichheit aller Erben, ob Männer oder Frauen, gesorgt. In vieler Hinsicht kamen diese Änderungen einer Revolution gleich und wurden auch so empfunden. So hatte Pierre Rivière, der »Muttermörder mit den roten Augen« aus der normannischen Bocage, seine Mutter (und danach seine Schwester und seinen Bruder) nicht zuletzt deshalb umgebracht, weil sie volle Verfügungsgewalt über ihre Besitztümer ausübte – in der Sicht des misogynen normannischen Volksbrauchs ein Umsturz. Rivière erkannte in

Albert Auguste Fourié, *Hochzeitstafel in Yport*. Das Hochzeitsessen auf dem Lande – hier in der Gegend von Caux – ist ein klassisches Thema der Genremalerei. Am Ende des 19. Jahrhunderts löst sich der Stil von der Derbheit der flämischen Schule und wird zarter. Die Apfelbäume blühen – der Maler stellt einen Zusammenklang von Natur und Herzen dar. (Rouen, Musée des Beaux-Arts)

seiner Mutter, die unablässig Kontrakte aufsetzte, um sie dann zu widerrufen, eine Teufelin und eine Bedrohung.

Setzte der Code civil wirklich »die Spielregeln des bürgerlichen Friedens« fest, wie André Arnaud meint? Im Gegenteil, es ist frappierend, wie hartnäckig patrimoniale Werte und die Vorrangstellung des Vaters in diesem patrilinearen Vererbungssystem ihre Gültigkeit behaupteten.[2] Der Ehegatte »verwaltete allein die Güter der Gemeinschaft« (Art. 1421); seine Macht wurde nur durch die Bestimmungen des Ehekontrakts eingeschränkt. Doch Eheverträge, charakteristisch für Länder mit geschriebenem Recht, waren im Laufe des 19. Jahrhunderts stark rückläufig, selbst im okzitanischen Gebiet, wo sich das Dotalsystem lange gehalten hatte. Diese Entwicklung begann in der Provence und im Languedoc und griff auf das innere Okzitanien über. Für die Normandie gilt dasselbe – in Rouen zählt J.-P. Chaline in den Jahren 1819 und 1820 43 Prozent Eheschließungen mit Ehekontrakten, in der Mitte des 19. Jahrhunderts 24 Prozent und am Vorabend des Ersten Weltkriegs nur noch 17 Prozent.[3] Einzig das Bürgertum hielt am Dotalsystem, das den Besitz der Frau bewahrt und im Falle eines Konkurses einen Teil des Vermögens rettet, länger fest – Vorsichtsmaßnahme eines Kapitalismus mit klar familialer Struktur.

Im allgemeinen hinterließen die Erbteilungen kleine Besitztümer und verlangsamten – oder dämpften zumindest – den Prozeß der Industrialisierung, da sie, anders als in England, die Landflucht verzögerten. Doch in vielen Regionen, vor allem dort, wo die Stammfamilie vorherrschte, stieß der Code civil auf heftigen Widerstand. Im Gévaudan etwa, wo man das »oustal« aufrechtzuerhalten wünschte, erfand man eine Reihe von Praktiken, die das Gesetz unterliefen.[4] Die Eltern – oder

der allmächtige Vater – sorgten bereits zu Lebzeiten für gewisse »Arrangements«, um den Besitz zusammenzuhalten und in die Hände des Fähigsten (und/oder Bevorzugten) zu geben. Die »Jüngeren« wurden manchmal finanziell entschädigt, ein Motiv für zeitweilige Abwanderungen, um das Entschädigungsgeld zu erlangen. Meist jedoch blieben sie unverheiratet und halfen, das Land zu bearbeiten; bisweilen verdingten sie sich sogar als Dienstboten. Wachsender Individualismus zerstörte im Laufe der Zeit den Konsens, auf den dieses System angewiesen war.

Ein großer Teil der Bevölkerung erbte überhaupt nichts. Vom Beginn bis zum Ende des 19. Jahrhunderts hinterließen zwei Drittel der Verstorbenen keinerlei Erbe.[5] Die Vermögenskonzentration stieg sogar noch weiter an: 1820–1825 besaß in Paris 1 Prozent der Bevölkerung 30 Prozent des Vermögens – 1911 waren es 0,4 Prozent der Bevölkerung. Ähnlich verhielt es sich in Bordeaux oder Toulouse, schlimmer noch in der Arbeiterstadt Lille: 1850 besaßen hier 8 Prozent der Einwohner 90 Prozent des Vermögens, 1911 92 Prozent. Der Aufstieg der Mittelschichten schlug sich noch nicht in der Vermögensverteilung nieder. Die Vorstellung von einer starren Gesellschaft mit geringen Mobilitätschancen und hohen Spannungen innerhalb der Familien, wenn es um den Besitz ging, wird so erhärtet.

## Formen des Besitzes

Insgesamt wurde wenig Reichtum akkumuliert. Doch der Wunsch nach Erbgütern, vor allem nach Immobilien, war überaus stark. Für die Bourgeoisie war der Besitz von Immobilien ein unerläßliches Zeichen der Zugehörigkeit zur Oberschicht; die Armen wollten bloß »ein Fleckchen« für sich. Henry Brulard, der Vater Henri Beyles (Stendhal), dachte Tag und Nacht an sein »Gut«. Während Geld – »leider unerläßliche Lebensnotwendigkeit so wie die Toiletten, aber man darf nie darüber sprechen« – zu Beginn des 19. Jahrhunderts im Kleinbürgertum von Grenoble tabu blieb, wurde das Wort »Immobilie stets mit Respekt ausgesprochen«.

In der Mitte des Zweiten Kaiserreiches stammten 18 Prozent der Einkommen aus städtischen Immobilien, 41 Prozent kamen aus der Agrarproduktion, nur 5,9 Prozent aus beweglichen Geldanlagen. In der zweiten Hälfte des 19. Jahrhunderts wurden derlei Geldanlagen immer beliebter, stimuliert durch die Entwicklung anonymer Gesellschaften, neue Bankstrategien und durch die Spekulationen, die folgten, als mehr und mehr Erben ihr Vermögen verteilt anlegten. Obligationen ersetzten die Grundrenten. Aktien zu besitzen und ihren Kurs an der Börse zu verfolgen, wurde geläufige Praxis, selbst im Kleinbürgertum der Provinz. So abonnierte eine ehrenwerte Dame aus einer Kleinstadt im Berry, Winzerstochter und Witwe eines Schreiners, ein Finanzjournal und kaufte Wertpapiere – unter anderem russische Staatsanleihen und Kommunalanleihen der Stadt Budapest – ebenso wie ein Klavier für ihre Töchter.

Jacques Capdevielle hat gezeigt, wie verbreitet der Geschäftssinn in allen sozialen Schichten war, ja, er wurde geradezu zum Ferment der opportunistischen Dritten Republik, die sich die Gleichung »Bürger = Eigentümer« auf die Fahnen geschrieben hatte.[6] Aktien und Obligationen, die diskretes, teilbares Eigentum darstellten, waren eine Eigentumsform, die mit der Staatsform der Demokratie übereinstimmte. Capdevielle hat auf den erstaunlichen Konsens hingewiesen, der sich am Ende des Jahrhunderts in der Frage des Eigentums ergeben hatte, sogar in sozialistischen oder anarchistischen Kreisen. Der »gute Familienvater«, Schlüsselfigur der revolutionären Sansculotten und Garant der Republik, besaß nun ein kleines Vermögen, das er seinen Erben hinterlassen konnte. In einer Rede, die Gambetta 1874 in Auxerre hielt, pries er »die kleinen Vermögen, das kleine Kapital, diese ganze kleine Welt, die die Demokratie ausmacht«.

So bildete sich langsam eine kapitalistische Geisteshaltung heraus, die in familiäre Gespräche und Korrespondenzen eindrang und das Bild, das die Familie von sich selbst entwarf, modifizierte.

## Arbeit und Familienökonomie

Mit oder ohne Vermögen war die Familie ein ökonomisches Verwaltungssystem, das von der Industriellen Revolution, wie unterschiedlich ihr Rhythmus auch war, keineswegs angetastet, sondern benutzt und verstärkt wurde.[7] Auch wenn man nicht, wie manche Forscher, gleich eine »familiäre Produktionsweise« unterstellt, so ist doch das Netzwerk aus Akkumulation, Know-how und Zusammenhalt der Beachtung wert.

Büro eines kleinen Familienbetriebs? Der Meister ist nicht weit: sein Hut hängt am Haken. Statt an der Nähmaschine arbeitet diese junge Angestellte an der Schreibmaschine. (Sammlung Sirot-Angel)

Im ländlichen Milieu war der Haushalt die ökonomische Basiseinheit. Familie und Landbesitz waren eins, und ihre Erfordernisse bestimmten das Leben der Familienmitglieder. Das »oustal« im Gévaudan war ein Extremfall; doch selbst in minder starren Versionen des Patrimonialsystems war die Familie ein Unternehmen und das Haus ein Arbeitsplatz, in dem die Rollen von Eltern und Kindern, Jungen und Alten, Männern und Frauen streng geordnet waren. Obwohl diese Rollen einander ergänzten, darf man sich keinen übertrieben harmonischen Begriff von ihnen machen. Zudem veränderten Abwanderungsbewegungen die Strukturen von Zeit zu Zeit.

Die Frühphase der Industrialisierung baute auf die familiäre Zelle, in der Produktionsort und Wohnung nicht voneinander geschieden waren. Die Weber bieten das beste Beispiel einer häuslichen industriellen Ökonomie, die endogamisch organisiert war und die Geschlechtertrennung bei der Arbeit praktizierte. Obgleich die Weber extrem arm waren, blieben sie lange resistent gegen die Entwicklung des Fabriksystems, und viele bewahrten sich nostalgische Erinnerungen an die alte Arbeitsweise.[8] Die Einführung der Elektrizität ließ den Traum von der Fabrik zu Hause, in der Peter Kropotkin ein anarchistisches Vehikel der Unabhängigkeit erblickte, wieder aufleben.

Der kleine Familienbetrieb – Geschäft oder Werkstatt – hält sich in

Der Lebensmittelkaufmann war im Stadtviertel eine wichtige Person, Zeuge und Vertrauter von Familienangelegenheiten. Dieser hier, mit Uhrkette an der Weste, assistiert von seiner Frau und einem Gehilfen, betreibt eine Wein- und Feinkosthandlung, in der die Köchinnen wohlhabender Bürger einkaufen.
(Sammlung Sirot-Angel)

Frankreich immer noch, wiewohl er stets durch einen möglichen Bankrott und die nachfolgende Entehrung der Familie gefährdet ist. Zulieferbetriebe heften sich an die Branchen der Schwerindustrie. Sein eigener Herr zu sein, bleibt eigensinniger Ehrgeiz von vielen, und daheim zu arbeiten ist ein Ideal in einem Land, in dem die Arbeiter sich lange weigerten, ihr Essen im Henkelmann mitzunehmen. Hier wurden Barrikaden errichtet, als eine geplante Verkürzung der Mittagspause es unmöglich gemacht hätte, zu Hause zu essen (die Affäre von Houlme bei Rouen 1827). Familienökonomie heißt hier, einen Lebensstil zu verteidigen.

Die Industrialisierung war gezwungen, darauf Rücksicht zu nehmen. Fabriken entstanden auf dem Dorf, in der Nachbarschaft der Arbeitskräfte. Ganze Familien wurden beschäftigt und bezahlt; in den Spinnereien wurde der Familienvater von seiner Frau unterstützt und wies seine Kinder ein. Sofort hörten die Disziplinschwierigkeiten auf.

Der Fabrikbesitzer selbst ging mit gutem Beispiel voran; er wohnte ganz in der Nähe, manchmal im Hof seiner Fabrik. Seine Frau kümmerte sich um die Buchhaltung, und er schloß das Personal in Familienfeste mit ein. Das erste Beziehungssystem der Industrialisierung war der Paternalismus, jedenfalls der Kerngruppe von Arbeitern gegenüber, die man stabilisieren wollte. Dieses System setzte dreierlei voraus: Arbeiter und »Patron« mußten in der Nähe der Fabrik wohnen; der Unternehmer mußte unaufwendig leben und sprechen (der Chef war der »Vater« der Arbeiter, das Unternehmen war eine »große Familie«, ein Bankrott hätte den »Tod« bedeutet); die Arbeiter mußten den Unternehmer akzeptieren. Wenn der Konsens nicht fortbestand, brach das System zusammen. Genau dies geschah in der zweiten Hälfte des

In den Bergwerksgebieten war das Haus ein wesentliches Element, um die soziale Hierarchie herzustellen und aufrechtzuerhalten. Das Haus des Ingenieurs war weitläufig: ein monumentaler Eingang, Balkon, verzierte Dachgauben. Andere Merkmale der sozialen Unterscheidung waren der Zierrasen und die Pferdekutsche. Die Umgebung jedoch verwies auf das Industriegebiet. *Die Minen von Bruay*, 1889. (Paris, Bibliothèque Nationale)

19. Jahrhunderts, als die Arbeiter gegen die »Kooperativen« mancher Unternehmer rebellierten, die häufig nur ein verborgenes »Truck-System« (das heißt, der Lohn wurde in Naturalien ausgezahlt) waren. Die Arbeiter verlangten Geldlohn und wehrten sich gegen die unerträgliche Abhängigkeit, die ihnen wie ein Relikt der Leibeigenschaft erschien. Man könnte sogar eine Parallele zwischen der Krise der »natürlichen« Familie und der Krise der »industriellen« Familie ziehen, die beide vom rasanten Aufstieg des Individualismus bedrängt wurden.

## Die Macht der Familienökonomie in der Arbeiterklasse

Selbst außerhalb der Fabrik bestimmte eine strenge Familienökonomie die Lebensverhältnisse der Arbeiter. Der Lohn des Vaters sorgte für das Nötigste und wurde, sobald es möglich war, durch den Beitrag der Kinder aufgebessert – ein Grund, warum die Geburtenrate bei Arbeitern lange Zeit hoch blieb. Aus diesem Blickwinkel wird der Widerstand gegen die Einschränkung der Kinderarbeit verständlich. Die langfristigen Pläne von Sozialreformern rieben sich an den unmittelbaren Familieninteressen, deren Armut dem Projekt Grenzen zog. Eine derartige Einschränkung setzte ein anderes ökonomisches Gleichgewicht und eine andere Gestaltung der Arbeitswelt voraus. Für Arbeiter war eine Senkung der Geburtenzahl – wie auch andere Maßnahmen im »Interesse des Kindes« – teuer und daher selten.

Auch die Arbeit der Frauen, unterbrochen durch Mutterschaften, gehorchte den Erfordernissen der Familie. Auf jeden Fall brachte sie nur einen »Nebenverdienst« ein. Der alte Gedanke eines zusätzlichen Einkommens hatte nun ein anderes Gewicht als früher; es wurde häufig in Extraausgaben investiert. Die Hausfrau, stolz auf ihren Verdienst, der sie aufwertete, blieb gleichwohl für den Haushalt insgesamt verantwortlich. Die Arbeiter priesen unablässig die gute Hausfrau, die im Alltag unentbehrlich war, und beschönigten ökonomische Notwendigkeiten mit ideologischen Legitimationsparolen. Die gewissermaßen professionelle Tätigkeit der Frauen bezeichnete man als »natürliche Qualitäten«. Unbewußt wurden die Arbeiter so zu Komplizen einer Programmatik, die häusliche Arbeit zu unproduktiver Arbeit herabstufte. In Krisenzeiten indes wurde der Nebenverdienst der Frauen lebenswichtig. Die Arbeiter, die von der großen Arbeitslosigkeit 1884 betroffen waren, erklärten, sie hätten sich nur deshalb über Wasser halten können, weil ihre Frauen sich stundenweise als Zugehfrauen oder Waschfrauen verdingten. Frauen behielten Wirtschaftskrisen daher in der Regel als Zeiten extremer Arbeitsbelastung in Erinnerung.

Insgesamt war die familiäre Eigenversorgung ein effektives System. Die Ernte aus den typischen »handtuchgroßen« Gemüsegärtchen, die man selbst noch vor den alten Stadtmauern von Paris fand, der gegenseitige Austausch von Dienstleistungen oder Waren waren wirksame Bollwerke gegen Mangel und Not. Diese gegenseitige Hilfe setzte ein Netz horizontaler Beziehungen voraus, das in der heutigen Gesellschaft nicht mehr existiert. Man ist der Arbeitslosigkeit daher direkt ausgeliefert und stärker abhängig vom Staat als damals. Die anhaltend hohe Arbeitslosigkeit in manchen Ländern wie etwa Italien oder Griechenland läßt erkennen, welche Bedeutung die einstige familiale und nachbarschaftliche »Schattenökonomie« hatte.

Die Aufgaben der Familie wiesen freilich über den gemeinsamen Teller und das gemeinsame Budget hinaus. Sie war zuständig für Heiratsstrategien im endogamischen Rahmen der verschiedenen Berufsgruppen. Sie ermöglichte erst eine gewisse geographische Mobilität, die für die Ausbildung der Arbeiter oder den Anstoß zu sozialem Wandel bedeutsam war.[9] Arbeiter zogen nicht aus purem Zufall um oder wanderten ab; sie folgten dem Register der Verwandtschaft oder ihres Berufes. Der Zusammenhalt erleichterte die Integration in der Stadt. Da

Eine vollkommen gerade ausgerichtete Straße, die direkt zu den Bergwerksgruben führt. Die Häuser sind identisch, in zwei Wohnhälften geteilt, ausgestattet mit Schuppen und winzigen Gärtchen. Eine typische Bergarbeitersiedlung, wie sie im letzten Drittel des 19. Jahrhunderts konzipiert wurde, um die Arbeiter an die Grube zu binden. Auffällig ist auch, daß überall Vorhänge angebracht sind. *Die Minen von Bruay*, 1889.
(Paris, Bibliothèque Nationale)

Dieses Monument in Verjux (Saône-et-Loire) zeigt das viktorianisch angehauchte Porträt der »Königinmutter« der Kaufhäuser Bon Marché: die ehrenwerte Witwe Boucicaut, geborene Marguerite Guérin (1816–1887). (Paris, Bibliothèque Marguerite-Durand)

man die Verbindung zum Land aufrechterhielt, hatte man für den Notfall eine Rückzugschance. Nachdem der Porzellanarbeiter Simon Parvery in Limoges einen Unfall erlitten hatte, konnte er auf den Bauernhof seiner Familie zurückkehren. Die Familie organisierte wechselseitige Hilfe und übernahm die Funktion eines Arbeitsamtes oder einer Bank. In hochorganisierten ethnischen Gruppen – zum Beispiel bei den aus der Auvergne Zugewanderten in Paris[10] – förderte und erleichterte die Familie den sozialen Aufstieg. Auf diese Weise gelang es den »wilden Auvergnats«, in der Stadt zu überleben.

Bevor die allgemeine Schulpflicht eingeführt wurde, erwarb man seine Bildung, vor allem das Lesen und Schreiben, in der Familie. Die sogenannte Jacotot-Methode, mit der man lesen lernte, war für Väter und Mütter gedacht, deren Alphabetisierungsgrad weit höher war, als gemeinhin angenommen. Laut Raspail gaben die Frauen auch medizinische und klinische Kenntnisse weiter. Die Arbeiterfamilie war kein Abklatsch der bürgerlichen Familie, sondern »ein natürlicher Ort zur Aneignung von Wissen und zur Emanzipation der Armen«, wie Jacques Rancière festgestellt hat.[11]

## Ursprüngliche Akkumulation und familialer Kapitalismus

Die Familie besorgte im Kapitalismus des 19. Jahrhunderts auch die ursprüngliche Akkumulation des Kapitals und seine Verwaltung. Die Geschichte von Unternehmen ist überwiegend »Familiengeschichte«; die großen Ereignisse sind Hochzeiten und Trauerfälle, wirtschaftlicher Aufschwung und Ruin. Die Kernfamilie erwies sich als überaus geeignet, die Industrialisierung »anzukurbeln«. »Sinn für Häuslichkeit und die Vorstellung von einem privaten Leben harmonierten perfekt mit dem bienenfleißigen, unauffälligen, ungeselligen Eifer, der für die frühe Industrialisierung erforderlich war.«[12] Das System der Familie war für die Unternehmer die ökonomische Basis und zugleich das Funktionsprinzip des Betriebs. Familiengeheimnisse waren Geschäftsgeheimnisse; Ehekontrakte mündeten in Zusammenschlüsse und Diversifizierungen von Firmen. Tüchtige Erben, das bedeutete überlegte, ja, risikofreudige Geschäftstätigkeit; unfähige oder verschwenderische Erben zerrütteten den Besitzstand und lösten den Verfall einstmals mächtiger Clans aus. Selbst Finanzierungspraktiken trugen Züge von Familienstrategien. Kommanditgesellschaften, ideal in einer Zeit, in der Eigenfinanzierung dominierte, übertrugen familiale Strukturen auf die Geschäftswelt. Nach 1867 stellten sich die Familien auf Aktiengesellschaften ein, die es ihnen ermöglichten, ihr Kapital zu mehren, dabei aber die Aktienmehrheit und damit die Leitung der Gruppe zu behalten und das eigene Vermögen zu bewahren.

Die Geschichte einzelner Unternehmen ist eng verwoben mit der Genealogie der Besitzerfamilien. Die Textilindustrie im Norden liefert beeindruckende Beispiele für das Wachstum von Fabriken aufgrund von Familienallianzen: In Roubaix knüpfte die Familie Motte vielfältige Verbindungen durch Heirat – mit den Familien Bossut, Lagache, Bré-

Das »Maison du Bon Marché«, an der Ecke rue du Bac und rue de Sèvres gelegen, war Nachfolger des »Petit Thomas«, eines der ersten Warenhäuser. »Wir haben, was die Damen glücklich macht«, war ihre stete Verlockung; diese Vorstellung beherrschte ihre Phantasie und bestimmte das Auftreten nach außen. (Sammlung Sirot-Angel)

dart, Wattine, Dewawrin und anderen. Die Pollets kontrollierten die Firma Redoute. Die wichtigsten Industriellen in Lille waren die Thiriez und die Wallaerts, in neuerer Zeit die Willots. Auch ideologische Vorlieben oder Eigenschaften einer Person beeinflußten den Gang der Geschäfte. Insbesondere in der Normandie, wo man sehnsüchtig der Epoche der Aristokratie gedachte, wurde die Endogamie wörtlich genommen – man blieb »unter sich« und erwarb kostspieligen Grundbesitz, was der industriellen Entwicklung wenig förderlich war. Die maßgeblichen Dynastien der Metallindustrie, die Schneiders und Wendels, standen den Textilfabrikanten in nichts nach; doch die Kehrseite ihrer lokalen Verwurzelung war ein unbeweglicher aristokratisch geprägter Paternalismus. Le Creusot, Stadt und Unternehmen, steht ebenfalls für ein geradezu feudales Komplott zur Beherrschung von Landstrich und Leuten.

Die Begründer großer Kaufhäuser wurden nicht müde, das Ideal der »glücklichen Familie« zu rühmen. Das Diorama, das heute noch in der obersten Etage des Kaufhauses La Samaritaine zu bewundern ist, erzählt die erbauliche Geschichte von Cognacq und Louise Jay und preist die Tugend und den Fleiß dieses vorbildlichen Paars, das abends beim Schein der Lampe die Buchhaltung erledigte. Die verwitwete Madame Boucicaut, die keinen tüchtigen Nachkommen hatte, versuchte das Geschäft Bon Marché dennoch in der Familie zu halten und kümmerte sich selbst darum. Ihre Nachfolger beherzigten solche Treue zur Firma und kräftigten ihre Legitimation, indem sie Heiraten zwischen den Familien der Geschäftsführer und der Hauptaktionäre begünstigten. Das Bündnis von Kapital und Arbeit war ein weiteres Instrument der Legitimation. Manche Gesellschaften rekrutierten so über Aufstiegschancen innerhalb der Familie ihre eigenen Personalkader, die eine »moralische, wenn nicht sogar eine biologische Familie« bilden sollten. Das private Leben dieser leitenden Angestellten, die sich einer »erbarmungslosen Domestizierung« unterwerfen mußten, wurde streng reglementiert und überwacht.

Die Dominanz der Familie war übrigens nicht nur das Kennzeichen einer frühen Phase der Industrialisierung. »Die private und in jüngster Zeit auch die verstaatlichte große Industrie wird stärker von der Familie bestimmt, als gemeinhin angenommen. [...] Im Milieu der ökonomischen Führungsspitze entscheiden immer noch Familienverbindungen über die Karriere.«[13] Pierre Bourdieu und Monique de Saint-Martin haben am Beispiel der Familie Cossé-Brissac gezeigt, welches Gewicht das Private in der öffentlichen Verwaltung hat und wie groß der Einfluß ist, den Familienbeziehungen auf politische Entscheidungen nehmen.[14] Man könnte geradezu sagen, der Staat sei von ein paar Familien kolonialisiert worden, selbst wenn es nicht die sprichwörtlichen »zweihundert Familien« sind.

Das Familienvermächtnis beschränkt sich also nicht nur auf materielle Güter. Man erbt auch einen Bestand an Beziehungen, ein symbolisches Kapital in Gestalt von Reputation, einen bestimmten Status, »ein Erbe an Verantwortung und Tugenden«. Das meint: unverhohlene Protektion und krasse Ungleichheit. Während des Prozesses um *Madame Bovary* schrieb Flaubert an seinen Bruder Achille: »Im Innenministerium muß man erfahren, daß wir in Rouen sind, was man *eine Familie* nennt, das heißt, daß wir tiefe Wurzeln in dem Land haben und daß, wenn man mich angreift, und vor allem wegen Unmoral, man viele Leute treffen wird.« (3. Januar 1857)[15]

## Familie: Geschlecht und Blut

Die Familie hatte jedoch noch eine andere Mission zu erfüllen, die am Ende eines Jahrhunderts, das heimgesucht wurde vom Gespenst des Geburtenrückgangs und der Angst vor Degeneration, immer dringlicher wurde: die Reproduktion einer zahlreichen, fruchtbaren und gesunden Gattung, gezeugt durch eine Sexualität ohne Betrug oder Skandal.

Der Gedanke, die Heirat sei das sicherste Mittel, um ein gezügeltes und gesundes Sexualleben zu gewährleisten, stammt aus der Antike. Michel Foucault hat gezeigt, wie das Ideal eines maßvollen Ehelebens im Zeitalter Kaiser Antonius' im Umkreis der Stoa entstand.[16] Das 19. Jahrhundert hat in diesem Betracht nichts Neues erfunden – die Republikaner brüsteten sich gerne mit ihrer »antiken Moral«. War auch ein puritanischer Einfluß wirksam? Eines der am häufigsten nachge-

druckten Werke der volkstümlichen Literatur, *La Science du bonhomme Richard* von Benjamin Franklin, geißelt jede Art von Verschwendung und predigt die Mäßigung. Ärzte, die modernen Priester, rühmten die Ehe, weil sie die sexuelle Energie reguliere und den gefährlichen Geschlechtsverkehr im Bordell, der die »Rasse« schädige, zu vermeiden helfe.

In der zweiten Hälfte des Jahrhunderts entwickelten Ärzte und Romanschriftsteller (man denke an *Fécondité* oder *Docteur Pascal* von Zola) aus Furcht vor den großen »gesellschaftlichen Geißeln« – Tuberkulose, Alkoholismus, Syphilis – und aus Entsetzen über »erbliche Belastungen« und »verdorbenes Blut« eine »Mythologie der Vererbung«, wie Jean Borie es nannte. Die Familie, das anfälligste Glied der Vererbungskette, bedurfte des Schutzes und der höchsten Wachsamkeit. Selbst junge Männer, deren Eskapaden – Zeichen der Männlichkeit! – man bislang toleriert hatte, sofern nur die Mädchen jungfräulich blieben, wurden nun zur Keuschheit ermahnt.

Die Kernfamilie, Tempel ordentlicher Sexualität, setzte die Normen, die jede außerfamiliäre sexuelle Aktivität in Mißkredit brachte. Das Ehebett war der anerkannte Altar für die Zeremonie der Sexualität; es war zwar nicht mehr von Vorhängen umschlossen, aber dicke Wände schützten das »Elternschlafzimmer«, das die Kinder nur mit ausdrücklicher Erlaubnis betreten durften, während die Eltern jederzeit in die Schlafzimmer ihrer Kinder eindringen konnten. Die Kirche, früher überaus streng, wies die Beichtväter an, Verheiratete – insbesondere Frauen – nicht mit Fragen nach Intimitäten des Ehelebens zu belästigen. Das geheiligte Ehebett sollte fremdem Einblick entzogen bleiben. Die Familie – »Kristall der Sexualität« hat Michel Foucault sie genannt – garantierte auch gesunde Nachkommen und »gesundes Blut«. Wehe den schwachen Kettengliedern! Selbst die neomalthusianischen Anar-

Dieses Schlafzimmer von 1882, entworfen und hergestellt von den Ateliers Auguste Godin (1816–1883) und Jeanselme (rue des Grands-Augustins), zeigt einen Übergangsstil. Es bewahrt einen Rest salonartiger Feierlichkeit, ist aber bereits ein privates Zimmer. Das Bett hat noch einen Baldachin, steht als Altar des Familienlebens jedoch bereits im Mittelpunkt des Raums. Der Spiegelschrank weist darauf hin, daß man sich ohne fremde Hilfe ankleidete. (*L'Illustration*, 1882)

chisten, die arme Leute und Frauen von der Knechtschaft unkontrollierter Fortpflanzung befreien wollten, ließen sich bedenkenlos für die Eugenik gewinnen, diesen Traum von der Reinheit der Nachkommenschaft, der den zweideutigen Doktrinen des Sozialdarwinismus entsprungen war.

Die Familie stand also unter widersprüchlichen Anforderungen. Einerseits wurden ihr Zusammenhalt und ihre Macht gestärkt, weil man ihr immer neue Aufgaben zuwies. Entehrende Geheimnisse wahrte man sorgsam. Das private Leben wurde eifersüchtig gehütet, während gleichzeitig Furcht und Besorgnis zu beobachten waren. Man denke an jene Mutter, die unsicher in der Erziehung ihres Kindes von Freud die Antwort bekam: »Machen Sie sich keine Gedanken, was Sie auch tun, es wird verkehrt sein.« Andererseits hatte ein geschärftes Bewußtsein für die demographische und gesellschaftliche Bedeutung der Familie zur Folge, daß Philanthropen, Ärzte und Staat sie in ihre Fürsorge einschlossen, ihre Geheimnisse zu erkunden und in die Festung einzudringen suchten. Die Intervention traf zuerst arme Familien, denen man nicht zutraute, daß sie ihre Funktionen erfüllten, vor allem im Hinblick auf die Kinder. Zu Beginn des 20. Jahrhunderts mischten sich Richter, Ärzte und Polizei »im Interesse des Kindeswohls« immer häufiger in die Privatsphäre ein. Häufig freilich machte sich die Familie zur Komplizin dieser Interventionen und rief nach der Polizei, weil sie an sich selbst zweifelte oder mit ihren inneren Konflikten nicht zu Rande kam. Soziale Kontrolle war daher nicht nur der »Blick von außen« oder verstärkte Überwachung, sondern ein äußerst komplexes Zusammenspiel von Wünschen und Klagen. Am Ende des 19. Jahrhunderts waren es zum Beispiel im Gévaudan zunehmend die Familien selbst – oder einzelne Angehörige, die von den übrigen schikaniert wurden –, die den Eingriff der Justiz erbaten.

Die Familie war die »unsichtbare Hand« einer funktionierenden Gesellschaft und der »verborgene Gott« der Ökonomie; doch selbst im demokratischen System konspirierte sie manchmal, denn sie bewegte sich in der Grauzone zwischen Öffentlichkeit und Privatheit. Die Grenze zwischen beiden verlief mitten durch die Familie und das Haus, variabel je nach Zeit, Ort und Milieu. Dessen muß man sich bewußt sein, denn andernfalls ist die Intensität von Konflikten und Leidenschaften innerhalb der Familie nicht zu verstehen, ihr Herzschlag nicht zu vernehmen.

## Familientypen und privates Leben

»Es geht um die Familie«, sagte Michelet, als sei er ein guter Jakobiner. Natürlich sprechen wir genaugenommen nicht von *der* Familie, sondern von Familien im Plural; dennoch werde ich weiterhin gelegentlich den Singular gebrauchen. Die Literatur, fasziniert vom Aufstieg der städtischen Bourgeoisie und von Paris, hat diese Illusion erzeugt. Und auch die Art und Weise, wie sich französisches Nationalbewußtsein herausbildete, trug dazu bei. Trotzdem müßte man eigentlich stets im Plural sprechen, so eklatant sind die Unterschiede etwa zwischen Stadt und Land (tiefste Bruchstelle in einer Geschichte des Intimen), zwischen gesellschaftlichen Milieus, religiösen Anschauungen oder politischen Meinungen. Wie wurden private Gebräuche von der Tatsache beeinflußt, daß man Katholik, Protestant, Jude oder Agnostiker war? Gab es auffällige Kennzeichen eines calvinistischen Vaters oder einer jüdischen Mutter? Hat das Freidenkertum das Verhältnis der Geschlechter oder das Bild vom Körper verändert? Gab es eine wirksame sozialistische Moral? Beeinflußten anarchistische Ansichten die Liebespraktiken? Zwischen den beiden Weltkriegen erklärte Armand die freie Liebe zum Prüfstein der individuellen Befreiung; in seiner Zeitung *En dehors* berichtete er von entsprechenden Erfahrungen seiner Genossen. Die Geschichte Victor Coissacs und seiner Kolonie »Harmonie« beweist, wie stark die Vorbehalte waren. Der Weg von der Theorie zur Praxis war lang und beschwerlich.

Stendhal, der in *La Vie de Henry Brulard* auf den Tod seiner Mutter eingeht, beschreibt ihre Gefühle und ihre Art, sie auszudrücken, und kontrastiert die »Herzen der Dauphiné« mit den »Herzen von Paris«: »Die Dauphiné hat eine eigene Art zu fühlen, eine lebhafte, eigensinnige, streitlustige Art, die ich in keiner anderen Region angetroffen habe. Für scharfsichtige Augen müßten Musik, Landschaft und Romane alle drei Breitengrade anders wirken.« Was Stendhal, der regionale Unterschiede sensibel wahrnahm, noch mit dem Klima erklärte, schreiben Hervé Le Bras und Emmanuel Todd der extremen Vielfalt der Familienstrukturen in Frankreich zu, so extrem, daß es »Frankreich anthropologisch betrachtet gar nicht geben dürfte«. Die Autoren kritisieren das oft ausgepicht universalistische Konzept einer Mentalitätenhistorie, die mehr auf Entwicklungszeiten als auf geographische Vielfalt achtet, und betonen nachdrücklich die regional unterschiedlichen Verwandtschaftssysteme, die »zwischen der Normandie und dem Limousin ebensoviele Unterschiede aufweisen wie zwischen England und Rußland«. Sie verfeinern Le Plays Klassifizierungen und unterscheiden drei Haupttypen: erstens, Regionen mit vorherrschender Kernstruktur, wo das Heiratsalter und die Quote der Unverheirateten weniger stabil war als anderswo – Normandie, die inneren Teile Westfrankreichs, Champagne, Lothringen, Orléanais, Burgund, Franche-Comté. Zweitens, Regionen mit komplexer Familienstruktur, wo Eheschließungen nur lax kontrolliert wurden – das südwestliche Viertel Frankreichs, die Provence und der Norden. Drittens, Regionen mit komplexer Familienstruktur und strikter Kontrolle der Eheschließungen – Bretagne, Baskenland, der Süden des Massif central, Savoyen und Elsaß.[17]

In jeder Region findet man Autoritätsstrukturen, die den Familientypen entsprechen und sowohl das Verhältnis der Kinder zu den Eltern als auch das Heiratsalter oder die Beziehung der Ehegatten prägen. »Jeder der großen Familientypen entspricht einer bestimmten Art von Familiengefühl. [...] Jede Familienstruktur erzeugt ihre spezifischen Spannungen und ihre spezifische Pathologie.« Die Zahl unehelicher Geburten, die Selbstmord-Rate, Formen der Gewalt und sogar politische Anschauungen sind klar von dieser Variable bestimmt. Le Bras

Um die Jahrhundertwende drang die Photographie bis ins bäuerliche Alltagsleben vor. Man machte sich fein und posierte je nach Rang und Funktion. Um die Hofbesitzer in Sonntagskleidung gruppierte sich das Dienstpersonal in Arbeitstracht. Das obligatorische Lächeln der Bauern wirkt selbstbewußt, das der Knechte und Mägde zurückhaltend. Im Mittelpunkt sitzt ein Mädchen, das offenbar zärtlich geliebt wird. (Sammlung Sirot-Angel)

und Todd argumentieren absichtlich schematisch und daher notgedrungen vereinfachend, so daß wir nicht alle ihre Schlußfolgerungen teilen können; wir räumen aber gerne ein, daß unsere eher regionale als soziale Analyse lückenhaft ist.

Leider mangelt es an Quellen, trotz der Untersuchungen, die von der französischen ethnologischen Schule angestellt wurden, unter denen vor allem die Arbeit Elisabeth Claveries und Pierre Lamaisons bahnbrechend war. Diese Arbeit stützt sich auf umfangreiches Archivmaterial und neigt deshalb dazu, Konflikte in den Vordergrund zu stellen. Doch dadurch schafft sie auch ein wertvolles Gegengewicht zu Darstellungen, welche die Harmonie in der Familie traditioneller Gesellschaften hervorkehren. Kulturelle oder strukturelle Untersuchungen konzentrieren sich oft auf invariable Momente des gesellschaftlichen Lebens und vermitteln so bisweilen einen Eindruck von Starre. Doch die Gesellschaft im 19. Jahrhundert war alles andere als immobil, selbst auf dem Lande nicht; sie war ständig in Bewegung, also auch die Grenze zwischen Öffentlichkeit und Privatsphäre sowie die Art und Weise zu leben, zu fühlen, zu lieben und zu sterben. Sicherlich waren vereinheitlichende Faktoren am Werk: Recht, Institutionen, Sprache und bald schon die Schule (die wie eine Dampfwalze alle Nuancen unter sich begräbt), die Medien oder Konsumgegenstände, welche die »Pariser Mode« allerorten verbreiteten. Die Hauptstadt, geliebt und zugleich gefürchtet, übte eine beträchtliche Anziehung auf das Umland aus; Menschen und Gegenstände zirkulierten zwischen Paris und der Provinz und beförderten fraglos die Schematisierung des privaten Lebens. Doch der Widerstand gegen diese Entwicklung war ebenfalls erstaunlich heftig. Erst der Zweite Weltkrieg »läutete das Ende der Region ein«, wie Eugen Weber bemerkt hat.[18] Die Arbeiterklasse bildete nur im Spiegel bourgeoiser Ängste oder militanten Klassenbewußtseins eine Einheit. Familiengeheimnisse und die Rätsel des Individuums dauerten fort und wandelten sich; diesen Geheimnissen und Rätseln wollen wir uns im folgenden nähern.

## Anmerkungen

1 Vgl. J. Simon, *Le devoir*, 1878.
2 P. Ourliac hat dies in zahlreichen Untersuchungen belegt.
3 J.-P. Chaline, *Le Bourgeois de Rouen. Une élite urbaine du XIXe siécle*, Paris 1982.
4 Vgl. E. Claverie und P. Lamaison, *L'impossible mariage. Violence et parenté en Gévaudan. XVIIe, XVIIIe et XIXe siècle*, Paris 1982.
5 Vgl. A. Daumard und F. Codaccioni, *Les fortunes françaises du XIXe siècle*, Paris 1973.
6 J. Capdevielle, *Fétichisme du patrimoine. Essai sur un fondement de la classe moyenne*, Paris 1986.
7 Eine der interessantesten neueren Entwicklungen in der Forschung ist die Entstehung einer neuen Disziplin, der ökonomischen Anthropologie, deren Pioniere Chayanov und J. Gody sind. Siehe Y. Lequin, *Histoire des Français, XIXe et XXe siècles*, Bd. 1: *Un peuple et son pays*, Bd. 2: *La Société*, Bd. 3: *Les Citoyens et la démocratie*, Paris 1983–1985.
8 Ein Beispiel für diese Nostalgie ist *Mémé Santerre. Une vie* von S. Grafteaux, Paris 1975.
9 Vgl. M. Gribaudi, *Procès de mobilité et d'intégration. Le monde ouvrier turinois dans le premier demi-siècle*, unveröffentlichte Dissertation, vorgelegt an der École des Hautes Études en Sciences Sociales, 1985.
10 Vgl. F. Raison-Jourde, *La Colonie auvergnate de Paris au XIXe siècle*, Paris 1976.
11 J. Rancière, »Savoirs hérétiques et émancipation du pauvre«, in: J. Borreil (Hrsg.), *Les Sauvages dans la Cité. Auto-émancipation du peuple et instruction du prolétaire au XIXe siècle*, Champ Vallon 1985.
12 L. Bergeron, »Permanences et renouvellement du Patronat«, in: Lequin (Hrsg.), *Histoire des Français, XIXe et XXe siècles*, Bd. 2: *La Société*, S. 153–293.
13 Ebenda.
14 Vgl. P. Bourdieu, »La Capital Social«, und M. de Saint-Martin, »Une grande famille«, in: *Actes de la Recherches en Sciences Sociales*, 31, Januar 1980, 2–4, 4–22.
15 J.-P. Sartre. *Der Idiot der Familie. Gustave Flaubert 1821–1857*, übs. v. Traugott König, Hamburg 1978, Bd. 3, S. 487.
16 M. Foucault, *Le Souci de soi*, Paris 1984, dtsch.: *Die Sorge um sich*, übs. v. U. Raulff u. W. Seitter, Frankfurt a. Main 1986.
17 Le Bras und Todd, *L'invention de la France*, Paris 1981.
18 E. Weber, *Peasants into Frenchmen: The Modernization of Rural France, 1870–1914*, Stanford 1976.

Paul Mathey, ohne Titel. Während der Vater fort ist, werden Hausarbeiten erledigt; die Kinder spielen. (Paris, Musée d'Orsay)

Michelle Perrot

# Rollen und Charaktere

## Die Vaterfigur

Der Vater, Galionsfigur der Familie und der bürgerlichen Gesellschaft, dominiert die Geschichte des privaten Lebens im 19. Jahrhundert. Recht, Philosophie und Politik – alles trug dazu bei, seine Autorität zu untermauern und zu rechtfertigen. Von Hegel bis zu Proudhon – das heißt, vom Staatstheoretiker bis zum Wortführer der Anarchie – wurde die Macht des Vaters mehrheitlich unterstützt. Der Vater gab dem Kind seinen Namen und verlieh ihm dadurch erst wirklich das Leben, wie Kant sagte: »Die juristische Geburt ist die einzig wahre Geburt.« Die Traditionalisten, die nun keinen König mehr hatten, wollten zumindest den Vater wieder auf dem Thron sehen. In diesem Begehren standen Revolutionäre und Republikaner ihnen nicht nach; sie vertrauten nur einem Familienvater die Stadtschlüssel an.[1] »Es ist ein Grundsatz der Politikwissenschaft, daß man der Familie die allmächtige Autorität zurückgeben muß, damit sie im Staat um so weniger nötig sei. In diesem Punkt haben unsere großen republikanischen Versammlungen sich geirrt, als sie die Macht des Ehemannes und Vaters eingeschränkt haben«, schrieb Jules Simon, der die Aushöhlung der väterlichen Bestrafungsbefugnis bedauerte.[2] Die Republikaner berieten unter den Augen Mariannes; eine wahre »Statuenmanie« brach aus, überall traf man auf Frauenfiguren: sie lagen entweder zu Füßen großer Männer oder bekränzten deren Stirn. Dieses übertriebene Aufgebot an Symbolwerten, diese schwärmerische Verherrlichung der »Muse und Madonna«, war ein Mittel, die Trennung von öffentlichem und privatem Raum zu forcieren.

### Die Rechte des Mannes

»Der Unterschied im Wesen der Ehegatten erfordert auch einen Unterschied in ihren Rechten und gegenseitigen Pflichten«, schrieb Portalis. Im Namen der Natur legte der Code civil die absolute Überlegenheit des Mannes in der Ehe und des Vaters in der Familie fest, während er die Frau und Mutter juristisch handlungsunfähig hielt. Die Frau war nach der Verheiratung kein verantwortliches Individuum mehr; als ledige Frau oder Witwe verfügte sie über mehr Rechte. Artikel 213 fixierte die juristische Handlungsunfähigkeit der Frau: »Der Ehegatte schuldet seiner Frau Schutz, die Frau schuldet ihrem Mann Gehor-

Auguste Fourié, *Im Familienkreis.* Monsieur, Madame, ein Säugling und die größere Schwester: In der Ecke des Salons, zwischen Vorhang und Klavier, sieht man hier die typische Kernfamilie unter sich. »Mutterliebe ist bei der Frau ein angeborenes Gefühl. Väterliche Liebe beim Mann ist ein Ergebnis der äußeren Umstände«, schreibt G. Droz in seinem Roman *Monsieur, Madame et Bébé.* (*L'Illustration*, 1892)

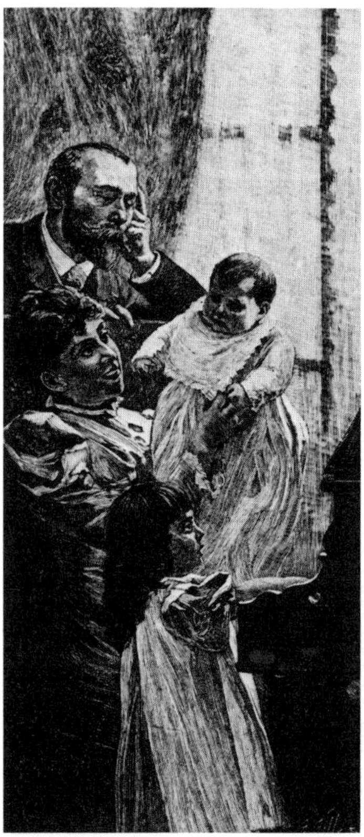

sam.« Frauen konnten nicht Vormund sein oder bei einem Familienrat mitbestimmen; entfernte männliche Verwandte wurden ihnen stets vorgezogen. Sie konnten nicht als Zeuginnen aussagen. Verließ eine Frau das eheliche Domizil, konnte sie von der öffentlichen Gewalt zurückgeholt und gezwungen werden, »ihre Pflichten zu erfüllen und ihre Rechte in völliger Freiheit zu genießen«. Eine Frau, die ihren Mann betrogen hatte, war mit dem Tode bedroht, da sie das größte Heiligtum der Familie anzutasten gewagt hatte: eine legitime Nachkommenschaft. Im Gévaudan tolerierte man zwar flüchtige Affären, überwachte aber jede Schwangerschaft mit Argusaugen; eine Frau, die ein illegitimes Kind gebar, durfte nicht auf Nachsicht hoffen. Brach ein Mann die Ehe, riskierte er gar nichts, sondern genoß die Komplizenschaft der anderen Männer. Der Code civil verbot Nachforschungen nach dem Vater, während die überkommene Moral gefordert hatte, daß ein Mann das Mädchen heiratete, das von ihm geschwängert worden war.

Das System der Gütergemeinschaft, in der die Frau über ihr Vermögen nicht verfügen konnte, setzte sich vollends durch. Die Frau konnte ebensowenig wie ein unmündiges Kind – der rechtliche Status war fast derselbe – über ihren Lohn bestimmen, bis ein Gesetz von 1907 ihr endlich Spielraum zugestand. Bei Winzerehepaaren im Aude am Ende des 19. Jahrhunderts wurde der Lohn des Paares dem Mann ausgehändigt. Eigentum der Frau wurde einzig vom Dotalsystem geschützt, das aber kaum noch praktiziert wurde, oder durch einen Vertrag über Gütertrennung. Solche Kontrakte waren allerdings nur in reichen Familien üblich und auch dort immer seltener. Der Code civil, der begüterte Frauen jedenfalls potentiell schützte, ließ arme Frauen im Stich. Manche Männer gingen noch weiter als das Gesetz. Alexandre Dumas der Jüngere meinte, ein betrogener Ehemann habe das Recht auf Selbstjustiz. Proudhon zählte sechs Fälle auf (darunter Unzucht, Trunkenheit, Diebstahl und Verschwendung), in denen »der Mann seine Frau gemäß der strengen väterlichen Gewalt töten kann« (*La Pornocratie ou les Temps modernes*, 1875).

Die Allmacht des Mannes erstreckte sich auch auf die Kinder. Die sensiblere Einstellung zur Kindheit hatte weder die familiäre Autorität noch die väterliche Macht ins Wanken zu bringen vermocht. Die Französische Revolution hatte sich mit geringfügigen Reformen begnügt: Aufhebung der väterlichen Gewalt über volljährige Kinder, Abschaffung der Enterbung und Einschränkung des Rechtes der Bestrafung. Robespierres Vorschlag, Kinder im Alter von sieben oder acht Jahren von den Eltern zu trennen und gemeinschaftlich zu erziehen, damit sie die neuen Ideen respektieren lernten, wurde nie ernsthaft erwogen.

Obwohl die Revolution laut Le Play »den Vater getötet« habe, indem sie ihm das Recht nahm, ein Testament zu verfassen, bewahrte der Code civil den Fundus alter Vorstellungen. Noch das volljährige Kind mußte »heiligen Respekt vor den Erzeugern seines Lebens« beweisen, und wenn »Natur und Gesetz die Bande der väterlichen Autorität lokkern, so wird die Vernunft die Knoten wieder knüpfen«. Bis 1896 war die väterliche Zustimmung zur Heirat obligatorisch, wenn Sohn oder Tochter jünger als fünfundzwanzig Jahre waren.

Recht spät erst ließen Photographen ihre Kunden in ihrer eigenen Wohnung, umgeben von Alltagsgegenständen, posieren. Der Vater raucht eine Zigarette, die Frauen tragen die Haare kurz und halten Bücher in der Hand. Die Einrichtung ist relativ nüchtern – die moderne Vorstellung von häuslichem Komfort zu Beginn des 20. Jahrhunderts.
(Sammlung Sirot-Angel)

Wie beim System der »lettres de cachet« konnte der Vater seine Kinder verhaften und in die Staatsgefängnisse werfen lassen. Die öffentliche Macht delegierte das Recht auf Bestrafung unverändert an den Vater. Die Artikel 375 bis 382 des Code civil (Buch I, Titel IX) legten die Bedingungen fest: »Väter, die schwerwiegende Gründe [haben], mit dem Betragen eines Kindes unzufrieden zu sein«, konnten an das örtliche Gericht, das »tribunal d'arrondissement«, appellieren. Bis zum Alter von sechzehn Jahren durfte das betroffene Kind allenfalls einen Monat lang eingesperrt werden; ab sechzehn Jahren bis zur Volljährigkeit konnte die Strafe bis zu einem halben Jahr dauern. Die Formalitäten waren minimal, ebenso wie die Garantien gegen Mißbrauch: außer dem Haftbefehl, in dem keine Gründe standen, gab es keinerlei schriftliche Dokumente oder gerichtliche Prozeduren. Wenn das Kind nach seiner Entlassung »erneut Missetaten beging«, konnte abermals seine Inhaftierung angeordnet werden. Um auch armen Familien den Zugang zu diesem Rechsmittel zu eröffnen, übernahm der Staat 1841 und wiederum ab 1885 die Kosten für Nahrung und Unterkunft, wenn die Eltern sie nicht aufbringen konnten. Kinder, die aufgrund väterlicher Vorwürfe eingesperrt waren, wurden ähnlich behandelt wie jugendliche Delinquenten, von denen es hieß, sie hätten »ohne Einsicht« gehandelt. Wenn die Familie – also der Vater – ihre Entlassung nicht beantragte, konnten sie bis zur Volljährigkeit in Haft gehalten werden.

Geisteskranke, Schwachsinnige und Zurückgebliebene, die keinerlei Bürgerrechte hatten, konnten laut einem Gesetz von 1838 auf Verlangen der Familie in eine geschlossene Anstalt gesteckt werden. Das Recht des Ehemannes über seine Frau war auch in diesem Punkt unangefochten, wie die Geschichte Clémence de Cerilleys, Schwester Emilies, zeigt. Ihre Familie hatte größte Mühe, sie aus einer Anstalt zu befreien, nachdem ihr Mann sie dort hatte einweisen lassen. Einweisungen von angeblich verrückten Frauen stiegen im 19. Jahrhundert dramatisch an: 1845–1849 waren es laut Yanick Ripa 9930 Fälle, 1871 bereits 20 000. In 80 Prozent der Fälle wurden die Frauen auf Geheiß von Männern eingesperrt (zu einem Drittel waren es Ehemänner, zu zwei Dritteln Väter oder Arbeitgeber).[3] Allerdings stimmt es, daß Frauen häufiger einen Haftbefehl forderten als Männer, da man ihn als Instrument zur Wahrung der Familienordnung betrachtete. Wir kommen darauf zurück.

### Väterliche Macht

Der Vater verfügte über doppelte Macht. Er beherrschte den öffentlichen Raum. Er allein besaß politische Rechte. Politik war im 19. Jahrhundert die Domäne des Mannes, und zwar so sehr, daß Guizot sie aus den weiblich geprägten, mondänen Salons verbannen wollte. Die Comtesse Arconati-Visconti, in deren Salon sich Ende des Jahrhunderts die Republikaner versammelten, wurde eines Tages von Gambetta gebeten, Frauen auszuschließen, damit die Diskussionen »ernsthafter werden« – und sie fügte sich.

Außerdem übte der Vater die Macht im Hause aus. Es wäre ein Irrtum zu glauben, die Privatsphäre sei das Reich der Frauen gewesen, wiewohl ihre Rolle dort an Bedeutung gewann. In erster Linie war der Mann Herr im Haus, weil er über das Geld verfügte. In bürgerlichen Kreisen kontrollierte der Mann die Haushaltsausgaben, indem er seiner Frau eine bestimmte Summe zur Verfügung stellte, die oft knapp bemessen war. Die liebevolle Caroline Orville verstand nicht, daß ihr Mann ihr in einer Zeit des Kriegs und der Trennung (1871) Vorhaltungen wegen einer Schneiderrechnung machte, der einzigen Ausgabe, die sie sich erlaubt hatte, weil sie »anständig gekleidet sein wollte« – wie es ja ihre Pflicht war. Selbst ein großzügiger Mann und Vater übte so Kontrolle und Macht aus. Ein Beispiel dafür ist Victor Hugo. Ängstlich auf die Einheit des »Familienstamms« bedacht, versuchte er die Familienmitglieder, die fortgehen wollten, in Guernesey zu halten, indem er ihnen das Reisegeld verweigerte. Besonders schwer lastete diese Kontrolle auf seiner Frau und seiner Tochter Adèle, die ganz und gar von ihm abhängig waren. Hugo beklagte sich, er sei nur der »Schatzmeister« der Familie.[4] Wie hätte es auch anders sein sollen? Auf dem Lande war die Situation ähnlich. Einzig im städtischen Arbeiter- oder Kleinbürgermilieu gelang es Familienmitgliedern bisweilen, der finanziellen Abhängigkeit vom Familienoberhaupt zu entgehen. Frauen, die im Laden mitarbeiteten oder einfach Hausfrauen waren, eroberten hier die begehrte Stellung der »Finanzministerin« der Familie.

Grundlegende Entscheidungen zu treffen oblag dem Vater. In finanziellen Belangen schien seine Macht sogar zu wachsen. Die Bürgersfrauen in Nordfrankreich hatten in der ersten Hälfte des 19. Jahrhunderts noch eine wichtige Position bei der Verwaltung der Geschäfte, da sie die Buchhaltung besorgten, als Sekretärinnen mitarbeiteten oder sogar – wie Mélanie Pollet, ehemalige Chefin der Firma Redoute – Unternehmen selbständig führten. Doch in der zweiten Jahrhunderthälfte zogen sie sich in ihr Haus zurück, das nun nicht mehr neben der Fabrik lag, mit der sie nichts mehr zu tun hatten.[5]

Symbol für das Prestige des Mannes war die Hose. Wehe den Paaren, bei denen die Frau die Hosen anhatte! Dieser vielleicht betrogene Ehemann zeigt seiner Frau, die auf den Knien vor ihm liegt, wer Herr im Hause ist. Dekadente Variante eines uralten Themas.
(Paris, Bibliothèque des Arts décoratifs)

Auch über Erziehung und Ausbildung, vor allem der Söhne, und über Eheschließungen bestimmte der Vater. Martin Nadauds Mutter hielt es für unnötig, daß ihr Sohn, den sie zur Feldarbeit heranziehen wollte, die Schule besuchte; der Vater befand jedoch anders und zeigte sich so als aufgeklärter Mann. Viele Heiraten wurden von den Vätern beschlossen, obwohl die Mütter, die für die Herzensregungen ihrer verzweifelten Töchter Verständnis hatten, ihre Partei ergriffen, ganz wie in Molières Komödien. Auch Madame Hugo schlug sich in dem schmerzlichen Konflikt zwischen Adèle und ihrem Vater auf die Seite der Tochter.

In vielen Fällen berief sich der Vater bei seiner Entscheidung auf wissenschaftliche Argumente und die Vernunft. Gegen die gläubigen und unergründlichen Frauen, die sich von leidenschaftlichem Gefühl leiten ließen und angeblich eine leichte Beute von Wahnvorstellungen waren, mußte der Vater – der Mann – die Rechte der Intelligenz wahren. Aus diesem Grund postulierten Kant, Comte und Proudhon die Vorherrschaft des Mannes; die Familienangelegenheiten waren zu wichtig, um sie den schwachen Frauen zu überlassen. Deshalb hatte der Mann auch das Recht der Kontrolle über den Umgang, die Besuche, die Besorgungen und die Korrespondenz seiner Frau. Ende des 19. Jahrhunderts entzündete sich eine regelrechte Kontroverse an diesem Punkt, die einerseits den Impuls eines feministischen Individualismus (geteilt von manchen Männern), andererseits die Grenzen dieses Impulses offenbarte: Keinerlei Maßnahmen wurden ergriffen, um den Anspruch der Frau auf ihr Briefgeheimnis zu wahren. Im Gegenteil, die meisten Richter wiesen diesen Anspruch zurück. Im März 1887 erhielt die Zeitung *Le Temps*, die eine Leserumfrage zu diesem Thema initiiert hatte, eine große Zahl von Zuschriften und veröffentlichte einige davon. Alexandre Dumas der Jüngere, der leidenschaftlich für die Machtstellung des Ehemannes votierte, schrieb: »Ein Ehemann, der

Im 19. Jahrhundert verbrachten Männer ihre Freizeit in besonderen Räumen – im Club, im Café, im Billardsalon –, zu denen respektable Frauen allenfalls in Begleitung Zutritt hatten.
*Das Café La Manille*, 1899.
(Paris, Bibliothèque Nationale)

Zweifel an seiner Frau hat und zögert, ihre Briefe zu öffnen, um sich Klarheit zu verschaffen, ist ein Idiot.« Ein Priester argumentierte mit der Kirchendoktrin: »Der Mann ist Herr im Hause.« Pressensé, der Recht und Brauch einander gegenüberstellte, vertrat eine differenziertere Position. Juliette Adam und Madame de Peyrebrune setzten sich – obschon mit Abstufungen – für das Recht auf Freiheit ein. Juliette Adam meinte, der Code civil stehe im Widerspruch zur Alltagsrealität; die Frau »erobert sich trotz des Gesetzes ihre Freiheit«, sie korrespondiere »mit ihrer Mutter, ihren Schwestern, ihren Töchtern, ihren Freundinnen«. Madame de Peyrebrune erklärte, die Auffassung der Juristen sei durchaus logisch, eine »Folge der Gesetze, die die moralische Freiheit der Frau in der Ehe einschränken«. Also sollte das Gesetz geändert werden. Am ersten Sitzungstag nach den Gerichtsferien 1897 wog der Stellvertreter des Generalstaatsanwalts am Berufungsgericht von Toulouse die Argumente beider Seiten gegeneinander ab und entschied, die Rechte des Mannes und die Unterordnung der Frau seien legitim. Im Fallrecht, das auf Präzedenzfällen aufbaut, wurde die Frage nicht weniger kontrovers diskutiert. Ein Problem war der Anspruch auf das Briefgeheimnis bei vertraulichen Briefen, die keinem Dritten zugänglich gemacht werden durften; er schloß ein, daß der Absender die Briefe nach dem Tode des Empfängers zurückfordern konnte. Die Frage war nun, ob ein Ehemann als »Dritter« zu gelten hatte oder nicht.[6]

## Das väterliche Haus

Auch wenn der Vater oft fort war, dominierte er doch das Zuhause. Bestimmte Zimmer »gehörten« ihm: das Billardzimmer, der Rauchsalon, in den die Männer sich nach den vornehmen Diners zum Plaudern zurückzogen; die Bibliothek, denn Bücher und Bibliophilie blieben Männersache; das Arbeitszimmer, das die Kinder nur zitternd betraten. Den Brüdern Goncourt zufolge war Sainte-Beuve nur in seinem Refugium im ersten Stock wirklich er selbst – weit entfernt vom lärmenden Treiben der Frauen im Erdgeschoß. Selbst eine Frau, die berufstätig war, hatte kein Büro oder Arbeitszimmer. Pauline Reclus-Kergomard, die von 1879 an Kindergarteninspektorin war, mußte ihre Papiere auf dem Eßzimmertisch studieren, während ihr Mann Jules in seinem leeren Büro vor sich hindöste.[7]

Im Salon waren Rollen und Plätze getrennt. Victor Hugos Salon kann als Modell gelten: die Männer gruppierten sich in der Mitte, die Frauen saßen im Kreis um sie herum. Die Auswahl der Möbel und die Einrichtung wurden weit mehr als angenommen von Männern bestimmt. Die Etikette legte fest, daß die Braut nach der Heirat in ein Haus kam, das der künftige Ehemann zusammen mit seiner Schwiegermutter eingerichtet hatte. Doch Jules Ferry »überschüttete seinen Bruder mit Briefen über die gewünschte Wohnung« für sein zukünftiges Zuhause mit Eugénie Risler, auch sandte er ihm Instruktionen »über die Anbringung und die Farbe von Vorhängen und Teppichen«.[8] Ein wahrer Pygmalion, brachte er seiner Frau bei, welche Kleider und Hüte sie tragen sollte und wie sie ihre Schönheit am besten zur Geltung bringen konnte. Nicht nur im Theater und in der Mode führten die Männer Regie, sondern auch in den vier Wänden. Reiche Männer verließen das

Amédée Julien Marcel-Clément, *Billardspiel*, 1900. (Paris, Bibliothèque Nationale)

Haus nicht, um zur Arbeit zu gehen, sondern richteten es für ihre Zwecke mit ihren Neuerwerbungen – sie waren fast alle Sammler – und nach ihrem Geschmack ein. Das Heim war für sie nicht ein Ort häuslicher Tätigkeit und Ökonomie, sondern einer der Kreativität.

Victor Hugo hatte immer von einem Haus geträumt, das Mittelpunkt seiner Welt – also *der* Welt – sein sollte. Das Exil bot ihm die Gelegenheit dazu. In Guernesey kaufte er Hauteville House und ließ es gegen den Willen seiner Frau umbauen und einrichten. »Es gefällt mir nicht, daß wir jetzt Hausbesitzer sind«, schrieb sie ihrer Schwester. Die Tochter Adèle, die Reisen und Städte liebte, begriff nur zu gut, welche Knechtschaft eine solche Verwurzelung bedeuten würde; wie die Kinder darunter leiden würden, keine Spielgefährten ihres Alters zu haben. »Ich gestehe Dir zu, daß Du mit Deiner Berühmtheit, Deiner Berufung und Deiner Persönlichkeit Dir einen Felsen erwählt hast, der Dich vortrefflich zur Geltung bringt, und ich verstehe, daß Deine Familie, die nur durch Dich etwas darstellt, sich nicht nur Deiner Ehre, sondern auch Deinem Bild in der Öffentlichkeit opfert«, schrieb sie Hugo 1857. »Ich liebe Dich, ich gehöre Dir, ich gehorche Dir. Aber ich kann keine völlige Sklavin sein. Es gibt Fälle, in denen man persönliche Freiheit braucht.« Der Vater, ein Patriarch, thronte wie ein Gott im Tabernakel seines Hauses.

Hugo, nach den Worten seines Sohnes ein »sanfter Tyrann«, war zweifellos eine der grandiosesten Vaterfiguren des Jahrhunderts. Auf subtile Weise verkörperte er die physischen und psychischen Eigenschaften, die typisch waren für einen Vater: Großzügigkeit und Despotismus, Hingabe und Selbstherrlichkeit. Auch die Borniertheit und Lächerlichkeit eines Bourgeois bewies er: mit seiner Mätressenwirtschaft und seiner ständigen Furcht vor dem Gerede der Leute. Sein grausamer Egoismus veranlaßte ihn, seine wahnsinnige Tochter in einem obskuren »maison de santé« einzusperren; die Schande, ihre Krankheit bekannt werden zu lassen, mochte er nicht ertragen.

Das 19. Jahrhundert war reich an glanzvollen und dominierenden Vaterpersönlichkeiten, mit denen diese Zeit sich identifizierte. Viele Künstler verwandelten ihr Haus in ein Atelier und ließen ihre Frauen, Töchter oder Schwestern als Sekretärinnen für sich arbeiten, so etwa Proudhon, Elisée Reclus, Renan, Marx. Aus Marx' Korrespondenz mit seinen Töchtern und deren Briefen untereinander kennen wir sein privates Leben ziemlich gut. Er war ein geliebter und aufmerksamer Vater, aber auch tyrannisch und kleinlich, wenn es um die Berufs- oder Gattenwahl seiner Töchter ging. Eleanor wurde von ihm gezwungen, auf eine Karriere als Schauspielerin und ihre Liebe zu Lissagaray zu verzichten. Dafür mußte sie Aveling heiraten, dessen Sozialismusmodell ihrem Vater besser behagte, der sie jedoch schließlich betrog. Eleanor, zurückgekehrt zu ihrem kranken Vater, der sie nicht verstand, zählte zu der Armee der Töchter, die für den Ruhm und die Wünsche des Vaters geopfert wurden. Doch oft war der Vater auch derjenige, der einem Mädchen die Tore zur Welt öffnete. Denn die Macht des Vaters war die höchste Version männlicher Macht, die über alle und jeden ausgeübt wurde, insbesondere über die Schwachen und Beschützten.

Diese Vaterfigur gab es nicht nur in der katholischen, sondern auch in der protestantischen, jüdischen oder atheistischen Tradition. Und sie war tief im Volk verwurzelt. Proudhon, getrieben von einem starken Wunsch nach Vaterschaft, erwog als junger Mann, sich ein Kind zu verschaffen, »indem ich einem jungen Mädchen, das ich zu diesem Zwecke verführen wollte, eine gewisse Geldsumme bezahlte«. Mit einundvierzig Jahren heiratete er eine »einfache, anmutige und naive« Arbeiterin von siebenundzwanzig Jahren, die sich fleißig der Arbeit und ihren Pflichten widmete. »Das sanfteste und fügsamste Geschöpf, das man sich denken kann«, hatte er auf der Straße gesehen und ihm brieflich einen Heiratsantrag gemacht. Er hatte sie als Nachfolgerin für seine Mutter ausgewählt: »Wenn sie noch leben würde, hätte ich nicht geheiratet.« Doch »anstelle von Liebe sehnte ich mich nach einer Familie und nach Kindern. [...] Die Dankbarkeit meiner Frau brachte mir drei kleine blonde Mädchen mit Kirschmund ein, die von der Mutter selbst gestillt wurden und deren Dasein mein ganzes Herz erfüllt«. Und: »Die Vaterschaft hat in mir eine riesige Leere ausgefüllt«, sie war »wie eine Verdoppelung der Existenz, eine Art Unsterblichkeit«.

Für einen Proletarier war die Vaterschaft das Werkzeug, um seine Lebenskraft und seine Ehre weiterzugeben. Die Gleichsetzung von Vaterschaft und Männlichkeit, das klassische Bild männlicher Ehre, das aus den ländlichen traditionellen Gesellschaften überkommen war, wurde von den Arbeitern übernommen und trug dazu bei, ihre Identität zu formen.

## Der Tod des Vaters

Der Tod des Vaters war, verglichen mit anderen zentralen Ereignissen des privaten Lebens, außerordentlich stark mit Spannungen und Bedeutung befrachtet. Gewiß war das Totenbett nicht mehr die Stätte des »letzten Willens«, denn das Erbe wurde vom Gesetz geregelt. Aber es blieb der Ort des Abschieds, der Machtübergabe, der Familienversammlung, des Verzeihens und der Versöhnung – und, natürlich, auch die Quelle neuen Streits angesichts letzter Ungerechtigkeiten.

Die Mutter starb unauffällig. Als alleinstehende Witwe hatte sie zugesehen, wie die Kinder das Haus verließen. Nur in seltenen Fällen besaß sie noch die Schlüssel zum Geschäft oder zur Vorratskammer. Im Gévaudan empfand man sie nur als zusätzlichen Esser; sie und die jüngeren Geschwister wurden im Hause des Erben allenfalls geduldet. Lag jedoch der Vater im Sterben, rief er wie in der Fabel seine Kinder zu sich. Caroline Brame erlebte in Lille den Tod des alten Louis Brame, genannt »Bon-Papa«, mit, der die Familiendynastie begründet hatte. Die verfeindeten Brüder waren anwesend. »Bon-Papa hat uns alle geküßt. Dann rief er meinen Vater und meinen Onkel Jules zu sich, übergab ihnen die Bücher, erklärte den Stand der Geschäfte und legte ihnen seine Diener ans Herz. Auf seinem Gesicht lag ein unbegreiflich überirdischer Ausdruck.« Proudhons Vater, ein armer Faßbinder, wollte sterben wie ein Fürst, am Ende eines Essens, zu dem er Verwandte und

*Für unseren Vater.*
(Paris, Bibliothèque Nationale)

Freunde geladen hatte, um sich von ihnen zu verabschieden: »Ich wollte in eurer Mitte sterben. Man serviere nun den Kaffee.«

Der Tod des Vaters, ein tiefer ökonomischer und emotionaler Bruch im privaten Leben, war das Ereignis, das die Familie auflöste. Er ermöglichte erst die Befreiung der Individuen. Daher kam es vor, daß der Tod des Vaters sehnlichst herbeigewünscht wurde, und deshalb ging auch das Gesetz äußerst streng gegen Vatermord vor. Vatermord, für den kaum jemals ein Freispruch gewährt wurde, galt als ruchloses Verbrechen, das in der Regel zum Schafott führte und lange Zeit Schande über die Familie verhängte.

Doch es gab andere Techniken, sich des Vaters zu entledigen – und damit der eigenen Neurosen. Sartre deutete Flauberts Krankheit als »Vatermord« an Achille-Cléophas, dem gefürchteten Vorbild, das über sein Leben bestimmte und ein Jurastudium für ihn beschlossen hatte: »Gustave soll Notar werden. Er wird es werden, denn er ist es bereits, kraft einer Prädestination, die nichts anderes war als der Wunsch von Achille-Cléophas.« Und Sartre fährt fort: »Mit andren Worten, Gustaves Neurose ist der Vater selbst, jener absolut Andre, jenes in ihm wohnende Über-Überich, das ihn als ohnmächtige Negativität konstituiert hat.« Der Tod seines Vaters erlöste Flaubert von dem unerträglichen Gewicht, das auf seinem Leben lastete. Am Tage nach der Beerdigung erklärte er, daß er geheilt sei. »Das hat für mich vielleicht die Wirkung einer Ausbrennung gehabt, die eine Warze entfernen würde. [...] Ich werde mich an die Arbeit machen, endlich! Endlich!«[9]

Freilich hatte die Macht des Vaters auch ihre Schranken, errichtet vom Gesetz oder von dem wachsenden Widerstand, auf den sie stieß. Die gesamte Geschichte des privaten Lebens im 19. Jahrhundert läßt sich als dramatischer Kampf zwischen dem Vater und den übrigen Familienmitgliedern deuten. Die Abschaffung des Rechtes, ein Testament zu machen – laut Le Play ebenfalls Vatermord –, erlaubte und förderte die Teilung des Erbes und zersetzte die Macht des Patriarchen. In Regionen mit erweiterten Familien erachtete man diese Abschaffung für zerstörerisch und widersetzte sich daher dem Code civil, doch anderswo, etwa in Mittelfrankreich, wurde sie als befreiend begrüßt. Émile Guillaumin bezeichnete die alten Sitten in der Großfamilie 1907 als »Ausbeutung der Kinder durch den Vater«, die man für immer verbieten sollte. Selbst in Gegenden, die ihre okzitanische Kultur bewahrt hatten, nahmen die Spannungen im Laufe des Jahrhunderts deutlich zu.

Die Rechtsentwicklung im 19. Jahrhundert war eine langsame, sehr langsame Aushöhlung der väterlichen Vorrechte. Dafür sorgten einerseits die konkurrierenden Forderungen der Frauen und Kinder, andererseits die wachsende Einmischung des Staates, vor allem in armen Familien, deren Vätern man nicht zutraute, für ihre Angehörigen aufzukommen. Die Gesetze von 1889 über die Aberkennung der väterlichen Rechte und von 1898 gegen Kindesmißhandlung sind ein Indiz der erhöhten staatlichen Kontrolle im Interesse des Kindes. Nach einer Reihe von Versuchen seit 1878 erkannte ein Gesetz von 1912 endlich das Recht auf Vaterschaftsermittlung an, und zwar nicht nur im Falle

Ein gewachsenes Bewußtsein für das Individuum machte den Tod im 19. Jahrhundert zu einem dramatischeren und privateren Ereignis als zuvor. Da viele Männer jung starben, blieben die Frauen der Familie allein zurück und wachten treu über das Andenken des Toten.
Jules Boquet, *Trauer*. (Rouen, Musée des Beaux-Arts)

Das obligatorische Hochzeitsphoto bewahrte die Erinnerung an einen »großen Tag«. Eine Studioaufnahme. (Sammlung Sirot-Angel)

einer Entführung oder Vergewaltigung, sondern auch, wenn »arglistige Verführung« vorlag, für die man allerdings schriftliche Beweise vorlegen mußte. Die Befürworter dieses Gesetzes – Philanthropen, Abgeordnete, Geistliche – traten für die unverheiratete Mutter und das verlassene Kind ein.

Die zunehmende Rechtsfähigkeit der Ehefrauen, das Recht auf Scheidung (1884) oder auf die Trennung von Tisch und Bett, beides in den meisten Fällen von Frauen beansprucht, bezeugen die Erschütterung der männlichen Machtstellung. Selbst an juristischen Details kann man das ablesen, zum Beispiel an der Frage, ob Kinder aus geschiedenen Ehen, die dem Sorgerecht des Vaters unterstanden, die Großeltern mütterlicherseits besuchen durften. Bis zum Zweiten Kaiserreich war der Vater keineswegs dazu verpflichtet, einem solchen Besuchswunsch nachzugeben; 1867 gab es ein Präzedenzurteil »im Interesse des Kindes«, das die Forderung der Großeltern mütterlicherseits beglaubigte.

Doch das Recht bestätigte nur, wiewohl zaghaft und verspätet, den stummen und nie nachlassenden Druck, der aus den Familien selbst kam und schließlich zu ihrer Verwandlung führte. Die demokratische Familie, die auf einem freien Kontrakt beruht, so wie sie zu Beginn des Jahrhunderts Tocqueville in den Vereinigten Staaten vorfand, war nicht das Resultat einer spontanen Entwicklung zu einer modernen Gesellschaft, sondern eher die Folge eines Kompromisses, der selbst wiederum neue Wünsche hervorrief.

## Heirat und Ehe

Die Heirat als Gründungsakt der Familie ist Gegenstand so vieler ethnologischer oder demographischer Untersuchungen, daß wir bei ihr nicht allzulange verweilen müssen. In späteren Kapiteln beschreiben Anne Martin-Fugier Hochzeitsbräuche und Alain Corbin, wie in einer langsamen Evolution Gefühle und die Forderung nach emotionaler und sexueller Erfüllung – manchmal im Gegensatz zur Familienstrategie – immer bedeutsamer wurden. Deshalb will ich hier lediglich einige wichtige Sachverhalte in Erinnerung rufen. Das heterosexuelle Paar stand für eine gesellschaftliche Norm, aus der die Ablehnung von Homosexualität und Ehelosigkeit folgte. Die einseitige Orientierung an der Ehe, die neben der Verbindung zweier Familien auch sexuelle Funktionen erfüllte, war charakteristisch für das 19. Jahrhundert. »Die Familie ist der Umschlagplatz zwischen Sexualität und Allianz. Sie führt das Gesetz und die Dimension des Juridischen in das Sexualitätsdispositiv ein und transportiert umgekehrt die Ökonomie der Lust und die Intensität der Empfindungen in das Allianzregime.«[10] Der Wandel indes fand unterschiedlich schnell statt. Triebkraft dieser speziellen »Ökonomie« war die Bourgeoisie, denn Körperbewußtsein war eine Gestalt des Selbst-Bewußtseins. Andererseits paßten Ehe und Erotik nicht immer zusammen. Familiendramen und Ehetragödien resultierten häufig aus dem Konflikt zwischen Ehe und Lust. Je rigoroser die Heiratsstrategien waren, die den Zusammenhalt der Familie sichern sollten, desto entschiedener wurde die Lust kanalisiert oder erstickt. Je kräftiger der Indi-

1908 gründete Hauptmann Maire die »Liga der Väter und Mütter kinderreicher Familien«, um der sinkenden Geburtenrate entgegenzuwirken. Mitglieder konnten Eltern mit mindestens vier Kindern werden. Die Liga übte Druck auf die Regierung aus, sie solle »Gesetze zum Schutz und zur Hilfe derer erlassen, die die Zukunft des Landes bedeuten«. Hauptmann Maire, ein Berufssoldat, der sich um die Schwächung der Nation sorgte, ging offensichtlich mit gutem Beispiel voran.
(Paris, Bibliothèque Marguerite-Durand)

vidualismus sich entfaltete, desto heftiger wehrte sich der Einzelne gegen arrangierte, von den Eltern verordnete Eheschließungen. Darin liegt der Ursprung des romantischen Dramas oder des »crime passionnel«.

Zwei demographische Tatsachen spiegeln diese Besonderheiten des 19. Jahrhunderts wider. Erstens eine hohe Heiratsquote, die relativ stabil blieb (ca. 16 Prozent); nur im Zweiten Kaiserreich und vor allem zwischen 1875 und 1900 ging sie zurück. Die Demographen waren sogleich beunruhigt, da sie zuvor bereits mit einem Rückgang der Geburtenziffer konfrontiert worden waren – daher die moralisierenden Kampagnen für die Familie und die Schmähschriften gegen Junggesellen. Dabei war die Zahl der Unverheirateten klein: im Durchschnitt kaum 10 Prozent der Männer und 12 Prozent der Frauen unter fünfzig Jahren. Zweitens ist bemerkenswert, daß das Heiratsalter sank. In traditionellen Gesellschaften waren späte Eheschließungen – bedingt durch den engen Zusammenhang von Heirat und Existenzgründung – das gebräuchliche Mittel der Empfängnisverhütung. Proudhon sagte von seinen Vorfahren, sie hätten »so spät wie nur möglich« geheiratet; und da er künstliche Empfängnisverhütung ablehnte, blieb er diesem Rezept treu. Zwei Faktoren ermöglichten es im 19. Jahrhundert, früher zu heiraten: eine freundlichere Einstellung zur Kontrazeption (obwohl die Methoden sehr unzulänglich blieben) und vielfach ein relativ geringer Besitzstand, der nun aber zur Gründung einer Familie als ausreichend erschien. Kleinbauern, Arbeiter und Bürger wollten so rasch wie möglich einen eigenen Hausstand gründen. »In der zivilisierten Welt« sind Taine zufolge die Hauptbedürfnisse des Menschen »ein Beruf und ein eigenes Heim«. Ein eigener Hausstand half auch, der Herrschaft des Vaters zu entkommen und unabhängig zu werden. Außerdem suchte man nach jüngeren begehrenswerten Partnern; mehr und mehr Frauen sträubten sich nun, alte Graubärte zu heiraten. Als George Sand über den Altersunterschied von mehr als vierzig Jahren staunte, der ihre Großmutter von ihrem Mann, Dupin de Francueil, trennte, bekam sie die hochmütige Antwort: »Die Revolution hat erst das Alter in die Welt gebracht.« Selbst die sanftmütige Caroline Brame rebellierte gegen eine solche Heiratspraxis. Nach der Hochzeit eines jungen Mädchens, das »einen Freund ihres Vaters, der doppelt so alt ist wie sie«, heiratete, schrieb sie: »Das würde mir ganz und gar nicht gefallen.« (*Tagebuch*, 25. November 1864) Ihre Zuneigung besaß ein junger Mann von neunzehn Jahren, was ihre Familie mißbilligte.

In Wahrheit wiegen Durchschnittszahlen und Tendenzen wenig in einer Konstellation, in der Familienstrukturen Vorrang haben. Aussagekräftig sind die Karten, die H. Le Bras und E. Todd entworfen haben. »Die Anzahl von Heiraten im jungen Alter ist ein guter Indikator dafür, wie ein Gesellschaftssystem seine jungen Erwachsenen kontrolliert [...]. Hohes Heiratsalter ist typisch für autoritäre Familienstrukturen. Dieses System führt zu einer hohen Zahl von Unverheirateten, die manchmal als ewige Kinder oder Onkel ihr Leben lang in der Familie verheirateter Geschwister blieben.«[11] Das Heiratsalter von Frauen war 1830 in der Bretagne, im Süden des Zentralmassivs, im Baskenland, in

Savoyen und im Elsaß besonders hoch; 1901 war es leicht gesunken. Malthusianische Praktiken hielten sich lange und hartnäckig in katholischen Ländern, da die Kirche die »einschränkende Moral« später Eheschließungen jeder anderen Form der Geburtenkontrolle vorzog.

## Heiraten unter seinesgleichen

Die Wahl eines sozial adäquaten Ehegatten gehörte ebenfalls zu den Strategien der Familie. In allen Milieus, wie unterschiedlich sie regional oder sozial auch sein mochten, gab es eine kräftige Tendenz zu Heiraten innerhalb eines bestimmten »Kreises«, bis hin zur Endogamie. Dies erklärt sich nicht zuletzt aus Geselligkeitsbräuchen: man heiratete unter seinesgleichen, weil es viele Gelegenheiten gab, einander kennenzulernen. Die Folge davon war die soziale Reproduktion (im Sinne Pierre Bourdieus), doch dieser Determinismus darf nicht vergessen machen, daß es sich um freie Individuen mit einer eigenen Geschichte handelte, die sich dem Brauch entweder unterordneten oder gegen ihn aufbegehrten.

Die Endogamie, die unter dem Ancien Régime auf dem Lande sehr verbreitet war, verlor im 19. Jahrhundert aufgrund der Migration an Kraft. Doch auch die Abwanderer konnten sich den Familienregeln nicht vollständig entziehen. Arbeiter aus der Auvergne oder dem Limousin, die in der ersten Hälfte des 19. Jahrhunderts je nach Jahreszeit in Paris oder auf dem Lande lebten, hatten sexuelle Kontakte in der Stadt, heirateten jedoch auf dem Land. So auch Martin Nadaud, dessen Heirat auf dem Dorf einerseits durch persönliche Anziehung (ein einziger Blick genügte), andererseits durch strikte Befolgung des väterlichen Willens zustande kam.

Ohne Zweifel kam die Lockerung der Zwänge vor allem den Männern zugute, die mobiler waren. Zu diesem Ergebnis gelangt Martine Segalen in ihrer Studie über Vraiville im Département Eure[12]:

Ehen der gebürtigen Einwohner von Vraiville, die in der Gemeinde geschlossen wurden (in Prozent):

| *Zeitraum* | *Männer* | *Frauen* |
|---|---|---|
| 1753–1802 | 63 | 86 |
| 1853–1902 | 41,9 | 89,2 |

Seit dem letzten Drittel des 18. Jahrhunderts ist in den Städten eine wachsende Anzahl von Mischehen zu beobachten. Demographische Studien (in Caen, Bordeaux, Lyon, Meulan, Paris und anderswo) haben ermittelt, daß immer häufiger Partner geheiratet wurden, die nicht in der Stadt geboren worden waren. Doch die Stadtviertel übernahmen bald die Funktion der früheren Regionen. Im Belleville des 19. Jahrhunderts »lernten sich die zukünftigen Ehepartner in einem sehr beschränkten Raum kennen«.[13] Das Leben in der Gemeinde wich der Ungezwungenheit im Stadtviertel; Blicke, Worte und Flirts sprengten die Ordnung der eingefleischten Schicklichkeit.

Sozial adäquate Heiraten waren weit verbreitet. Im bürgerlichen Milieu, wo Eheschließungen von Familien- und Firmeninteressen diktiert wurden, waren sie die Regel. Auf die Spitze getrieben wurde diese Praxis, wenn mehrere Faktoren gemeinsamer Identität zusammenkamen, wie etwa bei den protestantischen Baumwollfabrikanten in Rouen, deren Namen in einem regelrechten Tanz blutsverwandter Cousins kreisten. Im Gévaudan wurden Heiraten nach strengen Prinzipien angebahnt, die das Gleichgewicht im »oustal« aufrechterhalten sollten; die Zirkulation von Besitz, Mitgift und Frauen fand in regelmäßigen Zyklen statt. Die »Erben« mußten eine »jüngere Schwester« heiraten; die ältere Schwester mit der Mitgift nahm einen »jüngeren Sohn« zum Mann.

Auch die Arbeiterklasse war dieser Ökonomie des Austauschs unterworfen. Glasmacher, Bandweber und Metallarbeiter in der Gegend um Lyon heirateten innerhalb derselben Berufsgruppe, sogar die Trauzeugen waren Kollegen.[14] Arbeitswelt und Privatsphäre durchdrangen einander in »technischen Endogamien«, wo sich Beruf, Familie und Wohnort überlagerten. In Saint-Chamond lebten vor allem Bandweber, in Givors Glasmacher und im Faubourg Saint-Antoine von Paris überwiegend Möbeltischler, die ihre Berufs- und Kampftradition vom Vater auf den Sohn vererbten.

In diesen relativ immobilen Schichten herrschten minuziös festgelegte Hierarchien, um sich von anderen zu unterscheiden. Das erfuhr auch Marie, eine neunzehnjährige Handschuhmacherin in Sant-Junien (Haute-Vienne). Gegenüber dem Haus ihrer Familie wohnte ein Cousin, der Dolleur war (das heißt, er glättete Leder), ein spezialisiertes Gewerbe der Handschuhmacherei. »Kein Gedanke an eine Romanze zwischen beiden«, schrieb ein Forscher, der eine Monographie über Maries Familie verfaßt hat. »Marie ist ihrem Cousin in der Arbeitshierarchie zu sehr unterlegen, so daß eine Heirat keinesfalls in Betracht käme.«

Manche Männer waren unverändert auf eine »Mitgift« erpicht. Solide Dienstmädchen und Arbeiterinnen waren hochgeschätzt, weil sie Ersparnisse besaßen. Mit diesem Geld konnten junge Arbeiter ihre Schulden begleichen oder ein Geschäft gründen, wie der junge Norbert Truquin in Lyon. In diesen einfachen Milieus fungierten die Frauen als Sparkassen.

## Ausgeschlossene Heiraten

1828 berichtete das *Journal des débats* von einem Verbrechen aus Leidenschaft. Eine neunzehnjährige Arbeiterin, Tochter eines Schneiders, wurde von einem zwanzigjährigen Kollegen verehrt. Er begleitete sie nach Hause, sie gingen »Arm in Arm«, und er hielt bei ihrer Familie um ihre Hand an. Die Familie beriet sich und befand, der junge Mann sei weder seriös noch begabt genug, um die Tochter zu heiraten. Dem Vater gefiel der Mann nicht; der Heiratskandidat habe »nicht die angemessene äußere Erscheinung, um ein Schneider zu werden«. »Zunächst glaubte ich ihn zu lieben«, sagte das junge Mädchen später aus, »aber da meine Eltern nicht einverstanden waren, habe ich Schluß gemacht.« Der abgewiesene Bewerber, dessen Wunsch am eisernen Willen der Gruppe gescheitert war, wurde zum Mörder. Viele Kriminalfälle im 19. Jahrhundert erzählen die Geschichte aussichtsloser Liebe.

In kleinbürgerlichen Milieus war die Heirat ein Mittel zu gesellschaftlichem Aufstieg. Jedes Ehebündnis wurde deshalb sorgfältig erwogen; »unpassende Verbindungen« wurden untersagt. Heiraten innerhalb desselben Milieus waren also nicht immer die Regel. Postangestellte etwa waren kaum gewillt, Kolleginnen zu heiraten, da sie sich eine »Hausfrau« wünschten. Dagegen gab es sehr viele weibliche Postangestellte, die unverheiratet blieben, weil sie keinen Arbeiter zum Mann wollten. Einsamkeit war für Frauen häufig der Preis ihrer Unabhängigkeit. Für Männer, die gesellschaftlich im Aufstieg begriffen waren, zählte weniger das Geld der zukünftigen Ehegattin als deren soziale Stellung, ihre Vornehmheit, ihre hausfraulichen Qualitäten und, nicht zuletzt, ihre Schönheit. So wurde Charles Bovary geblendet von Emma, die einen Sonnenschirm, weiße Haut und die »feine Erziehung« einer »jungen Dame aus der Stadt« vorweisen konnte. Da er wohlhabend war, konnte er sich eine hübsche Frau leisten, die im Haushalt von einem Dienstmädchen entlastet wurde.

Heiraten waren Gegenstand von Verhandlungen, die von der Familie (die Tante als Ehestifterin), Freunden oder Pfarrern geführt wurden; Vorteile und Nachteile mußten gründlich abgewogen werden. Ein mittelloser Landadliger aus dem Lozère schrieb seiner Tante, die ihm eine Ehefrau vermitteln sollte, welche Erwartungen er hegte: ein ordentliches Erbe, damit er sein Haus in Mende und ein Schloß halten könne; bei einer gesellschaftlich ebenbürtigen Frau würden ihm 100 000 Francs genügen, doch eine Frau, »die sozial tiefer gestellt ist als ich, müßte mit ihrem Vermögen den mehr oder weniger großen Standesunterschied ausgleichen«.[15]

Mit der Zeit wurden die Heiratsstrategien komplexer und vielfältiger. Besitz und Vermögen trugen nun verschiedene Namen: Bargeld, Immobilien, Unternehmen und »künftige Aussichten«. Auch andere Faktoren kamen ins Spiel: Herkunft, Ruf, Position (freie Berufe genossen hohe Wertschätzung), gesellschaftlicher Rang. Und dank der zunehmenden Individualisierung des Körperbildes konnten Frauen im Wettbewerb um die Gunst der Freier ihre Schönheit als Waffe einsetzen, während mittellose Männer vielleicht eine ledige Mutter heirateten, die »etwas in die Ehe mitbrachte«, ähnlich wie die Heldin des Romans *Marthe*.

## Liebe und Ehe

Immer häufiger bestimmten persönliche Zuneigung, von der Hegel mit Argwohn gesprochen hatte, und die von den Familien mißbilligte Leidenschaft die Partnerwahl. In der zweiten Hälfte des 19. Jahrhunderts wünschten viele Menschen, Ehe und Liebe, eine vorteilhafte Verbindung und Glück unter einen Hut zu bringen, ganz im Sinne von Emma Bovarys Traum: »Ach! Wenn sie [...] ihr Leben auf ein großes festes Herz hätte bauen können, dann hätten sich Tugend, Zärtlichkeit, Wollust und Pflicht miteinander verbunden.« Vornehmlich Frauen, deren einzige Zukunftsaussicht in der Ehe lag, hingen diesem Traum nach. Claire Démar (*Ma loi d'avenir*, 1833) forderte eine von Grund auf erneuerte Erziehung der Mädchen, »denen man sogar vorenthält, wie ein Mann aussieht«. Sie nannte die Ehe »legalisierte Prostitution«, befürwortete die freie Partnerwahl und die »Notwendigkeit zu prüfen, ob das Fleisch sich mit dem anderen verträgt«; zudem klagte sie ein Recht auf Untreue ein. Mit diesen Ansichten war sie zu ihrer Zeit völlig isoliert; Claire Démar beging Selbstmord. Ihre saint-simonistisch gesinnten Gefährtinnen entschärften ihren Text und verkehrten ihn in ein Plädoyer für die Mutterschaft.

Aurore Dupin, damals noch nicht George Sand, sondern Madame Dudevant, beschrieb in einem langen Brief an Casimir das Mißverständnis, das wie eine Mauer zwischen ihnen stand: »Ich begriff, daß Du keine Liebe zur Musik aufbringen konntest, und hörte auf, mich damit zu beschäftigen, weil der Klang des Klaviers Dich vertrieb. Um mir einen Gefallen zu tun, wolltest Du ein Buch lesen, aber nach einigen Zeilen fiel Dir das Buch aus den Händen, weil es Dich langweilte und zum Einschlafen brachte. [...] Ich war ernstlich bekümmert, weil ich dachte, unsere Vorlieben könnten niemals im geringsten übereinstimmen.« (15. November 1825)

Auch Baudelaire sehnte sich – außerhalb der Ehe – nach einem Gleichklang der Charaktere. Als er sich nach vierzehnjährigem Zusammenleben von Jeanne getrennt hatte, seufzte er: »Wenn ich einen schönen Gegenstand, eine schöne Landschaft oder einfach irgend etwas Hübsches sehe, ertappe ich mich bei dem Gedanken: Warum ist sie nicht bei mir, um es gemeinsam mit mir zu bewundern oder zu kaufen?« (Brief an Madame Aupick, 11. September 1856)

Das heißt: Auch die Männer wünschten eine Veränderung – nicht mehr Unterwerfung, sondern Einverständnis; wenn nicht eine aktive Rolle der Frau, so doch zumindest ihre Liebe. Und manche engagierten sich sogar für gleichberechtigte Partnerschaft. Michelet riet den Männern noch, wie Pygmalion »selbst Schöpfer ihrer Frau zu sein«; doch Jules Ferry, obschon er vehement einer Teilung der Aufgaben und Lebensbereiche das Wort redete, bekannte sich stolz zu seiner Ehe mit Eugénie Risler: »Sie ist Republikanerin und Philosophin. Sie empfindet in jeder Hinsicht so wie ich, und ich bin stolz, so wie sie zu empfinden.« (Brief an Jules Simon, 7. September 1875)

Eugène Boileau, dessen Korrespondenz mit seiner Verlobten eingehend untersucht worden ist, brachte das neue Ideal eines republikanischen, freidenkenden, vom römischen Stoizismus geprägten Paares, das seine Einheit fast wie eine Religion zelebrierte, bündig zum Ausdruck: »Wenn ich um mich herum sagen höre, ›Ehe [...] ist Knechtschaft!‹, rufe ich aus, Nein! Ehe ist Seelenfrieden und Glück, sie bedeutet Freiheit. Durch sie und durch sie allein erlangt der vollkommen entwickelte Mensch (und ich meine damit beide Geschlechter) wahre Unabhängigkeit. Denn durch die Ehe wird er zu einem vollständigen Wesen, da er durch diese Zweiheit zur in sich ruhenden menschlichen Persönlichkeit wird.« (Brief an Marie, 24. März 1873) Das Ziel war die vollkommene Symbiose des Paares, das sich selbst genügte. »Wir wollen keinen Dritten, der sich in unser intimes Leben, in unsere Gedankenwelt einmischt.« Der Ehemann sollte der »Vertraute seiner Frau« sein: »Ich kann Dir nur raten, als Vertrauensperson nur Deinen besten Freund zu nehmen, Dein Herz (aber ganz) nur diesem Deinem Mann zu öffnen, der bald völlig eins mit Dir sein soll [...] und, ich wage es zu sagen, bereits eins mit Dir ist.«[16]

## Das häusliche Leben: Rache der Frauen?

Die Frauen waren zweifellos unterdrückt, doch sie genossen dafür manche Entschädigung, die sie mit ihrer Lage versöhnen mochte. Sie waren relativ behütet, man legte ihnen weniger Straftaten zur Last; Frauen des Bürgertums, die vor allem ein schönes Erscheinungsbild zu wahren hatten, lebten in einem Luxus, der seine Reize hatte. Ihre Lebenserwartung war höher als die der Männer. Ihre Handlungsmöglichkeiten waren erheblich, zumal Privatsphäre und Status der Frau im 19. Jahrhundert sichtlich aufgewertet wurden – nicht erstaunlich in einer Gesellschaft, die auf »Nützlichkeit« geeicht war, die auf eine dementsprechende Erziehung der Kinder achtete und die unter ihren Antagonismen litt. Wie, so fragte bereits Kant, sollte man den Widerspruch zwischen persönlichen Rechten – die Frau war eine Person – und dem seinem Wesen nach monarchischen ehelichen Recht des Hausherrn lösen? Er rettete sich in ein »persönliches Recht mit Modalitäten«. Der Feminismus kritisierte die Diskrepanz in den Rechtsprinzipien, und die von Kirche und Staat entfachte Diskussion über »soziale Mutterschaft« rückte sie vollends ins Licht. Doch wie sah der Alltag aus?

### In der ländlichen Gesellschaft

Martine Segalen, Yvonne Verdier und Agnès Fine haben zusammen mit anderen viel dazu beigetragen, den Platz der Frau in der ländlichen französischen Gesellschaft zu erhellen. Segalen distanziert sich von den düsteren, wenig reflektierten Beschreibungen von Reisenden des 19. Jahrhunderts wie etwa Abel Hugo und unterstreicht die gegenseitige Ergänzung von Rollen und Aufgaben in einer Sozialordnung, in der die Arbeit durchaus das Gelenk zwischen Öffentlichkeit und Privatheit darstellte. Insgesamt herrschte da ein relativ ruhiges Gleichgewicht der Geschlechter. Meist waren es die Frauen, die das Geld im Hause verwalteten, und ihr Getuschel am Waschtrog oder anderswo signalisierte eine unaufdringliche, aber wirksame soziale Gegenmacht.[17] Yvonne Verdier hat die Frauen in Minot in der Bourgogne und ihre kulturelle Bindekraft, die in ihrem »biologischen Los« verwurzelt lag, folgendermaßen charakterisiert: »Im gleichen Atemzug wie von ihrem biologischen Schicksal erzählen sie von ihrem sozialen Schicksal.«[18] Die Haushaltshilfe, zumeist Wäscherin, die Schneiderin oder die Köchin verfügten über Spezialkenntnisse, auf die das Dorf angewiesen war. Und keineswegs waren sie ans Haus gefesselt. Agnès Fine hat erforscht, wie sich bei der Zusammenstellung der Aussteuer die Beziehung zwischen Müttern und Töchtern und zwischen Männern und Frauen ge-

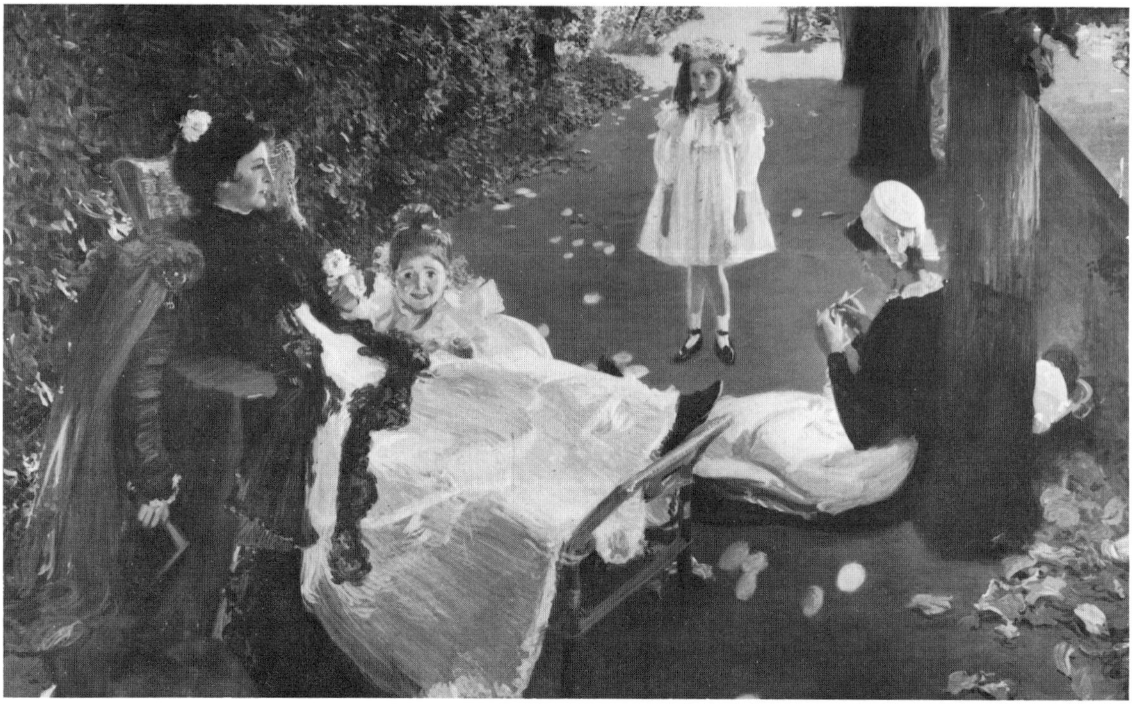

Bürgersfrauen mit Kindern und Dienstboten bei Tisch und im Garten. Friedliche Heiterkeit bei Monet, verträumte Stimmung bei McMonnies. Mary Louise McMonnies, *Besuch im Park*. (Rouen, Musée des Beaux-Arts)

staltete[19] – über ihren Symbolgehalt wurden biologische Konstanten in den gesellschaftlichen Wertekatalog eingepaßt.

Solche Beschreibungen haben einen zeitlosen Charakter. Doch das Bild einer friedfertigen Kultur verschleiert leicht die Spannungen und Konflikte, denen Elisabeth Claverie und Pierre Lamaison ihr besonderes Augenmerk gewidmet haben. Im System des »oustal«, in dem der Austausch von Frauen strikt dem Austausch von Gütern entsprach, besaßen die Ehefrauen, die übrigens häufig geschlagen wurden, nicht einmal den Schlüssel zur Speisekammer. Manchmal mußten sie stehlen, um zu überleben. Heimliches Einverständnis zwischen ihnen wurde im allgemeinen durch die Ehe und durch die Männer, die Angst vor weiblicher Solidarität hatten, unterbunden; die Intoleranz bei illegitimen Schwangerschaften war immens und rigide. Alleinstehende Frauen hatten ein extrem schweres Los. Witwen, die man wegen ihrer angeblichen sexuellen Gelüste für gefährlich hielt, wurden mit ein wenig Hab und Gut in Hütten verbannt. Viele junge Mädchen, sexuelle Beute von Hirten und Arbeitgebern, wurden vergewaltigt – in roher Beweisführung legitimer Männlichkeit: »Vergewaltigung war nur eine Variante normaler Verhaltensweisen in der Beziehung zwischen Mann und Frau [...]. Schon der Gedanke, sich zu beschweren, schien unmöglich zu fassen oder auszusprechen. Die sexuelle Normalität umfaßte alle ihre Konsequenzen: Gewalt, Frustration, Tod.«[20] War diese brachiale Unterdrückung eine Folge des komplexen Verwandtschaftssystems, in dem Frauen allerdings eher als anderswo die Möglichkeit hatten, zu erben? Der Südosten des Zentralmassivs war zudem eine Gegend, in der die Rache lange ein Regulierungsinstrument bei Konflikten blieb

Claude Monet, *Das Mittagessen*, 1868.
(Frankfurt, Städelsches Kunstinstitut)

und Gewaltverbrechen an der Tagesordnung waren. Der Kontrast zwischen den friedlichen und den gewalterfüllten Bildern des ländlichen Lebens rührt vielleicht auch von den erschlossenen Quellen her: Sprichwörter und Brauchtum auf der einen Seite, Gerichtsakten über die Austragung von Konflikten auf der anderen.

## Bürgerliche Hausherrinnen

Städtische Haushalte scheinen klarer strukturiert gewesen zu sein als die auf dem Lande. Doch auch hier waren die Unterschiede im sozialen Milieu, in der Behausung und in der Distanz zwischen Wohnung und Arbeitsplatz ein entscheidender Faktor für die Autonomie des häuslichen Alltags. Das Beispiel der Bürgersfrauen in Nordfrankreich, das Bonnie Smith in einer mittlerweile klassischen Studie dokumentiert hat, ist frappierend. In der ersten Hälfte des 19. Jahrhunderts nahmen die Frauen an der Verwaltung der Geschäfte teil, kümmerten sich um die Buchhaltung und investierten lieber in die Firma, als sich etwa ein Seidenkleid zu kaufen. In der zweiten Jahrhunderthälfte setzten nur Witwen diese Tradition fort. Zwischen 1850 und 1860 zog sich die Mehrzahl der Frauen aus der Geschäftstätigkeit in die Privathäuser zurück. Veränderungen in der Wohnweise selbst verstärkten diesen Wandel, der eine Wende zu weniger paternalistischen Strukturen in der Industrie markiert. Die Fabrikbesitzer wohnten nicht länger in der Nachbarschaft des Werks. Sie waren reich geworden und mieden nun den Rauch, den Gestank und den Anblick des Elends. Sie schlossen sich in neuen Wohnvierteln zusammen – dem Boulevard de Paris in Roubaix etwa, an dem luxuriöse Villen errichtet wurden, wahre »Schlösser«, vor denen in Streikperioden die Arbeiter ihren Zorn und ihre Mißbilligung lauthals kundgaben. Die Frauen konzentrierten sich auf ihren Haushalt, ihre zahlreiche Dienerschaft und ihre nicht minder zahlreiche Familie – ein Resultat der katholischen Lebenspraxis und, insbesondere, der Heiratsstrategien in der Textilindustrie des Nordens. Sie begründeten eine häusliche Moral, deren Hauptsäulen Bonnie Smith bezeichnet hat: Glauben gegen Vernunft, Wohltätigkeit gegen Kapitalismus, Reproduktion als Selbstrechtfertigung. Ihre Funktion als Gebärerinnen – die durchschnittliche Kinderzahl pro Familie stieg zwischen 1840 und 1900 von fünf auf sieben – verlieh noch den geringsten Handlungen dieser Bürgersfrauen Sinn und ein spezifisches Gewicht. Die Ordnungsskala reichte von der Sauberkeit und Einrichtung des Hauses bis zur pseudo-religiösen Befolgung eines minuziösen Stundenplans (siehe die »heures du jour«, gezeichnet von Devéria), von der trivialen Handarbeit – denn man mußte immer beschäftigt sein – bis zur peinlich genauen Ausgabenkontrolle, Qual der Hausherrin, die auszukommen hatte mit dem, was der Mann ihr zugestand, und die über jede Ausgabe Rechenschaft ablegen mußte. Jedes Detail gewann Bedeutung in einem Moralkodex, der eher symbolisch als ökonomisch begründet und wie ein strenges Ritual verfaßt war. Diese Bürgersfrauen in Nordfrankreich, die ein hohes Bewußtsein von sich selbst hatten,

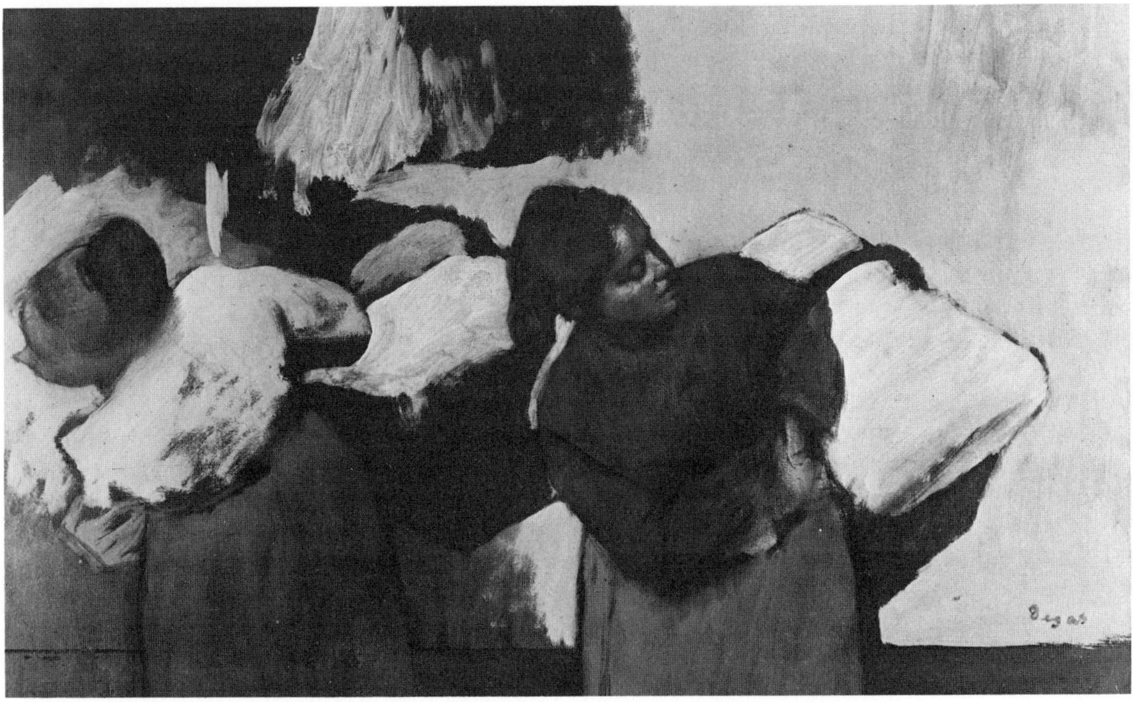


Edgar Degas, *Die Wäscherinnen.* Da man immer mehr Wert auf Reinlichkeit legte, wurde das Waschen zu einer wichtigen Aufgabe der Frauen (ob als Hausfrau oder als Berufswäscherin), der Waschplatz zu einem wichtigen Treffpunkt. Waschfrauen waren im Paris des 19. Jahrhunderts vertraute Figuren, ebenso wie auf dem Lande. Degas, ein aufmerksamer Beobachter des weiblichen Körpers, erfaßte ihre Silhouetten und Gesten bei der Arbeit. (Stanford, Privatsammlung)

waren weder passiv noch resigniert; sie versuchten im Gegenteil sehr entschieden, ihre Weltsicht zum Urteil über die Welt zu verstärken. Gelegentlich ist das als »christlicher Feminismus« bezeichnet worden. (Kann man wirklich von Feminismus sprechen? Nein, wenn man unter Feminismus die Forderung nach Gleichberechtigung versteht; hier wurde jedoch die Differenz betont.) Romanschriftstellerinnen wie Mathilde Bourdon, Autorin des Bestsellers *La Vie réelle,* Julia Bécour oder Joséphine de Gaulle, die häusliche Epen schufen, in denen sich Gut und Böse in Gestalt von Frau und Mann gegenüberstanden, haben derlei Anschauungen und Stimmungen propagiert und populär gemacht.

In unterschiedlicher Intensität nistete sich dieses Modell von Häuslichkeit – in seinem engelhaften Frauenbild beeinflußt vom Muttergotteskult und daher nicht rein viktorianisch – in allen Schichten der Bourgeoisie ein. Nach dem Grad der Wohlhabenheit variierten jeweils nicht nur die Anzahl der Diener und die Größe des Hauses, sondern auch die Glaubensmuster und Wertvorstellungen. Die Sehnsucht nach dem aristokratischen Lebensstil, die im Faubourg Saint-Germain noch sehr rege war, wurde anderswo gemäßigt durch das Kriterium der Nützlichkeit, das die französische Bourgeoisie nachhaltig und zunehmend folgenreicher in ihrem Selbstverständnis und ihrem Handlungskonzept leitete. Im einen Fall betonte man die repräsentative Funktion von Frauen aus der »müßigen Oberschicht«, deren Luxus symbolischer Ausdruck des Vermögens und der Stellung ihrer Männer war und die höfische Etikette fortsetzte. Im anderen Fall beschwor man die Bedeutung der Hauswirtschaft und der Hausherrin bzw. der Sorge um Ge-

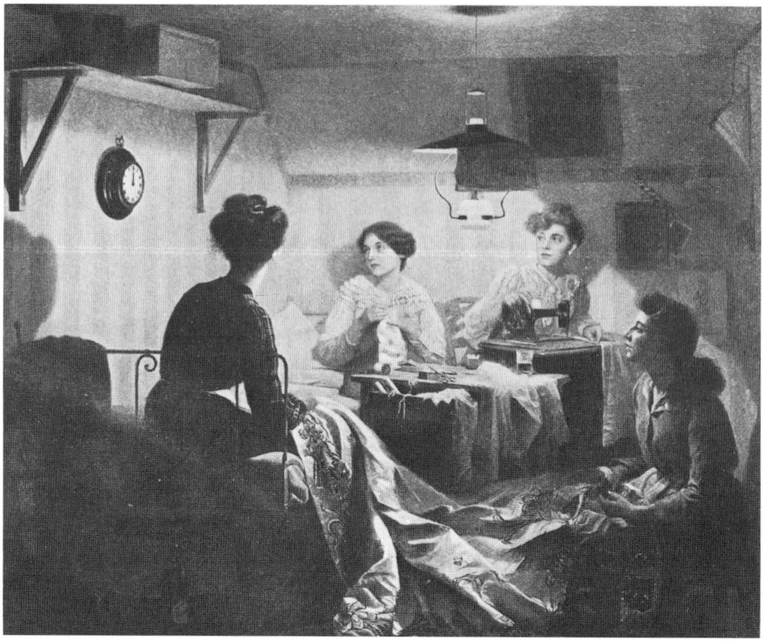

*Es schlägt Mitternacht.* Frauenberufe, Mythos und Realität. Näherinnen in einem Mansardenzimmer sehen ängstlich auf die Uhr, weil sie einen dringenden Auftrag fertigstellen müssen. Ihre Umgebung ist karg, die Stoffe der Auftraggeber jedoch luxuriös. (Paris, Bibliothèque Nationale)

sundheit und Erziehung der Kinder, die grundlegende Pflichten und die Quelle der Macht der Frauen seien. Selbst Feministinnen kapitulierten vor der Aura der Mutterschaft. Feststeht jedenfalls: Angesichts des überforderten Vaters gewann die Mutter an Selbstvertrauen.

## Die einfache Hausfrau

In den städtischen Unterschichten war die Hausfrau eine wichtige Figur. Die meisten Frauen, die – verheiratet oder nicht – in einer Paarbeziehung lebten, waren Hausfrauen. (Es war übrigens die Norm, daß sie verheiratet waren, vor allem, wenn sie Kinder hatten.) Arme Familien brauchten »eine Frau im Hause«, hieß es. Das bedeutete jedoch nicht unbedingt, daß sie auf den »Innenbereich« beschränkt war. Die Hausfrau erfüllte mannigfaltige Funktionen. Insbesondere brachte sie die Kinder zur Welt und umsorgte sie. Die Frauen von Handwerkern oder Ladeninhabern gaben die Säuglinge zu einer Amme, die ärmsten Frauen stillten selbst. Sobald die Kinder laufen konnten, nahmen die Mütter sie auf ihren Wegen mit, wie Zeichnungen der Zeit oder die ersten Stadtphotos belegen. Doch bald trieben die Kinder sich allein herum, furchtlose »Gören«, die sich auf dem Hof oder auf der Straße zu kleinen Banden zusammenschlossen. Die »Gefahren der Straße« wurden geradezu eine Zwangsvorstellung der Mütter, sie befürchteten sowohl Unfälle wie »schlechten Umgang«. Mehr und mehr folgte der Tagesrhythmus der Hausfrau dem des Kindes, jedenfalls nach den Schulstunden.

Eine weitere Aufgabe der Hausfrau war der Unterhalt der Familie, die Hausarbeit: sie kaufte die Nahrungsmittel (möglichst billig) ein,

»Zu Hause ... in der Fabrik.« War die Nähmaschine tatsächlich »die große Zierde der Frauen«, wie Gaston Bonheur sagte? Nähmaschinen waren sehr verbreitet in der Textilindustrie; Bürgersfrauen und Arbeiterinnen waren gleichermaßen erpicht darauf, eine »Singer« zu besitzen – doch diese Maschinen waren zugleich die Plage der Frauen.

manchmal durch Tauschhandel; sie bereitete das Essen, auch für den »Henkelmann« des Ehemannes; sie kümmerte sich um Wasser und Heizmaterial, scheuerte die Wohnung, wusch, flickte und hielt die Kleidung instand. All dies bedingte einen beträchtlichen Aufwand an Zeit. (Le Plays Familienbudgets kalkulierten immerhin die Zeit, die für die Wäsche nötig war. Die Wäsche war übrigens die erste Hausarbeit, die man durch die Errichtung mechanisierter Waschhäuser nach englischem Vorbild seit dem Zweiten Kaiserreich zu rationalisieren suchte.) Außerdem versuchten Hausfrauen, der Familie zusätzliche Einkünfte zu verschaffen, vorwiegend durch Dienstleistungen – sie putzten in fremden Häusern, wuschen stundenweise anderer Leute Wäsche, erledigten Botengänge und Besorgungen (eine vertraute Gestalt war die »porteuse de pain«, die das Brot brachte), postierten sich an Straßenecken, um Kleinigkeiten an andere Frauen zu verkaufen, die das Schaufenster ihres Ladens dekorieren oder bescheidene Modeartikel weiterverkaufen wollten und dabei auf die winzigsten Preisunterschiede achteten.

Im letzten Drittel des 19. Jahrhunderts begann die hochorganisierte und rationalisierte Textilindustrie, das immense Arbeitskraft-Potential der Hausfrauen abzuschöpfen, indem sie die Heimarbeit forcierte, allem voran die Näharbeit (viele Hausfrauen träumten davon, eine eigene »Singer«-Nähmaschine zu besitzen). Doch diese Tätigkeit verbannte die Frauen in ihre Stube, gegen ihre bisherige Gewohnheit, unter die Leute zu gehen. Das Ausbeutungssystem der Heimarbeit wurde schließlich so hart, daß sich die Fabrikarbeit durchsetzte; hier waren die

Marie Petiet, *Die Büglerinnen*, 1882. Die Büglerinnen, umgeben von feiner Leinenwäsche, vertreiben sich die Zeit mit Geplauder. (Paris, Bibliothèque Nationale)

Frauen minder isoliert, konnten besser kontrolliert werden und bewegten sich im Blickfeld der Öffentlichkeit.

Die Hausfrau, oft »Finanzministerin« der Familie, verfügte über eine gewisse Macht, die allerdings zweischneidig war. Die Frauen, die es leid waren, auf die finanziellen Gnadenerweise des Mannes warten zu müssen, hatten sich diese Position langsam erobert. Die genauen Etappen kennen wir nicht. Um die Mitte des 19. Jahrhunderts war es bei französischen Arbeitern üblich, daß sie ihren Lohn der Ehefrau übergaben. Le Plays Monographien zeigen, daß hier ein Unterschied zwischen England und Frankreich lag. Natürlich ging es nicht immer ohne Konflikte ab, wenn die Männer ihr Geld aushändigen sollten; bisweilen kam es darüber in den Vorstädten zu lauten Auseinandersetzungen. Doch wenn die Hausfrauen nun für das Familienbudget verantwortlich waren, schloß das ein, daß sie haften mußten, wenn »es nicht reichte«. Sie bestimmten zwar den Konsum der Familie – große Warenhäuser und die Werbung erkannten in ihnen sogleich ihre Adressaten –, aber in den meisten Fällen mußten sie den Mangel verwalten und waren die ersten, die verzichteten. Fleisch und Wein gab es nur für das Familienoberhaupt, Zucker vor allem für die Kinder. Die Frauen begnügten sich in der Regel mit Milchkaffee und Käse; ein Stückchen Brie galt als das »Schneiderinnen-Kotelett«.

Gleichwohl war diese bescheidene »Finanzverwaltung« der Beginn eines »Matriarchats in Gelddingen«, auf das Hausfrauen und Arbeiterinnen heute noch großen Wert legen. Ihre andere Domäne war die Pflege des Körpers und der Seele, wie man im 19. Jahrhundert sagte. Einen Arzt aufzusuchen war teuer und im Arbeitermilieu deshalb die Ausnahme. Die Frauen behalfen sich mit alten Hausmitteln und folgten den Ratschlägen der neuen Hygieneforschung. Raspail, der »Armenarzt«, der die traditionelle Rolle der Frauen kannte, empfahl beispielsweise den Kampfer.[21]

Die Alphabetisierung der Frauen machte in den Städten des 19. Jahrhunderts rasche Fortschritte; mit Hilfe der nach Jacotot benannten Lernmethode brachten viele sogar ihren Kindern das Lesen bei. Zahlreiche Frauen lasen begeistert Fortsetzungsromane, liebten Musik und Tanz und blieben auch dabei, als Massenmedien, vor allem auflagenstarke Zeitungen, versuchten, die lebhafte volkstümliche Phantasie in ihre Bahnen zu lenken. Da Frauen den Haushalt zu besorgen hatten, waren ihre Möglichkeiten, am öffentlichen Leben teilzunehmen, sehr gering; die wenigen, die es gab, wurden jedoch ganz selbstverständlich wahrgenommen. Es ist nicht sicher, ob die Modernisierung des Lebens den Einflußbereich der Arbeiterfrauen erweitert hat, da die Identifikationsmuster der Arbeiterklasse fast ausschließlich männliche waren. Frauen gerieten deshalb häufig in Konflikte und hatten Schwierigkeiten, sich einzuordnen. Alle Welt ermahnte sie, ihr Platz sei zu Hause – unter anderen die kommunistisch geprägte Gewerkschaft CGT. Vielleicht rührte daher die Indifferenz der Frauen gegenüber Gewerkschaft und Politik, wo ihre Meinung weder gefragt war noch gehört wurde.

James Tissot, *Verstecken spielen*. In diesem komfortablen englischen Interieur, exotisch und voller Kunstgegenstände, sind die Kinder nicht in den Bereich der »nursery« verbannt. Der diskrete Charme der Bourgeoisie. (Toronto, Sammlung Christie's)

## Eltern und Kinder

Im 19. Jahrhundert stand das Kind im Mittelpunkt der Familie, die ihm nicht nur affektive Zuwendung gewährte, sondern in ihm auch eine ökonomische und existentielle Versicherung erblickte. Das Kind, das einst der Erbe sein würde, verkörperte die Zukunft der Familie, war eine Projektion ihres Bildes von sich selbst, ihre Waffe gegen die Zeit und gegen den Tod. In das Kind »zu investieren« – ein Indiz dafür war die wachsende Literatur über die Kindheit – wurde geradezu ein allgemeines Gesellschaftsprogramm. Stendhal bemerkte scharfsinnig über seinen Vater: »Er liebte mich nicht als Menschen, sondern nur als Sohn und Stammhalter seiner Familie.« Die Gemeinschaft hatte Vorrang vor dem Individuum. Der Begriff »Interesse des Kindes« bildete sich in Frankreich erst spät und schleppte noch lange die Vorzeichen übergeordneter Präferenzen mit: das Kind als »gesellschaftliches Wesen«.

In der Tat gehörte das Kind nicht allein seiner Familie, es war auch Mitglied der Nation und ein Garant des Fortbestehens der Gattung. Eines Tages mußte es produzieren und für die Reproduktion einstehen; es war der Bürger und der Soldat von morgen. Dritte traten zwischen das Kind und seine Familie, vor allem, wenn sie arm war: Philanthropen, Ärzte und Politiker, die das Kind zu beschützen, zu erziehen und zu disziplinieren trachteten. Die ersten Sozialgesetze waren zum Schutz des Kindes gedacht: 1841 wurde in Frankreich die Arbeitszeit von Kindern in den Fabriken beschränkt. Es ist kaum von Belang, daß diese Gesetze zunächst wenig wirksam waren. Ihre symbolische und juristische Bedeutung jedenfalls war beträchtlich, denn sie markierten die Wendung von einer liberalen zu einer sozialen Gesetzgebung.[22]

Die Kindheit war Gegenstand neuer Erkenntnisse, die im letzten Drittel des 19. Jahrhunderts gemeinsam von Medizinern, Psychologen und Juristen formuliert wurden. Die Konsequenzen dieser Erkenntnisse indes waren widersprüchlich. Sie führten zu stärkerer sozialer Kontrolle und trugen dazu bei, daß ein Bild von der Kindheit als einem unergründlichen Mysterium entstand.

### Die Geheimnisse der Zeugung

Wie Moheau Ende des 18. Jahrhunderts schrieb, war Frankreich ein Land, in dem das »unheilvolle Geheimnis« der Geburtenkontrolle relativ früh erforscht wurde. Die Kinderzahl wurde zwar noch nicht »geplant«, das erlaubten die verfügbaren Techniken noch nicht, aber sie wurde bereits begrenzt, die Geburtenrate sank beständig: von 32,9 pro Tausend im Jahre 1800 auf 19 pro Tausend im Jahre 1910. Demographen, die über diese Entwicklung beunruhigt waren, verwandelten den privaten Akt der Geburt in eine Staatsangelegenheit: die Geburtenziffer. Ob man Kinder haben wollte, war zumindest teilweise eine freiwillige Entscheidung, freilich mit markanten Unterschieden je nach Milieu oder Region. Hervé Le Bras und Emmanuel Todd zufolge liegt die Er-

Der jüngste Säugling ist König dieser Familie außerhalb der Stadt, doch er scheint ein wenig unter der noch kühlen Frühlingsluft zu leiden.
(Sammlung Sirot-Angel)

klärung für diese Unterschiede im Willen der Eltern, der von den jeweiligen Familienstrukturen gefärbt wurde. Sogar ideologische Schwankungen folgten diesen Strukturen. 1861 fallen drei Gebiete auf, in denen die Geburtenrate eklatant niedrig war: Normandie, Aquitaine und Champagne. Die niedrige Durchschnittszahl kam jedoch in sehr verschiedener Weise zustande. In der Aquitaine gab es sehr viele Familien mit nur ein bis zwei Kindern; in der Normandie kann man dagegen Extreme beobachten: einerseits eine sehr hohe Zahl von Paaren, die freiwillig kinderlos blieben (etwa im Département Orne), andererseits Paare, die den »Prix Cognacq« für neun und mehr Kinder innerhalb von fünfundzwanzig Ehejahren erhielten. Le Bras und Todd gehen so weit, von »neurotischen Verhaltensweisen« zu sprechen.[23]

Die steigende Zahl illegitimer Geburten, in der Edward Shorter ein Zeichen sexueller Befreiung sieht, verwischt das Bild ein wenig.[24] Sehr verschiedene Interpretationen scheinen hier möglich. Le Bras und Todd stellen den Norden und den Osten, wo illegitime Kinder häufig durch eine spätere Eheschließung der Eltern anerkannt wurden, dem mediterranen Süden gegenüber, wo Männer oft ihre Kinder anerkannten, ohne die Mutter zu heiraten. Das erste Beispiel deutet auf eine relative Gleichheit der Geschlechter und Freiheit der Frauen hin, das zweite auf die zwingende Macht des Familienstamms.

Es ist hier nicht möglich, in den Dschungel der historischen Demographie vorzudringen; es soll lediglich die Komplexität der Situation, sowohl was die Fakten als auch was deren Interpretation betrifft, in Erinnerung gerufen werden. Über die »geheimnisvolle Geschichte der Fruchtbarkeit«, wie Le Bras sie nannte, existieren die vielfältigsten

Theorien, die zwar verschiedene Determinanten – soziale, biologische, ideologische – annehmen, aber übereinstimmend zu dem Schluß gelangen, daß die Geburt von Kindern von der »Entscheidung« des Paares abhängig sei.

Die im Bett getroffene »Entscheidung« des Paares weist in die intimsten Zonen der Sexualität und Liebe. So ist es denn nicht verwunderlich, daß die Wahrheit hier im Verborgenen bleibt, wenn die Undurchsichtigkeit der Zeit mit dem Verheimlichungswunsch der Hauptpersonen und ihrer Nachkommen zusammenkommt. Ein Meer des Schweigens umgibt das zentrale Rätsel des Lebens – die Zeugung neuer Menschen, die in der Regel nicht wissen, welchem Zufall oder welchem Begehren – sofern man hier überhaupt unterscheiden kann – sie ihre Geburt verdanken.

Obwohl das durchschnittliche Heiratsalter sank, verringerte sich also die Geburtenziffer. Daß man nun bewußter als früher überlegte, ob man Kinder aufziehen wollte oder nicht, hatte gewiß einen seiner Gründe in der geschärften Sensibilität dafür, was es hieß, Kinder zu haben und sie großzuziehen. Man sorgte sich mehr um seine Kinder, verhätschelte und liebte sie, während ihre Zahl abnahm. Wir wissen nicht, welche Methoden der Empfängnisverhütung angewandt wurden. Ein geläufiges Mittel war wohl die Abstinenz; um nicht schwanger zu werden, »verweigerten« sich die Frauen. Der Coitus interruptus überließ dem Mann die Initiative, der »aufpassen« mußte. In den wohlhabenden Schichten bevorzugte man Praktiken, die aus England stammten und die man im Bordell kennengelernt hatte: Waschungen beispielsweise, die erklären, warum das Bidet so beliebt wurde – wenn auch verspätet, weil die Schicklichkeit zunächst dagegen sprach.[25] Neomalthusianer, die 1906 mit dem Slogan »Frau, werde nur dann Mutter, wenn du es willst« zur Geburtenkontrolle animieren wollten, verteilten Präservative und Schwämme. Sie stießen damit zunächst auf Widerwillen, weil die Frauen über eine derartige Einmischung in ihre »Angelegenheiten« schockiert waren. Im Falle eines »Mißgeschicks« zogen viele eine Abtreibung vor. Auch verheiratete Frauen, die bereits mehrere Kinder hatten, ließen häufig abtreiben; um die Jahrhundertwende scheint die Abtreibung geradezu ein Ersatz für Empfängnisverhütung gewesen zu sein. Bekundet sich darin, wie Angus MacLaren meint, ein früher Feminismus bei Arbeiterfrauen?[26] Zumindest waren diese Frauen nicht bereit, entweder ein ungewünschtes Kind auszutragen oder die Greuel des Kindsmordes auf sich zu nehmen. Kindsmord, in der ersten Hälfte des 19. Jahrhunderts noch weit verbreitet, im Zweiten Kaiserreich hart geahndet (bis zu tausend Strafprozesse pro Jahr), wurde nun seltener. Alleinstehende Bauernmägde oder Dienstmädchen, die bei Pariser Kleinbürgern in Stellung waren, sahen darin allerdings immer noch den einzigen Ausweg, wenn sie nicht schmachvoll ein uneheliches Kind aufziehen wollten.

Obwohl die Geburtenkontrolle im 19. Jahrhundert also durchaus Fortschritte machte, waren die Mittel noch ganz und gar unzulänglich, und häufig »passierte eben doch etwas«. »Einen dicken Bauch haben« oder »wieder mal ein Malheur erleben« hieß das im Volksmund. Es gab

Victor Lecomte, *Geburt*. Auffällig ist die Anwesenheit von Männern – Arzt und Ehemann – im Schlafzimmer, diesem privaten Tempel der Geburt. Man zog sich in das eigene Nest zurück. In der Klinik zu gebären wurde erst nach dem Zweiten Weltkrieg allgemein üblich; 1880 wurden nur arme oder uneheliche Kinder im Krankenhaus geboren. (Nantes, Musée des Beaux-Arts)

aber auch den glühenden Wunsch, Kinder zu bekommen – nicht nur, weil der Familienstamm oder das Selbstverständnis es erheischte, sondern weil man es persönlich wünschte. Für Frauen waren Kinder die Rechtfertigung ihrer Existenz. »Eine Frau ohne Kinder ist eine Ungeheuerlichkeit«, läßt Balzac seine Heldin Louise in den *Memoiren zweier Jungvermählter* sagen, »wir sind einzig dazu geschaffen, Mutter zu sein.« Caroline Brame-Orville klagte zehn Monate nach der Hochzeit in ihrem Tagebuch: »Zu meinem großen Kummer habe ich noch kein Baby, das ich so lieb hätte und das mich hinwegtrösten würde über das ernste Leben, das ich führe« (1. Januar 1868); sie unternahm alles Erdenkliche, um schwanger zu werden, ließ sich ärztlich behandeln, ging zur Kur nach Spa und bemühte sich erfolgreich um eine Audienz beim Papst, dessen Segen sie es zuschrieb, als sie endlich nach vierzehn Jahren eine Tochter bekam, die sie Marie-Pie (Pius) nannte. Gustave de Beaumont sprach mit Tocqueville über die Schwangerschaft seiner Frau, die ihn so beschäftigte, daß er die Arbeit an dem Buch, das er gerade schrieb, unterbrach. Er war hin- und hergerissen zwischen dem Kummer über ihre Leiden und dem Wunsch, Vater zu werden: »Es gibt wahrhaft Augenblicke, in denen ich in Anbetracht der armen Mutter das Kind zum Teufel schicken würde, wenn ich könnte [...]. Aber trotzdem halte ich das künftige Ereignis für ein Glück, und der brennende Wunsch, daß Sie in die gleiche Lage kommen mögen, liegt allen unseren Gesprächen und Hoffnungen zugrunde« (10. Juni 1838).

## Hausgeburt

Eine Geburt ist ein höchst privates und genuin weibliches Ereignis, selbst in der Art und Weise, wie darüber gesprochen wird oder wie man sich daran erinnert – ein unerschöpflicher Gesprächsstoff. Sie fand im gemeinsamen Schlafzimmer der Familie oder der Ehegatten statt, zu dem Männer nun keinen Zutritt hatten, ausgenommen der Arzt, der in wohlhabenden Kreisen nun häufiger bemüht wurde, da eine Geburt zunehmend als medizinisch bedeutsamer Vorgang galt. Weil sie niedrigere Honorare kassierten und seit jeher am Wochenbett zugegen waren, behielten die Hebammen eine beherrschende, obwohl langsam schwindende Rolle. Im Krankenhaus zu gebären war ein Zeichen von Armut, mehr noch: von Schande und Verlassenheit. Hier strandeten unverheiratete Frauen, die in der Stadt entbanden, bevor sie das Kind aussetzten. Im westlichen, südwestlichen und in Mittel-Frankreich »brachte die Zurückweisung von unehelichen Kindern die Mütter ins Krankenhaus«, wie aus Le Bras' und Todds Aufzeichnungen hervorgeht.[27] Erst in der Periode zwischen den Weltkriegen begann sich die Situation allmählich zu wandeln, zuerst bei den fortgeschrittenen Schichten von Paris, denn die Zahl der Totgeburten in Frankreich war, verglichen mit anderen europäischen Ländern, sehr hoch. Für Mutter und Kind blieb die Geburt lange Zeit ein oft dramatisches Ereignis.

## Das Baby

Die Anmeldung der Geburt beim Standesamt, die Namengebung, die in Kants Augen erst die wahre Geburt war, besorgte der Vater. Das Kind war auf der Welt; nun wurde es in die Familie und die Gesellschaft aufgenommen.

Das gewissermaßen geschlechtslose Niemandsland der Kindheit, in der Jungen und Mädchen »nicht Fisch, nicht Fleisch« sind, wie man lange glaubte, gliederte sich allmählich in drei Figurationen: Kleinkind (bis zu acht Jahren), Kind und Jugendlicher. Das Jugendalter, kritische Phase der Pubertät und der sexuellen Identitätsfindung, erregte besondere Aufmerksamkeit (wir werden noch darauf eingehen). Ab acht Jahren rechnete man nach allgemeiner Übereinkunft mit dem »Auftritt der Vernunft«; Gesetzgeber, Ärzte und Moralisten begannen sich nun für das Kind zu interessieren.[28] Das Baby (zwischen 1860 und 1880 benutzte man in Frankreich diesen englischen Ausdruck, später wurde er zu »bébé« »französisiert«) erschien sehr viel zögerlicher auf der öffentlichen Wahrnehmungsfläche, obwohl es bereits im 18. Jahrhundert in der Oberschicht Mode geworden war, den Säugling selbst zu stillen. Das 19. Jahrhundert ist in dieser Hinsicht ein Paradox: niemals zuvor war die Zahl der Kinder, die zu einer Amme gegeben wurden, so hoch; Kindesaussetzungen erreichten eine Rekordzahl. Doch Ende des Jahrhunderts war eine neue Wissenschaft entstanden: die Säuglingspflege.

Langsam, aber stetig bildete sich eine neue Einstellung zum Säugling und Kleinkind heraus. Renée de L'Estoril, die aufmerksame Mutter aus

Paul Thomas, *Die gute Erziehung*, 1896. Während sie näht, läßt eine gute Mutter sich die Lektionen ihrer Kinder vorsagen und bringt den Töchtern bei, wie man Puppenkleidchen näht – die Mädchen mußten ihre Rollen und Aufgaben frühzeitig lernen. Im Hintergrund eine Stilkommode, ein Lampenschirm und Familienphotos. (Paris, Bibliothèque Nationale)

den *Memoiren zweier Jungvermählter*, die sich weigerte, ihr »Baby« in ein Tuch zu wickeln, und eine englische »Nurse« einstellte, war eine Pioniergestalt. Am Ende des 19. Jahrhunderts dann kümmerte sich jede gute Mutter um ihren Säugling, den man mit zärtlichen Kosenamen verhätschelte. Jenny und Laura Marx, fruchtbare Mütter, die trotz aller Sorgfalt manches Kind begraben mußten, berichteten ihrem Vater Karl Marx voller Entzücken die »Heldentaten« ihrer Sprößlinge. In bürgerlichen Privatbriefen der Zeit schwingt häufig ein Kinderreim-Ton mit: unbewußtes oder halbbewußtes Indiz eines Habitus-Wandels. Caroline Brame-Orville führte regelmäßig Tagebuch über die Fortschritte ihrer kleinen Marie, die sie sich sehnlichst gewünscht hatte. Berthe Morisot bannte eine in die Betrachtung der Wiege versunkene Mutter auf die Leinwand. Gleichwohl blieb eine Wiege ein intimer Gegenstand, eng verbunden mit dem organischen Leben. Flaubert brach in Lachen aus, als er eine Wiege auf der Theaterbühne sah. Gustave de Beaumont begann sich erst richtig für seinen Sohn zu interessieren, als der Kleine laufen lernte – eine männliche Initiation: »Er geht jetzt mit mir auf die Jagd, mit einem Holzgewehr.«

## Die geschlechtslose Welt des Kleinkindes

In allen sozialen Schichten war die Säuglingspflege Frauensache. Schon äußerlich hatte das Kleinkind-Alter eine weibliche Kontur: Knaben und Mädchen bis zu drei oder vier Jahren trugen Kleider, hatten lange Haare und schlüpften unbefangen unter den Rock der Mutter oder einer Dienstmagd. Kinderzimmer wurden in Frankreich erst spät üblich; Viollet-le-Duc entwarf eines für das Haus, das er 1873 erbaute, »denn man kann nie wissen«. Spielzeug lag überall im Haus herum, insbesondere in der Küche, wie man an den Gemälden der Zeit ablesen kann. In der Stadt avancierten Spielsachen zu einem wichtigen Konsumgegenstand; in den Warenhäusern waren eigens Regale für sie reserviert. Auf dem Lande und in ärmeren städtischen Schichten bastelten die Väter das Spielzeug selbst – auf eigenes Risiko. Der kleine Vingtras-Vallès erinnerte sich lange an den Karren, den sein Vater ihm aus einem Stück Fichtenholz geschnitzt hatte, wobei er sich verletzte; der Kleine bekam daraufhin eine Tracht Prügel von der Mutter, die sowohl den verwöhnten Sohn wie den nachgiebigen Vater bestrafen wollte. Puppen, zu Beginn des Jahrhunderts wenig geschlechtsspezifisch, eroberten nun einen Stammplatz in der Kinderwelt, Ebenbilder des Kindes, das sie zuerst kaputtmachte und später zärtlich liebte – George Sand hat uns einige wunderschöne Erinnerungen an ihre Puppen hinterlassen.

Die frühe Erziehung, die nur gemächlich institutionalisiert wurde, war Aufgabe der Mutter. Je mehr Kinder insgesamt an Beachtung gewannen, desto sorgfältiger erfüllte sie diese Aufgabe und entwickelte dabei selbst den Wunsch nach mehr Bildung. Mutterliebe brachte Aurore Dudevant (George Sand) zum Feminismus: »Ich habe mir lange gesagt, daß tiefergehende Kenntnisse für unser Geschlecht nicht von Nutzen sind, daß wir uns um Tugend und nicht um Wissen bemühen

sollten, daß unsere Aufgabe erfüllt sei, wenn das Studium des Guten uns gütig und verständig gemacht hat, und daß wir im Gegenteil pedantisch und lächerlich würden, wenn wir uns nicht von der Wissenschaft fernhielten, daß wir alle Eigenschaften verlieren würden, um deretwillen wir geliebt werden. Ich glaube immer noch, daß mein Prinzip gut war. Aber ich fürchte, ich habe es etwas zu wörtlich genommen. Heute denke ich daran, daß ich einen Sohn habe, den ich auf seine Erziehung vorbereiten muß, die er erhalten wird, wenn er der Kindheit entwachsen ist. Ich muß fähig sein, ihm seine erste Erziehung zu vermitteln, und ich will mich darauf vorbereiten«. (Brief an Zoé Leroy, 21. Dezember 1825) Leidenschaftlich suchte sie nach einer guten Methode, den Sohn das Lesen zu lehren.

Bei zunehmendem Alter der Zöglinge traten die sozialen und geschlechtsspezifischen Unterschiede in der Erziehung hervor. Die Väter kamen ins Spiel, jedenfalls bei den Söhnen. In bürgerlichem Milieu ersetzten sie manchmal den Hauslehrer, bei Arbeitern den Lehrherrn oder den Vorarbeiter. Mit den Töchtern beschäftigten sich Väter nur in Ausnahmefällen (in intellektuellen oder protestantischen Kreisen häufiger). In der Familie Reclus allerdings gingen die Töchter ebenso wie die Söhne ins Ausland, um ihre Ausbildung abzurunden, und nahmen danach Stellen als Hauslehrer oder Gouvernanten in englischen oder deut-

Mary Louise MacMonnies, *Rosen und Lilien*. »Mutterschaft ist zur Leidenschaft des Tages geworden«, schrieb Delphine de Girardin 1840. Was sollte man 1900 sagen! Mutter, Tochter und Puppe: Die weibliche Trinität in einem süßlichen Rahmen von Rosen und Lilien war eine Obsession in der französischen und mehr noch der englischen Malerei; vor allem Malerinnen schienen für diese Obsession prädestiniert zu sein.
(Rouen, Musée des Beaux-Arts)

schen Familien an; hier gab es für die Mädchen kein Hindernis, selbständig zu reisen. Und Guizot begleitete achtsam die Erziehung seiner Tochter; er schrieb ihr zärtliche Briefe, in denen er sie auch auf ihre Rechtschreibfehler aufmerksam machte. Vielleicht konnten Väter unbeschwerter Gefühle ihren Töchtern gegenüber entwickeln, zu denen sie nicht, wie zu den Söhnen, in einer Konkurrenzbeziehung standen. Manchmal entstand ein gleichsam modernes Freundschaftsverhältnis zwischen Vater und Tochter, insbesondere zwischen freigeistigen Vätern und intelligenten Töchtern, und vornehmlich dann, wenn die Mutter konservativ gesinnt war. Geneviève Bréton hatte häufig Zusammenstöße mit ihrer Mutter – der »Reine Mère«, wie sie sie nannte, die Künstler nicht leiden mochte, weil »sie nicht in die gute Gesellschaft gehören« –, während sie ihrem Vater in fröhlicher Komplizenschaft verbunden war. »Wir lieben uns sehr, wir verstehen uns immer, sogar wenn wir gar nichts sagen, denn wir sind beide eher schweigsam.« (*Journal*, S. 28) Im übrigen war ihr Vater sehr auf Schicklichkeit bedacht und wollte »nicht zulassen, daß ein junges Mädchen gut duftet«. Geneviève mußte alle Parfümfläschchen wegwerfen; er erlaubte lediglich, daß sie Irispuder benutzte, »ein schickliches, passendes Parfüm für junge guterzogene Mädchen«. (*Journal*, S. 43) Manche jungen Mädchen, die sich emanzipieren wollten, wählten gegen die Mutter und gegen alles, was sie verkörperte, das männliche Vorbild. Germaine de Staël sagte über ihren Vater: »Wenn ich ihn sehe, frage ich mich, ob ich aus seiner Verbindung mit meiner Mutter geboren bin; und meine Antwort ist nein, mein Vater genügte, damit ich auf die Welt kam.« Freud wäre dazu wohl mancherlei eingefallen ...

Für Mutter und Sohn gab es eine breite Skala möglicher Beziehungen: zärtliche Freundschaft wie bei Aurore de Saxe (später George Sand) und ihrem Sohn Maurice Dupin, die eine »wunderbare Überein-

Blanche Demanche, *Die Lieblingspuppen*. Für ein kleines Mädchen ohne Geschwister waren Puppen Ersatz für Spielgefährten. Sie waren »Kinder« und zugleich Freundinnen, denen man sich anvertraute. »Zu manchen meiner Puppen verspürte ich wirkliche mütterliche Zuneigung«, schrieb George Sand. (Salon von 1914)

stimmung« einte, die nicht einmal während der Pubertät des Sohnes getrübt wurde; Groll wie bei Vingtras-Vallès, der es seiner Mutter verübelte, daß sie einen »feinen Herrn« aus ihm machen wollte; Rimbaud verabscheute seine Mutter; Pierre Rivière, der sich durch die neue Machtstellung der Frauen betrogen fühlte, trieb der Mutterhaß zum Mord; Gustave Flaubert verspürte Mitleid mit seiner verwitweten Mutter, von der er zeit seines Lebens nicht loskam. Der Einfluß der Mütter auf die Söhne wurde durch das Gesetz eingeschränkt; sie konnten zum Beispiel keine Vormundschaft übernehmen (selbst in Ehen mit Gütergemeinschaft nicht); ausgenommen waren Witwen, deren Rechte relativ gesichert waren. Daher war die verwitwete Mutter nicht gerade eine geliebte Gestalt. Das Bild der herrischen Mutter und ihres häuslichen Gebarens war ein entzündliches Thema des Antifeminismus zu Beginn des Jahrhunderts. Darien, Mauriac (*Génitrix*) und später André Breton waren Auguren der uralten männlichen Furcht vor der Macht der Mutter. »Mütter!« schrieb Breton, »Wir erleben erneut Fausts Schrecken; wie er werden wir von einem elektrischen Schlag geschüttelt, wenn wir nur den Klang dieser Silben vernehmen, hinter denen sich mächtige zeitlose Göttinnen verbergen.«

Für die Töchter trugen Mütter entscheidende Verantwortung. Der Staat kümmerte sich wenig um Mädchen (die Schulpflicht für Mädchen wurde spät eingeführt). Die Kirche vertraute arglos die Mädchen der Mutter an, erst ab der Pubertät wurde die Doktrin der getrennten Unterweisung von Körper und Seele wirksam[29] – die Mutter führte die Tochter in die Welt ein, der Beichtvater machte sie mit der Moral und mit Gott vertraut. Zweifellos wollte man hier eine Kontinuität gewährleisten, die auf der konservativen Rolle der Frau, die Überlieferungen weitergab, beruhte. Die Mütter hatten jedoch auch eine undankbare Aufgabe: sie mußten ihre Töchter unter die Haube bringen. *Pot-Bouille* entfaltet das neurotische – nach zeitgenössischen Korrespondenzen zu urteilen: wirklichkeitstreue – Schauspiel der angstvollen Unternehmungen, die einzig zu diesem Zweck veranstaltet wurden: Bälle und Empfänge, Klavierstunden und Stickunterricht.

Auf dem Lande war die Aussteuer das materielle Symbol des ehelichen Bandes. Agnès Fines Untersuchung betont den kulturellen und emotionalen Gehalt »dieser langen Geschichte zwischen Mutter und Tochter«.[30] Die Töchter waren abhängig von der Mutter und standen ihr näher als die Söhne. Daher litten sie stärker – vor allem die älteste, die den Platz der Mutter einnehmen sollte – unter der Abwesenheit oder dem Tod der Mutter. Manche Tagebücher dienten zum Ersatz für die fehlende Mutter, etwa bei Caroline Brame.

## Zärtlichkeiten und Vertrautheit

Die Alltagsbeziehung zwischen Kindern und Eltern war in der Stadt und auf dem Lande, wo Zärtlichkeitsbekundungen wenig geschätzt wurden, enorm unterschiedlich. Ein wichtiger Faktor waren das soziale Milieu sowie die religiösen und politischen Traditionen einer Familie.

Die Vorstellung, die man von Autorität hatte, das Bild, das man sich von sich selbst machte, strukturierten den alltäglichen Austausch, Gesten und Worte. Unter diesem Vorzeichen vollzogen sich in der Familie widersprüchliche Entwicklungen – einerseits verstärkte sich die Kontrolle über den Körper und über Gefühlsäußerungen, andererseits wurde der Austausch von Zärtlichkeiten zwischen Eltern und Kindern, zumindest im Bürgertum, geduldet, ja, ermutigt. Schmusen war Teil eines Klimas, das der Bildung eines jungen Körpers günstig war. Die schamhafte Caroline Brame seufzte über den Verlust dieser Zärtlichkeit nach dem Tode ihrer Mutter. Edmond About, der um 1860 nach Griechenland reiste, rügte die kühle Familienatmosphäre der Athener.

Ein weiteres Zeichen der Nähe war das vertrauliche »Du«, das sich allmählich im Verkehr zwischen Kindern und Eltern einbürgerte. »Früher duzte man seine Dienstboten, aber nicht seine Kinder. Heute duzt man seine Kinder, aber nicht mehr seine Dienstboten«, vermerkte Legouvé zustimmend. »Man sollte seine Kinder normalerweise mit *du* anreden, damit man hin und wieder als Zeichen der Mißbilligung *Sie* sagen kann«, lesen wir in *Les Pères et les Enfants au XIX^e^ siècle*. Deshalb hatte George Sand Angst davor, daß ihre Großmutter sie siezte.

## Körperliche Bestrafung

George Sand wie Legouvé, die beide liberale Erziehungsansichten hegten, sprachen sich entschieden gegen körperliche Züchtigungen aus. »Ich habe einen Abscheu gegen diese alte Methode und ich glaube, ich würde lauter weinen als die Kinder, nachdem ich sie geschlagen hätte«, schrieb Sand. Aber wie sah es in der Realität aus? Man muß sich, wenn man diese Frage stellt, vor Augen führen, was körperliche Züchtigungen in einer Gesellschaft bedeuteten, die sich vom Feudalsystem befreit hatte: den höchsten Grad der Schande.

Im Bürgertum war diese Praxis noch weniger üblich als beim Adel. Hier und da gebrauchte man zwar noch Ruten oder Peitschen, aber im Grunde wurde die Prügelstrafe mißbilligt; es gab sie noch in den Collèges und in manchen Lycées, die auf geradezu militärische Disziplin achteten. George Sand schauderte, wenn sie an den Proviseur des Lycée Henri IV. dachte, einen »fanatischen Verfechter der absoluten Autorität, [...] der einem intelligenten Vater erlaubte, seinen Sohn vor der versammelten Klasse von seinem Neger schlagen zu lassen. Man hatte seine Kameraden wie im Militär zusammengerufen, damit sie Zeuge dieser Exekution nach kreolischem oder moskowitischem Geschmack wurden, und drohte ihnen noch strengere Strafen an, falls sie das geringste Anzeichen von Mißbilligung erkennen ließen«.[31] Aber immer häufiger rebellierten die Jugendlichen – so wie Baudelaire und seine Mitschüler 1832 in Lyon –, und die Familien erhoben Einspruch. Schließlich warben Prospekte von Pensionaten mit dem Hinweis, daß solche Methoden bei ihnen nicht angewandt würden. Sogar der Staat schaltete sich ein; Rundschreiben verfügten, daß »die Kinder niemals geschlagen werden dürfen«. Eines dieser Schreiben ging 1838

*Beim Schlafen ertappt*, 1866. In dieser gemischten Elementarschule herrscht ein sympathisches Durcheinander. Eher schelmisch sehen die anderen Kinder zu, wie der Lehrer ihren schlafenden Mitschüler mit der neunschwänzigen Peitsche bestraft. Pädagogische Rationalität ist hier noch nicht eingekehrt.

an ein Heim für geistig Behinderte, 1834 und 1851 bekamen die Grundschulen dieselbe Anweisung. Unter Ferry wurde das Verbot noch kategorischer. Die Vorschriften vom 6. Januar 1881 wiederholten unmißverständlich: »Körperliche Züchtigungen sind absolut untersagt.« Aus einer Studie über die »pédagogie du corps« geht hervor, daß sich allmählich andere Formen der Disziplinierung durchsetzten, die auf die Verinnerlichung der Regeln bauten.[32] Fortan wollte man »stärker die Seele treffen als den Körper«, wie Beccaria es für die Strafjustiz vorschlug. Der Abstand zwischen den öffentlichen und den religiösen Schulen vergrößerte sich nun, da die kirchlichen Institutionen auf ihren rückständigen Erziehungskonzepten (sowohl im Bereich der Hygiene wie im Bereich der Strafen) beharrten – bei Nonnen und Mönchen war der Rohrstock noch in Gebrauch, jedenfalls gegenüber Kindern aus niederen Schichten, wie viele Autobiographien bezeugen.

Doch unser Gegenstand ist hier nicht die Geschichte der Erziehungsmethoden in der Schule. Interessant in unserem Zusammenhang ist, wie die Familie mit ihren Forderungen Einfluß auf das Erziehungssystem nahm und wenigstens autoritäre Exzesse abwiegelte. In dieser ersten Einmischung der Eltern in den sakrosankten Schulsektor siegte das Private über das Öffentliche, private Sitten behaupteten sich gegenüber der Staatsräson.

Auf dem Lande, bei den städtischen Arbeitern oder Kleinbürgern setzte es dagegen regelmäßig Hiebe. »Tannées«, »Dresche« (dieser im Gévaudan übliche Ausdruck findet sich in den Kindheitserinnerungen von Albert Simonin, der zu Beginn des Jahrhunderts in La Chapelle aufwuchs) oder Schläge waren allgemein akzeptiert, solange man bestimmte Grenzen nicht überschritt. Meist schlug man die Kinder mit der Hand; Stock oder Peitsche waren dem Lehrherrn oder den Repräsentanten anderer Institutionen vorbehalten. Geprügelt zu werden zählte im 19. Jahrhundert zu den charakteristischen Kindheitserfahrungen von Arbeitern, wie wir von Perdiguier, Gilland, Truquin, Dumay und Toinou wissen. In Werkstätten noch häufiger als in Fabriken bezog der ungehorsame oder ungeschickte Lehrling wiederholt eine Tracht Prügel von den erwachsenen Arbeitern, die ihn in sein Handwerk einführen sollten. Man wollte rebellische Anwandlungen »kleinkriegen«; der Junge sollte die »Härte des Lebens« kennenlernen. »Du sollst ein ganzer Mann werden, mein Sohn« – die Vorstellung von Männlichkeit war durchdrungen von körperlicher Gewalt. Manche, die willens und bereit waren, selber solche Gewalt zu gebrauchen, prahlten mit den Züchtigungen, die sie in jungen Jahren hatten erdulden müssen, als seien sie eine notwendige Initiation gewesen. Immer öfter jedoch begehrten Kinder und vor allem Jugendliche gegen körperliche Bestrafung auf. Politisch aktive Arbeiter, allen voran Anarchisten, erklärten, derlei Erniedrigungen seien die Ursache für ihren Haß auf jede Autorität. Selbstbewußtsein bedeutet auch, den eigenen Körper bewußt wahrzunehmen.

## Investitionen in das Kind

Das Verhältnis zwischen Kindern und Eltern im 19. Jahrhundert war ambivalent. Man »investierte« zunehmend in das Kind, das sich damit freilich häufig groben Zwängen ausgesetzt sah. Stendhals Familie instrumentalisierte den Sohn, um ihren Ehrgeiz nach aristokratischer Distinktion zu befriedigen; er mußte seine Kindheit im Kloster verbringen. Die Vingtras-Vallès machten Jacques zum Werkzeug für ihren gesellschaftlichen Aufstiegstraum. Der Vater war Repetitor an einem Collège. Die Mutter wünschte, daß Jacques Lehrer würde. Sie, die bäu-

*Erzählstunde im Freien:* Kinder auf dem Lande: Was erzählt der Junge hier seinen faszinierten Kameraden? (Paris, Bibliothèque Nationale)

Marie Bashkirtseff, *Treffen*, 1883. Kinder in der Stadt. Hier scharen sich jüngere Schüler um einen älteren, der fast schon ins Collège gehört. Eine Mischung aus Neugier und Neid liegt dieser kleinen »Spitzbubenbruderschaft« zugrunde. Im Vergleich zum vorhergehenden Bild fällt auf, daß die Jungen spezielle Schulkleidung tragen, unter anderem die berühmte schwarze Schürze.

erliche Härte und die Gier nach Achtbarkeit in sich vereinte, errichtete ein System eiserner Disziplin, das mit der rigorosen Kontrolle von Äußerlichkeiten begann: Jacques mußte reinlich sein, sich gerade halten, angemessene Kleidung tragen (»ich trage häufig schwarz«), Ordnung war das Ziel, niemals gab es eine Liebkosung oder ein zärtliches Wort. »Meine Mutter sagt, daß man Kinder nicht verzärteln darf, und sie gibt mir jeden Morgen die Peitsche; wenn sie morgens keine Zeit hat, dann am Mittag oder Nachmittag, selten später als vier Uhr.« Und: »Meine Mutter will mir eine gute Erziehung geben, sie will nicht, daß ich ein Bauer bin wie sie! Meine Mutter will, daß ihr Jacques ein *Monsieur* wird.« Und welch ein Drama, wenn das Kind das Ziel nicht erreichte oder nicht erreichen wollte! Die Ambitionen der Familie waren zerstört. Das Kind fühlte sich schuldig. Selbst der Erwachsene trug noch an dieser Last, seinen vermeintlichen Verrat rückgängig zu machen. Man erinnere sich an Baudelaire, der das Schuldgefühl gegenüber seiner Mutter nie loswurde. Auch in van Goghs Briefen an seinen Bruder Theo äußert sich die verzweifelte Revolte eines »schlechten Sohnes«. Die alles verschlingende Familie des 19. Jahrhunderts, ein Herd zehrender existentieller Ängste, war in vieler Hinsicht tief neurotisch. Es war in der Tat schwierig, Nachkomme oder Erbe zu sein.

Freilich wurden Kinder auch geliebt. Nach 1850 trug man Trauer

Jugendliche teilen einen Augenblick stummer, geheimnisvoller Betrachtung.

wie für einen Erwachsenen, wenn ein Kind gestorben war. Zurückgezogen an einem stillen Ort, beweinte man es und betrachtete eine Haarlocke, die man im Medaillon aufbewahrte. Bürgerliche Sentimentalität? Die Metallarbeiter-Frauen in Lothringen, »die Mütter«, »trauerten ihr ganzes Leben um die Kinder, die sie verloren hatten. [Sie] vergossen immer, wenn sie sich trafen, einige Tränen, die sie mit einem großen karierten Taschentuch abwischten«.[33] Legouvé forderte »den Vorrang des Gefühlsprinzips« in der Erziehung und klagte den Respekt vor der Autonomie des Kindes ein: Man sollte anerkennen, daß die »Interessen« der Kinder vielleicht nicht mit den Interessen der Gruppe übereinstimmten, daß sie ihr Schicksal selbst gestalten und daher Initiative entwickeln müßten; ja, man sollte sogar »eine gewisse Unbestimmtheit« kultivieren, damit die Kinder innerlich frei blieben. Unverkennbar schärfte sich die Aufmerksamkeit für Kinder. Selbst die pedantischen Schulakten lassen das erkennen – die Stereotype wichen einer verblüffenden Vielfalt konkreter Einzelbeobachtungen der Sprache, der Affekte, der Sexualität und der Spiele. Man fing an, die Kindheit als eigene und spezifische Lebens-Zeit zu entdecken. Biographien dokumentierten nun ausführlich die ersten Lebensjahre, Bildungsromane schilderten sorgsam Kindheit und Jugend des Helden. Das Kind, wie man nun erkannte, bildete den Entwurf des Erwachsenen und wurde allmählich als eigenständige Person begriffen.

## Die kritische Jugendzeit

Noch eine andere Gestalt, die es in traditionellen Gesellschaften so nicht gegeben hatte, nahm Konturen an: der Jugendliche. Zwischen der Erstkommunion und dem Abitur oder dem Militärdienst bei den Jungen (bis zur Heirat bei den Mädchen) spannte sich eine Zeitperiode, deren Bedeutung und Gefahren Buffon und Rousseau betonten. Rousseau widmete das ganze vierte Buch seines *Émile* diesem »Augenblick der Krise«, der sexuellen Identitätsfindung: »Wir werden sozusagen zweimal geboren: einmal, um zu existieren, das zweite Mal, um zu leben; einmal für die Gattung und einmal für das Geschlecht. [. . .] Wie das Meeresgrollen den Sturm ankündigt, so kündet sich diese stürmische Umwandlung durch das Raunen der erstarkenden Leidenschaften an; eine dumpfe Gärung zeigt die nahende Gefahr an.« Diese Vorstellung von einer »kritischen Phase« wurde das ganze 19. Jahrhundert hindurch wachgehalten, insbesondere von den Ärzten, die zwischen 1780 und 1840 Dutzende von Doktorarbeiten über die Pubertät bei Jungen und Mädchen und über die »Heilmittel« schrieben. Die Jugendzeit, so hieß es, sei nicht nur gefährlich für den Jugendlichen selbst, sondern für die Gesellschaft. Der Jugendliche, auf dem Wege zu seiner Identität, sei narzißtisch; er suche nach einer eigentümlichen Moral und seinem äußeren Bild. Spiegel faszinierten ihn. Laut Max Stirner ist er *der* Einzelgänger und sei darauf aus, die Gesellschaft zu spalten, wie Durkheim unterstreicht. Daß junge Menschen zum Selbstmord neigen, rühre daher, daß sie noch nicht genügend integriert seien. Außerdem sei der Jugendliche aufgrund seiner sexuellen Begierde anfällig für Gewalt und Brutalität, ja, für Sadismus (Tieren gegenüber etwa); er finde Geschmack an Vergewaltigung und Blutvergießen.

Unversehens sind wir beim Thema des kriminellen Jugendlichen, den Duprat in seinem Werk, das aufschlußreich für die Besorgnisse seiner Zeit ist, untersucht hat: *La Criminalité dans l'adolescence. Causes et remèdes d'un mal social actuel*. Der Jugendliche, lesen wir dort, sei ein »gebo-

Eine typische Klasse in einem republikanischen Gymnasium. Unter den Augen des Lehrers herrscht Ordnung und Disziplin. (Rouen, Musée National de l'Education)

Die Mädchen nähen und lesen in einem recht informellen Klassenzimmer, wie es vor und auch noch nach den Ferry-Gesetzen viele gab. (Rouen, Musée National de l'Education)

rener Vagabund«. Er schwärme für Reisen und Bewegung, sei instabil und neige zu »ähnlichen Fluchten wie Hysteriker oder Epileptiker, die dem Drang zu reisen nicht widerstehen können«. Eine regelrechte Pathologie des Jugendlichen entstand; so definierte man etwa die Hebephrenie als Vorform der Schizophrenie, die sich im schlimmsten Fall in Mordlust entlüde.

Die sexuelle Verwandlung des Jugendlichen, die ihm durchaus selbst bewußt war, beunruhigte am meisten. Michel Foucault hat gezeigt, wie der »Sex des Kollegiaten« zum bevorzugten Objekt des »Willens zum Wissen«[34] wurde, der sich auch auf die Sexualität erstreckte und den er ein charakteristisches Merkmal der modernen Gesellschaft nennt. Masturbation, latente Homosexualität in Internaten oder der Perversität verdächtigte Freundschaften ängstigten die Ärzte, die vornehmlichen Beobachter des Körpers. Männliche und selbst weibliche Homosexualität wurden zwar nicht mehr zu Delikten gestempelt, solange sie den Schamkodex nicht verletzten, blieben aber eine Anomalie, die man beargwöhnte, als sei sie eine Krankheit. Im Zentrum des Argwohns standen der Jugendliche und seine »schlechten Angewohnheiten«. Es galt, die Kenntnis und die Kontrolle des jugendlichen Geschlechtslebens zu vertiefen. Das erforderte eine spezielle Pädagogik. Konnte die Familie allein diese Aufgabe erfüllen?

Die Erziehung daheim, unter den Augen des Vaters und der Mutter, mit Hauslehrern und Gouvernanten, vorzugsweise einer englischen »Miss«, blieb der Traum vieler Familien, die der aristokratischen Lebensweise nacheiferten und vulgäre, »perverse« Kontakte befürchteten, oder die von den Ideen Rousseaus beeinflußt waren. Der »einzige Sohn« Stendhal bewahrte eine bedrückende Erinnerung an die Abgeschlossenheit, in der seine Eltern ihn hielten, damit er keinen Umgang mit »ganz gewöhnlichen Kindern« aufnahm. »Sie erlaubten mir nie, mit einem Kind meines Alters zu sprechen [...]. Ständig mußte ich mir Moralpredigten über Vaterliebe und die Pflichten der Kinder anhören.« Stendhal suchte seinen Ausweg in Lügen und dachte nur an Flucht. Erst die allgemeine Schulpflicht, die in der Ära des Direktoriums eingeführt wurde, erlöste ihn von seiner Isolation.

Dann kam für die Jugendlichen die Zeit der Pensionate oder Internate. Im Alter von fünfzehn bis achtzehn Jahren beendeten die Mädchen hier ihre moralische und gesellschaftliche Erziehung; hier erlernten sie die »Kunst zu gefallen«, die sie später im Salon ihrer Mutter beweisen mußten. Die Jungen, kaserniert in Collèges und Gymnasien, bereiteten sich auf das Abitur vor. Allerdings hatten die Internate der Collèges und Gymnasien keinen guten Ruf. Baudelaire langweilte sich dort zu Tode: »Ich langweile mich so sehr, daß ich weine, ohne zu wissen, warum«, schrieb er seiner Mutter (3. August 1838). Und Georg Sand war betrübt, als sie Maurice in ein Internat geben mußte. Wenn sie »diesen engelhaften Seelenzustand, der den wahren Jugendlichen auszeichnet«, dieses zarte, androgyne Wesen, das auch ihr eigener Vater, erzogen von einer aufmerksamen Mutter, an den Tag gelegt hatte, mit dem »unordentlich gekämmten, schlecht erzogenen Kollegiaten, der irgendein vulgäres Laster angenommen hat, so daß die Sensibilität für das höchste Ideal in seinem Wesen bereits zerstört ist«, verglich, bedauerte sie, daß die Unterrichtung zu Hause nicht mehr möglich war. »In ehrbaren und friedlichen Familien sollte es eine Pflicht sein, die Kinder bei sich zu behalten, damit sie nicht das Leben im Collège kennenlernen,

Gesellschaftsspiel in einem Laienkonvent oder Wie verhindert man die Bildung junger Mädchen? (Sammlung Sirot-Angel)

Pause im Collège von Meaux: Jugendliche unter Aufsicht.

in dem Gleichheit nur mit den Fäusten erkämpft werden kann.«[35] Es hieß, in Internaten lerne man zu masturbieren und knüpfe homosexuelle Kontakte. Roger Martin du Gard schildert in seinem postum erschienenen und zum großen Teil autobiographischen Roman *Le Lieutenant-Colonel de Maumort* das sexuelle Leben im Collège um 1880: »Das einsame Onanieren war die Regel, geteilte Lust die Ausnahme.« Konservative machten die Institution des Internats lauthals für die »Verweichlichung« der Jugend, die Niederlage von 1870 und den Geburtenrückgang in Frankreich haftbar... Während ärmere oder bäuerliche Familien gezwungen waren, den Sohn in das Internat zu schicken, wenn sie ihn länger zur Schule gehen lassen wollten, machten wohlhabende Bürger vom Externat Gebrauch. Legouvé hielt das ebenso wie George Sand für die beste Lösung. Nachdrücklicher denn je zuvor suchte die Familie den Horizont ihres Sprößlings zu bestimmen, Vormund und schützender Kokon für ihn zu sein. Gegen die staatlichen, laizistischen Schulen wollte man die Erziehung wieder zur Privatsache machen; darum waren die »écoles libres« [Privatschulen] zum Teil so begehrt.

Die Zärtlichkeit, die das Kind umgab, bekam beim Jugendlichen einen Unterton von Mißtrauen und Distanz, da man ihn stets in Verdacht hatte, aufrührerisch zu sein. Doch die Überwachung reizte erst recht zu Heimlichkeiten. Jugendliche ersannen Hunderte von Schlichen, um sich eine Privatsphäre zu erobern. Sie lasen heimlich Romane während der Studierzeit oder wenn sie Ausgangssperre hatten, schrieben Gedichte oder Tagebuch und träumten: Formen einer eigenen Innerlichkeit. Freundschaften spielten ebenfalls eine beträchtliche Rolle. Mädchenfreundschaften gingen nach der Heirat häufig auseinander. Jungen schlossen sich zu Kameradschaften zusammen, die durch Initiationsriten gefestigt wurden und die man auf Symbolfiguren projizierte oder deren Helden die Phantasieabenteuer bevölkerten. Bisweilen währten solche Bündnisse das ganze Leben; die alten Freunde hielten meist auch in Geschäften oder Politik zusammen. Individuelle oder gemeinschaftliche Revolten unterbrachen im 19. Jahrhundert immer wieder das Internatsleben, jedenfalls bis zum Jahr 1880, so als habe es keinen Platz mehr für solche Krawalle gegeben, nachdem die Republik einmal errichtet war. Ebensowenig wie die Monarchien im 19. Jahrhundert erlaubte sie der Jugend, selber ihre Feste auszurichten und für sexuelle Kontrolle einzustehen, wie es in den traditionellen Gesellschaften der Fall gewesen war. Die jungen Leute wurden nicht mehr als Gruppe, sondern als Individuen wahrgenommen, die zu gehorchen und zu schweigen hatten. Die Versuche, dagegen aufzubegehren, waren selten politisch, meist individuell und konfrontierten die Jugendlichen mit der Familie.

Ähnlich verhielt es sich in den unteren Volksschichten. Von der Erstkommunion – oder dem Abschlußzeugnis – bis zum Militärdienst lebte der junge Arbeiter in der Familie und lieferte seinen Lohn ab. (Außerdem mußte er das »livret«, ein Arbeitsbuch, führen, das für erwachsene Arbeiter abgeschafft worden war.) In Milieus mit ausgeprägten Familienstrukturen, zum Beispiel bei den Bergwerkarbeitern, erschien es geradezu als Verrat, vor dem Militärdienst zu heiraten. Umfragen wie die von 1872 über »die Arbeitsbedingungen in Frankreich« zeigten jedoch, daß die jungen Leute ungeduldig zu werden begannen. In den Fabriken von La Voulte in der Ardèche »verlassen viele, sobald sie etwas verdienen, das Elternhaus und suchen sich ein Pensionszimmer, so wie es Junggesellen aus dem Ausland tun würden«. In der picardischen Textilindustrie gab es zunehmend mehr junge Männer und sogar Frauen von sechzehn oder siebzehn Jahren, die sich ein möbliertes Zimmer nahmen und zu Hause kein Geld mehr ablieferten. Daher fand man in manchen Familien zu einem neuen Konsens: Sobald die Kinder achtzehn Jahre alt waren, gaben sie nur noch einen Teil ihres Lohnes ab oder zahlten einen »ausgehandelten« Pensionspreis für ihren Unterhalt.

Die Jugend, eine Zeit der Turbulenzen und Proteste, zog im Innern der Familie einen Riß, der zu schweren Erschütterungen führen konnte.

Auguste Flandrin, *Paul und Hippolyte als Kinder*. Eine Malerfamilie aus Lyon porträtiert sich selbst. Auguste, der Älteste (1804–1843), hat seine jüngeren Brüder Jean-Paul (1811–1902) und Hippolyte (1809–1864; er wurde am berühmtesten) gezeichnet. Beide tragen die typische Kleidung von Gymnasiasten während der Restaurationszeit. (Privatsammlung)

## Brüder und Schwestern

Zu den vertikalen Beziehungen, die zwischen Eltern und Kindern herrschten, kamen die horizontalen Geschwisterbeziehungen hinzu.[36] Doch selbst hier gab es Ungleichheiten, ja, sogar Wettstreit, bedingt durch Unterschiede in Geschlecht, Rang, Alter, Begabung oder Vorliebe der Eltern. Seinen Höhepunkt erreichte der Konkurrenzkampf in Regionen, wo der Älteste Erstgeburtsrecht hatte, so etwa im Gévaudan, wo die Spannungen zwischen jüngeren und älteren Geschwistern im Laufe des Jahrhunderts gelegentlich in Mord kulminierten und oft nur durch Strafprozesse oder Ausweisung behoben werden konnten.

Natürlich muß man unterscheiden zwischen den normalen Streitereien von Kindern und den Rivalitäten im Jugendalter, wo es um Entscheidungen für das künftige Leben ging. Zu Haßausbrüchen konnte es

Zweites Kaiserreich; zwei Schwestern beim Photographen. Solche Porträts waren im Bürgertum bereits üblich, in einfachen Milieus erst später. Etwa zur selben Zeit wollte Xavier-Edouard Lejeune seine Großmutter, die zu einem kurzen Besuch aus der Provinz nach Paris gekommen war, überreden, sich photographieren zu lassen. Doch die alte Dame bekam unterwegs Angst und floh nach Hause. (Sammlung Sirot-Angel)

kommen, wenn das Erbe verteilt wurde. Besonders schlimme Familienkonflikte entstanden, wenn ein Testament angefochten wurde oder Geschwister sich um ein bestimmtes Erbstück stritten, das bloß deshalb überbewertet wurde, weil es der andere beanspruchte.

Doch bevor diese Krisen eintraten, erfüllten Geschwisterbeziehungen mannigfaltige Funktionen: Man genoß es, gemeinsam »etwas anzustellen« und gegen die elterliche Autorität aufzustehen; die Jüngeren lernten von den Älteren. Bei der Berufswahl oder der ideologischen Orientierung mochte der große Bruder der wichtigste Helfer oder Anreger sein. Große Schwestern fungierten als die Lehrerinnen der kleinen (Victor Hugo erinnerte sich gerührt an Léopoldine, die Adèle mit Hilfe einer großen Bibel das Buchstabieren beibrachte); sie führten die Jüngeren in die Pflichten des Haushalts, die Geheimnisse des Körpers und der Verführung ein. Die älteste Schwester hatte eine besonders schwere Aufgabe, wenn sie an der verstorbenen Mutter Statt die jüngeren Geschwister sowie den Vater umsorgen und die Haushaltsführung übernehmen mußte. War die Mutter sehr früh gestorben, kam es nicht selten vor, daß die älteste Schwester ihre eigenen Neigungen für die Geschwister opfern mußte. In einfachen Familien, vornehmlich auf dem Lande, wurde die älteste Schwester oft »in Stellung geschickt«, weil ihr Verdienst den Eltern half, die übrigen Kinder großzuziehen. Oder man erwartete von der jüngsten Schwester, daß sie die alten Eltern pflegte. Haushalte, die aus zwei Frauen bestanden, der alten Mutter und einer Tochter, tauchen in den Unterlagen der Volkszählungen, die alle fünf Jahre stattfanden, relativ häufig auf. Abhängigkeiten und Pflichten innerhalb der Familie wurden also auch dadurch bestimmt, in welcher Reihenfolge man geboren war.

Geschwisterliche Gefühle waren gewiß nicht so harmonisch, wie Moraltraktätchen sie schilderten; aber es gab sie, und Alain Corbin erkennt in ihnen eine wesentliche Praxis emotionaler Interaktion. Das Verhältnis zwischen Brüdern und Schwestern, meist sehr komplex, nahm bisweilen Züge einer Initiation an, da es die erste Beziehung zum anderen Geschlecht war. Religiöse und gesellschaftliche Tabus waren freilich so wirksam, daß die Beziehung selten sexuell war, doch gegenseitige Verliebtheit kam durchaus vor. Bakunin gestand, daß er eine inzestuöse Liebe zu seiner Schwester empfunden hatte, was zu einer Kampagne gegen ihn führte. In diesem Punkt war die Zensur jedoch so stark, daß der Schleier nur in wenigen Ausnahmefällen gelüftet werden kann. Pierre Moignon, Arbeiter und ehemaliger Häftling im Bagno, schrieb seiner Schwester von seiner Liebe zu ihr und führte ein Tagebuch über seine verzweifelte Leidenschaft, das in seiner Akte beim Schwurgericht überliefert ist.

## Kleine Schwestern

In den Beziehungen zwischen einer jüngeren Schwester zu einem älteren Bruder oder einer älteren Schwester zu einem jüngeren Bruder bekräftigte der Altersunterschied gewöhnlich die üblichen mütter-

Diese jungen Leute (vielleicht in Trauerkleidung) haben sich möglicherweise zu einem Photo versammelt, weil einer der Brüder zu Besuch aus dem Priesterseminar gekommen ist; sie wirken wie Figuren von Mauriac.

lichen oder väterlichen Gefühle. Das »Schwesterchen« in Zolas *Travail* (1901) begegnet ihrem Bruder mit bedingungsloser Anbetung. Obwohl sie dem Unternehmen Martial Jordans geopfert wird, ohne daß er sie gefragt hätte, weint sie vor Freude über seinen Erfolg, ist ersichtlich entzückt, die zweite Geige zu spielen – das verkörperte Einverständnis mit ihrem Los. Die Gestalt der »kleinen Schwester« ist in der antifeministischen Literatur vom Beginn des Jahrhunderts ein häufiges Motiv. Der große Bruder, Stellvertreter des Vaters oder Ehemannes, war Vorbild und Lehrmeister, ein beruhigendes Modell der männlichen Identität, die sich in der Krise befand.

Die große Schwester widmete sich mit Leib und Seele der Erziehung und Karriere des jüngeren Bruders. Ernest Renan verdankte sehr viel seiner Schwester Henriette, von der er ein idealtypisches Porträt zeichnete (*Ma sœur Henriette*). 1811 in Tréguier geboren, war Henriette zwölf Jahre älter als er und wurde schon als Kind von der Familie tyrannisiert. Sie wurde Lehrerin in der Bretagne, dann in Paris und sogar in Polen und wies mehrere Heiratsanträge ab, weil sie ganz für ihre Familie da sein wollte. Dank ihren Ersparnissen konnte Ernest seine Studien und Forschungen fortsetzen. 1850 ließen Bruder und Schwester sich gemeinsam in Paris nieder: »Sie hatte den größten Respekt für meine Arbeit. Abends sah ich sie stundenlang neben mir sitzen, wobei sie kaum zu atmen wagte, um mich nicht zu stören; trotzdem wollte sie mich sehen, und die Tür zwischen unseren Zimmern stand immer offen.« Henriette beeinflußte ihren Bruder, besonders in religiösen Dingen, da sie ihm auf dem Weg zum Nichtglauben voranging. »Sie war für mich eine unvergleichliche Sekretärin; sie schrieb alle meine Arbeiten ins reine und arbeitete sich so gründlich ein, daß ich mich auf sie verlassen konnte, als sei sie ein lebender Index meines eigenen Gedankengebäudes.« Es war ein Drama, als Ernest sich verliebte, obwohl Henriette

Familientreffen brachten Paare und Generationen zusammen. Eine Arbeiterfamilie in der Stadt, wie man am Trottoir, der Tischdecke aus Wachstuch und den Weingläsern erkennen kann. (Sammlung Sirot-Angel)

Eine bürgerliche Familie in der Provinz, die sich »modern« natürlich gruppiert, das heißt, man versuchte, beschäftigt zu wirken. Bei beiden Bildern fällt die Überzahl der Frauen auf.
(Sammlung Sirot-Angel)

selbst ihn zu einer Heirat ermuntert hatte. »Alles, was die Liebe an Stürmen zu bieten hat, machten wir durch [...]. Als sie mir erklärte, sobald ich mich mit einer anderen Frau verbinde, würde sie mich verlassen, erstarrte mir das Blut in den Adern.« Nachdem Ernest Mademoiselle Scheffer geheiratet hatte, richtete Henriette ihr Liebesbedürfnis auf ihren Neffen, den kleinen Ary. »Ihr überfließender mütterlicher Instinkt fand hier sein natürliches Ventil«, schrieb Renan, der in der charakteristischen Blindheit großer Männer damit prahlte, wie vorzüglich die Beziehungen zwischen seiner Frau und seiner Schwester seien: »Jede der beiden hatte ihren speziellen Platz in meiner Nähe, den sie weder teilen mußten, noch war eine der beiden ausgeschlossen.« Das vollkommene Glück der Einheit mit ihrem Bruder fand Henriette erst wieder, als sie ihn auf eine Forschungsreise nach Syrien begleitete, wo sie dann starb. »Es war in der Tat ihr einziges Jahr ohne Tränen und fast die einzige Belohnung in ihrem Leben«, schrieb Ernest. Extremfälle offenbaren manchmal besonders einprägsam, wie die Dinge in Wahrheit liegen.

## Erweiterte Familien

Um die Zentralachse von Eltern und Kindern bildete sich ein Netz von Verwandtschaftsbeziehungen, das je nach Familientypus, Wohnform, Abwanderungen und sozialem Milieu mehr oder weniger ausgedehnt war. Die erweiterte Familie blieb auch im 19. Jahrhundert noch bedeutsam, selbst bei den einfachen Leuten. Das Sonntagsessen mit der ganzen Familie war vor allem in Arbeiterkreisen ein Bestandteil der Alltagspraxis, wie neuere soziologische Untersuchungen (Henri Coing) herausgefunden haben.

## Die Großeltern

Das Zusammenleben mit den Großeltern war auf dem Lande die Regel, obschon nicht frei von Problemen, weil die Alten nicht mehr arbeiten konnten. In der Stadt war es seltener der Fall und zumeist bloß zeitweilig, wenn Kinder abwechselnd die alten Eltern bei sich aufnahmen, weil die Mieten zu teuer waren. Die Arbeiter in Frédéric Le Plays Monographien *Ouvriers des deux mondes* unterhielten im allgemeinen Kontakte zu ihren Eltern, vor allem zu den Großeltern mütterlicherseits. Man vertraute ihnen die kleinen Kinder an und unterstützte sie, wenn sie alt wurden. Dennoch ließ die Solidarität zwischen den Generationen bereits Auflösungstendenzen erkennen; alte Menschen, die nicht von ihren Kindern aufgenommen wurden, mußten ins Altersheim. Daher stellte sich die Frage, wie man seine alten Tage verbrachte, mit wachsender Schärfe, und zwar in allen sozialen Schichten. Im Gévaudan entschieden sich die alten Leute, unzufrieden mit den unregelmäßig verteilten Naturalleistungen, immer häufiger für ein Nutzungsrecht. Mehr und mehr Arbeiter forderten das Recht auf eine Rente, vor allem im öffentlichen Sektor, wo der Staat der Adressat war. Die Wärter in Anstalten für Geisteskranke schrieben 1907 an den Innenminister: »Ha-

Zwei Schwestern zwischen ihren ehrwürdigen Eltern und Tanten – Jeanne oder Juliette –, klassische Figuren im Familienleben. Das jungfräulich weiße Kleid der jüngeren Schwester unterstreicht ihre Einsamkeit. »Kein Geschöpf der Welt ist so allein wie ein junges Mädchen«, schreibt Roger Martin du Gard in seinem Roman *Devenir* von 1908. (Sammlung Sirot-Angel)

ben wir kein Lebensrecht wie alle Bürger, kein Recht auf Privilegien wie alle anderen Angestellten, die vom Staat beschützt und aus der Rentenkasse versorgt werden, so daß ihre Zukunft gesichert ist?« Daß die Gewerkschaft CGT sich weigerte, das Rentengesetz von 1910 anzunehmen, lag an den Unzulänglichkeiten dieses Gesetzes, nicht an prinzipiellen Einwendungen. Im Gegenteil, die meisten Arbeiter unterstützten das Rentenprinzip, wie aus den Briefen hervorgeht, die Ferdinand Dreyfuß erhielt, der sich für die kommunistische Zeitung *L'Humanité* mit diesem Thema beschäftigte. Die Tatsache, daß das Alter zu einem »Risiko« wurde, das man ebenso wie Krankheit oder Unfälle versichern mußte, bezeugt einerseits die Auflösung des Familienzusammenhalts, andererseits eine gewandelte Wahrnehmung der Lebenszeit. Hier kündigt sich eine bedeutsame Veränderung an, die beachtet werden muß.

Je nach räumlicher Entfernung nahmen die Großeltern mehr oder weniger häufig am Familienleben teil. Da sie traditionell keine erzieherischen Aufgaben hatten, erlaubten sie sich den Luxus, ihre Enkel zu verwöhnen und der »liebe Opa« oder die »liebe Oma« zu sein. Sie sprangen ein, wenn die Eltern tot oder verreist waren oder einmal »keine Zeit« hatten. Der mutterlose Stendhal wurde von seinem Großvater Gagnon großgezogen, das uneheliche Kind Xavier-Édouard Lejeune wuchs bei den Großeltern mütterlicherseits auf, Aurore Dupin bei der Großmutter väterlicherseits, die auch Hippolyte Chatiron, den unehelichen Sohn ihres Enkels Maurice, bei sich aufnahm. Elisée Reclus verbrachte die ersten acht Lebensjahre bei seinen Großeltern mütterlicherseits, die entscheidenden Einfluß auf ihn ausübten.

Derlei Nachrichten finden sich im Überfluß in Autobiographien, die fast immer mit einem Porträt der Großeltern beginnen; weiter zurück gingen die Familienerinnerungen meist nicht. Für die Enkelkinder waren die Großeltern nahezu mythische Gestalten. Durch sie konnte sich das Kind eine rudimentäre Genealogie vorstellen; an ihnen machte es wohl die erste Erfahrung von Verlust und Tod (man denke an den Tod der Großmutter in Prousts *A la Recherche du temps perdu*). Auch sollte die Rolle der Großeltern bei der Übermittlung von Wissen und Traditionen nicht unterschätzt werden. In diesem turbulenten Jahrhundert gerannen Berichte von historischen Ereignissen, die von den Großeltern erzählt wurden, zu einer privaten Historiographie.

## Cousinen und Tanten

Onkel und Tanten, Cousins und Cousinen mehr oder weniger entfernten Grades gehörten ebenfalls zum Kreis der Verwandtschaft. Die Grenze wurde in der Regel nach den Kindern von Cousins und Cousinen ersten Grades gezogen. In den einfachen Schichten bildete die Verwandtschaft ein Netz von »Stützpunkten«, die das Abwandern in andere Gegenden erleichterten. Im Bürgertum lud man sich gegenseitig zu Geselligkeiten ein oder fuhr bevorzugt mit Verwandten in die Sommerfrische, eine Zeit des Ortswechsels und der Initiation, einschließlich der sexuellen. Laut Fourier »weihen alle Tanten ihre Neffen ein«, und die Onkel mußten schon sehr tugendhaft sein, um der Versuchung des »niedlichen Inzests mit ihren Nichten« zu widerstehen. Jungen in der Pubertät begehrten die hübsche Cousine, die von einem Sommer zum nächsten zur Frau geworden war; Mädchen schwärmten mit Herzklopfen für den verführerischen Cousin, der sich als freigeistiger Student gerierte. Erlernen der Liebe, Erziehung der Sinne – die Familie leistete dies alles und sorgte für alles.[37] Wenn die Sache zu weit ging, die Normen der Blutsverwandtschaft oder des Erbes verletzte, schritt sie allerdings energisch ein.

Onkel und Tanten konnten als Vormund eingesetzt werden. Angesichts der Geschäftsunfähigkeit von Witwen besaßen sie teilweise eine gewichtige Stimme im Familienrat, jedenfalls wenn es um eine Wiederverheiratung oder die Vermögensverwaltung für Waisen ging. Auch bei der Einweisung von Familienmitgliedern in die Anstalt nach dem Gesetz von 1838 hatten sie ein Wort mitzureden.

Unverheiratete Tanten, die aufgrund des Frauenüberschusses zahlreich waren, blieben an Haus und Familie gebunden. In den Erinnerungen der Neffen spielten sie oft eine dominante Rolle. Stendhal stand unter der Zuchtrute der strengen Tante Séraphie – »dieser Teufel in Weibsgestalt [. . .], der böse Geist meiner Kindheit« –, die in der zärtlichen Tante Elisabeth ein Gegengewicht hatte. Jacques Vingtras erzählt vom Quartett seiner Tanten mütterlicherseits, Rosalie und Mariou, und väterlicherseits, Mélie und Agnès, zwei alten Jungfern, die kärglich lebten und sich später einer Gemeinschaft von »béats«* in Le Puy-en-Velay anschlossen. Notwendigerweise war die mütterliche Funktion der Tante bei verwaisten Mädchen deutlicher ausgeprägt. Caroline Brame wurde von ihrer Tante Céline Ternaux beaufsichtigt, die auch ihre Heirat arrangierte, ähnlich wie viele Eheschließungen innerhalb dieser Familie. Marie Capelle – nachmals Madame Lafarge – wurde von ihren Tanten über ihre ehelichen Pflichten aufgeklärt: »Nach einem langen, unterhaltsamen Frühstück schlossen sich meine Tanten mit mir zusammen im kleinen Salon ein und begannen, mich in die schauerlichen Geheimnisse meiner neuen Pflichten einzuweihen.«[38]

Der Onkel dagegen brachte frischen Wind von draußen mit. Er hatte das gleiche Prestige wie der Vater, doch ohne dessen Mängel. Für seine Neffen bot er eine komplizenhafte Identifikationsfigur. Xavier-Édouard Lejeune berichtet begeistert von den Eskapaden mit seinem Onkel, einem Schneider, der im Gehrock seinen Neffen mit zum Markt an der Barrière du Trône nahm. Albert Simonin bewunderte seine beiden Onkel, den Erfinder Pierre, der lange vor 1914 ein Auto konstruierte und besaß, und den Uhrmacher und Laternenanzünder Frédéric, der sein Landhaus selbst entwarf. Paul Reclus entwickelte einen wahren Kult um seinen Onkel Elisée, den Geographen; nach dessen Tode gab er seine Werke heraus. Der Onkel, Ersatz für den Vater, konnte freilich auch furchterregend sein; doch man erzählte sich lieber Geschichten über seinen sagenhaften Erfolg. Der reiche Onkel aus Amerika war ein Mythos der Familie.

* Weiblicher Laienorden. *A.d.Ü.*

## Nachbarn und Dienstboten

Außer der Verwandtschaft gab es noch einen dritten Kreis: die Dienstboten im begüterten Milieu und die Nachbarn im einfachen Volk; beide enthüllen die räumliche Differenzierung der privaten Bühne. In beiden Fällen war man sich aber auch einer Grenzlinie, ja, sogar einer Gefahr bewußt. Dienstboten und Nachbarn dienten und halfen der Familie; doch ihre bisweilen neugierige Anwesenheit bedrohte die intime Privatsphäre und konnte in Verlegenheit setzen. Man benutzte diese Helfer, mußte jedoch zugleich auf der Hut vor ihnen sein.

Nachbarschaft konnte sowohl hilfreich wie feindselig sein. Auf dem Dorf war es nicht leicht, sich dieser mächtigen Kontrollinstanz zu entziehen. Im Gévaudan »ist das ganze Dorf auf dem laufenden über alles, was vorgeht, und überall kann man beobachten, daß jeder sich an dem Spiel beteiligt, das geheime Leben der Nachbarn auszuspionieren, während man das eigene zu schützen versucht«. Wir entdeckten ein ganzes Zeichensystem von Verhaltensweisen und Erscheinungsbildern. Manche Stätten waren besonders geeignet, den anderen nachzuspionieren, so etwa die Kirche, »das Panoptikum des Dorfes«. Man beobachtete, wer an der Messe teilnahm und wie häufig die anderen zur Kommunion

Ein Mietshaus, das noch eine ländliche Atmosphäre bewahrt; ein gewisser Komfort ist jedoch vorhanden (alle Wohnungen haben Bad und WC). Im Hof sieht man die Concierge, an manchen Fenstern stehen Hausfrauen.

gingen; empfing jemand längere Zeit nicht die Kommunion, fragte man sich, ob (und warum) ihm die Absolution nicht erteilt worden sei. Man registrierte genau, wie lange junge Mädchen sich im Beichtstuhl aufhielten. Vor allem Frauen, die Schande über die Familie bringen konnten, wurden scharf beäugt – in erster Linie ihr Bauch, der sensible Punkt. Wenn ein Gesicht rund, die Taille dicker wurde, dann plötzlich wieder schmal war, gerieten die Zungen in Bewegung ... Argwohn wurde auch den Witwen zuteil. »In der Provinz werden die Witwen streng überwacht«, schreibt Mauriac. »Man zählt die Tage, die sie den Schleier tragen. Die Größe ihres Kummers mißt man an der Länge des Trauerflors. Wehe der Witwe, die an einem glühend heißen Tag den Schleier lüpft, um Luft zu schöpfen! Bestimmt hat jemand sie gesehen, bestimmt wird man sagen: ›Wieder eine, die schnell getröstet ist‹.« (*La Province*, 1926) Man beobachtete sich gegenseitig hinter halb geschlossenen Fensterläden. Am Brunnen, am Waschtrog – Hauptorte des Austausches und der Zensur – flüsterte man sich Worte und Andeutungen zu, die sich zu hartnäckigen Gerüchten verdichten konnten. Da die Dorfgemeinschaft sich selbst verwalten wollte und Einmischung von außen ablehnte, waren die Zwänge der inneren Zensur überaus rigoros. Die Nachbarschaft war das Gericht, das über den guten oder schlechten Ruf entschied.

## Nachbarschaften

War man im einfachen Milieu der Stadt freier? Einerseits ja, denn die Gemeinschaften dort hatten vorläufigen Charakter, Bindungen und Interessen waren lockerer, die Menschen wechselten häufiger den Ort. Zudem bestand eine relativ intakte Solidarität gegen »die draußen«, hauptsächlich die Polizei. Andererseits nein, denn die Wände waren dünn – knarrende Betten verrieten alle Intimitäten –; Fenster, die an Sommertagen offenstanden, verwandelten die Hinterhöfe in Resonanzböden für einen Ehestreit oder Zerwürfnisse mit dem Nachbarn. Man begegnete einander gezwungenermaßen im Treppenhaus, an den gemeinschaftlichen Wasseranschlüssen, vor stinkenden Toiletten, die ein ständiger Anlaß zu Zwist zwischen den einzelnen Familien waren. Eine obligatorische Person war in Frankreich die Concierge. In Mietshäusern, die von Arbeitern bewohnt wurden, war es fast immer eine Frau, da »Schweizer«* und selbst Portiers mehr und mehr einer vergangenen Epoche angehörten. Man fürchtete sie, weil sie eine Mittelposition zwischen öffentlichem und privatem Bereich einnahm, ebenso wie zwischen Mietern und Eigentümern. Manchmal stand sie auf gutem Fuße mit der Polizei, die sich zuerst an sie wandte, wenn ein Brandfall zu klären war, und die versuchte, die Concierge als Verbündete vor Ort zu gewinnen. Sie übte insgeheim erhebliche Macht aus, denn sie kontrollierte die Mieter ebenso wie Besucher oder Straßenmusikanten, die nur mit ihrer Erlaubnis in den Hof gelangten. Eine Wohnung mit direktem

* Portiers in Uniform, die an Schweizer Kleidung erinnerte. *A.d.Ü.*

Der sogenannte »Schuhpalast«, erbaut während der Ära Haussmann. Schuhe waren noch teuer und bei ärmeren Schichten sehr begehrt. Der Photograph ist auf der Straße; die Leute blieben stehen, um zuzusehen und vielleicht sogar mit aufs Bild zu kommen. Noch Marville zog eine leere Stadt vor; die Ansichtskarten zu Beginn des Jahrhunderts stellten bevorzugt bevölkerte Städte dar. Technik und Blickwinkel hatten sich verändert.
(Sammlung Sirot-Angel)

Ausgang zur Straße war also ein Fortschritt bei der Verteidigung der eigenen Intimsphäre.

»Die Mehrheit der Bewohner ist zufrieden mit einem bescheidenen, selbst mit einem winzigen Plätzchen für sich«, beobachtete Pierre Sansot.[39] Mehr noch als das Stadtviertel war die Straße der Ort, an dem die Grenzlinie zum Privatbereich gezogen wurde. Eine Schlüsselfunktion hatten dabei die Geschäfte, in denen ein spezifischer Höflichkeitscode galt und ein fast ritueller Austausch von Gefälligkeiten stattfand. Wichtige Persönlichkeiten, die sozusagen einen Ausguckposten innehatten und denen man sich anvertraute, waren die Bäckerin und der Lebensmittelhändler, der häufig »das Ohr und der Beichtvater des Viertels oder der Straße« war[40].

Doch hier soll weniger von den Räumen die Rede sein als vielmehr von »den Leuten«, den Nachbarn, die man sich schwerlich aussuchen konnte. Ihr Blick war überall; man mußte sich gegen sie verteidigen und sich zugleich bei ihnen beliebt machen. Die Nachbarschaft erstellte einen Code schicklicher Verhaltensformen im Haus und auf der Straße, eine Norm, der man sich beugen mußte, um anerkannt zu werden. Die Tendenz ging dahin, das Gleiche nachzuahmen und das Abweichende auszuschließen: fremd war, wer einer anderen Nationalität, einer anderen Rasse angehörte oder aus einer anderen Provinz, einem anderen Bezirk kam. Wie Louis Chevalier gezeigt hat, war Paris in der ersten Hälfte des 19. Jahrhunderts eine Anhäufung verschiedener Dörfer.[41] In einigen Höfen der Rue de Lappe, an der sich vornehmlich Einwanderer aus der Auvergne ansiedelten, waren jeweils die Bewohner eines ganzen Dorfes versammelt. Genauso schlossen sich im »Pletzl«, dem Viertel Marais, die immigrierten Juden aus Osteuropa zusammen. Deutliche Unterschiede entwickelten sich zwischen der Rue des Francs-Bourgeois, dem Nobelviertel der Juden, und der schmutzigen und überbevölkerten Rue des Rosiers.[42]

Die Wachsamkeit der Nachbarn bedrückte das private Leben eines jeden. »Was werden die Leute dazu sagen?« war ein geflügeltes Wort. Was die Nachbarschaft mißbilligte oder tolerierte, war Gesetz. Es gab jedoch auch Grenzen für die Einmischung. Was in den eigenen vier Wänden geschah, war Privatsache, solange es nicht um ungebührlichen Lärm, verdächtige Abwässer oder üblen Gestank ging. Eltern konnten ihre Kinder schlagen oder der Ehemann seine Frau – das ging niemanden etwas an; deswegen holte man nicht die Polizei. Es mußte schon eine Tragödie vorfallen, um die Zungen zu lösen und die Forderung nach Intervention laut werden zu lassen. Klagen von Privatleuten bei der Polizei oder vor Gericht sind übrigens ein Indikator für Toleranzschwellen und Formen der Einmischung, der eine nähere Untersuchung verdiente. Doch auf jeden Fall blieben Nachbarschaftskonflikte juristisch eine Angelegenheit der Zivilgerichte, und es bestand ein gewisser Konsens über die Unverletzlichkeit der Privatsphäre, die den Lebensalltag und die Wohnung einer Familie umschloß. Schwächer war die Toleranz gegenüber politischen Haltungen, wie die Wellen von Denunziation in turbulenten Zeiten, etwa während der Pariser Commune, beweisen. Viele wurden verhaftet, weil eine Concierge oder ein Nachbar sie angeschwärzt hatte.

Das Gleichgewicht der Spannungen zwischen den einzelnen Familien war insgesamt hoch fragil. Gelegentlich bildeten sich solidarische Beziehungen, häufiger aber wurde Kontrolle ausgeübt – die Nachbarschaft umschloß das private Leben wie die stachlige Hülle eine Kastanie.

## Dienstboten

Anzahl und Art des Dienstpersonals hingen vom sozialen Status und vom Lebensstandard ab und waren zugleich deren sichtbares Symbol. Ein Dienstmädchen zu haben signalisierte den Aufstieg in eine höhere Kaste – die Kaste der Leute, die sich *bedienen* ließen und es sich leisten konnten, daß ihre Frauen Muße hatten, sich der Repräsentation und dem ostentativen Luxus zu widmen. Das Dienstboten-Verhältnis setzte in doppelter Hinsicht ein aristokratisches Modell fort, denn die Diener waren keine unabhängigen Lohnarbeiter, sondern persönlich von ihrer Herrschaft abhängig. Das Gesinde weihte seinen Körper, seine Zeit und sogar sein Selbst dem Dienst an seiner Herrschaft. Daher rührte das wachsende Unbehagen an diesem archaischen Status, das sich an der Jahrhundertwende abzuzeichnen begann, konkret faßbar an den Schwierigkeiten, »Dienstboten zu finden«, worüber die Bürgersfrauen, einschließlich der feministischen, vielfach klagten.

Die Sozialgeschichte der Dienerschaft, die übrigens weitgehend erforscht ist, soll hier nicht unser Gegenstand sein, sondern ihre »private Geschichte«, und zwar in zweierlei Hinsicht: extern und intern. Welche Stellung nahmen die Diener im Hause ein? Kannten sie überhaupt ein privates Leben?

Dienstboten fanden ihre Stellen durch Protektion, Beziehungen oder Stellenbüros. Zu Ende des 19. Jahrhunderts überstieg die Nachfrage nach Personal das Angebot und förderte die Mobilität; zahlreiche Frauen aus der Provinz kamen nach Paris. (*L'Illustration*, 1891)

Die Welt der Dienstboten war hierarchisch klar gegliedert. An der Spitze standen Hauslehrer und Erzieherinnen, die sich nur wohlhabende Familien leisten konnten, die ihre Kinder zu Hause behalten wollten. Sie galten mehr oder weniger als Intellektuelle und waren es auch oft. Die Entwicklung der allgemeinen Schulpflicht betraf stärker die Hauslehrer, die nun seltener wurden, als die Erzieherinnen, über die Flaubert im *Wörterbuch der Gemeinplätze* schreibt: »Kommen immer aus bester Familie, die ins Unglück geraten ist. Gefährlich im Haus, da sie den Ehemann verderben.« Der Herzog von Choiseul-Praslin brachte 1847 wegen einer jungen Gouvernante seine Frau um und beging danach Selbstmord. Dieser berühmte Fall, der ein Mitglied der Aristokratie als Täter in einem vulgären »crime passionnel« zeigt, brachte die Monarchie ins Wanken.

In der ersten Hälfte des Jahrhunderts waren Gouvernanten vor allem Französinnen, später zumeist Engländerinnen, Deutsche oder Schweizerinnen. Die »Miss« oder das »Fräulein« war häufig ein Objekt der Begierde des Hausherrn. Eine Aura der Verführung umgab die »Mademoiselles«, die sie durch strenge Haltung, das Tragen von Brillen und schicklichen Haarknoten zu entkräften trachteten.

Noch schwieriger war die Lage der subalternen Diener, da sie sozial niedrig gestellt waren und »Dienstkleidung« tragen mußten. Die extreme Ambiguität ihrer Position gründet in der Tatsache, daß sie zugleich »Insider« und »Outsider« waren; integriert in die Familie und doch ausgeschlossen. Sie bewegten sich inmitten der Intimität des Hau-

Bécassine, eine berühmte Comic-Figur, wurde 1906 für die *Semaine de Suzette* kreiert. Sie verkörperte das Dienstmädchen aus der Bretagne, naiv, aber ergeben, dessen sprachliche und sonstige Mißgriffe eine Quelle des Amüsements für die bürgerlichen Leserinnen waren. Obwohl Bécassine fürchterlich geschwätzig war, hatte sie weder Mund noch Ohren, ein Zeichen, daß sie taubstumm war, wenn es um intime Details aus dem Leben ihrer Herrschaft ging. (Paris, Bibliothèque Nationale)

ses, des Ehepaars und der physischen Geheimnisse ihrer Herrschaft, sollten jedoch die Augen verschließen und vor allem den Mund halten – Bécassine, die Comic-Strip-Figur einer Dienerin, die 1906 in der *Semaine de Suzette* erschien, wurde ohne Mund dargestellt. Das Schwinden großer aristokratischer Haushalte nach Art der Guermantes eröffnete die Blütezeit des »Mädchens für alles«, Symbol für die Ambitionen des Kleinbürgertums. Der Beruf »Hauspersonal« wurde zunehmend von Frauen ausgeübt, die überwiegend aus proletarischem Milieu stammten – eine klassische Verbindung, die ein Anzeiger für den sozialen Prestigeverlust war.

Diener und Kammerzofen – eine aussterbende Spezies – befanden sich in der heikelsten Situation. Solange man ihre Persönlichkeit negierte, gab es keine Probleme. Da sie als geschlechtslose Wesen betrachtet wurden, war der intime Kontakt zwischen Diener und Herr bedeutungslos. So konnte sich etwa die Marquise du Châtelet im 18. Jahrhundert unbeanstandet von ihrem Diener Longchamp baden lassen. Dieser jedoch war sich seiner Virilität genügend bewußt, um darüber in Unruhe zu geraten, wie er in seinen Memoiren gestand. Anderthalb Jahrhunderte später war das Badezimmer zum Allerheiligsten geworden, in dem sich die Nackheit der Herrschaft verbarg, die es nicht mehr duldete, entblößt von ihren Dienern gesehen zu werden. »Madame kleidet sich allein an und frisiert sich selbst. Sie verriegelt sich in ihrem Bad, und ich darf nicht mal hinein«, bedauert die Célestine Octave Mirbeaus

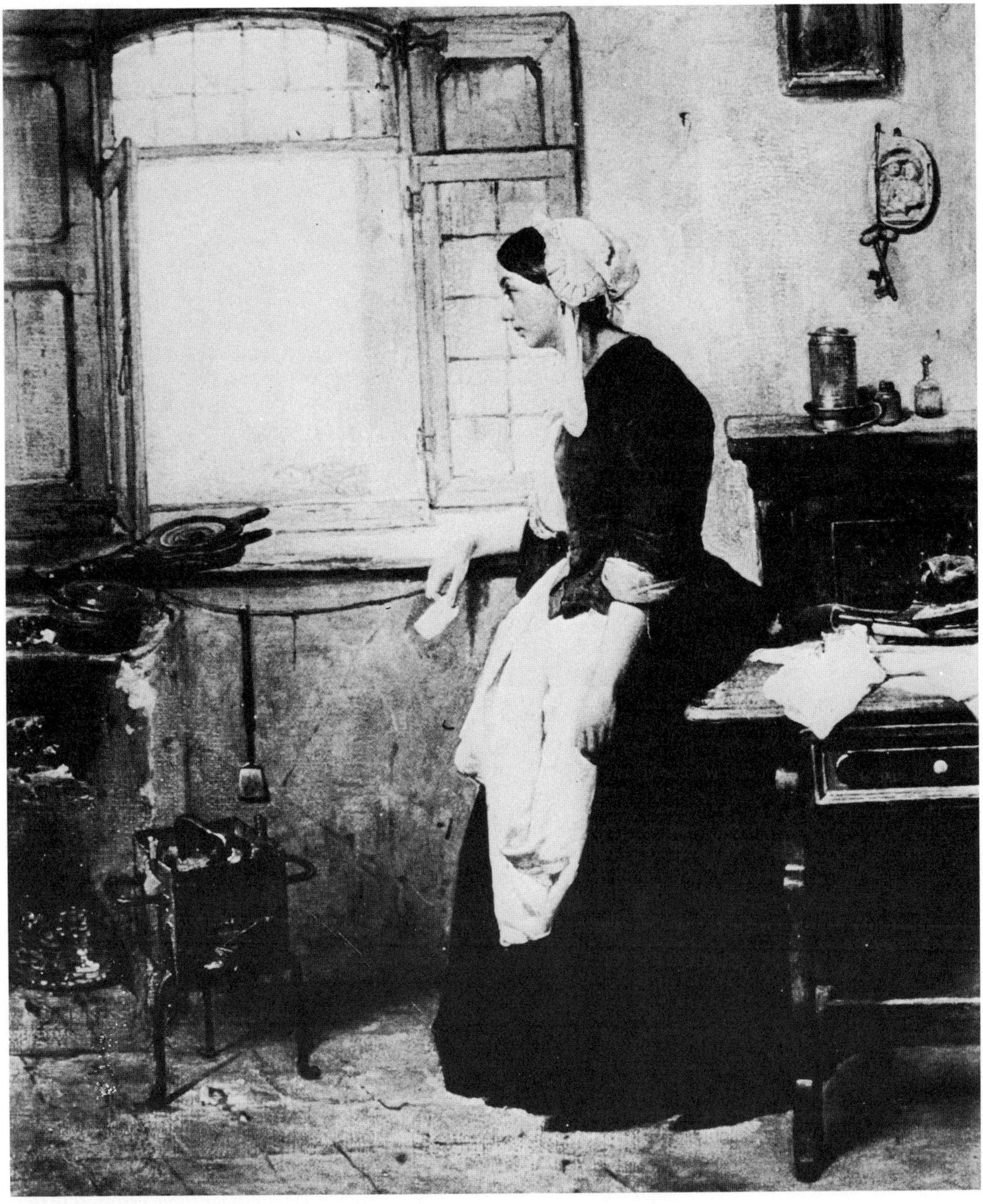

Domenico Induno, *Der Brief*. Wo ist er? Wird er wiederkommen, der Verführer dieser jungen, schwangeren Dienerin, der ihr vielleicht sogar die Ehe versprochen hat? Das alte Verfahren, durch einen Brief Abwesenheit vorzutäuschen, verbindet sich hier mit der Melancholie des Verlassenseins.
(Neapel, Museum Capodimonte)

Remy Gogghe, *Madame empfängt*, Salon von 1908.

im *Tagebuch einer Kammerzofe*, als würde sie dadurch einen Teil ihrer Macht einbüßen. Georges Vigarello hat gezeigt, daß diesem Ausschluß ein »anderes Verhältnis zur Pflege des eigenen Körpers« voranging.[43]

Der steigende Anspruch auf Intimität galt nicht nur für das Badezimmer, sondern auch für das Schlafzimmer – eine anständige Frau machte ihr Bett selbst – und erstreckte sich schließlich auf das ganze Haus. Man wollte Dienstboten in Reichweite haben, doch sie durften nicht persönlich anwesend sein. Man konnte sie sehen oder zumindest rufen, ohne selbst gesehen zu werden. Samuel Bentham, Bruder des berühmten Jeremy Bentham, entwickelte ein »Rufsystem« für das Haus eines englischen Privatmanns. Im Frankreich des Direktoriums wurden Glocken und Klingeln gebräuchlich, worin die »Bürgerin Ziguette«, Sprachrohr des Comte Roederer, den Verlust von Vertrautheit witterte. Viollet-le-Duc widmete in seiner *Histoire d'une maison* (1873), die als Modell gelten sollte, großes Augenmerk den Vorzimmern, Fluren und Treppen, die der Zirkulation und der Kommunikation dienlich sein, aber auch Gelegenheit bieten sollten, einander auszuweichen. Michelet bestätigt diese Abneigung, von den Dienern gesehen zu werden: »Die Reichen [. . .] leben vor ihren Domestiken [sprich ihren Feinden]. Sie essen, schlafen, lieben unter gehässigen und höhnischen Augen. Sie besitzen keine Intimität, keine Geheimnisse, kein Zuhause.« Dabei war es für den Ehefrieden ein wichtiger Grundsatz, »zu zweit und nicht zu dritt zu leben«. Die Zurückhaltung gegenaüber den Dienstboten, die nun zu Eindring-

*Hausherrin und indiskretes Zimmermädchen*, Salon von 1904. Spione im Hause. Die Dienstboten – »unsere Feinde«, sagte Michelet – belauern stets die Geheimnisse ihrer Herrschaft. Die einen bespitzeln Madame durch das Schlüsselloch. Auf dem Bild rechts amüsiert sich das Zimmermädchen mit der Post ihrer Herrin, von der es seinerseits ertappt wird. Weibliche Intimität und Sexualität stehen im Mittelpunkt der Neugierde.
Die häufige Darstellung dieses Themas zu Beginn des 20. Jahrhunderts signalisiert wachsendes Unbehagen. Der flämische Maler Remy Gogghe hat mit seinem Werk eine scharfe Gesellschaftssatire hinterlassen.

lingen geworden waren, ist zweifellos das Markenzeichen einer neuen Sensibilität, aber zugleich einer stärkeren »Personalisierung« des Bediensteten. Und beide Tendenzen mündeten in die Abschaffung dieses Systems.

Eine andere Möglichkeit, dem Dilemma zu entgehen, die im 19. Jahrhundert praktiziert wurde, lag in der Negierung des Dieners oder der Dienerin als Person, die so weit ging, daß der Name und sogar der Vorname nicht beachtet wurden: »Von nun an heißen Sie Marie.«[44] Für das Dienstmädchen war ein familiäres oder sexuelles privates Leben ausgeschlossen, denn es hatte keinerlei Zeit oder Raum für sich selbst, geschweige denn einen verbürgten Anspruch darauf. Der »siebte Stock«, in dem es nächtigte, war ein enges schäbiges Quartier, das Distanz zur Herrschaft herstellte und gleichzeitig gewährleistete, daß dort nur flüchtige Vergnügungen möglich waren. Das erklärt die Angst der Hausherrin vor dem »siebten Stock«, dem dunklen Mutmaßungsort ihrer sozialen und sexuellen Phantasien.

Das Dienstmädchen, in der Regel unverheiratet, hatte im Prinzip weder Liebhaber noch Ehemann oder Kind. Wenn ein »Mißgeschick« passierte, »zog sie sich aus der Patsche«. Unter den Frauen, die wegen Kindsmordes verfolgt wurden, befanden sich zahlreiche Hausangestellte. Sie bevölkerten die Entbindungsheime, Refugien lediger Mütter, und waren oft gezwungen, ihre Kinder zu verlassen. Als man begann, sich um die niedrige Geburtenrate zu sorgen, wurde man ledigen Müttern gegenüber nachsichtiger, und so konnten schließlich viele Hausangestellte ihre Kinder bei sich behalten. Doch die Notwendigkeit, das Kind allein großzuziehen, band sie auch stärker an ihre Stelle. War der Hausherr der Vater des Kindes, mußten sie verschwinden oder ihren Fehltritt in Schweigen hüllen. Helene Demuth verbarg ihr Leben lang die Existenz ihres Sohnes, den sie von Marx hatte. Als Eleanor Marx nach Helenes und ihres Vaters Tod die Wahrheit entdeckte, wurde sie krank: nicht wegen der Liaison der beiden, sondern wegen der Lügen, mit denen man sie bemäntelt hatte. Helene Demuth, die so sehr in die Familie Marx integriert war, daß sie sich ganz deren Interessen widmete und sich selbst verleugnete, ist das paradoxe Beispiel für die Aufopferung der meisten jener Dienerinnen, die sich auf dem Familienphoto schüchtern in eine Ecke drückten und an deren Namen man sich nicht mehr erinnerte. Die Hingabe dieser Mägde war so entschieden, daß manche in der Tat keine Heimstatt mehr hatten als ihre Herrschaft, wo sie als ewige Ammen fungierten. Dieser »Familiensinn« war ein unbewußtes Mittel, nicht zu leiden und sich selbst zu rechtfertigen, indem man in der Vertrautheit mit den »Göttern« selbst eine Art der Auszeichnung suchte. So waren Céleste Albaret – Prousts Françoise – und Berthe, die Kammerzofe Nathalie Clifford-Barneys, aufmerksame, gerührte Zeuginnen der Größe ihrer Herren und Herrinnen.

Diese Relikte aus feudalen Zeiten waren mit dem wachsenden Bewußtsein von der eigenen Person unvereinbar. Während die Herren nicht mehr in ihrer Intimität gesehen werden wollten, ertrugen die Diener nicht länger die Negierung ihres Körpers und ihrer Persönlichkeit. Offene Revolten gab es kaum einmal, meist versuchten sie, sich indivi-

Octave Uzanne, *Eine Frau in Paris*. Die Badewanne, laut *Petit Robert* »ein großes Behältnis, in dem man ein Vollbad nehmen kann«, kam wie alle hygienischen Fortschritte ursprünglich aus England und verbreitete sich ab 1880 in Frankreich. Bald verbot ein gestiegenes Schamgefühl die Anwesenheit einer Zofe, sei sie auch so respektabel wie diese. (Paris, Bibliothèque Historique)

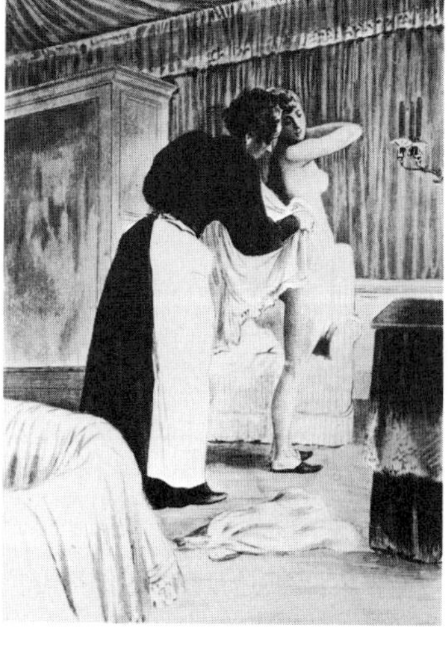

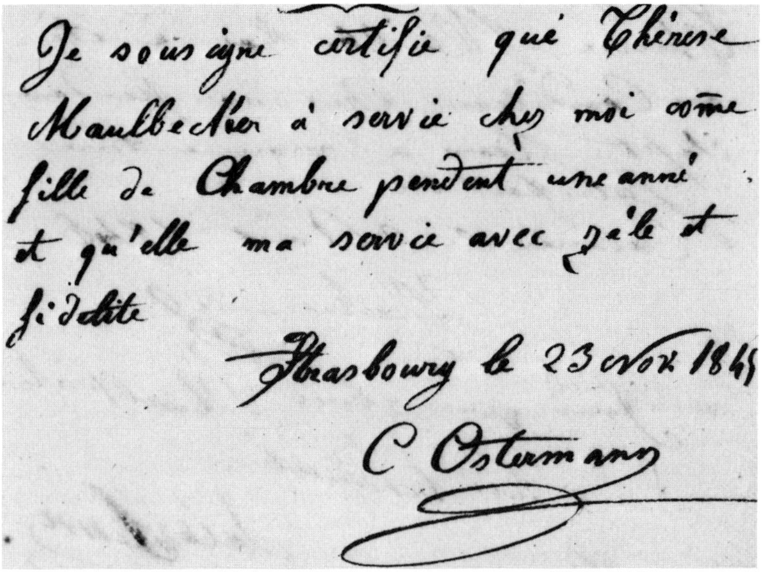
Je sousigne certifie que Thérèse
Maulbection a servi chez moi come
fille de Chambre pendent une anné
et qu'elle m'a servi avec zèle et
fidelite
Strasbourg le 23 Nov 1849
C Ostermann

Dieses Zertifikat zeigt, daß über Dienstboten eine doppelte Kontrolle ausgeübt wurde, sowohl von der Herrschaft selbst als auch von der Stadt. Der Text lautet: »Ich, der Unterzeichnete, bestätige, daß Thérèse Maulbection [?] ein Jahr lang als Dienstmädchen in meinem Hause beschäftigt war und mir fleißig und treu gedient hat. Straßburg, 23. November 1849. (Gezeichnet) C. Ostermann.« Die Kontrolle durch die Herrschaft blieb noch lange bestehen, nachdem die städtische abgeschafft war.

duell zu entziehen. Sie wurden mobiler, widerspenstiger, ließen sich nicht mehr gerne Ratschläge erteilen und verfolgten eigene Ziele. Junge Dienstmädchen sparten, um heiraten zu können, und standen im Ruf, gute Partien zu sein. Auch kamen weniger junge Frauen aus der Provinz, da gegen Ende des Jahrhunderts die »Pariser Krankheit«, die Syphilis, gefürchtet war. Die »Dienstboten-Krise«, sichtbar an der Inflation der Stellenanzeigen in den Zeitungen, einer leichten Lohnerhöhung und den Anfängen gewerkschaftlicher Organisation sowie größeren Rechtsschutzes, beeinflußte den Alltag und die persönlichen Beziehungen. Sie war ein Ausdruck der Demokratisierung des privaten Lebens.

## Anmerkungen

1 F. Mayeur, »Jules Ferry et l'enseignement des filles«, in: F. Furet (Hrsg.), *Actes du colloque Jules Ferry*, Paris 1985.

2 J. Simon, *La Liberté*, 1869; zitiert von B. Schnapper, »La Correction paternelle et le mouvement des idées au XIX$^{e}$ siècle«, in: *Revue Historique*, April–Juni 1980, S. 345.

3 Y. Ripa, *La Ronde des folles. Femme, Folie et enfermement au XIX$^{e}$ siècle*, Paris 1986.

4 H. Guillemin, *L'Englouti, Adèle, fille de Victor Hugo (1830–1915)*, Paris 1985, S. 105.

5 B. Smith, *Ladies of the Leisure Class. The Bourgeoises of Northern France in the Nineteenth Century*, Princeton 1981.

6 Vgl. L. de Sentenac, *Des droits du mari sur la correspondence de sa femme*, Berufungsgericht Toulouse, Vortrag bei der Eröffnungssitzung am 16. Oktober 1897.

7 Vgl. H. Sarrazin, *Elisée Reclus ou la passion du monde*, Paris 1985.
8 F. Pisani-Ferry, »Jules Ferry, l'homme intime«, in: Furet (Hrsg.), *Colloque Jules Ferry*.
9 J.-P. Sartre, *Der Idiot der Familie*, Bd. 4, S. 125 u. S. 137.
10 M. Foucault, *Sexualität und Wahrheit*, Band 1: *Der Wille zum Wissen*, übs. v. U. Raulf und W. Seitter, Frankfurt a. Main 1977, S. 131.
11 H. Le Bras/E. Todd, *L'Invention de la France*, Paris 1981, S. 29.
12 M. Segalen, *Nuptialité et alliance. Le choix du conjoint dans une commune de l'Eure*, Paris 1972, S. 90.
13 G. Jacquemet, *Belleville au XIX^e siècle*, Paris 1984.
14 Vgl. Y. Lequin, *Les Ouvriers de la région lyonnaise (1848–1914)*, Bd. 1; *La Formation de la classe ouvrière régionale*, Lyon 1977; E. A. Accampo, »Industrialization and the Working-Class Family: Saint-Chamond 1815–1880«, A. Arbor, Michigan, University Microfilms International, 1984.
15 Vgl. E. Claverie/P. Lamaison, *L'Impossible mariage. Violence et parenté en Gévaudan. XVII^e, XVIII^e et XIX^e siècle*, Paris 1982, S. 139.
16 C. Chotard-Lioret, *La Socialité familiale en province: une correspondance privée entre 1868 et 1920*, unveröffentlichte Dissertation, vorgelegt an der Universität V von Paris, 1983.
17 M. Segalen, *Mari et femme dans la société paysanne*, Paris 1980.
18 Y. Verdier, *Drei Frauen. Das Leben auf dem Dorf.* Übs. v. Th. Kleinspehn, Stuttgart 1982, S. 85.
19 A. Fine, »A propos du trousseau: une culture féminine?« in: M. Perrot (Hrsg.), *Une Histoire des Femmes est-elle possible?*, Marseille 1984, S. 156–180, dtsch. *Geschlecht und Geschichte. Ist eine weibliche Geschichtsschreibung möglich?* Frankfurt a. Main 1989.
20 Claverie/Lamaison, *L'Impossible mariage*, a. a. O., S. 218.
21 Die Frau eines Pariser Zimmermannes, über die Le Play und Focillon 1856 eine Monographie verfaßten, benutzte tatsächlich große Mengen Kampfer.
22 Vgl. F. Ewald, *L'Etat-providence*, Paris 1986.
23 Le Bras/Todd, *L'Invention de la France*, a. a. O.
24 Vgl. E. Shorter, *A History of Women's Bodies*, New York 1982.
25 J.-P. Goubert, *La Conquête de l'eau. L'Avènement de la santé à l'âge industriel*, Paris 1986.
26 A. MacLaren, *Sexuality and Social Order: The Debate over the Fertility of Women and Workers in France, 1770–1920*, New York 1983.
27 Le Bras/Todd, *L'Invention de la France*, a. a. O., S. 168.
28 J. Simon, *L'ouvrier de huit ans*.
29 Vgl. M.-F. Levy. *De mères en filles. L'Éducation des Françaises, 1850–1880*, Paris 1984.
30 Fine, »A propos du trousseau«, a. a. O.
31 G. Sand, *Histoire de ma vie*, hrsg. v. G. Lubin, 2 Bde., Paris 1970–1971, Bd. 2, S. 179.
32 M. Bouillé, *Les Pédagogies du corps. Lieux et corps pédagogiques du XVIII^e au XIX^e siècle*, unveröffentlichte Dissertation, vorgelegt an der Universität VIII von Paris, 1984.
33 G. Navel, *Travaux*, Paris 1945.
34 M. Foucault, *Der Wille zum Wissen*, a. a. O., S. 41.
35 G. Sand, *Histoire de ma vie*, a. a. O., Bd. 1, S. 76.
36 Ein gutes Beispiel sind Elisée Reclus und seine Geschwister. Vgl. Sarrazin, *Elisée Reclus ou la passion du monde*, a. a. O.
37 Vgl. etwa den Roman *Naissance d'une passion* von Michel Braudeau, Paris 1985.

38 M. Lafarge, *Mémoires de Marie Cappelle, veuve Lafarge écrits par elle-même*, 4 Bde., Paris 1841–1844, Bd. II.

39 P. Sansot, *La France sensible*, Champ Vallon 1985, S. 85.

40 M. de Certeau, *L'Invention du quotidien*, Bd. 1: *Arts de faire*, Paris 1980.

41 L. Chevalier, *Classes laborieuses et classes dangereuses à Paris pendant la première moitié du XIX^e siècle*, Paris 1958.

42 N. Green hat in ihrem Buch *Les Travailleurs immigrés juifs à la Belle Epoque. Le »Pletzl« de Paris*, Paris 1985, die Unterschiede zwischen der Rue des Francs-Bourgeois, in der die Oberschicht der Juden lebte, und der schmutzigeren und dichter bevölkerten Rue des Rosiers untersucht.

43 G. Vigarello, *Wasser und Seife, Puder und Parfüm: Geschichte der Körperhygiene seit dem Mittelalter*, übs. v. L. Gränz, Frankfurt a. Main 1988, S. 254.

44 A. Martin-Fugier, *La Place des bonnes. La Domesticité féminine à Paris en 1900*, Paris 1979.

Die Familie war eine ernste Sache, ebenso wie ein Photo – vor allem für die verkrampften Kinder, die sich still halten mußten. Zu Ende des 19. Jahrhunderts führte englischer Tweed bei Männern zu hellerer Kleidung, während die Frauen sich dunkler kleideten als zuvor.

Michelle Perrot

# Das Familienleben

Die Familie war gewissermaßen ein »moralisches Wesen«. Die Überlieferung von Blut, Geld, Gefühlen, Geheimnissen und Andenken hielt sie zusammen.

Lebte die Familie nicht am selben Ort, so setzte sie den gegenseitigen Kontakt und den Austausch von Neuigkeiten durch Briefe fort. Den Aufbau des Postwesens, der Anfang des 19. Jahrhunderts wirksam wurde, stützte in der zweiten Jahrhunderthälfte die Entwicklung der Eisenbahn und anderer Hilfsmittel. So wurde das 19. Jahrhundert zum »Jahrhundert des Papiers«. Man verlangte mehr und mehr danach, regelmäßig und vor allem »brandneue« Nachrichten zu erhalten. George Sand, eine unermüdliche Briefschreiberin, ließ sich »dieses gelbblaue Briefpapier, das so häßlich, aber doch so in Mode ist«, aus Paris schikken (3. April 1830). Sie verglich das Datum des Poststempels mit dem Datum des Empfangs. Der Briefträger übermittelte mit der Post oft zugleich die korrekte Zeit – die der Bahnhofsuhr – und war ein eifrig erwarteter und geehrter Besucher.

Internatsschüler mußten wöchentlich einen Brief an die Eltern schreiben. Ehepartner, die zeitweilig getrennt waren, tauschten alle zwei oder drei Tage Informationen aus. Über den engen Familienzirkel hinaus korrespondierte man mit der entfernteren Verwandtschaft. Je näher man einander stand, desto intensiver war der Briefwechsel. Weihnachten und Neujahr bildeten Anlässe, über das Befinden der Familienmitglieder, Todesfälle, Geburten, Hochzeiten, Krankheiten oder Examina im vergangenen Jahr zu berichten. Aus Nachrichten dieser Art bestand die Korrespondenz in der Regel, wie Caroline Chotard-Lioret in ihrer Untersuchung von elftausend Briefen einer bürgerlichen Familie aus Saumur (geschrieben zwischen 1860 und 1920) nachgewiesen hat[1], ein aufschlußreiches Beispiel deshalb, weil sich daran ermessen läßt, wie vertraulich ein innerfamiliärer Briefaustausch werden konnte – wo verlief denn die Grenze zwischen dem, was man sagen konnte, und dem, was man tunlichst verschwieg? Man sprach nicht über Geld oder Sexualität. Ungehemmt berichtete man jedoch von Krankheiten, Details aus dem Alltag und, immer wieder, von den Kindern. Manche Korrespondenzen konzentrierten sich auf bestimmte Themen – die Goblots beispielsweise waren fixiert auf schulische Erfolge –, andere griffen weit aus. Die Briefe von Mutter und Tochter de Cerilley, die unter den Vornamen »Emilie« und »Marthe« veröffentlicht wurden, befaßten sich – ungewöhnlicherweise – hauptsächlich mit Gelddingen oder mit Körpererfahrungen: Unwohlsein und Koliken werden in einer Ausführlichkeit geschildert, die uns heute nachgerade schamlos erscheint, so sehr ist inzwischen die Sensibilität in diesen Belangen geschärft worden.

Briefe waren kein Mittel, sich spontan mitzuteilen, sondern, wie Mireille Bossis es genannt hat, kodifizierte »Formen des Kompromisses« zwischen dem Öffentlichen und dem Privaten, dem Individuellen und dem Gesellschaftlichen.[2] Familienkorrespondenzen waren für die Gruppe oder eine Untergruppe bestimmt; sie wurden innerhalb der Familie weitergegeben. Das Themenspektrum war deshalb begrenzt; intime Details waren ausgeschlossen.

Briefe schrieben natürlich nur Leute, die lesen und schreiben konnten und eine leichte Hand beim Formulieren hatten, bisweilen verhinderte Schriftsteller, die darin ein anerkanntes Mittel sahen, sich auszudrücken. Viele Frauen kannten aus eigener Erfahrung die »Schreibwut«, die George Sand und ihre Freundinnen im Internat der Englischen Fräulein umtrieb. Den Mädchen war es verboten oder zumindest kaum möglich, etwas zu »veröffentlichen«, und so gaben sie sich der Korrespondenz mit dem Gefühl lustvoller Rache hin; einige verbrachten mehrere Stunden am Tage mit dieser Beschäftigung. Doch auch die Männer schrieben noch häufig Briefe, bevor sie sich im 20. Jahrhundert mehrheitlich für die Technik entschieden.

In der Stadt konnten einfache Leute auf öffentliche Schreiber zurückgreifen. Auf dem Lande wurden Neuigkeiten normalerweise mündlich übermittelt. Wenn die Maurer aus dem Département Creuse, die saisonweise in Paris oder anderswo arbeiteten, im Winter heimkehrten, gab es ein großes Fest; während der langen Winterabende erzählten sie von ihren Abenteuern in der Stadt. Nach 1900 wurden Postkarten allgemein gebräuchlich. Die Meluns zum Beispiel, eine fünfköpfige Familie – die Mutter Hausfrau, der Vater Gärtner, die Töchter Angestellte –, tauschten zwischen 1904 und 1914 mehr als tausend Postkarten aus. Zu dieser Verdichtung der Familienbeziehungen gesellte sich eine heute noch wirksame Tendenz zu knappen, informativen Mitteilungen.

Für sämtliche Familien waren feierliche oder lebhafte Familientreffen die Hauptform der Kommunikation und zugleich der öffentlichen Bezeugung ihrer Einheit. (Anne Martin-Fugier wird darauf ausführlich eingehen.) Religiöse oder ethnische Minderheiten, für die sich in solchen Treffen ihr Überleben oder ihr Widerstandswille kundgab, pflegten sie nachdrücklich. Die Familie Monod etwa traf sich bis in die jüngste Zeit einmal jährlich zu einem Tee, bei dem jedes der ca. zweihundert Familienmitglieder ein Namensschildchen am Revers trug. Eine andere protestantische Familie, die Reclus, feierten jeweils gemeinsam den Geburtstag des Vaters.[3]

Das Familienphoto, ein eigenes Genre, ermöglichte es, die Zusammenkünfte in materieller Gestalt festzuhalten und so ein Andenken daran zu bewahren. Seit Ende des Jahrhunderts klebte man es pietätvoll in Alben ein. In bescheideneren Milieus photographierte man vorwiegend bei der Hochzeit. Als 1914 der Erste Weltkrieg ausbrach, wurde es gängige Praxis, sich photographieren zu lassen. In Mazamet zum Beispiel posierten die Ehepaare zusammen mit ihren Kindern vor dem Photographen, wenn der Mann ins Feld mußte; bei den Toten im Schützengraben fand man häufig Familienphotos.

Bevor es die Photographie gab, hatten wohlhabende Familien sich porträtieren lassen.[4] Ob Gemälde oder Photos, diese »Ahnengalerien« waren ein Hilfsmittel, den Familienstamm konkret sichtbar zu machen. Sie waren ein materielles Symbol und dienten dem Andenken an die Vorfahren – wichtig in einem evolutionistisch gestimmten Jahrhundert, das Dauer durch das Ineinandergreifen der Generationen gesichert wähnte. Ende des 19. Jahrhunderts ließen bürgerliche Familien in Nordfrankreich oder in Rouen gerne die Familiengenealogie erforschen – vielleicht nicht ohne die insgeheime Hoffnung, auf adlige Vorfahren zu stoßen; weitaus wahrscheinlicher war, daß sie entdeckten, wie weit sie es in der Welt gebracht hatten. Prunkvolle Grabmäler sollten dokumentieren, daß die Familie fortbestehen werde. Autobiographien erzählten im 19. Jahrhundert eher die Geschichte einer Familie als die eines Individuums.[5] An die nachfolgenden Generationen gerichtet, beschäftigten sie sich ausführlich mit der Kindheit des Autors und seiner Herkunft. Im Falle sozialen Aufstiegs konnte man so den zurückgelegten Weg besser ermessen und sich seiner rühmen; im Falle des Scheiterns rechtfertigte man sich. Nach Condorcets Auffassung war Geschichte vor allem Geschichte »der Familien«. George Sand, deren *Histoire de ma vie* unverhohlen die Geschichte ihrer Familie ist, ermahnte die einfachen Klassen, dasselbe Unterfangen zu wagen: »Handwerker, die ihr alles zu begreifen beginnt, Bauern, die ihr anfangt, schreiben zu lernen, vergeßt nicht eure Toten. Überliefert euren Söhnen das Leben eurer Väter, verleiht euch meinetwegen eigene Titel und Wappen, aber tut es.« Denn »das Volk hat seine Vorfahren ebenso wie die Könige«.

Das Andenken zu hüten setzte voraus, daß man sich erinnerte. In der mündlichen Überlieferung spielten die Frauen aufgrund ihrer höheren Lebenserwartung eine bedeutende Rolle, wie Philippe Joutard für die Kamisarden, die Hugenotten in den Cevennen, nachgewiesen hat.[6] Natürlich waren die Erinnerungen verstümmelt und rekonstruiert; die Ereignisse zählten weniger als ihre Darstellung. Italienische Einwanderer in Lothringen bewahrten eine geradezu mythische Erinnerung an ihre Wurzeln, die im Gespräch immer wieder beschworen wurden. Die Berichte vom ursprünglichen Aufbruch verklärten den Gründer und seine Odyssee.

Das öffentliche und private Leben der Familie wurde nach mehr oder minder präzisen Regeln in Szene gesetzt. In der Bourgeoisie, wo Reminiszenzen an den Hof noch wirksam waren, gestaltete sich das Leben nach einem sehr strengen Kodex. Handbücher des »savoir-vivre« und Wandlungen im Begriff von »Schicklichkeit« hatten seit Erasmus der Verfeinerung privater Sitten Vorschub geleistet.[7] Auch literarische Texte sind hierbei aufschlußreich, weil in ihnen Verhaltensideale inkorporiert sind. Doch auch Privatarchive, die belegen, welche Bräuche gang und gäbe waren, helfen bei der Entzifferung bürgerlicher Rituale, die zugleich Realität und Traumspiel waren. Diese Rituale waren gegliedert in drei Zeiteinheiten: ein Tag, ein Jahr, ein Leben. Die normative Kraft dieses Modells, das detailliert war wie die Etikette und ebenso bindend wie ein aristokratisches Zeremoniell, rechtfertigte den Stellenwert, den man ihm einräumte – es ist das Zeichen für den Wunsch nach einem bestimmten Lebensstil.

In verschiedenen Abstufungen triumphierte der familiale Lebensstil in allen großen europäischen Städten. Sogar die Königshöfe wurden davon beeinflußt. Louis-Philippe etwa, der so stolz auf sein breites Ehebett war, wollte in erster Linie ein guter Familienvater sein. Laut Tocqueville war er »solide im Verhalten, einfach in seinen Gewohnheiten, maßvoll im Genuß«. Aus der *Émilie* erfahren wir, daß »im Salon der Königin nur eines bemerkenswert war, ein großer Nähtisch mit Schubladen, zu dem die Prinzessinnen die Schlüssel haben und in dem sie ihre Handarbeiten aufbewahren. Dort kommt die königliche Familie zusammen«. Die spätere Kaiserin Eugénie, die sich sehr für Kindererziehung interessierte, »kümmert sich selbst um ihren kleinen Sohn, als wäre sie eine ganz gewöhnliche Mutter. Sie zieht ihn an, wiegt ihn auf dem Schoß und singt ihm spanische Lieder vor«. (Octave Aubry) Ebenso wie das städtische Bürgertum, das im 19. Jahrhundert den Ton angab, wurde der Hof von der »Familienmanie« erfaßt: eine bedeutsame Umkehrung der Rollen und ein Indiz für den Siegeszug der Bourgeoisie. Häuslichkeit wurde zur Mode und zum Modell für die Regierungspraxis.

Sicherlich variierten diese Riten je nach Traditionen und inneren Notwendigkeiten. Obwohl die Integration von Protestanten und Juden im 19. Jahrhundert entscheidende Fortschritte machte, blieben doch Bruchstellen bestehen, die Aufmerksamkeit erheischen. Bei den Lutheranern im Elsaß war es Brauch, daß jedes Kind zwei männliche und zwei weibliche Taufpaten bekam – jeweils einen protestantischen und einen katholischen, damit sie im Falle eines Konflikts geschützt waren. Innerhalb der jüdischen Gemeinde sorgte um 1880 die Ankunft von Immigranten aus Mittel- und Osteuropa für Spannungen. Im »Pletzl« von Paris (Stadtviertel Marais) gab es in der Belle Époque zunehmend mehr private Betstuben in den Geschäften von Hutmachern oder Schneidern, eine Alternative zu den offiziellen Zeremonien in den großen Synagogen. Die Einwanderer aus der Auvergne fanden sich gerade deshalb so leicht in Paris zurecht, weil sie ihre familiären Gewohnheiten und regionalen Sitten wahrten: Speisen, Bälle und Feiertage, etwa Saint-Michel und Saint-Ferréol. Sie besuchten sogar regelmäßig gemeinsam ihre Heimat, wozu spezielle Züge, die »trains Bonnet«, eingesetzt wurden. Auch die italienischen Immigranten klammerten sich an ihre Bräuche und an ihre eigenen Priester, was hin und wieder zu Zusammenstößen mit den französischen Arbeitern führte.

Obwohl die Familie an Gottes Stelle getreten war, lösten sich die Riten nur langsam von ihrem religiösen Ursprung. Generell scheiterte das Freidenkertum daran, Ersatz für sie zu finden. Einzige Ausnahme waren die nicht-religiösen Bestattungen, die zwischen 1884 und 1903 in Paris 38,7 Prozent ausmachten, im Zeitraum 1902/1903 21,5 Prozent in Carmaux, in Saint-Denis, einem Arbeitervorort, waren es um 1911 sogar 50 Prozent. Im Arbeitermilieu war die Laizisierung am tiefsten verankert. In Hénin-Liétard geschahen 40 Prozent der Eheschließungen rein standesamtlich. Die »Solidargesellschaften« dachten sich neue Testamentsformulierungen und neue Riten aus. In Roubaix gestalteten die Freidenker ca. fünfzig Beerdigungsfeiern im Jahr; Frauen und Männer trugen den Sarg, Redner erinnerten am Grab an die Verdienste des Verstorbenen, und man läutete die Glocken.

Die Emanzipation hatte ihre Grenzen. In manchen Fällen wünschten Arbeiter eine christliche Beerdigung, die ihnen der Priester jedoch verweigerte; in Nordfrankreich kam es deswegen zu Tumulten. Von allen religiösen Bräuchen war in allen Milieus die Erstkommunion der resistenteste, als sei es nicht gelungen, einen anderen Übergangsritus vom Kindes- in das Jugendalter zu stiften.

Die Riten teilen etwas über die Gläubigkeit der Menschen mit, aber mehr noch informieren sie über die Lebensweise. Sie waren von sozialen Unterschieden geprägt. Die Ethnologen haben hauptsächlich die Bräuche auf dem Lande untersucht, während die Erforschung des Arbeitermilieus noch kaum begonnen hat. Die Riten der Arbeiter im 19. Jahrhundert hatten mit denen des Bürgertums wenig gemein. Beispielsweise war es ganz unterschiedlich, wann und wo sie stattfanden. Feste spielten sich meist auf der Straße, im Café, im »Draußen« ab. Daher legte man großen Wert auf die Kleidung, eine Investition, die im Familienbudget einen festen Platz bekam. Selbst die ärmsten italienischen Immigranten im Lothringer Becken waren am Sonntag darauf bedacht, »gute Figur« zu machen. Die Arbeit bestimmte das Leben. Die Arbeiter kannten keine wirkliche Freizeit (Arbeitslosigkeit ist keine Freizeit) oder gar Ferien, eine wichtige Differenz zum Bürgertum. Der »blaue Montag« der Genossen ähnelte dem bürgerlichen Sonntag kaum. Doch die Mahlzeiten oder das »Ausgehen« im Kreis der Familie waren ein Festbrauch auch bei Arbeitern.

Solche Rituale waren subtile Kombinationen aus verschiedenen Elementen, Kompromisse zwischen dem Öffentlichen und dem Privaten, dem Lande und der Stadt, wo es meist lange dauerte, bis die Einwanderer vom Lande integriert waren. Sie lassen uns erkennen, wie die verschiedenen Gruppen sich ihren Alltagsraum aneigneten und ihrem Leben einen bestimmten Stil einprägten.

## Anmerkungen

1 C. Chotard-Lioret, *La Socialité familiale en province: une correspondance privée entre 1868 et 1920*, unveröffentlichte Dissertation, vorgelegt an der Universität V von Paris, 1983.

2 M. Bossis, »La Correspondance comme figure du compromis«, in: *Ecrire, Publier, Lire. Les Correspondances (problématique et économie) d'un »genre littéraire«*. Unterlagen des Kolloquiums »Les Correspondances« in Nantes, Oktober 1982, Nantes 1982.

3 H. Sarrazin konnte die Entwicklung dieser Familie studieren, indem sie die Photos verglich, die jedes Jahr bei diesem Anlaß gemacht wurden. Siehe *Elisée Reclus ou la passion du monde*, Paris 1985.

4 Vgl. H. Naeff, *Die Bildniszeichnungen von J. A. D. Ingres*, 5 Bde., Bern 1978.

5 Vgl. P. Lejeune, *L'Autobiographie en France*, Paris 1971.

6 P. Joutard, *La Légende des Camisards*, Paris 1977.

7 N. Elias, *Über den Prozeß der Zivilisation*, Basel 1939.

Frédéric Bazille, *Familientreffen*, 1867. Die Familie posiert hier in der Natur, unter einem Baum, der als Symbol der Dauer und des Lebens galt.
(Paris, Musée d'Orsay/Jeu de Paume)

Anne Martin-Fugier

# Riten der Bürgerlichkeit

## Das Glück des Erinnerns

»Es lag etwas in der Luft im Schloß von Fleurville.« Camille, Madeleine, Marguerite und Sophie erwarteten aufgeregt ihre Cousins. »Sie liefen hin und her, sprangen die Treppen hinauf und hinunter, hüpften, lachten, schrien und schubsten einander.« Alles war bereitet für die Ankunft der Jungen, die Räume im Schloß ebenso wie die ungeduldigen Herzen der Mädchen; man hatte Blumensträuße gebunden und sie in den Zimmern verteilt. Der Roman der Comtesse de Ségur, *Les Vacances* (1859), kann beginnen.

In den Sommerferien kam die Verwandtschaft zusammen. Die Mädchen warteten auf die Jungen. In ihrer Aufregung spiegelte sich die Bedeutung, die man dem Ereignis beimaß. Und wie es sich für brave kleine Hausmütterchen ziemte, hatten sie die Vorbereitungen für den Empfang – etwa den Blumenschmuck – überwacht und übten sich so in ihren künftigen Pflichten. Denn in der Regel waren die Frauen für die Organisation des privaten Lebens zuständig, und es zählte auch zu ihren Obliegenheiten, dem Überschwang der Gefühle zu seinem Recht und zum Ausdruck zu verhelfen.

Das Ferienglück war nicht nur an einen bestimmten Ort geknüpft, sondern auch eingebettet in eine zeitliche Struktur. Sobald die Kinder zusammen waren, erinnerten sie sich gemeinsam der vergangenen Sommer:

»›Wir werden viele Dummheiten machen, so wie vor zwei Jahren!‹
›Weißt du noch, die vielen Schmetterlinge, die wir gefangen haben?‹
›Und wie viele uns entwischt sind!‹
›Und diese arme Kröte [. . .]‹
›Und der kleine Vogel [. . .]‹
›Oh! Wir werden es lustig haben zusammen!‹ riefen sie alle zusammen und umarmten sich zum zwanzigsten Mal.«

Die Erinnerung an die Vergangenheit wurde zum Programm für die Zukunft. Sie war Verheißung und Gewißheit. Das »raunende Imperfekt« beschwor wehmütig die vergangenen Tage, die Sehnsucht nach dem, was unwiederbringlich vorbei ist. So empfand es jedenfalls die romantische Dichtung:

»Efface ce séjour, ô Dieu! de ma paupière,
Ou rends-le-moi semblable à celui d' autrefois,

Quand la maison vibrait comme un grand coeur de pierre
De tous ces coeurs joyeux qui battaient sous les toits!
[. . .]
On eût dit que ces murs respiraient comme un être
Des pampres réjouis la jeune exhalaison;
La vie apparaissait rose, à chaque fenêtre
Sous les beaux traits d'enfants nichés dans la maison.
[. . .]
Puis la maison glissa sur la pente rapide
Où le temps entasse les jours;
Puis la porte à jamais se ferma sur le vide,
Et l'ortie envahit les cours! [. . .]«

[»Lösch diesen Aufenthalt, o Gott! von meinen Lidern / oder laß ihn wie damals sein / als das ganze Haus pochte wie ein großes Herz aus Stein / als wolle es das freudige Pochen aller Herzen unter seinem Dach erwidern. / Die Mauern schienen zu atmen wie der Wein / der sich an jungen Reben freut / aus allen Fenstern drang ein rosiger Schein / so schien es den Kindern damals, so scheint es mir noch heut. / Doch dann glitt das Haus den Abgrund hinab / wo die Zeit sammelt vergangene Tage; / die Tür schloß sich für immer, gleich einem Grab / nur die wuchernden Nesseln schreien stumm seine Klage.«]

In Lamartines *La Vigne et la Maison* (1857) zerstört der Lauf der Zeit das Glück, das einstmals sogar die Steine zum Leben erweckte. Doch das Glück konnte im Gedächtnis wachgehalten werden. Das Imperfekt häufte Erinnerungsbilder auf, von denen die Gegenwart verzaubert wurde. Augenblicke des Glücks wurden aufgereiht wie Perlen an einer Schnur, um ihnen Dauer zu verleihen. Das war in zweifacher Hinsicht wichtig: Man mußte dafür sorgen, daß die Kinder glücklich waren, damit sie ein Kapital an schönen Erinnerungen mit in ihr Leben nehmen konnten; zugleich bereicherte man sich selbst mit unersetzlichen Andenken an die Zeit, in der sie klein waren.

Der Alltag, seinem Wesen nach banal, gewann Glanz und Wert, wenn die Nichtigkeiten, aus denen er sich zusammensetzte, in Riten transformiert wurden, an die sich die Gefühle heften konnten. Ein Garant für den Bestand des Glücks war, daß die Hausherrin zu festgesetzten Stunden die Familie um den Tisch versammelte – die gemeinsamen Essen gliederten den Rhythmus des Tagesablaufs, drückten ihm den Stempel der Regelmäßigkeit auf, und zugleich inszenierte die Familie dabei ihr privates Leben. Für das Bürgertum war Wiederholung nicht identisch mit Routine. Sie ritualisierte vielmehr den Alltag und ließ den Augenblick verweilen: zuerst wartete man auf das Ereignis und bereitete sich vor, sodann sprach man darüber und dachte an es zurück. Auch die geringfügigen Begebenheiten waren dazu bestimmt, Erinnerung zu werden, und blieben in der Ritualisierung gegenwärtig: fortwirkender Erfahrungsstoff und Chiffre der Lebensgeschichte.

## Register der verstreichenden Zeit

Zeichen und Belege der Erinnerung wurden deponiert wie in einem Sparbuch. »Weibliche Chronologie« nannte Madame Alphonse Daudet die Sammlungen von Andenken, die jede Frau aufbewahrte: die Handschuhe etwa, die eine der Töchter getragen hatte, oder Stoffmuster von den Kleidern der Halbwüchsigen. Den Charakter von »Reliquien« besaßen auch die Eintragungen in das Album der Damen und Fräulein, einige Zeilen in Prosa oder in Versen, manchmal sogar Skizzen. Die Erfindung der Photographie 1836 (die Kurzform »Photo« stammt aus dem Jahre 1876) und ihre Entwicklung nach 1850 begründeten einen weiteren Dokumentationsschatz. Ein Porträt in Öl versetzte den Dargestellten in die Ewigkeit der Kunst, außerhalb der Zeit; Photos dagegen hielten Augenblicke fest. Einerseits halfen Photos, die Erinnerung zu bewahren; andererseits konnte man an ihnen den Gang der Zeit ablesen, das Heranwachsen des Kindes oder die Erweiterung der Familie, die in Heiraten, Geburten und Taufen ihre Kontinuität bekundete. Caroline Chotard-Lioret, die in den Archiven ihrer Familie, den Boileaus, geforscht hat, fand drei Alben mit etwa vierzig Photos, die zwischen 1860 und 1890 aufgenommen worden waren. Die Photos waren den Boileaus von Leuten gesandt worden, mit denen sie in Korrespondenz standen. Man sieht einen Menschen bei der Taufe, bei der Einschulung, in der Jugendzeit, bei der Hochzeit, mit seinen Kindern und schließlich im Alter allein auf der Schwelle des Hauses. Dieser gesellschaftliche Brauch gibt »konkret Zeugnis vom Umfang des familiären Netzes«[1]. Als Marie Boileaus Töchter 1901 heirateten, schickte sie ihrerseits Photographien an die ganze Familie. Ab 1910 wurde das Photo zum Alltagsgegenstand: die Aufnahmen, die Eugène, Marie Boileaus Ehemann, zwischen 1912 und 1914 machte, füllten sage und schreibe 16 Alben.

Tagebücher dienten unter anderem dem Zweck, die Erinnerung lebendig zuhalten. Gabrielle Laguin, ein Mädchen aus bürgerlichen Kreisen in Grenoble, begann im Juli 1890, im Alter von sechzehneinhalb Jahren, Tagebuch zu schreiben: »In vielen Jahren werde ich mich vielleicht freuen, mein Gekritzel zu lesen, das ich in den Tagen von Jugend und Glück begonnen habe.« (12. Juli) Am 30. Oktober kam sie erneut auf diesen Gedanken zu sprechen: »Später, wenn ich einmal ganz alt bin, wird es mich amüsieren, wenn ich mich in diesem Spiegel der Vergangenheit sehe, so wie ich damals war.« Bald wurde ihr Tagebuch zu einer Art Nachschlagewerk. Beim Schreiben erschuf sie sich eine Geschichte, die ihr Leben strukturierte. Die Zukunft repräsentierte für Gabrielle Laguin ihre erträumte Heirat mit ihrem Cousin Louis Berruel, der achtundzwanzig Jahre alt war. Am 3. Oktober 1891 wurde der Traum Wirklichkeit: »Oh! Wie glücklich ich bin! Der Traum meines ganzen Lebens ist seit einem Monat und drei Tagen endlich Wirklichkeit. Aber immer noch gibt es eine Kleinigkeit, die ich mir wünsche, und diese Kleinigkeit ist ein Baby; wird 1892 das Jahr sein, in dem ich das Glück erfahre, Mutter zu werden?« Zwanzig Jahre später begann Renée Berruel, Gabrielles älteste Tochter, auf den Seiten eines Schulheftes Tagebuch zu führen. Die ältesten Eintragungen datieren aus dem Jahre 1905, als sie dreizehn Jahre alt war. Doch wenn man ihren Worten vom 9. März 1910 Glauben schenkt, hatte Renée bereits früher angefangen: »Fünfhundert Seiten! So langsam wird es ganz schön dick! Es sind ja auch bald schon acht Jahre, daß ich angefangen habe.« Den Anstoß hatte ein Buch gegeben: »Es war an Allerheiligen, und wir saßen alle im Eßzimmer von la Buissière um das Feuer [. . .]. Ich wußte nicht so recht, was ich tun sollte, und stöberte in der Bibliothek, wo ich *Le Manuscrit de ma Mère* von Lamartine fand. Damals kam ich auf die Idee, selbst ein Tagebuch zu führen [. . .].«[2]

Tagebücher übermitteln wertvolle Details aus dem Leben ihrer Autoren; aber sie sind auch Instrumente der Ordnung der Zeit. Ähnlich verhält es sich mit regelmäßigen Familienkorrespondenzen. Caroline Chotard-Lioret hat elftausend Briefe gezählt, die zwischen 1873 und 1920 an Marie und Eugène Boileau geschickt wurden, in der Mehrzahl von ihren Kindern und anderen Familienangehörigen. Diese Briefe enthielten Neuigkeiten über Kinder, Geschäfte, Besuche, den innerfamiliären Alltag, nicht zuletzt über Gesundheit oder Krankheit. Sie konnten von der ganzen Familie gelesen werden; intime Gefühle wurden daher in der Regel nicht preisgegeben. Die Familienkorrespondenz hatte eine rituelle Funktion; sie besorgte den Transfer von Loyalitäten. Wichtig war weniger, was in den Briefen stand, als vielmehr die Regelmäßigkeit, mit der sie ausgetauscht wurden.

Der Wunsch, den Zeitsog zu organisieren, beweist sich besonders deutlich an den »livres pour anniversaires«, die das Modell der englischen Geburtstagsbücher nachahmten. 1892 veröffentlichte der Verleger Paul Ollendorf den *Recueil Victor Hugo* und versah ihn mit einem Vorwort. Die englischen Sammlungen, schrieb Ollendorf dort, enthielten ausgewählte Gedichte Byrons oder Gedanken Shakespeares. Diese Methode habe er nun übernommen, um dem französischen Nationaldichter Gerechtigkeit widerfahren zu lassen. Die rechten Seiten des Buches waren leer, nur Tag und Monat waren darauf vermerkt; auf der linken Seite stand für jeden Tag ein Zitat aus Texten von Victor Hugo.

Geburtstagsbücher konnten in dreierlei Weise gebraucht werden. Man konnte Geburtstage notieren und nachsehen, welches Zitat zu dem jeweiligen Datum gehörte; man konnte sich bestimmte Verse aussuchen und kommentieren (oder jemanden aus dem Freundeskreis darum bitten); man konnte es als Tagebuch verwenden (vor allem bei Frauen war das beliebt).

Eines dieser Geburtstagsbücher stammt von Claire P. de Châteaufort. Claire hat es zu verschiedenen Zeiten ihres Lebens unterschiedlich genutzt. Manchmal vermerkte sie Geburtstage und wichtige Daten; ein andermal berichtete sie detailliert von bestimmten Tagen, ganz so wie in einem Tagebuch – und zwar dann, wenn ihr Leben besonders ereignisreich war, etwa bei ihrer Verlobung oder während ihrer Reise nach Rußland. Ausgegraben bei einem Trödelhändler, verrät uns dieses Dokument, welche Vorkommnisse diese Frau vor dem Vergessen bewahren wollte.

Claire wurde an einem ersten September, vermutlich 1870, geboren.

Ferdinand Heilbuth, *Der Imbiß*. (Paris, Bibliothèque Nationale)

1880 war ihre Erstkommunion. Sie lebte abwechselnd in Paris, in der Avenue de Wagram, und in Montreux, am Ufer des Genfer Sees. Die Familie besaß dort ein schönes Schloß, das am 30. Mai 1896 verkauft wurde; danach erwarb sie eine Villa. Das Leben des jungen Mädchens war voll von Abendgesellschaften und Promenaden. Die wichtigsten Daten in Claires Leben waren die Rußlandreise 1899, die Erkrankung ihres Vaters und sein Tod am 17. August 1900, ihre Verlobung und Heirat mit Edmond im Februar bzw. April 1902 sowie die Geburt ihres Sohnes Albert am 11. Januar 1903. Wir finden zwischen den vielen Notizen aber auch Bemerkungen über Claires Verhältnis zu ihrem Mann, das stets sehr liebevoll war. Am 6. April, dem Tag nach ihrer Hochzeit, notierte sie: »Schön. Spazierfahrt in der Kutsche mit Edmond über die Mühlen, zurück über Dampierre und die Quais an der Loire. Wie wunderbar das ist! [. . .] Ich genieße es. Der Weißdorn blüht.« 15. Mai: »Der Arzt hat mir gesagt, daß ich guter Hoffnung bin. Ich habe wirklich alle Symptome! Meine Freude ist groß, ebenso wie die Edmonds! Er sagt mir, daß er mich nun noch mehr liebt! Ich spüre, wie seine Zuneigung jeden Tag größer wird!« 6. August: »Das liebe Kindchen, das ich erwarte, vereint uns immer mehr.« Mit ihrer Schwägerin fuhr sie nach Pouliguen, wo Edmond sie vom 10. bis zum 17. August besuchte. Am 20. November hatte Edmond Geburtstag: »Ich habe ihm am Vorabend mit grünen Pflanzen und Farn Glück gewünscht.« Am Sonntag, den 11. Januar 1903, wurde Albert geboren. Am 15. Februar war die Taufe. Von diesem Zeitpunkt an werden die Eintragungen seltener. 23. September: »Ich verlasse Luvigny zusammen mit Bébert und Nounou und gehe wieder nach Paris und Saumur zurück – um wieder mit Edmond zusammenzusein.« Am 26. November bekam Albert seinen ersten Zahn, am 11. Dezember den zweiten. Am 22. Februar 1904 wurde er mit dreizehneinhalb Monaten in Saumur photographiert. Am 19. Juni: »Bébert kann immer besser laufen. Am Weiher von Bellay mit ihm und Edmond. Wundervoller Tag.« 6. Mai 1905: »Bébert, Lucie und ich sind zurück in Saumur. Edmond ist *exzellent*, glücklich, mich nach acht Tagen Trennung wiederzusehen. Großmama und die Brüder und Schwestern haben sich sehr über den braven Bébert gefreut, der für seine zwei Jahre und drei Monate schon so gut sprechen kann. Amüsant! Sein Papa ist ganz hingerissen!« Dann ein Sprung ins Jahr 1910; Claire nahm ihren Sohn am 8. Dezember mit nach Montreux. 25. Dezember: »Ein sehr schöner Weihnachtsbaum.« 31. Dezember: »Wir waren alle beim Rodeln. Ein herrlicher Tag. Wir haben Photos gemacht. Albert ist unten mit Ferdi und rodelt.« Die letzten Eintragungen datieren aus der Zeit nach dem Krieg. Am 27. Dezember 1918 notierte sie: »In Nizza-Cimiez, Villa Rosa. Direkt über der Arena gelegen. Mit Maman, Marie und Albert zusammen; wir verbringen hier den Winter.« 29. August: »1919. Paris. 38, rue de Bellechasse. Verbringen den Sommer in Paris.«

Dieses Geburtstagsbuch ist ein höchst aufschlußreiches Dokument. Es markiert die Lebensetappen einer Frau aus gutem Hause: Erstkommunion, eine Jugend, die erfüllt war mit Bällen und Ausflügen, Verlobung, Hochzeit, Geburt und Taufe des Kindes. Danach wurde der Zeitrhythmus bestimmt durch das Heranwachsen und die Erziehung des Kindes.

## Morgens, mittags, abends

Der Tagesablauf ist deutlich geschildert in den »Benimmbüchern«, die das ganze 19. Jahrhundert hindurch sehr verbreitet waren. Manche hat man immer wieder aufgelegt, zum Teil in verbesserten Fassungen oder Adaptionen. So wurde etwa das *Manuel de la maîtresse de maison* von Madame Pariset, das 1821 herauskam und später von Madame Celnart überarbeitet wurde, noch 1913 unter dem Titel *Nouveau Manuel complet de la maîtresse de maison* verkauft. Auch das *Manuel complet de la maîtresse de maison ou la Parfaite Ménagère* von Madame Gacon-Dufour, das zuerst 1826 erschienen war, erzielte mehrere Auflagen.

Die Entwicklung dieser »Ratgeber« folgte dem Grad der Urbanisierung. In der ersten Jahrhunderthälfte schlug Alida de Savignac zwei verschiedene Verhaltensmodelle vor, eines für Paris: *La Jeune Maîtresse de maison* (1836), und eines für das Landleben: *La Jeune Propriétaire* (1838). Doch mehr und mehr wandte man sich nur noch an die Frauen in der Stadt. Einzig das städtische Lebensmodell überdauerte; das Land galt nun als Ort der Sommerfrische.

Diese Handbücher waren die Erben der »Hauswirtschaftsbücher«, die in den vergangenen Jahrhunderten geläufig gewesen waren. Sie betonten die ökonomische Bedeutung der Hausfrauen-Rolle in der Privatsphäre, die die Frau ja »verwalten« sollte. Die Verbreitung und der Erfolg dieser Bücher sind jedoch ein Symptom für das Bestreben, einen neuen Lebensstil zu entwickeln und eine neue Form des Glücks zu begründen. Dieser Lebensstil war privat; der ideale Rahmen für das

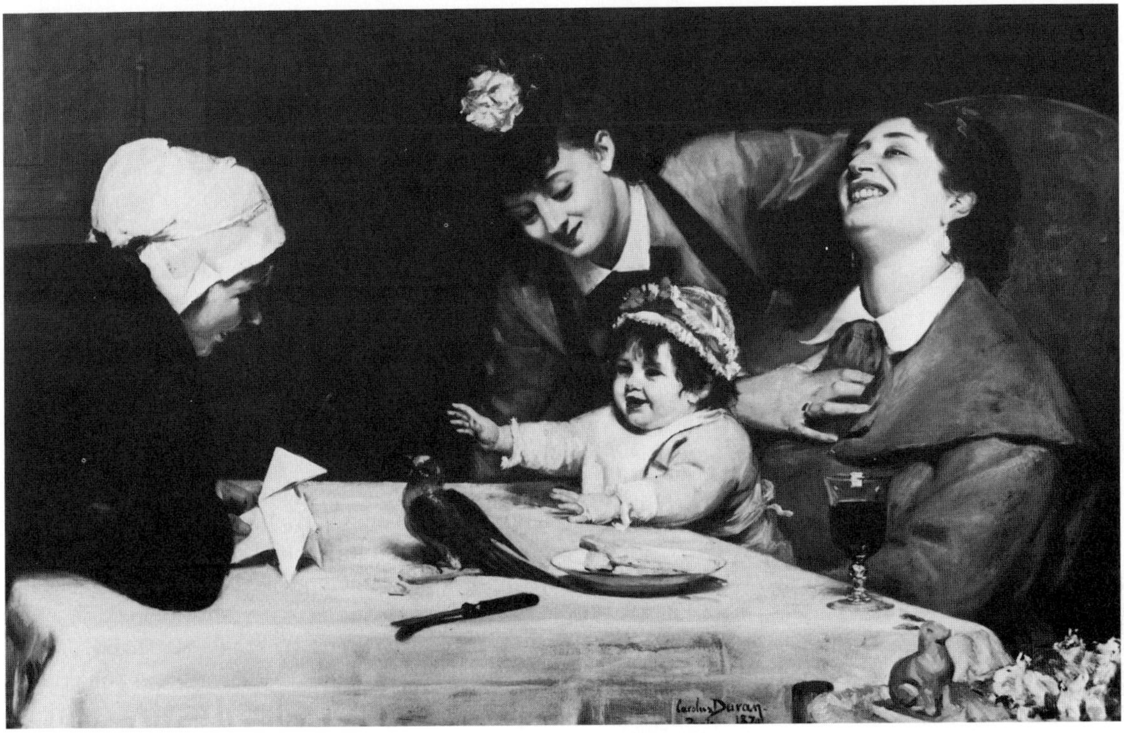

Carolus-Duran, *Lachende Frauen*, 1838. Ein Kind und drei Frauen. Die Dienerin ist Teil der bürgerlichen Familienwelt. (Detroit, Michigan Institute of Arts)

Glück, das ein gewissenhafter Umgang mit Zeit und Geld gewährleisten sollte, war die Familie. Die Handbücher erklärten, wie die Hausfrau den Alltag am besten gestaltete. Sie beschrieben die bindenden und verbindlichen Riten im privaten Bereich und die Rollen, die dabei von den einzelnen Familienmitgliedern wahrgenommen werden mußten. Regie führte bei dieser Inszenierung die Hausherrin. Sie war zuständig für die tägliche Zeremonie der Essen und die gemeinsamen Abende am Kaminfeuer, aber auch für die Geselligkeit, für Einladungen und Besuche. Sie war verantwortlich dafür, daß die häuslichen Aufgaben ordentlich erfüllt wurden, so daß jeder – vor allem der Ehemann – sich wohlzufühlen vermochte.

Die Zeit der Männer war die Zeit des öffentlichen Lebens; ihr Stundenplan wurde vom Rhythmus der Geschäfte diktiert. Es gab in der guten Gesellschaft nur wenige Männer, die nicht arbeiteten und also ihre Tage einteilen konnten, wie es ihnen behagte. Ein Handbuch von 1828 erläuterte zwar noch, wie der müßige Mann von Welt sein Zeitbudget nutzen sollte, doch im weiteren Verlauf des Jahrhunderts waren derlei Bücher für Männer zunehmend Ratgeber für die Karriere. Immer weniger Menschen lebten von ihrem Vermögen.

Das private Leben war das Refugium, in dem die Männer sich von den Strapazen der Arbeit und den Anforderungen der Außenwelt erholten. Alles mußte getan werden, um dieses Refugium von Störungen freizuhalten. Das Haus war ein Nest, der Ort, an dem die Zeit stillstand. Die Idealisierung dieses Nestes ging einher mit der Idealisierung der Hausfrau. Wie eine gute Fee mußte sie Perfektion garantieren, ohne

Mühe erkennen zu lassen. Man sollte nur das Resultat bemerken, nicht die Anstrengung, die seine Herstellung gekostet hatte: »Wie der Maschinenmeister in der Oper überwachte sie alles, ohne daß man ihre Arbeit sah.«

## Der Zeitplan

Als Organisatorin verfügte die Hausfrau über ein wesentliches Instrument: ihren Zeitplan, den ihre ausführenden Organe, die Dienstboten, respektieren mußten und an den sie sich selbst peinlich genau hielt.

Das fundamentale Gesetz für den vernünftigen Umgang mit der Zeit war Regelmäßigkeit. Dies galt schon am Morgen. Die Hausfrau war die erste in der Familie, die aufstand, und die letzte, die zu Bett ging. Empfohlen wurde, daß sie den Tag im Sommer um sechs Uhr oder halb sieben Uhr begann, im Winter um halb acht oder acht Uhr. Vom frühen Morgen an überwachte sie die Alltagsverrichtungen. Auch wenn ein Kindermädchen die Kinder wusch, anzog und ihr Frühstück zubereitete, mußte die Mutter einen kontrollierenden Blick auf sie werfen, bevor sie zur Schule gingen. Eine Hausfrau aus der Mittelschicht beschäftigte in der Regel drei Dienstboten: einen Diener, der zugleich Kutscher war, eine Köchin und ein Zimmermädchen. Mit diesen kontrollierte die Hausfrau täglich das Haushaltsbuch. Danach gab sie ihre Anweisungen für den kommenden Tag (was gekocht werden sollte und welche Besorgungen zu erledigen waren). Sie wußte, wo die Vorräte an Lebensmitteln, Holz oder Kohle aufbewahrt wurden; sie überprüfte, welche schmutzige Wäsche die Waschfrau mitnahm, und gleichfalls die gewaschene, die eine Woche später zurückgebracht wurde. Hatte sie nur ein »Mädchen für alles«, mußte sie selbst zupacken und bei der Hausarbeit helfen. Hatte sie genügend Dienerschaft, konnte sie den späten Vormit-

*Sommerabend auf dem Land,* 1898. Sie liest; er raucht, trinkt Kaffee und träumt vor sich hin. Trautes Beisammensein in der Abenddämmerung. (Paris, Bibliothèque Nationale)

Edgar Degas, *Die Familie Bellelli*, 1860. Die Frauen erscheinen vor dem Hausherrn. Madame Bellelli wirkt würdevoll und kalt. Ihre Macht erscheint noch beeindruckender, weil sie sich in ihren Töchtern fortsetzt. Dieses Bild zeigt genau, welche Rolle die bürgerliche Hausherrin in ihrem Heim spielte: Sie regierte den Haushalt, aber sie regierte *für den Mann*.
(Paris, Louvre)

tag ihren Neigungen widmen: Briefeschreiben, Klavierspiel, Handarbeit. Keinesfalls ging eine respektable Frau vormittags aus. Wenn man sie zu dieser Zeit auf der Straße traf, dann gebot die Höflichkeit, sie nicht zu grüßen; man unterstellte, daß sie philanthropischen oder religiösen Verpflichtungen nachkam, über die sie Schweigen bewahren wollte.

## Die Mahlzeiten

Eine wichtige Aufgabe der Hausfrau war es, dafür zu sorgen, daß die Mahlzeiten, zu denen die Familie sich um den Tisch versammelte, zu einem besonderen Ereignis wurden. Der Artikel »Dîner« im Lexikon *Larousse du XIX$^{e}$ siècle* enthält eine lange Beschreibung, die sich wie ein Bilderbogen des Familienlebens liest: »Alle sind versammelt, vom Großvater bis zu den Kindern, selbst das jüngste Kleinkind wird in seinen hohen Stuhl gesetzt. Der Wein ruht in Glaskaraffen, die auf einem strahlend weißen Tischtuch stehen. Das Mädchen bindet den Kleinen Lätzchen um, dann bringt es die Sauerampfersuppe und die Hammelkeule, die am unteren Knochen mit einer Papiermanschette geschmückt ist. Die Mutter schimpft René, weil er mit den Fingern ißt, oder Ernest, weil er seine kleine Schwester ärgert. Das Kleinste

Die Petroleumlampe, ein vertrauter Gegenstand vor der Einführung der Elektrizität, beleuchtete dunkle Winkel und lange Abende. (Paris, Musée Scolaire, Galerie de l'Imagerie)

zappelt in seinem Stuhl herum. Der Vater schneidet ihm ein Stückchen Fleisch klein oder läßt eine Weintraube vor seiner Nase baumeln, bevor er sie ihm gibt [. . .].« Diese Szene spielt mittags in der Provinz. In Paris hätte man um diese Zeit nur einen Imbiß zu sich genommen.

Die Bezeichnung der Mahlzeiten war in der Provinz und in Paris unterschiedlich. In der Provinz nahm man die Hauptmahlzeit, das Dîner, mittags ein, während es abends ein leichtes Essen, das Souper, gab. In Paris war das Souper dagegen ein kaltes Essen, das nach Bällen und Geselligkeiten nachts um ein oder zwei Uhr serviert wurde. Mit der Zeit setzten sich die Bezeichnungen durch, die in Paris gebraucht wurden, doch selbst heute noch kommt es vor, daß man in der Provinz das Mittagessen »Dîner« und das Abendessen »Souper« nennt.

Die Essenszeiten veränderten sich im Laufe des 19. Jahrhunderts. Das erste Frühstück (auch »déjeuner à la tasse« genannt) gab es nach dem Aufstehen. Es bestand aus einer Tasse Milch, Kaffee, Tee oder Schokolade und Baguette oder Toast. Das zweite Frühstück, das »Gabelfrühstück« oder »déjeuner dînatoire« hieß, wurde zwischen zehn und zwölf serviert. Dazu aß man Vorspeisen, Wurst, kaltes Fleisch oder Süßspeisen. Braten und Salat gab es nur, wenn es spät geworden war. Taines Held Frédéric-Thomas Graindorge im Paris der 1860er Jahre nahm sein Gabelfrühstück um elf Uhr zu sich; er aß meist ein kaltes Hähnchen oder Rebhuhn und trank dazu eine Flasche Bordeaux.

Die Zeit des Dîners variierte zunehmend, es wurde im Laufe der Zeit immer später serviert. Aus Stendhals *Journal* erfahren wir, daß man 1805 um fünf Uhr nachmittags zum Dîner gebeten wurde. Er selbst dinierte manchmal früher, so etwa am 3. Mai 1808: »Um viertel vor vier hatte ich mein Dîner, es gab Hammelbraten, Bratkartoffeln und Salat.« Madame Pariset notierte 1821, daß man Ende des 18. Jahrhunderts in Paris spätestens um vier Uhr nachmittags diniert habe, während man jetzt frühestens um fünf Uhr, oft erst um sechs Uhr zu Tisch gehe. Ursache für diese Verschiebung der Essenszeiten war ihrer Meinung nach die berufliche Tätigkeit der Männer. Ende des Jahrhunderts bat man Gäste gegen halb acht Uhr abends zum Dîner. Ganz im Gegensatz zu heute verlangte die Etikette, daß man fünf Minuten oder sogar eine Viertelstunde »zu früh« kam. Verspäteten Gästen gewährte man eine Viertelstunde Gnadenfrist, dann ging man zu Tisch. Manche Leute mochten sich jedoch nicht an die neuen Essenszeiten gewöhnen. Die alten Ragons in Balzacs *César Birotteau* (1837) ermahnten ihre Gäste, um siebzehn Uhr zum Dîner zu erscheinen, »denn unsere sechzig und siebzig Jahre alten Mägen wollen sich nicht mit den neuen Zeiten abfinden, die der gute Ton verlangt«. Und da nun die Stunde des Dîners weit in den Abend gerückt war, begann man nach dem englischen Vorbild des »five o'clock tea«, um fünf Uhr eine Tasse Tee und Kuchen zu servieren.

Essen hieß auch, daß die Familie zusammenkam. Die Handbücher des guten Tons legten Nachdruck auf die Rolle der Hausfrau, die es verstand, um den gemeinsamen Eßtisch eine Atmosphäre des Wohlbehagens zu schaffen. In ihrem *Manuel des dames* von 1833 rät Madame Celnart: »Nicht nur wenn man Gäste zu Tisch hat, soll man bei Tisch

die Honneurs machen, sondern auch für den Ehemann, um das Zuhause zu zivilisieren. Ich gebrauche absichtlich dieses Wort; denn Kennzeichen der Zivilisation ist die Fähigkeit, die Befriedigung unserer Bedürfnisse mit einer Aura von Genuß und Würde zu umgeben. Man muß es tun, denn gesellschaftliche Verpflichtungen, vor allem die der Männer, lassen kaum Zeit für das Familienleben außerhalb der Mahlzeiten. Zudem raten uns Erfahrung und die Kunst, das Leben zu verlängern, unser Essen in unbeschwerter Atmosphäre zu uns zu nehmen, damit die Verdauung leicht und unmerklich vonstatten geht. Es gibt daher viele Gründe, warum Sie Ihre Mahlzeiten mit liebenswürdiger Plauderei verschönern sollten.«

Entspannt sitzt man nach dem Essen am noch nicht abgeräumten Tisch, ohne von Dienern gestört zu werden. Nun durften die Kinder kurz hereinkommen, und der Onkel erzählte seine Witze. Der runde Tisch unterstreicht die Intimität im Familienkreis.
(Sammlung Sirot-Angel)

Vor allem das Mittagessen war eine Veranstaltung im Familienkreis, an der nur selten Außenstehende teilnahmen. Deshalb wurde kein Tischtuch aufgelegt. Doch die Tradition, die Familie mittags zum Essen zu versammeln, verlor sich allmählich. Die Männer konnten mittags nicht mehr nach Hause kommen, weil sie zu beschäftigt waren oder in Büros arbeiteten, die weit vom Familiendomizil entfernt lagen. Die Entwicklung führte unvermeidlich zum langen Arbeitstag, der nur vom Mittagessen unterbrochen wurde, das man am Arbeitsort selbst oder in der Nähe, jedenfalls nicht mit der Familie zu sich nahm. Die *Usages du monde* von 1908 empfahlen sogar, das Mittagessen ausfallen zu lassen, weil es den Tag zerriß.

Das sonntägliche Mittag- oder Abendessen geriet häufig zu einem Familienritual. Es gab Gelegenheit, Gemeinschaft zu üben und sie unter Beweis zu stellen. George Sand erinnerte sich voll Rührung an die Familiendîners ihrer Kindheit, um 1810, bei ihrem Großonkel de Beaumont: »Dieses wöchentliche Dîner, bei dem sich stets dieselben Gäste zusammenfanden, war ein sehr schöner alter Familienbrauch [. . .]. Genau um fünf Uhr kamen meine Mutter und ich. Beim Feuer fanden wir bereits meine Großmutter, die in einem wuchtigen Lehnstuhl meinem Großonkel gegenüber saß, der auf einem ebenso wuchtigen Lehnstuhl thronte [. . .].« Auch Maurice Genevoix erinnerte sich lebenslang an das häusliche Ritual: »Versammelt um den Eßzimmertisch der Großeltern aßen wir zusammen zu Abend. Wir waren zehn Personen. [. . .] Warum denke ich immer an den Winter, wenn ich diese sonntäglichen Dîners vor mir sehe? Vielleicht ist der Grund einfach das tiefe Gefühl von Gemeinschaft und Vertrautheit, das ich als Kind dabei empfand.«[3] Draußen war es dunkel und kalt; drinnen herrschten Wärme und Geborgenheit – das Idealbild vom Glück von Rousseau bis zu Michelet.

Der Nachmittag war reserviert für »gesellschaftliche Verpflichtungen«, sei es daheim oder außer Haus. Ab 1830 bis 1914 hatten die feinen Damen einen »Jour fixe«, an dem sie Gäste empfingen. Zu Beginn der gesellschaftlichen Saison verschickten sie gedruckte Karten: »An diesem Tage der Woche von . . . bis . . . Empfang bei Madame Soundso.« Nachdem in der zweiten Jahrhunderthälfte die Zeit für das Abendessen verschoben worden war, versammelte man seine Gäste in der Provinz von vierzehn bis achtzehn Uhr und in Paris von fünfzehn bis neunzehn Uhr um sich.

Früher gebot die Sitte, daß die Hausfrau rechts neben dem Kamin saß. Doch um 1880 wechselte die Mode; ihr Platz war nun ein Sessel in der Mitte des Raumes. Sie erhob sich, wenn Frauen, ältere Menschen

Jean Béraud, *Pâtisserie Gloppe, Champs Elysées;* 1889. Kuchen und Frauen in der sinnlichen Atmosphäre einer französischen Pâtisserie, wo man einen Imbiß zu sich nahm. Herr und Hund kommen von einem Spaziergang. Statt Tee trank man hier Mandelmilch. (Paris, Musée Carnavalet)

Mary Cassatt, *Fünfuhr-Tee*. Zwei Frauen sitzen vertraulich am Kamin zusammen.
(Boston, Museum of Fine Arts)

oder Priester kamen, blieb jedoch sitzen, wenn ein Mann eintrat. Zwar waren die Besucher der Jours fixes überwiegend Damen, aber mitunter gesellten sich Männer zu ihnen – Privatiers, Schriftsteller (ein Salon beispielsweise rühmte sich der Anwesenheit Paul Bourgets oder Marcel Prévosts), jedoch auch Geschäftsleute oder Politiker, die Wert darauf legten, für eine Weile beim Jour fixe ihrer Ehefrauen oder Freundinnen zu erscheinen. Doch da es gegen Jahrhundertende immer schwieriger wurde, sich am Nachmittag Zeit freizuhalten, entschlossen sich viele Frauen, die Einladungen vom Tag auf den Abend – ab halb neun Uhr – zu verlegen, damit auch berufstätige Männer teilnehmen konnten.

Der Tisch war gedeckt mit Kuchen, Petits fours, belegten Brötchen; dazu servierten die Töchter des Hauses Tee. Bei Nachmittagseinladungen verweilten die Besucherinnen nur kurz, da sie oft am selben Tag zu mehreren Gesellschaften gingen; es galt als angemessen, etwa eine Viertelstunde oder eine halbe Stunde zu bleiben. Trat man in den Salon oder verließ man ihn wieder, verbeugte man sich schweigend, um die Konversation nicht zu unterbrechen. Manchmal gab man sich einfach still die Hand. Wollte man aufbrechen, wartete man eine Pause im Gespräch ab. Waren sehr viele Gäste anwesend, durfte man sich »auf französisch« verabschieden, ohne der Gastgeberin eigens Bescheid zu sagen. In einigen Salons herrschte bei den Jours fixes reger Andrang. Georges Vanier berichtet, daß seine Mutter in ihrem Stadthaus in Rouen jeden Freitag bis zu zweihundert Personen empfing.[4]

In der ersten Jahrhunderthälfte verlangte die Etikette von einer Frau, die Gäste empfing, daß sie sich nebenbei mit einer Handarbeit befaßte. Alida de Savignacs junge Heldin bekam von ihrer Mutter den Rat: »Wenn du im Salon plauderst, solltest du an einer Stickerei oder einem Gobelin arbeiten.« Wie Madame Celnart 1833 schrieb, verhalfen kleine Tätigkeiten mit der Nadel zu einer anmutigen Haltung und boten Gele-

Der Salon, Rahmen der bürgerlichen Geselligkeit. Ein bürgerlicher Salon in Moulins, Ende des Jahrhunderts, vollgestopft mit Nippes. In Paris wie in der Provinz hatte man Angst vor Leere.

genheit, Eleganz und Geschmack zu zeigen. Fünfzig Jahre später hatte sich der gute Ton gewandelt. Jetzt galt es als vulgär, wenn eine Frau an ihrem Empfangstag einer Tätigkeit nachging. Sie mußte daher jedes Indiz von Arbeit, sei es Stickerei oder Schreiben, tilgen. Es war verpönt, häusliche Intimität und mondänen Auftritt zu verquicken.

In der Belle Époque wurden viele es müde, den rituellen Jour fixe aufrechtzuerhalten. Manche Damen, die nicht einen ganzen Nachmittag pro Woche ans Haus gefesselt sein mochten, behielten den »Jour« zwar bei, aber die Besuchszeit war auf siebzehn bis achtzehn Uhr oder jeden zweiten oder vierten Dienstag im Monat festgelegt. Mit Beginn des Ersten Weltkriegs erlosch der Brauch der Jours fixes.

An den Nachmittagen, an denen eine Frau keine Gäste empfing, erwartete man von ihr, daß sie selber Besuche machte. Es zählte zu den Aufgaben der Frau, die Kontakte und Bekanntschaften der Familie, die oft äußerst vielfältig waren, zu pflegen – Georges Vaniers Mutter hatte hundertachtundvierzig Namen auf ihrer Besuchsliste. An Gelegenheiten für Besuche mangelte es in der Tat nicht. Sogenannte »Frühstücksbesuche« in der ersten Woche nach einem Ball oder großen Dîner, zu dem man eingeladen gewesen war (gleichgültig, ob man nun tatsächlich dort gewesen war), gehörten zum guten Ton. Drei- oder viermal im Jahr machte man Höflichkeitsbesuche bei Leuten, mit denen man den Kontakt zu wahren suchte, ohne ihn vertiefen zu wollen. Hatte es im Bekanntenkreis eine Hochzeit gegeben oder hatte jemand einen wichtigen

Für die »Teestunde« wird ein Tisch hereingetragen; man hat hier keinen Mangel an Dienstboten.

Posten oder eine Auszeichnung erhalten, so kam man, um zu gratulieren; nach einem Todesfall kondolierte man. Seinen Vorgesetzten war man einmal pro Jahr einen feierlichen Besuch schuldig; von der Ehefrau erwartete man, daß sie ihren Mann dabei begleitete. Vor und nach einer Reise sah man bei seinen Freunden vorbei, um sich zu verabschieden und wieder zurückzumelden, damit nicht etwa jemand, während man abwesend war, vergebens an die Tür klopfte. Waren die, die man besuchen wollte, nicht zu Hause, überreichte man dem Diener oder der Concierge seine Karte, die nach der jeweiligen Mode entweder an einer Ecke geknickt oder der Länge nach gefaltet war. Eine geknickte oder gefaltete Karte signalisierte, daß man persönlich vorgesprochen hatte; eine glatte Karte, daß ein Diener oder ein Bote sie abgegeben hatte. In der Zeitschrift *High-life* ebenso wie im Pariser *Bottin mondain** wurde annonciert, daß man »Kartenüberbringer« engagieren konnte. »Besuche mittels Karte«, um 1830 noch für unhöflich erachtet, erfreuten sich nun enormer Beliebtheit.

Besuche gehörten obligatorisch zum Tagesplan einer vornehmen Dame. Wer gegen dieses Ritual verstieß, der galt als eigenbrötlerisch. André Germain, ein Enkel des Crédit-Lyonnais-Begründers, heiratete 1906 Edmée Daudet, Tochter des Schriftstellers Léon Daudet. Er verlangte, daß sie nachmittags Besuche machte. Sie weigerte sich. Sie fuhr allein in der Kutsche durch den Bois de Boulogne, nahm den Tee in einem Restaurant oder hörte sich Zigeunermusik an. Eine derart entschiedene Ablehnung mondäner Geselligkeit war natürlich überaus suspekt.

Gesellschaftliche Beziehungen zu inszenieren und sie zu pflegen war ein wesentliches Element bürgerlichen privaten Lebens. Kleinbürgerliche Frauen, die ihre Zugehörigkeit zur Bourgeoisie bekunden wollten,

* Beides eine *Art Who is Who. A.d.Ü.*

indem sie einen Jour fixe einrichteten und Besuche abstatteten, wußten das wohl. Sie ahmten das Ritual nach, das kennzeichnend für ein soziales Gefüge war.

## Abendgesellschaften

Eine Erweiterung des Salons war die Loge im Theater oder in der Oper. Dies erscheint zunächst paradox, denn eine Loge war ein öffentlicher Ort, an dem man sich verhielt, als sei er privat.

Nach den Schicklichkeitsregeln des 19. Jahrhunderts konnte eine Dame allein ins Theater gehen, vorausgesetzt, sie hatte einen Logenplatz. Wollte sie im Parkett oder auf einem der Ränge sitzen, mußte ein Mann sie begleiten, sei es der Ehegatte, der Bruder oder ein anderer Verwandter. Denn diese Plätze waren nach außen offene Räume, in denen eine Frau, wenn sie nicht riskieren wollte, als »frivol« zu erscheinen, männlichen Schutz brauchte. Die Loge dagegen war ein geschlossener Bezirk, eine Art Zuhause im Theater. Es war Brauch in der feinen Gesellschaft, ein Jahresabonnement für eine Loge zu nehmen, es kostete 1850 im Théâtre des Arts in Rouen 250 Francs für Männer, 187 Francs für Frauen. Die komfortabelste Lösung war, eine Loge zu mieten, die einen Salon hatte. Während des Zweiten Kaiserreichs kostete eine »Salonloge« mit sechs Plätzen 1800 Francs.

Eine Dame verhielt sich in ihrer Loge wie in ihrem Privatsalon: Sie verließ sie nicht, um im Theater umherzuspazieren, doch sie empfing ihre Freunde nach derselben Etikette wie zu Hause und erlaubte auch, daß sie ihr Bekannte oder Verwandte vorstellten.

Abendeinladungen gestalteten sich sehr verschieden, je nachdem, ob Verwandte unter sich waren oder ob man Leute eingeladen hatte, die

Jean Béraud, *Der Ball*, 1878. Mondäne Geselligkeit der Großbourgeoisie – man lud zahlreiche ausgewählte Gäste zu Konzerten, Theaterstücken und Bällen ein, die man im eigenen Haus veranstaltete. (Paris, Musée Carnavalet)

Paul Gavarni, *Die Loge*. An der Grenze zwischen Öffentlichkeit und Privatheit gelegen, war die Loge ein Salon, dessen Intrigenspiele manchmal mit der Bühnenhandlung konkurrierten. (Paris, Sammlung Dorville)

nicht zum Familienverband rechneten. Man muß sich klarmachen, daß Abendgesellschaften bis zur Einführung der Elektrizität in halbdunklem Dämmerlicht stattfanden. Nur wer Zeuge der Elektrifizierung wurde, konnte von dieser Veränderung berichten. Bernard Cazeaux, 1909 in Paris geboren, verbrachte seine Kindheit in einer Wohnung mit Gasbeleuchtung. Noch heute erinnert er sich, wie fasziniert er war, als er eines Tages zu einem Freund kam, dessen Wohnung elektrisches Licht hatte. Die Elektrizität bedeutete das Ende der dämmrigen Winkel und Schlupflöcher, den Sieg über das Dunkel. Diese kleine Revolution begann in Pariser Wohnungen um 1890. Anfangs des 19. Jahrhunderts hatten wohlhabende Leute in ihren Wohnungen entweder Kerzenlicht – Wachskerzen, die im Vergleich zu Talgkerzen teuer waren – oder Öllampen. Manche benutzten die sich selbstregulierenden Öllampen, die Carcel 1800 erfunden hatte. Ab 1825 hatten mehr und mehr Privatwohnungen Gaslicht. 1828 gab es in Paris 1500 Gasabnehmer; 1872 waren es fast 95 000 und am Ende des Jahrhunderts 220 000. 1855 vereinigten sich die verschiedenen Gasgesellschaften zu einer einzigen Pariser Gesellschaft für Gasheizung und -beleuchtung, danach wurde der Kubikmeterpreis für Gas erschwinglich, er sank von 0,49 Francs auf 0,30 Francs.

In katholischen Familien wurde der Abend häufig mit einem gemeinsamen Gebet begonnen, »ein ergreifender und sehr nützlicher Brauch«, schrieb Madame de Lamartine am 5. September 1802. Die Dienerschaft verbrachte so täglich einen privaten Augenblick mit den Dienstherren; diese wiederum wurden durch das gemeinsame Gebet an die christliche Gleichheit gemahnt. Zum Teil übernahm die Bourgeoisie diese aristokratische Tradition des gemeinsamen Gebets.

James Tissot, *Psst!* Künstlerin oder Tochter des Hauses? Höhere Töchter begnügten sich zumeist mit dem Klavier, dem »Haschisch der Frauen«. Ein privates Kammermusik-Konzert verleiht diesem luxuriösen Salon eine besondere Distinktion; die Anwesenheit hinduistischer Prinzen verweist auf das British Empire. (Manchester, City Art Gallery)

An den häuslichen Abenden vergnügte man sich bisweilen mit Karten- oder Würfelspielen. Madame de Lamartine spielte gerne Schach mit ihrem Mann, während die Kinder ihre Spiele spielten oder die Fabeln von La Fontaine lernten – lautes Vorlesen war ein Zeitvertreib für Kinder *und* Eltern. Vor allem jedoch boten häusliche Abende die Zeit zu »Plaudereien am Kamin«. Horace Raisson beschloß 1828 seinen *Code civil* (eine Anstandsfibel) mit einer »Verteidigung des Kaminfeuers«: »Ich würde meine Aufgabe nicht für erfüllt halten, wenn ich nicht neben den strengen Regeln der Etikette und den zeremoniellen Vergnügungen im Salon auch das Glück im häuslichen Kreis und die süßen Freuden am Kaminfeuer zeigte.« Und um diese »süßen Freuden«, die für das 19. Jahrhundert typisch sind, zu charakterisieren, verwies er auf die Vorfahren, die in ihren gotischen Schlössern großen Wert auf das Kaminfeuer gelegt hatten – dies sei ein Beweis dafür, daß sie sich auf Lebenskunst verstanden hätten. Die Aufwertung des »lauschigen Kaminfeuers« steht im Zusammenhang mit der Vorstellung vom »häuslichen Nest«, die sich im Laufe des 19. Jahrhunderts entfaltete und die in dem Maße zu einer fixen Idee gerann, wie das reale Kaminfeuer seltener wurde. In der zweiten Jahrhunderthälfte hatten die schönen Wohnhäuser Heißluft-Heizanlagen, die Holz- und Kohlenfeuer im Kamin ersetzten. In Schullesebüchern favorisierte man nun das Bild der kleinbürgerlichen Familie, die neben dem Ofen vereint unter dem Schein der Lampe saß.

Öffnete man den Familienkreis zur Außenwelt, so veränderte sich der Charakter des gemeinschaftlich verbrachten Abends je nach der

Zahl der Gäste und dem Grad an Vertrautheit, der herrschte. Das ganze 19. Jahrhundert über empfanden viele Menschen eine Sehnsucht nach der Geselligkeit des 18. Jahrhunderts. Großbürger wie die Brüder Goncourt idealisierten die Abendgesellschaften dieser Epoche, die ihrer Meinung nach raffinierten Luxus und brillante Konversation vereint hatten. Die adligen Damen, die am Hofe der Bourbonen oder Napoleons I. zu Gast gewesen waren, trugen dazu bei, den Mythos von der idealen Geselligkeit des Ancien Régime zu formen und aufrechtzuerhalten. 1836 schilderte die Duchesse d'Abrantès in der *Gazette des salons*, wie diese Gesellschaften in der alten Zeit zusammengesetzt gewesen waren – ca. achtzig Personen der feinen Gesellschaft, die sich regelmäßig trafen, und etwa zweihundert, die im Laufe der Woche mal in dem einen, mal in dem anderen Salon auftauchten; die Männer spielten Billard, die Frauen stickten oder zeichneten; um zwei Uhr morgens wurde ein Souper serviert. Das war der spannendste Moment, denn während des Soupers kam es zu vertraulichen und »sogar ein wenig boshaften« Plaudereien.

Der Sturz Napoleons I. markierte das Ende der mondänen »Abende unter sich« und den Beginn der »routs«, großer Abendgesellschaften nach englischem Vorbild, bei denen die Gäste gemischt und nicht unbedingt sehr erlesen waren. Mrs. Trollope, die 1835 zu Besuch in Paris weilte, bedauerte es, daß die »routs« die früheren Soupers im Kreise von kultivierten Personen mehr und mehr verdrängten; damit gehe ein Element französischer Lebensart unter.

Abendgesellschaften gaben Gelegenheit, Musik und Theaterspiel zu pflegen. Unter Freunden bildete man Gruppen, die gemeinsam Instrumente spielten oder sangen und sich regelmäßig bei dem einen oder anderen einfanden. Vor allem in der Provinz, wo kulturelle Zerstreuun-

Die Reize der Konversation genügten nicht für Einladungen. Man gestaltete Gesellschaften wie Theaterabende, sogar Pausen gab es. Schauspieler, Sänger, Zauberer und Hypnosekünstler unterhielten die Gäste. Um 1880 wollte man sich vor allem zum Lachen bringen lassen. Auffällig ist die strikte Trennung von schwarzgekleideten Männern und weißgekleideten Frauen.

Romanzen waren eine Form der Verführung. Hier eine klassische sentimentale Intrige für einen Kitschroman à la André Theuriet und die respektablen Leser der *Illustration* (1890).

gen rar waren und man die Quelle der Unterhaltung in sich selbst suchen mußte, war dies ein beliebter Brauch. George Sand berichtet, daß 1810 eine Truppe von Wanderschauspielern nach La Châtre im Berry, ihrer Heimat, gekommen war. Die Amateurmusiker des Ortes bildeten ein Orchester, um das Schauspiel zu begleiten: »Zu dieser Zeit war man in der Provinz noch Künstler. Kein Ort war so klein oder arm, daß nicht ein gutes Quartett zustande gekommen wäre. Jede Woche traf man sich bei dem einen oder anderen Amateur, um das zu pflegen, was die Italiener *musica di camera* [Kammermusik] nennen, eine noble und ehrenwerte Entspannung, die mit den alten Virtuosen, den letzten Hütern des heiligen Feuers in unseren Provinzen, verschwunden ist.«[5] George Sand scheint damit andeuten zu wollen, daß sich die Gewohnheit, zu musizieren, im Jahre 1850, als sie ihre Memoiren schrieb, verloren hatte. Tatsächlich war die Musik jedoch das ganze Jahrhundert über ein geschätzter Zeitvertreib. Madame B., 1894 geboren, verbrachte ihre Kindheit in Caen. Sie war eine gute Klavierspielerin und hatte sich mit ihren Brüdern und deren Freunden zu einem Orchester zusammengeschlossen. Sie übten während der Woche und spielten jeden zweiten Sonntag für ihre Verwandten und Freunde. Die übrigen Sonntage verbrachte man beim Bridge, einem bevorzugten Kartenspiel in der Belle Époque. Auch das Laientheater hatte einen festen Platz im privaten Leben. Scharaden waren im 19. Jahrhundert ein bevorzugtes Vergnügen. Das *Dictionnaire universel de la vie pratique à la ville et à la campagne* von 1859 erläutert, wie »diese angenehme Veranstaltung, bei der man abwechselnd Schauspieler und Zuschauer ist«, vor sich ging. Die Hälfte der Gruppe spielte eine Scharade, die andere schaute zu und versuchte, das Wort zu erraten; hatte sie es herausgefunden, spielte nun sie eine neue Scharade. Bald machten neue Unterhaltungspraktiken der Scharade Konkurrenz, doch meist vergebens. Um 1830 waren »lebende Bilder« in Mode: »Man läßt einen sehr großen Rahmen in den Salon tragen, zugedeckt mit einer Leinwand. Dahinter werden kostümierte Personen exakt so gruppiert wie die Helden, die sie darstellen sollen.« Die »lebenden Bilder« hatten freilich einen Nachteil; damit die Szenen genau stimmten, waren ausführliche Vorbereitungen nötig, die den Verlauf des Abends unterbrachen und das Gespräch stocken machten. Außer mit Scharaden vergnügte man sich mit Gesellschaftskomödien. Das Programm reichte vom komischen Einakter, den man in der Familie oder mit einigen Freunden aufführte, bis zur ausgefeilten Komödie, die man im Théâtre Français oder im Gymnase gesehen und nun selber einstudiert hatte. Die nicht berufstätigen Damen und Herren von Welt lernten die Texte auswendig, um sie in einem Salon vor vierhundert Zuschauern zu spielen. Insbesondere Stücke von Augustin-Eugène Scribe hatten immensen Erfolg. Kinder ahmten häufig die Geselligkeitsformen der Erwachsenen nach, und so spielten auch sie Theater, allerdings nachmittags. Immer zu Jahresbeginn luden Renée Berruel und ihre Schwester die gemeinsamen Freunde und Freundinnen zum

Octave Uzanne, *Die französische Dame des Jahrhunderts. Mondäne Gesellschaft im Jahre 1850.* Die großen englischen Gesellschaften, die »routs«, verdrängten im 19. Jahrhundert allmählich die intimeren »soirées«. Berufsoffiziere wurden bei solchen halböffentlichen Veranstaltungen von den Damen sehr geschätzt.
(Paris, Bibliothèque Historique)

Nachmittagskakao ein und führten kleine Theaterstücke auf: *Le Désespoir de Louison*, *Colombine héritière*, *Ma tante Flora*.

Amateurkünstler waren auch bei Tanzveranstaltungen am Werk, wenn die Damen sich abwechselnd ans Klavier setzten, während die anderen tanzten. Sie spielten Kontertänze und Polkas, schrieb das *Journal des jeunes filles* im Februar 1849. Der Kontertanz war zwischen dem Ersten und dem Zweiten Kaiserreich in Mode gekommen, danach wurde er weiterentwickelt zur Quadrille, die Polka war um 1844 aus Prag eingeführt worden. Der Walzer dagegen hatte einen schlechten Ruf – Ende des 18. Jahrhunderts war er in Frankreich bekannt geworden, aber noch 1820 war er bei Hofe verboten; Flaubert wurde 1857 belangt, weil er einen Walzertanz beschrieben hatte, ohne seine sexuellen Komponenten zu vertuschen. Ende des 19. Jahrhunderts stieß der Tango auf dieselbe Mißbilligung.

## Die Feste im Jahreskreis

Das Jahr wurde durch die Sommerfrische einerseits, die Kirchenfeste andererseits gegliedert. Der sommerliche Landaufenthalt der Aristokratie fand mit der Zeit seine Entsprechung in den Sommerferien der Bourgeoisie. Damals formierte sich die Ideologie von Entspannung und Freizeit, und selbst die Schule mußte sich ihr anpassen und die Ferien verlängern.

Ob man nun gläubig war oder nicht, der Jahresrhythmus wurde bestimmt von den liturgischen Festen, von Weihnachten bis Allerheiligen, von der Geburt Christi bis zum Fest der Toten. Diese kirchlichen Feiertage wurden mehr oder weniger zu Familienfesten. Die Form blieb

Der Weihnachtsbaum, in Frankreich um 1840 eingeführt, gehörte im Jahre 1900 bei allen Familien zu den festen Weihnachtsbräuchen. (Paris, Bibliothèque des Arts décoratifs)

gleich, doch der Sinn änderte sich. An Weihnachten dachte man nun weniger an die Geburt des Jesuskindes in Bethlehem als an die eigenen Kinder. Die Familie benutzte die kirchlichen Feste, um sich selbst zu feiern.

Der Weihnachtsbaum stammt vermutlich aus den skandinavischen Ländern. Die Schweden brachten den Brauch während des Dreißigjährigen Krieges nach Deutschland, doch erst zu Beginn des 19. Jahrhunderts wurde er populär. Noch 1765 staunte Goethe, der in Leipzig bei einem Freund war, über den Weihnachtsbaum im Hause. (In Straßburg ist jedoch bereits für 1605 belegt, daß Christbäume in den Häusern aufgestellt wurden.) 1840 wurde der deutsche Brauch gleichzeitig in England und in Frankreich eingeführt, in England vom Gatten der Königin Victoria, Prinz Albert, und in Paris von Prinzessin Helene von Mecklenburg, nun Duchesse d'Orléans, sowie von protestantischen Familien aus dem Elsaß oder aus Deutschland. Während des Zweiten Kaiserreichs setzte sich die Tradition – unterstützt von Kaiserin Eugénie – durch; Flüchtlinge aus dem Elsaß und aus Lothringen, die nach der Niederlage 1870 nach Frankreich kamen, trugen ihrerseits zu ihrer Verbreitung bei. Gegen Ende des Jahrhunderts scheint es, als habe »der Brauch die ganze Nation erfaßt«. Französische Missionare in Grönland und in afrikanischen Kolonien erhielten jedes Jahr einen komplett geschmückten Christbaum.

Noch bevor der Weihnachtsbaum in Frankreich üblich wurde, erwähnte man gelegentlich diesen »deutschen Brauch«, eigenartigerweise

stets mit leiser Nostalgie, als handle es sich um eine alte französische Sitte, die in Vergessenheit geraten sei. Am 23. Dezember 1830 beklagte die *Gazette des ménages*, in Frankreich und vor allem in Paris kümmere »die gegenwärtige Generation sich wenig um die alten Bräuche«, ganz im Gegensatz zu Deutschland, wo die häuslichen Traditionen hochgehalten würden. Auch das *Journal des jeunes filles* schilderte im Dezember 1849 die deutschen Bräuche höchst gefühlvoll und bedauerte, daß die Franzosen es nicht verstünden, eine verzauberte Weihnachtsstimmung zu schaffen. Die Zeitung empfahl, Frankreich solle dem deutschen Vorbild folgen und die Feste am Jahresende nutzen, um die Generationen um den häuslichen Herd zu versammeln, vorzugsweise bei den Großeltern.

Zwischen den Kommentaren von 1830 und 1849 besteht kaum ein Unterschied. Weihnachts- und Neujahrsfest sollten Anlaß sein, das private Leben zu glorifizieren. Nach zwei Revolutionen (1830 und 1848) kontrastierte man die Instabilität des öffentlichen Lebens mit der Stabilität der Familie: »Die Freuden des Familienlebens«, schloß der Journalist 1849 seinen Artikel, »sind der einzige Ort und das einzige Glück, das keine Revolution uns jemals rauben kann.«

## Familienfeste

1866 widmete Gustave Droz ein Kapitel seines Buches *Monsieur, Madame et Bébé* dem Neujahrstag im Familienkreis. Um sieben Uhr klopfte das Kleinkind an die Tür der Eltern, um ihnen »ein gutes neues Jahr« zu wünschen. Der Vater hob es in das große Ehebett, das Dienstmädchen machte Feuer, und alles war bereit und behaglich für die Bescherung.

Der Neujahrstag war der Höhepunkt aller Familienfeste. Gemein-

Die Weihnachtstanne, skandinavischen Ursprungs, kam über Deutschland nach Frankreich. (Paris, Bibliothèque Nationale)

sam sammelte man neue Kräfte für das kommende Jahr. 1866 war es nicht mehr nötig, das deutsche Vorbild zu beschwören. Die Schilderung bei Droz ist wirklichkeitstreu. Je weiter das 19. Jahrhundert voranschritt, desto fester war im Bewußtsein der Menschen verankert, daß im Familienkreis kostbare, unersetzliche Glücksmomente zu finden waren. Kinder wurden zu den Hauptpersonen der Feste.

## »Reveillon« und Geschenke

Das französische »Reveillon« war »eine besondere Mahlzeit, die mitten in der Nacht stattfindet, vor allem das Essen in der Weihnachtsnacht« (Littré, 1869). Das Verb »reveillonner« existiert nicht, auch die Silvesternacht wird nicht erwähnt. Ich habe keinerlei Anspielung auf Familienfeiern oder gemeinsames Essen in der Nacht des 31. Dezember gefunden. Flaubert erinnert sich in seinen Briefen, daß er einmal rauchend bis Mitternacht aufgeblieben sei, ein andermal in Gedanken an China versunken.

Katholische Familien besuchten die Mitternachtsmesse und soupierten anschließend. Da es üblich war, den Dienern am Weihnachtsabend freizugeben, war das Essen schlicht. Es bestand aus zwei traditionellen Gerichten, einer Art Haferschleimsuppe mit Vanille, zu der man Waffeln aß, und gebratenen Würsten. Auch kalte Speisen wie getrüffelter Truthahn und zum Dessert kandierte Pralinen und Eis wurden gebräuchlich.

Je nach Landstrich buk man für Weihnachten besondere Kuchen, Gaufrettes (Waffeln), Galettes (Blätterteigkuchen), Chaussons (Äpfel im Schlafrock); es findet sich aber kein Hinweis auf den heute bekanntesten Weihnachtskuchen, den »bûche de Noël« (Weihnachtsscheit), eine

Eugène Devéria, *Weihnachtsgeschenke*, 1846. Bücher für den Vater, Schatullen für die Damen, ein Spielzeugpferd für den Knaben, ein Album für das Mädchen – und alle waren gerührt. Zu Weihnachten oder Neujahr einander zu beschenken war zum respektierten Ritual geworden. (Paris, Musée Carnavalet)

cremegefüllte Biskuitrolle. Das Weihnachtsscheit war im 19. Jahrhundert ein dickes Holzscheit, das man am Abend des 24. Dezember ins Feuer legte, damit es bis zum Morgen hielt. Dieser Brauch geht auf eine alte ländliche Tradition zurück – man blieb die ganze Nacht auf, um dann an der Frühmesse teilzunehmen.

Das »Reveillon«, ursprünglich ein katholischer Brauch, wurde in der zweiten Jahrhunderthälfte zu einer geläufigen nichtreligiösen Weihnachtsfeier. 1908 versicherten die *Usages du siècle:* »In allen Familien wird das Reveillon gefeiert.« Gläubige Katholiken nahmen das Weihnachtsessen nach der Christmette, die übrigen gewöhnten sich an, ins Theater zu gehen und danach zu soupieren. Man brauchte keinen religiösen Vorwand mehr, um Weihnachten feierlich zu begehen. Das Zusammensein mit Familie oder Freunden wurde zum Daseinsgrund des Festes. Zum Weihnachtsmenü gehörten nach wir vor Truthahn und gebratene Wurst, aber statt Haferschleimsuppe aß man nun lieber eine heiße Consommé. Und eine Mode aus England triumphierte: der Pudding, Symbol für »Christmas«. Frauenzeitschriften druckten die Rezepte ab, zum Beispiel *Fémina* am 1. Januar 1903. Sich unter dem Mistelzweig zu küssen, ein weiterer englischer Brauch, wurde am 15. Dezember 1903 ebenfalls in *Fémina* mit einem Photo illustriert.

Die »Etrennes« (Neujahrsgeschenke) wurden, einer alten Tradition gemäß, am 1. Januar überreicht. Dazu zählten obligatorische Neujahrs-Trinkgelder für die Diener, die Concierge, den Briefträger, so daß der erste Tag des Jahres überaus kostspielig wurde. Die Zeitungen amüsierten sich darüber. Im Januar 1830 veröffentlichte *La Mode* einen Einakter mit dem Titel »Neujahrstag oder Kleine Geschenke erhalten die

Freundschaft«. Das Stück drehte sich um einen Mann, der von allen (vom Kammerdiener bis hin zu seiner Frau) verfolgt wird, die ihr Neujahrsgeschenk von ihm erwarten.

Das Wort »Etrennes« bezeichnete jedoch in weiterem Sinne alle Geschenke zwischen Weihnachten und Neujahr. Manche Leute, wie etwa Madame de Grandmaison 1892, versuchten zu unterscheiden: Weihnachten sollte es die Geschenke (Cadeaux) für die Kinder geben, am Neujahrstag die »Etrennes« für die Erwachsenen. In der Regel waren die Übergänge fließend, denn zum Teil beschenkte man zu Weihnachten auch Erwachsene und am Neujahrstag auch Kinder. Schließlich wurden alle Geschenke »Etrennes« genannt.

## Geschenke im Schuh

Am Weihnachtsabend stellten die Kinder ihre Schuhe vor den Kamin und hofften, sie am nächsten Morgen reichlich gefüllt vorzufinden. Vom Christkind? Vom Weihnachtsmann? Anscheinend hat es beide Figuren gleichzeitig gegeben, doch mit der Zeit obsiegte der Weihnachtsmann. Das *Wörterbuch der Eigennamen* von Robert vermerkt, die Vorstellung vom Weihnachtsmann sei in Europa in der zweiten Hälfte des 19. Jahrhunderts aufgetaucht. Sie soll aus Amerika »importiert« und aus kommerziellen Beweggründen gefördert worden sein. Daß der Handel zum Erfolg dieser Gestalt beigetragen hat, duldet keinen Zweifel, doch er hat sie nicht erfunden. Man sollte sich eher an den Nikolaus erinnern, den man am 6. Dezember feiert und der in nördlichen Ländern braven Kindern Geschenke bringt, während sein Begleiter Knecht Ruprecht unartige Kinder mit der Rute straft. Wahrscheinlich wurde diese Figur von skandinavischen und deutschen Einwanderern in den USA verbreitet, wo sie dann kommerzialisiert wurde.

Das heißt, der Weihnachtsmann – obschon er zu Anfang des Jahrhunderts noch nicht so aussah, wie wir ihn uns heute ausmalen – hatte damals in Paris bereits Wurzeln gefaßt. George Sand erzählt in der *Geschichte meines Lebens* von den Weihnachtsfesten ihrer Kindheit (1810 war sie sechs Jahre alt): »Ich habe nicht vergessen, wie absolut ich daran glaubte, daß der liebe Weihnachtsmann, ein gütiger alter Herr mit weißem Bart, um Mitternacht den Kaminschacht herunterkommen und ein Geschenk in meinen kleinen Schuh legen würde, das ich beim Aufwachen finden sollte. Mitternacht! Diese sagenumwobene Stunde, die Kinder nicht kennen! Man sagt ihnen, daß sie unmöglich bis zu dieser Stunde aufbleiben können! Ich mühte mich krampfhaft ab, nicht einzuschlafen, bevor der liebe Alte kam. Ich hatte gleichzeitig den sehnlichen Wunsch und große Angst, ihn zu sehen, aber nie gelang es mir, so lange wachzubleiben, und am nächsten Morgen warf ich als erstes einen Blick auf meinen Schuh, der vor dem Kamin stand. Welche Aufregung, wenn ich den weißen Papierumschlag sah – denn der Weihnachtsmann benahm sich äußerst schicklich und versäumte es nie, seine Gabe sorgsam einzupacken. Barfuß rannte ich zum Kamin, um meinen Schatz zu holen. Es war nie ein großes Geschenk, denn wir waren nicht reich. Viel-

Diese Kinder, frisch geschneuzt und wie aus dem Ei gepellt, überbringen den Großeltern stotternd ihre Glückwünsche und schenken ihnen selbstgemachte Bildchen. Nebenbei schielen sie nach dem Spielzeug, das auf sie wartet. (Paris, INRP, historische Sammlung)

leicht ein kleiner Kuchen, eine Orange oder ganz einfach ein schöner roter Apfel. Doch er kam mir so kostbar vor, daß ich kaum hineinzubeißen wagte.«[6]

Der Weihnachtsmann hatte mit Christi Geburt nichts zu tun, und die katholische Kirche wehrte sich lange und heftig gegen diese Figur. Bei gläubigen Katholiken war es das Christkind, das den Kindern am Weihnachtsabend die Geschenke brachte. Laut Francisque Sarcey (*Annales* vom 22. Dezember 1889) sehen die Kinder das Christkind »über den Himmel fliegen, die Hände voll von Süßigkeiten und Spielsachen fest an die Brust gepreßt. Sie spüren es über sich, ein sehr gutes und gerechtes Wesen; sie sagen sich, daß sie brav sein müssen, oder aber [. . .] der Schuh bleibt leer«. Doch dieses Bild wurde in Frankreich nie recht heimisch. Als die Kirche erkannte, daß sie den Siegeslauf des Weihnachtsmannes mit rotem Mantel, weißem Bart und einem riesigen Sack nicht aufhalten konnte, okkupierte sie ihn für sich und machte aus ihm den treuen Boten des Christkindes und Träger einer einfachen Moral: Wer brav ist, wird belohnt.

Im Dezember hatten die Zeitungen traditionell eine Rubrik, in der Vorschläge für Weihnachtsgeschenke gemacht wurden. Viele dieser Vorschläge zielten auf Geschenke für Frauen: kleine Sofas, »Causeuses« genannt, Handarbeitskörbe, Krimskrams für das Boudoir, parfümiertes und glänzendes farbiges Briefpapier, hübsch verzierte Visitenkarten. Man sprach von einem »hübschen Geschenk für eine Frau«, hätte indes nie so geredet, wenn es sich um einen Gegenstand für einen Mann handelte. Typische Geschenke für Männer gab es im 19. Jahrhundert nicht. Das heißt feilich nicht, daß Männer keine Geschenke bekamen, man sprach nur nicht darüber.

Das exquisiteste Geschenk für Kinder war 1836 ein kleines Theater: »Ein asiatischer Drahtseiltanz, dargestellt von kleinen Papierpuppen, die sich bewegen, ohne daß man eine Befestigung sieht.« Andere Spielsachen ahmten die Realität nach: Mühlen, die von Wasser angetrieben wurden, Singvögel oder »heiratsfähige« Puppen, die mit einer kompletten Aussteuer versehen waren. Puppen blieben lange Zeit begehrte Geschenke. Plüschbären kamen erst zu Beginn des 20. Jahrhunderts auf: Teddy, der amerikanische Bär, stammt von 1903; Martin, der französische, von 1906. Laut *Larousse du XIX^e siècle* folgten Geschenke für Kinder zwar verschiedenen Modeströmungen, doch mehr und mehr setzten sich kulturelle Konnotationen durch: »Schöne und gute Bücher treten beim Neujahrsfest immer häufiger an die Stelle von kostspieligem Tand.« Natürlich muß man dabei den pädagogischen Eifer dieses Wörterbuchs in Rechnung stellen. Doch tatsächlich empfahlen im Laufe des Jahrhunderts viele Zeitungen, Bücher zu schenken, und veröffentlichten Bücherlisten, so etwa *La Mère de famille* im Dezember 1834 oder *La Femme et la Famille, journal des jeunes personnes* im Dezember 1880.

Kleine Mädchen notierten in ihrem Tagebuch, welche Geschenke sie und ihre Freundinnen bekommen hatten. Weihnachts- und Neujahrsgeschenke von den Eltern waren nicht nur ein unmittelbarer Anlaß zur Freude, sondern eine Anlage für die Zukunft. Ihr Leben lang zehrten die Kinder von den schönen Erinnerungen an diese Feste. So entstand die nostalgische Sehnsucht der Erwachsenen, die sie wiederum ihren Kindern vermittelten.

Im Austausch für die Geschenke, die sie empfingen, wünschten die Kinder den Eltern ein gutes neues Jahr. Am 29. Dezember 1877 schrieb Elisabeth Arrighi: »Wir bereiten auch Geschenke für Papa vor. Pierre, Amélie und ich lernen den *Petit Savoyard* und schreiben ihn auf einen schönen Papierbogen. Außerdem habe ich ein zweihändiges Stück eingeübt, dazu noch ein vierhändiges, das ich mit Maman spielen werde.

Ein Kasperltheater für brave Jungen und Mädchen. Kasperl, Hanswurst und Gretel regten die Phantasie der Kinder an.
(Paris, Bibliothèque des Arts décoratifs)

Brave kleine Mädchen und Straßenjungen blicken gleichermaßen begehrlich in die Auslagen einer Konfiserie. Während des Zweiten Kaiserreichs begannen auch einfache Leute, Zucker und Süßigkeiten zu konsumieren, was früher ein Zeichen von Luxus gewesen war. Hier siegt die Geziertheit werbeträchtig über den Zeichner Alphonse Leduc, der sonst für martialischere Sujets bekannt war.

Amélie hat auch ein vierhändiges Stück gelernt, das sie mit mir spielen wird.«

Am Neujahrstag mußte man den nahen Angehörigen Glück wünschen; Eltern und Kinder, Onkel und Tanten, Brüder und Schwestern statteten einander Besuche ab. Der Silvesterabend war reserviert für Großeltern und Vorgesetzte. In der Woche nach Neujahr besuchte man Cousins und andere Verwandte, die zweite Woche war bestimmt für enge Freunde, der Rest des Monats für Bekannte. Man mußte also eine beachtliche Anzahl von Besuchen absolvieren und viele Glückwunschkarten schreiben. Damit es nicht zu kostspielig wurde, beließ man es häufig dabei, einen Diener oder Boten zu schicken, der die Glückwunschkarte überbrachte. Der *Figaro* vom 24. Dezember 1854 wies auf das Paradoxe dieses Pariser Brauches hin. Die Leute äußerten sich verächtlich über die »Aufmerksamkeiten zu drei Francs das Hundert«. Unterließ man es jedoch, eine Karte zu senden, hieß es: »Monsieur Soundso ist unerzogen, er hat mir nicht einmal eine Neujahrskarte geschickt!«

Natürlich wurden auch zahlreiche Karten von der Post befördert. Ende des Jahrhunderts zählten die Pariser Postämter allein am Neujahrstag über eine Million Karten. Die Comtesse de Pange berichtet, sie habe ungefähr fünfzehnhundert Glückwunschkarten geschrieben und erhalten.

## Ostern und Allerheiligen

Ostern war in mehrfacher Hinsicht ein wichtiges Fest. Vorrang besaß der religiöse Aspekt, denn jeder Katholik mußte in den vierzehn Tagen vor Ostern zur Beichte gehen und die Kommunion empfangen. Eine Kommunion pro Jahr, zur Osterzeit, war die Grundforderung der Kirche. Die Karwoche begann mit dem Palmsonntag. Germaine de Maulny erinnert sich, daß Kinder an diesem Tag mit einem »rampaum« oder »rampant«*, einem Strauß von Zweigen, die mit Bonbons, Bändern, Girlanden und kleinen Geschenken behängt waren, zur Kirche gingen. Diese Sträuße wurden vom Pfarrer geweiht. Am Nachmittag des Gründonnerstags wurde Germaine von ihrer Mutter durch die Kirchen von Limoges geführt. Am Karfreitag mußten sie und ihre Schwester die Heiligenfiguren im Hause mit violetten Tüchern bedecken. Die ganze Familie Maulny folgte dann den Kreuzwegstationen bis zur Kathedrale.

Wichtig waren auch die Ostereier – bemalte hartgekochte Eier, Schokoladeneier oder Geschenke, die in Eiform verpackt waren –, die man im Haus oder im Garten für die Kinder versteckte. Der Brauch, an Ostern Geschenke zu geben, blieb bis zum Ersten Weltkrieg lebendig. Das Geschäft blühte. Vom Zinnsoldaten bis zum Schmuck – alles wurde in eiförmigen Verpackungen verkauft. Die Zeitschrift *Mon chez-moi* stellte im April 1911 die jüngste Neuigkeit vor: ein Ei ganz aus Blumen, das entweder ein duftendes Bukett oder die Verpackung für ein wertvolles Schmuckstück sein konnte. Ein solches Ei vom Blumenbinder stecken zu lassen, war teuer, die Zeitschrift gab daher Anleitungen, wie man es selbst anfertigen konnte.

An Ostern feierte man nicht nur die Auferstehung Christi, sondern auch den Frühlingsbeginn. Die Familie besuchte gemeinsam die Messe, und wie das Wetter auch sein mochte, man weihte die neuen Frühjahrskleider ein. Die kleinen Mädchen trugen helle Kleider und breitkrempige Strohhüte, die mit Gänseblümchen und Vergißmeinnicht verziert waren, erzählt Germaine de Maulny. Bei gläubigen Katholiken hielt sich dieser Brauch bis zur Mitte des 20. Jahrhunderts.

Im Hause machte sich der Jahreszeitenwechsel durch den »Frühjahrsputz« bemerkbar. Man säuberte Schaufeln und Feuerzangen, bevor man sie bis zum Herbst verwahrte. Man nahm Vorhänge und Wandbehänge ab, um sie, ebenso wie die Teppiche, auszuklopfen. Man wusch die Gemälde ab und kämmte die wollenen Matratzenschoner.

Im 19. Jahrhundert gab es keine Weihnachtsferien, nur der 25. Dezember und der 1. Januar waren frei. Osterferien dagegen setzten sich schon früh durch. In der ersten Jahrhunderthälfte bekamen die Schüler aus religiösen Gründen am Gründonnerstag, Karfreitag und Ostersamstag frei. Spätestens 1859 begann der religiöse Kontext zu verblassen – man gestand den Gymnasiasten nach dem Ostersonntag aus schulischen und familiären Gründen eine ganze Woche Ferien zu. Während der Dritten Republik erhielten die Volksschulen ebenso viele Ferientage wie die Gymnasien. Auf Antrag der Regierung beschloß das Parlament nach seiner Debatte am 9. März 1886, den Oster- und den Pfingstmontag zu gesetzlichen Feiertagen zu erklären. Am 1. August 1892 wurden die Osterferien wiederum verlängert. Am Mittag des Mittwochs vor Ostern endete der Unterricht – ein weiterer Schritt hin zu den zweiwöchigen Ferien, die dann ein Erlaß vom 18. Februar 1925 festsetzte.

* Vergleichbar dem süddeutschen Palmbuschen. *A.d.Ü.*

Emile Friant, *Allerheiligen*, 1888. Der gemeinsame Besuch auf dem Friedhof wurde in der zweiten Hälfte des 19. Jahrhunderts zu einer festen Familientradition. Die Frauen trugen zur Ehre der Toten Schwarz und verteilten Almosen. (Nancy, Musée des Beaux-Arts)

Im Laufe des 19. Jahrhunderts wurden die Osterferien zu einer Art »Trimesterferien«. Es sollte nicht lange dauern, bis auch die Weihnachtsferien nach diesem Muster organisiert wurden. Ein Dekret vom August 1892 sah acht außerordentliche Ferientage vor, die der Schuldirektor zusammen mit dem Schulrat zu Schuljahresbeginn bestimmen sollte. Wurden diese flexiblen Ferientage zwischen den 25. Dezember und den 1. Januar gelegt, so hatten die Schüler tatsächlich (kurze) Ferien. Ein Erlaß vom Februar 1925 reduzierte die flexiblen Feiertage auf zwei, aber dafür gab es nun offizielle Weihnachtsferien vom 23. Dezember bis zum 3. Januar. Die Einteilung des Schuljahrs in drei Trimester stammt also aus dem Jahr 1925.

Allerheiligen war die herbstliche Entsprechung zum Osterfest – mit dem einen Feiertag begann das Frühjahr, mit dem anderen der Winter. In der zweiten Jahrhunderthälfte entwickelte sich der Brauch, an diesem Tag gemeinsam die verstorbenen Angehörigen zu ehren. Philippe Ariès hat gezeigt, wie in dieser Zeit ein Totenkult entstand, der völlig anders war als die Gebräuche im Jahrhundert zuvor. Ende des 18. Jahrhunderts schloß man die Pariser Friedhöfe; der *Cimetière des Innocents* war im Jahre 1785 infolge der allgemeinen Gleichgültigkeit verfallen. Um 1850 hatte sich das Blatt gewendet. Drei Faktoren trugen dazu bei, daß man den Toten neues Interesse entgegenbrachte und die Friedhöfe der Innenstädte – vor allem auch von Paris – pflegte. Die Positivisten lobten den Totenkult als Element eines kräftigen Bürgersinnes: »Damit [durch die Anlage des Friedhofs] wird der Totenkult zu etwas Öffentlichem, was seine Nützlichkeit unendlich steigert, denn das Grab entwickelt das Gefühl der Kontinuität in der Familie und der Friedhof im Gemeinwesen und in der ganzen Menschheit«, schrieb Pierre Laffitte 1874.[7] Allmählich nahmen sogar die Katholiken den neuen Brauch an und verteidigten ihn, als hätten sie ihn immer schon beherzigt – ein Paradox, denn ein Jahrhundert zuvor hatte die Kirche mitgeholfen, die Achtung vor den Friedhöfen zu schmälern; sie hatte argumentiert, die sterbliche Hülle sei nicht von Bedeutung, es komme allein auf das ewige Leben an. Und schließlich gab die Wissenschaft ihr Plazet: Gelehrte hatten bewiesen, daß es ungefährlich war, in der Nähe eines Friedhofs zu wohnen. Die verderblichen Einflüsse, die man im 18. Jahrhundert so gefürchtet hatte, waren als Aberglauben erkannt.

Nach 1850 wurden Friedhöfe zu Orten, an denen man meditierte. In den Jahren zwischen 1860 und 1880 wurden in Rouen immer mehr Familiengräber mit pompösen Monumenten errichtet. Die Niederlage 1870 trug ebenfalls dazu bei, die Verehrung für die Toten und den Kult der Erinnerung zu verankern. 1902 zählte man auf den Pariser Friedhöfen an Allerheiligen 350 000 Besucher, mehr als zehn Prozent der Einwohner.

## Vom Sommerdomizil zu den Sommerferien

### Sommerdomizil

In Goldonis berühmter Trilogie *La Villegiatura* [*Die Sommerfrische*], die 1761 in Venedig aufgeführt wurde, polemisiert der Autor gegen die Zerrüttung des »unschuldigen Vergnügens auf dem Lande«, das zu einer »übertriebenen Manie« geworden sei. Zu Beginn des 19. Jahrhunderts fuhr in Frankreich nur eine kleine Elite in das Sommerdomizil. In den siebziger Jahren des letzten Jahrhunderts galt das Wort »villégiature« noch als Neologismus. Der *Larousse du XIX*[e] *siècle* definiert es mit »Erholungsaufenthalt auf dem Lande«. Die Aristokratie und reiche Großbürger, die nicht von Geschäften in Paris oder andernorts aufgehalten wurden, schlugen ihr Sommerquartier in ihren Schlössern oder auf ihren Landsitzen auf und kehrten erst im Oktober – oder sogar erst im November, nach der Jagdsaison – in die Stadt zurück. Das Jahr gliederte sich in zwei Teile: die gesellschaftliche Saison im Winter und Frühling sowie die Zeit, die man im Sommer und Frühherbst auf dem Lande verbrachte.

Die Bourgeoisie versuchte, dieses aristokratische Lebensmodell zu imitieren. Auguste Villemot machte sich am 15. Mai 1856 im *Figaro* darüber lustig. Denn, schrieb er, für eine Frau sei es zwar amüsant, ab Mai vor den Toren von Paris die »Unschuld vom Lande« zu spielen, aber für einen Mann, der in Paris Geschäfte habe, sei diese Karikatur

Fritz Paulsen, 1868. Die jungen Männer sind zwanglos gekleidet, die jungen Frauen tragen sommerliche Hüte und helle Kleider, deren Saum kühn um ein paar Zentimeter nach oben gerutscht ist. Die Anstandsdamen trugen jedoch immer noch dunkle Hauben und Kleider. Der Spaziergang in der Sommerfrische gehorchte gewissen Moderegeln, die er andererseits zugleich lockerte. Die Sonnenschirme zeigen an, daß die Sonne noch als Feind eines rosigen Teints gefürchtet wurde. (Paris, Bibliothèque Nationale)

des Schloßlebens die Hölle. Der Journalist mochte sich mokieren, bürgerliche Familien verließen die Stadt dennoch gern und verbrachten den Sommer im Grünen. »Ein Grenobler Bürger ist erst dann angesehen, wenn er einen Landsitz hat«, schreibt Stendhal. Sein Vater besaß ein Haus in Chaix, zwei Kilometer vor der Stadt gelegen. Dort verlebte die Familie die »Ferien«, also die Monate August und September. Fast alle Großbürger von Rouen hatten einen Landsitz in der Umgebung und wohnten dort mehrere Monate im Jahr; auch Verwandte und Freunde wurden dorthin eingeladen. Zudem nutzten die Männer diesen Aufenthalt, um die Gutshöfe zu kontrollieren, die ihnen gehörten. Madame G., 1888 als Tochter eines reichen Geschäftsmannes in Bordeaux geboren, erinnert sich, daß sie die Sommer ihrer Kindheit, von Ostern bis Allerheiligen, mit ihren Eltern, Geschwistern und einem halben Dutzend Dienern auf dem schönen Landsitz der Familie in Pontac verbrachte – knapp acht Kilometer entfernt von Bordeaux. Antoine Arrighi – Rechtsanwalt am Hofe Napoleons III. – und seine Familie schlossen im Frühling das Haus in der Rue de Rennes und fuhren nach Auteuil, wo Madame Arrighi zusammen mit ihrer Schwester, Madame Villetard de Prunières, ein Haus mit Garten mietete. Im Jahre 1878 beispielsweise verließen sie Paris am 11. Mai und kehrten am 26. Oktober zurück. Diesen Aufenthalt im Sommerdomizil ganz in der Nähe von Paris muß man freilich trennen von den eigentlichen »Ferien« der Familie Arrighi an der Ärmelkanalküste (1876 und 1877 in Langrune, von 1878 bis 1884 in Saint-Aubin, 1885 in Mers, 1888 in Beuzeval) oder in Kurbädern (1882 in Cin Challes, 1886 in La Bourboule, 1887 in Genf).

Die Bourgeoisie der Provinz und die Pariser Bourgeoisie unterschieden sich deutlich in ihrem Verhalten. Jene verbrachte den Sommer auf dem eigenen Landsitz, diese besaß nur selten eigene Güter, da sie keine Möglichkeit gehabt hätte, die Verwaltung zu beaufsichtigen. Die Pariser Großbürger mieteten sich für die Ferien also Landhäuser oder stiegen im Hotel ab. So konnte man die Ferien auch an verschiedenen Orten verbringen. Madame D., 1876 geboren, erzählt, ihr Vater, Direktor der École Normale Supérieure, habe die Abwechslung geliebt und seine Familie niemals zwei Sommer an denselben Ort mitgenommen. Er mietete stets große Landsitze, die 500 Francs pro Saison kosteten. Einen Sommer zwischen 1880 und 1890 verbrachten sie in einem Schlößchen mit siebzehn Zimmern im Département Morbihan.

Selbst die Städter, die nicht die Zeit hatten, sechs Monate auf dem Land zu verbringen, gewöhnten sich an, sonntags »hinauszufahren«. Die *Gazette des ménages* schrieb am 10. Februar 1831 über das Erfolgsbuch *La Maison de campagne* von Aglaé Adanson: »Am Samstagabend abfahren, am Sonntag spazierengehen (sofern es nicht regnet) und am Montagmorgen zurück in die Stadt – das meinen viele Pariser, wenn sie sagen, sie ›fahren aufs Land‹. Ein Kutscher, ein Gärtner und eine Köchin, das genügt diesen Städtern für ihre kurzen Ausflüge in ihr Landhaus.« Am 6. August 1854 schilderte Auguste Villemot im *Figaro* die brütende Hitze und die verlassene Stadt: »Alles Leben scheint sich in die Eisenbahn gerettet zu haben.« Die Männer begleiteten ihre Frauen, die in Badeorte am Meer oder auf das Land reisten, zum Bahnhof. In Paris blieben nur »Hotelportiers und Gelehrte« zurück. Der Journalist schätzte, daß etwa 30 000 Pariser die Stadt verlassen hatten, um Urlaub zu machen. Die Städter, die über genügend Geld verfügten, wurden

Alban de Lesgallery, *Der alte Hafen von Biarritz*, 1858. Badeorte am Meer kamen während der Restauration in Mode. Biarritz, das seit 1835 Reklame für sich machte, wurde zum bevorzugten Ferienort Kaiserin Eugénies. (Privatsammlung)

Kurbäder wurden seit Beginn des Jahrhunderts frequentiert. Vittel erlebte gegen Ende des Zweiten Kaiserreichs einen großen Aufschwung.

»Touristen«. Das Wort, Synonym für »Urlauber«, wurde im Jahre 1816 geprägt, doch seinen Durchbruch verdankte es Stendhals *Mémoires d'un touriste* von 1838. Der *Larousse du XIX^e^ siècle* schreibt über den Touristen, er reise »aus Neugierde und Müßiggang«. Touristen waren nicht vor allem Wanderer oder Reisende; man konnte sich z. B. eine Villa am Meer mieten und den Rest des Sommers dort verbringen (der Begriff »estivant«, Sommergast, taucht erst ab 1920 auf). Die *Gazette des touristes et des étrangers*, die seit 1877 herausgegeben wurde, berichtete vornehmlich über Badeorte. Auch ein Blick in die Sommernummern der Modejournale zeigt die Bedeutung des sommerlichen Ortswechsels; jedes hat seine eigene Klatschspalte über die Badeorte – ob es sich nun um Ortschaften am Meer oder um Kurbäder handelte. »Kurbäder sind im Sommer das, was die Salons im Winter sind«, notierte das *Journal des dames* am 5. Juni 1846.

Mineralquellen wurden seit dem Ersten Kaiserreich als Kurbäder genutzt; 1809 hielten sich in Aix-les-Bains 1200 Kurgäste auf. In der Restaurationszeit entdeckten die Franzosen den Meeresstrand. 1822 eröffnete der Comte de Brancas, Unterpräfekt von Dieppe, die erste Badeanstalt am Meer und konnte die Duchesse de Berry zu einem Besuch überreden. Bis zum Jahr 1830 kam dann sogar der Hof jedes Jahr nach Dieppe. Nach 1830 behielten die Aristokraten des Faubourg Saint-Germain diese Gewohnheit bei. Dieppe war damals der einzige Badeort, an dem etwas geboten war – auch wenn man ab 1835 von der kleinen Bucht bei Biarritz zu tuscheln begann, die im Zweiten Kaiserreich zum bevorzugten Ferienort Kaiserin Eugénies werden sollte. Am Ende der Julimonarchie war Trouville an der normannischen Küste zu einem Modebad geworden, wiewohl bürgerlicher und minder chic als Dieppe.

Dank der Eisenbahn verkürzte sich die Reise von Paris ans Meer. 1840 brauchte man mit der Kutsche von Paris nach Dieppe zwölf Stunden; im Zweiten Kaiserreich dauerte die Fahrt mit der Eisenbahn nur noch vier Stunden. Im August 1848 fuhr der erste »Vergnügungszug« von Paris nach Dieppe. Mit diesen Zügen konnte man am Wochenende rasch in die Normandie gelangen, und ab der Jahrhundertmitte wurden sie immer beliebter, vor allem da die Eisenbahngesellschaft seit 1850 verbilligte Fahrkarten anbot (fünf Francs in der dritten Klasse, acht Francs in der zweiten). Für die Wohlhabenden fuhr der sogenannte »gelbe Zug«, auch »Zug der Ehemänner« genannt. Er verließ im Jahre 1871 Paris jeden Samstag am späten Nachmittag und kam am Montagvormittag zurück – so hatten vielbeschäftigte Geschäftsleute Zeit, den Sonntag mit Frau und Kindern am Meer zu verbringen. Die ganz Reichen konnten die täglich eingesetzten Luxuszüge nutzen, etwa den Zug, der vom 15. Juli bis zum 30. September 1904 zwischen Paris und Trouville verkehrte. Diese Züge bestanden ausschließlich aus Salonwagen und hatten nur erste Klasse mit Service-Aufpreis. Eine Fahrt hin und zurück kostete über 50 Francs, das entsprach dem Lohn eines Arbeiters in zwanzig Tagen.

Zweifellos waren die Pariser dank der direkten Eisenbahnverbindungen reiselustiger als die Leute in der Provinz. Die Pariser verbrachten beispielsweise mehr Zeit an der normannischen Küste als die reichen Bürger von Rouen, die trotz der Nähe zum Meer vor 1914 selten an den Strand gingen. Doch fuhren die Bürger von Rouen häufig nach Paris (die Verbindung Paris-Rouen gab es seit 1843).

Neben dem Sommertourismus in den Bergen oder in Badeorten entstand allmählich der Wintertourismus, hauptsächlich an der Mittelmeerküste (der Name »Côte d'Azur« kam 1877 auf). Nachdem Frankreich 1860 die Grafschaft Nizza annektiert hatte, wurde es Mode, sich im Winter in dieser Stadt aufzuhalten. 1861/1862 waren 1850 Familien zu Gast, 1874/1875 waren es bereits 5000, und 1887 verbrachten 22 000 auswärtige Personen mehrere Monate in Nizza. Die meisten kamen gewiß des milden Klimas wegen, doch manche waren wohl vom Arzt dazu gedrängt worden; Luftveränderung war um 1890 eine beliebte Behandlungsmethode, um die Folgen der Tuberkulose zu hemmen: viele Ärzte schickten ihre Patienten in die Berge oder im Winter in warme Badeorte. Die »Winterstadt« Arcachon an der Atlantikküste ist ein Paradebeispiel für die Allianz von medizinischer Versorgung und Tourismus. Die Stadt wurde im Zweiten Kaiserreich als Kurort für Tuberkulosekranke erbaut, doch ein Spielkasino durfte nicht fehlen.

## Notwendige Freizeit

Im Laufe der zweiten Jahrhunderthälfte bildete sich die Vorstellung heraus, daß Urlaub und Ferien eine notwendige Abwechslung seien. Ruhe und die wohltuende Wirkung der Natur erschienen als Ausgleich zum verstädterten, industrialisierten Leben. Diese Freude an der Natur war nicht neu; Robert Mauzi hat gezeigt, wie es im 18. Jahrhundert zu dieser Entwicklung kam. Neu war jedoch, wie Henri Boiraud in seiner Untersuchung über die Ferien bemerkt, »die Eingliederung dieser Bedürfnisse in die zeitliche Organisation menschlicher Tätigkeiten«.[8]

Im Wechsel mit der Arbeitszeit gab es nun die Urlaubszeit – die Zeit für Natur, Reisen und Vergnügungen. In einer Gesellschaft von Bauern und Handwerkern fand sich im Rahmen der normalen Tätigkeit Zeit zur Muße. In der städtischen Industriegesellschaft war Freizeit auf einen festen Termin für alle festgelegt und konzentrierte sich auf den Sommer. Während Rousseaus »Zurück zur Natur« noch bedeutet hatte, sich gegen zeitliche Zwänge zu wehren, führte die Naturliebe, die sich in neuen sozialen Schichten verbreitete, zu einer rigideren Zeiteinteilung als je zuvor. Der immer lautere Ruf nach Ferien für alle bedeutete auch, daß man das Jahr neu einteilen mußte. Ein Artikel in der *Revue hebdomadaire* vom 6. Juli 1912 mit dem Titel »Die Urlaubsfrage« erklärte: »Noch vor fünfzig Jahren fiel man auf, wenn man Urlaub nahm; heutzutage fällt man fast auf, wenn man keinen nimmt.« Ferien waren zu einem Bedürfnis geworden, das man verteidigte. Ende des 19. Jahrhunderts entstanden Freizeitorganisationen wie etwa der Touring Club de France (1890), der Guide Michelin (1900) oder die Syndicats d'initiative.

Die gesellschaftliche Entwicklung, die vom aristokratischen Sommerdomizil zu der Vorstellung von einem Recht auf Freizeit führte – und schließlich ab 1936 zum bezahlten Urlaub –, wird an der Geschichte des Urlaubs und der Schulferien deutlich. Bis zum 19. Jahrhundert gab es schulfrei bei zwei Anlässen: an kirchlichen Feiertagen, die über das ganze Jahr verteilt waren, und während wichtiger Feldarbeiten, einer Zeit, zu der viele Schüler fehlten, so daß die Volksschulen für eine Weile schlossen. Im Laufe des 19. Jahrhunderts lösten sich Feiertage und Schulferien vom Kirchenkalender und von bäuerlichen Zwängen und hatten bald nur noch den Zweck, Schülern und Lehrern Freizeit zu gewähren. Die Ferien wurden beträchtlich verlängert, insbesondere während der Dritten Republik.

Die Sommerferien dauerten im 19. Jahrhundert bis zu sechs Wochen; Ferienbeginn war die Zeit um Mariä Himmelfahrt (15. August), Schuljahresbeginn Anfang Oktober. Ein Erlaß vom 4. Januar 1894 gestattete zwei zusätzliche Ferienwochen in Schulen, »die Ferienkurse organisieren«. Diese Verlängerung war zunächst als Ausgleich für das Lehrpersonal gedacht, »das zum Erfolg regelmäßiger Kurse für Erwachsene und Jugendliche beigetragen hat«, und später für Lehrer, die sich für zusätzlichen Sonderunterricht eingesetzt hatten. Bis 1900 wurde dieser Erlaß jährlich erneuert. So wurde es gebräuchlich, daß die Sommerferien normalerweise acht Wochen währten: vom 1. August bis zum 1. Oktober. Eine neue Verfügung vom 20. Juli 1912 verlängerte die Ferien an höheren Schulen auf zehn Wochen, vom 14. Juli bis zum 1. Oktober. Den Volksschulen wurden diese zehn Wochen erst 1935 zugestanden.

Früher hatten Internatsschüler die sechs Ferienwochen im Internat (oder in der Privatschule) verbracht, doch das war nun vorbei. Noch während der Restauration war es keine Seltenheit gewesen, daß Kinder das ganze Jahr im Internat blieben. Auch im Zweiten Kaiserreich gab es

Rossi, *Strand*, 1904. Ferien am Strand trugen allmählich dazu bei, die Menschen entspannter, die Kleidung leichter und Spiele spontaner zu machen. Sport befreite den Körper, bevor er ihn einer neuen Art von Disziplin unterwarf. (Paris, Bibliothèque Nationale)

noch solche Fälle. Victor Duruy, Minister für das Öffentliche Schulwesen, äußerte sich im August 1866 voller Mitgefühl über das Los dieser Jugendlichen und sprach sich dafür aus, sie in Schulen am Meer unterzubringen. Die erstaunliche Modernität seiner Ansichten ist anerkennenswert, ebenso wie sein Wunsch, Schulreisen und Schüleraustausch zu organisieren. Immer häufiger warf man nämlich der Schule vor, dem Leben gegenüber nicht offen genug zu sein, während man gleichzeitig den erzieherischen und gesundheitlichen Wert von Ferien und Freizeit herausstrich. Ferienkolonien schossen aus dem Boden, und ab 1911 bildeten sich in Frankreich die ersten Pfadfinder-Gruppen.

## Ferien und Familie

»Aber ihr bekommt eure Preise auch noch, wenn das Schuljahr wieder anfängt!« erklärte Madame R.'s Mutter einmal, als sie ihre Kinder am 1. Juli von der Schule holte, um mit ihnen in den Urlaub zu fahren. Die

Pfarrer und Eltern begleiten junge Mädchen zum Zug. Eine Reise lokkerte familiäre Zwänge und öffnete den Weg ins Abenteuer. (Châteauroux, Archives de l'Indre)

Kinder, Schüler in einem Internat, hätten gerne noch der Schulfeier beigewohnt, in deren Verlauf die jährlichen Preise verteilt wurden. Madame R., 1897 in Paris geboren, verbrachte im jugendlichen Alter ihre Ferien stets in Langrune an der normannischen Küste. Zu Ostern schickten ihre Eltern einen Brief, um »ihre« Villa zu reservieren; die Miete betrug 400 Francs. Zusätzlich mieteten sie ein Klavier und eine Strandkabine (je 50 Francs) und stellten ein Dienstmädchen für die Feriensaison ein, das 15 Francs im Monat bekam. Der Vater, ein Straßenbauingenieur, kam um den 15. Juli und den 15. September für ein paar Tage und war auch den August hindurch bei ihnen. Die Familie unternahm gemeinsame Radtouren.

In ihrer Jugendzeit besuchten Madame R. und ihre Brüder häufig die Kasinos am »Familienstrand«. Man kannte einander, und die Eltern konnten die Kinder beruhigt allein zum Tanzkurs schicken. Verschiedene Familien bildeten einen Bekanntschaftskreis, in dem junge Leute sich ohne Gefahr freier bewegen konnten, als es in Paris möglich war.

Die Kasinos waren allgemeine Vergnügungsstätten, aber daneben auch »weltliche Tempel der Geselligkeit« für junge Bürgerssöhne und -töchter, die einander an den »Familienstränden« kennenlernten. Das »Privatkasino«, das die Boileaus sich hatten errichten lassen, funktionierte nach demselben Prinzip, obschon die jungen Leute an den Stränden das nicht wußten. Caroline Chotard-Lioret berichtet, daß die Boileaus, eine Familie von Freidenkern, 1894 auf ihrem Besitz Vigné die Kapelle in einen »Familiensaal« umgewandelt hatten. Der »Familiensaal« maß in der Länge fünfundzwanzig Meter; die Wände waren zum Teil holzvertäfelt, zum Teil mit rotem Samt tapeziert. Die zwei großen Kamine waren mit Reliefs verziert, unter anderem mit den Initialen Isabelle und Eugène Boileaus, die den Umbau finanziert hatten. Eingeweiht wurde der Saal 1901 anläßlich der Doppelhochzeit von Jeanne und Madeleine Boileau. Später diente der Raum als Eßzimmer, in dem Marie und Eugène Boileau während des Sommers dreißig bis fünfzig Gäste pro Abend empfingen. Dieses Sommerhaus auf dem Besitz Vigné war für die Nachkommen der Boileaus ein wichtiges »Verbindungsglied«, bis in die fünfziger Jahre unseres Jahrhunderts fanden dort Familientreffen statt.

## Die großen Lebensdaten

Ein zentrales Ereignis vor allem teilte das Leben eines jeden in zwei Abschnitte: die Heirat. Eine Hochzeit garantierte die gesellschaftliche und familiäre Kontinuität. So gab es im privaten Leben ein »davor« und ein »danach«, denen sich alle anderen Geschehnisse zuordnen ließen.

### An der Schwelle zur Ehe

Bevor das Heiratsalter erreicht war, gab es im Leben jedes Menschen genau festgelegte Etappen: der Beginn des Jugendalters, in den meisten

Familien markiert durch die Erstkommunion, das Ende der Schulzeit – für die Jungen das Abitur (Baccalauréat), für die Mädchen, die zumeist keinen Zugang zum humanistischen Gymnasium hatten, der Volksschulabschluß (Brevet élémentaire) –, die Einführung in die Gesellschaft, die Suche nach einem Partner, die Verlobung. Am Ende dieses Weges in das Erwachsenendasein stand die Heirat, sodann die Geburt der Kinder. Danach verlief das Leben mehr oder weniger in den immer gleichen Bahnen, man zog die Kinder auf und feierte die klassischen Familienfeste.

Der idealtypische Bürgerssohn erreichte nach sieben Jahren höherer Schule sein Baccalauréat, sei es an einem der Lycées, die Napoleon I. eingerichtet hatte (während der Restauration hießen diese Schulen »Königliche Collèges«, nach 1848 wieder Lycées), oder an einem Privatgymnasium. Bis 1930 waren solche Gymnasien schulgeldpflichtig; der Staat vergab zwar Stipendien, aber die höhere Bildung blieb ein Privileg. Das Schulgeld an königlichen Collèges wie dem Louis-le-Grand betrug für Externe jährlich 100 Francs, für Internatsschüler 700 Francs. 1873 zahlte ein externer Rhetorikschüler an einem Pariser Lycée 300 Francs jährlich, Ende des Jahrhunderts 450 Francs. Für eine gute Privatschule mußte man 720 Francs aufwenden. Und ein Jesuiteninternat in Paris kostete 1400 Francs – fast die Hälfte des Jahreslohns, den ein graduierter Postingenieur bezog. Zum Vergleich: 1880 verdiente ein Dienstmädchen 500 Francs im Jahr.

Das Gesetz von 1872 verpflichtete jeden männlichen Bürger zum Militärdienst. Per Los wurde entschieden, wer fünf Dienstjahre und wer nur ein einziges Dienstjahr (in der Realität nur ein halbes Jahr) absolvieren mußte. Doch wer das Baccalauréat absolviert hatte und sich vorzeitig meldete, mußte auf jeden Fall nur ein Dienstjahr ableisten, wenn er 1500 Francs Kaution hinterlegte. Schüler an besonders angesehenen Schulen und höhere Beamte konnten sich leicht vom Militärdienst dispensieren lassen.

Nach dem Baccalauréat mochte ein junger Mann etwa Jura oder Medizin studieren, doch das Studium war teuer; die Immatrikulations- und Examensgebühren beliefen sich im Fach Jura auf 1000 Francs, im Fach Medizin auf 3000 Francs. Besonders teuer waren die Grandes Écoles: die polytechnische Hochschule, die Hochschule für Bergbau, die Hochschule für Verwaltung; deren Absolventen konnten leicht und ohne Verzögerung in Familienunternehmen einsteigen. Auf jeden Fall war ein Mann nicht mehr ganz jung, wenn er für den Heiratsmarkt interessant wurde.

Für eine »höhere Tochter« stellte sich die Frage nach Weiterbildung gar nicht, zumindest solange sie für die Ehe bestimmt war, das heißt, wenn sie über eine ausreichende Mitgift verfügte. Höhere Mädchenschulen (Pensionate oder nach 1880 Lycées nach dem Modell von Camille Sée) steckten sich nicht das Ziel, die Mädchen auf das Abitur – und damit für eine Universitätsausbildung – vorzubereiten. Ein Mädchen konnte das Brevet élémentaire oder ein Zertifikat über höhere Schulbildung erlangen, sonst nichts. »Überlassen Sie diese Sorge denjenigen, die sich selbst ihren Lebensunterhalt verdienen müssen!«[9] Diesen Rat bekam Louise Weiss 1910 von ihrem Französischlehrer am Lycée Molière. Ab 1905 konnten sich mittellose Frauen mit Privatstunden auf das Baccalauréat vorbereiten. An den Lycées war es erst nach dem Krieg möglich, daß Frauen offiziell die Abschlußprüfung machten.

Lernen hieß für eine junge Frau aus dem Bürgertum, daß sie sich für ihre Hausfrauen-Rolle rüstete: ein Haus führen, die Dienerschaft leiten, die Gesprächspartnerin des Mannes und die Erzieherin der Kinder sein. Latein oder gar wissenschaftliche Kenntnisse waren dafür nicht vonnöten; ein gewisser »Firnis« von Allgemeinbildung, ein paar musikalische oder zeichnerische Fertigkeiten sowie die theoretische und praktische Ausbildung in Hauswirtschaft – Kochen, Gesundheitslehre, Kinderpflege – genügten. Bis zu ihrer Heirat lernte eine junge Frau nicht nur an der Seite ihrer Mutter, wie man sich im Alltag und in feiner Gesellschaft benahm, sondern vervollständigte ihre Erziehung auch durch Hauswirtschaftskurse, etwa an der École des Mères oder dem Foyer. Manche besuchten Vorlesungen für junge Mädchen aus guter Familie, zum Beispiel an der Université des Annales.

## Kennenlernen des Ehepartners

Familien- und Freundschaftsbeziehungen spielten eine große Rolle, wenn es darauf ankam, »Verbindungen zu stiften«. Brüder oder Schwestern von Freunden oder Freundinnen boten sich als Heiratskandidaten an, ebenso wie entfernte Cousins oder Cousinen, die man bei Familienfeiern – Hochzeiten, Taufen oder Erstkommunion – kennenlernte. Auch Wohltätigkeitsbasare, Sport (Tennis oder Eislauf) oder Tanzabende, die zum Geselligkeitsrepertoire des Bürgertums zählten, boten reichlich Gelegenheit, junge Leute zu traffen. Sogenannte »Bals Blancs« wurden ausschließlich für junge Männer und Frauen im heiratsfähigen Alter organisiert. »Blanc« nannte man diese Bälle, weil die jungen Debütantinnen in Weiß gekleidet erschienen, ein Symbol für Unschuld und Jungfräulichkeit. Anwesend waren stets die Mütter, die über den Anstand wachten, die Höhe der einzelnen Mitgiften abschätzten und sich über eventuelle »gute Partien« informierten. In Frankreich erwartete man traditionell, daß ein junges Mädchen im Laufe ihres Debütantinnenjahres heiratete. War es noch sehr jung, konnte es sich zwei Saisonen in Folge präsentieren. Erschien es im dritten Jahr, ohne einen Bewerber gefunden zu haben, galt es als »sitzengeblieben«. Man zog seine Tugend in Zweifel oder meinte, seine Mitgift sei nicht ausreichend.

Eine beliebte Heiratsstrategie in der bürgerlichen Gesellschaft war die Präsentation möglicher Kandidaten durch »Ehestifterinnen«, die sich auf dieses »Gewerbe« spezialisiert hatten. Sie waren in der Regel ältere Jungfern, Cousinen oder Freundinnen der Familie, die sich durch ihren tadellosen Lebenswandel Vertrauen erworben hatten. Sie organisierten Zusammenkünfte von jungen Leuten, die ihnen füreinander passend erschienen. Die Eltern von Simone de Beauvoir und Jacques Chastenet hatten sich ebenso wie die Tante und der Onkel Edmée Re-

Nicolas-Eustache Maurin, *Schwesternliebe*, 1835. Ein engelhaft blondes Mädchen gibt seinen Segen zu der Verlobung seiner Schwester mit dem Mann, den es selber liebt. Im Zeitalter der Romantik bevorzugten die Männer dunkelhaarige Frauen. (Paris, Bibliothèque Nationale)

naudins auf diese Weise gefunden. Solche Konvenienzehen mußten nicht bedeuten, daß keine Gefühle im Spiele waren. Erstens konnte man auch mit einem Partner, der von den Eltern vorgeschlagen wurde, hervorragend harmonieren. Zweitens waren Eltern nicht von vornherein gegen eine feste Verbindung, wenn junge Leute sich ineinander verliebten; sie erkundigten sich, ob die betreffende Person als ehrenhaft galt, in welchen finanziellen Verhältnissen sie lebte und welche Meinungen sie vertrat, denn politische und religiöse Zugehörigkeiten wurden wohlerwogen. Eugène und Marie Boileau, die Freidenker waren, wollten ihre fünf Töchter nicht in katholische Familien einheiraten lassen. Eine dieser Töchter, Madeleine, bemerkte 1901 auf dem Boulevard in Tours einen jungen Mann, der ihr gefiel. Man zog Erkundigungen ein; der junge Mann war der Sohn einer protestantischen Unternehmerfamilie. Das Spiel konnte also eröffnet werden. Die ältere Schwester, die bereits verheiratet war, arrangierte die erste Zusammenkunft. Zwei Monate später war Madeleine offiziell verlobt, drei Monate später verheiratet. Am Abend vor der Trauung war sie eilends getauft worden.

## Die Verlobung

Ein junger Mann, der heiraten wollte, mußte eine befreundete Person bitten, bei den Eltern der jungen Frau anzufragen. Nahmen sie den Antrag freundlich auf, hielten seine Eltern bei ihren Eltern offiziell um ihre Hand an. Von diesem Augenblick an wurde der Anwärter zum offiziellen Verlobten und im Hause der zukünftigen Gattin entsprechend empfangen. Bei seinem ersten Besuch legte man das Datum der Verlobungsfeier fest.

Das Verlobungsdîner fand bei den Eltern der jungen Frau statt, eingeladen waren die beiden Familien. Am Abend überreichte der Bräutigam den Verlobungsring. Auch die Verlobte durfte ihm ein Geschenk machen: einen Herrenring oder ein Medaillon, in dem ihr Porträt oder eine abgeschnittene Locke versteckt war. Dieses Geschenk bekam er eine Woche später, wenn die Eltern des jungen Mannes ihrerseits ein Dîner gaben.

Vor seinem ersten Besuch schickte der Mann einen Strauß weißer Blumen; manchmal bekam auch die künftige Schwiegermutter ein Bukett. Am Ende des Jahrhunderts kam man allmählich von den traditionellen weißen Blumen ab; in Angleichung an einen arabischen Brauch durften sie zunächst rosa sein und schließlich, am Abend vor der Hochzeit, sogar purpurrot, ein Symbol leidenschaftlicher Liebe. In Anstandsbüchern wurde diese neue Mode jedoch als Ausdruck schlechten Geschmacks gebrandmarkt.

Jeden Tag besuchte der Bräutigam seine Verlobte, um ihr »den Hof zu machen«. Die Mutter der Braut oder ein anderes Familienmitglied war als »Anstandsperson« zugegen. Die junge Frau schrieb ihrem Verlobten nicht, und sämtliche Briefe, die sie von ihm erhielt, wurden zuerst von der Mutter gelesen. Sie durfte ihm ihre Neigung nicht allzu lebhaft gestehen, aus Angst, er könnte an ihrer Schamhaftigkeit zweifeln oder sie nähme damit der Zukunft den Reiz des Neuen. Im Prinzip sollten die jungen Leute die Verlobungszeit dazu nutzen, miteinander zu sprechen und einander kennenzulernen. Doch war es von Bedeutung, daß die Braut einigermaßen »unkörperlich« blieb, denn damit kam sie dem Bedürfnis des Mannes nach Idealisierung entgegen: »Der Ehegatte sollte später, wenn der Alltag eingekehrt war und vielleicht sogar Enttäuschungen ertragen werden mußten, die Erinnerung an eine zarte, weiße Gestalt und einen reinen Blick, Zeichen einer wahrhaft unschuldigen Seele, im Gedächtnis behalten.«[10]

Monsieur et Madame Bellanger, propriétaires à Château-du-Loir ont l'honneur de vous faire part du mariage de Mademoiselle Estelle Bellanger, leur fille, avec Monsieur Gustave Chancerel, Docteur-Médecin, à Pont-de-Gennes, (Sarthe).

Monsieur Chancerel, Juge de paix du Canton de La Ferté-Bernard, Chevalier de la Légion d'honneur, et Madame Chancerel ont l'honneur de vous faire part du mariage de Monsieur Gustave Chancerel, leur fils, avec Mademoiselle Estelle Bellanger.

Die Ehe – das war vieleicht auch die Liebe, jedenfalls aber ein Bündnis. Die Vermählungsanzeige erwähnt Titel und Beruf der neuen Verbündeten.
(Paris, Bibliothèque Nationale)

Ein Ehevertrag gehörte bei einer Hochzeit im Bürgertum, vor allem in Paris, fast immer dazu. Vater und Notar waren dabei die Hauptakteure; Frauen waren Vertragsobjekte oder Zeuginnen. Immerhin war es für die Frauen ein Schritt zur Individualisierung, mit ihrem Namen zu unterzeichnen. (Paris, Bibliothèque Nationale)

Die Verlobungszeit währte mindestens drei Wochen, meist jedoch mehrere Monate; zwei Monate wurden als schickliche Frist angesehen. Ein Artikel in der Zeitschrift *La Corbeille* vom 1. Dezember 1844 zeigt, wie schnell es nach dem ersten Kennenlernen – im Nu sozusagen – zu einer Hochzeit kommen konnte: »Vor der eigentlichen Ballsaison gibt es eine Hochzeitssaison, die man die *Sommerhochzeiten* nennt, weil sie das Ergebnis von Begegnungen im Sommer sind – am Strand, auf dem Landschloß, auf Reisen.« Die übrigen Hochzeiten waren Winterhochzeiten, »weil sie zumeist Folge eines Kontertanzes oder einiger höflicher Worte sind, die man im Konzert gewechselt hat.«

## Der Ehevertrag

Während der Verlobungszeit einigten sich die beiden Familien über die Vertragsbedingungen, die Höhe der Mitgift und das Datum des Vertragsschlusses. An diesem Tag ging das Brautpaar gemeinsam mit den nahen Angehörigen zum Notar oder dieser kam ins Elternhaus der Braut. Die Zeremonie war in beiden Fällen gleich. Die Verlobten mußten sich desinteressiert geben, denn es hätte unschicklich gewirkt, wenn sie sich statt ausschließlich mit ihrer Liebe mit Finanzangelegenheiten befaßt hätten. War der Text aufgesetzt, unterschrieb der Bräutigam und reichte die Feder dann seiner zukünftigen Angetrauten. Danach unterzeichneten die Mütter, die Väter und auch die Verwandten und Freunde, die man eingeladen hatte. Gab es in der Verwandtschaft eine wichtige Persönlichkeit, die man ehren wollte, bat man sie, den Vertrag ebenfalls zu unterzeichnen.

In Paris und den anderen französischen Großstädten wurde es mit der Zeit Brauch, am Abend der Vertragsunterzeichnung einen Ball zu geben, nicht am Abend der Hochzeit. Das Brautpaar eröffnete den Ball, dann tanzte die Braut mit dem Notar und schließlich mit den Brautführern.

Der Ehevertrag war ein Charakteristikum des Bürgertums.[11] Nur Personen mit sehr geringem Vermögen heirateten ohne Vertrag; die Ehe galt dann legal als Gütergemeinschaft, deren Verwaltung jedoch allein dem Ehemann zustand. Ein bürgerlicher Ehevertrag schrieb oft eine teilweise Gütertrennung fest, das heißt, die Gütergemeinschaft erstreckte sich einzig auf Vermögenswerte, die das Paar gemeinsam erworben hatte, und keiner der Partner konnte für die Schulden des anderen haftbar gemacht werden. Die zweite Möglichkeit war vollständige Gütertrennung, das sogenannte »régime dotal«, was bedeutete, daß die Frau die Hälfte ihres Vermögens selbst verwaltete, während die andere Hälfte dem Ehemann als Mitgift übergeben wurde.

In Paris wurden Ehen in der Regel zwischen Partnern mit annähernd gleichem Vermögen geschlossen. Abweichend von dieser Norm sind zwei gegenläufige Tendenzen zu beobachten: Geschäftsinhaber und Kaufleute heirateten gelegentlich weniger wohlhabende Frauen, während Beamte und Freiberufler nicht selten nach einer Frau mit hoher Mitgift forschten. Beamte waren tatsächlich schlecht bezahlt. Ein Auditor beim Staatsrat bekam als Anfangsgehalt 2000 Francs jährlich, ein Richter verdiente am Ende seiner Karriere 6000 Francs pro Jahr. In Rouen galt dasselbe. Ein Ingenieur, der sich durch Patente ein Vermögen von 75 000 Francs erworben hatte, heiratete eine Kaufmannstochter, die 741 000 Francs mit in die Ehe brachte. Die Mitgift der Frau erlaubte es dem jungen Paar, ein standesgemäßes Leben zu führen (was mit dem Einkommen des Ehemanns allein unmöglich gewesen wäre), während seine berufliche Position für Prestige und Stabilität sorgte.

Junge mittellose Bürgerssöhne, die eine gute Ausbildung genossen hatten, konnten also durchaus eine »gute Partie« machen. Umgekehrt mußte eine junge Frau ohne Mitgift damit rechnen, unverheiratet zu bleiben; für sie war es ausgeschlossen, den Mangel an Geld durch Studium oder Berufstätigkeit wettzumachen. 1914 gab es in Frankreich lediglich zwölf Rechtsanwältinnen, ein paar hundert Ärztinnen und nur wenig mehr Lehrerinnen. Denn eine Frau, die sich ihren Lebensunterhalt selbst verdiente, war sozial deklassiert.

## Die Aussteuer

Während der Verlobungszeit stellten junge Frauen ihre Aussteuer fertig, die sowohl aus ihrer persönlichen Wäsche wie aus der Haushaltswäsche bestand. Der Mann brachte nur seine persönlichen Sachen mit in die Ehe. Die Haushaltswäsche wurde mit dem Monogramm beider Namen, zuerst dem des Mannes, dann dem der Frau, bestickt. Die Aussteuer betrug in der Regel etwa 5 Prozent der gesamten Mitgift. Laut Madame d'Alq variierte der Aussteuerwert 1881 von 2000 Francs für eine bescheidene Ausstattung – das hieß, von allem Nötigen gab es drei Dutzend: Bettlaken, Tischtücher, Handtücher, Überzüge, Schürzen für die Dienstmädchen usw. – bis zu 25 000 Francs; in diesem Falle war alles zu zwölf Dutzenden vorhanden.

Der große Unterschied zwischen einer luxuriösen und einer bescheidenen Aussteuer lag mehr in der Qualität als in der Quantität: War die Wäsche spitzenbesetzt, besaß die Braut Pelze und Hauskleider, wie kostbar waren die Stoffe? Die Comtesse de Pange, die 1910 heiratete, hatte in ihrer Aussteuertruhe dutzendweise Unterröcke, Schlüpfer, Korsettagen, Garn- und Seidenstrümpfe, lange Handschuhe für den Abend, kurze Handschuhe für untertags, drei Tageskostüme, einen Ottermantel, einen Silberfuchs, eine Zobelstola und schließlich vier große Hüte, die mit Federn oder Blumen geschmückt waren.

Große Wäschemengen waren unabdingbar in ländlich geprägten Gesellschaften, wo nur zwei- oder dreimal im Jahr gewaschen wurde, und dann körbeweise. In der Stadt, wo es Wäschereien und Privatwäscherinnen gab, konnte man das Problem leichter lösen. Die Geschichte der Wäsche, deren Zusammenhang mit der Geschichte der Sauberkeit und damit der Körperwahrnehmung Georges Vigarello erkundet hat[12], besitzt nicht nur eine materielle, sondern auch eine symbolische Dimension. Große Wäschemengen zu besitzen war ein Ausweis von Reichtum. Noch im Zweiten Kaiserreich war es üblich, die Aussteuer ebenso wie den Korb mit den Geschenken für die Verlobte vor dem Abend vor der Hochzeit zu präsentieren. Später kam man von solcher Zurschaustellung ab, weil man es als ungehörig empfand, etwas so Intimes wie Damenunterwäsche öffentlich zu zeigen.

Wäsche spielte eine wichtige Rolle. Zwischen Pensionat und Heirat bestickten junge Frauen Hauben, Kragen und Manschetten für ihre Aussteuer. Modejournale veröffentlichten Muster und vermittelten die Kunst, Wäschestücke und Kleider hübsch zu verzieren. (*Journal des jeunes personnes*, 1858. Privatsammlung)

## Der Korb für die Verlobte

Am Tage der Vertragsunterzeichnung schickte der Bräutigam seiner künftigen Frau »den Korb« mit bestimmten traditionellen Geschenken, die man früher in einem Weidenkorb, der mit weißem Satin ausgeschlagen war, überreicht hatte; später sandte man diese Dinge in einem zierlichen Damenschreibtisch, und ab 1900 begnügte man sich mit den Schmuckschatullen, die der jeweilige Laden lieferte.

Ebenso wie die Aussteuer betrug der Wert des Korbes mit den Geschenken normalerweise fünf Prozent der Mitgift, oder er entsprach etwa einem Jahreseinkommen. Ein geläufiges Geschenk waren weiße und schwarze Spitzenstoffe, die man von Generation zu Generation weitergab, pflegte, waschen und – wenn nötig – stopfen ließ. Ferner gehörten in diesen »Korb« für die Braut Schmuckstücke, seien es Familienjuwelen oder neuer Schmuck, wertvolle Ziergegenstände, Fächer, Parfümflakons, Bonbonnieren, Stoffe und Pelze. Sehr beliebt waren Kaschmirschals, die während der Julimonarchie und des Zweiten Kaiserreichs in Mode kamen. Nicht fehlen durften ein Laudate für die kirchliche Trauung und eine Geldbörse, die gefüllt war mit neuen Goldstücken, frisch aus der Münze, die man mit den Worten »Für die Armen, um die Sie sich kümmern« überreichte.

Die Aussteuer konnte man im Zimmer der Braut in Augenschein nehmen, der Korb mit den Geschenken stand im kleinen Salon. Bei einer großen Hochzeit nahmen die Geschenke manchmal grandiose Ausmaße an. 1904 verheirateten der Comte und die Comtesse Greffulhe ihre einzige Tochter mit dem Duc de Guiche. Nach der Trauung fuhren die Gäste zu der Großmutter der Jungvermählten, wo um den Korb herum drapiert 1250 Geschenke besichtigt werden konnten.

Modezeitschriften wie die *Gazette des salons* veröffentlichten 1835–1836 besonders geglückte Geschenkkörbe verschiedener Ateliers in Paris und zählten auf, was alles darin enthalten war: von den Handschuhen über den Morgenrock bis hin zu den Stolen. Stéphane Mallarmé zählte 1874 unter dem Pseudonym Marguerite de Ponty in der Zeitschrift *La Dernière Mode* wortreich und genüßlich die verschiedenen Schmuckstücke auf, die man in einen Geschenkkorb legen konnte.

## Die Trauungszeremonie

Standesamtliche und kirchliche Trauung konnte man am selben Tag feiern. Doch in der Regel fand die standesamtliche Trauung einen oder zwei Tage früher statt, jedenfalls in der Großstadt Paris, wo man eventuell später an die Reihe kam als geplant. Zur standesamtlichen Trauung wurden nur die vier Trauzeugen und die allernächsten Verwandten gebeten. Der Verlobte schickte sowohl seinen eigenen wie auch den Trauzeugen der Braut einen Wagen, dann fuhr er selbst zusammen mit seinen Eltern zu ihr und holte sie ab. Der Bürgermeister oder sein Stellvertreter verlas die Heiratsurkunde und den Paragraphen VI des Code civil, der die Rechte und Pflichten eines Ehepaars definierte. Der Bürgermeister fragte die Brautleute, ob sie den anderen zum Gatten haben wollten. Die Braut unterschrieb die Heiratsurkunde als erste und reichte dann dem Bräutigam den Stift. Er erwiderte: »Merci, Madame.«

Die standesamtliche Trauung war kostenlos, doch es war üblich, dem Bürgermeister eine Spende für die Armen des Stadtviertels oder der Gemeinde zu übergeben. Nach der Trauung ging man zum Essen und verbrachte den Abend bei den Eltern der Braut. Ende des Jahrhunderts war es Mode geworden, die standesamtliche Trauung als elegante Zeremonie zu gestalten, mit Blumen, Grünpflanzen, einem Orchester und beliebten Sängern. Diese Mode war vor allem von Paaren kreiert worden, die nur standesamtlich heirateten, etwa bei einer Wiederverheiratung nach der Scheidung und bei Mischehen zwischen Katholiken und Juden, die aufgrund der religiösen Unterschiede keine aufwendige kirchliche Feier vornehmen konnten.

Es gab verschiedene Preisklassen bei kirchlichen Trauungen, bei Katholiken von 10 bis 2000 Francs, bei den jüdischen Gemeinden von 15 bis 2000 Francs, zudem noch eine besondere Feier für 4000 Francs; in protestantischen Kirchen dagegen war die Hochzeit stets kostenlos. Je nach Preisklasse wurde man am Hauptaltar oder in einer Seitenkapelle getraut und hatte Anrecht auf eine mehr oder weniger luxuriöse Ausstattung: Baldachin am Kirchportal, Blumen, Beleuchtung und Musik. Wenn man entsprechend bezahlte, konnte man Sänger und Musiker von der Oper oder dem Konservatorium engagieren. Große, elegante Hochzeiten übten eine solche Anziehungskraft aus, daß man den Einladungen Eintrittskarten für die Kirche beilegte. Für alle Kosten, die mit der Trauzeremonie verbunden waren, mußte der junge Ehemann geradestehen, während das Hochzeitsmahl und der Ball von den Brauteltern finanziert wurden. In der Praxis wurden die Kosten freilich meist zwischen den beiden Familien geteilt, wie das Privatarchiv der Stacklers, Baumwollfabrikanten in Rouen, verrät. Diese Kosten waren manchmal enorm. Eine Hochzeit der Familie Stackler 1899 belief sich auf 5641 Francs – allerdings hatte man 3200 Personen eingeladen.

Der Pfarrer hängte das Aufgebot an drei aufeinander folgenden Sonntagen in der Kirche aus. Wollte man, daß es nur einmal aushing, mußte man einen Dispens beantragen; dasselbe galt, wenn man während der Adventszeit, in der Fastenzeit oder an einem anderen Kirchenfest getraut werden wollte (in der Regel heiratete man nicht freitags). Einen solchen Dispens bekam man gegen Geld, das für die Armen der Pfarrgemeinde bestimmt war.

Die Hochzeitszeremonie war zweifellos der öffentlichste aller privaten Riten. Alles mußte strengen Regeln gehorchen: welche und wie viele Personen gingen in welcher Ordnung und Reihenfolge beim Hochzeitszug mit, wie viele und welche Brautjungfern brauchte man, welche Kleidung trug das Brautpaar (normalerweise elegantes Weiß und Schwarz), mit welchen Worten gab man sein Einverständnis. Der Brautvater begleitete seine Tochter zum Altar und übergab sie dort dem Bräutigam. Doch bevor das Mädchen sein Jawort gab, wandte es den Kopf zur Mutter, als wollte es um ihre Zustimmung bitten.

In der Provinz waren ausgiebige Hochzeitsfeiern Tradition. Am 29. August 1832 schrieb George Sand einen Brief an Émile Regnault über die Hochzeit ihres gemeinsamen Freundes Duvernet: »Ich habe mich gleich nach der kirchlichen Trauung in Sicherheit gebracht, weil ich nicht mit auf die Hochzeitsfeier wollte, die ohne Unterbrechung drei Tage und drei Nächte gedauert hat.« Man hielt sich hier überdies an einen Brauch, der in Paris nicht mehr galt: Die anwesenden jungen Burschen versuchten, der Braut die Strumpfbänder zu rauben.

Eine Dichterin, die einen Orientalisten heiratete, konnte sich eine exzentrische, ungezwungene Hochzeitsfeier erlauben. Lucie Delarue-Mardrus heiratete am 5. Juni 1900 in der Kirche Saint-Roch den Übersetzer von *Tausend und eine Nacht*, den sie gerade zehn Tage lang kannte. Sie trug einen Radfahrdress, d. h. ein kariertes Kostüm und eine »Kreissäge«. Für die Trauzeugen und die Angehörigen hatten sie die vier einzigen Automobiltaxis in Paris gemietet. Die Leute rannten scharenweise auf die Straße, um ihnen nachzusehen. Die Gesellschaft aß in einem Restaurant des Stadtviertels, und das Brautpaar machte *keine* Hochzeitsreise. Doch solche unkonventionellen Feiern waren selten. Jules und Gustave Simon (Autoren von *La Femme au XX$^e$ siècle*) vertraten die Ansicht, nichts sei erhabener als eine kirchliche Trauung. Als sich zwischen 1879 und 1885 antiklerikale Stimmungen verstärkten und immer mehr Paare nur standesamtlich heirateten, erklärten sie indigniert: »Wir Männer verstehen nicht, was die Kirche für die Frau bedeutet. Sie am Arm des Liebsten zu betreten, ganz in Weiß gekleidet, umhüllt von Orgelklängen und Weihrauchduft, inmitten all ihrer gerührt lächelnden Freunde, war der Traum ihrer Kinderzeit und wird ihr ein Leben lang in Erinnerung bleiben. Nichts davon wird sie je vergessen, nicht die Blumen, nicht die Kerzen, nicht den lieblichen Gesang der Chorknaben, nicht die zittrige Stimme des alten Pfarrers, nicht den Ring, der an ihren bebenden Finger gesteckt wurde, nicht den Schleier auf ihrem Kopf, nicht den heiligen Segen oder die herzliche Umarmung ihrer Mutter hinter der Sakristeitür. Für die kleinen Mädchen, die nicht mehr mit ihren Puppen spielen, gibt es nichts Schöneres, als an der Aussteuer ihrer älteren Schwester mitzuarbeiten, solange sie noch nicht selbst an der Reihe sind. All das kann man aus dem Leben einer Frau nicht herausreißen.« Frauentraum oder Männerphantasie?

## Die Hochzeitsreise

Hochzeitsreisen kamen um 1830 in Schwang. 1829 stellte der *Code conjugal* ein junges Ehepaar am Morgen nach der Hochzeit im neuen Heim dar. Die Brautmutter war die erste Besucherin, danach kamen andere nahe Angehörige und enge Freunde. Das Paar war also nicht auf der Hochzeitsreise. Aber das Buch fährt fort: »Bei den Engländern herrscht die vortreffliche Sitte, daß ein frischgebackenes Ehepaar den ersten glückseligen Monat zurückgezogen auf dem Lande zubringt. Diese Mode ist seit einigen Jahren auch nach Frankreich gedrungen, und damit hat unsere feine Gesellschaft wieder einmal gewiß nicht das Schlechteste von unseren Nachbarn entlehnt.«

Verbrachte man den »Honigmond« auf dem Lande, war die Intimität unter vier Augen garantiert, die durch familiäre und gesellschaftliche Verpflichtungen fatal gestört wurde, wenn man zu Hause blieb. Dies sei der Zweck einer Hochzeitsreise, wie das *Livre du mariage* 1886 erklärte. Es lobte deren Vorzüge auch deshalb, weil die Jungverheirateten in ihren Koffern ja alles mitnehmen konnten, was nötig war, »um sich – gleichgültig an welchem Ort – eine heimelige Atmosphäre zu schaffen«. Eine Stunde nach der Ankunft im Hotel hatte man seine Sachen ausgepackt und sich ein »Nest« gerichtet – kurz, man fühlte sich »wie zu Hause«.

Also auf Hochzeitsreise gehen. Aber wann war der geeignete Zeitpunkt? Zwei verschiedene Schulen lagen im Widerstreit. Das junge Paar konnte entweder sofort nach beendeter Zeremonie abreisen, so wie es in England war, wo man die Brautleute mit einem Hagel von Reis verabschiedete, während die Braut ihre weißen Satinschuhe unter die Gäste warf (wer sie fing, heiratete als nächster). Oder es wartete noch eine Weile. Am Ende des Zweiten Kaiserreichs konstatierte die Comtesse de Bassanville, daß eine sofortige Abreise wenig angemessen sei. Im Juni 1894 schrieb *La Grande Dame:* »Man bricht nicht mehr gleich nach der Hochzeit auf, das gilt jetzt als bourgeois. Heutzutage nimmt der Bräutigam seine junge Frau mit auf seinen Landsitz oder in das Nest, das er für sie vorbereitet hat, nachdem er ihren Geschmack kennengelernt hatte. Manchmal überließen auch die Eltern ihr Haus ein paar Tage den Neuvermählten, die so ein wenig unter sich sein konnten.« Sechs Wochen oder zwei Monate später brach das Paar dann auf.

Anfang des 20. Jahrhunderts war es in Paris die große Mode, auf die Reise zu verzichten und sich inkognito in einem Pariser Hotel einzumieten. Doch obwohl die Hochzeitsreise an sozialem Prestige einbüßte, gelegentlich sogar in den Ruch von Vulgarität geriet, behauptete sie sich. Die Reisebüros prahlten mit verlockenden Offerten, und sie fanden Anklang. Die größte Anziehungskraft übte der Mittelmeer-Raum aus. Italien mit seinem milden Klima, der schönen Landschaft, den Kunststätten und der Atmosphäre vagabundierender Sinnlichkeit erschien als idealer Zielort für frischgebackene Ehepaare. Doch es gab auch Enttäuschungen. Camille Marbo, die im Oktober 1901 in Saint-Germain geheiratet hatte, fuhr mit ihrem Mann sechs Wochen nach Italien. Eine »barbarische« Zumutung nannte sie diese Reise: »Eine Mischung aus neuen körperlichen Erfahrungen, Erschöpfung und Sprachlosigkeit, verursacht durch die ständigen Ausflüge und Besichtigungen von Monumenten und Museen.« Ihr Mann wollte keine Sehenswürdigkeit versäumen, sie hatte Mühe, mit ihm Schritt zu halten, wurde auch bald schwanger und kehrte entnervt zurück. Sie erlitt eine Fehlgeburt und blieb danach unfruchtbar.

Die meisten Ärzte damals empfahlen den jungen Paaren, die erste Phase des gemeinsamen Lebens auf dem Land zu verbringen, um einander in Ruhe kennenzulernen; erst später sollten sie auf die Hochzeitsreise gehen, die sie dann auch besser zu genießen vermöchten. Im Grunde war dieser Rat plausibel; aber er ließ die symbolische Bedeutung der Hochzeitsreise außer Betracht. In den *Lettres à Françoise* (1902) verteidigte Marcel Prévost den traditionellen Brauch, der »das Maß an Hoffnung und Begeisterung erhöht, welcher zwei Menschen, die ihr gemeinsames Leben beginnen, so dringend bedürfen«[13]. Die Hochzeitsreise, Symbol für ein einschneidendes Ereignis in den Lebensgeschichten der Vermählten, sollte ein Leben lang in beider Gedächtnis haften bleiben: ein Hort unversieglicher Bilder und innig geteilter Erfahrungen.

## Vom Paar zur Familie

War man einmal verheiratet, stellte man die Ehe kaum noch in Frage. Scheidungen blieben die Ausnahme. Nach der Volkszählung von 1901 kamen auf 10 000 verheiratete Franzosen zwischen achtzehn und fünfzig Jahren 53 Geschiedene und auf 10 000 verheiratete Französinnen von fünfzehn bis fünfundfünfzig Jahren 70 Geschiedene.

Intimität zwischen den Ehegatten wurde nun höher bewertet als früher. Es wurde üblich, das Schlafzimmer und ein großes Ehebett miteinander zu teilen. Die Debatte über die Berechtigung getrennter Schlafzimmer verebbte. Das Signal kam von ganz oben: Der »Bürgerkönig«

Louis-Philippe zeigte bei Schloßbesichtigungen stolz das große Ehebett, das er mit Königin Marie-Amélie teilte. Unter vier Augen duzten sich bürgerliche Eheleute; man redete einander mit Kosenamen an, die rührend und zugleich ein wenig lächerlich waren; César Birotteau nannte seine Frau »Mimi«, »mein schönes weißes Rehlein«, »mein geliebtes Kätzchen«.

Mit der Hochzeit begann der Weg vom Paar zur Familie. Man hoffte auf eine Schwangerschaft, wartete auf die Ankunft des Babys, ließ es taufen, zog es groß und kümmerte sich um seine Bildung und Freizeit. Der Rhythmus des privaten Lebens gehorchte dem Entwicklungsgang des Kindes. In den bürgerlichen Familien gab es zwar weniger Kinder als früher (Paul Vincent hat dargelegt, daß mehr als die Hälfte der Frauen, die 1881 geboren waren, nicht mehr als zwei Kinder hatte), aber man widmete ihnen jetzt erhöhte Aufmerksamkeit und setzte mehr Hoffnungen in sie als jemals zuvor.

Das gesellschaftliche Präferenzensystem beförderte nicht lediglich die Intimität zwischen Mann und Frau, sondern innerhalb der gesamten Familie. Vaterschaft und Mutterschaft wurden zu sozialen Leitwerten. Die Brüder Goncourt konstatierten am 26. März 1860 in ihrem Tagebuch: »Das Kind und seine Mutter werden nicht wie in früheren Jahrhunderten in die Gemächer der Frauen verbannt. Man zeigt es bereits als kleines Baby. Die Amme wird stolz vorgestellt. Man setzt sich selbst in Szene und präsentiert stolz sein Werk. Kurz, man ist Familienvater, so wie man vor fast einem Jahrhundert Staatsbürger war – mit großem Pomp.« Die Väter gaben sich stolz auf ihre Nachkommenschaft, bedachten sie mit ausgesuchter Zuwendung und mit Zärtlichkeit. Eugène und Marie Boileau ließen ihre Kinder zur Begrüßung jeden Morgen in ihr Bett. Maries Briefe an Eugène, als er 1883 auf Reisen war, vermitteln eine lebendige Anschauung von diesem morgendlichen Zeremoniell: »Du solltest nur sehen, wie sich die ganze Brut jeden Morgen in mein Bett stürzt! Sie machen mich ganz faul, diese süßen Kleinen. Man weiß kaum, wer am glücklichsten aussieht. Jane umarmt mich mit ihren niedlichen kleinen Ärmchen, und wehe dem, der mir einen Kuß geben will. Sie schlägt und kratzt ihn und sagt mit ihrer Schmusekatzenstimme: ›Ich will meine liebe Maman alleine haben‹, dann gibt sie mir ein dickes Küßchen. Wie glücklich wäre ich, mein lieber großer Fanfan, wenn du da wärst, oder vielmehr, wie glücklich wären wir.«

Kinder wurden geboren, Kinder wuchsen heran. Taufe und Kommunion, Riten, durch die sie in die Christengemeinschaft aufgenommen wurden, entwickelten sich im Laufe des 19. Jahrhunderts zu Familienfesten. Bei diesen Anlässen stärkte und belebte man die gegenseitigen Bindungen.

Seit der Revolution lagen die Standesregister in den Händen des Staates. Wurde ein Kind geboren, mußte der Vater innerhalb von drei Tagen in Begleitung zweier Zeugen aus demselben Wohnort zum Standesamt des Bezirks gehen und das Kind anmelden. Innerhalb der nächsten vierundzwanzig Stunden kam dann ein Amtsarzt, der die Geburt des Kindes und sein Geschlecht bestätigte.

Hochzeitsnacht im Haus der Familie, unter den wachsamen Augen einer äußerst respektablen Mutter. Ende des 19. Jahrhunderts ermahnte man den jungen Bräutigam, sich klug und taktvoll zu verhalten: »Sei leidenschaftlich mit Zurückhaltung, ruhig und dennoch feurig, sanft und zärtlich, doch lasse zugleich glühende Zuneigung und die verführerischen Seiten einer stählernen Persönlichkeit erkennen«, rät Gustave Droz dem zögernden Bräutigam in seinem Roman *Monsieur, Madame et Bébé*. (Privatsammlung)

## Die Taufe

Ein Kind mußte im Laufe der ersten drei Tage nach der Geburt getauft werden. Noch 1859 bekräftigte das *Dictionnaire universel de la vie pratique à la ville et à la campagne,* daß man die Taufe nicht ohne gewichtigen Grund verschieben dürfe. Doch die religiöse Vorschrift wandelte sich unter dem Druck der Familie. Damit die junge Mutter an der Zeremonie teilnehmen konnte, wartete man zwischen sechs Wochen bis zu zwei, selbst drei Monaten, bevor man die Taufe ausrichtete. Fürchtete man um das Überleben des Babys, wurde es gleich nach der Geburt notgetauft. Claire P. de Chateaufort, die am 11. Januar 1903 niederkam, berichtet, daß ihr Sohn Albert am 17. Januar von Abbé Demange notgetauft wurde. Am Sonntag, dem 15. Februar, fand dann die offizielle Taufe statt; an diesem Tag gab sie ein großes Essen.

Es war Brauch, daß ein Kind drei Vornamen bekam: von den Eltern, vom Paten oder von der Patin. Während des kirchlichen Ritus stand der Pate rechts von der Mutter, die das Kind hielt; links stand die Patin. In symbolischer Geste legten die Paten dem Säugling die Hand auf und berührten mit der anderen die Falten des Taufkleids. Die Eltern antworteten dem Priester auf seine Frage »Was erbitten Sie von der Kirche Gottes für Ihr Kind?« – »Daß es ein Kind Gottes sei.« Dann unterzeichneten Eltern und Paten den Taufschein und zogen mit den anderen Gästen zur Familie des Täuflings, wo der Vater zum Essen einlud.

Pate und Patin mußten dem Kind bestimmte Geschenke machen, die des Paten waren jedoch weitaus bedeutsamer. Beide hatten die Aufgabe, für die christliche Erziehung des Patenkindes zu bürgen, wenn die Eltern sterben sollten. In Wirklichkeit erwartete man von ihnen vor allem rituelle Geschenke. Wie die guten Feen im Märchen sollten sie sich über die Wiege des Kindes beugen, ihm Willkommensgaben darbringen und es zu festgesetzten Zeiten während der Kindheit und Jugend weiter beschenken. Sie waren Hauptpersonen bei allen Familienfesten. Es war Tradition, daß man beim ersten Kind den Großvater väterlicherseits und die Großmutter mütterlicherseits als Taufpaten bat; beim zweiten Kind sollten Großvater mütterlicherseits und Großmutter väterlicherseits die Paten sein. Waren die Großeltern bereits gestorben, wählte man die nächsten Verwandten beider Familien bzw. ihre Nachkommen. Die bewußte Verknüpfung von Großeltern und Paten ist ein beredtes Beispiel für die Autarkie der Familien.

## Die Erstkommunion

Die Erstkommunion konkurrierte mit der Hochzeit um den Titel »schönster Tag im Leben« – so definierte Flaubert die Kommunion übrigens in seinem *Wörterbuch der Gemeinplätze.* In vielerlei Hinsicht war sie die Vorstufe zur Hochzeit, denn auch hier wurde das Sakrament vor der ganzen Gemeinde zelebriert. Der Vorgang affizierte gleichzeitig und gleichermaßen die Gefühle der Akteure, der Kommunikanten und

Alfred Stevens, *Familienszene*. Das klassische Trio in einem malthusianisch beeinflußten Frankreich. Der Mann arbeitet an seinem Schreibtisch, die Frau hält das Kind im Arm, als wäre sie die Gottesmutter. Der Maler hat die Familienszene der Ikonographie der traditionellen Madonnenfiguren angeglichen. (Paris, Musée d'Orsay/Jeu de Paume, Schenkung Kaganowitch)

der Zuschauer: »Ihre Eltern, vor allem die Mütter, wohnen dieser ersten Handlung ihres religiösen Lebens voller Rührung bei und spüren eine neue Aufwallung ihrer unerschöpflichen Liebe«, heißt es 1841 im *Dictionnaire de conversation à l'usage des dames et des jeunes personnes*. Die Ergriffenheit resultierte einerseits aus dem Warten auf den großen Tag und seine lange Vorbereitung, andererseits aus der feierlichen Inszenierung. Am 15. Mai 1879 empfing Elisabeth Arrighi im Alter von zwölf Jahren in der Kirche Saint-Germain-des-Prés die erste Kommunion. Bereits einige Tage vor dem Jahresbeginn 1879 schrieb sie in ihr Tagebuch: »Das Jahr meiner Erstkommunion.« Regelmäßig berichtete sie von ihren Katechismusstunden, in denen sie gute Noten erzielte; sie erhielt das »grand cachet«* und wurde von den Abbés gelobt. Am Donnerstag, dem 8. Mai, bekam sie Geschenke, ein weißes Laudate, ein Elfenbeinnecessaire, eine Christusfigur und erbauliche Bücher. Am Samstag, dem 10. Mai, vertraute sie ihrem Tagebuch den Wunsch an, ihr Vater möge am Tag ihrer Erstkommunion ebenfalls zur Kommunion gehen. Der 11., 12. und 13. Mai waren Exerzitien gewidmet; der

* Eine Art Ehrenurkunde. *A.d.Ü.*

Gastl, *Die Taufe*. Die Glocken läuten, man verteilt Geldstücke an Kinder und die Armen der Gemeinde – Zeichen der Freude, weil ein neuer Mensch in die Christenheit aufgenommen wird. Der Säugling wird begleitet vom Paten und der Patin, beide jung genug, um Vater und Mutter zu vertreten. Die Kirche durfte bei den großen Augenblicken im Leben nicht fehlen. (Paris, Bibliothèque Nationale)

Prediger sprach über den Tod, die Hölle und den Himmel. Am 14. Mai ging es zur allgemeinen Beichte. Elisabeth war voller Schuldgefühle, weil sie ihre kleine Schwester geneckt hatte, und bat Gott dafür um Vergebung. Am Sonntag, dem 18. Mai, berichtete sie ausführlich über die Feier am Donnerstag: Choräle, Orgelmusik, viele Menschen, die Prozession der jungen Mädchen in Weiß, dazu intensives Gebet – großer Gefühlsüberschwang im Tagebuch: »Oh! Mein ganzes Leben lang werde ich mich an die Empfindungen dieses Augenblicks erinnern.« »Zitternd« trat sie an den heiligen Tisch, fiel auf die Knie, betete zu Gott, empfing die Hostie und kehrte zurück zu ihrem Platz. Sie versenkte sich in Gebete und Dankesworte. »Ich hörte, wie der liebe Gott zu meiner Seele sprach und mir immer wieder sagte: Ich gehöre dir, du hast mich empfangen.«

Im 19. Jahrhundert waren die Erstkommunikanten in der Regel zwölf Jahre alt. Das Laterankonzil im 13. Jahrhundert hatte verfügt, die erste Kommunion sollten Kinder empfangen, wenn sie das Alter der »Vernunft« und der »Urteilsfähigkeit« erreicht hatten, das heißt, wenn sie imstande waren, das Gute vom Bösen und das Brot der Eucharistie vom gewöhnlichen Brot zu unterscheiden. Das trientinische Konzil im 16. Jahrhundert berief sich ebenfalls auf das Alter der »Urteilsfähigkeit«, das die Ärzte zwischen neun und dreizehn oder vierzehn Jahren datierten. Im Verlauf des 19. Jahrhunderts entbrannten in der Kirche Diskussionen, ob diese Entscheidung richtig war. Um 1853 signalisierten die Provinzkonzile von Albi, Toulouse und Auch, daß man Kinder rechtzeitig zur Erstkommunion führen müsse, »in dem Alter, in dem sie den Leib des Herrn bereits erkennen, aber noch im Zustand ihrer ursprünglichen Unschuld, noch nicht befleckt vom Laster sind«. Pius IX. ließ Kardinal Antonelli in diesem Sinne am 12. März 1866 einen Rundbrief an die Bischöfe Frankreichs schreiben.

Die Debatten mündeten schließlich in ein päpstliches Dekret vom 8. August 1910, *Quam singulari Christus amore*. Pius X. ordnete an, jedem Kind die Erstkommunion zu erteilen, sobald es einige Grundkenntnisse der Religion erworben habe, also etwa im Alter von sieben Jahren. Das Dekret verfolgte sowohl ein spirituelles wie ein materielles Ziel.

Zunächst einmal ging es darum, die jansenistischen Elemente einer relativ späten Kommunion zu tilgen. Die Jansenisten faßten die Eucharistie als Belohnung auf, während sie die kirchliche Lehrmeinung als »ein Heilmittel für die menschliche Schwäche« bestimmte. So gesehen war es sinnvoll, einem Kind, das zwei Jahre den Katechismus gelernt hatte, die Erstkommunion zu erteilen und es danach anzuhalten, häufig zu beichten und zur Kommunion zu gehen. Das Sakrament sollte einen Schutzwall gegen Versuchung und Sünde bilden.

Das Dekret suchte ferner dem übertriebenen Aufwand zu wehren, der an die Kommunion gekoppelt war. Die Gegner des Dekrets witterten hier »die Gefahr, die Feierlichkeit abzuschaffen, die in unserem Land aus der Erstkommunion den schönsten Tag im Leben macht«. Fraglos hatte die Feierlichkeit der Handlung eine gewisse Verweltlichung zur Folge. Die üppige Zeremonie in der Kirche sollte – ebenso wie die Hochzeit – der Garant sein für eine »Erinnerung, die durch nichts ausgelöscht wird«. Die Knaben trugen einen schwarzen Anzug mit einer weißen Armbinde aus Seide oder Moiré; die Mädchen sahen aus wie kleine Bräute, ganz in Weiß, mit Schleier. »Das ganze Leben eines jungen Mädchens spielt sich ab zwischen zwei Schleiern, dem Kommunionsschleier und dem Hochzeitsschleier«, bemerkte die Comtesse de Gencé 1910. Man bekam viele Geschenke, doch nur entfernte Bekannte der Familie schenkten religiöse Dinge, ein Laudate oder einen Rosenkranz, nahe Freunde und Verwandte dagegen Schmuck, Uhren, Kunstgegenstände. Ende des 19. Jahrhunderts war es Sitte, die Geschenke zusammen mit der Karte des Gebers aufzustellen, ganz so, wie man mit Hochzeitsgeschenken verfuhr. Und nach der Kommunionmesse wurde eine mehrstöckige Torte serviert. »Alles, was die Familie an diesem Tag trug, mußte neu sein, die Eltern kleideten sich neu ein, für die Mutter war er vor allem eine günstige Gelegenheit, von ihrem Mann die Erlaubnis für ein neues Kleid zu bekommen – eine Einheit von Geistlichem und Profanem. Im Konfektionsgeschäft fand sich für jeden Geldbeutel das Passende. Für Mädchen aus armen Familien gab es Kleider für 3,75 Francs, Korsage, Schleier und Häubchen für 0,85 Francs; für die Wohlhabenden gab es Häubchen und Schleier für 15 Francs und Kleider für 130 Francs, die zwei Musselinröcke übereinander und ein seidenes Unterkleid hatten. Gürtel begannen bei 1,45 Francs und konnten bis zu 40 Francs kosten.«[14]

Zweifellos hoffte der Papst, daß eine frühere Erstkommunion weniger Anlaß zu weltlicher Luxusentfaltung geben würde. Nicht in Betracht kam jedoch, die kirchliche Feierlichkeit anzutasten, im Gegenteil. Die grandiose Zeremonie sollte in der Pfarrgemeinde der Erstkommunikanten, bei ihren Eltern, Freunden und allen Gläubigen Emotionen und Sympathie wecken, damit zumindest einmal im Jahr jeder Christ am Sakrament der Eucharistie teilnahm. Deshalb hatte

Eugène Devéria, *Die Taufe*.
(Paris, Bibliothèque Nationale)

*Die glückliche Großmutter, Rückkehr von der Kommunion*. Der Kuß für die Großmutter war auch ein Abschiedskuß für die eigene Kindheit. Die Erstkommunion war für junge Mädchen ein Übergangsritus, der erste »schönste Tag im Leben« vor der Hochzeit.
(Paris, Bibliothèque Nationale)

Erstkommunikanten vor der Kirche und im Photoatelier: tadellos gekämmt, mit ernsten Gesichtern und speziell für den Anlaß gekleidet, wurden sie photographiert. Die Mädchen waren gekleidet wie Bräute, die Jungen bekamen zur Kommunion ihren ersten Anzug, der in einfachen Kreisen bis zum Militärdienst halten mußte. Diese Photos als Erinnerung an einen Übergangsritus wurden mit der Zeit obligatorisch.

man die Erstkommunion lange Zeit zu Ostern gefeiert, denn so entstand »ein lobenswerter Antrieb zur allgemeinen Erfüllung der österlichen Pflicht«. Das *Bulletin paroissal de Saint-Sulpice* beharrte nachdrücklich auf der Vermittler-Rolle der Erstkommunikanten: »Eltern und Freunde traten nacheinander in großer Zahl an den Altar, um Gott zu empfangen. Die übrigen, weniger glücklich und vielleicht auch weniger mutig, beneideten sie. Unter ihnen gibt es sicherlich manchen, der zu Hause in der Abgeschiedenheit der Wohnung sein Kind lange umarmt hat, um in ihm Jesus zu finden, den er nicht empfangen hatte.« (25. Mai 1909) In der Person des Kindes nahm das Sakrament seinen Weg von der Kirche in die Familie.

Nach 1910 wurde ein neues System eingeführt. Ohne das Dekret *Quam singulari* zu negieren, wurde durch eine Zweiteilung die luxuriöse Aura der Zeremonie gewahrt – zur »kleinen« oder »privaten« Erstkommunion ging man im Alter der »Urteilsfähigkeit«, etwa mit sieben; die zweite, sogenannte »feierliche« Kommunion fand im Alter von etwa zwölf/dreizehn Jahren statt – und sie erfüllte exakt die Funktion der früheren »Erstkommunion«.

Es gelang nicht, die traditionelle Erstkommunion vorzuverlegen, da sie ja nicht nur ein religiöses Fest war, sondern ein Übergangsritus von einer Altersstufe in die andere. Chateaubriand hat das in den *Mémoires d'outre tombe* betont: So wie die jungen Römer die Männertoga empfangen hatten, so erhielten junge Christen ihre erste Kommunion. Er selbst beging diese Feier im April 1791, im Alter von dreizehn Jahren. Das war, wie er sagt, »der Augenblick, in dem die Familie über den künftigen Stand des Kindes entschied«.

Der Eintritt in das Jugendalter, unterstrichen durch eine religiöse Zeremonie, wurde zu einem Familienfest, auf das man nicht verzichten mochte. Der Übergangsritus sollte fest im Gedächtnis verankert bleiben. Die Kommunikanten verteilten unter ihren Angehörigen und Freunden fromme Bildchen, auf deren Rückseite der Name und das Datum des Ereignisses gedruckt standen. Und sie gingen zum Photographen, der sie in der Regel kniend auf einer Bank porträtierte.

## Feste und Geburtstage

Außer diesen wichtigen Lebensdaten und jährlich wiederkehrenden Festen gab es in jeder Familie noch eigene private Rituale. Renée Berruel notierte am 23. März 1908 in ihr Tagebuch: »Heute abend haben wir Mamans Namenstag gefeiert. Ich hatte ihr einen Beutel gemacht, und wir haben *Simple Bouquet* gesungen. Jede von uns hat ihr noch eine kleine Vase geschenkt, von Papa hat sie eine Spiegelkommode mit vier Schubladen bekommen.« Clarisse Juranville rühmte in ihrem Buch *Savoir-vivre* (1879) die nachhaltige Wirkung solcher Familienfeste, »Abschnitte im Leben, bei denen das Herz aufblüht«. Sie beschrieb die Rührung, die jeder verspürte, wenn er an seinem Namenstag mit Aufmerksamkeiten bedacht wurde, ein junges Mädchen zum Beispiel: »Ihr Vater hat Ihnen etwas ins Zimmer bringen lassen, das Sie sich schon

Jules Octave Triquet, *Die feierliche Kommunion*. Junge Mädchen an der Schwelle zum Jugendalter, die durchscheinenden weißen Schleier von einer wohlwollenden Sonne beschienen. Gerührt und mit Herzklopfen feierten sie dieses Fest der Jungfräulichkeit in einer Mischung aus Geziertheit und Erotismus. (Rouen, Musée des Beaux-Arts)

lange gewünscht haben; Ihre Schwester hat Ihnen einen Kragen bestickt; Ihre Mutter hat zu Ihren Ehren nach dem Essen einen wundervollen Kuchen bringen lassen, und Ihr kleiner Bruder hat Ihnen einen Blumenstrauß geschenkt und mit einem kleinen Kompliment überreicht.« Von besonderer Bedeutung, schreibt sie, seien derlei Feste für die Großeltern. Kinder und Enkel sollten am Abend vor ihrem Namenstag an sie denken und ihre Glückwünsche überbringen. Die Großeltern nutzten die Gelegenheit, um den Familienverband zu versammeln. Namenstage und Geburtstage waren ausgezeichnete Anlässe, die Familienzusammengehörigkeit zu festigen. Das gleiche gilt von den Heiratsjubiläen, von der »Baumwollhochzeit« (nach einem Jahr Ehe) über die »Zinnhochzeit« (zehn Jahre), die »Porzellanhochzeit« (zwanzig Jahre), die »Silberhochzeit« (fünfundzwanzig Jahre) und die »goldene Hochzeit« (fünfzig Jahre) bis zur »diamantenen Hochzeit« (sechzig Jahre Ehe). Diese Jubiläen gemeinsam mit Kindern, Enkeln und Urenkeln des Paares zu begehen hieß, sich an die Gründung der eigenen Familie zu erinnern.

## Alter, Tod und Trauer

Im Laufe des 19. Jahrhunderts stieg die durchschnittliche Lebenserwartung beträchtlich. 1801 lag sie bei 30 Jahren. 1850 betrug sie 38 Jahre bei den Männern und 41 Jahre bei den Frauen, 1913 48 Jahre bei den Männern und 52 Jahre bei den Frauen. Wer reich war, hatte jedoch bessere Chancen, ein hohes Lebensalter zu erreichen, als jemand, der darbte. In Frankreich starben von 1870 bis 1914 »von zehntausend vierzigjährigen Unternehmern 90; von zehntausend Angestellten starben im selben Alter 130 und von zehntausend Arbeitern 160«[15]. In Bordeaux lag das statistische Todesalter von Bürgern 1823 bei 49 Jahren, bei Leuten aus dem Volk bei 33 Jahren. In Paris betrug die Sterblichkeitsrate im Zeitraum 1911–1913 11 Prozent in vornehmen Stadtvierteln, aber 16,5 Prozent in Arbeitervierteln. Die Sterblichkeitsrate bei Tuberkulose war bei den Armen doppelt so hoch wie bei den Wohlhabenden. Wer im Wohlstand lebte, hatte gute Aussichten, den Ruhestand genießen zu können. Angehörige der freien Berufe mußten dafür selbst vorsorgen. Im 19. Jahrhundert hatten ausschließlich Beamte ein Anrecht auf eine Pension. Ein Gesetz vom 9. Juni 1853 legte fest, daß Soldaten, Verwaltungs- und Universitätsangestellten ab 60 Jahren eine Pension zustand, vorausgesetzt, sie hatten 30 Dienstjahre vorzuweisen. Das Gesetz fixierte auch das Maximum der Bezüge – ein Richter zum Beispiel bekam nicht mehr als 6000 Francs oder zwei Drittel des Durchschnittsgehalts während der sechs letzten Tätigkeitsjahre. Arbeiter bekamen nur im Ausnahmefall eine Rente – etwa in staatlichen Manufakturen, bei der Eisenbahn oder in manchen Großunternehmen; viele versicherten sich bei einer Hilfskasse. Bauern genossen keinerlei soziale Sicherheit, sie mußten sich ganz auf die Familienunterstützung verlassen. Das Gesetz von 1910 »zur Rentenversicherung für Bauern und Arbeiter« war zwar zaghaft und umstritten, zeigt aber immerhin, daß man sich des Problems bewußt zu werden begann.[16] Ärzte und Ingenieure, die sich zur Ruhe setzten, zehrten im 19. Jahrhundert von den Ersparnissen aus der Zeit ihrer Erwerbstätigkeit. Da der Geldwert stabil war, konnten sie sich mit fünfzig Jahren aus dem Beruf zurückziehen, ohne daß ihr Lebensstandard gelitten hätte. Unter den Rentnern damals in Frankreich waren viele, die der Mittelschicht angehörten und über eher bescheidene Einkünfte verfügten. Allgemein galt die Zeit der Rente als eine der Muße und der Annehmlichkeiten des privaten Lebens.

Wohlhabende Bürger starben zu Hause. Krankenhäuser waren für sie ein »Ort des Grauens«, wo diejenigen starben, die weder Geld noch Familie hatten. Selbst Kliniken, die für Angehörige höherer Schichten reserviert waren, betrachtete man als Exil. Der Tod war in die Baustruktur des Hauses integriert. Abbé Chaumont schrieb 1875, das eheliche Schlafzimmer sei eine »heilige Stätte«, an der man einst mit dem Tode ringen würde; daher sollte man ein »tröstliches, aber auch belehrendes Bild vom Tod des heiligen Josephs« an die Wand hängen.

Die Familienangehörigen wechselten sich gegenseitig am Krankenbett ab. Germaine de Maulny berichtet, sie habe zusammen mit ihrer Schwester, die ebenfalls noch eine Jugendliche war, zwei Jahre lang ihre Mutter gepflegt, die in Limoges mit dreiundvierzig Jahren an Krebs starb. Marie Boileaus Schwester Isabelle, die 1900 in Vigné verstarb, war zuvor sechs Jahre lang bettlägerig gewesen und von ihren Nichten umsorgt worden. Doch in Paris oder anderen Großstädten war es schwieriger, einen Sterbenden bei sich zu behalten – die Wohnungen

Lucien-Hector Jonas, *Goldene Hochzeit*. Sieg der Treue, aber auch Ergebnis einer selten hohen Lebenserwartung der Partner. Ein solches Ereignis war es wert, daß der Bürgermeister eine Rede hielt und die ganze Familie zusammenkam. Ende des 19. Jahrhunderts gab es sonst kaum Formen, das Alter zu ehren. (Paris, Salon von 1912)

nach der Ära Haussmann waren klein und eng und verschärften die Anschauung des Todes bis zur Qual; Distanz, um die man sich seit Pasteurs Entdeckungen auch aus Gründen der Hygiene bemühte, war nicht möglich. Der Tod, bisher gewissermaßen ins Leben integriert, erschien nun nur noch als Siechtum und Fäulnisprozeß. Das führte zwischen 1930 und 1940 zum »versteckten Tod« im Krankenhaus, wie Philippe Ariès es genannt hat.

War jemand verstorben, so drückte man ihm die Augen zu, streckte ihm die Glieder und legte ein weißes Leichentuch über den Körper. Das Gesicht blieb unbedeckt und wurde von Kerzen beleuchtet, damit man das allerkleinste Lebenszeichen sogleich bemerkte. Aus demselben Grund wachte man Tag und Nacht bei dem Toten. War der Tote katholisch gewesen, so legte man ihm ein Kruzifix und einen geweihten Buchsbaumzweig auf die Brust. Die Fensterläden des Sterbezimmers wurden halb geschlossen.

Man meldete den Tod auf dem Standesamt; dann wartete man auf den Amtsarzt, der die Erlaubnis erteilte, den Toten zu begraben. Aufgrund dieser Erlaubnis stellte das Standesamt den Totenschein aus. Die Beerdigung besprach man mit einem Bestattungsinstitut und dem Pfarrer. In Paris konnte man sich auch an Spezialinstitute wenden, die die Zeremonie »mit Takt und Pietät« zu organisieren versprachen.

Wie bei der Hochzeitszeremonie gab es auch für Begräbnisse verschiedene Preisklassen. Rechnet man die Kosten des Bestattungsinstitutes und die Meßkosten zusammen, so kommt man im Jahre 1859 auf 4125 Francs für die erste und auf 15 Francs für die neunte und letzte

Klasse. Der Unterschied lag in den verwendeten Materialien und in den – mehr oder weniger ausführlichen – Gesangsdarbietungen.

Stammte der Tote aus einer vermögenden Familie, errichtete man im Salon eine Kapelle, die mit Wachskerzen beleuchtet wurde. Dort empfing man die Besucher, die sich vor dem Sarg verbeugten und ihn mit Weihwasser besprengten. Familien in bescheideneren Verhältnissen ließen den Sarg in der Eingangsdiele aufstellen, die mit Tüchern so verhängt war, daß sie ebenfalls wie eine Totenkapelle wirkte. Solange der Tote im Haus war, versammelte sich die Familie zu den Mahlzeiten nicht um den gemeinsamen Eßtisch, sondern jeder aß in seinem Zimmer. War die Zeit für das Begräbnis gekommen, gingen die Männer entweder barhäuptig zur Kirche oder fuhren in der Kutsche dorthin. Die Angehörigen bildeten die Spitze des Trauerzuges. Nach der Totenmesse folgten nur die Verwandten und Freunde dem Sarg bis zum Friedhof.

In der Familienkorrespondenz der Boileaus ist von Krankheit häufig die Rede, vom Tod jedoch kaum einmal. 1900 starb Tante Isabelle. Ihr Name tauchte in den Briefen nie wieder auf. Dasselbe war 1909 und 1914 der Fall, als zwei der Schwiegersöhne starben. Die Briefe berichten von der Haltung ihrer Witwen, ob sie gefaßt oder niedergedrückt waren, doch fällt kein Wort über den Verstorbenen. Über Leid, Trauer und Schmerz schwieg man, das gebot die Scham; intime Gefühle zu offenbaren war unschicklich. Schriftliche Zeugnisse finden sich daher nur in den Riten selbst: Todesanzeigen, schwarzgerändertes Briefpapier und Notizbucheintragungen über Ausgaben für Trauerkleidung und Grabpflege. Nach dem Tod ihrer Schwester im November 1900 notierte Marie Boileau in ihrem Haushaltsbuch: »Trauerkleidung für die Dienerschaft und die Tageshilfen: 274 Francs; Hüte und Schleier bei Madame Richard: 180 Francs; Herrichten des Grabes: 30 Francs; dem Pfarrer von B. für das Opfergebet: 50 Francs.«

Totenbild, Mitte des 19. Jahrhunderts, gekauft bei Turgis, einer der bekanntesten Handlungen für religiösen Bedarf im Quartier Saint-Sulpice, die man für ihre vornehm schwarz-weißen Stiche rühmte. Nach 1880 beschränkten sich Totenbilder auf eine Erinnerung an die Verstorbenen, ohne Anspielung auf das Jenseits. (Paris, Bibliothèque Nationale)

Sprach man im 19. Jahrhundert über die Trauerzeit, so stets, um zu beklagen, daß sie verkürzt wurde – eine lange Trauerzeit galt als Beweis guter Sitten. Dieses Bedauern entsprach jedoch nicht der Realität. Zu Beginn des 18. Jahrhunderts hatte ein königliches Dekret die Trauerzeit bei Hofe auf die Hälfte verkürzt: ein Jahr für den Gatten, sechs Monate für die Ehegattin, die Eltern und die Großeltern und einen Monat für die übrigen Familienangehörigen. Im 19. Jahrhundert scheint die Trauerzeit konstant geblieben zu sein. Eine Witwe trug in Paris anderthalb Jahre lang Trauer, in der Provinz zwei Jahre. In Paris wollten sich die eleganten Damen nicht allzu lange aus dem gesellschaftlichen Leben zurückziehen, schrieb Madame Celnart 1833. 1908 betonten sogar die *Usages du siècle* den Unterschied zwischen dem Sittenkodex: zwei Jahre Trauer, und der Realität: ein Jahr und sechs Monate oder ein Jahr und sechs Wochen. Andere Quellen bestätigen diese Fristen.

Das *Nouveau Manuel complet de la maîtresse de maison* von 1913 schrieb für Witwe und Witwer gleichermaßen zwei Jahre Trauerzeit vor, ebenso für Eltern; in der Regel beschied man sich mit einem oder gar einem halben Jahr, wenn man dem Code civil von 1828 Glauben

Pierre Marcel-Béronneau, *Schmerzlicher Weg*, 1900. Beim Tod des Vaters, diesem zentralen Ereignis in der Familiengeschichte, waren Tränen erlaubt, sogar Pflicht. Vor der Kirche steht eine Gruppe schwarzgekleideter Frauen, tief verschleiert und mit Taschentüchern in der Hand, um die Witwe herum. Die Männer weinten später auf dem Friedhof, wohin die empfindsamen Frauen sie nicht begleiteten. »Die Szene auf dem Friedhof war die einzige Bresche im sonst so nüchternen männlichen Verhalten und daher im Mittelpunkt der Empfindsamkeit, die Männer nach außen zeigen durften«, schreibt A. Vincent-Buffault in seiner *Geschichte der Tränen* (1986).

schenkt. Vergleicht man diesen Code mit den zahlreichen Benimmbüchern des Jahrhunderts, so stellt sich heraus, daß die Trauerzeit nicht kürzer, sondern länger geworden ist. Trauer um die Großeltern mußte man nun sechs statt viereinhalb Monate tragen, um die Geschwister nicht mehr zwei Monate, sondern sechs, um Onkel und Tanten nicht mehr drei Wochen, sondern drei Monate. Weniger gravierend veränderte sich die Zeit des Trauerns um Cousins und Cousinen ersten Grades: 1828 vierzehn Tage, später vierzehn Tage bis einen Monat.

Die Trauerzeit gliederte sich in drei Phasen: zuerst die große, dann die zweite und schließlich die Halb-Trauer. Nehmen wir den Fall einer Witwe. Während der Monate der großen Trauer (sechs in der Provinz, viereinhalb in Paris) trug sie schwarze Wollkleider, eine Haube und einen langen Schleier aus schwarzem Krepp, schwarze Leinenhandschuhe und keinerlei Schmuck (erlaubt war lediglich eine bronzierte Gürtelschnalle). Sie durfte sich weder Locken legen lassen noch Parfum auftragen. Während der »zweiten« Trauerphase waren ihre schwarzen Kleider aus Seide, sie durfte einen Hut mit Schleier, Handschuhe aus Leder oder Seide und geschnitzten Schmuck tragen. Schließlich folgten drei Monate Halbtrauer; während dieser Zeit konnte sie das Schwarz ihrer Kleidung mit Weiß-, Grau- oder Violett-Tönen beleben und Jadeschmuck anlegen. Die Etikette war so kompliziert, daß seit dem 18. Jahrhundert eine spezielle Zeitschrift sie erläuterte, die *Annonces des deuils*, die den Ablauf der Trauerzeit präzise und detailliert bezeichnete – zum Beispiel, an welchem Tag man schwarze Steine mit Diamanten und bronzene Ohrringe mit silbernen vertauschen mußte.

Während der großen Trauer ließ man alle Haushaltsmitglieder Schwarz tragen, auch die Kinder und die Dienerschaft, ausgenommen

Onkel, Tanten und Cousinen; die Kutschen wurden mit Tüchern verhängt. An öffentlichen Vergnügungsorten wie Theatern und Ballsälen oder auf Gesellschaften durfte man nicht erscheinen. In den ersten sechs Wochen mied man die Öffentlichkeit und empfing nur gute Freunde. Handarbeiten waren verboten. Auch andere Dinge außer der Kleidung unterlagen den Geboten der Trauerzeit. Man benutzte schwarzumsäumte Taschentücher und schwarzumrandetes Briefpapier (ein Zentimeter am oberen Rand, ein Viertelzentimeter am unteren). Nach der Trauer nahm man wieder weißes Papier, ausgenommen Witwen, die – wenn sie nicht wieder heirateten – ihr ganzes Leben lang nur noch das schwarzumrandete benutzten.

Es ist aufschlußreich zu beobachten, wie sehr das 19. Jahrhundert an diesem Trauerkodex festhielt. Obwohl er in Wirklichkeit nur noch von der Aristokratie und dem reichen Großbürgertum respektiert wurde, vermittelte er das Bild eines idealen Rituals, das man mit der mondänen Gesellschaft in der Monarchie des 18. Jahrhunderts verband. Man gewinnt fast den Eindruck, als hätte das 19. Jahrhundert Angst davor gehabt, seine Rituale zu verlieren, und sich deshalb zäh an ein althergebrachtes Modell, das noch vom König inspiriert war, geklammert.

## Schlußbemerkung

Am 22. Februar 1871 schrieb Victor Hugo: »Sobald ich einen freien Augenblick habe, gehe ich mit dem kleinen Georges und der kleinen Jeanne spazieren. Man könnte mich so beschreiben: Victor Hugo, Volksvertreter und Kindermädchen« – ein wunderbarer Parallelismus zwischen öffentlichem und privatem Leben; Hugo ist weit entfernt davon, jenem den Vorrang einzuräumen, sondern sieht seine Rollen als Politiker und Großvater im Gleichgewicht.

Victor Hugo mit Georges und Jeanne in »Hauteville House«.

1877, acht Jahre vor seinem Tode, veröffentlichte Hugo *L'Art d'être grand-père*. Er beschreibt sich dort als »Victor, *sed victus*«: er, den kein Tyrann jemals beugen konnte, »wird besiegt von einem kleinen Kind«, nicht nur von seinen eigenen Enkeln, nein, auch von allen anderen, denen er in den Tuilerien oder im Jardin des Plantes begegnete. Er wurde besiegt von ihrer Unschuld. Er erachtete Kinder für den besten Schutz gegen die Bosheit der Welt. Die Zeitungen mochten ihn beschimpfen und über ihn herfallen; wenn Jeanne einschlief und dabei seinen Finger umklammert hielt, fühlte er sich geborgen und eingehüllt von der Zartheit des Mädchens. Gott spreche durch die Kinder zu uns, meinte er, und deshalb finde man »einen tiefen Frieden«, wenn man sie betrachte.

Doch Kinder garantieren vor allem den Fortgang der Zeit. »Die Söhne unserer Söhne versetzen uns in Entzücken«, denn durch sie wird der Faden der Zeit gesponnen, in ihnen erscheint der endlose Kreislauf des Lebens: »Könnte ich die Jeanne meiner kleinen Jeanne sehen! Oh! Das wäre mein Traum!« Hugo malte sich den Tag aus, an dem Jeanne heiraten und selbst Mutter werden würde: »Jeannes Abenteuer wird dann noch vor ihr liegen, in dem Wesen, durch das unser Schicksal sich erweitert oder unterbrochen wird; sie wird eine Mutter sein mit junger, ernster Miene [...].« Er drückt hier auf poetische Weise eine Familienreligion aus, die von der Bourgeoisie in ihren kleinen oder großen Ritualen zelebriert wurde. Diese Rituale konnten eng mit religiösen Bräuchen verbunden oder ganz und gar davon gelöst sein. Sie boten Anlässe für Sentimentalität, Zärtlichkeit und Freude. Die Familie war gerührt und genoß sich selbst. Gleichzeitig schuf sie sich so eine eigene Zeitlichkeit – außerhalb historischer Zufälle und öffentlicher Konkurrenz –, die zwei einander widersprechende Merkmale aufwies: Die Familienrituale vermittelten durch ihre stets gleiche Wiederholung das Gefühl von Regelmäßigkeit und Kontinuität. Doch diese regelmäßige, zyklische Zeit, fließend und ohne harte Brüche, eine Zeit, die das Individuum nicht auslöschte, sondern in ein biologisches Kontinuum einbettete, sollte eine Art Ewigkeit erzeugen: Dauer ohne Ende. Im Grunde war es dieses Merkmal – Dauer, Ewigkeit –, das durch die Familienzeremonien bewahrt werden sollte. Deshalb war die Hochzeit das wichtigste Ritual, und deshalb gewannen Kinder und ihre Freizeit zunehmend an Bedeutung. In ihren Festen gewahrte die Familie verzückt ihre eigene ewige Inkarnation.

## Anmerkungen

1 C. Chotard-Lioret, *La Sociabilité familiale en province: une correspondance privée entre 1868 et 1920*, unveröffentlichte Dissertation, vorgelegt an der Universität von Paris, 1983.
2 R. Berruel, »Journal«, 1905–1916. Manuskript; Privatsammlung.
3 G. Sand, *Histoire de ma vie*, 2 Bde., Paris 1970, Bd. 1, S. 661 f. M. Genevoix, *Trente mille jours*, Paris 1981, S. 36.
4 J.-P. Chaline, *Les Bourgeois de Rouen. Une Elite urbaine du XIX^e^ siècle*, Paris 1981, S. 36.
5 G. Sand, *Histoire de ma vie*, Bd. 1, S. 844.
6 Ebenda, Bd. 1, S. 532 f.
7 P. Laffitte, zitiert nach Ph. Ariès, *Geschichte des Todes*. Übs. v. H.-H. Henschen und U. Pfau, München 1982, S. 693 f.
8 Vgl. R. Mauzi, *L'idée du bonheur au XVIII^e^ siècle*, Paris 1966; H. Boiraud, *Contribution à l'étude historique des congés et des vacances scolaires en France du Moyen Age à 1914*, Paris 1971.
9 L. Weiss, *Mémoires d'une Européenne*, Bd. 1; *1893–1919*, Paris 1968.
10 A. Cambry, *Fiançailles et fiancés*, Paris 1913.
11 Vgl. A. Daumard, *La Bourgeoisie parisienne de 1815 à 1848*, Paris 1963, und J.-P. Chaline, *Les Bourgeois de Rouen*, a. a. O.
12 G. Vigarello, *Wasser und Seife, Puder und Parfüm. Geschichte der Körperhygiene seit dem Mittelalter*. Übs. v. L. Gränz, Frankfurt a. Main 1988.
13 M. Prévost, *Lettres à Françoise*, Paris 1902, Brief XXIX.
14 G. d'Avenel, zitiert nach M. Crubellier, *Histoire culturelle de la France, XIX^e^–XX^e^ siècle*, Paris 1974, S. 205.
15 M. Reinhard, A. Armengaud und J. Dupâquier, *Histoire générale de la population mondiale*, Paris 1968, S. 352.
16 H. Hatzfeld, *Du paupérisme à la sécurité sociale (1850–1940)*, Paris 1971.

Welcher Kummer, welche Schande hat diesen jungen Mann dazu gebracht, sich in seiner Mansarde eine Kugel in den Kopf zu schießen? Während der romantischen Ära stieg in Paris die Zahl der Selbstmorde, doch die Existenz einer Familie war normalerweise ein stabilisierender Faktor. Sich mit einer Feuerwaffe umzubringen blieb weiterhin ein Privileg gebildeter Klassen. (Paris, Bibliothèque des Arts décoratifs)

Michelle Perrot

# Konflikte und Tragödien

Die Familie des 19. Jahrhunderts bewegte sich in einer widersprüchlichen Situation. In ihrer Macht und Würde von der Gesellschaft bestärkt, weil sie ein wichtiges Instrument sozialer Kontrolle bildete, suchte sie ihre Mitglieder auf gemeinsame Ziele einzuschwören – das Interesse der Gruppe hatte Vorrang vor den Interessen des Einzelnen. Gleichzeitig jedoch entbanden die Proklamation der Gleichheit und der stille, aber stetige Fortschritt des Individualismus zentrifugale Kräfte und erzeugten Konfliktstoff, bis zum Eklat. Die Familie war ein Mikroorganismus, der nun in seiner Geschlossenheit und sogar in seinen Schlupfwinkeln bedroht wurde. Die Grundregel des Familiensinns und die Verteidigung ihrer Ehre geboten indes, die gemeinsamen Geheimnisse zu hüten. Sie schweißten die Familie zusammen und dichteten sie nach außen ab wie eine Festung, aber oft zogen sie auch Gräben und Risse im Innern. Schreie und Flüstern, knarrende Türen, verriegelte Schubladen, gestohlene Briefe, ertappte Gesten, Vertraulichkeiten, ausweichende Blicke oder Blicke, die man auffing, Ausgesprochenes und Unausgesprochenes verwoben sich zu einem Geflecht interner Kommunikation, das um so subtiler war, je weiter Interessen oder Gefühle wie Liebe, Haß und Scham auseinanderliefen. Die Familie war ein unausschöpflicher Quell von Intrigen. Romanschriftsteller entdeckten in ihr reichlich Stoff, und sogar die Rubrik »Verschiedenes« in den Zeitungen wartete mit Bruchstücken aus der unendlichen Geschichte des privaten Lebens auf. »Zwar ist nicht jede Familie eine tragische Affäre, aber jede Tragödie ist eine Familienaffäre.«[1]

Die Rebellion gegen die Familie – vornehmlich gegen den Vater, doch auch gegen die Mutter oder gegen Geschwister, die man beneidete – wurde heftiger. Um zu überleben, war die Familie gezwungen, ihre Struktur zu lockern – die Individuen waren immer weniger bereit, ihre Zwänge zu erdulden. Insbesondere die bürgerliche Familie wurde zum Adressaten der Kritik von Künstlern und Intellektuellen – ledigen Dandys, die sich gegen die Ehegesetze auflehnten, und Bohemiens, die sich über heuchlerische Anstandsregeln lustig machten. Jugendliche schlugen über die Stränge und brachen mit den Konventionen; Frauen, die endlich ihr eigenes Leben führen wollten, verloren die Geduld. Am Vorabend des Ersten Weltkrieges geriet das Familienschiff in schweren Seegang, doch es ging nicht unter. Viele verließen das Schiff mit einem Gefühl von Erleichterung und Befreiung; manche hofften auf ihr persönliches Abenteuer und endeten in tiefem Leid.

## Konfliktherde

### Das Geld

Eine Hauptquelle für Konflikte war Geld, denn die bürgerliche Familie besaß in der Regel Vermögen. Hegel hielt Besitz für eine wesentliche Bedingung, damit die Familie existieren konnte; Marx diagnostizierte im Besitz den Keim ihrer Auflösung. Wichtigstes Motiv für »arrangierte« Eheschließungen – in begüterten Schichten die Norm – war meist das Geld. Nicht eingehaltene Versprechungen führten zu Beschwerden. Verzögerte sich die Auszahlung der Mitgift, so warf sich mancher Ehemann zum Rechnungsprüfer seiner Schwiegereltern auf. In Südfrankreich empfahlen Juristen das »régime dotal« – das heißt, die Frau verwaltete die Hälfte ihres Vermögens –, um die Rechte der Ehefrau zu schützen und die des Mannes einzuschränken. Die Männer versuchten immer wieder, eine derartige Gütertrennung zu unterlaufen. Dies erfuhr zum Beispiel Clémence de Cerilley, die ohne sonderliche Vorsichtsmaßnahmen mit einem ehemaligen Offizier verheiratet wurde. Er brachte sie dazu, für ihn vorteilhafte Testamente aufzusetzen, bis er sie eines Tages, mit Rückendeckung seiner Familie, für geisteskrank erklären und internieren ließ, um so freie Verfügung über den Besitz zu gewinnen. Da die ehemännliche Autorität gesetzlich geschützt war, gelang es Clémences Familie nur unter größten Anstrengungen, sie der Anstalt zu entreißen. Die Trennung von Tisch und Bett zu erwirken, erwies sich als unmöglich, da Clémence »sich weder über Verletzungen, körperliche Gewalt oder Drohungen noch über Mätressen unter dem eigenen Dach beklagen« konnte, wie Artikel 217 es verlangte.

Der Briefwechsel dieser Familie führt uns eine Reihe von Konflikten rund um das Geld vor, hauptsächlich in Erbschaftsbelangen. Einmal behauptete ein Cousin, um die Summe von 60 000 Francs, vererbt von einem Großvater mütterlicherseits, betrogen worden zu sein, und benutzte diesen Vorwand, um die finanziellen Arrangements der Familie anzufechten. Ein andermal überwarfen sich Geschwister, obwohl sie aneinander hingen, wegen der Vollstreckung des väterlichen Testaments, konnten sich nicht über einen Satz Holzschüsseln einigen und appellierten schließlich an die Justiz, damit Anwälte zwischen ihnen vermittelten.

Erbschaften waren Gegenstand und Anlaß unerbittlich betriebener Streitigkeiten, selbst in Fällen, in denen die Eltern bereits zu Lebzeiten Schenkungen und »Arrangements« in die Wege geleitet hatten. Denn die Wertschätzung eines Besitzstücks gehorcht nicht mathematischen Gesetzen, hier kommen Wünsche, Sehnsüchte oder das Gefühl, ein besonderes Anrecht auf etwas zu haben, ins Spiel. So reich sie auch waren, entzweiten sich die Brüder Brame, weil jeder das Schloß Fontaine in der Nähe von Lille haben wollte. Sie spannen Intrigen und wurden sogar handgreiflich. Im Gefolge dieser Affäre entstand eine so tiefe Kluft zwischen ihnen, daß Jules, der ältere, seinen Nachkommen einen Bericht über den Bruderzwist hinterließ.

In Familien, die weniger besaßen, zankte man sich um die Zahl der Wäschestücke – wer bekam wie viele Bettlaken und Taschentücher; übrigens ein Indiz dafür, welche Rolle solchen Wäschestücken in der Familienökonomie und bei der Zivilisierung der Sitten zukam. Die Kleinlichkeit ging manchmal so weit, daß jeder Kaffeelöffel gezählt wurde. Bibliotheken wurden auseinandergerissen, ja, bisweilen teilte man sogar gegen jede Vernunft Sammlungen oder Werkausgaben, nur damit keiner Benachteiligung witterte. Der Tod des Vaters oder eines anderen Vorfahren wurde häufig zum Anlaß genommen, alte Rechnungen zu begleichen; jeder paßte genau auf, ob ein anderer sich etwa Vorteile erschlich oder behauptete, aufgrund seiner Aufopferung besondere Ansprüche erworben zu haben. Wusch die Familie bei solchen Gelegenheiten ihre schmutzige Wäsche, blieb niemand verschont, nicht einmal die liebste Schwester oder der netteste Cousin. Nach derlei Erbstreitigkeiten herrschte häufig für längere Zeit böse Verstimmung oder Familienmitglieder entfremdeten sich auf Dauer. In Gesprächen und Briefen war davon häufig die Rede, jedenfalls in Familien, die aus Geldangelegenheiten kein Tabu machten.

Meist blieben die Familienkonflikte vertraulich, einziger Zeuge, in ernsten Fällen auch Schiedsrichter, war der Notar. Mitunter wurde der Druck extrem, vornehmlich in bäuerlichen Sippen, wo Besitz das Überleben entschied. Im Gévaudan rebellierten Geschwister, die sich durch die Festlegung des Erben mißachtet wähnten, gegen die Willkür des Vaters. Ende des 19. Jahrhunderts wandte man sich eher an die Justiz, als private Rache zu nehmen – ein Zeichen dafür, daß der Familiensinn schwächer wurde, denn so gerieten Familiengeheimnisse an die Öffentlichkeit.

In Kaufmanns- oder Fabrikantenkreisen entzündeten ökonomische Entscheidungen innerfamiliäre Konflikte. Ein Konkurs, der Ehrverlust und Ruin bedeutete, kam einer Familientragödie gleich. Doch die Rechtsprechung ermöglichte es allmählich, persönlichen Besitz und Geschäftseinlagen zu trennen. Statt der Kommanditgesellschaften (d. h. mindestens ein Gesellschafter haftete persönlich mit seinem ganzen Vermögen) wurden mehr und mehr Aktiengesellschaften gegründet, die den persönlichen Besitz des Einzelnen nicht antasteten. Manche Familien hielten jedoch an der alten Organisationsform fest; sie hatten es zwischen den beiden Weltkriegen schwer. Unfähige Erben brachten in wenigen Jahren beträchtliche Vermögen durch, die über lange Zeiträume akkumuliert worden waren. Eine systematische Untersuchung von Zivilprozessen – etwa wenn Testamente angefochten wurden – könnte unsere Kenntnis der Konflikte, die innerhalb der Familien wegen des Geldes ausbrachen, gewiß erweitern. Die Familienhistoriker sagen dazu im Grunde sehr wenig.

Das leidige Geld vergiftete allzuoft auch den Alltag. Mann und Frau gerieten in Streit über das Budget. Die Ehefrau, Verwalterin des Geldes, befand sich stets in Abhängigkeit. So war sie notfalls zu Schwindeleien gezwungen, oder sie mußte sich mit ihrem Mann anlegen. Henri Leyret hat den »Zahltag« beschrieben: »An diesem Tag herrscht im Stadtviertel eine ganz eigene Atmosphäre, eine Mischung aus Freude

Jules Breton, *Montag*, 1858. Während des Zweiten Kaiserreichs hielten viele Arbeiter, vor allem in Nordfrankreich, noch die alte Handwerksgewohnheit aufrecht, am »heiligen Montag« nicht zu arbeiten und diesen Tag mit fröhlichen Zechgelagen unter Freunden zu feiern. Ehefrauen, die Angst um ihr Haushaltsgeld hatten, drangen manchmal in die Männerdomäne der Kneipen vor und ermahnten ihre Männer, nach Hause zu kommen. Jules Breton, der aus Courrières (Pas-de-Calais) stammte, hat viele volkstümliche Szenen, meist aus dem ländlichen Milieu, gemalt. Dieses Bild hielt man für eines der besten Werke im Salon von 1858. (Saint Louis University Gallery of Art)

und Angst und Erwartung, als würde dem beschwerlichen Alltag der vergangenen Woche nun ein neues Leben folgen. Die Hausfrauen sehen zum Fenster hinaus, stehen im Hauseingang, manche gehen ihrem Mann ungeduldig und voller Angst entgegen [...]. Auf der Straße hört man schimpfende Stimmen, in den Wohnungen wirft man sich Gemeinheiten an den Kopf, manche Männer schlagen zu, Tränen fließen, Kinder heulen. In der Kneipe dagegen herrscht Fröhlichkeit, man ist berauscht, oft mehr berauscht von den Liedern als vom Wein.«[2]

Leyret hat auch dargelegt, welche Schikanen manche Kinder erdulden mußten, wenn die Eltern meinten, sie hätten nicht den gesamten Lohn abgegeben. Vor allem die Ältesten und die Töchter hatten darunter zu leiden; lebensfrohe Mädchen gerieten schnell in den Verdacht, »auf den Strich« zu gehen. In der Auseinandersetzung zwischen Jugendlichen, die sich loslösen wollten, und den Eltern spielte auch in Arbeiterfamilien das Geld eine gewichtige Rolle.

## Die Ehre

Das Erbe ließ sich nicht nur in Geldwerten messen, es gab auch ein symbolisches »Kapital«: Ehre. Diese Ehre wurde durch alles, was den Ruf oder den Namen einer Familie beschmutzte, gefährdet. Gegen Angriffe von Außenstehenden hielt man zusammen. Benahm sich ein Mitglied in kompromittierender Weise, geriet die Familie in die Zwickmühle: Sollte man die Sache durch Entschädigungen aus der Welt schaffen, sollte man den Schuldigen durch ein Familientribunal bestrafen lassen, sollte man den Vorfall mit dem Mantel des Schweigens bedecken oder den Übeltäter verstoßen? Jede dieser Reaktionen war möglich. Auf jeden Fall galt: »Wehe dem, der Schande über die Familie bringt.«

»Skandal« war ein geläufiges Wort, doch was es meinte, war keineswegs eindeutig. »Der Adlige, der auf die geringste Gefahr einer Erniedrigung empfindlich reagierte, sich von einem Schuldenberg aber kaum stören ließ, war in Geschichte und Literatur eine alltägliche Gestalt«, bemerkt Tricaud.[3] Im Frankreich des 19. Jahrhunderts gab es nicht nur einen einzigen Ehrenkodex, und es wäre interessant zu untersuchen, welches Verhalten einen Skandal heraufbeschwören konnte. In der Regel hing die Ehre stärker von moralischen oder biologischen Faktoren ab als von ökonomischen. Eine sexuelle Verfehlung oder ein uneheliches Kind wurde härter verurteilt als ein Bankrott, obwohl auch ein Bankrott weniger toleriert wurde als heutzutage (man vergleiche dazu etwa Balzacs Roman *César Birotteau*). Kurz, es waren die Frauen, durch die man die Ehre verlor; über ihnen schwebte stets das Damoklesschwert der Schande.

Da eine uneheliche Geburt äußerste Mißbilligung erregte, ist erklärlich, daß ledige Mütter (oder Frauen, die durch einen Ehebruch schwanger geworden waren) manchmal abtrieben oder gar das Neugeborene erstickten. Andere brachten ihr Kind in Entbindungsheimen zur Welt und setzten es dann aus. Um den Tod unehelicher Kinder zu verhindern, richtete das Kaiserreich ab 1811 sogenannte »Waisentürme« ein, die in der Folgezeit Anlaß zu heiklen Kontroversen gaben. 1838 verteidigte Lamartine sie in der Abgeordnetenkammer als beste Lösung, um die Familienehre zu schützen, und gegen malthusianisch argumentierende Abgeordnete, die eine Vermehrung der Armen befürchteten, führte er die »soziale Vaterschaft« ins Feld: »Ein uneheliches Kind sollte als Gast empfangen werden; die Familie der Menschheit muß es liebevoll aufnehmen« – die »Familie der Menschheit«, nicht die eigentliche Familie, die mit diesem entehrenden Sproß nichts zu tun haben wollte. Da man den »Waisentürmen« die Schuld an der steigenden Zahl von Kindesaussetzungen gab (1809 67 000, 1835 bereits 121 000), schloß man sie im Laufe der Zeit; 1860 gab es nur noch 25 dieser Einrichtungen, und im selben Jahr noch wurden sie durch einen ministeriellen Erlaß abgeschafft.

Fortan mußte eine Frau, die ihr Kind »freigeben« wollte, eine formelle Erklärung unterzeichnen. Eine ledige Mutter, die ihr Kind großziehen wollte, erhielt eine Beihilfe, die den Aufwendungen für eine Amme im Krankenhaus entsprach. Um die freigegebenen Kinder kümmerte sich die staatliche Fürsorge – zumindest in Paris, wo das Problem eklatant war –, die sie in der Regel zu Familien auf dem Lande gab. Waisenhäuser (wie etwa das Prince-Impérial) oder Jugendheime (etwa in Auteuil) wurden erst in der zweiten Jahrhunderthälfte eingerichtet.

Ein uneheliches Kind war ein Stigma, sichtbares Zeichen verlorener Jungfernschaft oder des Ehebruchs, und daher eine Gefahr für die Ordnung. Die Schande zu verbergen und ihre verdorbene Frucht verschwinden zu lassen war der einzige Gedanke der betroffenen Frauen und ihrer Angehörigen. Mütter leisteten ihren Töchtern häufig Beihilfe zum Kindsmord. Doch ebenso häufig erstattete jemand aus der Nachbarschaft oder gar ein Familienmitglied Anzeige. Bisweilen genügte ein Gerücht, um den Argwohn des Bürgermeisters oder der Polizei zu wekken.

Manche Frauen beschlossen, entweder aus Überzeugung oder aus Mutterliebe, ihr Kind zu behalten. Oft nahmen die Großeltern es in ihre Obhut, bis der Fehltritt vergessen war und die Mutter vielleicht einen Mann gefunden hatte, der die Vaterschaft antrat. Unter einfachen Leuten, wo man auf uneheliche Kinder gelassener reagierte, war das relativ häufig, doch in feinen Kreisen waren dazu komplizierte Verhandlungen nötig. Eine ledige Mutter war nicht leicht unter die Haube zu bringen, dazu bedurfte es gewisser Kompensationen, vor allem finanzieller Art. So verhielt es sich bei Marthe, einer jungen Adligen, die von ihrem Reitknecht geschwängert worden war. Die ganze Familie versuchte hartnäckig, einen Ehegatten für sie aufzutreiben, da sie erklärte, sie brauche aus sexuellem Bedürfnis einen Mann. Doch derjenige, der sich schließlich fand, entpuppte sich als Rohling. Er nahm sie finanziell aus und schlug sie, da er von ihrer »Schuld« profitieren konnte. Schließlich verlangte sie die Scheidung, was ihr erneut Vorwürfe ihrer katholischen Familie eintrug. Das Kind, das man zu einer Amme gegeben hatte, starb im Alter von vier oder fünf Jahren, ohne daß jemand wirklich um es getrauert hätte. Ein früher Tod war meist das Schicksal von »Bastarden«, Kindern, die niemand gewollt hatte, um die keiner sich recht kümmerte, die von keinem geliebt wurden. Man schätzt, daß durchschnittlich die Hälfte aller unehelichen Säuglinge starben. Erst die sin-

Bis die sogenannten »Waisentürme« 1860 abgeschafft wurden, nahmen die Nonnen in der rue d'Enfer in Paris ausgesetzte Kinder auf. Nicht nur ledige oder verlassene Frauen gaben ihre Kinder her, sondern – wie dieses Bild suggeriert – auch arme Ehepaare, die ihr Kind eventuell später wieder zurückholen konnten.
(Paris, Bibliothèque Nationale)

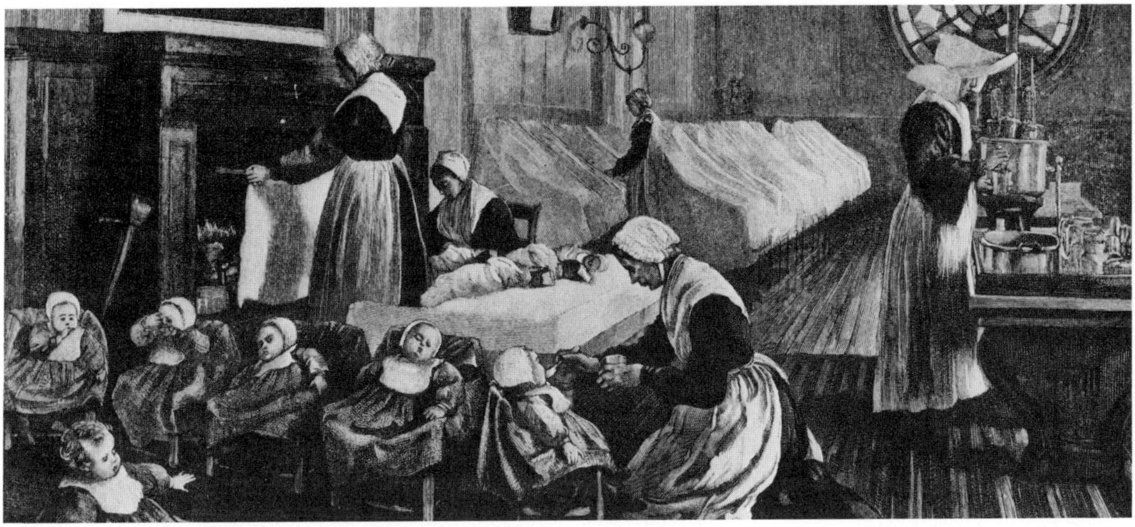

Von 1882 an gab es Einrichtungen der öffentlichen Wohlfahrt für Findelkinder und Waisen, die ebenfalls von Nonnen geleitet wurden. Ammen für die Kinder wurden am Ort gesucht, weil ein Transport der Kinder zu Ammen auf dem Land immer Gefahren und Risiken mit sich brachte.
(*Fürsorge für Kinder: die Krippe. L'Illustration*, 1882)

kende Geburtenrate nach dem Zweiten Kaiserreich brachte dem Staat zu Bewußtsein, daß es hier um potentielle Bürger ging; erst dann änderte sich etwas. Die Unterstützung lediger Mütter war der Anfang einer Familienpolitik – das hieß freilich nicht, daß sie damit rehabilitiert waren. Häufig von der Familie aus dem Haus geworfen, stießen sie auch bei den Hilfsinstitutionen auf Verachtung.

Ein uneheliches Kind zu haben, war eine nicht zu tilgende Schande, das Kind war mit einem unauslöschlichen Makel behaftet. Es wurde ausgebeutet und mußte alle Arten von Erniedrigungen über sich ergehen lassen. In den Dörfern des Gévaudan wurde es mit Spottnamen bedacht. Die Gesellschaft erachtete die »Champis«* für künftige Straftäter und beargwöhnte sie dementsprechend. Der Weg vom Waisenhaus in die Besserungsanstalt war daher für etliche uneheliche Kinder vorgezeichnet. Die nächste Station dann war für viele das Militär.

Eine illegitime Geburt lastete so schwer auf der Person, daß manche Autobiographie anscheinend nur geschrieben wurde, um diese Tatsache zu kaschieren. Xavier-Édouard Lejeune – *Calicot* – konstruierte einen regelrechten Abenteuerroman, um zu verbergen, was seine Nachkommen aufgrund des Geburtsscheins schließlich doch entdeckten. Viele uneheliche, aber später anerkannte Kinder erfuhren im Laufe ihres Lebens – und zu ihrem großen Kummer – vom Geheimnis ihrer Geburt, das oftmals die wildesten Spekulationen schürte. Aurore de Saxe (Madame Dupin) hatte zu Beginn des 19. Jahrhunderts noch ganz selbstverständlich den unehelichen Sohn ihres Sohnes Maurice aufgezogen; Hippolyte Chatiron wurde zeit seines Lebens als Halbbruder George Sands angesehen (ausgenommen das Erbe). In diesem Punkt wurden die Moralbegriffe im Laufe des Jahrhunderts rigoroser. So erklärt es sich, daß es nun weniger uneheliche Geburten gab, aber mehr voreheliche Schwangerschaften, die nachträglich legitimiert wurden.

* Dialektausdruck für verwahrloste Kinder, dem deutschen »Strolch« vergleichbar. *A.d.Ü.*

## Erbliche Belastungen

Während sich die Anschauung, die Familie sei ein »genetisches Kapital«, allmählich durchsetzte, wuchs gleichzeitig die Angst vor Ehe und Geburt. Ein anomales Kind zu haben wurde zur Schreckensvorstellung, denn Abnormitäten galten als Beweis heimlicher Sünden. Populärwissenschaftliche Zeitschriften waren voll von Monsterdarstellungen. *La Nature*, um ein Beispiel zu nennen, befaßte sich ausführlich mit Geburten seltsamer Wesen, deren Mißbildungen deshalb besonders beunruhigend wirkten, weil man ihre Ursachen nicht kannte. Waren solche Wesen nicht Ausgeburten eines verdeckten Defekts? Monstrositätenkabinette auf dem Jahrmarkt oder Museen für Anatomie – etwa Dr. Spitzners Museum – zogen zahllose Besucher und Gaffer an, die beklommen und zugleich fasziniert vor den Befremdlichkeiten verharrten. Von Körperbehinderten hielt man sich fern oder begegnete ihnen mit offener Ablehnung, als wittere man hinter ihrem Äußeren ein verborgenes Vergehen. Mißgebildete Kinder wurden nicht selten als Bürde empfunden oder entfesselten Abscheu und Haß. Mademoiselle de Chantepie, die mit Flaubert in Briefwechsel stand, berichtete ihm die Geschichte von Agathe, die von ihren Eltern mißhandelt wurde, weil sie mißgestaltet war. »Ihr Gesicht war ganz in Ordnung, aber ihr riesiger Kopf saß auf einem schrecklich verkrümmten Kinderkörper.« (Brief vom 17. Juli 1858) Agathe wurde geprügelt, gedemütigt und schließlich für geisteskrank erklärt.

Die Syphilis – und damit das Geschlechtsleben – hielt man für die Hauptquelle solcher Defekte. Also erkundigte man sich genau nach dem Gesundheitszustand künftiger Ehepartner; entdeckte man ein verborgenes Laster, waren Scham oder Wut die Folge. Über Mißgeschicke dieser Art wurde in den Familien nur hinter vorgehaltener Hand geredet; je weiter das Geheimnis zurücklag, desto mehr erregte es die Neugier der Nachkommen. Caroline Chotard-Lioret hat in der Korrespondenz der Familie Boileau einen interessanten Fall ausfindig gemacht.

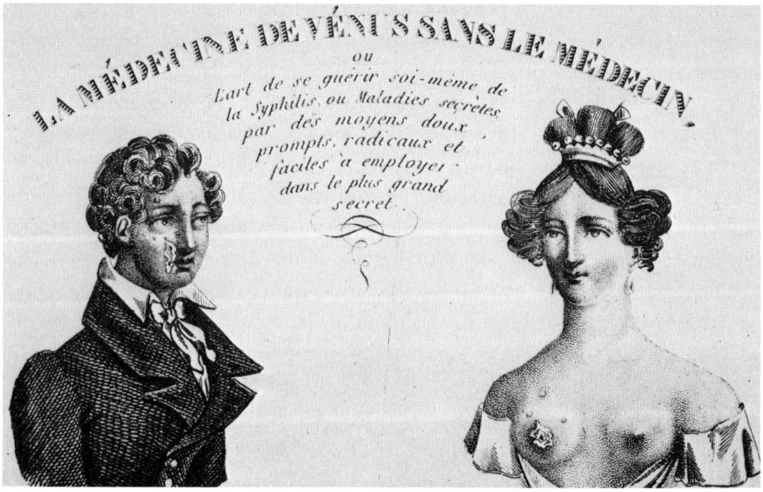


*Medizin der Venus ohne Arzt.* Die Syphilis war eine »schimpfliche Krankheit«, die man sogar vor dem Arzt verbarg. Daher rührte der Erfolg dubioser Rezepte zur Selbstbehandlung. (Paris, Bibliothèque Nationale)

Eugène Boileaus Mutter Aimée Braud, die wenig Mitgift hatte und deshalb keine gute Partie machen konnte, revoltierte gegen ihren Ehemann und warf ihm eine »schimpfliche Krankheit« vor. Sie weigerte sich, das Bett mit ihm zu teilen. Als ihr Mann einmal zwischen zwei Reisen daheim war, hängte sie die Bettücher vor dem Hause auf – eine symbolische Geste, mit der sie die ehelichen Kalamitäten enthüllte. Später verließ Aimée verzweifelt den gemeinsamen Haushalt und strengte Prozeß um Prozeß an, um das Sorgerecht für die drei Kinder zu erlangen, die ihr Mann nach Belgien gebracht hatte. Schließlich schloß sie sich in ihrem Haus in Rochefort ein, wo sie halb umnachtet starb. Die Familie sprach nur in Andeutungen über diese Vorfahrin. Ihre Tragödie mag erklären, warum ihr Sohn Eugène so sehr darauf bedacht war, eine stabile, harmonische Familie zu gründen. Biologische Defekte, die Zola in seinem Familienepos *Les Rougon-Macquart* beschrieb, markierten eine neue Form von Ehrverlust und Familienkonflikt.

## Geisteskrankheit

Eine weitere Schreckensvision des 19. Jahrhunderts, in dem die klinische Medizin entstand, kreiste um Geisteskrankheiten. Eine »verrückte« Tochter konnte leicht die Ehekandidaten ihrer Schwestern abschrecken; sie bereitete ihren Angehörigen Schande, weil sie Zweifel am seelischen Gleichgewicht der gesamten Familie weckte. Im Falle Adèle Hugos mutet es besonders seltsam an, wie sehr die Familie (ausgenommen die Mutter) zusammenhielt, um zu verhindern, daß der Ruhm des großen Victor durch die extravagante Tochter Schaden nahm; neugierigen Außenstehenden wurde eine beschönigte Version der Geschichte erzählt. Die Familie bildete eine dichte Front und schloß »anomale« Mitglieder aus.

Kriminalität führte nicht immer zum Skandal. Die Grenzen der Respektabilität verschoben sich im Laufe der Zeit und differierten je nach sozialem Milieu. Die Bauern im heutigen Portugal etwa betrachten Verbrechen aus Leidenschaft mit Nachsicht, während Diebstahl und erst recht Bettelei rigoros verdammt werden (vgl. Fatela). Der Ehrenkodex einer Gemeinschaft stimmt nicht notwendig mit dem Gesetz überein. Wilderei oder Holzdiebstahl war im 19. Jahrhundert so verbreitet, daß die Rechtsprechung klein beigeben mußte. Kinder, die stibitzten, Frauen, die Brennholz sammelten, und selbst Wilddiebe konnten auf insgeheimes Einverständnis zählen. In der ersten Jahrhunderthälfte hielten arme Familienmütter in der Stadt ihre Kinder nicht selten zum Betteln und sogar zu kleinen Diebstählen an. Die Moral im Volk zielte vor allem auf das Überleben der Gruppe und war ziemlich nachgiebig. Sobald eine Familie ins Kleinbürgertum aufstieg, mußte sie allerdings auf Einhaltung der Gesetze und gute Manieren achten. Ausschweifung, Alkoholismus, Verschwendung, Schulden, Spielsucht oder Betrügerei waren unerwünscht und wurden hart getadelt. Geächtet wurde, wer ständig Geld lieh; ein Familienvater mußte in seinen Geschäften solide sein. Verschwenderische Erben hatten mit strengen Sanktionen der

Familie zu rechnen. Baudelaire wurde unter Vormundschaft gestellt; seine Korrespondenz mit Madame Aupick, seiner Mutter, ist erfüllt vom Gejammer über seine finanziellen Nöte und die konfliktreiche Beziehung zu dem Anwalt, der ihm eine Rente auszahlte. Schicklichkeit im bürgerlichen Sinne hieß, nie von sich reden zu machen – das Ideal einer diskreten Mittelmäßigkeit. Eine exzentrische Lebensweise bedeutete Aufsehen und Skandal.

Schlimmer als das Delikt selbst war die Strafe: Einmischung der Polizei, Verhaftung, Gefängnisaufenthalt und Gerichtsverfahren. Nach und nach rückte ein Gefängnisaufenthalt im allgemeinen Bewußtsein an die Stelle früherer Zeichen von Schande.

Gaunereien und Betrug fanden Verständnis vor allem dann, wenn sie sich gegen einen als fremd empfundenen Staat richteten. Ein Bankrott wurde jedoch nicht nur als individuelles Scheitern ausgelegt, sondern als moralische Verfehlung. Balzacs Romanheld César Birotteau erwies sich als reuiges Opfer; seine Schulden zu begleichen war für ihn eine Art von Sühne, seine Rehabilitation war befrachtet mit religiösen Bedeutungen. Es kam im 19. Jahrhundert nicht selten vor, daß Bankrotteure Selbstmord begingen. Wie Philippe Lejeune gezeigt hat, motivierte ein Bankrott manchmal dazu, eine Autobiographie zu verfassen, da man sich vor seinen Nachfahren rechtfertigen wollte.[4] Antikapitalistisch gestimmte Bürgersfrauen in Nordfrankreich schlugen Bankrotteuren, die sie in Verdacht hatten, Schwarzhandel zu treiben und der Ausschweifung zu frönen, die Türe vor der Nase zu. Erst mit der Einführung von Aktiengesellschaften begann man, Familie und Unternehmen und damit auch die Begriffe Kapitalismus und Ehre zu trennen.

Frommes Bildchen, herausgegeben von Bouasse-Lebel (1860–1870), das an die Aufnahme neuer Mitglieder zu den »Kindern Mariä« erinnern sollte. Seit 1854 war die »Unbefleckte Empfängnis« zu einem Dogma erklärt worden; der Marienkult befand sich auf seinem Höhepunkt. (Privatsammlung)

## Sexuelle Schande

Im 19. Jahrhundert wurde die Sexualität zum Objekt der Wissenschaft. Im Mittelpunkt stand die Familie, auch wenn sie ihre Rolle als normstiftende Instanz oft abgab, beispielsweise an den Pfarrer, aber insbesondere an den Arzt. Der Arzt war sozusagen Fachmann für die sexuelle Identität, Vertrauter in Problemfällen und Quelle für Neuigkeiten im Bereich der Hygiene. Doch auch seine Funktion war begrenzt, da die Menschen im 19. Jahrhundert nur notgedrungen seinen Rat suchten.

Sexualität innerhalb der Familie war normalerweise verschwiegen. Deshalb wissen wir sehr wenig darüber. So gut wie gar keine Informationen besitzen wir über den Inzest, laut Fouriers *Le Nouveau Monde amoureux* eine häufige Praxis. Wie hoch die sexuelle Toleranz war, hing vom Milieu, von der jeweiligen Handlung, vom Alter und vom Geschlecht ab. Zweifellos trat die Ungleichheit von Frau und Mann auf diesem Gebiet eklatant hervor. Sexuell brutale »Heldentaten« galten als männlich; Frauen und vor allem Mädchen – im Gévaudan konnte man sie nahezu straflos vergewaltigen –, ja, sogar Kinder waren Opfer solcher Übergriffe. Die Männer konnten auf die Scham der Betroffenen zählen, solange die Sache nicht in der Öffentlichkeit geschah. In der zweiten Jahrhunderthälfte scheint die Sensibilität allerdings gewachsen

Achille Devéria, *Junges Mädchen mit Schutzengel*, 1830. Der Schutzengel, Wächter über die weibliche Tugend, hat es schwer, gegen die dunkle Schönheit des Anbeters anzukommen. Das Zeitalter der Romantik verherrlichte die Jungfräulichkeit – ein Hindernis, das die Leidenschaften erregte. (Paris, Bibliothèque des Arts décoratifs)

zu sein, wie härtere Gerichtsurteile vermuten lassen. Gegen Ende des Jahrhunderts begannen manche Staatsanwälte, die geläufige milde Bestrafung von Vergewaltigern als Problem zu erkennen.

Vor allem auf die Sexualität von Pubertierenden und Frauen richtete man das Augenmerk. Die Pubertät wurde als Identitätskrise verstanden, die möglicherweise für den Jugendlichen und auch für den Staat gefährlich werden konnte. Die Frauen dagegen stifteten Unheil. Die weibliche Sexualität, eine ständige Quelle der Angst, wurde von der Kirche gelenkt und kontrolliert. Der Marienkult oder die »Orden der Kinder Mariä« zwängten die Mädchen in ein engmaschiges Netz von Vorschriften und Verboten, die ihre Jungfräulichkeit schützen sollten. Frömmigkeit lag im Widerstreit mit der »Welt« und ihren Lockungen. »Vor allem keinen Walzer tanzen«, wurde Caroline Brame von ihrem Beichtvater ermahnt. Selbst in einfachen Milieus fungierte die Jungfräulichkeit der Mädchen als Kapital; Väter (oder Brüder) begleiteten die Mädchen zu Tanzveranstaltungen, wo die Konfrontation zwischen den Geschlechtern oft ausnehmend roh war.

Am schwersten wog der Ehebruch einer verheirateten Frau. Der Ehebruch von Männern wurde nahezu einschränkungslos toleriert, außer wenn der Mann notorisch im Konkubinat lebte. Brachte der Mann seine Geliebte in die gemeinsame Familienwohnung, konnte er rechtlich belangt werden. Frauen aus bürgerlichen Schichten wußten meist nichts davon, wenn ihr Mann ein Verhältnis hatte, und wandten sich daher kaum einmal an ein Gericht. Einfache Frauen in der Stadt, die durch Gerüchte oder ein zufälliges Zusammentreffen auf der Straße bald auf dem laufenden waren, nahmen kein Blatt vor den Mund und rebellierten in manchen Fällen gegen ihren Mann, vor allem, wenn sie sich – als Hausfrau, die für die Kinder verantwortlich war – finanziell benachteiligt fühlten. Die *Gazette des tribunaux* war voll von lautstarken Anklagen dieser Frauen gegen ihre untreuen Ehemänner und die »Strichmädchen«, die von ihnen hofiert wurden. Um die Jahrhundertwende griff die Betrogene gelegentlich zu einem gefürchteten Mittel: Sie entstellte die Konkurrentin oder den Ehemann mit Vitriol.

Weiblicher Ehebruch war die absolute Übeltat, gegen die der Mann alle Rechte hatte, jedenfalls im Prinzip und zu Beginn des Jahrhunderts. In der Folgezeit entwickelte sich, wie Alain Corbin dargelegt hat, eine Tendenz zur Gleichbehandlung, was sich immerhin in milderen Gerichtsurteilen gegen Frauen ausdrückte.

## Formen der Konfliktaustragung

Familienkonflikte wurden tunlichst innerhalb der eigenen vier Wände ausgetragen. Die Anstandsregeln, die Angst vor dem, »was die Leute sagen«, und der obsessive Wunsch nach Respektabilität sorgten dafür, daß Krisen verheimlicht und in merkwürdiger Verkehrung zum Kitt des Familienzusammenhalts wurden. Nichts nach außen dringen lassen, die Einmischung von Dritten vermeiden oder abwenden, die »schmutzige Wäsche im Familienkreis waschen« – so hielten es Bauern und Bürger gleichermaßen. Diese Verhaltensgrundsätze befestigten die Grenze zwischen dem »wir« und »den anderen«, der Außenwelt, von der stets Bedrohung ausging. Im Arbeitermilieu war es schwieriger, solche Diskretion zu wahren. Hier gab es weder schützende räumliche Distanz noch dicke Mauern. »Von meinem Bett aus habe ich alles gehört, was bei X los war«, sagte ein Zeuge in einem Strafverfahren aus. Arbeiter waren den Blicken der Nachbarn und der »Leute« ausgesetzt; vielleicht rührte daher ihre Abneigung, sich mitzuteilen, über sich selbst zu sprechen.

Manche Familien bildeten im Konfliktfall eine Art Tribunal, das auf Wiedergutmachung pochte oder die Störenfriede verstieß. Oft formierten sich zwei feindliche Lager oder Clans, die schließlich nicht einmal mehr miteinander redeten oder miteinander verkehrten. Es gab eine regelrechte Familiendiplomatie, die den Ausbruch von Zwistigkeiten verhindern sollte. Sogar die Sitzordnung bei Tisch, der Umgang miteinander bei Familienfeiern wurden festgelegt; komplizierte Verhandlungen über Verträge oder Versöhnungen, etwa bei Beerdigungen, fanden statt. Einzelne Familienmitglieder – vornehmlich ledige Onkel und Tanten – bemühten sich, Schäden im Verständigungsnetz auszubessern, dabei mußten sie nicht selten gegen hartnäckige Familienlegenden ankämpfen – manchmal war man mit Zerwürfnissen konfrontiert, deren Ursprung keiner mehr kannte. Nichts blieb unversucht, um wenigstens nach außen ganz und gar einvernehmlich zu erscheinen, so wie auf den Familienphotos, die den anderen und nicht zuletzt den späteren Generationen bezeugen sollten, wie mächtig, integer und harmonisiert die Sippe war.

Vicente Palmaroli, *Die Beichte*. Eine galante Parodie auf die Beichte: Das weißgekleidete junge Mädchen sitzt in einem seltsamen Strandkorb und hört das Geständnis des Verehrers an, der in seiner Aufmachung an einen Priester erinnert. (Madrid, Prado)

## Gewalt

In bürgerlichen Familien kam es selten zu Gewaltgebrauch – man verachtete bäurisches Handgemenge und zog subtilere Strategien vor, die freilich nicht minder verheerend wirkten. Mit Tücken und Intrigen, leise und verdeckt, untergrub man die Familie von innen und zerstörte so selber den soliden Ruf oder den mächtigen Gegner. Im Extremfall führte diese heimliche Gewalt zum Giftmord, den die Erschließung toxischer Substanzen – zuerst Arsen, dann Phosphor – zunehmend erleichterte. Dr. Cornevin schrieb 1840: »Es gibt ein Verbrechen, das sich im Dunkeln verbirgt, sich in die Familie einschleicht, die Gesellschaft in Schrecken versetzt, durch seine kunstfertige Anwendung und die Subtilität seiner Wirkung selbst den Apparaten und Analysen der Wissenschaft zu trotzen scheint, das Gewissen der Richter durch Zweifel belastet und von Jahr zu Jahr in erschreckendem Ausmaß zunimmt: das Verbrechen heißt Giftmord.« Traditionell ordnete man Giftmorde als Frauenverbrechen ein – Frauen, so hieß es, agierten aufgrund ihrer Natur und ihrer physischen Schwäche vorzugsweise »im Verborgenen«. Marie Lafarge, die trotz wiederholter Unschuldsbeteuerungen 1838 verurteilt wurde, weil sie ihren nicht ganz ihren Wünschen entsprechenden Mann umgebracht habe, war der Prototyp der schönen Giftmörderin, die in den Köpfen mißtrauischer Schwiegermütter zu spuken begann, wenn der geliebte Sohn plötzlich verstarb. Zwischen 1825 und 1885 finden sich in Gerichtsstatistiken 2169 Vergiftungsfälle (831 davon tödlich); angeklagt wurden 1969 Personen, davon 916 Männer und 1053 Frauen, d. h. 53 Prozent. (Tatsächlich ein hoher Anteil, wenn man bedenkt, daß Frauen in der Gesamtkriminalstatistik nur mit etwa 20 Prozent vertreten waren.) Giftmorde kulminierten zwischen 1840 und 1860, danach sank die Zahl beträchtlich. Doch selbst auf ihrem Höhepunkt besaß die Giftmord-Kriminalität in der Wirklichkeit keine ähnlich verhängnisvolle Brisanz wie in den zirkulierenden Wahnvorstellungen.

Auf dem Lande oder in Arbeiterkreisen blieben Schläge und Prügeleien unter Brüdern oder Cousins eine bequeme Methode, »Rechnungen zu begleichen«. Die Ehefrau zu schlagen gehörte zu den Privilegien des Mannes. 80 Prozent der Frauen, die eine Trennung von Tisch und Bett verlangten, nannten Schläge und Mißhandlungen als Grund. Männer, die häufig betrunken von der Arbeit kamen, schlugen ihre Frauen windelweich – selten deshalb, weil sie ihnen Untreue unterstellten, meist, weil sie sie der Verschwendung oder ungenügender Pflichterfüllung bezichtigten. »Das Essen stand nicht auf dem Tisch, und das Feuer war ausgegangen«, brachte ein Angeklagter, der seine Frau zu Tode geprügelt hatte, zu seiner Entlastung vor.

Das »crime passionnel«, das Joëlle Guillais-Maury in Hunderten Dossiers aus dem Paris der Jahrhundertwende untersucht hat, wurde fast ausschließlich von Männern begangen. Die Täter waren zumeist jung und töteten ihre Frauen, um ihre »befleckte Ehre zu retten«. »Ich töte meine Frau« bedeutet: »Du bist meine Frau und mein Besitz«. Tat-

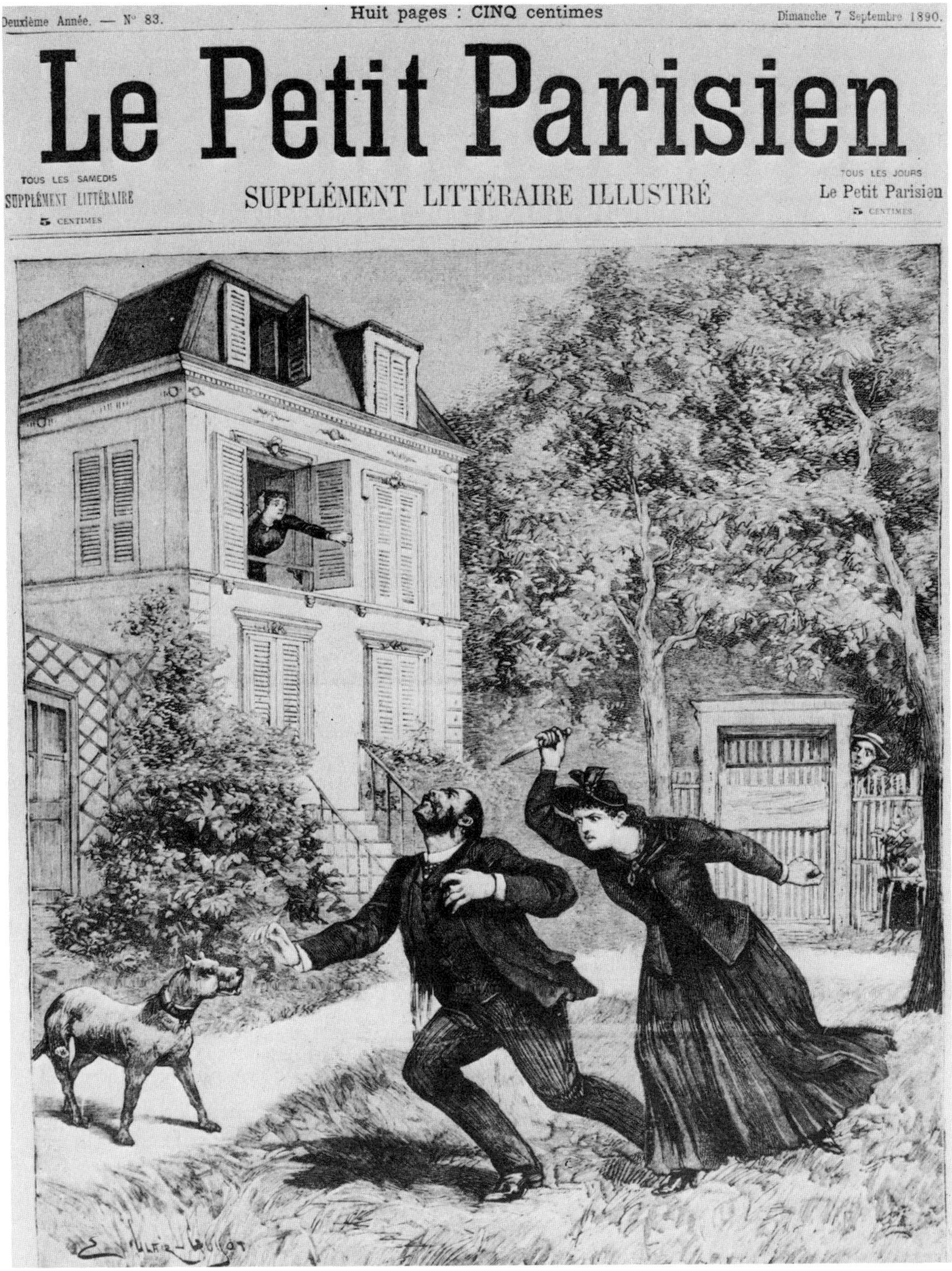

Deuxième Année. — N° 83. Huit pages : CINQ centimes Dimanche 7 Septembre 1890.

# Le Petit Parisien

TOUS LES SAMEDIS SUPPLÉMENT LITTÉRAIRE 5 CENTIMES

SUPPLÉMENT LITTÉRAIRE ILLUSTRÉ

TOUS LES JOURS Le Petit Parisien 5 CENTIMES

»Die Tragödie von Ville-d'Avray«, *Le Petit Parisien* vom 17. September 1890. Eine wohlsituierte Bürgersfrau, die ihren Mann umbrachte, war selten; zumindest griff sie eher zum Gift als zum Dolch, der eine Männerwaffe war. Die illustrierten Beilagen der großen Zeitungen erfreuten ihre Leser mit solchen paradoxen Details. Kriminalgeschichten setzten die Tragödien des privaten Lebens in Szene.
(Paris, Musée des Arts et Traditions populaires)

sächlich waren es in der Regel Frauen, verheiratete und ledige, die sich weigerten, mit einem Mann zu schlafen, der ihnen nicht gefiel, die sich einen Liebhaber nahmen oder den Mann verließen. Sie forderten mit erstaunlicher Energie und Offenheit das Recht auf eigene Wahl und Bewegungsfreiheit. Sie bekannten offen, was sie wünschten, und beklagten sich über die Untreue, Brutalität, Impotenz oder sexuelle Tyrannei der Männer. Über ihren Körper wollten sie selbst entscheiden. Das mußten sie teuer bezahlen, oft mit dem Leben.[5]

Frauen waren die ersten Opfer von Familiengewalt. Louise Pradier, Flauberts Geliebte, wurde von ihrem Mann hinausgeworfen. »Man hat ihr die Kinder genommen, man hat ihr alles genommen. Sie lebt von 6000 Francs Rente in einer Pension, ohne Zimmermädchen, im Elend.« (Brief Flauberts vom 2. Mai 1845) Ebenfalls Flaubert berichtet von einer Arbeiterin, die eine Affäre mit einem prominenten Bürger Rouens hatte; ihr Mann brachte sie um, nähte sie in einen Sack ein und warf sie ins Wasser – der Schuldspruch lautete: vier Jahre Gefängnis. Der Fall der in Stücke gehackten Frau, vielfach belegt in den Gerichtsakten der Zeit, illustriert drastisch, mit welch krankhafter Wut viele Männer im 19. Jahrhundert auf Frauen reagierten, die sich emanzipieren wollten.

## Private Rache

Gewaltgebrauch zum Zweck privater Rache innerhalb und außerhalb der Familie war im Volk weitverbreitet. Anne Marie Sohn, die Gerichtsakten aus einem halben Jahrhundert erforscht hat, fand Beispiele fast ausschließlich in den unteren Schichten.[6] Louis Chevalier hat beschrieben, wie gewalttätig Prügeleien unter Arbeitern in der ersten Jahrhunderthälfte waren.[7] Vor der Kneipentür oder vor dem Tanzsaal gerieten sich Männer in die Haare, oft wegen eines Mädchens (Italiener, die in dem Ruf standen, begabte Verführer zu sein, waren häufig die Opfer); auf unbebauten Grundstücken oder in dem Gelände der Pariser Befestigungsmauern massakrierten einander junge Ganoven, und notfalls hielten sie gegen die Polizei zusammen, wenn diese sich einmischen wollte. In diesen Schlägereien bekundet sich ein direktes, unvermitteltes Verhältnis zum Körper.

Die »Vendetta« in ihrer reinen Form wurde auf dem Lande nicht mehr geübt, ausgenommen Korsika. Mordstatistiken und Verwaltungsberichte ermöglichen es jedoch, eine »Region der Rache« einzugrenzen, die fast alle Landschaften südlich des Massif central umfaßt: Velay, Vivarais und Gévaudan, Gebiete, die von einigen Demographen als patriarchalisch strukturiert bezeichnet werden. Claverie und Lamaison haben eine ganze Reihe von Strafprozessen ausgewertet und dabei verschiedene Mechanismen der Rache zutage gefördert. Ein Zusammenhang besteht zwischen wachsenden Familienspannungen und den Problemen der enterbten jüngeren Kinder, die durch ökonomische Stagnation proletarisiert wurden. Das bohrende Gefühl, benachteiligt zu sein, explodierte in plötzlichen Bränden, tödlichen Prügeleien oder seltsamen Hexenritualen.[8] Doch die Autoren konstatieren auch, daß mehr

*Gequältes Kind*, 1877. Körperliche Bestrafungen variierten je nach Land, Erziehungssystem und der Einstellung zum Körper. In Deutschland ging es in der Schule und in vielen Familien sehr grausam zu.

und mehr Menschen sich an die Polizei wandten und so die Justiz als Werkzeug der privaten Rache benutzten bzw. Rache durch den Gebrauch von Rechtsmitteln ersetzten. Man erstattete Anzeige, anstatt Häuser anzuzünden oder handgreiflich zu werden. Doch viele Leute zögerten weiterhin, vor Gericht zu gehen, denn sie waren sich vage bewußt, daß hier ganz besondere Spielregeln herrschten und daß sowohl Kläger wie Beklagter Gefahr liefen, bloßgestellt zu werden. Deshalb versuchte man, einen Vergleich zu schließen und den Streit »freundschaftlich beizulegen«. Scheiterte dies jedoch, nahm der Prozeß seinen Lauf. Früher hatte man es gleichgültig hingenommen, vor Gericht erscheinen oder ins Gefängnis zu müssen, oder hatte sogar damit geprahlt. Nun aber war Strafe mit Ehrverlust verbunden – ein ausreichender Grund, Rache zu üben. Die Inanspruchnahme der Gerichte zeugt von einem zunehmend individualisierten Begriff von der Justiz, der jetzt auch in die Lebenswelt der einfachen Menschen Eingang fand.

Das Recht auf private Rache, von den Richtern zunächst relativ anerkannt, vor allem bei den »crimes passionnels«, wenn ein Ehebruch der Frau im Spiele war, wurde nach der Jahrhundertwende von den Strafrechtlern immer weniger toleriert. Man sah darin ein Zeichen von Primitivität, ja, sogar von Wahnsinn. Brunetière, Verfechter einer aufgeklärten Haltung, bezeichnete die private Rache 1910 in der *Revue des deux mondes* als »Negierung des Gesetzes, Rückkehr zur Barbarei, Regression in das tierische Wesen«.

## Legale Rache

Klage zu erheben war gewiß kein neues Phänomen. Nicole und Yves Castan haben untersucht, wie die Menschen im Languedoc zu Beginn der Neuzeit die Gerichte in Anspruch nahmen.[9] Michel Foucault und Arlette Farge haben gezeigt, auf welche Weise Familien den Polizeikommissar oder die »lettres de cachet« für sich nutzten, um ihr bedrohtes »Gleichgewicht« wiederherzustellen.[10] Diese Politik der Problemlösung nahm im 19. Jahrhundert neue Formen an – das »schwarze Schaf« kam auf Anordnung des Vaters in eine Besserungsanstalt oder wurde in eine geschlossene psychiatrische Anstalt eingewiesen; das Gesetz von 1838 hatte diesen Weg eröffnet.

Obwohl Abschiebungen in Besserungsanstalten quantitativ unbedeutend blieben – 1869, ein Rekordjahr, wurden 1527 Verfügungen ausgesprochen –, waren zwischen 1846 und 1913 insgesamt 74 090 Jugendliche davon betroffen, insbesondere im Département Seine und in Paris (75 Prozent der Verfügungen zwischen 1840 und 1868 und 62 Prozent der Verfügungen zwischen 1896 und 1910 wurden hier erlassen). Die Besserungsanstalt, zuerst ein bevorzugtes Domestizierungsinstrument der begüterten Klassen, stieß auf Interesse auch bei den unteren Schichten, als 1885 ein Dekret arme Familien von den Wohn- und Unterhaltskosten für die Eingewiesenen befreite: 1894/1895 verrichteten 78 Prozent der elterlichen Antragsteller körperliche Arbeiten. Erstaunlich ist der hohe Mädchenanteil bei den Jugendlichen, die man in eine Anstalt schickte: zwischen 1846 und 1913 40,8 Prozent. Dieser Prozentsatz ist wesentlich höher als ihr Anteil an Strafdelikten (zwischen 1840 und 1862 lag er bei 16 bis 20 Prozent, zwischen 1863 und 1910 bei 10 bis 14 Prozent). Die Väter befürchteten, die Töchter könnten schwanger werden, und registrierten jedes Anzeichen von »schlechtem Lebenswandel«. Jungfräulichkeit blieb das wertvollste Kapital.

Die Besserungsanstalten lösten erbitterte Diskussionen aus zwischen den Verfechtern bedingungsloser väterlicher Autorität und den Befürwortern der »Interessen des Kindes«, die eher das familiäre Milieu anklagten. Einer von ihnen war der katholische Jurist Bonjean, Vorsitzender der »Société générale des prisons«, Herausgeber der *Revue pénitentiaire* und Autor des Buches *Enfants révoltés et Parents coupables* (1895). Am Ende des Jahrhunderts kritisierte man weniger die mißratenen Jugendlichen als vielmehr die Rabeneltern, denen man nahelegte, auf ihre elterliche Erziehungskompetenz zu verzichten. Trotz den Gesetzen von 1889 (über die Aberkennung der väterlichen Gewalt) und von 1898 (über Kindesmißhandlungen) hielt sich das System der Besserungsanstalten bis 1935. In diesem Jahr wurde das Einsperren von Kindern gesetzlich untersagt, doch es war weiterhin möglich, sie in »offene« Anstalten einzuweisen. Die Zustände dort waren freilich so schlimm, daß kaum ein Unterschied zu der alten Institution bestand. Bernard Schnapper hat nachgezeichnet, wie extrem langsam die Entwicklung hier vor sich ging. Ein Grund dafür ist der wirksame Konsens zwischen öffentlicher Meinung und Juristen, was das Autoritätsprinzip anbelangt.[11] Die Veränderungen bedeuteten jedoch auch, daß der Staat stärker in die Privatsphäre der Armen eingriff. Im »Namen des Kindes« intervenierte die Politik in die Familie – mit wechselndem Erfolg.

Am 14. Juli 1881, dem Tag der Bastille, riefen die Gruppe »Frauenrechte« und die Zeitung *La Citoyenne* (gegründet am 13. Februar 1881 von Hubertine Auclert) zu einer Demonstration für die politische und zivilrechtliche Gleichstellung der Frauen auf.
(Paris, Bibliothèque Marguerite Durand)

## Einweisung in psychiatrische Anstalten

Das Gesetz von 1838 ermöglichte es Familien, Angehörige, die nicht als gefährlich, unerwünscht oder zuchtlos, sondern als geistesgestört galten, in Anstalten einweisen zu lassen. So gesehen gab es hier keine Kontinuität von der Bastille zur Anstalt, sondern eine grundlegende Differenz – die Internierung erfüllte medizinische Zwecke, die Regierungsgewalt war sekundär. Der Präfekt durfte nur aufgrund eines medizinischen Gutachtens den Einweisungsbefehl unterschreiben.[12] Daß dabei gelegentlich die medizinische Autorität mißbraucht und abweichende Verhaltensweisen unberechtigt in »Verrücktheit« umdefiniert wurden, ist eine andere Sache; Tatsache bleibt, daß die Macht der Obrigkeit durch die Notwendigkeit ärztlicher Bescheinigungen eingeschränkt wurde.

Ein Beispiel für den Mißbrauch der Medizin war der bereits erwähnte Fall Clémence de Cerilleys. Ihr Mann ließ sie auf Wunsch seiner geldgierigen Familie und mit Unterstützung eines Arztes internieren; ein Vorwand unter anderen war, sie fröne einem übersteigerten Mystizis-

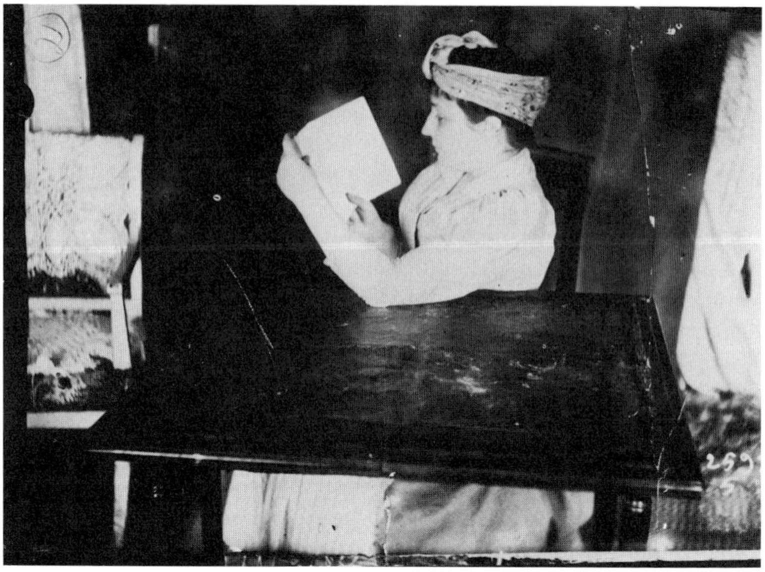

Camille Claudel, Adèle Hugo (s. Abbildung Seite 287): zwei berühmte Gefangene in Anstalten, deren in jüngster Zeit enthüllte Geschichte exemplarisch für viele Frauen steht. (Paris, Bibliothèque Marguerite-Durand; Paris, Musée Victor Hugo)

mus. Ähnlich verhielt es sich bei Hersilie Rouy, die 1854 auf Betreiben ihres Halbbruders, der auf ihr Erbe spekulierte, »freiwillig interniert« wurde; unter dem Vorwand, ihre exzentrische Lebensführung – sie war eine unverheiratete Künstlerin und versuchte, unabhängig und allein zu leben – sei Ausdruck einer »akuten Monomanie«, stellte ein gewisser Dr. Pelletan eine Bescheinigung aus, die ihr vierzehn Jahre Anstalt eintrug. Madame Dubourg wurde auf Antrag ihres Mannes eingesperrt, weil sie sich ihm verweigerte; am Ende brachte er sie um. In jüngster Zeit wurde man auf Persönlichkeiten wie Adèle Hugo oder Camille Claudel wieder aufmerksam, die offensichtlich aufgrund einer willkürlichen Familienentscheidung interniert wurden, weil man den Ruf der »großen Männer« retten wollte.

Ein subtiles Problem erscheint in dem Begriff der Normalität, der in der Krankheitslehre weiblicher Geistesgestörtheit verwendet wird.[13] Jede Maßlosigkeit oder Ausschweifung, namentlich in der Liebe und vor allem, wenn es um verpönte Praktiken ging – Liebe zum Vater, lesbische Liebe, ein Verhältnis mit einem jüngeren Mann, Betonung der Klitoris –, wurde zu abweichendem Verhalten erklärt. »Jede Frau ist als Gefühlswesen geschaffen, und Gefühle grenzen bereits nahe an Hysterie«, behauptete Trélat.[14] Seiner Meinung nach war ein gestörtes sexuelles und familiäres Gleichgewicht die Hauptursache für Wahnsinn; Harmonie dagegen gewährleistete geistige Gesundheit.

Wahnsinn trat manchmal im Gefolge eines ganz bestimmten Unheils innerhalb der Familie auf. Unter den geistesgestörten Frauen finden sich viele, die von einem Liebhaber verlassen worden waren, die unglücklich verheiratet waren oder ein Kind verloren hatten. Männliche Geisteskrankheit scheint eher mit Wechselfällen im öffentlichen oder beruflichen Leben verbunden gewesen zu sein: Bankrott, Verschwendung, Spielsucht – diese Gründe nannten Frauen als Ursache für Irrsinn bei Männern, die übrigens bei den Anstaltsinsassen die Mehrheit

stellten. Unverkennbar jedenfalls waren private Tragödien und Konflikte zunehmend der Grund, wenn eine Person in die Anstalt eingewiesen wurde. Einziger und willkürlicher Richter war in solchen Fällen der Arzt.

## Trennung und Scheidung

Es gab auch minder drastische Methoden, eine mißglückte Ehe aufzulösen. Auch als die Scheidung zwischen 1816 und 1884 abgeschafft war, konnte man die Trennung von Tisch und Bett erwirken. Bernard Schnapper hat die Entwicklung und die Formen legaler Trennung von 1837 (seitdem sind statistische Daten durch den »Compte général de l'administration de la justice criminelle« verfügbar) bis 1914 untersucht.[15] Zunächst waren solche Trennungen selten; um 1880, eigentlich ein Höhepunkt, gab es nur etwa 4000 pro Jahr, d. h. etwa 13 auf zehntausend Eheschließungen. Doch auf jeden Fall stieg die Zahl der Trennungen beträchtlich ab 1851, dem Jahr, in dem ein Gesetz verabschiedet worden war, das jedermann rechtlichen Beistand garantierte. Zuvor hatte vorwiegend das Bürgertum dieses Recht in Anspruch genommen, nun wurde es auch von den ärmeren Schichten genutzt. Zwischen 1837 und 1847 waren nur 24 Prozent der Antragsteller »Arbeiter, Dienstboten oder Haushälterinnen«, doch von 1869 bis 1883 stieg die

Zahl auf 48,8 Prozent. Vor allem Frauen reichten die Trennung ein; sie stellten einen Anteil von 86 bis 93 Prozent der Antragsteller. Zumeist waren es relativ alte Frauen, Hausfrauen und Mütter, die bereits viele Ehejahre hinter sich hatten und die verärgert waren, weil ihre Männer sie immer wieder mißhandelten. »Die geschlagene Frau, nicht die betrogene, beantragt die Trennung.« Die Trennung von Tisch und Bett kam häufig vor in Nordfrankreich, in urbanisierten Gegenden, wo die Menschen eine relativ hohe Bildung besaßen, kurz, sie ist eine Signatur der Modernität, ebenso wie die Scheidung, die um 1896 in denselben Gebieten verbreitet war. Die Rechtsprechung ist ein verläßlicher Indikator für Wandlungen in den Sitten.

Scheidung und Trennung wiesen klare Gemeinsamkeiten auf: Verbreitungsgebiet, Überhang an Frauen (80 Prozent der Antragsteller), Motive (seelische oder körperliche Mißhandlungen: 1900 waren das 77 Prozent aller vorgebrachten Gründe). Scheidungen wurden jedoch häufiger als Trennungen von Angestellten oder Angehörigen freier Berufe verlangt. Die Scheidung, eine Errungenschaft des Revolutionsjahrs 1792, wurde von Frauen in der Stadt sofort hochgeschätzt. Bonald und seine Ultra-Royalisten hatten sie 1816 wieder abgeschafft. Radikale Politiker wie Alfred Naquet machten die Scheidung später zu einem wichtigen Punkt in ihrem Programm und erreichten zusammen mit opportunistischen Abgeordneten (die sich diesmal auf ihre Seite schlugen), daß sie 1884 wieder eingeführt wurde. Das Ungleichgewicht zwischen den Ehegatten blieb allerdings gewahrt. So konnte ein Ehemann kompromittierende Briefe, die seine Frau empfangen hatte, gegen sie verwenden; das gleiche blieb der Frau versagt. Es war ein Scheidungsgrund, wenn die Ehefrau den Mann einen »Schurken und gemeinen Hund« nannte, doch erlaubt war, daß der Ehemann seine Frau als »dumme Kuh und Drecksau« verunglimpfte.

1904 wurde gesetzlich geregelt, daß Geschiedene die Person, mit der sie Ehebruch begangen hatten, heiraten konnten; 1908 wurde beschlossen, daß nach drei Jahren Trennung von Tisch und Bett der Antrag eines der beiden Ehepartner genügte, um die Scheidung einzuleiten. Angesichts des solchermaßen liberalisierten Scheidungsrechts empörten sich Konservative, allen voran der Schriftsteller Paul Bourget. Doch trotz dem Widerstand der Kirche (vgl. den Roman *Marthe*) und der Entrüstung der Konservativen wurde die Scheidung schließlich geläufig, allerdings mit Verzögerungen: im Jahre 1913 etwa zählte man 15 000 Scheidungen. Gegen die Unauflöslichkeit der Ehe wurde das Recht der Ehepartner auf Liebe oder auf Glück und gegenseitiges Einvernehmen ins Feld geführt – der erste Schritt zu dem freien Kontrakt, der heute die Ehe kennzeichnet.

Um das zu erreichen, bedurfte es einer Umwälzung nicht nur der Sitten, sondern auch des Denkens; bis zur Trennung von Kirche und Staat während der Dritten Republik hatte Frankreich einen langen Weg zurückzulegen, den nicht zuletzt die Kämpfe der Feministinnen und ihrer Verbündeten säumten. Von Claire Démar und George Sand (deren erste Romane *Indiana* und *Lélia* für die Scheidung plädierten) bis zu Maria Deraisme und Hubertine Auclert war die Forderung nach Schei-

Numéro 249. PRIX DU NUMÉRO : 40 CENTIMES 4 Octobre 1884.

A. ROBIDA
RÉDACTEUR EN CHEF

# La Caricature

JOURNAL
HEBDOMADAIRE

Abonnements d'un an, Paris et départements : 20 francs. — Union postale : 24 francs. — Trois mois : 7 francs. — Bureaux : 7, rue du Croissant

## FESTIN DE DIVORCE. — Texte et Dessins par A. ROBIDA



### FESTIN DE DIVORCE

*« Le Tribunal civil de la Seine vient de prononcer le divorce entre Monsieur Eugène Pontdouilly et Madame Pontdouilly, née Berjou.*

*» Monsieur Pontdouilly et Mademoiselle Berjou, ex-dame Pontdouilly, ont le plaisir de vous en faire part.*

*» Et vous prient d'assister à la signature à la mairie et au repas de divorce qui aura lieu au restaurant ***, le ..... »*

Scheidungen waren nicht immer tragisch, sondern konnten eine freundschaftliche Methode sein, Ehebruch-Affären zu regeln. Robidas optimistischer Humor zeigt, wie sich die Haltung zur einst unauflöslichen Ehe verändert hat.
Zu Beginn der Dritten Republik war *La Caricature* eine der besten satirischen Zeitschriften.
(*La Caricature*, 4. Oktober 1884. Paris, Bibliothèque des Arts décoratifs)

dung immer wieder erhoben worden – mit besonderem Nachdruck dann, wenn sich der Staat in einer Krisensituation befand, wie zu Beginn der Dritten Republik. 1873, als die traditionelle Moral noch gänzlich unerschütterbar schien, veröffentlichte Léon Richer sein Buch *Le Divorce* und begann eine leidenschaftliche Kampagne für die Änderung des Code civil. Olympe Audouard und Maria Martin gründeten 1880 den »Bund der Scheidungsfreunde«, dessen Organ der *Libérateur* war. Doch um die Jahrhundertwende schienen Feministinnen zu befürchten, die Ungleichheit der Geschlechter könne die Scheidung zu einer Waffe in der Hand unbeständiger Ehemänner machen. »Die Liebe von Männern erkaltet schneller als die von Frauen«, schrieb Marguerite Durand in der *Fronde* und warnte davor, die Scheidung auf Antrag nur eines der beiden Gatten auszusprechen, da sie so leicht zu einem Rechtsmittel werden könne, eine gealterte und nicht mehr geliebte Frau loszuwerden. Aufgrund ihrer schwachen sozialen Position bedürfe die Frau einer Garantie gegen die Einsamkeit. Deshalb müsse der Code civil korrigiert werden. Am 6. April 1880 unterbrach Hubertine Auclert eine Hochzeitszeremonie vor dem Standesamt des 15. Arrondissements und wandte sich an das junge Paar: »Bürger und Bürgerin, ihr habt gerade vor einem Mann geschworen, der das Gesetz vertritt, doch *was* ihr geschworen habt, ergibt keinen Sinn. Die Frau ist dem Manne gleich und schuldet ihm daher keinen Gehorsam.« Ein Jahrhundert sollte noch vergehen, bis man ihr Gehör schenkte.

Hubertine Auclert (1848–1914), die bekannteste und aktivste der französischen »Suffragetten«, schrieb 1887: »Politische Rechte sind für Frauen der Schlüssel, um auch alle anderen Rechte zu erlangen.« In einem Polizeibericht hieß es: »Man hält Hubertine für wahnsinnig und hysterisch; aufgrund dieser Krankheit betrachtet sie sich als gleiche von Männern und sucht den Kontakt mit ihnen.« (Paris, Bibliothèque Marguerite-Durand)

## Anmerkungen

1 F. Tricaud, *L'Accusation. Recherches sur les figures de l'aggression éthique*, Paris 1977.
2 H. Leyret, *En plein Faubourg*, Paris 1895, S. 51.
3 F. Tricaud, *L'Accusation*, a. a. O., S. 136.
4 Vgl. Ph. Lejeune, *L'Autobiographie en France*, Paris 1980.
5 J. Guillais-Maury, *La Chair de l'autre. Le crime passionnel au XIXe siècle*, Paris 1986.
6 A.-M. Sohn, »Les Rôles féminins dans la vie privée: approche méthodologique et bilan de recherches«, in: *Revue d'histoire moderne et contemporaine*, Oktober – Dezember 1981.
7 L. Chevalier, *Classes laborieuses et classes dangereuses à Paris pendant la première moitié du XIXe siècle*, Paris 1958.
8 Claverie/Lamaison, *L'Impossible mariage*.
9 Y. Castan, *Honnêteté et relations sociales en Languedoc, 1750–1780*, Paris 1974; N. Castan, *Justice et répression en Languedoc à l'époque des Lumières*, Paris 1980; dies., *Les Criminels de Languedoc. Les Exigences d'ordre et les voies du ressentiment dans une société prérévolutionnaire (1759–1790)*, Toulouse 1980.
10 A Farge/M. Foucault, *Le Désordre des familles. Lettres de cachet des Archives de la Bastille*, Paris 1972. Siehe auch A. Farge, *Familienehre und Familiengeheimnisse*, in: R. Chartier (Hrsg.), *Geschichte des privaten Lebens*, Bd. 3: *Von der Renaissance zur Aufklärung*, Frankfurt a. Main 1991, S. 573–609.
11 Vgl. B. Schnapper, »La Correction paternelle et le mouvement des idées au XIXe siècle«, in: *Revue historique*, April – Juni 1980.
12 R. Castel hat betont, wie bedeutend diese Neuerung war. Vgl. *L'Ordre Psychiatrique*, Bd. 1; *L'Age d'or de l'aliénisme*, Paris 1976.
13 Vgl. zu diesem Thema Y. Ripa, *La Ronde des folles*, Paris 1986.
14 U. Trélat, *La Folie lucide*, Paris 1861.
15 B. Schnapper, »La Correction paternelle«, a. a. O.

Jean-Léon Gérome, *Die Schwelle seines Hauses, mit Vater und Sohn des Künstlers.* Schwelle zum Haus und Schwelle zum Leben. Einsamkeit zu Beginn und am Ende des Lebens. (Rouen, Musée des Beaux-Arts)

Michelle Perrot

# Außenseiter: Ledige und Alleinstehende

Das Familienmodell hatte im 19. Jahrhundert eine solche normative Kraft, daß es sich sowohl Institutionen wie Individuen aufdrängte. Große Bereiche der Lebenswelt lagen jedoch außerhalb der Familie, waren also suspekt. Die Regeln des privaten Lebens waren hier überaus vage. In der Tat war die Zahl von Ledigen und ständig oder zeitweilig Alleinlebenden sehr hoch. Manche orientierten sich an der Familie – die Balletttänzerinnen am Theater hatten eine »Opernmutter«, die einen »Vater« für sie suchte, der sie in der »Künstlerfamilie« beschützen sollte; im Straflager von Mettray (in der Nähe von Tours) war jede Gruppe als »Familie« organisiert, die sich aus »Brüdern« und zwei »Gruppenältesten« zusammensetzte. Andere versuchten, aus Protest gegen die einengende Familie einen eigenständigen Lebensstil zu entwickeln. »Verflucht sei die Familie, die das Herz der Mutigen verweichlicht, die zu allen Feigheiten und allen Kompromissen verführt und jeden in einem Ozean von Milch und Tränen ertränkt«, schrieb Flaubert am 5. Oktober 1855 an seinen Freund Louis Bouilhet – eine Vorwegnahme von André Gides Bannfluch: »Familien, ich hasse euch . . .«

War das private Leben nicht von der Hierarchie und der häuslichen Bühne der Familie bestimmt, bildeten Individuum und Gesellschaft seine beiden Spannungspole. Das Individuum entfaltete, wie Stendhal beobachtete, eine egoistische Neugierde, um die komplexen Strukturen der sich neu bildenden Öffentlichkeit zu erkunden. Manche sehnten sich nach mittelalterlichen oder aristokratisch geprägten Verhältnissen zurück, andere verstanden sich als Avantgarde.

## Einrichtungen für Ledige

Geschlechtertrennung war ein leitendes Prinzip derjenigen Institutionen (z. B. Schulen, Strafanstalten oder Fürsorgeeinrichtungen), die sich um unverheiratete und alleinlebende Menschen kümmern sollten. Einige dieser Institutionen wurden freiwillig genutzt, etwa Klöster, Priesterseminare und, in eingeschränktem Maße, das Militär, andere beruhten auf Zwang – auf jeden Fall aber orientierten sich alle an einer Disziplin, die entweder von der Kirche oder von der Armee vorgebahnt war. Die Insassen wurden von der Außenwelt abgeschlossen und ständig überwacht, damit keine Kommunikation zwischen Gleichen entstand, von der man befürchtete, sie könne in Perversionen oder in Revolten gegen die Hierarchie münden. Dahinter steckten Mißtrauen, die Insassen könnten sich untereinander verständigen, und Angst vor ihren körperlichen und sexuellen Bedürfnissen. Für geradezu ideal hielt man Einzelzellen – die »Box«, wie man in englischen Internaten sagte –, doch die Räumlichkeiten waren meist beschränkt. Das läßt sich am Beispiel der Gefängnisse zeigen, die zwar ein Extremfall sind, für die aber dieselben Grundregeln galten: Ab 1840 setzten sich Zug um Zug die Befürworter von Einzelzellen durch, bis 1875 schließlich ein Gesetz festlegte, daß Häftlinge einzeln untergebracht werden müßten. Doch in der Realität blieb das Gesetz Makulatur. Die Aufseher versuchten mit allen Mitteln der Kontrolle, »Promiskuität« zu verhindern. Im übrigen hielt man in den psychiatrischen Anstalten des 19. Jahrhunderts Isolation für eine Therapieform.[1] »Der Geist des Mißtrauens ist in die Welt gekommen«, schrieb Stendhal.

Selbstverständlich muß man sich vor zweifelhaften Parallelen hüten. Die Ähnlichkeit dieser Institutionen ist eine formale. Denn unverkennbar macht es einen Unterschied, ob jemand sich einer derartigen Kontrolle freiwillig unterwarf oder nicht, vielleicht sogar Berufung verspürte. In diesem Falle entstand Disziplin durch Zustimmung, man akzeptierte und verinnerlichte die Regeln. Die Klöster im 19. Jahrhundert waren erfüllt von einer dualistischen Spiritualität.[2] Die Seele wurde strikt unterschieden vom Körper, in dem man den Sitz des Bösen vermutete, das man zum Schweigen bringen und dem man sowohl mit physischer wie moralischer Askese wehren mußte. In kontemplativen Orden konnte die Askese zum »symbolischen Mord« an dem »Anderen« führen, weil er der vollkommenen Einheit mit Gott im Weg stand. Jung zu sterben war der Wunsch vieler frommer junger Mädchen, die bisweilen von ihrer unterdrückten Mutter darin bestärkt wurden – für Thérèse de Lisieux war ein früher Tod eine erbetene Gnade. Religiöse Hingabe bedeutete jedoch nicht, daß die Versuchung ein für alle Mal abgewendet war. Die Leidenschaften des Herzens und des Fleisches lauerten im Verborgenen, in dunklen Verliesen unter der erhabenen Seele. Hinter den Klostermauern entstanden neue Grenzmauern zwischen dem Öffentlichen und dem Intimen. Jedes Detail, jedes Wort, jedes Geräusch war zu vernehmen und leicht zuzuordnen. »Im Seminar gibt es eine bestimmte Art, sein gekochtes Ei zu essen, die den Fortschritt im andächtigen Leben anzeigt«, bemerkte Stendhal kritisch. Als Julien Sorel, der Held in *Rot und Schwarz*, beschließt, seinen Charakter von Grund auf zu ändern, »machten ihm die Bewegungen seiner Augen sehr zu schaffen«.

Der »Spion« oder »Judas« an der Zellentür ermöglichte es dem Aufseher zu sehen, ohne gesehen zu werden. Nach dem Gesetz von 1875 sollten generell Einzelzellen eingeführt werden, die wiederum individuell überwacht wurden. Einsamkeit sollte Strafe und Heilmittel zugleich sein. (Salon von 1905)

War man eingesperrt, mußte man ständig um einen Rest individueller Privatheit kämpfen, um gewisse Zeitspannen und einen Ort für sich zu haben, wo man weder überwacht wurde noch den Zwängen der Gruppe ausgesetzt war. Vallès preist in seinem *Insurgé* »das kleine Zimmer am Ende des Ganges, wo die Lehrer arbeiten oder träumen konnten, wenn sie frei hatten«. Gelegentlich half es auch, Beziehungen zu knüpfen, um nicht mehr einsam zu sein und einen Schutzpanzer gegen die allgegenwärtige Überwachung zu schaffen. Ein System ausgeklügelter Taktiken diente dazu, die vorgeschriebene Ordnung zu entkräf-

ten. Die Freizeit wurde genau eingeteilt. War die Gruppe in Bewegung, nutzte man das Durcheinander zu einem privaten Wort. Freunde zogen sich auf »neutrales Territorium« zurück, in dunkle Ecken und vor allem in die Toiletten, die in allen geschlossenen Einrichtungen eine Nische der Freiheit sind und dementsprechend mißtrauisch beobachtet werden.

Mit Hilfe einer Reihe von Tricks erzeugte man in der Schule oder im Gefängnis eine Art Subkultur: Zettel, die man sich hinter dem Rücken des Lehrers zusteckte, Wandgekritzel, ein eigener Jargon, Witze und Zeichen.[3] Komplizenschaft und Freundschaften (die »ganz besonderen« eingeschlossen) erlangten in dieser abgekapselten Welt, in der latente oder manifeste Homosexualität stets zugegen war, besondere Intensität. Das andere, das verbotene Geschlecht wurde entweder zum Objekt gezielter Begierde oder das Begehren wurde sublimiert. Extreme Zwänge haben extreme Wünsche zur Folge. Das Vergnügen am Lesen, an Leckerbissen oder an der Liebe gewinnt in dem Maße Anziehungskraft, wie man es sich versagen muß. Der Gefühlsaufruhr wird mitunter so stark, daß er das Individuum zu überwältigen droht. Erzwungene Selbstbeherrschung über einen langen Zeitraum hinweg schlägt leicht in extreme Verdrängung um, die Züge von Betäubung und Selbstbetäubung trägt. Neben anderen Forschern hat Simone Buffard beschrieben, wie die »Gefängniskälte« die Wünsche und Fähigkeiten des Strafgefangenen vereist. Und Erving Goffman hat den »Autonomieverlust« analysiert, der charakteristisch ist für Insassen psychiatrischer Anstalten und eben auch für Gefangene. Nicht zuletzt deshalb ist es so schwierig, sie in der »Welt draußen« wieder zu integrieren.[4]

Diese Aspekte des privaten Lebens von Eingeschlossenen können wir hier nicht näher erörtern. Es gibt übrigens nur wenige Studien darüber, was uns die Differenzierung zusätzlich erschwert. Die Ähnlichkeit der Überwachungstechnik und der Beziehungsformen in den verschiedenen »totalen Institutionen« ist zwar augenscheinlich, aber höchst un-

Das Gefängnis Mazas, entworfen von den Architekten Gilbert und Lecointe nach dem Prinzip der Einzelhaft, wurde 1850 in Paris am Boulevard Diderot eröffnet. Während der Unterrichtsstunden oder religiösen Übungen benutzte man die Zellentüren als Trennwand zwischen den Häftlingen. Mazas, ein sehr strenges Gefängnis mit hoher Selbstmordrate, war berühmt für die Geschicklichkeit der Häftlinge, dennoch miteinander zu kommunizieren.
(*L'Illustration*, 1881)

scharf; sie müßte in einer historischen Perspektive untersucht werden. Welche Institutionen etwa waren besonders empfänglich für Außeneinflüsse? Bei körperlichen Bestrafungen in Schulen zum Beispiel hatten die Familien ein gewichtiges Wort mitzureden. Wie verhielt es sich mit Briefgeheimnis, Ausgangserlaubnis oder der intimen Hygiene in Kasernen oder Gefängnissen? Einsprüche von Einzelnen oder Gruppen gegen die Disziplin oder Forderungen nach Erleichterungen hatten Auswirkungen selbst auf die starrsten Strukturen.

Um 1860 gab es in Frankreich 50 000 Strafgefangene, 100 000 Nonnen, 163 000 Internatsschüler, 320 000 Patienten in geschlossenen psychiatrischen Anstalten und fast 500 000 Soldaten. Jede dieser Gruppen hatte eine eigene Form des privaten Lebens; man sollte sie nicht vergessen.

## Weibliche und männliche Junggesellen

Im 19. Jahrhundert entschieden sich zwar nur wenige freiwillig gegen die Ehe, aber viele lebten gezwungenermaßen einsam – vor allem Frauen, die früh Witwen wurden und lange allein blieben. Das Heiratsalter sank bei beiden Geschlechtern, freilich in ungleicher Weise. Die Volkszählung von 1851 ergab zum Beispiel, daß 51 Prozent der Männer, jedoch nur 35 Prozent der Frauen unverheiratet waren. Differenziert man allerdings nach Altersgruppen, so stellt sich heraus, daß nur 18 Prozent der Männer über fünfunddreißig ledig waren, aber 20 Prozent

Paul Gavarni, *Leben des jungen Mannes*. Waren Studenten tatsächlich sorglos, zynisch und reiselustig? Ein Klischee, das dennoch ein Korn Wahrheit enthält. (Paris, Bibliothèque Nationale)

Jean-Paul Laurens, *Der Student*. Ein Student im Mittelalter, so wie der Historienmaler Laurens ihn sich vorstellte.
(Salon von 1909)

der Frauen in diesem Alter. Im Alter von fünfundsechzig waren nur noch 7 Prozent der Männer ledig, während die Rate unverheirateter Frauen in keiner Altersgruppe unter 10 Prozent sank. Generell war die Heiratsquote bei Männern höher als bei Frauen. Die Ehe bot Männern Bequemlichkeit und Respektabilität. In einem Brief an seine Mutter vom 4. Dezember 1854 schrieb der Dandy Baudelaire: »Ich brauche um jeden Preis eine Familie. Das ist der einzige Weg, um zu arbeiten und weniger Geld auszugeben.« Und Gustave de Beaumont, der wie Tocqueville verblüfft war über die Ehepraxis in Amerika, äußerte gegenüber seinem Bruder Achille am 25. September 1831 die Besorgnis: »Ich fürchte, es wird so weit kommen, daß Junggesellen sich in einer unhaltbaren Lage befinden und nur Familienväter Sicherheit genießen.« Sechzig Jahre später rühmte Charles Péguy die Familienväter als die »Helden der modernen Welt«.

Unverheirateten wurde Mißtrauen entgegengebracht.[5] Obwohl die Kirche ebenso wie der Soziologe Frédéric Le Play die Ehelosigkeit als Mittel der Selbstverleugnung guthießen, beargwöhnte die Gesellschaft eine unverheiratete Person als »vertrocknete Frucht«. In seinem *Wörterbuch der Gemeinplätze* faßt Flaubert die Anschauungen seiner Zeit zusammen: »Junggesellen: alle selbstsüchtig und lasterhaft. Man müßte ihnen Steuern auferlegen. Ein trauriges Alter liegt vor ihnen.« Das Substantiv »Junggeselle« bezeichnete nur Männer, auf Frauen wurde das Adjektiv »ledig« angewandt. Der *Larousse du XIX$^{e}$ siècle* zitiert »das Mißverständnis eines Engländers, der, wenig vertraut mit den Synonymen unserer Sprache, die Kellner im Restaurant *Junggesellen* nannte«.* Eine unver-

* Das französische Wort »garçon« für Kellner bedeutet auch »Junge«. *A.d.Ü.*

Francisco Oller, *Student*. Szene aus dem Studentenleben. Er liest zerstreut, während sie schweigend näht. Sie trinken Kaffee in ihrem »koketten« Zimmerchen, typisch für eine junge Näherin. Von Dauer wird dieses Zusammenleben nicht sein.
(Paris, Louvre)

*Eine Junggesellenfeier.* Junge Männer feiern in einem gemieteten Raum ausgelassen mit Freudenmädchen. (Paris, Bibliothèque Nationale)

heiratete Frau blieb ein »Fräulein«, das heißt, ein Nichts, ja, schlimmer noch, man nannte sie ein »spätes Mädchen«, eine »unnormale alte Jungfer« oder eine »Deklassierte«.

Die Ehelosigkeit, ob nun befristet oder dauerhaft, wurde von Männern und Frauen gänzlich unterschiedlich erfahren. Junge Frauen lebten zurückgezogen in Erwartung einer Heirat. Für junge Männer dagegen war das Junggesellendasein eine erfüllte, freie und fröhliche Lehrzeit, die durch Ehe und Seßhaftigkeit beendet wurde. Zumindest in der Erinnerung wurde diese Phase flüchtiger Liebschaften, ausgiebigen Reisens und freizügiger Männerkameradschaft verklärt (siehe etwa Flauberts Korrespondenz). Erziehung der Sinne und sexuelle Abenteuer – alles war erlaubt. Junge Männer mußten »sich die Hörner abstoßen«. Erst die Furcht vor der Syphilis bewog gegen Ende des 19. Jahrhunderts zu Vorsicht und Zurückhaltung. Selbst in den Unterschichten waren derlei »Lehr- und Wanderjahre«, die frühere »Walz« der Handwerksburschen, üblich und Stoff ungezählter Renommiergeschichten.

Die Studenten in Paris, die sich mit dem Studium des Rechts oder der Medizin oft Zeit ließen, bildeten eine Gruppe für sich, die so sehr mit Legenden befrachtet ist, daß man die Wirklichkeit nur schwer ermessen kann. Das Quartier Latin, stets in politische Turbulenzen verwickelt und zumindest bis 1851 unter ständiger Überwachung, ist der Ursprungsort eines epochalen Mythos.[6] Ein anderer Mythos kreist um die Boheme, die Murger unsterblich gemacht hat. Erst kürzlich hat Jerold Seigel die Grenzen, die Identität und die politischen und literarischen Wandlungen dieser Gruppen, die sich zwischen dem Boulevard

Laut Musset war die Grisette »tugendhaft, ehrbar, sauber, sorgfältig, ehrlich und fröhlich«. Diese hier widersteht den Avancen eines zudringlichen Herrn. (Paris, Bibliothèque Nationale)

Saint-Michel und Montmartre oder zwischen Montmartre und Montparnasse bewegten, zu erschließen versucht.[7]

## Das Leben der Boheme

Der Schriftsteller Henri Murger beschreibt verschiedene »Typen«, die zur Szenerie der Boheme gehörten. Da waren zunächst die »Amateure«, junge Männer, die »ihr Zuhause und ihre Familie verließen«, um »ein abenteuerliches Leben zu führen«, aber nur für eine Weile. Eine zweite Gruppe waren die »Künstler«. Die meisten von ihnen – »die unbekannte Boheme« – lebten in anonymer, stoischer und passiver Armut, ohne jemals berühmt zu werden. »Zumeist starben sie an der Krankheit, die die Wissenschaft nicht beim richtigen Namen zu nennen wagt: an der Not«; sie wurden Opfer der Tuberkulose und endeten im Hospital. »Sie spucken und husten; das verärgert die Nachbarn – also ab in die Charité«, wie Vallès schreibt. Eine dritte Gruppe, eine Minderheit, wurde berühmt und anerkannt (»ihre Namen stehen auf Plakaten«): Maler, Bildhauer und Schriftsteller, aber auch Journalisten, die für kleine Zeitungen arbeiteten, die ihnen Karikaturen, Gedichte und humoristische Geschichten abkauften.

Die Boheme verkörperte ein Gegenmodell zum bürgerlichen privaten Leben. Schon ihr Verhältnis zu Zeit und Raum war ein ganz anderes – das »Leben« der Bohemiens fand überwiegend nachts statt, ohne geregelte Zeiteinteilung (der Bohemien besaß keine Uhr) –, seine Zentren waren die Salons, Cafés und Boulevards der Großstadt. Ein Bohemien konnte keine »zehn Schritte auf dem Boulevard tun, ohne einen Bekannten zu treffen«. Sein Hauptvergnügen und seine Hauptbeschäftigung war die Konversation. Er lebte und schrieb in Kneipen, Bibliotheken und Lesesälen; diese private Nutzung öffentlicher Räume verband ihn mit der Arbeiterklasse. Stets verfolgt von Gläubigern und Gerichtsvollziehern, hatten die Bohemiens keinen festen Wohnsitz, sie besaßen kaum Möbel, hatten keinen Besitz – Schaunard, ein Romanheld Murgers, trägt seine gesamte Habe bei sich, in Taschen »tief wie Keller«. Oft teilten sie sich zu mehreren eine Unterkunft, die sie mit wenigen Mitteln – ein paar Kunstgegenständen oder raffinierten Dekorationen – geschickt zu verwandeln verstanden. Sparsamkeit, die Tugend »vollgefressener Kleinbürger«, wurde verachtet; man verjubelte in einer Nacht das Geld, das man beim Spiel gewonnen, sich geliehen oder aus dem gemeinsamen Topf genommen hatte. Privateigentum galt nichts, man teilte alles, einschließlich der Frauen, die je nach Neigung vom einen zum anderen weitergereicht wurden. Affären und Liebschaften waren der Brauch, Untreue ein Prinzip. Den Preis dieser Freizügigkeit bezahlten leichtsinnige Mädchen (die berühmten »Grisettes«, Putzmacherinnen in Paris). Die Geschlechterbeziehungen mochten weniger hierarchisch sein als gemeinhin, doch von Gleichheit konnte keine Rede sein. Auch in der Boheme herrschten die Männer, wenngleich kluge Frauen in diesem Milieu manchmal »vorwärtskamen« oder zumindest ein unbeschwertes Leben führen konnten. Es gab weibliche Rastignacs, die dank ihrer Jugend und Schönheit »frei lebten wie die Männer«, wie Sébastien Mercier schrieb, und daher die Boheme als Stufe zu höheren Eroberungen nutzten. »Ich gehöre mir ganz allein, nur ich zähle«, sagt Rigolette, Heldin in einem Roman von Eugène

*Szenen aus dem Leben der Bohème*, 1851. Das Café Momus, wo sich Murgers vier Musketiere zusammen mit ihren Freundinnen trafen. Legende einer Form der Geselligkeit. (*L'Illustration*, 1852)

Sue, eine souverän subversive Figur, die im Alltag kaum eine Entsprechung hatte.

In dem gemeinschaftlichen und öffentlichen Leben der Boheme war die Liebe wohl das einzige, was einigermaßen »geheim« war. Das Paar löste sich von der Gruppe; um einander zu lieben, brauchte man ein eigenes Zimmer, das man abschließen konnte – in gewisser Weise ein Äquivalent zum ehelichen Schlafzimmer.

Das Bild der Boheme, das Murger in seinem Roman zeichnet, sollte uns jedoch nicht täuschen – es enthält ebensoviel Fiktion wie Realität. Dennoch übte es auf die Jugend, vornehmlich in der Provinz, erhebliche Anziehungskraft aus. Nach Paris gehen, Schriftsteller, Dichter oder Journalist werden, das geistlose bürgerliche Dasein abstreifen – das waren die Ambitionen einer großen Zahl von »Opfern der Bücher«, wie Jules Vallès sie später, pessimistischer als Murger, geschildert hat. Es ist symptomatisch, daß dieses Subproletariat aufsässiger Bohemiens im Umkreis der Collèges und kleinen Zeitungen seine Einsamkeit vor allem am Sonntag empfand, dem »siebten Tag des Verdammten«, an dem überall Familien zu sehen waren, die ihm feindselig den Rücken zukehrten.

Henri Gervex, Illustration zu Balzacs Roman *La Fille aux yeux d'or*, 1898. Dieser Romanheld ist als Dandy ausstaffiert, doch ist er es auch wirklich? »Ein Mann wird reich, elegant ist er geboren«, sagte Balzac, der in seiner Seele Aristokrat war. (Paris, Bibliothèque Nationale)

## Dandys

Eine bewußte und kunstvolle Version der Zurückweisung bürgerlicher Lebensweise markiert das Dandytum.[8] Das entscheidende Funktionsprinzip des Dandytums – ursprünglich in England entstanden und seinem Wesen nach aristokratisch – war die zielstrebige Unterscheidung von den anderen. Brummel, Barbey d'Aurevilly, Baudelaire oder Fromentin mit seinem Roman *Dominique* legten die Regeln fest. In einer Gesellschaft, die alles zu nivellieren drohte, behauptete der Dandy bis zum Exzeß die Differenz. Die Boheme neigte politisch nach links, das Dandytum nach rechts. Antiegalitär wie er war, wollte der Dandy eine neue Aristokratie schaffen – nicht die Aristokratie des Geldes oder der Abstammung, sondern eines bestimmten Temperaments (man wurde als Dandy »geboren«) und eines bestimmten Stils.

Der Dandy, ein Mann der Öffentlichkeit, der seine Rolle auf der Bühne der Großstadt spielte, schützte seine Individualität hinter einer Maske. Er fand Geschmack an Illusion, Verstellung und Verkleidung und besaß einen feinen Sinn für Details und Accessoires wie Handschuhe, Krawatten, Spazierstöcke, Schals und Hüte. Die Brüder Goncourt amüsierten sich über Barbeys Aufmachung und den »Karnevalsaufzug, den er das ganze Jahr über auf seinem Körper herumträgt«. Ein Dandy war »ein Mann, der Kleider trägt [. . .]. Er lebt dafür, sich anzukleiden«, sagte Carlyle. Sich »feinzumachen« war seine Lieblingsbeschäftigung. Aber anders als die Höflinge in früheren Epochen legte er größten Wert darauf, daß sowohl die Wäsche wie die Haut sauber waren – Zeichen einer neuen Einstellung zum Körper. Barbey badete täglich, und als Maurice de Guérin erkrankte und nach Le Cayla zurückkehren mußte, waren die Hauptsorgen seiner Schwester Eugénie der Wassermangel und das Fehlen eines Waschraumes.

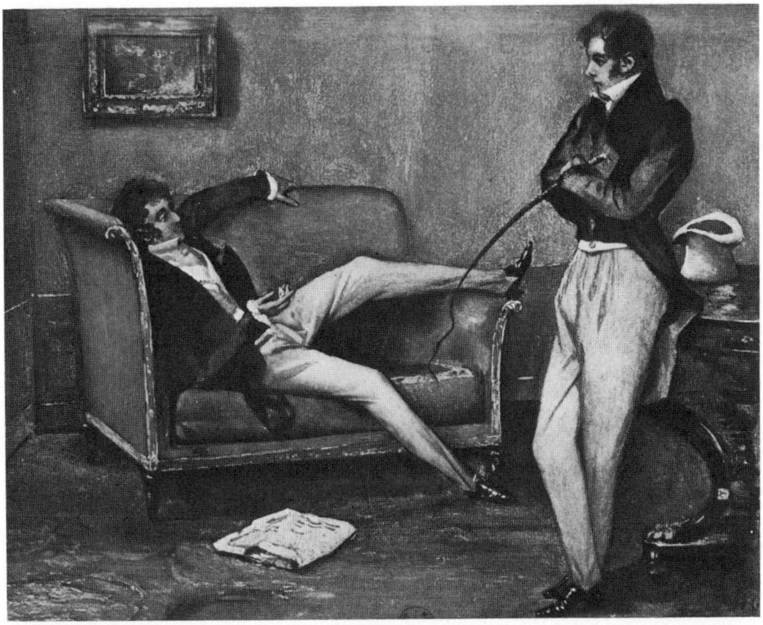

Henri Gervex, Illustration zu Balzacs Roman *La Fille aux yeux d'or*, 1898. Dandytum bedeutete Mode, Eleganz, Müßiggang und Vergnügen an Männergesellschaft; nach dem Ausritt ruhte man sich auf dem Sofa aus. Männer unter sich. (Paris, Bibliothèque Nationale)

Solche Gewohnheiten setzten Muße voraus – und ein ausreichendes Einkommen, von dem man zehren konnte, ohne arbeiten zu müssen. Die Dandys waren zweifellos besser gestellt als die Bohemiens, reich waren sie jedoch nicht. Verachtung für das Streben nach Geld, Gefallen an auffälligem Luxus und am Spiel, auch wenn man dabei riskierte zu verlieren, zählten zum Kodex ihrer antikapitalistischen und antibürgerlichen Moral. Sie verabscheuten Emporkömmlinge; geschäftliche Tätigkeit oder Famlienleben lehnten sie ab. Die Ehe war in ihren Augen die schlimmste aller Gefangenschaften, Frauen waren Werkzeuge der Sklaverei. Fleischliche Vergnügung mit Frauen sollte ein Tauschgeschäft sein; bevorzugt wurde die Liebe zu Männern. Die Homosexualität der Dandys (das Wort ist erst ab 1891 belegt) manifestierte sich im selben Maße, wie weibliche und familiäre Werte in der Gesellschaft Vorrang genossen. Der Auftritt der emanzipierten »neuen Frau« löste in ganz Europa eine männliche Identitätskrise aus, wie Otto Weininger 1903 in seiner Studie *Geschlecht und Charakter* festgestellt hat. Die Karriere der Homosexualität war wohl ein Ausdruck dieser Krise. Zeugnis davon gibt das Tagebuch Edmond de Goncourts ab 1880. Verachtung der Frau oder zumindest des Weiblichen, wie sie im *Futuristischen Manifest* (1909) von Marinetti drastisch proklamiert ist, war eine Konstante des Dandytums, das man Kempf zufolge weniger als misogyn denn vielmehr als »spernogyn« (abgeleitet vom lateinischen »spernere«, verachten) bezeichnen sollte. »Die Frau ist das Gegenteil des Dandys: sie ist natürlich, das heißt abscheulich«, sagte Flaubert. Dandys waren Pessimisten und daher auch gegen Fortpflanzung; Kinder lehnten sie ab.

Das Dandytum war eine Ethik und Lebenseinstellung, die Ehelosigkeit und Vagabundieren als Waffe einsetzte. »Ich hasse die große Herde, ihre Regeln, ihre Stufen. Nennen Sie mich einen Beduinen,

Henri-Georges Bréard, *Die Zeitung*. Eine gebildete Frau liest ihren verwitweten Freundinnen die Zeitung vor, um sie ein wenig zu zerstreuen. (Salon von 1914)

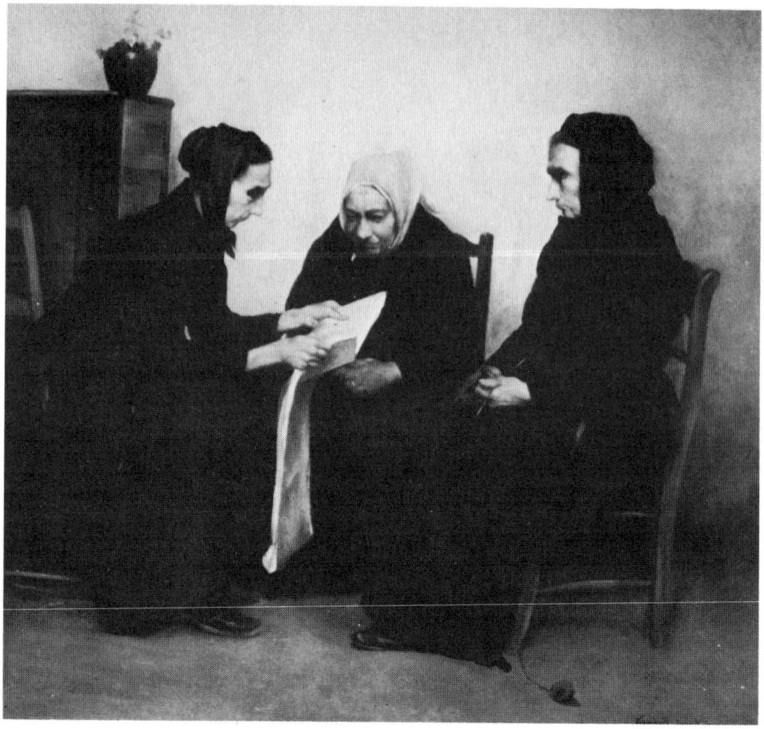

meinetwegen; Bürger – niemals«, schrieb Flaubert am 23. Januar 1854 an Louise Colet. Bummler, Dandys, später die Großstadtganoven verkörperten den Gegenentwurf zum braven Bürger. Die Gesellschaft duldete die Flaneure und Dandys; die Ganoven, Geschöpfe der Großstadt, die die Sicherheit der Besitzenden bedrohten, wurden unnachsichtig verfolgt.

## Die Einsamkeit alleinstehender Frauen

Frauen, die aus freiem Entschluß, gezwungenermaßen oder resigniert allein lebten, befanden sich stets in einer schwierigen, da nicht vorgesehenen Situation. »Die Frau stirbt, wenn ihr keiner Heim und Schutz bietet«, schrieb Michelet voller Mitgefühl, und das Echo seiner Epigonen ließ nicht auf sich warten: »Wenn es etwas gibt, das uns die Natur täglich zweifelsfrei vor Augen führt, so die Tatsache, daß die Frau geschaffen ist, um beschützt zu werden; als junges Mädchen ist sie bei der Mutter, später als Gattin steht sie unter der Obhut und Autorität ihres Mannes. [...] Die Frau ist geschaffen, ihr Leben im Verborgenen zu führen.« (Jules Simon, *L'Ouvrière,* 1861) Außerhalb von Haushalt und Ehe war für die Frau kein Heil zu finden.

Schamlos, wenn sie von ihren Reizen lebte, sitzengeblieben, wenn sie keine besaß – eine alleinstehende Frau erregte auf jeden Fall Mißtrauen oder Spott. Ein alter Hagestolz hatte Marotten; er war eher drollig als bemitleidenswert. Eine alte Jungfer dagegen galt als verwelkt und verkümmert – Schande über dieses »unfruchtbare Wesen«, wie Balzac höhnte. Zänkisch, scharfzüngig, intrigant, ja, hysterisch und bösartig wie Balzacs stereotype *Cousine Bette* (1847), die wie eine Spinne in der Stadt ihre Intrigennetze webte, jagte die alte Jungfer Angst ein. Erst im 20. Jahrhundert entstand unter dem Einfluß von Feministinnen und Schriftstellern (wie Léon Frappié) ein anderes Bild von der alleinstehenden Frau; Frauen hatten nun endlich ein Recht auf Ehelosigkeit.

Tatsächlich gab es viele Frauen, die allein lebten, nach der Volkszählung von 1851 46 Prozent der Frauen über fünfzig: 12 Prozent waren unverheiratet, 34 Prozent Witwen. Die numerische Relation war 1896 unverändert. Im Westen, in den Pyrenäen und im Südosten des Zentralmassivs war die Zahl alleinstehender Frauen um die Jahrhundertmitte extrem hoch; die regionalen Unterschiede verwischten sich später, während die Zahl alleinlebender Frauen in den Großstädten sprunghaft anstieg (weibliche Dienstboten).

Die hohe Zahl alleinlebender Frauen war in Westeuropa seit dem Mittelalter eine demographische Konstante. Mehrere Faktoren sind dafür verantwortlich. Zunächst die Heiratsstrategie der Familie, die festlegte, welche Töchter heirateten und welche nicht; sodann die Pflicht, die alten Eltern zu unterstützten und zu versorgen; schließlich die Witwenschaft, da Frauen länger lebten und selten eine zweite Ehe eingingen. In bürgerlichen Kreisen waren die Witwen durch den Code civil und das Nießbrauchsrecht besser geschützt als früher, doch in den Unterschichten war ihre Lage prekär. Über ihre unsichtbare Arbeit im Haushalt, bei der Kindererziehung oder als Helferin des nun verstorbenen Ehemannes wurde nicht Buch geführt, und die Zeiten der Lohnarbeit waren zu kurz und zu wenig kontinuierlich für eine »Karriere« (einzige Ausnahme waren die Frauen in der staatlichen Tabakindustrie). So hatten nur sehr wenige Anspruch auf eine Rente. Die frühesten Gesetze über Renten für Arbeiterinnen und Bäuerinnen (erst 1910) zeigen deutlich, welche marginale Rolle sie spielten. Hütten auf dem Land, Mansarden in der Stadt, Krankenhäuser und Altenheime waren voll von armen alten Frauen, vergessen und allenfalls Objekte der Mildtätigkeit eines Mädchenpensionats. Eine Untersuchung der Lebensbedingungen im Alter – eine Geschichte, die noch zu schreiben ist – müßte sehr genau nach dem Geschlecht unterscheiden.

Manche Frauen entschieden sich freiwillig dafür, allein zu bleiben, etwa wenn sie Nonnen, Krankenschwestern, Sozialarbeiterinnen oder Lehrerinnen wurden; manche zogen einfach eine Berufstätigkeit der Ehe vor. Die Vorarbeiterinnen im Quartier du Soleil in Saint-Etienne waren Junggesellinnen, die bewundert und zugleich kritisiert wurden.[9] Viele Frauen, die bei der Post angestellt waren, blieben ledig. 1880 lebten 73 Prozent der weiblichen Postangestellten allein, 55 Prozent davon waren nie verheiratet gewesen (1975–1980 waren nur 10 Prozent der weiblichen Postangestellten ledig). Die Geschichte dieser Frauen beweist, daß der Wunsch nach finanzieller und beruflicher Unabhängigkeit zur Ehelosigkeit führte; die männlichen Kollegen wollten nämlich eine Hausfrau, keine Postkollegin.[10] Sozialer Aufstieg durch Arbeit war im 19. Jahrhundert für Frauen nur dann möglich, wenn sie ihr

Richard Miller, *Alte Jungfern.* In einem behaglichen Salon nehmen zwei alte Damen, dem Aussehen nach sehr »britisch«, den Tee zu sich.
(Salon von 1904)

Charles Vasnier, *Warten*. Eine junge Frau wartet auf den Mann, der – vielleicht – kommen wird. Frauen blieben zu Hause im Zimmer und spähten durch das Fenster auf die Welt »draußen«. (Salon von 1910)

privates Leben opferten. Ehelosigkeit war der Preis, den sie zahlen mußten.

Der Alltag dieser alleinstehenden Frauen war schwierig. Da man Frauenlöhne lediglich als »Nebenverdienst« betrachtete, waren sie fast immer niedriger als Männerlöhne. Typische »Frauenberufe« waren zudem unqualifiziert, zum Beispiel in der Textilindustrie, von der viele Frauen ökonomisch abhängig waren. Untersuchungen des Office du Travail über die Heimarbeit, die um die Jahrhundertwende in der stark rationalisierten Bekleidungsindustrie weit verbreitet war, eröffneten den Blick auf eine Welt alleinstehender Frauen, manchmal Mutter und Tochter zusammen. Sie verbargen ihre Not in einem Hinterhof oder einem Mansardenzimmer und schufteten zehn bis fünfzehn Stunden täglich an ihrer Nähmaschine. Und statt ordentlich zu essen, zogen sie es vor, sich gelegentlich einen Schal oder eine hübsche Bluse zu leisten. Denn für die jüngeren Arbeiterinnen blieb ihre Verführungskunst eine Überlebensbedingung. Ein Verhältnis mit einem Mann verbesserte nicht nur den materiellen Status, sondern löste auch das Problem der Sexualität außerhalb der Ehe. Junge Mädchen, die eine Stelle in einem großen Warenhaus suchten, wurden vom Direktor gefragt, ob sie einen »Beschützer« hätten, denn man konnte sich kaum vorstellen, daß sie nur von ihrem regulären Verdienst lebten. Viele junge Arbeiterinnen oder respektable Angestellte übernahmen nun die Funktion der früheren »Grisettes«, denen ehemalige Studenten, die später Senatoren wurden, 1880 ein Denkmal errichten ließen. Das heißt, sie hatten einen »Freund«, einen auch sozial »respektablen« Mann. Madeleine Campana unterhielt fünfzehn Jahre lang ein unbeschwertes Verhältnis mit einem Arzt und hätte ihn auch geheiratet, wenn er frei gewesen wäre (*La Demoiselle de téléphone*, Paris 1976). Doch niemand weiß, wie viele unerfüllte Träume *einem* positiven Beispiel gegenüberstehen; wie oft Frauen verbittert erkennen mußten, daß man sie hereingelegt hatte. Und wir wissen auch nicht, wie viele alleinstehende Frauen zusammenzogen, um gemeinsam leichter überleben zu können. Die Volkszählungen, die im Abstand von fünf Jahren stattfanden, erwähnen Haushalte, die nur aus Frauen bestanden – Mütter, Töchter, Freundinnen. Soziologen wie Villermé oder Le Play notierten 1840, daß Frauen, »die keine Familie haben und auch nicht als Konkubinen ausgehalten werden, normalerweise zu zweit oder zu dritt eine kleine Kammer oder ein Zimmer mieten und sich die Kosten für die Einrichtung teilen«[11].

Hat es ein weibliches Pendant zum Dandytum, eine frei gewählte und freizügig gelebte Ehelosigkeit gegeben? In der Welt der Schauspielerinnen, über deren Privatsphäre wir fast keine Informationen haben, fände man wohl Beispiele dafür. Doch obschon es Frauen möglich war, der Ehe zu entgehen, mochten sie doch meist nicht auf Männer verzichten. Manche berühmte Kurtisane versuchte, die Galanterie zu ihrem Vorteil umzukehren. In der Literatur finden wir ihr Leben und Schicksal auf unterschiedliche Weise dargestellt. Zolas *Nana*, der die Männer zu Füßen gelegen hatten, starb an den Pocken, »Venus verweste«; Odette, die in Prousts *Auf der Suche nach der verlorenen Zeit* infolge der Kriegswirren zur Geliebten des Herzogs von Guermantes geworden

Bilder weiblicher Einsamkeit. Edmond de Grimberghe, *Melancholie*. Am Ende einer einsamen Nacht blickt eine junge Frau traurig aus dem Fenster.
(Salon von 1895)

war, herrschte noch als »närrische alte Schachtel« über den Faubourg Saint-Germain.

Weibliches Dandytum? Vielleicht findet man es am ehesten bei den Lesbierinnen zu Beginn des 20. Jahrhunderts: Nathalie Clifford-Barney, Renée Vivien, Getrude Stein und ihren Freundinnen. Diese Frauen, Künstlerinnen des Art Nouveau oder der Avantgarde, lesbisch und in Paris schon ihrer ausländischen Herkunft wegen stadtbekannt, forderten das Recht, ebenso zu leben wie die Männer. Um sie scharten sich andere »neue Frauen«, Journalistinnen, Schriftstellerinnen, Künstlerinnen, Rechtsanwältinnen, Ärztinnen, sogar Professorinnen, die sich nicht mehr mit einer Nebenrolle zufriedengaben und reisen und lieben wollten, wie es ihnen behagte. Von manchen bewundert, von anderen verunglimpft, hatten sie es wahrlich nicht leicht. Kritische oder sympathisierende Romane, etwa von Marcelle Tinayre (*La Rebelle*) oder Colette Yver, vermitteln ein Bild von den Schwierigkeiten, auf die sie stießen; sie waren immens. Die sexuelle Revolution war wohl noch komplizierter als die soziale.

## Nicht integriert, ausgestoßen, alleingelassen

Von allen Außenseitern zogen Vagabunden den heftigsten Argwohn auf sich. Wie sollte es auch anders sein in einer Gesellschaft, in der ein fester Wohnsitz die Bedingung des Bürgerrechts war und die in jedem Nicht-Seßhaften einen Attentäter auf ihre Moral vermutete? Die Bauern, die sich an ihren Besitz klammerten, sahen in Zigeunern und Landstreichern – außer dem zugelassenen Hausierer – potentielle Diebe, die man vertreiben mußte. Dörfler im Gévaudan stürzten einen Kesselflikker, der ein Glas Wein nicht bezahlt hatte, in eine Schlucht. Die Republik der Familienväter griff zu drakonischen Maßnahmen. Ein Gesetz von 1885 ermöglichte es, rückfällige Straftäter, in der Regel kleine Diebe oder Landstreicher, die angeblich »ungeeignet für jede Art von Arbeit waren«, nach Guayana zu transportieren. Ein anderes Gesetz ordnete an, daß Landstreicher einquartiert und mit einem Ausweis samt Gesundheitspaß versehen werden sollten. Es hieß, Landstreicher bedrohten Familie und Gesundheit, da sie Krankheiten, Bazillen und die Tuberkulose übertrügen.[12]

Nachtasyl für Vagabunden und Landstreicher, Beginn des 20. Jahrhunderts. Obwohl man hier zumindest komfortabler übernachtete als auf der Straße, dienten solche Maßnahmen vor allem der Kontrolle eines beargwöhnten Bevölkerungsteils. (Sammlung Sirot-Angel)

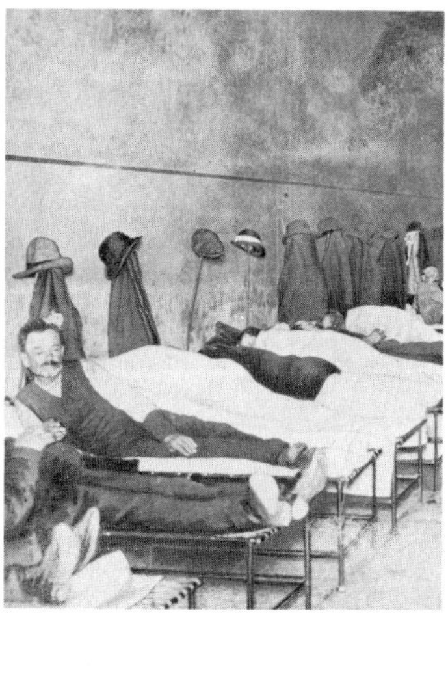

Junggesellen, Alleinstehende und Vagabunden waren Außenseiter, die am Rande einer Gesellschaft lebten, die sich um die Familie zentrierte. Ihre materielle und moralische Existenz war prekär. Stets wurden sie mißtrauisch beobachtet oder beschuldigt und mußten sich verteidigen, gefangen in einem Netz, das noch relativ lose geknüpft war, aber beständig enger wurde.

Daß die Alleinstehenden im Durchschnitt früher starben als andere, ist ein Zeichen für ihren archaischen Status in einer Gesellschaft, in der Langlebigkeit zum Kriterium für Modernität geworden war. Sie starben verbraucht und erschöpft oder sie begingen Selbstmord. Durkheim erblickt in der hohen Selbstmordrate von Junggesellen den Beweis dafür, daß sie nicht in die Gesellschaft integriert waren. Arbeiter und Arbeiterinnen, die vom Land in die todbringenden Städte abwanderten – Seidenarbeiterinnen in Lyon, Dienstmädchen, die in Paris auf Dachböden nächtigten, Maurer aus dem Département Creuse, die in Paris in kärglichen Zimmern hausten –, fielen in großer Zahl der Tuberkulose zum Opfer. Man nannte die Tuberkulose eine »Geißel der Alleinstehenden«; sie trug auch dazu bei, die Ehelosigkeit zu verlängern, da die Angst vor Ansteckung grassierte.

Alleinsein war ein Sonderfall der Beziehung zu sich selbst und zu anderen und noch kein Recht des Individuums. Wie ein Spiegel wirft die Einsamkeit das Bild einer Gesellschaft zurück, die umstandslos die Geborgenheit in einem »ordentlichen Haushalt« zum allgemeinen Lebensstil erhöhte.

## Anmerkungen

1 Vgl. zu psychiatrischen Anstalten M. Gauchet/G. Swain, *La Pratique de l'esprit humain. L'institution asilaire et la révolution démocratique*, Paris 1981; zu Sanatorien vgl. P. Guillaume, *Du Désespoir au salut: les tuberculeux au XIX$^{e}$ et XX$^{e}$ siècles*, Paris 1986.

2 Vgl. O. Arnold, *Le Corps et l'âme. La Vie des religieuses au XIX$^{e}$ siècle*, Paris 1984.

3 P. O'Brien, *The Promise of Punishment: Prisons in Nineteenth-Century France*, Princeton 1981.

4 E. Goffman, *Asylums: Essays on the Social Situation of Mental Patients and other Inmates*, New York 1961, dtsch. *Asyle. Über die soziale Situation psychiatrischer Patienten und anderer Insassen*, Frankfurt a. Main 1974.

5 Vgl. J. Borie, *Le Célibataire français*, Paris 1976.

6 Vgl. J.-C. Caron, »Maintenir l'ordre au Pays latin: la Jeunesse des Ecoles sous surveillance (1815–1848)«, in: Ph. Vigier (Hrsg.), *Maintien de l'ordre et polices en France et en Europe au XIX$^{e}$ siècle*, Paris 1987, S. 329–347.

7 J. Seigel, *Bohemian Paris: Culture, Politics, and the Boundaries of Bourgeois Life, 1830–1930*, New York 1986.

8 Vgl. R. Kempf, *Dandies. Baudelaire et Cie*, Paris 1984; M. Delbourg-Delphis, *Masculin singulier. Le dandysme et son histoire*, Paris 1985.

9 Vgl. J.-P. Burdy, *Le Soleil noir. Formation sociale et mémoire ouvrière dans un quartier de Saint-Etienne (1840–1940)*, unveröffentlichte Dissertation, vorgelegt an der Universität von Lyon II, 1986.

10 Vgl. C. Dauphin, »Histoire d'un stéréotype: la Vieille Fille« und P. Pézerat/D. Poublan, »Femmes sans maris: les employées des postes«, in: A. Farge/Ch. Klapisch-Zuber, *Madame ou Mademoiselle? Itinéraires de la solitude féminine au XIX$^{e}$ siècle*, Paris 1984, S. 207–231, 117–162.

11 L.-R. Villermé, *Tableau de l'état physique et morale des ouvriers qui travaillent dans les manufactures de coton, de laine et de soie*, 2 Bde., Paris 1840.

12 Vgl. J.-C. Beaune, *Le Vagabond et la machine. Essai sur l'automatisme ambulatoire. Médecine, technique et société, 1880–1910*, Champ Vallon 1983.

Eine bürgerliche Straße unweit der Oper, am frühen Morgen, bevor die Geschäfte öffnen. Marville hat uns ein photographisches Inventar der französischen Hauptstadt zur Zeit des Zweiten Kaiserreichs hinterlassen – Orte ohne Menschen. (Paris, Bibliothèque Nationale)

Michelle Perrot, Roger-Henri Guerrand

# III. Szenen und Orte

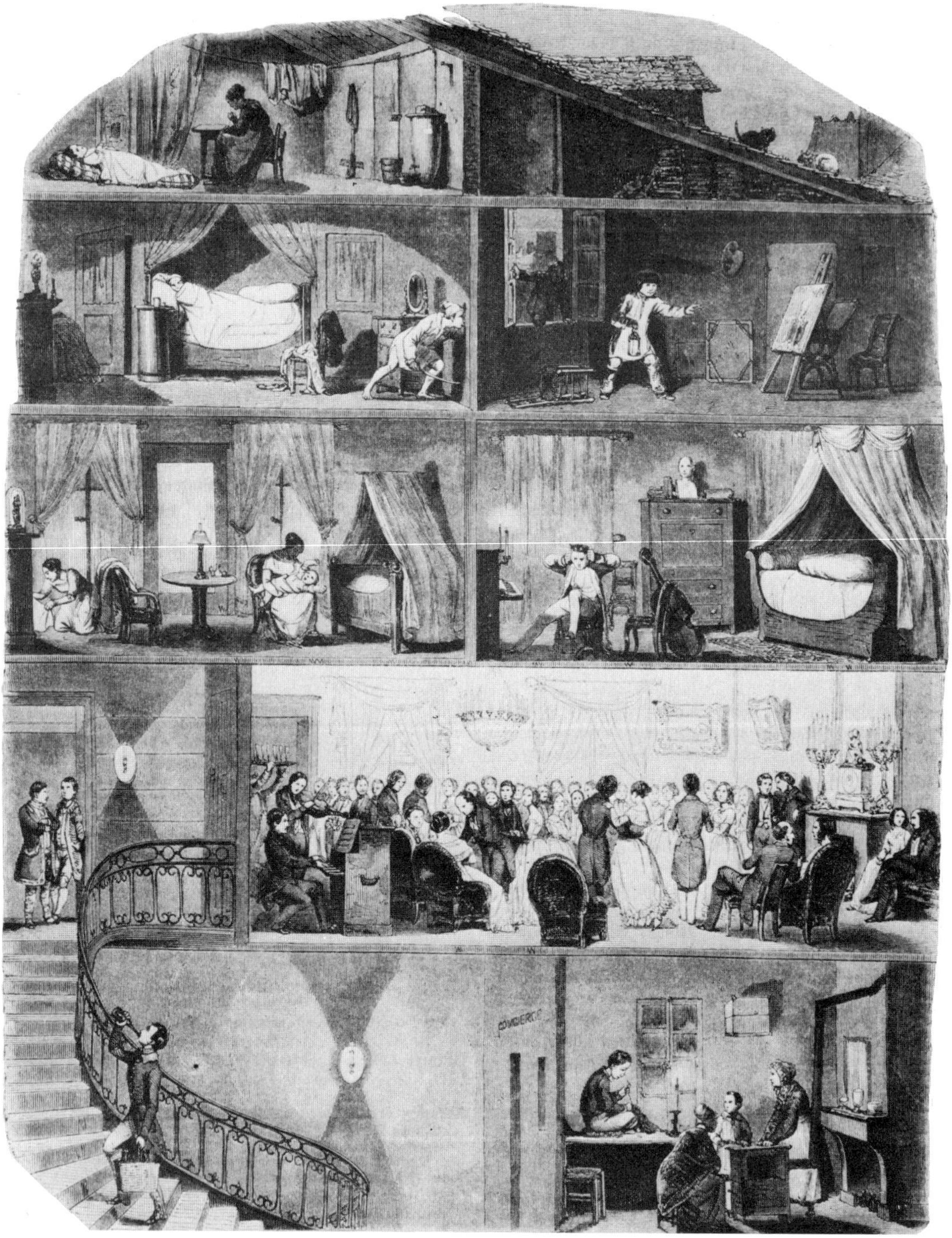

Der Bilderbogen zeigt ein nächtliches Haus, von der Wohnung des Hausmeisters, der gleichzeitig Schneider ist, bis zum Dachstübchen der armen Frau, die näht, während sie ein Kind bewacht. Solche Querschnitte durch das Leben und Treiben der Menschen waren für die Verfasser der *Tableaux de Paris* und ihre Illustratoren unwiderstehlich. Der Mikrokosmos des Hauses war ein Thema, das auch Walter Benjamin und Gérard de Nerval faszinierte. *Le Magasin Pittoresque*, 1847. (Paris, Bibliothèque Nationale)

Michelle Perrot

# Formen des Wohnens

»Privates Leben braucht Wände um sich. Niemand darf ausspähen oder preisgeben, was in der Wohnung eines Privatmanns geschieht«, schreibt Littré in seinem *Dictionnaire* (1863–1872). Ihm zufolge ist der Ausdruck »mur de la vie privée« irgendwann nach 1820 von Talleyrand, Royer-Collard oder Stendhal geprägt worden.

Die Abgrenzung nach außen nahm vielerlei Formen an. Kleingruppen und Mikrogesellschaften sparten aus dem öffentlichen Raum nestartige Reservate für ihr heimliches Treiben aus. In den Städten wimmelte es von Clubs, adligen und bürgerlichen Zirkeln, Logen, Spielsalons, »chambres séparées«, die abendweise für ein galantes Abenteuer gemietet werden konnten, Cafés, Cabarets und Bistros, »Häusern des Volks«, in deren Hinterzimmern man unbeobachtet unterschlüpfen konnte, etwa zu Gewerkschafterbesprechungen. Zu diesen halb privaten Schaustätten einer fast ausschließlich männlichen Sozialität hatten Frauen keinen Zutritt. Die Frauen trafen sich in der Nähstube, in der Kirche oder in der Waschküche – an Orten, die sie gegen männliche Einflußnahme abzudichten suchten. Die zivile Gesellschaft war nicht das Vakuum, das ein argwöhnischer Gesetzgeber gerne aus ihr gemacht hätte; sie vibrierte von zahllosen Zellen der Geselligkeit mit ihren Geheimnissen.[1]

Die herrschenden Klassen richteten sich, aus Furcht vor der Berührung mit der Dumpfheit und dem Schweiß des Pöbels, an öffentlichen Orten und namentlich in öffentlichen Verkehrsmitteln bergende Nischen ein: die Theaterloge als Verlängerung des Salons, die eigene Schiffs- oder Badekabine, das Coupé 1. Klasse schützten vor Gemeinschaft, die gemein machte, und wahrten den Standesunterschied. »Seit der Erfindung des Busses ist das Bürgertum tot«, schreibt Flaubert, der als Kontrapunkt hierzu die Pariser Pferdedroschke mit ihren herabgelassenen Vorhängen zum Symbol des Ehebruchs erklärt.[2]

## Das geordnete Haus

Der eigentliche Privatbereich ist die Wohnung als materielles Fundament der Familie und Stütze der Gesellschaftsordnung. Bernard Edelman beschreibt, Kant paraphrasierend, ihre metaphysische Aura folgendermaßen: »Das Haus, das Heim ist der einzige Schutzwall gegen den Schrecken des Nichts, der Nacht, des unergründlichen Ursprungs;

es umschließt in seinen Wänden alles, was die Menschheit in Jahrhunderten geduldig erarbeitet hat. Es widersteht der Flucht, dem Verlust, dem Nichtvorhandensein, weil es seine innere Ordnung, seine Zivilität, seine Leidenschaft organisiert. Seine Freiheit bewährt sich im Festen und Geschlossenen, nicht im Offenen und Unbegrenzten. Zu Hause sein heißt, den gemächlichen Gang des Lebens und die Freude des stillen Nachdenkens genießen. [...] die Identität des Menschen ist daher eine häusliche, und so ist es der Revolutionär, der Mensch ohne Heim und Herd, ohne Gesetz und Glauben, der in sich alle Angst und alles Irren versammelt. [...] der nicht behauste Mensch ist ein potentieller Verbrecher.[3]

Wohnung bewirkt Verwurzelung, Festigung – daher die in den Augen der Fabrikanten strategische Bedeutung von Arbeitersiedlungen für den Aufbau eines stabilen Werktätigen-Heeres; daher die Ideologie der Sicherheit und der Familie. Frédéric Le Play und seine Schüler haben die Behausungen der unteren Schichten untersucht; die Präzision ihrer Beschreibungen – eine unschätzbare Quelle für den Historiker – resultiert aus der Vivisektion von Verhaltensweisen. So wie früher die Physiognomik das Gesicht als Spiegel der Seele zergliederte, so dechiffriert heute die Soziologie an der Ordnung eines Zimmers den Plan eines Lebensentwurfs. In der Dritten Republik mußte das Haus des Dorfschulmeisters gläsern sein, das Zimmer des Lehrers »ein kleines Heiligtum der Reinlichkeit, des Fleißes und Geschmacks«, jedenfalls nicht »das verwahrloste Loch eines unordentlichen Junggesellen, der so oft wie möglich aus dem Haus geht und keinen Sinn für das Schöne hat« – so Inspecteur Richard, der sich 1881 eine Musterwohnung ausdachte. Der wahre Missionar der Republik schlief in einem harten Bett »à la Saint-Cyr«, er trug Wäsche aus weißem Leinen und besaß Toilettengegenstände, »die bewiesen, daß der Wohnungsinhaber Selbstachtung hat, ohne das Gekünstelte zu lieben«; das Parkett war gebohnert, die Stühle waren mit Stroh ausgepolstert und »fleckenlos sauber«. Er verfügte über eine »hübsche Bibliothek«, eine gebundene Ausgabe der Klassiker, die er während seiner Ausbildung an der École normale erworben hatte, über eine Vitrine für naturwissenschaftliche Sammlungen, einen Käfig, »der mit Singvögeln bevölkert ist«, sowie ein paar Grünpflanzen, die dezent von der erfolgreich domestizierten Natur kündeten. Sein einziger Luxus war eine »prachtvolle Tischdecke, gearbeitet aus einem alten Schal aus der Garderobe seiner Mutter«; sie erinnerte an seine ehrbare Herkunft und seine gute Erziehung. Später hatte er ein Klavier angeschafft, ein paar Nippsachen, »schöne Abgüsse von Plastiken« sowie Reproduktionen von Meisterwerken der Malerei, wie sie »mit den Verfahren der Heliogravüre heute für jeden Geldbeutel erschwinglich sind«. So war ein »hübsches Zuhause« entstanden, das jedermann – Amtspersonen, Eltern, Schüler – betreten konnte, ohne sich seiner Zudringlichkeit schämen zu müssen.[4]

Die Wohnung war eine moralische und eine politische Größe: kein Wahlberechtigter ohne festen Wohnsitz, kein Prominenter ohne eigenes Haus in der Hauptstadt und Château in der Provinz. Symbol der Disziplin und des Wiederaufbaus, beschwor die Wohnung ex negativo das

Unglück der Revolution. Viollet-le-Duc publizierte seine *Histoire d'une maison* 1873, als der Funke der Commune auf dem Lande noch nicht verglommen war. Hundert Jahre nach der Französischen Revolution stand die Abteilung »Sozialökonomie« der Weltausstellung von 1889 unter dem Motto »La Maison à travers les âges«. So erfaßten die Herrschaftskünste der Obrigkeit zuletzt auch die häusliche Sphäre.

Doch war das Haus im 19. Jahrhundert auch ein Hort der Familie, Schauplatz ihrer Existenz und ihr Versammlungspunkt. Es verkörperte die Sehnsucht des Paares und deren Erfüllung. Eine Familie gründen hieß, ein eigenes Domizil beziehen; Jungvermählte scheuten mehr und mehr die häusliche Gemeinschaft mit den Eltern bzw. Schwiegereltern. Viollet-le-Duc schreibt: »Ich habe die zärtlichsten Familienbande sich spannen und reißen sehen, sobald verheiratete Kinder mit ihren Erzeugern zusammenleben.« Die eigene Bleibe, das »home«, wie man in Frankreich um 1830 gerne sagte, oder, einfacher ausgedrückt, die eigenen »vier Wände« (»carrée«), war Vorbedingung und zugleich Zeichen der Unabhängigkeit. In dem politischen Streit mit den Eltern suchten Gustave de Beaumont und seine junge Frau »ein Loch, um sich zu verkriechen«. 1839 schreibt Beaumont: »Clémentine und ich, wir sehnen uns maßlos danach, ein kleines *home* zu besitzen. Die kleinste Hütte schiene uns das Paradies auf Erden, wenn man nur sein eigener Herr sein könnte.«[5] »Kein beneidenswerteres Los, als unabhängig im eigenen *intérieur*, im Kreise der Seinen zu leben«, notiert 1888 der Proletarier Norbert Truquin, der einiges von der Welt gesehen und manche Revolution miterlebt hatte. Das »intérieur«, das seither weniger das Innere des Menschen als vielmehr den heimischen Herd bezeichnet, ist die Voraussetzung des Glücks, so wie der »confort« die Bedingung der Behaglichkeit ist: »Meine Freunde, nehmt dieses Wort [›confort‹] in Euer Wörterbuch auf, und möget Ihr alles besitzen, was es ausdrückt!« rät Jean-Baptiste Say den »Mittelschicht«-Lesern seiner *Décade philosophique* (1794–1807); er unterscheidet dabei den »Luxus der Bequemlichkeit« von demonstrativer Verschwendung[6]. Die Hauswirtschaft, als Wissenschaft von der Haushaltsführung, setzte ein Leben im Gleichgewicht voraus.

Das Haus war zugleich Besitz, Gegenstand einer Investition und Geldanlage – zumal in einem Land, in dem das in Immobilien investierte Kapital eine erkleckliche Rendite abwarf. Das Erbe aus Stein ist das beste; es hat, wie Jacques de Capdevielle[7] ausführt, nicht nur an sich einen Wert, sondern ist auch eine Kampfansage an den Tod. Wie lebenswichtig war solcher Besitz? Um ein vom Erblasser sorgfältig inventarisiertes und vermachtes Haus wurde von den Erben oft erbittert gestritten – das trauliche Nest verwandelte sich in eine Schlangengrube.

Das Haus war indes auch ein privates Reich, dessen Herrscher sich der Natur und der Kunst, des Raumes und der Zeit zu bemächtigen suchte: der Natur durch üppige Gärten und Treibhäuser, in denen es keine Jahreszeit gab; der Kunst durch Sammlungen und private Konzerte; der Zeit durch die Aufbewahrung von Familienandenken oder Reisesouvenirs; des Raumes durch Bücher über den Planeten Erde oder illustrierte Zeitschriften wie *l'Illustration à Lectures pour tous* oder *Je sais tout*, die ihn abbildeten.[8] Das Lesen, diese Expedition im Lehnstuhl, war eine Form der Weltbezähmung; das Buch machte das Draußen lesbar, die Photographie machte es sichtbar. Die häusliche Bibliothek war ebensowohl ein Fenster zur Welt, wie sie die Welt in die Grenzen des Hauses bannte.

Um die Jahrhundertwende suchte man die Welt in das Haus zu integrieren, sie mittels des Hauses zu beherrschen. Technische Entwicklungen wie Telephon und elektrischer Strom machten Hoffnung auf weltumspannende Kommunikation, ja, auf die Verlagerung der Arbeit in den häuslichen Rahmen. Das kleine Familienunternehmen, in dem alle unter der Aufsicht des Vaters arbeiteten, beflügelte die Sehnsucht und war Gegenstand immer neuer Utopien: Zola (in *Travail*, 1901) ebenso wie Kropotkin vermuteten im Familienbetrieb das Potential einer künftigen Befreiung; hier mochte der in seiner sozialen Identität verstörte Mann neue Würde als Oberhaupt der Familie finden.[9]

Auch die Künstler imaginierten das »totale Haus« als Mittelpunkt der Sozialität der Elite und des künstlerischen Schaffens – ein Haus, das (etwa im Jugendstil) bis ins einzelne durchgestaltet war. E. de Goncourt wendete zwei Bände an die Beschreibung der *Maison d'un artiste*. »Das Leben droht, öffentlich zu werden«, schreibt er und sieht das Haus gleichsam als Fluchtburg von Flüchtlingen. Das Leben drohte auch zu verweiblichen: Um seiner eigenen Domestizierung zu entgehen, muß der Mann das Haus vom Weibe, dieser Priesterin des Alltäglichen, zurückerobern. So dachten auch Huysmans und alle, die an der Schwelle zum 20. Jahrhundert die neue Emanzipation der Frau mit Besorgnis beobachteten. »Familien, ich hasse euch! Zugezogene Gardinen, verschlossene Türen, eifersüchtig gehütetes Glück!« mahnte später André Gide. Das Haus, Festung der »privacy«, bewachten die Hüterin der Schwelle: die »concierge«, und die Nacht, die hohe Zeit der Intimität. Aber das Haus war auch ein Kampfplatz, ein Mikrokosmos verwickelter Frontstellungen zwischen dem Öffentlichen und dem Privaten, zwischen Mann und Frau, Eltern und Kindern, Herr und Knecht, Familie und Individuum. Die Verteilung und Nutzung der Zimmer, die Treppen und Gänge für den Verkehr von Personen und Sachen, die Verfügbarkeit von Räumen für die private Meditation, die Körperpflege und die Freuden des Leibes und der Seele – der Ordnung des Ganzen lag eine Strategie des Austauschens und Meidens zugrunde, die von der Lust am Selbst und der Sorge um das Selbst bestimmt war. Schreien und Flüstern, Gelächter und ersticktes Schluchzen, Gemurmel, verstohlene Schritte, knarrende Türen, die unerbittlich tickende Uhr markierten den Puls des Hauses. Die Herzkammer seiner Geheimnisse war die Sexualität.

## Bürgerliche Interieurs

Dieses Muster eines Hauses – dieses Musterhaus – war unverwechselbar bürgerlich. Doch obwohl es zahllose Varianten, vom viktorianischen London über das Wien des Fin de siècle bis hin nach Berlin und

Claude Monet, *Der Garten des Künstlers bei Vétheuil*, 1880. Ein spielendes Kind und der Friede eines üppigen, gegen die Außenwelt abgeschlossenen Gartens in der Ile-de-France – die Malerei der Impressionisten ist das Versprechen eines Glücks, das nach den Worten Maine de Birans »immer währt«.
(Washington, National Gallery of Art)

Bauernhäuser waren Arbeits- und Produktionsmittel und boten dem Familien- und Privatleben wenig Raum. Allerdings variierten die Häuser je nach dem Wohlstand ihrer Besitzer; auch gab es regionale Unterschiede. Der Hof oben hat Schlafzimmer im ersten Stock; in dem geduckten Bauernhaus (S. 319) scheint drangvolle Enge zu herrschen.
Achille Quinet, 1877.
(Paris, Bibliothèque Nationale)

St. Petersburg, ausbildete, könnte man sagen, im 19. Jahrhundert habe es eine relative Einheitlichkeit der bürgerlichen Wohn- und Lebensformen gegeben, verstärkt durch die Verbreitung gewisser Bauformen über ganz Europa: eine subtile Mischung aus funktionaler Rationalität, bescheidenem Komfort und der Sehnsucht nach vergangenen, aristokratischen Attitüden, zumal in Ländern, in denen höfische Sitten fortwirkten. Aber auch in demokratischen Ländern pochte das Bürgertum nur zögernd auf die Legitimität seines Geschmacks, und sein innenarchitektonisches Ideal blieben noch lange die Salons und Châteaux des 18. Jahrhunderts, des Jahrhunderts der »douceur de vivre«. Gleichwohl entwickelten die einzelnen nationalen, religiösen und politischen Kulturen mannigfache Nuancen und Disparitäten in den sozialen Beziehungen, familiären Verhältnissen und Geschlechterrollen und damit in der Struktur und Nutzung des Hauses.

In seinem Buch *Die gerettete Zunge: Geschichte einer Jugend*[10] vergleicht Elias Canetti die Häuser seiner Kindheit. In Rustschuk am Unterlauf der Donau, rund um einen gartenähnlichen Innenhof, wo sich jeden Freitag Zigeuner versammelten, beherbergten drei gleich aussehende Häuser die Haushalte der Eltern, der Großeltern und von Onkel und Tante. Ständig waren fünf oder sechs junge bulgarische Hausangestellte zu Diensten, die aus dem Bergland gekommen waren und mit nackten Füßen durch das Haus gingen; abends versammelten sie sich auf dem Diwan im Salon und erzählten einander Geschichten von Wölfen und Vampiren. In Manchester herrschte in der »nursery« im ersten Stock eine Gouvernante; es gab lange Zeiten des Alleinseins, in denen der Knabe die Figuren auf der Tapete zu entziffern suchte; samstags abends kamen die Kinder in den Salon herunter und sagten vor den erheiterten Gästen Gedichte auf; der Sonntagmorgen war ein Fest – die Kinder durften das Schlafzimmer der Eltern betreten und zu ihnen in die Betten steigen (die getrennt standen, wie es sich für das protestantische England ziemte). Rituale und rituelle Orte gliederten Zeit und Raum. In Wien hatte man eine Wohnung im ersten Stock mit Balkon und Vorzimmer, wo ein wohlerzogenes Hausmädchen die Besucher »siebte«; es gab feierliche Spaziergänge im Prater. »In Wien drehte sich alles um das Kaiserhaus, und von da ging es abwärts zum Adel und zu den sonstigen großen Familien.« In Zürich hingegen »gab es weder Kaiser noch kaiserlichen Adel [. . .]. Ganz sicher aber war ich, daß es da auf jeden Menschen ankomme, daß jeder zähle.« Hier wäre es nicht möglich gewesen, die Hausmädchen wie in Wien in die Küche zu verbannen; sie aßen mit der Familie an einem Tisch; auch Canettis Mutter wollte es nun nicht mehr anders. Das führte die Familie enger zusammen, mit dem Ergebnis, »[. . .] daß wir die Mutter nun ganz für uns hatten; [. . .] daß niemand zwischen uns stand; daß wir sie nie aus dem Auge verloren«, zumal in einer Wohnung, die sehr klein war: die Vermählung der Topographie mit der Sitte . . .

## Das Bauernhaus: ein Arbeitsplatz

Nicht minder wichtig als der Unterschied zwischen den Ländern war der Unterschied zwischen Stadt und Land. Er bezeichnete einen tiefen Bruch in der Äußerung von Intimität, wobei man bedenken muß, daß um die Jahrhundertwende der größte Teil der europäischen Bevölke-

C. Famin, 1874.
(Paris, Bibliothèque Nationale)

rung auf dem Lande lebte: 1872 waren es in Frankreich 69 Prozent, 1911 waren es noch 55,8 Prozent. Zwar kannte man auch auf dem Lande Intimität und Geheimnis, doch fehlte es am Gegengewicht nennenswerter Offenheit. Die Wand um die Privatheit war die Mauer des Schweigens, die Bresche in dieser Mauer die Beichte.

Die bäuerliche Identität war dennoch fest verwurzelt. Freilich hatte das Wort »chez-soi« [Zuhause] in der Picardie wie im Gévaudan eher lokale als strukturelle Bedeutung. »Von hier sein«, das hieß, die Elemente erkennen, die eine Gegend prägen: die Himmels- und Wetterzeichen, die Flurmarkierungen und die Geschichte ihrer Festlegung. Das »terroir« war der Raum radikaler, gemeinsamer, stets erneuerter Bindung, memorierter und bewerteter Familiengeschichte, mit einem Wort: ein Ort des Erinnerns. Das Gefühl für Grenzen war hochempfindlich: Ortskundige und erst recht Vagabunden mußten wachsam sein – zumal, wenn sie Fremde waren.

Das »Haus« erfuhr eine begriffliche Erweiterung; denn die »casa«, das »oustal« umfaßten auch die Ländereien. Roh gefügt und übervölkert, war das Bauernhaus eher ein Arbeitsinstrument als ein »Intericur«; der Blick des ethnologischen Reisenden oder des Lehrers aus der Stadt sah nichts als animalisches Gedränge, insbesondere dort, wo Mensch und Tier unter einem Dach schliefen. Draußen, in der Scheune, im Wäldchen, am Wassergraben neben dem Weideland, in den Baumgruppen auf den offenen Feldern, wo die Schäferinnen Schutz vor der Sonne suchten, oder am schattigen Flußufer konnte man sich besser als im gemeinsamen Schlafzimmer dem Liebesspiel und der Körperpflege widmen. Keiner vermochte sich dem Blick der anderen zu entziehen. Normverletzungen waren nur mit mehr oder weniger stillschweigender Zustimmung der anderen möglich. Eine Frau, die eine Schwangerschaft oder gar eine Geburt zu verbergen hatte, stand Todesängste aus, wenn sie nicht mit den anderen Frauen des Dorfes unter einer Decke steckte.

»Alle haben auf mich aufgepaßt. Mein Vater war ewig hinter mir her und hat an allem herumgenörgelt. Wenn es nach ihm gegangen wäre, hätte ich nicht einmal das Stroh in meiner Matratze wechseln dürfen.« Diese Zeugenaussage eines 42jährigen Mannes zitieren Elisabeth Claverie und Pierre Lamaison.[11] Und erst recht aus den Gerichtsakten spricht der Überdruß an einer sozialen Kontrolle, die mit den wachsenden Spannungen im »oustal« immer strenger wurde. Mit zunehmender Individualisierung der Sitten, verbunden mit Migrationsbewegungen und der Erweiterung der Erfahrung durch Transportmittel wie Eisenbahn oder Fahrrad (so daß die Jugendlichen in Nachbarorte zum Tanzen fahren konnten), wurde die Abhängigkeit von den Eltern vollends unerträglich. Nach dem Ersten Weltkrieg waren viele Frauen auf dem Lande nicht mehr bereit, mit ihrer Schwiegermutter unter einem Dach zu leben, sie sehnten sich danach, eine eigene Privatsphäre zu haben und »kokett« sein zu dürfen, wozu gewisse Annehmlichkeiten gehörten. So kam es zu einem Exodus der Frauen und zu steigender Ehelosigkeit bei den Männern.

Dominique Doncre, *Porträt Pierre-Louis-Joseph Lecoqs und seiner Familie*, 1791. Die Revolution zeigt den Männern des Gesetzes in der Provinz 1791 ein freundliches Gesicht. Dieser Landsmann Robespierres, Richter am Distriktgericht von Arras, weiß die Freuden eines eleganten, komfortablen Familienlebens mit dem Prestige seiner neuen Funktion zu verbinden. Von sozialer Angst ist auf diesem Porträt nichts zu spüren.
(Vizille, Musée de la Révolution française)

Gattenliebe? Allein zu Hause, beginnt diese junge Frau zögernd einen Brief an ihren Mann, dessen Statue den Altersunterschied zwischen beiden betont ... Macht und Verletzlichkeit des abwesenden Gatten, unterstützt durch die öffentliche Pflicht zur Treue, aber geschwächt von den Bedürfnissen des Herzens, die nach Nähe und Austausch verlangen. Anonym, *Sitzende Frau vor der Büste ihres Mannes*, Jahr IV.
(Vizille, Musée de la Révolution française)

Anonym, *Landhaus inmitten eines Parks.* Dieser luxuriöse Landsitz vereint die Notwendigkeit von Ackerbau und die Reize der gebändigten Natur.
(England, Anfang des 19. Jahrhunderts)

William Powell Frith, *Herzlichen Glückwunsch!* Familienfest zu Alices Geburtstag. Luxuriöses Interieur. Aufmerksame Mütter, brave Kinder und Männer, die sich vom Geschäft zurückgezogen haben. Die Zeitungslektüre bietet einen Blick nach draußen. Die Grenze zwischen öffentlich und privat verläuft im Haus.
(Harrogate, Art Gallery)

Mihaly Munkàcsy, *Pariser Interieur*, 1877. Zahllose unbekannte Künstler in ganz Europa trugen dazu bei, Wandbemalungen in Mode zu bringen.
(Budapest, Magyar-Nemzeti-Galerie)

Lortenzo Valles, *Künstleratelier*. Das Atelier des Künstlers – oder das Bild im Bild – war in einer Zeit, die es liebte, sich selbst darzustellen, ein beliebtes Sujet.
(Rennes, Musée des Beaux-Arts)

Henri Gervex, *Die Hochzeit Mathurin Moreaus*, 1881. Monsieur Moreau nimmt die Trauung seines Sohnes vor. Unter den Gästen erkennt man den späteren Nikolaus II. (sitzend), den Prince of Wales (stehend) und hinter ihm Emile Zola. Die Szene spielt im Standesamt des 19. Arrondissements von Paris.

André-Henri Dargelas, *Die glückliche Familie*.
(Wolverhampton Art Library)

A. Jakowlewitsch, *Der Tee*, 1851. Das Teeritual verband die bürgerlichen Familien von London bis St. Petersburg zu einer »Internationale des privaten Lebens«.
(St. Petersburg, Russisches Museum)

Ignaz Schockl, *Plan zu einer Bibliothek*, 1880. Im Jahrhundert der Wertschätzung des Wissens hatte der Besitz einer Bibliothek große soziale Bedeutung. Die Architekten gestalteten diesen Raum meist ohne Rücksicht auf seine Funktion, und der Kitsch feierte in allen möglichen »Neo«-Stilen fröhliche Urständ.
(Berlin, Universitätsbibliothek)

M. Bourniquel, *Pour construire sa maison*, 1919. Diese Arbeitersiedlung kennt keine hierarchische Gliederung des Raumes mehr; der Architekt hat sich mit parallelen Häuserzeilen begnügt. Dieses Modell setzte sich durch; um 1920 wurde das Ideal des freistehenden Einfamilienhauses nur noch von Vertretern der Avantgarde wie Le Corbusier angezweifelt. (Paris, Bibliothèque Historique)

*L. Isabey, Villas, Maisons de ville et de campagne composées sur les motifs des habitations de Paris moderne*, 1864. Der pseudo-gotische Stil war eine Heimsuchung der französischen Architektur im ganzen 19. Jahrhundert. Er führte zu baulichen Mißgeburten mit Spitzdächern, Giebeln, Türmchen oder, wie hier, einem unsäglichen Aussichtsturm.
(Paris, Bibliothèque Historique)

Raffaello Sorbi, *Spaziergang auf dem Weg nach Fiesole*, 1878. Der Spaziergang war für das Bürgertum des 19. Jahrhunderts nicht nur ein von den Aposteln der Naturheilkunde empfohlenes Vergnügen; er war zugleich ein genau geregeltes Ritual mit strikten sozialen Abgrenzungen, die von jedermann respektiert wurden. Man begegnete Freunden oder konnte sich miteinander bekannt machen, durfte aber auch ostentative Mißachtung bekunden. Auf der Promenade konnte jeder seinen wahren gesellschaftlichen Wert taxieren.
(Paris, Privatsammlung)

Jules Voirin, *Versteigerung*, 1880. Die Freude an Gegenständen und die Lust am Sammeln prägten die gesamte Dritte Republik. Auch das Kunstwerk war zur Ware geworden.
(Nancy, Musée Historique Lorrain)

*Liebesschwüre*, um 1820. Während der Restaurationszeit entwickelte sich der Code der romantischen Liebe. Das Beharren auf Echtheit, die Mode des Natürlichen, die prüde Schlichtheit der weiblichen Kleidung, der – durch den Untergang des Kaisserreichs gebremste – männliche Tatendrang sowie der Erfolg der Lyriker flossen in diesen Einklang der Seelen und die keusche Herzensergießung der Liebenden ein.
(Paris, Bibliothèque des Arts décoratifs)

Félix Vallotton, *Sich kämmende Frau*, 1900.
(Dijon, Musée des Beaux-Arts)

Das Paris der Werktätigen, gesehen von Marville und wie üblich menschenleer: Geschäfte und Wohnungen machen einander den Platz streitig und sprengen die glatten Fassaden. Schilder und Inschriften machen die Stadt zu einem Buch. (Paris, Bibliothèque Historique)

## Die Behausung der Armen

Die städtischen Unterschichten, in abstoßenden Elendsquartieren zusammengepfercht, mußten Intimität anders gestalten. Die Nähe zueinander, die sie sie sogar bei ihren Vergnügungen zu suchen schienen – selbst für Zola hatten die Tanzveranstaltungen der Armen etwas Brünstiges –, war in den Augen der Herrschenden Ausdruck einer primitiven Sexualität und Unzivilisiertheit und fand selbst bei den um die Würde des Arbeiters bemühten Aktivisten immer weniger Gnade. »Die Menschen leben dort bunt zusammengewürfelt wie Tiere. Es ist die reine Barbarei«, schrieb Jean Allemane über Arbeiterquartiere; fünfzig Jahre zuvor hatte Dr. Villermé in seiner Erhebung über die Textilarbeiter das gleiche festgestellt. Industriebarone und Propagandisten der Volkshygiene regten neue Wohnungsbaumaßnahmen an, um die Arbeiter vor Tuberkulose und Alkoholismus zu bewahren. Ende des 19. Jahrhunderts entwickelte man die Vorstellung der »Standardwohnung« mit Normen über Mindestluftraum pro Bewohner und Mindestausstattung. Die Arbeiterbewegung selbst, die der »Wohnungsfrage« lange Zeit ziemlich gleichgültig gegenübergestanden hatte, begann Anfang des Jahrhunderts, »saubere Luft« und »hygienische Verhältnisse« zu fordern.[12]

Die Verbesserungen, die durch diese philanthropischen Bemühungen erreicht wurden, sind nicht zu bestreiten, obschon sie vor 1914 recht begrenzt waren; doch zugleich ist die geradezu zwanghafte Blindheit dieser Bestrebungen für die Wohngepflogenheiten der unteren Schichten unverkennbar.[13] Gezwungen, »auf der Straße zu leben«, wußten diese Menschen die Möglichkeiten ihres Stadtviertels und seiner kollektiven Zonen zu nutzen, wo sie den für gegenseitige Hilfeleistungen und für die Eingewöhnung in die städtische Kultur erforderlichen halbprivaten Raum fanden. Im 19. Jahrhundert gaben die Arbeiter ihr Geld nicht für bessere Wohnungen aus, die ohnehin unbezahlbar waren, sondern für erschwingliche Kleidung, die es ihnen – wie schon Maurice Halbwachs bemerkt hat – erlaubte, sich ungeniert in der Öffentlichkeit zu zeigen und einen »guten Eindruck zu machen« (»bella figura«, wie die in diesen Dingen bewanderten Italiener sagen).

Die Wünsche der Arbeiter konzentrierten sich auf die Stadt. Hier zogen sie häufig um – nicht allein deshalb, weil sie dem Hausbesitzer und seinem Mieteinnehmer zu entgehen suchten, sondern auch, weil der Ortswechsel Mittel und Beweis sozialer Mobilität war. Die Arbeiter in Turin, die Maurizio Gribaudi[14] betrachtet hat, zogen zunächst ins Zentrum, dann an den Stadtrand und zuletzt wieder ins Zentrum zurück. Diese territoriale Pendelbewegung trägt alle Merkmale einer bewußten sozialen Strategie.

Für die Arbeiter war die Stadt eine große Bühne, auf der manche aufstiegen und andere fielen, manche ihr Glück machten und andere ins Unglück gerieten. Was sie wollten, war eine offene Stadt, deren Ressourcen sie großzügig nutzen konnten, so wie ihre bäuerlichen Vorfahren das Gemeindeland des Dorfes genutzt hatten. Sie mieden die einge-

Das lesende Mädchen gehört zum Dekor dieses mit Blumensträußen und Nippsachen ausstaffierten englischen Salons der achtziger Jahre. Doch die geometrische Tapete und die hellen Vorhänge heben das Licht hervor und zeugen von einer neuartigen Wohnkultur. (London, Victoria and Albert Museum)

friedeten Plätze, von denen die Armen ausgeschlossen waren, und öffentlichen Anlagen, die noch immer den Rahmen für den bürgerlichen Spaziergang markierten, und gingen lieber hinaus auf die Felder. Statt der von den Hygieneaposteln empfohlenen Grünflächen bevorzugten sie den »schwarzen Gürtel« von Paris, das Ziel ungezählter Sonntagsausflüge, aber auch Treffpunkt der Außenseiter und Hochburg der Ganoven. Das Gegenstück zu den bürgerlichen Passagen im Stadtzentrum, die Walter Benjamin so faszinierten, waren beispielsweise die Passagen in Levallois-Perret, wo Polizisten nur widerwillig patrouillierten, oder die »courées« von Lille, in denen alte dörfliche Solidaritäten einen städtischen Resonanzboden fanden.[15]

So entwickelten die Menschen ein anderes Verhältnis zum Raum, als Ausgleich für ihre mediokre Behausung. Sie entwickelten auch ein anderes Verhältnis zum Körper – vieles, was früher für intim erachtet worden war, spielte sich nun in der Öffentlichkeit ab. Und sie entwikkelten ein anderes Verhältnis zu den Dingen: Reste wurden verwertet, Gebrauchtes erneuert. Der Austausch von Gabe und Gegengabe schuf eine Ökonomie des Alltags, die zum Teil den Geldmarkt ersetzte und in der die Frauen – die keineswegs wie im Bürgertum im Haus eingeschlossen waren – eine zentrale Rolle spielten.[16] Für die Armen war die Stadt, was der Wald für den Wilderer ist. So gesehen hatten ländliches und städtisches Leben vieles gemein, mit Ausnahme der Mobilität, doch war dieser Unterschied eher quantitativ.

Eine Eigentümlichkeit der städtischen Unterschichten bestand

Die Wohnung eines kleinen Buchhalters. Man lebt beengt, und das Wohnzimmer fungiert zugleich als Büro und als Kinderschlafzimmer. Aber schwere Vorhänge, Topfpflanzen, gerahmte Bilder, ein Spiegel und die geblümte Tapete verraten den Wunsch nach Behaglichkeit. (Sammlung Jean Migrenne)

darin, daß ihre Familiengeflechte weder aus bäuerlichen Verpflichtungen auf Grund und Boden noch aus der bürgerlichen Geborgenheit der Wohnung erwuchsen. Doch machte sich in der zweiten Hälfte des 19. Jahrhunderts selbst bei den Armen der Wunsch nach eigenem Raum und eigener Privatheit immer stärker geltend.

Freiheit bedeutete vor allem die Freiheit, seinen Wohnsitz wählen zu können. Den meisten Beobachtern ist aufgefallen, daß die Arbeiter sich gegen Arbeitersiedlungen sträubten, mochten es firmeneigene sein oder städtische wie etwa die berühmte Cité Napoléon, die mit einem Fiasko endete. »Arbeitersiedlungen sind [in Frankreich] niemals populär gewesen«, schreibt 1860 Audiganne; sie signalisierten die Fortsetzung der Fabrikdisziplin in die Wohnung hinein.[17] »Wenn wir nach Hause kommen, hängen vielleicht neue Bestimmungen an der Tür, die praktisch unser ganzes privates Leben reglementieren; wir wären nicht mehr unser eigener Herr.« Anstatt den relativen Komfort solcher Siedlungen mit der Reglementierung ihrer Existenz zu erkaufen, wohnten die Arbeiter lieber in schäbigen »Ziegel-und-Gips«-Häusern, die im 19. Jahrhundert heimlich auf unbebautem Gelände vor den Toren expandierender Städte errichtet wurden – wohl von italienischen oder französischen Baumeistern, wie Georges-H. Rivière festgestellt hat.

Das Verlangen nach Unabhängigkeit war kräftig und althergebracht. Es entsprang zum Teil der Bindung des Bauern an sein Land, die die Industrialisierung gelockert hatte und die durch die Notwendigkeiten einer vorindustriellen Familienwirtschaft, in welcher die Wohnung ebensosehr ein Arbeitsinstrument war wie der Hof, verstärkt worden war. Im Norden wehrten sich Weber, die der Heimarbeit nachgingen, verzweifelt gegen Umsiedlungspläne einiger Gemeinden, die die Arbeiter aus Gesundheitsgründen aus ihren Häusern holen wollten. Die Verpflanzung der Weber aus ihren feuchten Kellern in trockene und ungeeignete Dachböden bewies jedoch grobe Gleichgültigkeit gegen die Erfordernisse des Textilhandwerks. 1863 notierte Reybaud: »Man hat versucht, ihnen gesündere, luftigere, besser gebaute Wohnungen schmackhaft zu machen, aber es war umsonst; sie wehrten sich gegen eine Umsiedlung.«[18] In Lille zerrte man sie gewaltsam aus ihren Kellern, und so taten sie sich in den »courées« zusammen, unweit des Stadtzentrums und in gleicher Höhe mit der Straße.

Auch hier also achtete man mehr auf die Räumlichkeiten, ihre Lage und Nutzung, als auf die Qualität des »Interieurs« – denn davon konnte in den überbelegten Unterkünften, die Le Pay und die Mitarbeiter seiner Enquête in der *Réforme sociale* schilderten, kaum die Rede sein. Diese zu Arbeitsplätzen gestempelten Unterkünfte enthielten wenig Möbel oder sonstige Gegenstände: ein paar Matratzen, Küchengerät, einen Tisch, ein paar Stühle, selten einmal eine Familienkommode, die der gerührte Blick des Soziologen als ehrwürdiges Symbol bewahrter Tradition wahrnahm. Mitunter gab es in den kahlen Wohnungen schüchterne Zeichen einer Liebhaberei oder von Privatem: ein Vogelbauer (der Vogel war das Haustier der Armen) oder eine Gardine wie den mechanisch gefertigten Spitzenvorhang aus Calais, der sogar in den Elendsquartieren der Cité Jeanne-d'Arc vorkam, die Atget um die Jahrhundertwende photographierte. An der Wand mochte ein Farbdruck aus einer illustrierten Zeitschrift hängen oder ein Familienphoto, wie es nach 1900 in den Unterschichten beliebt wurde. Die Wände waren die erste Fläche, die man sich aneignete. In eine Wohnung einziehen hieß, sie tapezieren, und die preiswerte Tapete hatte eine ähnliche Bedeutung wie der billige Kattun für Frauenkleider. Um 1830 hauste Agricol Perdiguier – der in der Gesellenzunft Avignonnais-la-Vertu hieß – in einer »fürchterlichen Bruchbude« im Faubourg Saint-Antoine. Das Zimmer war ungepflegt, der Bodenbelag schadhaft, und »die Decke besteht aus dicken schwarzen Balken, wie auf dem Lande«. Aber es war »hell tapeziert, was ihm etwas Fröhlichkeit gibt«, und »durch die Musselinvorhänge sieht man die Blätter von wildem Wein«. »Die Umgebung Perdiguiers war fast überall abstoßend und häßlich, aber sobald er sein Zimmer betrat, war er wie in einer anderen Welt.«[19] Es war das ideale Heim, von dem die saint-simonistischen Arbeiter träumten.

## Wachsende Sehnsucht nach Intimität

In dem Maße, wie die Arbeiterklasse seßhaft wurde und ihre Wohnverhältnisse sich verschlechterten, wußte sie ihre Wünsche und Klagen klarer zu artikulieren. Seit der Parlamentsenquête von 1884 beschwerten sich die Arbeiter – die hier zum erstenmal selbst befragt wurden – zunehmend energischer über die desolaten möblierten Zimmer, »Absteigen« und Mietskasernen: verdreckte Wände, verstopfte Abflüsse, ekelerregender Gestank ... Und sie meldeten ihre Wünsche an: ein wenig mehr Platz, mindestens zwei Zimmer; wenn jedoch Kinder da waren »und der Familienvater etwas auf sich hält, sind auch drei bis vier Zimmer nicht zuviel«. Ein angemessenes Schlafzimmer war noch wichtiger als das WC, und sobald sie es sich leisten konnten, sorgten die Arbeiter dafür, daß Eltern und Kinder getrennt schliefen. Das hölzerne Bettgestell anstelle eines Matratzenlagers zeugte davon, daß man es zu etwas gebracht hatte: Um 1880 hätte eine Arbeiterin fast ihren Freund erschlagen, weil er das hierfür gesparte Geld durchgebracht hatte; das

Bett hätte die gemeinsame Zukunft des Paares besiegelt. Als hingegen der Geselle Maréchal den Plan zu Arbeiterunterkünften entwarf, traute er sich nicht, eigene WCs vorzusehen: »Die Leute wollen keine Toilette in ihrer Wohnung haben.« Was sie wollten, waren Häuser von bescheidener Größe, aber mit verschiedenartigen Fassaden, »damit niemand auf den Gedanken kommt, es handele sich um eine Arbeitersiedlung«. So spricht aus den Quellen die Furcht vor der Kasernierung ebenso wie der Wunsch nach individuellem Wohnen.[20]

Die Menschen wollten Wärme, Sauberkeit und gute Luft; sie wollten familiäre Privatheit und sehnten sich nach Unabhängigkeit; sie hätten gerne einen Raum gehabt, worin sie unbehelligt ihren Liebhabereien nachgehen konnten. So entstand die Idee des Eigenheims. Sie wurde den Arbeitern nicht vom Bürgertum aufgedrängt, sondern war der Traum der Anarchisten. Nach der Französischen Revolution beschrieben Pataud und Pouget die Stadt der Zukunft als eine Art Gartenstadt. Zu derselben Zeit registrierten britische Erhebungen in der englischen Arbeiterklasse ein erhöhtes Bedürfnis nach Privatheit, »so stark ist die Furcht vor der unkontrollierten Zudringlichkeit des Nachbarn«.[21] Michel Verret schreibt in seinem Buch über den Arbeiter heute: »Er legt mehr Wert auf die Wohnung als auf die Stadt.«[22] Vor 1914 war man von diesem Ziel noch weit entfernt, aber man war auf dem richtigen Wege.

Der Wunsch nach mehr Intimität in der Familie, zwischen Mann und Frau und unter Freunden durchdrang alle Schichten der Gesellschaft und machte sich um die Jahrhundertwende mit besonderem Nachdruck geltend. Man war weniger als früher bereit, sich den Zwängen des Zusammenlebens oder der Nachbarschaft zu unterwerfen, und wehrte sich gegen die totale Überwachung, wie sie in kollektiven Anstalten (Gefängnis, Krankenhaus, Kaserne, Internat) die Regel war, sowie gegen die erzwungene Kontrolle des Körpers: Glais-Bizouin, ein Abgeordneter der äußersten Linken, brachte 1848 einen Gesetzesentwurf gegen die Leibesvisitationen beim Zoll ein.

Der Wanderprediger David Gétaz, während des Zweiten Kaiserreichs in Chalon inhaftiert, behielt vor allem den Gemeinschaftsschlafsaal in schlimmer Erinnerung, »den Atem aller dieser Männer, deren Schnarchen mir noch heute das Ohr zerreißt«, aber auch die Schwierigkeit, mit seiner Frau ein eheliches Tête-à-tête zu haben: »Kein Überschwang des Gefühls, keine süßen Empfindungen, keines jener zärtlichen Worte, die nicht für fremde Ohren bestimmt sind, keines der kleinen Geheimnisse, wie man sie sich in solchen Fällen immer zu sagen hat.« Der Schließer schlurfte umher, »als hätte er noch nie zwei Menschen gesehen, die einander lieben«.[23] Die Gesten der Liebe waren verräterisch und daher zwangsläufig privat. Caroline Brame wandte schamhaft den Blick von den Liebkosungen zweier Jungvermählter.[24] Die Liebesetikette wurde in dem Maße komplizierter, wie das Geheimnis um die Liebe sich vertiefte. Begreiflich, daß unter solchen Umständen das Personal der Pariser Spitäler gegen seine Einschließung aufbegehrte. »Das Gemeinschaftsleben, einst eine Grundregel des Lebens im Hospital, ist für die meisten der bei uns Tätigen schwer erträglich geworden. [...] Sie leiden darunter, im Refektorium essen und im Dormitorium schlafen zu müssen. Sie fühlen sich im Spital nicht ›zu Hause‹, aber sie träumen von diesem ›Zuhause‹ mit seiner Privatheit und relativen Bequemlichkeit. Schließlich wollen sie ihr privates Leben außerhalb der Dienststunden jeder administrativen Disziplin entziehen.«[25] Das schrieb 1910 ein Stadtrat namens Mesureur, der ungeachtet seines Verständnisses für diese Einwände der Meinung war, daß für unverheiratete Frauen, die überwiegend aus den armen Regionen der Bretagne stammten, die Unterbringung im Spital besser und sicherer war. Am Arbeitsplatz zu wohnen war Zeichen eines Abhängigkeitsverhältnisses, gegen das die Beschäftigten aufbegehrten.

Die Menschen beanspruchten freilich nicht nur für ihre Liebes- und Familienbeziehungen Raum, sondern auch zu ihrer eigenen Entfaltung. Norbert Truquin, ein Straßenarbeiter aus Lyon, der in einer Gemeinschaftsunterkunft schlafen mußte, erinnerte sich: »Was mich am meisten störte, war der Kontakt mit einem anderen Mann neben mir. Es war das erste Mal, daß ich einen Bettgefährten hatte.«[26] Ältere Leute in den Hospizen versuchten, sich eine kleine Nische einzurichten. »Man liegt ständig mit ihnen im Kampf, damit sie nicht hinter ihrem Bett oder in irgendeiner Ecke des Saales ein ganzes Sammelsurium von Stoffresten, altem Gerät und zerbrochenem Geschirr anlegen, dessen einziger Vorzug in ihren Augen darin besteht, daß es nicht die Kleidungsstücke und Gegenstände des Heims sind, sondern ihnen gehören und in ihrer Gesamtheit für sie eine Art ›Zuhause‹ darstellen.«[27] Gewiß war der Verfasser dieses Lexikonartikels ein Liberaler, der die häusliche Pflege alter Menschen vorzog; aber die Scheu der Armen vor der Hospitalisierung ist vielfach belegt. Wer zu Hause starb, entging auch der Gefahr der Obduktion – dem Schicksal vieler Proletarier.

Der Wunsch nach einem Raum für sich bezeugte das gereifte Gefühl der Individualität des Körpers, das Bewußtsein von der Individualität der Person, das von manchen Schriftstellern bis an die Grenzen des Egoismus getrieben wurde. »Man muß Türen und Fenster schließen, sich einigeln, im Kamin ein prasselndes Feuer entzünden, weil es kalt ist, und eine große Idee im Herzen tragen«, schreibt Flaubert. Und an einer anderen Stelle: »Und da wir die Sonne nicht vom Himmel holen können, müssen wir alle Fenster verstopfen und in unserem Zimmer die Lüster entzünden.«[28] Im 19. Jahrhundert wurde das Zimmer zur Stätte des Traums, wo man die Welt neu erschuf. Im privaten Raum wurden Visionen der Macht Realität, hier spielten sich zwischenmenschliche Beziehungen ab, hier entdeckte der Einzelne sich selbst. Daher ist es nicht verwunderlich, daß das Haus und die Wohnung in Kunst und Literatur in den Vordergrund traten. Ob es die sonnenbeschienenen Gärten Monets sind, die halbgeöffneten Fenster bei Matisse oder die Schattenkegel einer Lampe bei Vuillard – die Malerei eroberte das Haus und plauderte seine Geheimnisse aus; der Korbstuhl in seinem Zimmer, den van Gogh malt, kündet von seiner Einsamkeit. Die Literatur hatte sich über Innenräume lange Zeit ausgeschwiegen; jetzt beschrieb sie sie mit einer Eindringlichkeit, die den gewandelten Blick auf Orte und Dinge verriet. Welcher Abstand zwischen den trockenen Skizzen Stendhals in *Vie de Henri Brulard* und den peniblen Bestandsaufnahmen

Roger Martin du Gards in *Lieutenant-Colonel de Maumort*[29] oder schließlich in der *Vie, mode d'emploi* von Georges Perec . . .

Das Haus: Ort des Erinnerns

Lytton Strachey erinnerte sich an Lancaster Gate, das Haus seiner Jugend, als an ein Konglomerat von Steinen und Ziegeln, mit charakteristischen Vorsprüngen und Verzierungen, mit eigentümlichen, unveränderlichen Formen; er entsann sich der dichten, lastenden Stimmung im Hause, die mit seinem Leben so eng verwoben war wie die Seele mit seinem Körper: »Welche Macht hat dergleichen nicht über uns! Wie wirkt es nicht auf das Innerste unseres Wesens!«[30]

Als Schauplatz des privaten Lebens und seiner Bildungserlebnisse, als Stätte der Kindheitserinnerungen ist das Haus der Ort eines elementaren Gedenkens, an den unsere Phantasie sich für immer heftet.

## Anmerkungen

1 Maurice Agulhon, *Le Cercle dans la France bourgeoise (1810–1848). Étude d'une mutation de sociabilité*, Paris 1977. Zum Begriff der »espaces intermédiaires« [»halbprivate Räumlichkeiten«] vgl. die Ausführungen von Isaac Joseph in *Urbi* 3 (1980).

2 Gustave Flaubert, *Correspondance*, Paris – Bibliothèque de la Pléiade –, Bd. II, S. 518: Brief vom 29. Januar 1854 an Louise Colet; über die Pferdedroschke als Tempel des Priapus: Brief an dieselbe vom 29. November 1853; vgl. auch die Droschke Léons und Madame Bovarys in Rouen.

3 Bernard Edelman, *La Maison de Kant*, Paris 1984, S. 25, 26.

4 M. Richard, »Conseils pratiques aux instituteurs«, in: *Revue pédagogique* 4 (April 1881), zitiert nach Francine Muel, *Enseignement primaire et Éducation spécialisé*, Thèse doctorat des 3. Zyklus, 1982, S. 51, 52.

5 Gustave de Beaumont, *Correspondance avec Alexis de Tocqueville*, Bd. VIII/1 von Tocquevilles *Œuvres complètes*, Paris; Brief Nr. 106 vom 31. Juli 1839.

6 Marc Regaldo, *La Décade philosophique (1794–1807)*, S. 876.

7 Jacques Capdevielle, *Fétichisme du patrimoine. Essai sur un fondement de la classe moyenne*, Paris (Fondation nationale des sciences politiques) 1896.

8 Vgl. hierzu Denis Bertholet, *Conscience et Inconscience bourgeoise. La mentalité des classes moyennes françaises, décrite à travers deux magazines illustrés de la Belle Époque*, 2 Bde., Doktorarbeit der Universität Genf, 1985. Und allgemeiner über die Aneignung der Welt durch Bücher – *Les Français peints par eux-mêmes*, die *Physiologies* – die Reflexionen Walter Benjamins. Vgl. Richard Sieburth, »Une idéologie du lisible: le phénomène des Physiologies«, in: *Romantisme* 1, Nr. 85 (1987), S. 39–61.

9 Dieses Motiv arbeitet Anne-Lise Maugue in *La Littérature antiféministe en France, de 1871 à 1914*, Thèse des 3. Zyklus, Universität Paris III, 1983, heraus.

10 München 1977 (Teil 3: WIEN, Abschnitt »Ein Zimmer voll von Geschenken«).

11 Elisabeth Claverie und Pierre Lamaison, *L'Impossible Mariage. Violence et parenté en Gévaudan aux XVII$^e$, XVIII$^e$ et XIX$^e$ siècles*, Paris 1982, S. 80; Ronald Hubscher, »L'identité de l'homme et de la terre«, in: *Histoire des Français*,

*XIX^e^–XX^e^ siècle*, Hrsg. Yves Lequin, Bd. I; *La Société*, 1984, S. 11–57 (zwei grundlegende Arbeiten).

12 Jean-Paul Flamand (Hrsg.), *La Question du logement et le Mouvement ouvrier français*, Paris 1981.

13 Vgl. hierzu Michelle Perrot, »Les ouvriers, l'habitat et la ville au XIX^e^ siècle«, ebd., S. 19–39; Yves Lequin, »Les espaces de la société citadine«, in: *Histoire des Français*, a. a. O., Bd. I, S. 341–383; Yves Lequin, *Ouvriers dans la ville*, Sondernummer von *Mouvement social* 1 (1982), Nr. 118.

14 Maurizio Gribaudi, *Itinéraires ouvriers. Espaces et groupes sociaux à Turin au début du XX^e^ siècle*, Paris, École des Hautes Études et en Sciences Sociales, 1987.

15 Patrick Gervaise, *Les Passages de Levallois-Perret (1860–1930)*, unveröffentlichte Dissertation, Universität Paris VII, 1985; über die Lebensgewohnheiten in den »courées« von Lille unterrichten das wertvolle Zeugnis von Lise Vanderwielen, *Lise du Plat-Pays*, Lille 1983, und das Nachwort von Françoise Cribier.

16 Michelle Perrot, »Les ménagères dans l'espace parisien aux XIX^e^ siècle«, in: *Annales de la recherche urbaine* Nr. 9 (Herbst 1980).

17 Arman Audiganne, *Les Populations ouvrières et les Industries de la France*, 2 Bde., Paris 1860, Bd. II, S. 315 f.

18 Louis Reybaud, *Le Coton, son régime, ses problèmes, son influence en Europe*, Paris 1863, unterstreicht ausdrücklich die Verbundenheit der Heimweber mit ihrem Haus: »Sie gaben lieber größeren Rabatt, als daß sie ihren Arbeitsplatz verlegt hätten. Was sie festhielt, war, daß sie der Arbeit in ihren eigenen vier Wänden, in der Nähe ihrer Verwandten und Freunde und teilweise auch nach ihrer eigenen Fasson nachgehen konnten.« (S. 222).

19 Zitiert nach J. Rancière, *La Nuit des prolétaires. Archives du rêve ouvrier*, Paris 1981.

20 Michelle Perrot, »Les ouvriers, l'habitat [. . .]«, a. a. O., S. 28.

21 François Bedarida, »La vie de quartier en Angleterre. Enquêtes empiriques et approches théoriques«, in: *Le Mouvement social* 1 (1982), Nr. 118, S. 14.

22 Michel Verret, *L'Ouvrier français. L'Espace ouvrier*, Paris 1979, namentlich S. 153.

23 Daniel Robert und A. Encrevé, »Mémoires de l'évangéliste David Gétaz«, in: *Bulletin de la société d'histoire du protestantisme français*, Bd. CXXX, Nr. 4 (Oktober – Dezember 1984), S. 480–555.

24 *Le Journal intime de Caroline B. Enquête de Michelle Perrot et Georges Ribeill*, Paris 1985, S. 211: »Mich soll einmal niemand in aller Öffentlichkeit so zärtlich sehen!«

25 Zitiert nach Véronique Leroux-Hugon, *Infirmières des hôpitaux parisiens (1871–1914). Ébauches d'une profession*, unveröffentlichte Dissertation des 3. Zyklus, Universität Paris VII, 1981, S. 160.

26 Norbert Truquin, *Mémoires et Aventures d'un prolétaire à travers les revolutions*, Paris 1888, S. 203 f.

27 Guillaumin, »Hospices«, in: *Dictionnaire d'économie politique*, S. 868.

28 Gustave Flaubert, *Correspondance*, a. a. O., S. 701, Brief an Maurice Schlésinger, Anfang April 1857; S. 666, Brief an Élisa Schlésinger, 14. Januar 1857.

29 Roger Martin du Gard, *Le Lieutenant-Colonel du Maumort*, Paris 1983. In diesem postum erschienenen, weithin autobiographischen Roman nehmen die Schilderungen von Interieurs einen breiten Raum ein; dabei haben die Brüder Goncourt mit ihrer ausführlichen Beschreibung des Salons der Fürstin Mathilde Pate gestanden.

30 Lytton Strachey, »Lancaster Gate«, in: *Urbi* IX (1984), S. III–XI.

Ein Wohnhaus für das Kleinbürgertum im Pariser Stadtteil Buttes-Chaumont. Es schmückt sich mit gepflegtem Art-Nouveau-Dekor wie den damals modernen schmiedeeisernen Efeublättern oder allerlei plastischen Motiven. Es fehlen ein monumentaler Haupteingang und der »étage noble«; das oberste Stockwerk vermeidet den Anschein von Domestikenunterkünften. Dieser Gesinnungswandel des Architekten hängt mit den sozialen Bewegungen zu Beginn des 20. Jahrhunderts zusammen.

Roger-Henri Guerrand

# Private Räume

## Die gute Wohnlage

### Fern von den »Barbaren«

Das 19. Jahrhundert war von der Verachtung der herrschenden Klasse für das Proletariat geprägt. Die Widerwärtigkeit dieser »Barbaren« – ein häufig benutzter Ausdruck – spottete jeder Beschreibung. Dem Arzt Dr. Taxil, der zur Zeit von Louis-Philippe praktizierte, fehlten die Worte: »Die dritte und letzte Klasse, das Proletariat, ist von vergleichsweise immenser Verbreitung und besitzt bis auf wenige rühmliche Ausnahmen die ganze Unwissenheit, den Aberglauben, die unedlen Gewohnheiten und verkommenen Sitten der Kinder des Waldes. Ihre Vulgarität, Ungehobeltheit, Kurzsichtigkeit und Verschwendungssucht, verbunden mit primitiven Freuden und der Gesundheit abträglichen Orgien sind – ich sage es ganz vorurteilslos – nicht zu beschreiben: Das Bild geriete allzu garstig.«[1]

Mit derartigen Texten könnte man leicht eine ganze Anthologie füllen. Für den siegreichen Bürger war der Proletarier nichts anderes als ein gefährlicher Wilder, der Vertreter einer Art minderer Rasse. »Bewußt oder unbewußt errichteten die begüterten Pariser, auch wenn sie sich für die unteren Klassen interessierten, eine Barriere zwischen Bürgertum und Volk, und wenn sie auch an die Notwendigkeit der sozialen Mobilität glaubten, hatten sie dabei ein ruhiges Gewissen, da sie sich den Vertretern der unteren Schichten moralisch wie sozial überlegen dünkten.«[2] In dieser neuen Gesellschaft, die den Erwerbstrieb verherrlichte, gab es eine tiefe Kluft zwischen den Besitzenden und den von ihnen Beschäftigten. F.-P. Codaccioni hat dies für Lille quantitativ nachgewiesen.[3] 1891 belief sich das durchschnittliche Vermögen eines Liller Industriellen auf 1396823 Francs, das eines Arbeiters auf 68 Francs, das heißt der Industrielle verdiente das 20541fache. Zwischen 1908 und 1910 legten der Industrielle ebenso wie der Arbeiter zu, doch der Unterschied war immer noch der von 1 zu 9075. War es vorstellbar, daß diese sozialen Antagonisten unter einem Dach wohnen konnten?

Allmählich verschwanden die Häuser, in denen Reich und Arm auf verschiedenen Etagen miteinander lebten, aus dem Bild der französischen Stadt. Das beweisen Darstellungen, die den Querschnitt durch ein Haus zeigen. Solche Darstellungen waren ein beliebtes Thema der Künstler im 19. Jahrhundert; ihr Vorbild war der Dämon Asmodée in

Lesages *Le Diable boiteux*.[4] Auf älteren Abbildungen nehmen Prunk und Komfort ab, je weiter man im Haus nach oben kommt; die Mansardenwohnung unter dem Dach ist ganz und gar unwirtlich. Doch schon in diesen Häusern alten Stils kannten die Bewohner einander nicht, wie Balzac und andere bemerkten.[5] Wer in der vornehmen Etage – der ersten – wohnte, der zögerte nicht, in eine exklusivere Gegend der Stadt umzuziehen, wenn sich dazu die Chance bot. Diese Tendenz setzte in Paris mit der Restauration ein, als im Westen und Norden neue Straßen gebaut wurden, und endete unter Haussmann, der die gefährlichen Klassen bewußt aus dem Zentrum an den Stadtrand verbannte. Der Querschnitt durch ein Haus der Haussmann-Ära zeigt, daß dessen Bewohner sozial homogen waren. Nach und nach entstanden in allen Städten von einiger Bedeutung Viertel »in guter Wohnlage« sowie ein proletarisches Getto, das die Angehörigen der Oberschicht niemals betraten.

## Das Haus in vornehmer Gegend

Théo Petit gehörte zu den Architekten, die zu Beginn des Jahrhunderts die Formensprache des Art Nouveau populär machten. In Paris baute er mehrere Ensembles, dabei beschäftigte er häufig den Bildhauer H. Bouchard, einen Künstler, der sich dem Symbolismus ebenso verpflichtet fühlte wie dem Populismus. (Paris, Bibliothèque Nationale)

Während der Zweiten Republik (1848–1851) setzte der Staat – in Fortführung der einschlägigen Bestimmungen aus dem Ancien Régime – die maximale Höhe der Hausfassade im Verhältnis zur Straßenbreite fest[6]: 11,70 m für Straßen von weniger als 7,80 m Breite; 14,62 m für Straßen zwischen 7,80 und 9,75 m Breite; 17,55 m für Straßen über 9,75 m Breite. Napoleon III. führte später, im Rahmen der Haussmannschen Arbeiten, noch eine weitere Kategorie ein: Auf Boulevards von mindestens 20 m Breite durfte das Gesims in 20 m Höhe liegen, sofern das Gebäude nicht mehr als fünf Stockwerke (einschließlich Zwischengeschossen) zählte. Keinesfalls durfte das einzelne Stockwerk höher als 2,60 m sein.[7]

Haussmann hatte Vorkragungen in die Straße untersagt, doch gaben die Architekten keine Ruhe, bis sie diesen kostbaren Freiraum für ihre dekorativen Ausbuchtungen zurückerobert hatten. Ein Dekret zähmte schließlich ihre Bauwut[8]: Auf Straßen zwischen 7,80 und 9,75 m Breite durften die Balkone ab einer Höhe von 5,75 m über dem Trottoir um 50 cm aus der Fassade vorspringen; auf Straßen von über 9,75 m Breite waren ihnen 50 cm ab einer Höhe von 4 m und 80 cm ab einer Höhe von 5,75 m erlaubt. Zu Beginn des 20. Jahrhunderts durften die Häuser nicht höher als 20 m sein – sieben Etagen einschließlich Zwischengeschossen –, doch wurden auf Straßen von mindestens 10 m Breite Vorkragungen bis zu 1,20 m geduldet.[9] Das genügte für die seit 1890 beliebten Fenstererker, die das Eßzimmer heller machen sollten.

Im Rahmen dieser Vorschriften bedienten sich die Architekten bei der Fassadengestaltung der auf der École des Beaux-Arts vermittelten Rezepte.[10] Kennzeichnend für das späte 19. Jahrhundert war der Kampf zwischen Verfechtern des Klassizismus und der Neugotik. Der Kult der klassischen Ordnung begünstigte die Verwendung von Pfeilern und Wandsäulen, samt obligatorischen Giebeldreiecken, Zierfriesen und Bossen im italienischen Stil. Dabei erwiesen sich die ehema-

E. Renaud gehörte zu einer Gruppe von Architekten, die gegen Ende der Julimonarchie die Renaissance zu neuem Leben erweckten, etwa durch dieses berühmte Gebäude an der Place Saint-Georges (IX. Arrondissement). Der ornamentale Prunk spricht dem bürgerlichen Utilitarismus Hohn, doch ist die Fassade von makelloser Symmetrie. (Paris, Bibliothèque Nationale)

»Haussmannsche« Gebäude findet man zu Tausenden in den Wohnvierteln von Paris, aber auch in der Provinz. Das einzig Originelle an ihnen sind die in Metall gefaßten Erkerfenster – der Wintergarten des mittleren Bürgertums. Links: rue de Vaugirard 95 – rechts: avenue Mozart 39

In der Hauptstadt des Art Nouveau eroberte das Eisen die Fassaden. An den Geschäftsräumen einer Samenhandlung betonten die Guttons – Onkel und Neffe – die Erkerfenster: Beherrschendes Material ist das Eisen.
(Nancy, Rue Benit 2)

ligen Stipendiaten der Villa Medici, Träger des großen Rompreises, als konkurrenzlos, hatten sie doch ihre Zeit mit dem Zeichenstift in der Hand vor den Zeugnissen der Antike zugebracht. Ihre Kontrahenten, die in Viollet-le-Duc einen gefürchteten Wortführer hatten, arbeiteten »gotisch«, wie Balzac in den *Contes drolatiques* »altfranzösisch« geschrieben hatte. Als Jérôme Paturot sich ein Haus bauen lassen will, wendet er sich an einen jungen Baumeister mit genialischer Löwenmähne, der ihm diverse Stile zur Auswahl anbietet: romanisch, gotisch mit Maßwerk, hochgotisch, Flamboyant oder lombardisch.[11]

Viele Glücksritter machten sich durch die Plünderung der Renaissance einen Namen. Manche Fassade aus dieser Zeit buchstabiert die stilistische Grammatik des 16. Jahrhunderts. Um 1900 brachte das Blätterwerk des Art Nouveau eine neue Note in diese antikisierend-mittelalterliche Architekturlandschaft, in den Städten Frankreichs – mit Ausnahme Nancys – blieben Bauten dieses Stils jedoch eine Rarität.

Werfen wir einen Blick ins Innere dieser Häuser, deren abschreckend hohe Mieten nur Menschen mit gesichertem sozialen Status aufzubringen vermochten. Unter Haussmann erlangte das großbürgerliche Wohnhaus seine klassische Gestalt. César Dalys Abhandlung *L'Architecture privée au XIX^e^ siècle* (1864) ging den feinen Unterschieden einer architektonischen Gattung nach, die mit ihrer Perfektion prahlte. Daly, dem Begründer der *Revue générale d'architecture*, zufolge hatte das Bürgertum seiner Epoche die Wahl zwischen drei Kategorien von Mietshäusern.

Die erstklassigen Häuser waren Familien mit ererbtem Vermögen

Im 19. Jahrhundert bevorzugte man an den Kunsthochschulen die Muster der Antike und der Renaissance. Die Fassade – das Bravourstück jedes Hauses – war eine Anthologie; die hier abgebildete ist ein besonders kostbares Exemplar, weil es zu ihrer Gestaltung eines Bildhauers bedurfte. Der ganze Bombast weckte Erinnerungen an die Sagen des klassischen Altertums und konnte natürlich nur von echten »Humanisten« gewürdigt werden. César Daly, *L'Architecture privée au XIX$^{e}$ siècle*, 1872. (Paris, Bibliothèque Nationale)

vorbehalten. Die Wohnungen hatten eine doppelte Ausrichtung: zum Innenhof und zur Straße hin. Unterkellert und auf einem Steinsockel errichtet, besaß ein solches Gebäude vier Etagen, davon drei mit eindrucksvollen Abmessungen. Die Wohnungen in den ersten drei Etagen waren durch eine Treppe aus Stein miteinander verbunden. Zur letzten Etage führte eine Holztreppe – Zeichen einer gewissen Minderung des sozialen Status. In diesem Stockwerk wohnten weniger begüterte Familien oder die Freunde oder Kinder der Familien in den unteren Stockwerken. Es gab auch eine Treppe für die Dienstboten; sie befand sich entweder im hinteren Teil jeder Wohnung oder verlief neben der Haupttreppe. Je nach der Beschaffenheit des Grundstückes war der Dienstbotenaufgang über den Hof oder durch eine versteckte Tür neben dem Vestibül erreichbar und führte in jedem Stockwerk zur Küche und zu den Dachkammern, wo das Hauspersonal schlief. Gebäude dieser Art wurden durch einen Ofen im Keller beheizt; durch Rohre wurde die Wärme in die einzelnen Stockwerke geleitet, allerdings nicht weiter als bis in den zweiten Stock. Wärme galt noch nicht als unentbehrlicher »Wert« in jeder Wohnung, und die Ärzte empfahlen kühle und gut gelüftete Schlafzimmer.

Familien mit geringem Vermögen wohnten in Mietshäusern der zweiten Kategorie. Auch diese waren unterkellert und auf einem Steinfundament errichtet, doch hatten sie insgesamt fünf Etagen. Im ersten und zweiten Stock befanden sich gewöhnlich Geschäfte. Die Haupttreppe war aus Holz; in jeder Etage lagen zwei Wohnungen. Auch in solchen Häusern gab es einen eigenen Dienstbotenaufgang.

Die am wenigsten begüterte Schicht der herrschenden Klasse lebte in Wohnungen der dritten Kategorie: in fünfstöckigen Mietshäusern mit einer einzigen Treppe aus Holz. Diese Gebäude hatten keinen Innenhof, sondern allenfalls schmale Licht- oder Luftschächte. Charakteristisch war hier, daß ein Hausmeister, wie er früher in den »hôtels« des Adels üblich gewesen war, die Aufsicht führte. »Der Hausmeister im Faubourg Saint-Germain, ein mit allen Wassern gewaschener Müßiggänger, frönt dem Glücksspiel. Der Pförtner in der Chaussée-d'Antin will seine Ruhe haben. Im Börsenviertel liest er Zeitung; im Faubourg Montmartre geht er einer Nebenbeschäftigung nach. Im Dirnenviertel ist die Concierge eine frühere Prostituierte; im Marais hat sie ihre Prinzipien und ist kratzbürstig und launenhaft.«[12] Eugène Sue hat diesem neuen Darsteller in der Menschlichen Komödie seinen Namen gegeben: Monsieur Pipelet, »Herr Zerberus«.[13] Er avancierte in den größeren Städten zu einer sozialen Instanz und zu einem bevorzugten Sujet der satirischen Blätter vom *Charivari*, wo die Karikaturen Daumiers erschienen, bis zur *Assiette au beurre*, die 1900 dem »Zerberus« eine Sondernummer widmete. Da der Hausbesitzer nicht in seinem Haus zu wohnen pflegte, agierte der Hausmeister als sein Stellvertreter. Er zog die Mieten ein, vermietete frei gewordene Wohnungen, hielt die Gänge und andere öffentliche Bereiche des Hauses sauber und sorgte für Ordnung. An der Schnittstelle zwischen Öffentlichem und Privatem stehend, fungierte er als Filter zwischen Straße und Wohnung. Böse Zungen verdächtigten ihn der Spitzeltätigkeit – die Redakteure der *Assiette au beurre* hielten ihn für ein ebensolches Übel wie die »Denunzianten« in der Kirche oder der Armee.[14] Einige Beobachter bemängelten die unbehaglichen Wohnungen der Hausmeister, doch muß es auch Ausnahmen gegeben haben – in einem Roman von Paul de Kock aus der Zeit des Zweiten Kaiserreiches lebt der Hausmeister Droguin in einer schmukken Wohnung, die jedem jungen Mittelschicht-Haushalt zur Ehre gereicht hätte.[15]

Hinter der Hausmeisterwohnung schmückte das geräumige Treppenhaus eines bürgerlichen Gebäudes die Statue einer Neapolitanerin; sie trug auf dem Kopf einen Wasserkrug mit drei Gaslichtern unter mattierten Glaskugeln. So beschreibt es Zola.[16] Statt der Neapolitanerin hätte Zola auch einen Landsknecht oder eine Maurin wählen können, die ebenfalls häufig als Lampenhalter dienten und mitunter noch heute in Gebrauch sind. Die Wände waren aus imitiertem Marmor, das Treppengeländer war aus Gußeisen; auf den Stufen lag ein schalldämpfender roter Läufer oder ein »Orient«-Teppich, der mit kupfernen Stangen fixiert war. Der Aufzug, 1867 von dem französischen Ingenieur Léon Edoux erfunden (der auch die Bezeichnung »ascenseur« geprägt hat), wurde erst nach 1900 gebräuchlich.

In den Häusern der herrschenden Klasse war das Treppenhaus auf unmittelbare Wirkung berechnet. Es war ein Ort der Repräsentation. Das erklärt das kunstvolle Geländer, die Lampen und die Statuen aus verschiedenen Materialien.
César Daly, *L'Architecture privée au XIX<sup>e</sup> siècle*, 1872.
(Paris, Bibliothèque Nationale)

## Rationalität des Raumes

Das Innere der Wohnung orientierte sich an einem rationalen Schema, das über Jahre hinweg unverändert blieb. Ausnahmslos jede Wohnung besaß öffentliche Repräsentationsräume, Privaträume für die Familie und rein funktionale Räume. Hinter der Eingangstür lag das Vorzimmer oder Foyer, das der »Sortierung« der Besucher diente und als Schranke wirkte: Wer nicht eingeladen war, kam nicht weiter. Das

Als unbestechlicher Beobachter hat Daumier in seiner bunten Galerie sozialer Typen seiner Zeit auch den Hausmeister nicht vergessen. Viele seiner Lithographien haben das Verhältnis zwischen Hausbesitzer und Mieter zum Gegenstand.
(Paris, Bibliothèque Nationale)

Félix Lenoir, Entwurf für ein Eßzimmer, 1874. Unter Louis-Philippe erschienen zahlreiche Musterbücher für Möbeltischler, worin dem zahlungskräftigen Publikum die schlimmsten Exzesse zugemutet wurden. Dieses bemerkenswerte Büfett zeichnet sich durch eine Platte im Stil Bernard Palissys, zwei chinesische Vasen und Graburnen aus.
(Paris, Musée des Arts décoratifs)

Foyer war die »Drehscheibe« der bürgerlichen Wohnung. Anfang des 19. Jahrhunderts diente dieser Raum, sofern er groß genug war, auch als Eßzimmer. So lesen wir bei Balzac: »Die Baronin quartierte ihre Tochter im Eßzimmer ein, aus welchem im Handumdrehen ein Schlafzimmer wurde, [. . .] während das Foyer, wie in vielen Familien üblich, als Eßzimmer fungierte.[17] Dieses Eßzimmer war, wenn es seine Aufgabe erfüllte, ein höchst bedeutsamer Raum. Hier präsentierte die Familie sich ihren Gästen, legte das silberne Eßbesteck auf und führte den Tafelaufsatz vor, den ein fashionabler Goldschmied angefertigt hatte. Doch war das gemeinsame Essen gleichzeitig ein belangvoller sozialer Akt: »Bei Tisch wurden Geschäfte abgeschlossen, Wünsche und Sehnsüchte eingestanden, Ehen gestiftet. Entsprechend erweiterte sich der Horizont der Gastronomie: Als Zeichen von Prestige und sozialer Überlegenheit hatte gepflegtes Essen etwas Triumphales; es war Instrument der Macht und Unterpfand des Erfolges und des Wohlstands.«[18] Zahlreiche Bilder verewigen die penibel vorbereiteten Festessen, deren Gänge und Gedecke bis ins einzelne geplant waren. Manche Gastgeber gingen so weit, ein Probeessen im privaten Kreis zu veranstalten, bevor sie das Menü ihren kritischen Gästen vorsetzten.

Das Eßzimmer war jedoch nicht nur der Raum für sozialen Austausch, sondern auch der Ort der täglichen Begegnung der Familienmitglieder. Allerdings scheint es im Laufe des 19. Jahrhunderts diesen intimen Charakter verloren zu haben. Wenigstens einem Autor ist dies aufgefallen: »War das Essen beendet, die Tischdecke abgenommen und die Öllampe auf einen Fuß gestellt, so nahm die Frau eine Stickerei zur Hand, der Mann ein Buch oder seine Zeitung, die Kinder ihr Spielzeug, und man plauderte ungezwungen.«[19] Wenn man Cardon glauben darf, hielt sich die Hausfrau am liebsten im Eßzimmer auf, weil dort das Licht am besten war; er dachte wohl an die alten »hôtels« im Faubourg Saint-Germain oder im Marais, die zu Mietshäusern umgerüstet worden waren. In den meisten Gebäuden hingegen, die zwischen 1860 und 1880 vor allem in Paris entstanden, gingen die zum Essen bestimmten Zimmer auf enge, triste Hinterhöfe hinaus und waren entsprechend düster. Deshalb benutzte man sie nur noch zum Essen und zog sich zum Lesen oder zu Handarbeiten in den gemütlichen »petit salon« zurück.

Die Bürger verfügten nicht immer über einen »petit salon«, doch sie waren zu Opfern für einen »grand salon« bereit. Niemand, der zur besitzenden Klasse zählte, konnte sich seine Wohnung ohne diesen theatralischen Raum vorstellen, der die neue Gesellschaft mit der alten durch ein gemeinsames Ritual verband, nämlich den »jour fixe«, an dem die Dame des Hauses »empfing«. Maler der mondänen Welt wie Béraud oder Tissot haben um die Jahrhundertwende diese Anlässe unermüdlich verherrlicht. Übrigens war bei den Kleinbürgern, deren soziale Kontakte fast auf die Familie beschränkt blieben, der Salon die meiste Zeit eine tote Sphäre – Überzüge bedeckten die Möbel, damit sie nicht verstaubten. Einige Innenarchitekten protestierten schließlich gegen diesen wenig genutzten Raum und erklärten ihn für überflüssig. Damit unterschätzten sie freilich seine symbolische Bedeutung als Signatur der Klassenzugehörigkeit – der Salon repräsentierte Urbanität und Geselligkeit, zwei Leitwerte des Bürgertums.

Das ganze 19. Jahrhundet breitete einen dichten Schleier über jedes Signal der Sexualität. Deshalb weihte man das Elternschlafzimmer zu einem speziellen Heiligtum, einem Tempel, der der Fortpflanzung und nicht der Wollust vorbehalten war. Die Zeiten, in denen man Besucher

James Tissot, *Zu früh*, 1873. Für das bürgerliche Pflichtritual einer Tanz-Soirée hat man den Salon ausgeräumt. Neben Jean Béraud war der erst kürzlich wiederentdeckte Tissot einer der besten Gesellschaftsmaler des Fin du siècle. (London, Guildhall Art Library)

Léger, Entwurf einer Schlafzimmereinrichtung, 1844. Das Himmelbett hatte eine lange Tradition, während der Schrank mit eingebautem Spiegel – eine Mischung aus Psyche und zweitürigem Schrank – eine Modeerscheinung war. (Paris, Musée des Arts décoratifs)

auch in einem Zimmer empfangen konnte, in dem ein Bett stand, waren endgültig vorbei. Seitdem war das Schlafzimmer tabu – ganz so, als ob auf den, der es ohne besonderen Grund betrat, schreckliche Gefahren lauerten.

Aufschlußreich ist ferner, daß es in den Architekturabhandlungen des 19. Jahrhunderts (und früherer Perioden) keinen expliziten Hinweis auf Kinderzimmer in der Wohnung gibt; das bestätigt nicht zuletzt die Baustruktur der Puppenhäuser. Der Nachwuchs des Bürgertums wurde bereits in zartestem Alter der Nähramme übergeben und sehr oft schon in der ersten Klasse in ein Internat gesteckt, wie aus Autobiographien vor 1914 hervorgeht.[20]

## Eng, aber gemütlich

Im Laufe des Jahrhunderts ähnelte die bürgerliche Wohnung immer mehr einem Antiquitätengeschäft; das zentrale Gesetz der Innenausstattung scheint die Akkumulation gewesen zu sein. Dabei wurden Epochen und Kulturen hemmungslos vermischt; das Eßzimmer im Renaissancestil grenzte an ein Louis-XVI-Schlafzimmer, der maurische Billardsaal öffnete sich auf eine japanisch verzierte Veranda. Jede freie Fläche war mit Tüchern, Wandbehängen, Seidenstoffen und Teppichen bedeckt. Es herrschte das Reglement des »tapissier«, der sogar die »Füße« des Klaviers unter Deckchen versteckte, der Posamenterie und der Quasten und Troddeln, und die französische Innenarchitektur brauchte lange, um sich davon zu erholen.

Für diese auffallende Entwicklung gibt A. Daumard folgende Erklärung[21]: Im ganzen 19. Jahrhundert lebte das Bürgertum, zumal das tonangebende in Paris, in ständiger Angst vor proletarischen Krawallen. Die Geborgenheit der Wohnung – »home, sweet home« – sollte diese Ängste lindern: »Der Raum zerfiel symbolisch in zwei Teile: Das Interieur bedeutete Familie und Sicherheit, die Außenwelt Fremde und Gefahr.« Es wurde zur Obsession, keine Wand und keinen Fußbreit Boden unbedeckt zu lassen; kahle Wände und nackte Böden wurden zu Insignien der Armut. Ein Mitarbeiter der *Illustration*, der wichtigsten Zeitschrift des Bürgertums, schrieb am 15. Februar 1851 über diese neue Konzeption des Raumes: »Wir setzten uns in den kleinen Salon, gut abgeschirmt durch schwere Portieren, seidene Dichtungsstreifen und doppelte Draperien, welche die Fenster hermetisch schlossen. [...] Zu unseren Füßen liegt ein schöner Teppich. [...] Eine Fülle von Stoffen schmückt die Fenster, bedeckt den Kamin, verbirgt die Holztäfelung. Trockenes Holz und kalter Marmor sind unter Samt und Plüsch versteckt.« Mit ähnlichen Worten schildert Maupassant 1885 in *Bel-Ami* die Wohnung des Journalisten Forestier: »Über die Wände spannte sich ein verschossener Stoff in verblaßtem Violett, besetzt mit fliegengroßen Blümchen. Portieren aus einem blaugrauen Stoff, einem Soldatenstoff, bestickt mit kleinen Flecken roter Seide, hingen vor den Türen; und Sitzgelegenheiten von jeder Größe und Form, aufs Geratewohl in der Wohnung verstreut – Chaiselongues, schwere Fauteuils, Sitzkissen und Schemel –, waren bezogen mit Seide im Louis-XVI-Stil oder mit schönem Utrechter Samt, cremefarben mit granatroten Mustern.«

Das goldene Zeitalter der Tapete war die erste Hälfte des 19. Jahrhunderts, und auch hier triumphierte die Imitation. Als Hintergrund neugotischer Möbel dienten architektonische Versatzstücke von gotischen Domen, die man durch mancherlei phantastische Ornamente verblüffend überhöhte. (Paris, Musée des Arts décoratifs)

## Üble Gerüche

Die bürgerliche Wohnung war mehr als nur Schauplatz der Geselligkeit und des Familienlebens; sie mußte auch den Funktionen der Verarbeitung und der Ausscheidung gerecht werden. Man mußte Lebensmittel zubereiten sowie Abwässer und Exkremente beseitigen. Doch nicht ein hohes Maß an Rationalisierung zeichnete den Umgang mit diesen Tatsachen aus, sondern ein merkwürdiges Beharren auf dem Überkommenen. Hier, wo es um die konkreten Körperbedürfnisse ging, zeigte sich, daß die Sensibilität der neuen herrschenden Klasse ihre Toleranzschwelle gegenüber der Berührung mit dem »Schmutzigen« beträchtlich gesenkt hat.[22] So ist es kein Wunder, wenn die Architekten des 19. Jahrhunderts, Kinder ihrer sozialen Klasse und zugleich von dieser abhängig, die Küche aus ihrem Blickfeld verbannten[23]; sie verlegten die Küche in den hintersten Winkel der Wohnung, denn dieser Ort mit seinen Dämpfen und scharfen Gerüchen und dem Herd, dessen Wärme dem Teint schadete, war entschieden kein Aufenthalt für feine Leute. Erst gegen Ende des 19. Jahrhunderts erkannten Hygieniker unter dem Einfluß Pasteurs, daß die Küche eine Brutstätte der Fliegen war und ein staubiger Ort, an dem der Kochsche Bazillus gedieh.

Genauso sorglos verfuhr man mit dem »cabinet de toilette«, seinen Krügen und Porzellanschüsseln und -becken. Auf dem rechten Pariser

Die vollständig eingerichtete Küche eines »hôtel« oder »château«; es fehlt nicht einmal der Wasserbehälter, wie er vor dem Aufkommen gußeiserner Herde üblich war. (Paris, Bibliothèque des Arts décoratifs)

Seineufer reichte der Wasserdruck erst 1865 für die obersten Stockwerke, auf dem linken sogar erst 1875. Daß das Badezimmer – wenn es eines gab – weit von den anderen Räumen entfernt lag, machte wenig aus, da man es ohnehin nicht täglich benutzte. Den Wert des Wassers begann man erst nach den Entdeckungen Pasteurs zu schätzen, die das Händewaschen sozial verbindlich machten.

Die Verachtung des Bürgers für die Bedürfnisse des Körpers wurde nirgendwo deutlicher als in der Toilette. Toiletten mit Wasserspülung gab es schon im 18. Jahrhundert, wie aus dem Katalog von Mariette hervorgeht[24]; sie blieben jedoch in der ersten Hälfte des folgenden Jahrhunderts unbeachtet. Noch schätzte man die menschlichen Exkremente als Düngemittel, und die Pariser Fäkalienträger brachten Tag für Tag ihre Fracht nach Montfaucon. Die Ausdünstungen davon verpesteten die Luft in der ganzen Hauptstadt. Zwar kannte man in Frankreich die seit 1855 geltenden britischen Gesetze, wonach alle Exkremente in die Kanalisation zu leiten waren, doch galt dies als überaus verschwenderisch, weil dabei Unmengen von Wasser verbraucht wurden und die Landwirtschaft einen beträchtlichen Verlust erlitt. In Paris befolgte man allgemein das kaiserliche Dekret von 1809, das Abortgruben vorschrieb, doch auf dem Lande hielt man an mittelalterlichen Praktiken fest. In Lyon entrüstete sich niemand darüber, daß die Fäkalien in die Rhône flossen. In Marseille besaßen von 32 653 Häusern, die 1886 gezählt wurden, 14 000 keine Einrichtung zur Beseitigung menschlicher Exkremente; diese wurden vielmehr etagenweise in Tonkrügen gesammelt und in die Gosse entleert. In Bordeaux gab es zwar 12 000 Abortgruben, aber sie waren falsch angelegt und verseuchten das Trinkwasser.

Unterdessen wurde die Wasserspülung in Großbritannien gebräuchlich. Das goldene Zeitalter der Sanitäreinrichtungen kündigte sich an, und ganz Europa folgte dem englischen Vorbild. Das Hauptwerk von Stevens Hellyer[25] wurde von Poupard übersetzt, einem Pariser Unternehmer, der seinen Sohn bei Hellyer ausbilden ließ. Auch für die Theoretiker der französischen Architektur war das Problem mittlerweile ge-

Atget, Kaufmannsküche. Wenn es jemals eine Rumpelkammer gab, dann diese Küche, in der alles wie Kraut und Rüben durcheinanderliegt. Es dauerte seine Zeit, bis die bürgerliche Rationalität auch diesen Raum erfaßte, in den der Herr (und die Dame) des Hauses niemals einen Fuß setzte. (Paris, Bibliothèque Nationale)

Das Blumenmuster an der Wand verrät den Einfluß des Art Nouveau, doch ansonsten gab es zu Beginn des 20. Jahrhunderts in Europa kein einziges Badezimmer mit sämtlichen hier abgebildeten sanitären Einrichtungen. Es handelt sich um die Anzeige des Fachgeschäfts Jacob Delafon. Bemerkenswert das Bidet, das noch weithin als überflüssiger Luxus galt.
(Paris, Bibliothèque des Arts décoratifs)

klärt. 1882 betonte Émile Trélat, der Gründer der École Spéciale d'Architecture, vor der Gesellschaft für Volksmedizin: »Der Bürger ist von seinen Exkrementen zu isolieren, und zwar von dem Moment an, wo sie produziert werden. Das Abflußbecken, das normalerweise fest verschlossen ist, muß sich sofort für kurze Zeit öffnen und die Exkremente mittels starken Wasserdruckes aus der Wohnung spülen.« Dieser Einstellungswandel, d. h. der Verzicht auf die menschlichen Exkremente als Düngemittel, resultierte aus Fortschritten der Agronomie. Peruanischer Guano, der zwischen 1850 und 1880 viel verwendet wurde, Chilesalpeter und schließlich die Vielfalt der Ende des Jahrhunderts entwikkelten Kunstdünger überzeugten die Landwirte. Außerdem hatten die Entdeckungen Pasteurs bei den Menschen die Angst vor Mikroben geschürt: »Durch seine Experimente hat man gelernt, die Abortgrube als riesiges Reservoir der schlimmsten Viren zu fürchten, welche die Menschheit bedrohen.« Der Ingenieur Adolphe Wazon[26], von dem dieser Kommentar stammt, lehnte die Abortgrube ab und sang das Loblied der Kanalisation, die sich – zumindest in Paris – auf ein sinnreiches Netz von Abwässerkanälen stützen konnte, das Belgrand während des Zweiten Kaiserreichs angelegt hatte; 1852 war dieses Netz 140 Kilometer lang, 1869 bereits 560 Kilometer.

In Lille war die Abortgruben-Reinigung lange Zeit das Vorrecht kleiner Gewerbetreibender, die frühmorgens mit Kübelwagen durch die Stadt zogen und die Exkremente sammelten, die sie Hausfrauen und Mägden abkauften, um sie sodann an Landwirte weiterzuverkaufen. Diese mittelalterliche Praxis hielt sich bis 1889. (*Le Lillois*, 7. Juli 1889)

Der Übergang zu diesem neuen System erfolgte nicht ohne Widerstände. Das Gesetz von 1894 über die Sanierung der Hauptstadt und des Département Seine stieß auf energischen Widerspruch bei den Hausbesitzern, die ausnahmsweise geschlossen gegen diesen »kollektivistischen Anschlag auf die Freiheit« protestierten.[27] Die Architekten plazierten noch lange die Toilette nach Gutdünken in der Wohnung, sogar neben der Küche, weil es unfein schien, sich mit »solchen Dingen« zu befassen.

## Das Dachgeschoß

Das bürgerliche Wohnhaus besaß eine sechste Etage, wohin das Personal verbannt war. Das Ancien Régime hatte solche Klassentrennung nicht gekannt; vor der Revolution zählten die Bediensteten zur Familie. In der hierarchisch geordneten Gesellschaft, die Anfang des 19. Jahrhunderts entstand, durften die Dienstboten nicht mehr in demselben Teil des Hauses wie die Herrschaften schlafen, jeder Anschein von »Promiskuität« mußte vermieden werden. Also mußte sich das Gesinde mit kleinen Verschlägen im sechsten oder siebenten Stock eleganter Wohnhäuser zufriedengeben. Seit 1828 stand ein solches Haus im Pariser Boulevard Saint-Denis; im obersten Stockwerk gab es einen Flur mit »Dienstboten-Kammern«, die durch Dachfenster erhellt wurden. Diese Zellen maßen vier Meter im Quadrat; es gab keine Heizung, und das Mobiliar war Gerümpel; auf dem Treppenabsatz waren ein einziger Wasserhahn und ein türkisches Klosett installiert. Es fehlte freilich nicht an Autoritäten, die diesen skandalösen Zustand anprangerten. Für Jules Simon waren diese Kammern genauso schrecklich wie die Bleikammern Venedigs. Professor Brouardel von der Académie de Médecine sah die Tuberkulose aus dem sechsten Stock in die behüteten Kinderzimmer eindringen. Paul Juillerat – der Mann, der die hygienischen Verhältnisse in den Pariser Wohnungen ermittelte – publizierte eine Broschüre, in der er erläuterte, unter welchen Bedingungen eine Dienstbotenwohnung als gesund anzusehen war. Auf der Tuberkulose-Ausstellung 1906 zeigte man die naturgetreue Nachbildung des Zimmers einer Hausangestellten von den Champs-Élysées – im VIII. Arrondissement, seit Louis-Philippe das reichste Viertel der Stadt – und daneben eine Zelle des Gefängnisses von Fresnes: die Zelle war bewohnbar und gesund, das Zimmer nicht.[28] Hieran änderte sich bis nach dem Zweiten Weltkrieg nichts – die vornehmen Herrschaften erkletterten sämtliche Berge der Welt, aber das letzte Stockwerk ihres Hauses erkletterten sie nicht.

Eingezwängt zwischen lärmerfüllten Straßen und schmutzigen Hinterhöfen, wo es nach Küchendunst und Latrine roch, war also die bürgerliche Wohnung trotz ihrer 300 Quadratmeter Fläche eine soziale Fassade von trügerischer Rationalität, ein Tromp-l'oeil für die vornehme Welt. Der internationalen Bewegung der modernen Architektur in der Zwischenkriegszeit – die mutigen Stellungnahmen eines Francis Jourdain seit 1910 nicht zu vergessen – blieb es vorbehalten, dieses Bild einer Klasse zu demolieren, der es nicht gelungen war, ein plausibles architektonisches Gehege für sich zu erfinden.

## Das Château im Gang der Jahreszeiten

### Weder Hof noch Garten

Im Ancien Régime konkretisierte sich der glücklich bewerkstelligte soziale Aufstieg stets im Erwerb eines »hôtel particulier«. Viele Adlige wohnten noch in einer Wohnung, doch die führenden Familien Frankreichs beauftragten die berühmtesten Baumeister des Landes mit dem Entwurf ihrer Privatresidenz, und die Neureichen beeilten sich, es ihnen gleichzutun. So bildete sich seit dem Mittelalter ein architektonisches Erbe, das in jedem Jahrhundert repräsentativ war für einen Stil, der die zeitgenössischen Bedürfnisse und Bestrebungen der herrschenden Klasse verkörperte.

Ein solch gediegenes, auf einem Sockel stehendes Klosett in einer geräumigen, gekachelten Toilette war auch in gehobenen Wohnungen vor 1900 ein seltener Anblick. Erst um 1885 bekehrten sich die Gesundheitsbehörden und die führenden Architekten vorbehaltlos zu der von den Engländern perfektionierten Wasserspülung. Hellyer, *Traité de la salubrité des maisons*, 1889. (Paris, Bibliothèque Nationale)

Im 19. Jahrhundert entstand eine neuartige Situation, da die Neureichen keine künstlerische Tradition besaßen, an die sie hätten anknüpfen können, wohl aber einen ausgeprägten Ehrgeiz, ihren Reichtum zur Schau zu stellen. So konnten sie keiner Extravaganz widerstehen und waren hilflos den Architekten ausgeliefert. Diese ihrerseits waren Opfer der Moden, die an der Pariser École des Beaux-Arts gelehrt wurden – einer Anstalt, deren Studenten in der Mehrzahl selber der herrschenden Klasse entstammten.[29]

Manche Emigranten verlangten nach der Heimkehr aus der Fremde ihr »hôtel« zurück, während das Bürgertum nichts Eiligeres zu tun hatte, als sich seine eigenen »hôtels« bauen zu lassen. Schon in der Zeit der Restauration kam ein neuer Typus von »hôtel« auf: Der Wohntrakt lag auf der straßenabgewandten Seite des Innenhofes, während in einem anderen Teil des Gebäudes, der an die Straße grenzte, Büros und Geschäfte untergebracht waren, was finanziell von Vorteil war. Im Quartier Nouvelle-Athènes im Pariser Norden errichtete der Architekt Constantin – der mit Dosne, dem Börsenmakler und künftigen Schwiegervater Adolphe Thiers', zusammenarbeitete – antikisierende Kuben inmitten eines vornehmen Gartens. Für den Grafen von Portalès schuf Félix Duban eine italienische Renaissancevilla, die man von der Straße hinter der Kirche Sainte-Madeleine betrat.

Auch der bürgerlichen Narreteien war kein Ende. Unter Ludwig XVIII. wurde ein Haus in Moret aus der Zeit Franz' I. abgetragen und Stein für Stein am Cours-la-Reine wieder aufgebaut. Prinz Napoleon, der Vetter des Kaisers, begeisterte sich für den Gedanken, nicht weit hiervon, in der Avenue Montaigne, eine Villa im pompeianischen Stil zu plazieren; Alfred Normand erfüllte ihm diesen Wunsch. Als Verehrer der Antike war Normand genötigt, einen Kompromiß zwischen den ihm vertrauten archäologischen Befunden sowie den Ansprüchen des modernen Komforts und des Pariser Klimas zu schließen.

In den »beaux quartiers« der Hauptstadt entstand eine Fülle luxuriöser Residenzen für die exquisiten Empfänge des neuen Adels (in den der alte, um seinen Glanz aufzufrischen, nicht ungern einheiratete). Eines dieser verschwenderischen neuen »hôtels«, an der Place Malherbes, gehörte Émile Gaillards, dem Bankier des Grafen von Chambord; es war ein Meisterwerk aus Ziegeln und Stein im Louis-XII-Stil. Ein anderes, in neubarockem Stil, gehörte dem Schokoladefabrikanten Menier und stand gegenüber dem Parc Monceau. Die Brüder Pereire hatten 10 der 19 Hektar des 1848 konfiszierten Parc des Orléans erworben und machten daraus ein Luxusgrundstück. Dann gab es das »Palais Rose«, das Boni de Castellane erbaut hatte, Sproß einer der ältesten Familien Frankreichs, der eine amerikanische Milliardärin geheiratet hatte. Dem Wunsch des Auftraggebers entsprechend hatte der Architekt das Lustschloß Grand Trianon im Park von Versailles zum Modell genommen und den »escalier d'honneur« des Versailler Schlosses imitiert.

Auch in der Provinz gab es Wandel, wie das Beispiel Lille beweist.[30] Die dortigen »hôtels« waren größer als die in Paris; ihre Fassaden konnten sich bei einem Haus von 15 m Höhe bis zu 20 oder 25 m erstrecken; sie verfügten mitunter über 300 qm Grundfläche, die auf vier Etagen verteilt waren – im Souterrain befanden sich Küche und Wirtschaftsräume, im Entresol zwei Salons, Eßzimmer und Arbeitszimmer und im Stockwerk darüber, der »étage noble«, die Schlafzimmer; das Ganze krönte ein Dachgeschoß. In Nebengebäuden waren das Billardzimmer, die Bibliothek, die Ställe und die Kammern des Personals untergebracht. Die Fabrikanten von Lille verstanden sich als die Herren Flanderns und machten daraus keinen Hehl. Kurz vor dem Krieg beschlossen die Gebrüder Dévallée in Lille, Söhne eines Industriellen aus Roubaix, auf eigene Faust zu bauen, nachdem die Berufsarchitekten vor ihren Einfällen kapituliert hatten. Ihre Schöpfung mit den Marmorsäulen hat etwas Renaissancehaftes, zeichnet sich jedoch durch gewaltige Wasserspeier aus. Jeder Raum ist in einem anderen Stil gestaltet, darunter dem unvermeidlichen maurischen. Wie ein Fürst, der den Ratschlägen seines Hofastrologen folgt, beharrte einer der beiden Brüder darauf, stets in einer Position zu schlafen, die den Mondphasen entsprach; er ließ sich sein Bett auf eine drehbare Achse montieren, die von einem Schweizer Uhrwerk bewegt wurde.

Die Palme für das exotischste Kuriosum – in Roubaix – gebührt allerdings dem Industriellen Vaissier, dem famosen Erfinder der »Kongoseife«. 1890 sollte Paul Achille Dupire ihm ein Château bauen, das auf vier Elefanten stand. Das lehnte der Architekt ab und entwarf statt dessen einen orientalischen Palast, den eine gläserne Kuppel krönte: »Es ist der Traum des indischen Radschah – seine Laune, seine Phantasie, ein Feuerwerk der Farben, ein Glanz des Dekors –, der in unserem nebelverhangenen Flandernland Wahrheit geworden ist.«

Weiter konnte man das »architektonische Wagnerianertum« schwerlich treiben. Andere Industrielle aus derselben Gegend, um Einbindung in die Tradition bemüht, bevorzugten neugotische »hôtels« im flämischen Stil, mit unterschiedlichen Fassaden und dem typischen Treppengiebel nördlicher Länder. Dasselbe Phänomen war in der Bre-

Prinz Jérôme Napoléon legte ebensowenig Wert auf »Modernität« wie sein Vetter, der Kaiser. Vielmehr wollte er für seine Geliebte, die Schauspielerin Rachel, einen Rahmen schaffen, der der griechischen Tragödie würdig wäre; das Resultat war das von Alfred Normand erbaute pompejanische Haus an der Avenue Montaigne. Im Bild das dem Gebäude vorgelagerte viersäulige ionische Peristyl; das Atrium bildete den Hintergrund für Räume im antiken Stil. (Godefroy, Paris, Bibliothèque Historique)

Vandenbergh, *Aquarell*, 1890/91. Der an das Hauptgebäude angebaute Wintergarten ist in Paris und in der französischen Provinz keine Seltenheit. (Lille, Archives départementales du Nord)

tagne zu beobachten; so gab es in Rennes Gebäude in einem eklektischen Stil, aber mit Anklängen an die regionale Architektur.[31]

Gegen Ende des Jahrhunderts kam ein neuer Typus des »großbürgerlichen« Wohnhauses auf, eine Art »hôtel-villa«, deren bewußt pittoreskes Erscheinungsbild sich an der Architektur der französischen Seebäder orientierte. Diese Bauten, fernab der Stadtzentren in Gegenden errichtet, wo man noch riesige Ländereien erwerben konnte, waren meist von einem Garten im englischen Stil umgeben. Ihre exakte Beschreibung ist schwieriger als beim klassischen »hôtel«; denn bei ihnen dominierte der ornamentale Überschwang, der durch den Siegeszug des polychromen Ziegels und des Bugholzes möglich wurde. Beispiele hierfür gibt es in Lille, aber auch in Rouen.[32] Diese Häuser bestehen aus lauter Vorkragungen, Nischen, bauchigen Fenstererkern, phantastischen Dächern, vorspringenden Dachbalken und Holzbalkonen. In diesen exotischen Gebäuden, die sich um den klassizistischen Kanon nicht kümmern, entdeckt man gelegentlich Spuren des Art Nouveau, etwa in den Krümmungen oder in der Verwendung unterschiedlicher Materialien, zu denen auch Metall gehört. Die Asymmetrie der Masseverteilung, bei der Tür- und Fensteröffnungen nach Gutdünken gesetzt scheinen, findet sich später sogar an den bescheidenen Häusern des Kleinbürgertums, das mit seinen Eigenheimen die Peripherie der großen Städte säumte.

## Vom Billardzimmer zum Gewächshaus

Die »hôtels particuliers« des 19. Jahrhunderts waren derselben Rationalisierung unterworfen wie die großen Mietshäuser, und deshalb finden wir auch in ihnen die Trennung des Öffentlichen vom Privaten. Hinzu traten nun die Versatzstücke einer permanenten Geselligkeit und eines von beträchtlichen Geldmitteln gespeisten Luxus. Zu den Neuheiten gehörte das Billardzimmer – Tische für das Spiel gab es in Europa seit dem Spätmittelalter –, denn die Zahl der Billardbesessenen stieg im 19. Jahrhundert sprunghaft an. Daumier hat ihnen einige Lithographien gewidmet; eine davon, mit dem Titel *Ein verregneter Tag*, trägt die Unterschrift: »Der Besucher ist zu sechs Stunden Zwangsbillard verurteilt.« Kein »hôtel« – und kein »château« von nennenswerten Ausmaßen –, in dem dieses unentbehrliche Spiel nicht gespielt worden wäre, und wie in Versailles unter Ludwig XIV. waren es die berühmten Männer, die im Billard brillierten.[33]

Das wirkliche Kennzeichen eines großen Hauses indes war das Treibhaus oder der Wintergarten. Zola hat nicht versäumt, das »hôtel« des Spekulanten Saccard mit einem Treibhaus auszustatten[34]; es ist an eine Seite des Hauses angebaut und hat Verbindung zum Salon, wie das klassische Schema es gebietet. Diese luftigen Konstruktionen tauchten erstmals in der ersten Hälfte des 19. Jahrhunderts auf und gewannen im Zweiten Kaiserreich rasch an Beliebtheit.[35] Das bekannteste Beispiel war der Wintergarten der Prinzessin Mathilde, einer Enkelin Napoleons I., ein immer wieder gemaltes Schmuckstück. Der riesige Raum ruhte auf ionischen Säulen und empfing sein Licht von oben; Efeu, Palmen und Zierpflanzen waren ein Stück Natur im Herzen von Paris.

Louise Abbémas Bild *Le Déjeuner dans la serre* zeigt einen gewiß weiter verbreiteten Typus. Der Dekor ist ziemlich kitschig: ein Louis-XIII-Tisch mit gedrehten Beinen, afrikanische Waffen, ein maurisches Tablett sowie Ottomanen, das Ganze mit Draperien und exotischen Pflanzen verziert – das ideale Ambiente für Sarah Bernardt, die Freundin der Malerin. In der Ära der Proustschen Salons verlieh der Wintergarten dem Haus etwas »Distinguiertes« und Exklusives – nur die begüterten Kreise hatten das Recht, unter Palmen zu wandeln, während es draußen schneite. Anders als die Veranden von Cafés und Restaurants, die zur Straße gingen, öffnete sich der Wintergarten zum Innenhof oder Garten, also zum privaten Raum. Eine kümmerliche Imitation des Wintergartens war in gewissen bürgerlichen Wohnungen die mit farbigem Glas verkleidete Loggia, die den Salon zur Straße hin erweiterte.

Die Neugotik in der Architektur behauptete sich bis zum Ende des 19. Jahrhunderts; dieses Stadtschloß mit seinen Dachgauben und Türmchen ist ein gutes Beispiel für den von Viollet-le-Duc favorisierten Stil.
(Paris, Bibliothèque Nationale)

## Neugotische Châteaux

Das Großbürgertum zog es vor, in der Stadt zu wohnen – dort, wo die ernsten Geldgeschäfte getätigt wurden. Die Adligen hingegen suchten sich wieder auf dem Lande zu etablieren, von wo die Revolution sie vertrieben hatte; sie kamen schon nach Frankreich zurück, bevor Louis-Philippe den Thron bestieg und sie endgültig von der Macht ausschloß, und trachteten nach einem unerreichbaren neuen Feudalismus. Aus diesem Grunde war in Kreisen der Legitimisten die Gotik im Schwange, während die Bürger die Kunst der Renaissance bevorzugten – einer Epoche der großen Individuen, an der sich die individualistische Philosophie des Bürgertums berauschte.

Kein »château«, keine bürgerliche Wohnung des 19. Jahrhunderts ohne Billardsaal – und die Architekten nahmen sich jede Freiheit heraus, da ihnen Vorbilder fehlten. In dem hier abgebildeten »Renaissance«-Zimmer hängen unmotivierte Auswüchse von der Decke; das holländische Fenster ist umgebaut, um möglichst viel Licht einfallen zu lassen, während der Billardtisch im überladenen Stil des Raumes dekoriert ist. César Daly, *L'Architecture privée au XIXe siècle*, 1872. (Paris, Bibliothèque Nationale)

Man hat die Rückbesinnung auf die Gotik, die seit dem Zweiten Kaiserreich Hunderte gotischer Châteaux in Frankreich entstehen ließ, lange Zeit auf den Einfluß Viollet-le-Ducs zurückgeführt. Inzwischen hat eine von der Caisse Nationale des Monuments Historiques veranstaltete Ausstellung auf einen Provinzbaumeister aufmerksam gemacht, der dem Restaurator von Pierrefonds nichts zu verdanken hatte[36]; bei weiteren Forschungen werden gewiß noch andere Anregungen ans Licht kommen. René Hodé, ein Architekt aus Anjou, hat in dieser Region vierzehn Châteaux gebaut und zehn »gentilhommières« – ländliche Adelssitze – erweitert und ausgeschmückt. Er arbeitete häufig für Anhänger der legitimistischen Partei – den Grafen von Falloux, den Grafen de la Rochefoucauld, den Grafen von Quatrebarbes –, für Auftraggeber also, die der frivolen Kunst des aufgeklärten 18. Jahrhunderts abhold waren. Als Grundbesitzer taten diese Männer viel zur Melioration ihrer Ländereien, nicht selten auf wissenschaftlicher Grundlage; sie hofften, auf diese Weise das Landvolk für die Sache des Königtums zurückgewinnen zu können, was ihnen teilweise auch gelang.[37] Für diese adlige Klientel hat Hodé Traumschlösser erdacht, Châteaux mit symmetrischer Fassade, die alle Merkmale eines seigneuralen Hauses aus der Ritterzeit aufweisen: Türme, Zinnen, steile schindelgedeckte Dächer, steinerne Fensterkreuze, Dachluken mit Wimpergen und Fialen. Im Innern mußten diese Häuser natürlich dem zeitgenössischen Geschmack genügen und funktional gegliedert sein. Im Souterrain befand sich die Küche; das Erdgeschoß wurde zur »étage noble«. Um das Vestibül, das ins Treppenhaus überging, waren Empfangssaal, Eßzimmer, Salon und Billardzimmer gruppiert. Im ersten Stock führte ein langer Korridor zum Schlafzimmer des »Schloßherrn«. Im zweiten Stock schliefen die Gäste des Hauses und das gehobene Personal – die Gouvernante und der Sekretär. In dieses Stockwerk führte ein Dienstbotenaufgang oder eine Geheimtreppe, die beim Treppenabsatz des ersten Stocks begann. Die Châteaux des 19. Jahrhunderts standen, im Gegensatz zu denen des Ancien Régime, allein; die Wirtschaftsgebäude und die Häuser der Pächter waren in geziemender Entfernung versteckt. In demselben Geiste renovierte Hodé ländliche Adelssitze. Er riß das angrenzende Bauernhaus ab, um Platz für seine Türmchen zu gewinnen, und kassierte Innenwände, um den Salon und das Eßzimmer vergrößern zu können.

Wer ein wenig später die benachbarte Provinz Vendée besucht hätte, wo man der royalistischen Sache noch gründlicher ergeben war als in Anjou, wäre leicht auf den Gedanken gekommen, der Graf von Chambord – nach eigenem Verständnis Heinrich V. – habe wirklich wieder den Thron bestiegen: Zweihundert Châteaux aus dem 19. Jahrhundert hat man hier gezählt.[38] Die Gotik dominierte, doch auch die Renaissance hat ihre Spuren hinterlassen, und im letzten Jahrzehnt des Jahrhunderts blühte ein Stil »à la Normandie« – fälschlich so genannt wegen der Verwendung von (echtem und falschem) Fachwerk. Auch in der Vendée hatte man nicht das Bedürfnis, auf Pariser Architekten zurückzugreifen. Départements-Baumeister der Vendée war fast fünfzig Jahre lang Joseph Libaudière, ein Mann aus Nantes, der Schüler Pascals gewesen war und als Assistent Charles Garniers am Bau der Pariser Oper mitgewirkt hatte. Zwischen 1880 und 1906 erbaute er in der Vendée vierzehn neugotische Kirchen sowie zahlreiche Châteaux in demselben Stil.

C. Giraud, *Veranda der Prinzessin Mathilde, Rue de Courcelles*. In diesem »hôtel«, das ihr 1857 ihr Vetter Napoleon III. überlassen hatte, empfing Prinzessin Mathilde Schriftsteller und Maler. Wer hätte dem Reiz ihres Eßzimmers widerstehen können? Durch das Glasdach fiel das Tageslicht herein; Pflanzen und Büsche füllten den Raum. Auf der angrenzenden Veranda standen verschiedenartige Blumen und Nippsachen.
(Paris, Musée des Arts décoratifs)

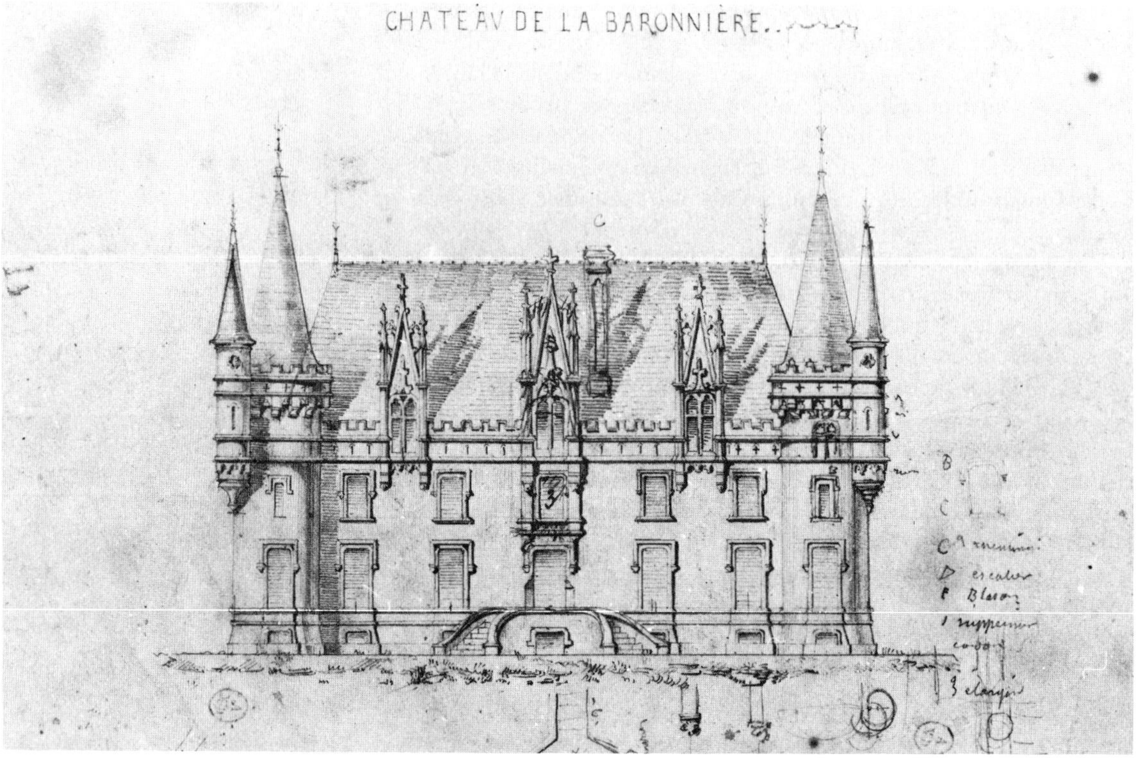


René Hodé, Zeichnung des »château« de la Baronnière. Das ideale »château«, von dem Viollet-le-Duc geträumt hatte, fand seinen berufenen Deuter in der Person des angevinischen Baumeisters René Hodé: Er stellte seine Begabung ganz in den Dienst des lokalen Adels, der nach der Restauration ohne Mühe seine politische und soziale Stellung aus der Zeit vor der Revolution zurückgewann. (Angers, Musée des Beaux-Arts)

Weiter nördlich, in Bondues unweit von Lille, ließ sich Louis Cordonnier vom Geiste Neuschwansteins inspirieren, als er ein Château für den Grafen d'Hespel entwarf – es hatte ein Dutzend Ziergiebel mit Spatzentritt-Muster, phantastische Kamine auf steilen Dächern, einen zinnenbewehrten Bergfried und mit weißem Stein abgesetzte Ziegelsteinmauern.

Viollet-le-Duc war ein entschiedener Gegner der »Antikisiererei«; seine Konzeption war das genaue Gegenteil der sentimental-christlich-monarchistischen Gotik und verstand sich als Lösung eines funktionalen Problems. Für ihn war das Mittelalter nicht die Zeit der Feudalherren, sondern die Zeit der Dorfverbände als der ersten demokratischen Institutionen. Viollet-le-Duc nahm 1858 die Restaurierung von Pierrefonds in Angriff, die am Ende des Zweiten Kaiserreichs noch nicht abgeschlossen war, und baute zudem in verschiedenen Gegenden Frankreichs fünf Châteaux im neugotischen Stil.[39] Das schönste ist zweifellos das Château in Roquetaillade (Gironde); es wurde nach den Wünschen der Besitzer restauriert und ausgestattet, die keine Kosten scheuten, um sich ihren mittelalterlichen Traum zu erfüllen[40], und für ihr Geld bekamen sie eine Vielzahl von Kleeblatt-Bögen und Vierpässen, monumentalen Kaminen und hochmittelalterlichen Möbeln in einer sehr farbigen Inneneinrichtung.

## Der Glaspalast der Rothschilds

Die Vorliebe für die Neogotik trieb gelegentlich häßliche Blüten: So sah man Gebäude aus dem 18. Jahrhundert, die um Donjons und Dachgauben bereichert worden waren. Doch gab es auch Milliardäre, die dieser Obsession nicht verfielen, weil sie ihrer kulturellen Herkunft zuwiderlief. Einer von ihnen war James de Rothschild, der 1829 den Erben Fouchés das Château de Ferrières abkaufte. Dieses kleine, an einem Teich gelegene Schlößchen wurde abgerissen, und Rothschild bat Joseph Paxton, der 1851 anläßlich der Weltausstellung den Londoner Crystal Palace errichtet hatte, um Vorschläge. 1855 wurde der Grundstein des neuen Gebäudes gelegt, drei Jahre später waren die Arbeiten beendet. Das Gebäude war quadratisch und an den Ecken von vier gleichartigen Türmen flankiert. Die Mitte nahm ein riesiger, glasgedeckter Saal ein, die »hall« – jenes architektonische Dessin, durch das Paxton berühmt geworden war. Diesen zentralen Raum umgaben auf der ersten Etage Empfangsräume, Salons, das Eßzimmer, das Billardzimmer und ein Zimmer für andere Spiele; im zweiten Stock waren die Schlafzimmer untergebracht.[41]

War die Bauweise von Ferrières unabhängig von den Mustern, die an der École des Beaux-Arts gelehrt wurden, so entsprach die Inneneinrichtung ganz dem herrschenden eklektischen Geschmack. Die »hall« glich einem Antiquitätenladen; es gab einen Weißen Salon im Louis-XVI-Stil und einen eher renaissancehaften Ledernen Salon. Daß Wert auf Komfort gelegt wurde, sah man an den Schlafzimmern für Freunde; sie glichen veritablen Suiten und waren mit einem Vorraum vor dem Schlafzimmer sowie eigenem Bad und WC ausgestattet. Die Küchen lagen rund hundert Meter vom Château entfernt unter der Erde; mit dem Eßzimmer waren sie durch einen Tunnel verbunden, in dem ein kleiner Zug verkehrte.

Die Rothschilds pflegten Anfang Oktober nach Ferrières zu fahren und im Januar nach Paris zurückzukehren. Auf dem Land war ihre Hauptbeschäftigung die Jagd. Genauso war es bei den Harcourts, die im Juli von ihrem »hôtel« an der Place des Invalides in ihr Château Sainte-Eusoge im Gâtinais übersiedelten.[42] Für sie war diese Reise eine veritable Expedition, ein Umzug, bei dem man nicht nur das Tafelsilber, das Porzellan und die Gläser mitnahm, sondern auch das Spielzeug der Kinder, ihre Schulbücher, den Flügel usw. Das Château war nach und nach erweitert worden und ähnlich strukturiert wie viele andere: im Erdgeschoß befanden sich der Salon, das Eßzimmer, das Billardzimmer und die Bibliothek, im ersten Stock zehn Schlafzimmer für den Hausherrn und die Gäste, im zweiten Stock die Kinderzimmer und unter dem Dach die Stuben für das Personal. Das Château wurde bis Weihnachten bewohnt und beherbergte in dieser Zeit manchen berühmten Jäger.

## Das »chalet normand«

Diese große Villa an der baskischen Küste verrät noch nichts von der Renaissance des Lokalstils, der in dieser Gegend bald Furore machen sollte. Die raffinierten Volumina des Baukörpers und die Asymmetrie der Fassade, die durch das Fenster noch unterstrichen wird, erinnern in ihrer Kühnheit bereits an den Art Nouveau (siehe auch Abbildung auf Seite 355). (Paris, Bibliothèque Nationale)

Um die Mitte des 19. Jahrhunderts gaben sich alte Familien wie »Parvenus« immer häufiger ein Stelldichein in den Badeorten, die an den französischen Küsten aus dem Boden schossen.[43] Manche von ihnen wurden von geschickten Promotern lanciert, so etwa Arcachon von den Brüdern Pereire.[44] Die Promoter waren nicht für die Architektur verantwortlich, und diese bewahrte nicht lange ihren anfänglichen Geschmack an Villen im Kolonialstil mit Veranda. Die Baumeister waren gehalten, jedem Haus eine persönliche Note aufzuprägen, was in ein kunterbuntes Gemisch neugotischer, maurischer und Schweizer Gebäude mündete, die unter schmückendem Holzschnitzwerk förmlich verschwanden.

Das Modell des Schweizer Chalets, Ende des 18. Jahrhunderts aus den eidgenössischen Kantonen hervorgegangen, war in Gebirgsorten große Mode geworden; bald stand diese kleine ländliche Bleibe in allen englischen Gärten des Kontinents. Dann wurde das Chalet zu einem regelrechten Haus, das besonders für Architekten reizvoll war, die Häuser am Meer zu entwerfen hatten. Es war etwas für die Liebespaare von Deauville, wo es, wie in Arcachon, jeden erdenklichen Stil unter der Sonne gab.[45] Die Villa der Fürstin von Sagan ähnelte einem persi-

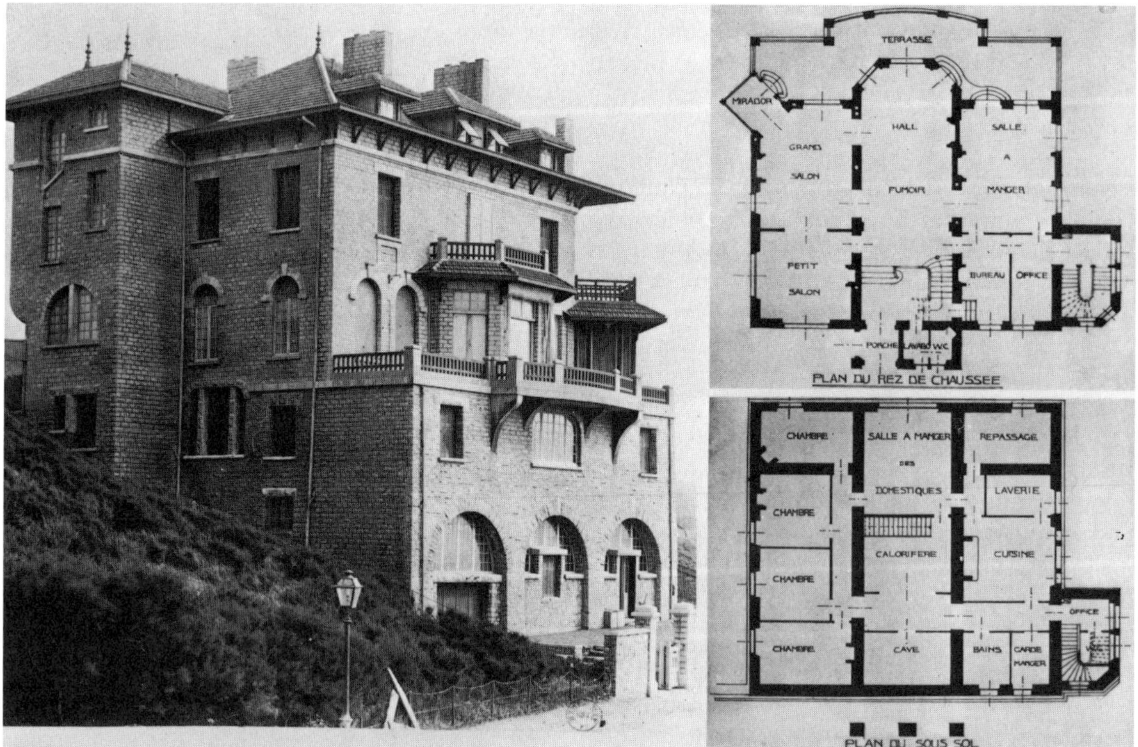

schen Palast, die der Marquise von Montebello gemahnte an ein Louis-XIII-Château. Gegen Ende des Jahrhunderts mit seiner Neigung zum Pittoresken orientierte man sich mehr an der Fachwerk-Bauweise, am Chalet »à la Normandie«. Der amerikanische Milliardär Vanderbilt wählte für sein »Landhaus« diese Bauform, deren stilistische Embleme das französische Landschaftsbild bis auf den heutigen Tag beherrschen.

## Das Landhaus und seine Bewohner

### Das Landleben als Mode

Das Interesse an Agrarfragen war während der Restauration und in der Julimonarchie bei aufgeklärten Geistern höchst wach, was zahlreiche Bücher und Zeitungsartikel[46] ebenso belegen wie der Erfolg von Romanciers wie Balzac oder George Sand[47], die entschieden Partei ergriffen. So ist der Bauer für Balzac ein »Nagetier«, das seit der Revolution Grund und Boden aufgeteilt und zerstückelt hat – ein inferiores und amoralisches Wesen, das eines Tages zum Totengräber des Bürgertums werden wird. Im Mythos des Wilden befangen, betrachtete der Autor des *Médecin de campagne* den Bauern so wie James Fenimore Cooper seine »Rothäute« oder Madame Hanska die Muschiks und ihre verlogene Huldigung, nämlich aus sicherer Entfernung. George Sand wiederum goß ihre Helden in feines Porzellan. Der »brave Ackersmann«, die »junge Schäferin« sind allemal wohlerzogen und sittsam gekleidet und wohnen in »Hütten, die den ganzen Zauber des Landlebens atmen«; auf ihrem Tisch fehlt es niemals an leckerem Brot und einem Huhn im Topf, und stets wird köstlicher Landwein »kredenzt«.

Es ist sinnlos, bei diesen Autoren nach einer präzisen Schilderung der wirklichen Verhältnisse auf dem Lande zu fahnden; sie hätte ja den Mythos und den Zauber untergraben. Schon zur Zeit der Revolution verfaßten verschiedene Architekten theoretische Abhandlungen über das Wohnen der Bauern, die zur Verbesserung der bäuerlichen Lebensbedingungen hätten beitragen können. Da gab es den geheimnisvollen François Cointereaux, der 1790 in Paris eine Schule für ländliche Architektur eröffnete, die später nach Lyon verlegt wurde. In zahlreichen Büchern und Broschüren entwickelte er seine Ideen über Häuser aus Stampferde mit nichtbrennbaren Dächern.[48] Ihm folgte Lasteyrie du Saillant; er übersetzte 1802 ein vom Londoner Landwirtschaftsamt herausgegebenes Buch, dem ein Anhang mit Grundrissen von Musterbauten beigegeben war.[49] Danach erschienen weitere Bücher zu demselben Thema[50]; im Zweiten Kaiserreich trat schließlich Louis Bouchard-Huzard mit einem umfassenden Kompendium hervor.[51] Die Autoren dieser Werke richteten ihr Hauptaugenmerk auf große Bauernhöfe, die jetzt die Wohngebäude meist von den Wirtschaftsgebäuden streng schieden, und zwar nicht aus Prestigegründen, sondern aus Gründen der Bequemlichkeit und der Hygiene.

## Schäbige Hütten

Doch wie stand es um die kleinen Bauernhöfe, die in den ländlichen Gebieten Frankreichs vorherrschten? Mit der ihm eigenen Eindringlichkeit malt Victor Considérant, ein Ingenieur und Schüler Charles Fouriers, von ihrer Situation nach Reisen durch das Land ein trübes Bild: »Man muß die Champagne und die Picardie betrachten, die Bresse und das Nivernais, die Sologne, das Limousin, die Bretagne usw., und zwar von nahem betrachten. Da gibt es Räume, die Küche, Eßzimmer und Schlafkammer in einem sind – für die ganze Familie: Vater, Mutter, Kinder. Sie sind zugleich Keller und Speicher, mitunter noch Stall und Schober. Das Licht fällt durch niedrige, schmale Schlitze; durch schiefe Türen und Fenster zieht es. Der Wind pfeift durch rauchgeschwärzte, zerbrochene Scheiben – falls überhaupt Scheiben da sind, gibt es doch ganze Provinzen, in welchen der Gebrauch von Glas fast unbekannt ist. Gelegentlich verbreitet eine rußende Öllampe Licht – meistens kommt es von einem offenen Feuer. Den Boden bildet unebene, feuchte Erde; hie und da stehen Pfützen. Man tritt hinein; die kleinen Kinder spielen darin. Ich habe persönlich gesehen, wie Enten darin nach Futter suchten!«[52] Considérants empörter Aufschrei wird durch objektive Beobachtungen bestätigt. Die älteste uns bekannte stammt aus der Zeit der Julimonarchie und ist in dem Gesundheitsbericht des Départements Aube über ein Dorf in der Nähe von Troyes festgehalten.[53] Der Verfasser des Berichts stellt fest, daß in dieser 402-Seelen-Gemeinde gegen sämtliche Regeln der Hygiene verstoßen wird. Die Behausungen – strohgedeckte Hütten mit Wänden aus Lehm und ohne Fußboden oder Fenster – bestehen jeweils aus einem einzigen Raum, in dem bis zu zehn Personen hausen: »Hier bereiten sie das Essen zu, hier hängen sie verschwitzte oder naß gewordene Kleidung auf, hier trocknet und reift der Käse, hier wird das Pökelfleisch aufbewahrt, von dem sie leben.« Eine medizinische Dissertation aus derselben Pe-

Das steil abfallende Dach zeugt vom Alter dieses ländlichen Anwesens; die Außentreppe zum ersten Stock – die einfachste Lösung – findet sich in vielen Gegenden Frankreichs. Offenkundig ist die Gleichgültigkeit des Bauern für seine Umwelt: Es gibt keine Dachrinnen, die Mauer ist von Efeu überwachsen, der Hof ungepflegt.

riode über das Dorf Tarn beschreibt die Wohnverhältnisse mit fast identischen Worten: »In ein und demselben Verschlag werden Lebensmittel zubereitet, Reste aufbewahrt, die als Tierfutter dienen, und kleine landwirtschaftliche Geräte untergebracht. In einer Ecke befindet sich der Spülstein, in der anderen stehen die Betten. An der einen Seite hängen Kleider, an der anderen das Pökelfleisch. An wieder einer anderen Stelle werden Käse und Brot bereitet. Sogar Haustiere werden gehalten, die hier fressen und ihre physischen Bedürfnisse befriedigen. Der Kamin ist zu kurz und zu breit und läßt eisige Luft eindringen, die den Rauch in diese elende Behausung zurückdrängt, in der der Bauer mit seiner Familie lebt.«[54]

Ein einziges Mal verließ Dr. Villermé die Städte – sein angestammtes Beobachtungsfeld – und studierte die Lage der Bauern. Er hatte danach nichts anderes zu vermelden als seine Vorgänger: »Man muß einmal die Wohnung eines armen bretonischen Bauern betreten haben, die baufällige Hütte, deren Dach fast bis zur Erde reicht und deren Inneres rauchgeschwärzt ist vom ständigen Heidekraut- und Stechginsterfeuer in seinem Herd. In dieser armseligen Hütte, in die das Licht des Tages nur durch die Tür dringt und erlischt, wenn diese geschlossen wird, wohnt der Bauer mit seiner halbnackten Familie. An Möbeln hat er einen schlechten Tisch, eine Bank, einen Kessel und einige hölzerne oder irdene Gerätschaften. Das Bett ist eine Art Kiste, und er schläft darauf ohne Bettzeug und auf einer Matratze, die mit Hafer statt mit Wolle gefüllt ist, während in einer anderen Ecke dieser tristen Behausung eine magere, kränkliche Kuh auf ihrem Mist steht (sofern der Bauer das Glück hat, eine Kuh zu besitzen), die mit ihrer Milch ihn und seine Kinder ernährt.«[55] Aufgrund von Erhebungen der Präfekturen schätzt Villermé, daß rund 400 000 bäuerliche Unterkünfte in der Bretagne nur ein, zwei oder drei Tür- oder Fensteröffnungen haben. Schon Cambry, der Autor von *Voyage dans le Finistère*, hatte fünfzig Jahre zuvor eine ähnliche Schilderung der Situation gegeben; er berichtete von rauchgeschwängerten Verschlägen, in denen der Boden weder gefliest noch mit Holz bedeckt war, sondern zahllose Löcher aufwies, über die die Kinder stolperten.[56]

Gegen Ende der Julimonarchie veröffentlichte Adolphe de Bourgoing, ein Landedelmann aus dem Nivernais, ein kleines Buch, in dem er den Ton Considérants aufnahm: »Die Behausung des Bauern ist eng, feucht und dunkel. Meist hat sie keine Fenster. Licht und Luft dringen durch eine einzige Tür ein, die so schlecht schließt, daß sie im Winter die klirrende Kälte nicht abhält und zu jeder Jahreszeit den pestilenzialischen Gestank hereinläßt, den der Misthaufen draußen und der verrottende Unrat in der fauligen Wasserpfütze vor der Tür verbreiten.«[57] In der Nachbarregion Haute-Vienne war die Lage nicht besser, wie ein Beobachter bei einer Sitzung der Départements-Vertretung erklärte: »In unseren Dörfern ist nur ein Zehntel der Wohnungen in einem Zustand, der den Anforderungen der Hygiene, der Gesundheit und vor allem der Moral entspricht. [. . .] Die meisten Bauernhäuser bestehen nur aus einem Erdgeschoß und haben höchstens zwei Räume mit einer Wohnfläche von 25 qm; der Boden ist außerdem feucht oder bestenfalls aus schlecht vefugten Steinen. Die Höhe beträgt maximal 2,33 m; es gibt eine einzige Tür und ein 50 cm hohes Fenster, aber ohne Glas. Die Küche enthält einige schlechte Möbelstücke sowie die Haushalts- und Ackerbaugeräte; im Schlafzimmer stehen die Betten aller Familienmitglieder, ohne Unterschied des Alters oder Geschlechts. Häufig findet man auch im Speicher noch vier, fünf oder sechs Betten.«[58]

Es gibt zahlreiche weitere Zeugnisse mit demselben Tenor, die wir hier nicht wiederzugeben brauchen – um so weniger, als ihre Monotonie deprimierend ist.[59] Der Proletarier der Felder, der sich mit seinen Tieren einen einzigen Raum teilte, lebte unter »ungesunden« Bedingungen, die auch durch die »gute Landluft« nicht besser wurden – vor ihr hütete er sich nämlich, weil er ihre Vorzüge nicht kannte. Der Konservative Adolphe Blanqui traf sich mit dem Utopisten Considérant, als er im *Journal des économistes* argumentierte: »Wir hätten nicht geglaubt, wenn wir es nicht mit eigenen Augen gesehen hätten, von welch dürftiger Beschaffenheit Kleidung, Möbel und Nahrung unserer Landbewohner sind. Es gibt ganze Kantone, in denen bestimmte Kleidungsstücke noch vom Vater auf den Sohn vererbt werden, in denen das Küchengerät aus ein paar kümmerlichen Holzkellen besteht und das Mobiliar aus einer Bank oder einem wackligen Tisch. Noch gibt es Hunderttausende von Menschen, die kein Bettlaken kennen, andere, die noch niemals Schuhe getragen haben, und Millionen, die nur Wasser trinken und so gut wie nie Fleisch oder auch nur Weißbrot essen.«[60]

Aber wenn es dem Bauern schlecht ging, war er mit seinem Individualismus nicht selber schuld daran? Am 16. November 1836 wies Émile de Girardin in der *Presse* auf den Fall einer Gemeinde vor den Toren von Paris hin, wo eine Fläche von 1540 Hektar »heute in 38826 Stücke zerrissen« sei. Konnte einem das Schicksal solcher Barbaren am Herzen liegen?

## Infektionsherde

Zur Zeit des Zweiten Kaiserreichs war das flache Land unverändert auf dem Stand des Ancien Regime. Vier medizinische Dissertationen über vier verschiedene Gegenden berichteten übereinstimmend vom Zusammenwohnen der Menschen mit dem Vieh, von mangelnder Durchlüftung, schlecht ziehenden Kaminen und in einem einzigen Raum zusammengepferchten Familien.[61] Das waren, worauf Dr. Louis Caradec aufmerksam machte, geradezu perfekte Infektionsherde: »Die niedrigen, feuchten, dunklen, falsch ausgerichteten Häuser, in denen Mensch und Tier auf engem Raum zusammenleben, leisten der Skrofulose und Tuberkulose Vorschub und befördern die Tendenz zur Vereiterung. Solche Verhältnisse erzeugen [...] Abszesse, Karies und Gelenkerkrankungen. Der Fortbestand der Skrofulose auf dem Lande liegt mehr an den schlechtgebauten Wohnungen und an mangelnder Sauberkeit als an falscher Ernährung oder erblichen Faktoren.«[62]

Zu Beginn der Dritten Republik waren Arbeiter und Bauern bereits zu mythischen Gestalten geworden, die von den politischen Parteien

Die strohgedeckten, gegeneinander gestützten Hütten bezeichnen den Nullpunkt bäuerlichen Wohnens. Diese »malerische« Lebenswelt existierte an verschiedenen Stellen Frankreichs bis weit nach dem Zweiten Weltkrieg. (Paris, Bibliothèque Nationale)

für ihre Zwecke instrumentalisiert wurden. Der ehemalige Communarde Arthur Ranc, ein Wortführer der Linken, verbot den Schriftstellern, vom Arbeiter zu sprechen, während der Bauer dem ideologischen Geraune der Rechtsparteien anheimfiel, die eifersüchtig die Legende von der Scholle hüteten. Seit dem Erscheinen von *La Terre* (1887) warf man Zola vor, den französischen Bauern verleumdet zu haben. Doch es fehlte an solider wissenschaftlicher Forschung. Abgesehen von den Bemerkungen Baudrillarts in seinem Opus magnum[63] gibt es über die französische Landbevölkerung im ausgehenden 19. Jahrhundert nur eine einzige umfassende Studie. Alfred de Foyille hat sie 1894 ediert: *Les Maisons types*. Sie versammelt 51 Monographien über ausgewählte Häuser in verschiedenen Regionen Frankreichs, trägt jedoch zu den unter Napoleon III. erschienenen Untersuchungen nichts Neues bei. Sie steht außerhalb der »progressiven« Sozialbewegung und ist ganz und gar rückwärtsgewandt. Zwei Beispiele mögen das andeuten. In der Monographie 23 über das Haus des Valgaudemar heißt es: »So bedauerlich die drangvolle Enge des Quartierts für die Familienmitglieder gewesen sein mag: der Moral tat sie keinen Abbruch. Ich habe in einem solchen Haus gelebt und niemals von dem kleinsten Skandal flüstern hören. Ein tätiges Leben, fromme Bräuche und gestrenge Eltern – das alles reizte kaum zur Laxheit der Sitten.« Und in Monographie 46 über den Haustypus in der Gegend von Avranches lesen wir: »Die Moral wird nicht dadurch verletzt, daß alle oder fast alle Hausbewohner in demselben Raume schlafen; im Gegenteil erwächst daraus eine Art gegenseitiger Überwachung. Lieber der Schlafsaal als die Gefängniszelle! Nur die

Schamhaftigkeit leidet, aber diese Verlegenheit ist geringer, als jemand vermuten mag, der es gewohnt ist, in seinem eigenen Zimmer zu schlafen.«

Zehn Jahre zuvor hatte Dr. Layet in einem bemerkenswerten Buch anhand von Beispielen aus ganz Frankreich die ländlichen Wohnverhältnisse angeprangert, die seit Beginn des Jahrhunderts immer wieder kritisiert worden waren: »Wir halten es für unsere Pflicht«, schreibt er, »darauf hinzuweisen, wie wenig der Bauer sich um seine Wohnung kümmert, in welcher er sozusagen mit Fleiß alles versammelt, was seinem Wohlergehen abträglich ist. Ständige Feuchtigkeit, mangelnde Zirkulation guter Atemluft, Beengtheit, üble Ausdünstungen – das sind die schädlichen Einflüsse, die auf ihn wirken und die günstigen Folgen eines in Sonne und frischer Luft verbrachten Arbeitstages beeinträchtigen, ja zunichte machen.«[64] In einem solchen Milieu waren Ruhr, Typhus und typhoide Fieber endemisch. 1888 forderten die Pocken im Arrondissement Lorient 782 Opfer; 1890 starben in derselben Gegend 232 Kinder an den Masern. Dr. Le Chevallier machte in Mitteilungen an die Académie de Médecine sogar auf Fälle von Lepra in der Bretagne aufmerksam.[65]

Sämtliche Befunde der medizinischen Topographie – dieses im 19. Jahrhunderts so gern praktizierten Forschungsverfahrens – kamen, was die Gesundheitsschädlichkeit der bäuerlichen Behausungen betrifft, zu demselben Ergebnis. Natürlich gab es auch andere Bauernhäuser, auf die in der einschlägigen Literatur immer wieder hingewiesen wurde; aber es handelte sich dabei um die Häuser einer Minderheit, nämlich der Herren. Erst nach dem Zweiten Weltkrieg entschloß man sich dazu, die Lebensverhältnisse auf dem Lande zu korrigieren und jene hygienischen Normen einzuführen, die in den Städten längst gang und gäbe

Dieser bäuerliche Raum ist Küche, Wohn- und Schlafzimmer in einem. Himmelbetten waren alte Tradition, während der gußeiserne Ofen ein Zeichen von Modernität war.

waren. Dieser Wandel wurde übrigens dadurch beschleunigt, daß ihn die Betroffenen selbst unter Anleitung ihrer bäuerlichen Organisationen zu ihrer Sache erklärten.

## Der Verfall der Städte

### Das Zeitalter der Elendsquartiere

Die Wohnverhältnisse der armen Klassen sind von Sozialhistorikern lange vernachlässigt worden; allzuoft begnügte man sich hier mit ästhetischen Urteilen. Es ist zum Beispiel erstaunlich, wenn Henri Sée, ein Mann der Linken, dem englischen Reisenden Arthur Young, der am Vorabend der Revolution Frankreich besuchte, vorwirft, er habe zwar die hygienischen Mißstände in den engen Gassen der französischen Städte beklagt, aber deren »malerische« Vorzüge unterschlagen.[66] Jüngeren Datums ist der Kommentar Louis Girards zu einem Photo von Marville aus der Zeit des Zweiten Kaiserreichs: »Die malerische Intimität der alten Stadt.«[67] Im Lichte der historischen Forschung der letzten zwanzig Jahre wirkt diese Bemerkung reichlich grotesk.[68] Denn während des ganzen 19. Jahrhunderts wurden die skandalösen Wohnverhältnisse der Unterschicht von Sozialreformern jeder Couleur angeprangert, angefangen bei den Konservativen bis hin zu den Anarchisten. Paris wurde am gründlichsten studiert, und hierzu liegt seit Anfang des 19. Jahrhunderts beredtes Beobachtungsmaterial vor. Es bezeugt die extreme Beengtheit und Gesundheitsschädlichkeit der Arbeiterwohnungen. Eine offizielle Untersuchung im Gefolge der Choleraepidemie von 1832, der in der Hauptstadt 18 602 Menschen zum Opfer gefallen waren, bestätigte dies.[69] Sie kam zu dem Schluß: »Dort, wo Menschen in Armut lebten und auf engstem Raum in schmutzigen Wohnungen hausen mußten, forderte auch die Epidemie besonders viele Opfer.« In den verwahrlosten Quartieren hatte die Sterblichkeitsrate während der Cholera bis zu 33,87 Prozent betragen, in den übrigen 19,25 Prozent.

Das Zweite Kaiserreich ist gekennzeichnet durch Haussmanns Stadtplanungs-Strategie; sie konzentrierte sich auf die vornehmen Viertel, die Proletarier waren gezwungen, an die Peripherie auszuweichen.[70] An den Rändern der prachtvollen Durchbrüche gediehen die Elendsquartiere erst recht. Ende 1859 berichtete Louis Lazare in seiner *Revue municipale* folgendes: »Beim Durchstreifen der Stadt Paris bis zu den Befestigungen zählten wir 269 Gassen, Siedlungen, Höfe, Passagen oder Villen, die außerhalb jeder städtischen Mitwirkung oder Kontrolle entstanden waren. Die meisten dieser Schwarzbauten, die dem Willkürregiment ihrer Besitzer unterstehen, sind scheußlich anzusehen und drehen einem den Magen um.« Dieses »Willkürregiment« beschwört Zola in *L'Argent*; er führt einen Bauherrn vor, der seine Siedlung betrachtet, »elende Bauten aus Lehm, alten Dielen und verwittertem Zink, die aussahen wie um einen Innenhof gruppierte Abfallhaufen«, während sein eigenes Haus solide aus Stein gebaut ist und an der Straße steht.

Diese mittelalterliche Straße im Zentrum von Paris – Quartier les Halles – war ein Überbleibsel aus dem 13. Jahrhundert; sie existierte bis 1936, obwohl sie schon vor 1914 zu den gesundheitsschädlichen Wohnvierteln gezählt worden war.

Atget, *Cité Trébert, Porte d'Asnière*, 1913. Solche Barackensiedlungen gab es in Paris noch lange nach dem Ersten Weltkrieg. Sie wurden häufig von Sozialkritikern beschrieben und waren auch den Gesundheitsbehörden nicht unbekannt. Nur allzu lange war diese »Ville Lumière« alles andere als eine Stadt des Lichts. (Paris, Bibliothèque Nationale)

Im letzten Viertel des 19. Jahrhunderts begann man, bei der Analyse gesellschaftlicher Fakten quantitative Methoden einzusetzen. Man verfügte nun über eine Fülle statistischer Daten, die den – nach wie vor wertvollen – qualitativen Zeugnissen zusätzliches Gewicht verliehen. Es erschienen zunehmend mehr Dokumente über die Elendsviertel, die Beschreibungen der »cités« Jeanne-d'Arc, Doré und des Kroumirs wurden zu Klassikern jener Art von Sozialforschung, die hauptsächlich Ärzte und »Philanthropen« betrieben.[71] In den von den Unterschichten bewohnten Arrondissements – XI, XIII, XIX und XX – registrierten die Beobachter Wohnkomplexe, Passagen und Sackgassen, in denen eine Mafia von Hauptpächtern ihr Unwesen trieb; diese Bauunternehmer hatten das Gelände auf mehrere Jahre gepachtet und es mit einstökkigen Unterkünften aus Brettern und Gips überzogen, die sie in Wohnungen unterteilten und wochenweise vermieteten. Derlei Behausungen entstanden auch vor Thiers' Festungsring, der Paris umgab und sich während der Belagerung der Stadt 1870 als untaugliche Pufferzone erwiesen hatte. Man baute an vorhandene Gebäude an, die in der Entstehungsphase der Befestigungen errichtet worden waren, und scherte sich nicht um Paragraphen. Mit Holzpflöcken und Draht steckten unbekümmerte »Pioniere« im »Apachenland« ihre Claims ab, ja, sie nahmen sich heraus, ihr Grundstück zu vergrößern und es parzellenweise an weniger Gewitzigte zu verpachten.[72] Es ist auch keineswegs verwunderlich, wenn in einem solchen Milieu immer wieder Epidemien ausbrachen. Dem typhoiden Fieber fielen 1873 in Paris 869 Menschen zum Opfer; 1882 waren es 3 352. 1884 kostete die Choleraepidemie 986 Menschen das Leben. Dr. Bucquoi, Autor eines einschlägigen Berichts, konstatierte, daß die Krankheit niemals in ordentlich gebauten und instandgehaltenen Häusern zugeschlagen habe, in denen der Hausbesitzer dafür Sorge trug, daß die Mieter frisches Trinkwasser hatten: »Wir haben alle Behausungen besichtigt, in denen die Epidemie gewütet hat, und keine gefunden, in der die elementaren Regeln der Hygiene beobachtet worden wären.«[73] Der letzten Choleraepidemie von 1892 fielen 1797 Personen im Département Seine zum Opfer, davon allein in Paris 906; die am heftigsten betroffenen Arrondissements waren das XI. (104 Tote), das XVIII. (116 Tote) und das XIX. (106 Tote).[74]

## Übervölkerung

Die erste fundierte Studie zur Übervölkerung der Pariser Wohnungen legte Dr. Jacques Bertillon, der Bruder des Erfinders der Anthropometrie und Leiter des Statistischen Amtes der Stadt Paris, vor.[75] Die Statistik wurde im Zusammenhang der Volkszählung 1891 mit Hilfe eines speziellen Fragebogens erstellt. Die Ergebnisse aus den Vororten erwiesen sich jedoch als unbrauchbar – es wurden zu wenig Fragebögen beantwortet, und viele Leute gaben falsche Auskünfte, weil sie befürchteten, die Umfrage diene der Vorbereitung einer neuen Steuer. In Paris dagegen blieben nur 2 Prozent der Fragebögen unbeantwortet, insbesondere von Alleinlebenden in weniger wichtigen Wohnungen. Insgesamt erfaßte die Umfrage 884345 Familien. Bertillon beklagte, daß es noch immer nicht möglich sei, die Lebensbedingungen der Franzosen statistisch exakt zu ergründen, und erläuterte dann, was er unter »Überbelegung« verstand: »Wir sprechen von Überbelegung oder Übervölke-

Die »Zone«, der schwarze Gürtel der nach dem Krieg von 1870 überflüssig gewordenen Befestigungsanlagen, beschäftigte die Phantasie des »ehrbaren« Pariser Bürgers, bis diese Bauten um 1925 abgerissen wurden. Hier vermutete man die Schlupfwinkel der »apaches«, der Großstadtganoven. In Wirklichkeit lebten hier Lumpensammler und Proletarier, von denen die meisten ganz normal arbeiteten. Die »Zone« mit ihrer relativ guten Luft diente aber auch als »Grüngürtel« einer Stadt, die es in der Dritten Republik nicht fertigbrachte, öffentliche Gärten anzulegen.

rung, wenn die Anzahl der Familienmitglieder die Anzahl der vorhandenen Räume um mehr als das Doppelte übersteigt, wenn also etwa in einer 3-Zimmer-Wohnung 7 Personen leben oder in einer 4-Zimmer-Wohnung 9 Personen.«

In der französischen Hauptstadt waren die Wohnungen um so schlechter, je größer die Familien waren. 35 Prozent der zweiköpfigen Familien verfügten über mehr als ein Zimmer pro Person; 27 Prozent der dreiköpfigen Familien verfügten über mehr als ein Zimmer pro Person; 20 Prozent der vierköpfigen Familien verfügten über mehr als ein Zimmer pro Person; 18 Prozent der fünfköpfigen Familien verfügten über mehr als ein Zimmer pro Person; 13 Prozent der sechsköpfigen Familien verfügten über mehr als ein Zimmer pro Person. Bertillon zufolge lebten 331 976 Pariser, d. h. 14 Prozent, in Wohnungen, die nach seiner Definition überbelegt waren. Der Demograph legte auch zwei Karten über die geographische Verteilung der Übervölkerung und der Sterblichkeit in der Hauptstadt vor. Dort, wo es die niedrigste Zahl von Bewohnern pro Zimmer gab – im VIII. und IX. Arrondissement –, war auch die Sterblichkeitsrate am niedrigsten; dort, wo man besonders beengt lebte – im XIII., XIX. und XX. Arrondissement –, lag auch die Sterblichkeitsrate über dem Durchschnittswert.

Zeichnung von Steinlen für Aristide Bruants *Dans la rue, chansons et monologues*. Die Cholera war die Hauptseuche des 19. Jahrhunderts, und es gab nur wenige Städte von einiger Bedeutung, die ihr entgingen. Das letzte Mal schlug die Krankheit 1892 zu: Im Département Seine erlagen ihr 1 797 Personen, davon 906 allein in Paris.
(Paris, Bibliothèque Historique)

Die Mieten für die billigsten Wohnungen – unter 500 Francs pro Jahr – stiegen während des 19. Jahrhunderts stetig an. Auch die Löhne stiegen – zwischen 1853 und 1891 um 48 Prozent –, aber das Schicksal der Armen war und blieb die Unsicherheit. In Phasen der wirtschaftlichen Depression sanken die Löhne, die Auftragsbücher wurden nicht mehr voll, es gab Freistellungen und Arbeitszeitverkürzungen; die zeitgenössischen Nationalökonomen nannten das »normale Arbeitslosigkeit«. Wie konnte man unter diesen Umständen ein Budget kalkulieren? Dr. du Mesnil wies mehrfach darauf hin, daß ein Arbeiter mit regelmäßiger Beschäftigung seine Einkünfte und Ausgaben nur näherungsweise feststellen konnte, da er Erwerbslosigkeit und Krankheit berücksichtigen mußte. »Was die Tagelöhner sowie die Heimarbeiter und Heimarbeiterinnen betrifft, die tagweise beschäftigt werden und niemals sicher sein können, am nächsten Tag, geschweige denn in der nächsten Woche oder im nächsten Monat Arbeit zu haben, so ist für sie das Aufstellen eines Haushaltsplans unmöglich.«

Die Lage in den Provinzen war zu keinem Zeitpunkt besser als in der Hauptstadt, wie die Erhebung Villermés bereits während der Julimonarchie ergeben hatte.[76] Der gute Doktor war weit davon entfernt, sich für einen Philanthropen zu halten, ebensowenig wie Adolphe Blanqui, der dennoch spezielle Wohnungsbaugesetze forderte: »Die erschreckende Gesundheitsschädlichkeit [der Wohnungen] ist die Hauptursache jener grenzenlosen Mortalität und jener namenlosen Unmoral, welche die Bevölkerung in mancher unserer großen Städte abstumpfen und dahinraffen.«[77] Die ganz Frankreich erfassenden medizinischen Topographien und statistischen Ermittlungen der Gesundheitsbehörden eröffneten detaillierte Einblicke in eine Umwelt, die kein Verantwortlicher für angemessen zu erachten wagte. Die Verbreitung der Dokumente und Analysen war zwar begrenzt; aber es gab auch Mahnungen, die ein breites Publikum erreichten. Das Buch *L'Ouvrière* von Jules Simon – einem der Vordenker der Opposition im Zweiten Kaiserreich – gehörte zu den großen Verkaufserfolgen in der zweiten Hälfte des 19. Jahrhunderts.[78] In ihm finden sich ausführliche Beschreibungen städtischer Elendsviertel: »Alle Industriestädte bieten das gleiche Bild.«

## Die »Cité Napoléon«

Schon zu Beginn des 19. Jahrhunderts hatten klarsichtige Geister erkannt, daß ordentliche Wohnungen der Schlüssel zum sozialen Frieden sowie die beste Waffe im Kampf gegen den Utopismus und – nach 1848 – gegen den Sozialismus waren. So gründete man Anfang 1849 in Paris eine Gesellschaft mit dem Ziel, in allen zwölf Arrondissements der Hauptstadt sogenannte »cités«, d. h. Wohnanlagen, zu errichten. Die Wohnungen, ausgestattet mit ein bis zwei Schlafzimmern und einer Küche, sollten gesund und luftig sein und billig vermietet werden. Der Fürst-Präsident investierte großzügig in das Projekt, ebenso seine Standesgenossen. Als erstes nahm man die »cité« in de rue Rochechouart 58 (IX. Arrondissement) in Angriff (dieses älteste Beispiel des sozialen Wohnungsbaus in Frankreich existiert noch heute). Am 18. November 1851 seiner Bestimmung übergeben, erhielt es den imperialen Namen »Cité Napoléon«. 1853, nachdem die letzte Wohnung vermietet war, beherbergte die Anlage rund sechshundert Personen; die größten der zweihundert Wohnungen bestanden aus einem einzigen Schlafzimmer nebst Kamin, einem geräumigen, hellen Wohnzimmer und einer kleinen Küche, die gleichzeitig als Foyer fungierte. In jeder Etage gab es eine Toilette und ein Waschbecken. Das Wasser kam aus einem Brunnen im Hof. Gewisse Bequemlichkeiten wußten die Bewohner der »cité« sehr zu schätzen – für die Reinigung des Treppenhauses war der Hausmeister zuständig, es gab ein Waschhaus und ein Badehaus, außerdem eine Art Kinderhort und schließlich einen eigenen Arzt, der jeden Morgen kostenlos Sprechstunde hielt und auch Hausbesuche machte.[79]

## Armand de Melun und das Gesetz von 1850

Während die »Cité Napoléon« im Bau war, gab es in der Deputiertenkammer eine Reihe von Debatten über die Dringlichkeit von Sozialwohnungen. Die Initiative ging vom Vicomte Armand de Melun aus, dem ersten Verfechter eines sozialen Katholizismus. Es gelang ihm, seine Absichten in die Gesetzgebung einzuschleusen.[80]

Melun gründete 1847 die wohltätige »Société d'Économie« und wurde 1849 zum Abgeordneten gewählt. Kurz darauf brachte er einen Gesetzesantrag zur Verbesserung der Lage auf dem Wohnungsmarkt ein. Das von ihm beantragte Gesetz, erklärte er, sei keineswegs ein Zugeständnis an die Sozialisten, und es bedrohe auch nicht das Recht auf Grundbesitz: »Was der Antrag bekämpft, ist nicht ein Prinzip, sondern eine Tatsache – eine unerbittliche, herzlose Tatsache, die göttlichem

Les pharmaciens vont, répétant:
Il vient!... la chose est sûre;
Ach'tez-nous du désinfectant...
Du sulfat', du chlorure.

V'là l'choléra! V'là l'choléra!
V'là l'choléra qu'arrive!
De l'une à l'autre rive
Tout le monde en crèv'ra!
V'là l'choléra! V'là l'choléra!
V'là l'choléra qu'arrive!
De l'une à l'autre rive
Tout le monde en crèv'ra!

Les sacristains et les abbés
Répètent des cantiques
Pour attirer les machabé's
Dans leurs sacré's boutiques.

Erster Entwurf der Arbeitersiedlung in der rue de Rochechouart 58 (IX. Arrondissement); man beachte das Glasdach über dem Innenhof, von dem Godin sich vielleicht bei seinem Familistère inspirieren ließ. (Paris, Bibliothèque Nationale)

wie menschlichem Gesetz widerstreitet und das Recht für sich in Anspruch nimmt, alles für ihre eigenen Zwecke zu gebrauchen oder zu mißbrauchen und keine andere Grenze anerkennt als eine widerwärtige Gier.« Daher seien die von ihm empfohlenen Maßnahmen klug und christlich, progressiv und konservativ in einem. Jeder Stadt- oder Gemeinderat sollte eine Expertenkommission berufen können, die gesundheitsschädliche Wohnungen inspizieren und deren Vermietung untersagen konnte. Diese Kann-Bestimmung verurteilte das Gesetz vom 13. April 1850 zur Unwirksamkeit, zumal zahlreiche Grundbesitzer und Honoratioren in den Gemeinderäten saßen; es kam praktisch niemals zur Anwendung, außer in Paris, wo Haussmann es seinen Zwekken dienstbar zu machen verstand. Trotzdem war dieses Gesetz ein umsichtiger, vorausschauender Entwurf.

Alle Forscher, die sich mit Sozialwohnungen in Paris beschäftigt haben, stellen übereinstimmend fest, daß die höchsten Mieten in den ärmsten Arrondissements erzielt wurden – ein Paradox, das Adeline Daumard folgendermaßen erklärt: »Die Miete, und zwar nicht nur die Brutto-, sondern auch die Nettomiete, war im Verhältnis zum Marktwert der Häuser in den ärmsten Vierteln am höchsten, weil die Unterhaltskosten sich hier auf ein Minimum beschränkten, während in wohlhabenden Stadtteilen oder in Geschäftsvierteln die Rücksicht auf teilweise anspruchsvolle Mieter die Hausbesitzer zu kostspieligen Reparaturen oder Verschönerungsarbeiten zwang.«[81]

Erst mit der »roten Gefahr« – heraufbeschworen durch die Rückkehr verbannter Kommunarden aus Neu-Kaledonien, die Gründung der Arbeiterpartei durch Guesde und Lafargue und die anarchistische Agitation unter dem Motto »Ein anständiger Mensch zahlt keine Miete« – stieg bei den Konservativen auch die »Privatinitiative« wieder im Kurs.

## Erste philanthropische Lösungen

1888 wurde die »Sociéte philanthropique« mit der Vollstreckung eines Testaments betraut, das ein ganz neuartiges Projekt, die Fondation Heine, vorsah. 1889 stellte die Stiftung an der rue Jeanne d'Arc 45 (XIII. Arrondissement) ihren ersten Wohnblock fertig, ein Gebäude mit 35 Wohnungen, das der Architekt Comte Gilbert de Chabrol entworfen hatte. Der Mietzins betrug durchschnittlich 227 Francs pro Jahr für ein Zwei-Zimmer-»Appartement« von maximal 29 Quadratmetern Fläche. Etwa gleichzeitig errichtete Chabrol ein weiteres Gebäude am boulevard de Grenelle 65 (XV. Arrondissement); die 46 Wohnungen hier waren größer als in dem ersten Haus, und die Miete belief sich auf 316 Francs pro Jahr.[82]

1890 gründete die Eisenbahngesellschaft Paris-Orléans – später mit Unterstützung der Eisenbahngesellschaft Paris-Lyon-Méditerranée – die »Sociéte d'habitations économiques«, die vier Gebäude errichten ließ: die Häuser rue Dunois 10–12 (XIII. Arrondissement), das Haus rue du Chevaleret 123 (XIII. Arrondissement) und das Haus rue Coriolis 54 (XII. Arrondissement). Insgesamt waren es 133 Wohnungen von 32 Quadratmetern Größe – also etwa so wie in der rue Jeanne d'Arc – zu einem Preis von 282 Francs. Zur Ausstattung gehörten fließend Wasser, ein WC in jeder Wohnung und Müllschlucker. Weitere »exemplarische« Mietshäuser gab es in Paris nicht – die Armen hatten bemerkenswert wenige Freunde in einer Stadt, in der es Hunderte von wohltätigen Einrichtungen gab.

Auch in der Provinz waren Gebäude, die auf Initiative eines aufgeklärten Einzelnen errichtet worden waren, höchst selten. In Rouen, dessen Elendsviertel seit Anfang des 19. Jahrhunderts verschiedentlich beschrieben wurden, baute der Ingenieur und Architekt Édouard Lecoeur 1885/86 im ärmsten Viertel der Stadt auf Kosten einer von Prominenten geförderten Wohnungsbau-AG mit dem Namen »Société anonyme immobilière des petits logements« den Häuserkomplex »Groupe Alsace-Lorraine«; es handelte sich um sechs vierstöckige Häuser mit jeweils drei Wohnungen – einer Zweizimmer- und zwei Dreizimmerwohnungen – pro Etage sowie fünfzehn Läden im Erdgeschoß. Der Komfort war für Arbeiterwohnungen unerhört – Gas, WC mit Wasserspülung, Müllschlucker, Kanalisation, Waschräume, Krankenstube und sogar eine Cidrepresse; die Anlage insgesamt stand für eine gelungene Integration des Landlebens in das städtische Milieu.[83]

Ein Zentrum philanthropischer Betätigung war schon immer Lyon. 1886 gründeten hier der Bankier und Politiker Édouard Aynard und die Eisenbahnmagnaten Félix Mangini und J. Gillet mit einem Kapital von 300 000 Francs eine Aktiengesellschaft für Billigwohnungen, die »Société anonyme immobilière des petits logements«. Am 1. Juli 1887 waren fünf vierstöckige Häuser in der rue d'Essling und der rue de la Rèze

(III. Arrondissement) bezugsfertig. Jede Wohnung hatte drei Zimmer und war bis zu 40 Quadratmeter groß. Die Baukosten wurden durch die Verwendung von Schlacke niedrig gehalten, »die mit der Zeit hart wird und das Haus zu einem Monolithen macht«.[84] Weitere Ensembles folgten in der rue Jaboulay und der rue d'Anvers; einige wurden in jüngster Zeit saniert. Als Mangini 1902 starb, war die Gesellschaft, der seine ganze Hingabe gegolten hatte, der zweitgrößte Grundbesitzer Lyons (nach den Hospizen). Ihre 130 Gebäude enthielten rund 1 500 Wohnungen und beherbergten ca. 8 000 Menschen. Das Vorurteil von der schlechten Zahlungsmoral der Arbeiter wurde von den Fakten widerlegt – von der für 1902 fälligen Miete in Höhe von insgesamt 389 818 Francs blieben die Arbeiter ganze 536,80 Francs schuldig.

Alle diese Bemühungen waren Pilotprojekte, die in der Regel von klugen und tatkräftigen Geldgebern ins Werk gesetzt worden waren; mit Ausnahme Lyons waren die quantitativen Resultate, gemessen an dem ungeheuren Bedarf, jedoch lächerlich unbedeutend. Die »Liberalen« jener Zeit, in ihren Denkschablonen befangen, mochten nicht wahrhaben, daß es einer massiven Verbesserung des Lebensstandards bedurfte, um zu einer Lösung des Problems zu kommen. Sie blieben mißtrauisch gegen das »Volk«.

## Noch ein »fakultatives« Gesetz

Das Gesetz vom 30. November 1894 war das erste französische Gesetz, das Kreditquellen für den Bau billiger Wohnungen erschloß. Es hatte jedoch nicht die Wirkung, die seine Verfechter, Jules Siegfried und Georges Picot, sich von ihm erhofft hatten; die beiden hatten geglaubt, das Gewissen der herrschenden Klassen wachrütteln zu können. Doch weder die Caisse des Dépôts noch die Sparkassen, die die Einlagen der Arbeiter verwalteten, hatten den Mut, das ihnen anvertraute Geld in Projekte zu investieren, deren Ziel die Verbesserung der Lebensbedingungen eben dieser Arbeiter war. Anläßlich der Generalversammlung der Société Française des Habitations à Bon Marché im Februar 1905 erklärte Picot: »Kurzum, die Gesetze von 1894 und 1895 haben den französischen Baugesellschaften nur fünfeinhalb Millionen Francs eingebracht, während die belgische Spar- und Pensionskasse den belgischen Bauunternehmern über 50 Millionen Francs beschert hat. Ein kleines Land mit einem Sechstel der Bevölkerung wie wir hat zehnmal soviel geleistet wie wir!«[85]

Also blieb Frankreich weiterhin auf seine Philanthropen angewiesen. 1905 war das Los von Millionen Arbeiterfamilien um keinen Deut besser als vor 1894. »Der Arbeiter wohnt, wie er kann, nicht wie er will. Er kann nicht zwischen einer geräumigen und einer engen Wohnung wählen. Alles, was man ihm bietet, sind ein bis zwei Schlafzimmer, kaum einmal drei; gleichgültig, wie viele Kinder er hat, er muß nehmen, was sich ihm bietet, und bezahlen, was verlangt wird. Das Angebot des Vermieters obsiegt über die Nachfrage des Mieters.« Das war das Ergebnis einer 1896 durchgeführten Untersuchung der Wohnverhältnisse der Arbeiter im Arrondissement Lunéville; man hätte es auf ganz Frankreich extrapolieren können.

Diese Situation hatte für die Familien genauso verheerende Folgen wie für die allgemeine Moral. Der Verfasser einer Studie über Arbeiterwohnungen im Arrondissement Marennes bemerkte 1898: »Der Arbeiter, der 12 bis 15 Prozent seines Lohnes für eine schlechte Wohnung ausgeben muß und seinen Kindern nur eine enge, schmutzige, ungesunde Behausung bieten kann, nimmt jede Gelegenheit wahr, nicht nach Hause kommen zu müssen. Unzufrieden mit sich selbst, läßt er seine schlechte Laune an seiner Umgebung aus, stürzt sich in Schulden und wirft die Arbeit wegen einer Kleinigkeit hin. Dann wird er Wanderarbeiter, der sein Unglück von einer Stadt in die andere schleppt, und seine Kinder ersehnen nur den Augenblick, wo sie endlich ihre eigenen Herren sind und diesem Milieu entfliehen können.«

Das Vertrauen in die Privatinitiative beim Wohnungsbau war offensichtlich fehl am Platze; stärker denn je machte sich ein sozialer Übelstand bemerkbar. Aber was konnte man anderes erwarten in einer Gesellschaft, in welcher der Opportunismus regierte? Industrielle und Bankiers hatten die Republik nur unter der Bedingung akzeptiert, daß sie der Kapitalexpansion keine Hindernisse in den Weg stellte. Das Spiel an der Börse war profitabler als der Bau von billigen Wohnungen, und so stürzten sich die herrschenden Klassen – und ihre Klientel der Privatiers – mit Feuereifer in dieses Spiel.[86] Wie sagte doch Léon Say, einer der Anführer der Dritten Republik: »Die Wohltätigkeit hat ihre Grenzen, eine gute Investition nicht.«

## Vom Phalansterium zur Werkssiedlung

### Ingenieur Considérat und das Phalansterium

Charles Fouriers Konzept einer einheitlichen Wohn- und Lebensumwelt ist bis auf den heutigen Tag heimlicher oder erklärter Referenzpunkt zahlreicher Entwürfe und konkreter Experimente im Bereich der Arbeiterwohnung – die Ideen des »Propheten der Harmonie« sind noch immer in Umlauf. Als scharfsichtiger Beobachter hat er ernst genommen, was mit Händen zu greifen war: »Die zivilisierten Bräuche bringen in einer Dachstube dreißig Arbeiter unter, Männer wie Frauen hübsch durcheinander und alles höchst anständig und moralisch: Unsere Moralisten, welche die Vereinigung der Arbeiter in der Industrie nicht dulden, bewirken sie dort, wo sie untauglich ist, in den Behausungen der Armen und der Kranken, in den Weberstuben und Hospitälern, wo die Menschen wie Sardinen zusammengepfercht sind.«[87] Fourier hatte in den »schmutzigen, ekligen Städten«[88] gelebt, aber auch in den Dörfern, diesen »Anhäufungen scheußlicher Hütten«[89]. In der von ihm gedachten idealen Gesellschaft leben die Menschen nicht in einem »Tohuwabohu von Häuschen, die einander an Schmutz und Häßlichkeit überbieten«, sondern in »Phalansterien« oder »Volkspalästen«, die jeweils ca. 3500 Menschen aufzunehmen vermögen. Fourier zeichnete

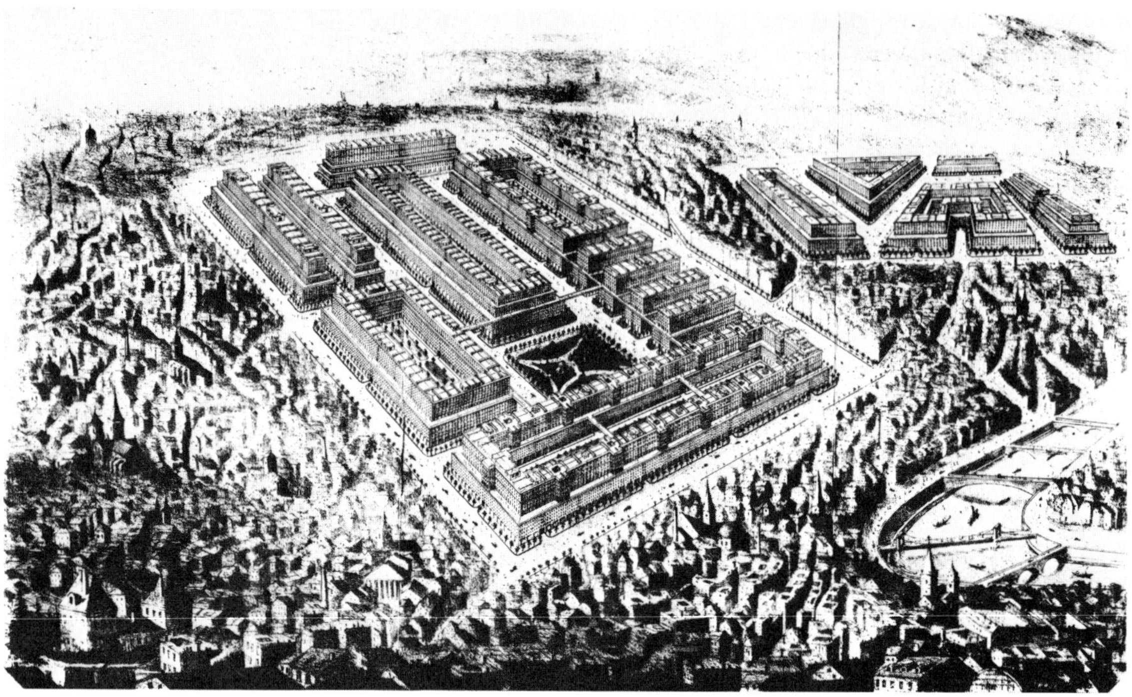

Dieser Entwurf eines Häuserkomplexes, den der Ingenieur Jean Borie 1865 in einer 45seitigen Broschüre vorstellte, ist ganz von Fourierschem Geist erfüllt; das bezeugt der einheitliche Charakter des Ganzen ebenso wie die Trennung der Fußgängerwege von den Fahrstraßen. (Paris, Bibliothèque Forney)

den schematischen Plan eines solchen Phalansteriums und lieferte dazu eine kurze Beschreibung. Seine Ideen wurden von Victor Considérant aufgegriffen, der sie populär machte.[90]

Das Gebäude, das Considérant vorschwebte, war dem von Fourier vorgestellten Prototyp nicht unähnlich, in einigen Punkten jedoch technisch präzisiert. Considérant beschreibt lakonisch die Struktur des Phalansteriums: »Im Genossenschaftshaus ist alles geplant und durchdacht, in sich gegliedert und gefügt, und der Mensch ist Herrscher und Meister über Wasser und Luft, Wärme und Licht.« Jede Wohnung sollte fließend warmes und kaltes Wasser haben, ja, sogar eine Zentralheizung: »Eine einzige, zentrale Feuerung reicht aus, um alle Teile des Gebäudes – Galerien, Geschäfte, Säle und Wohnungen – mit Wärme zu versorgen. In die einzelnen Räume gelangt diese gleichmäßige Wärme über ein System kommunizierender Röhren, an welchen Hähne angebracht sind, so daß man an jeder Stelle des Volkspalastes die Temperatur nach Belieben einstellen und regulieren kann.«

Das Phalansterium weist Wohnungen – teils möbliert, teils nicht möbliert – für jeden Geldbeutel auf. Ein Gemeinschaftsrestaurant kann durch Großeinkauf preiswerte Mahlzeiten anbieten. Alle Wohnungen gehen auf eine verglaste Straßengalerie hinaus, die im Sommer belüftet und im Winter geheizt ist; sie fungiert als Bindemittel: »Diese Galerie flankiert die Seiten des Genossenschaftsbaues wie ein langer Gürtel und bindet alle Teile zu einem einzigen Ganzen zusammen; sie stiftet den Kontakt zwischen der Mitte und den Extremitäten. Sie ist der Kanal, durch welchen das Leben in dem großen Körper der Phalange pulsiert, die Arterie, die das Blut vom Herzen in alle Venen transportiert.«[91] Das

Calland-Lenoir, *Institutions des palais de famille*, 1858. Der katholische Fourierist Victor Galland, ein Diplomarchitekt von der Pariser École des Beaux Arts, wollte die Vorstellungen des Meisters mit diesem Palais realisieren, das Gemeinschaftsbesitz von Vertretern aller sozialen Schichten sein sollte. Godin trat mit Galland in Kontakt; es ist jedoch nicht bekannt, warum dieser dann doch nicht mit dem Bau des Familistère beauftragt wurde.
(Paris, Bibliothèque Nationale)

Phalansterium sollte ein funktionales Bauwerk sein, jedoch keine »Wohnmaschine«: »Es gilt, Harmonie zu stiften zwischen Wasser, Feuer und Licht, Granit und Metall; die Kunst hat in ihrer starken Hand alle Elemente, um sie zu einem Ganzen zu verschmelzen: Es wird eine Schöpfung sein!« – »Ein solches Ideal«, erklärt Considérant, »ist zu schön, um unmöglich zu sein!« Und er fährt fort: »Ihr mögt eine Wohnung haben; aber nicht alle haben eine Wohnung. Es gibt Menschen, denen im Winter zu kalt und im Sommer zu warm ist – wißt ihr das? Es gibt Menschen, deren Strohlager zu naß wird zum Schlafen, wenn es regnet, und deren Fußboden zu Lehm wird. Der Mensch ist nicht dazu gemacht, in Höhlen zu hausen. Er ist kein Tier, das sich in der Erde vergräbt, sondern ein Mensch, und er braucht eine Behausung!«

Da es Spintisierer gibt, welche die Quadratur des Kreises versuchen, empörten sich viele gegen den Gedanken, die Gesetze einer harmonischen Architektur am menschlichen Organismus zu orientieren. Als Absolvent der École Polytechnique und Offizier wußte Considérant sehr genau, wie viele Milliarden Francs in Europa jährlich für den Bau, den Unterhalt oder die Beseitigung von Befestigungsanlagen verpulvert wurden. Konnte man nicht einen Bruchteil dieser Summe für Projekte abzweigen, die sinnvoll und im übrigen minder kompliziert waren als der Bau eines Schiffes? »Ist es einfacher, ein schwimmendes Haus für 1 800 Menschen zu bauen, mitten im Ozean und 1 800 Meilen von jeder Küste entfernt, als ein harmonisches Heim für 1 800 einfache Bauern in der Champagne oder Beauce?«

Als Abgeordneter zur Verfassunggebenden Versammlung der Zweiten Republik brachte Considérant am 14. April 1849 einen Gesetzesentwurf ein, der den Staat zur Finanzierung einer Versuchskommune verpflichtet hätte. Es ging um ein Gelände in der Nähe von Paris, auf dem fünfhundert Menschen angesiedelt werden sollten. Der Staat sollte die Kosten für den Bau der Wohnhäuser und landwirtschaftlichen Einrichtungen tragen, und alle Eigentumsrechte sollten an ihn zurückfallen, sobald der Pachtvertrag mit der Kommune abgelaufen war. Die Versammlung weigerte sich, das Projekt auch nur zu diskutieren, doch die Nachfolger Fouriers ließen nicht locker und griffen Considérants Projekt immer wieder auf. An die Spitze der Aktivisten stellte sich der Romancier Eugène Sue, der viele Leser hatte. Zweifellos war er derjenige Schriftsteller, der am meisten für die Verbreitung der Fourierschen Gedanken getan hat. In seinem 1844 publizierten Roman *Le Juif errant* praktiziert der Protagonist, der Industrielle François Hardy, den Fourierismus, ohne es zu wissen. Er hat für seine Arbeiter vor den Toren von Paris ein »Gemeinschaftshaus« errichtet, das den Vorstellungen Fouriers entspricht; Unverheiratete haben dort eine Einzimmerwohnung mit WC, Familien eine Dreizimmerwohnung.

## Calland und der »Familienpalast«

Freilich war in der sozialen Landschaft noch kein Phalansterium aufgetaucht, als der Architekt Victor Calland[92] in den 1850er Jahren Fouriers Projekt unter dem Namen »Familienpalast« wieder aufgriff. Er erwies sich als gelehriger Schüler des Meisters: »Der Familienpalast ist der Plan einer sozialen Einheit, gegründet auf die Freiheit des Einzelnen, angewandt auf die Bedürfnisse des häuslichen Lebens und ermöglicht durch eine neue, überall realisierbare Form der Architektur. Hauptziel dieser Konzeption ist es, an einem Ort mindestens hundert Haushalte zu sammeln; sie in einem harmonisch entworfenen, großen Monument so zu gruppieren, daß jeder seine persönliche Freiheit entfalten kann; sie zur klugen Verbindung ihrer Kräfte, ihrer Ausgaben und sogar ihrer geselligen Vergnügungen zu ermutigen und dadurch zwangsläufig das Resultat zu verfünffachen; und sie schließlich aus dem Zustand der Isolierung und Polarisierung heraus- und in einen Zustand der Nähe, der Solidarität und des Zusammenschlusses zu führen.« Bei diesem Werk der sozialen Versöhnung hatte der katholische Fourierist Calland zwar die Unterstützung Meluns, doch gelang es ihm nicht, für das Projekt einer »cité« mit 84 Wohnungen – 60 für Arbeiter- und 24 für wohlhabende Familien – einen Geldgeber zu finden. Trotzdem eroberte sich der »Familienpalast« schließlich seinen Platz in der Geschichte der Arbeiterwohnung. Dies war dem einzigen Schüler Fouriers zu danken, der etwas Bleibendes geleistet hat: dem Industriellen Jean-Baptiste André Godin.

An Studien über den Stifter des »Familistère« und seine Versuche, Arbeit und Kapital zusammenzuführen, ist kein Mangel.[93] Ich beschränke mich daher im folgenden auf das Familistère von Guise als ernstzunehmendes Experiment in der Nachfolge und aus dem Geist des Phalansteriums.

## Godin verwirklicht den Traum Fouriers

Marie Moret zufolge wurde Godin zum überzeugten Anhänger Fouriers, nachdem er 1842 einen Artikel im *Guetteur de Saint-Quentin*, einem Lokalblatt, gelesen hatte. Tatsächlich trat er im Jahr darauf mit Phalansterianern in Paris in Kontakt und entwickelte sich rasch zum militanten Konvertiten. Er machte sich über das Thema kundig, zahlte Beiträge, wo es nötig war, schrieb für die Sektenpostille *Démocratie pacifique* einen Aufsatz und trat überall, wo er hinkam, um seine Produkte vorzustellen, als eifriger Propagandist Fouriers in Erscheinung. 1846 zog er nach Guise (Aisne), wo er eine florierende Fabrik für Herde und Öfen betrieb. Er machte ein Vermögen, das er in den »Dienst der Menschheit« zu stellen wünschte.

In der Frühphase des Zweiten Kaiserreichs beginnt Godin, in seinen Briefen vom Bau von Wohnungen für seine Arbeiter zu sprechen. So schreibt er am 16. März 1853 an den Phalansterianer Cantagrel: »Ich habe mich schon oft gefragt, ob es meine Position mir nicht erlauben würde, neben der Fabrik eine Arbeitersiedlung zu bauen, in der meine Arbeiter, in Anbetracht ihrer jetzigen Lebensumstände, in wirklichem Komfort wohnen würden.«

Durch die Novembernummer 1857 des *Bulletin du mouvement sociétaire en Europe et en Amérique* wurde Godin auf eine Broschüre über »Abschaffung der Miete durch Recht auf Eigentum für alle Mieter« aufmerksam, aus der ausgiebig zitiert wurde. Es handelte sich um eine Broschüre von Calland, und nachdem Godin sie gelesen hatte, schrieb er sogleich an den Autor. Er erwähnte seinen Plan, Arbeiterwohnungen zu bauen, und bedauerte, daß sich bisher noch niemand für Fouriers Idee einer sozialen Architektur interessiert habe; bislang seien die Architekten einzig darauf aus, die Familien voneinander zu isolieren. Schließlich fragte er Calland, unter welchen Bedingungen er den Auftrag für den Entwurf einer Arbeitersiedlung übernehmen würde.

Der Architekt Lenoir, ein Freund Callands, begab sich nach Guise und unterbreitete Godin ein Projekt, doch dabei blieb es zunächst. 1858 kaufte der Fabrikant ein 18 Hektar großes Grundstück und entwarf selber die Pläne für sein Gebäude. Im April 1859 fand die Grundsteinlegung statt. In seinem Hauptwerk *Solutions sociales* gibt Godin eine umfassende Darstellung dieses Familistère samt Grundrissen und Kupferstichen.[94]

Zum erstenmal seit Fouriers Gedankenspielen stellte man Arbeiterfamilien tatsächlich ein modernes Wohnhaus zur Verfügung. Godin hielt Considérants Theorie über die Regulierung von Luft, Wasser und Licht im Phalansterium für richtig und begann, sie in die Tat umzusetzen:

1. Luft: In jeder Wohnung gab es ein Belüftungssystem. In den Wänden waren Kaminanschlüsse für Herde und Öfen vorgesehen. Die glasüberdeckten Innenhöfe waren gut belüftet.
2. Wasser: In jeder Etage gab es einen Brunnen. Für die Wäschereinigung gab es ein eigenes Gebäude mit Wringmaschine und Trocken-

Godin mit den ersten Direktoren der Fabrik und des Familistère. Godins Frau sitzt keineswegs nur zu Repräsentationszwecken dabei. (Archives Rabaux)

Jean-Baptiste André Godin, *Solutions sociales*, 1872. Blick aus der Vogelperspektive auf das Familistère, wie es Fourier im zweiten Band seines *Traité de l'association domestique-agricole* (1822) beschreibt. (Paris, Bibliothèque Nationale)

raum. Ferner gab es Badekabinen und ein 50 Quadratmeter großes, überdachtes Schwimmbad mit beweglichem Boden, so daß auch Kinder darin waten konnten.

3. Licht: Jede Wohnung hatte Fenster an der Fassadenseite und zum Innenhof. Nachts waren alle öffentlichen Bereiche mit Gas beleuchtet.

Jede Wohnung war außerdem mit einer persönlichen Erfindung Godins ausgestattet, die damals einzigartig war: einer eigenen »Kehrichtkammer«, das heißt einer Art Müllschlucker, der groß genug war, um auch Asche aufnehmen zu können.

Godin kam es darauf an, die Dienstleistungen, welche in den Haushalten der Reichen vom Personal verrichtet wurden, durch »Gemeinschaftsinstitutionen« zu ersetzen, und so installierte er im Familistère einen Putzdienst. Abfallbeseitigung und Reinigung der Höfe, Treppen, Galerien, Brunnen, Toiletten[95] usw. oblagen bezahlten Reinmachefrauen.

Wie der Fabrikant Hardy im *Juif errant* errichtete Godin ein System der medizinischen Versorgung, das auf dem Prinzip der Hilfsvereine auf Gegenseitigkeit beruhte. Gegen Zahlung von 1 bis 2,5 Francs pro Monat war jeder Bewohner des Familistère berechtigt, die Dienste zweier Ärzte und einer Hebamme in Anspruch zu nehmen, die täglich anwesend waren. Medikamente wurden kostenlos verabreicht; bettlägerige Arbeiter bekamen einen täglichen Zuschuß. Kranke konnten sich von ihrer Familie isolieren und in Krankenstuben legen.

Das waren die wichtigsten Einrichtungen, die den Bewohnern des Familistère das Leben erleichtern sollten. Dazu kamen ein »Küchenbetrieb«, wo warme Mahlzeiten zubereitet wurden[96], und eine Konsumkooperative, die Lebensmittel und gewerbliche Erzeugnisse möglichst günstig einkaufte. Auch hier erkannte Godin das Problem genau: »Die Händler kaufen für die Bedürfnisse des Publikums en gros ein, was sie danach en détail wieder verkaufen – zuzüglich des Gewinns, den der Verbraucher bezahlt. Das verringert für diesen die Menge der Lebensmittel und Verbrauchsgüter, die er kaufen kann, weil er einen Teil seiner Geldmittel für etwas Unproduktives weggeben muß. Da jedoch die Menschen isoliert leben und sich der Gemeinsamkeit ihrer Interessen nicht bewußt sind, betrachten sie die Unzahl der Zwischenhändler als das bequemste Mittel, überall und jederzeit über das Notwendigste verfügen zu können, während sie in Wirklichkeit die gravierendste Belastung für den Verbraucher darstellt.«[97]

Es war Godin, der die fourieristische Utopie verwirklichte: »Wir können keinen Palast aus der Hütte der Arbeiterfamilie machen, und so wollten wir die Wohnung des Arbeiters in einen Palast verlegen; etwas anderes ist das Familistère im Grunde nicht. Es ist der Volkspalast der Zukunft.« Die Armen empfingen endlich »das Äquivalent des Reichtums«, und zwar durch folgende Mittel: »Man verpflanze die Familie des Armen in eine komfortable Wohnung, versehe diese mit allen Annehmlichkeiten und Vorteilen, welche die Wohnung des Reichen aufweist, mache sie zu einem Ort der Stille, des Friedens und der Behaglichkeit und ersetze jene Dienstleistungen, die für den Reichen sein Personal verrichtet, durch Gemeinschaftseinrichtungen.«

Godins Volkspalast wurde seit dem Erstbezug des Hauptgebäudes im Jahre 1865 so berühmt, wie Fourier es für das Phalansterium vorausgesagt hatte. Aus vielen Ländern kamen Journalisten angereist, um es zu besichtigen. Die eingefleischten Liberalen indes ließ dieses Experiment nicht ruhen, und so fuhren sie bald ganze Batterien von Einwänden auf. Jules Moureau monierte 1866, die Bewohner des Familistère seien »unter Kuratel gestellt«; sie würden mit Wohnraum sowie mit Lebensmitteln und Kleidung versorgt, ohne um deren Erwerb kämpfen zu müssen. Und die Kinderkrippe betrüge die Arbeiterfrau um ihre

Alle Innenhöfe des Familistère waren mit einem beweglichen Glasdach gedeckt. Diese Vorrichtung sowie die in allen Stockwerken umlaufenden Galerien gestatteten die Veranstaltung von Festen, an denen Godins Mitarbeiter gerne teilnahmen.
(Archives Rabaux)

Die Kinderkrippe erlaubte es den im Familistère wohnenden Arbeiterinnen, ihrer Arbeit nachzugehen, während die Säuglinge von geschultem Personal versorgt wurden. (Archives Rabaux)

schönsten Erfahrungen als Mutter: »Noch ein Schritt weiter, und jeder fühlt sich vom Bleigewicht des Kommunismus niedergedrückt!« Aus all diesen Gründen durfte man nicht zulassen, daß derartige Stiftungen Schule machten. Das Familistère, so Moureau, sei »eine Kuriosität, die nicht das Geringste zur Lösung des Problems beiträgt«.[98]

Fast fünfzig Jahre später gelangte Fernand Duval in einer juristischen Studie zu der gleichen Einschätzung[99] – das Familistère sei eine Kaserne, »es nimmt dem Einzelnen viel von seiner Freiheit und überzieht ihn mit einem Netz von Regelungen, die seine Eigeninitiative lähmen«.

## Zola und das Haus aus Glas

Auch Zola, der mit Begeisterung einige populäre Abhandlungen über den Fourierismus gelesen hatte[100], stattete dem Familistère einen Besuch ab. Seine Eindrücke sind in den Notizen festgehalten, die er sich zu seinem Roman *Travail* (1901) gemacht hat; in diesem Buch transformiert sich eine Dorfgemeinschaft zu einer Assoziation, die den Gedanken Fouriers nacheifert. Die vorkommenden Abweichungen betreffen die Wohnungen; Zola konnte Godins Volkspalast nicht sonderlich viel abgewinnen: »Ein Haus aus Glas: Mißtrauen gegen den Nachbarn; kein Alleinsein; keine Freiheit. [...] Ordnung, Regeln, Komfort, ja; aber der Wunsch nach Abenteuer, nach Gefahren, nach einem freien, ungebundenen Leben? Man darf nicht jedes Leben über denselben Leisten schlagen.« Aber was mochte das »freie, ungebundene Leben« im 19. Jahrhundert wohl für einen Arbeiter bedeuten, der sicher sein konnte, überall dieselben Slums vorzufinden, gleichgültig, wohin er sich wandte? Man wähnt sich beim Lesen dieses Textes unter die Pioniere des Wilden Westens versetzt. Zola teilte mit der herrschenden Klasse seiner Epoche sämtliche Illusionen über die magische Kraft der Eigeninitiative. In Godin, dem Schöpfer einer neuen Form der Gemeinschaftlichkeit (die gewiß nicht der Zwänge entbehrte: jeder Bewohner mußte stets das kleine rote Buch mit den rund hundert Punkten der Hausordnung bei sich tragen) erblickten die Besitzenden einen Verräter, den Störer einer liberalistischen Moral.

## Unternehmerprojekte

Etwas anderes waren jene »respektablen« Industriellen, die bis in die erste Hälfte des 20. Jahrhunderts hinein den Nutzen eines stabilen Arbeitskräfte-Heeres und des paternalistischen Systems erkannten, etwa die Chagots, die Gründer der Société des Houilères de Blanzy – eines Kohlebergbaukonzerns – in Montceau-les-Mines.[101] An ihren Beweggründen ließen sie keinen Zweifel: »Die komfortable und preiswerte Wohnung gehört zu einem System von Institutionen, das den Menschen bereits als Kleinkind erfaßt, ihm später jede erdenkliche Unterrichtung und Hilfe angedeihen läßt, ihn durch sein Arbeitsleben begleitet und ihm nach dreißig Dienstjahren eine Rente von 300 Francs inclu-

Godin war nicht der erste Industrielle, in dessen Wohnhäusern es Diskontläden gab – mit dem Unterschied, daß seine Geschäfte genauso gut sortiert waren wie alle anderen in Guise.
(Archives Rabaux)

sive Wohnung und Heizung gewährt. Das heißt, dieses System bewahrt ihn vor Not und sichert ihm bis zu seinem Lebensende die Würde seines Berufes und den gerechten Lohn für seine Arbeit.« Bei den Wohnungen handelte es sich erstmals um Einfamilienhäuser.

Ein anderer vorausschauender Industrieller war Jean-Félix Bapterosses in Briare, ein Autodidakt und Erfinder, der seine Nische im Bereich der Keramik fand. Er überflügelte die Engländer in der Serienfertigung jener Porzellanknöpfe und Glasperlen, die die französischen Kolonisatoren in Schwarz-Afrika verteilten. 1865 beschäftigte er in seinem Betrieb, den er zwanzig Jahre zuvor einem Konkurrenten abgekauft hatte, bereits tausend Arbeiter – Männer, Frauen und Kinder. Auch er bot seinen Beschäftigten die Totalversorgung von der Wiege bis zur Bahre: »Die Arbeiter – er kennt sie, er liebt sie, es sind seine Kinder. Er weiß von ihren Leidenschaften, ihren Fehlern, ihren Schwächen, er behandelt sie geschickt und lenkt sie mit fester Hand, weil es sein muß – doch mit wieviel Güte! Er hat riesige Arbeitersiedlungen gebaut, damit sie gesunde Wohnungen unter dem Marktpreis bekommen, und es ist sein Wunsch, daß sie der Segnungen der Religion teilhaftig werden.«[102] Statt der Einfamilienhäuser bevorzugte Bapterosses Reihenhäuser. Seine »cité« bestand aus sechs Reihen; sie waren 108 m lang und boten 36 bis 50 Familien Unterkunft. Die Häuser hatten ihren symbolischen Standort zwischen dem Fabrikgebäude und dem Altersheim.

Etwa gleichzeitig wechselten die Schneiders, die schon vor dem Zweiten Kaiserreich von der Kasernenbauweise abgekommen waren, zum Einfamilienhaus, das der von ihnen propagierten paternalistischen Moral besser entsprach. Sie konnten die Arbeiterbevölkerung von Le Creusot für ihre Sache gewinnen[103], während in Carmaux ein 1865 be-

Die Schulen im Familistère entsprachen Fourierschen Prinzipien; sie wurden später in das französische Bildungswesen integriert. (Archives Rabaux)

gonnener ähnlicher Versuch scheiterte: Knapp dreißig Jahre später, 1892, hatte die Compagnie des Mines dort erst 6,9 Prozent ihrer Beschäftigten, d. h. 201 Personen, untergebracht.[104]

## Noisiel

Das überzeugendste Beispiel einer Firmensiedlung – einer der hellsten Sterne der Privatinitiative – ist und bleibt das Dorf, das Émile Justin Menier für seine 1700 Arbeiter anlegte. Hatte Godin dem Volk Herde und Öfen verkauft, so gewöhnte Menier es an den Verzehr von Schokolade. Dank seinen Bemühungen stieg die französische Produktion von Schokolade – deren Grundstoff aus Südamerika importiert wurde – von 350 Tonnen im Jahre 1849 auf 15 000 Tonnen im Jahre 1889. Ebenso wie Godin interessierte Menier sich leidenschaftlich für wirtschaftliche und soziale Fragen und verfaßte eine Reihe von Büchern und Broschüren, in denen er – zu einer Zeit, da alle französischen Unternehmer Protektionisten waren – den freien Handel propagierte und eine Steuerreform vorschlug. 1876 zum Abgeordneten für Meaux gewählt, saß er links und stimmte für die Amnestie deportierter Kommunarden.

Nach der Errichtung einer Fabrik, die als eines der ersten Bauwerke der Welt ein Metallgerippe besaß, wartete Menier 1874 mit einer weiteren erstaunlichen Neuerung auf, nämlich dem Dorf Noisiel, einer 20 Hektar großen Siedlung mit unterkellerten Zweifamilienhäusern aus Stein. Im Erdgeschoß gab es nur einen Raum mit zwei Fenstern sowie eine Küche, die mit Herd und Spüle versehen war. Im ersten Stock lagen das Elternschlafzimmer und das Kinderzimmer; unter dem Dach gab es einen Speicher. Jedes Zimmer hatte einen Kamin, einen Schrank und Fensterläden. Im Garten stand ein überdachtes Toilettenhaus mit mobiler Abortgrube; die mit Kakaoblättern versetzten Fäkalien waren ein ausgezeichneter Dünger, den alle Familien gerne nutzten. Die Wasserversorgung erfolgte über zahlreiche Straßenbrunnen. Der Bau eines solchen Hauses kostete nur 10 000 Francs – 5 000 Francs pro Wohnung –, die Miete betrug 150 Francs pro Jahr bzw. 12,50 Francs pro Monat. Manche Arbeiter brauchten dank einem Prämiensystem nicht einmal diese bescheidene Miete zu zahlen.

Wie bei Godin gab es auch bei Menier viele Gemeinschaftseinrichtungen. In einem Laden konnte man billig Lebensmittel, Getränke, Stoffe, Kleidung, Schuhe und Heizmaterial einkaufen. Es gab Speisesäle für Arbeiter, die in den umliegenden Dörfern zu Hause waren. Die Unverheirateten wohnten in zwei Hotel-Restaurants. Die Schule hatte sechs Klassen, und es gab eine Tagesstätte für Kleinkinder. Die Benutzung der Apotheke war kostenlos (im Krankheitsfall erhielten die Arbeiter 2 Francs pro Tag, die Arbeiterinnen 1 Francs).[105]

War das Phalansterium Fouriers von Eugène Sue gepriesen worden, so hatte auch dieses neue Eden seinen Vorkämpfer: Hector Malot, der Ende des 19. Jahrhunderts zu den beliebtesten Schriftstellern Frankreichs zählte. Er war mit Vallès befreundet – dem er wie wenige nach der Commune die Treue hielt – und neigte, wenngleich nicht ohne Vorbehalte, dem Sozialismus zu. In seinem Roman *En famille* (1893) errichtet der Textilfabrikant Paindavoine unter dem Einfluß seiner Enkelin Perrine für seine Arbeiter und ihre Familien ein Krankenhaus und eine

In Noisiel entschied sich Menier für Zweifamilienhäuser. Diese Straßenzeilen existieren noch heute.

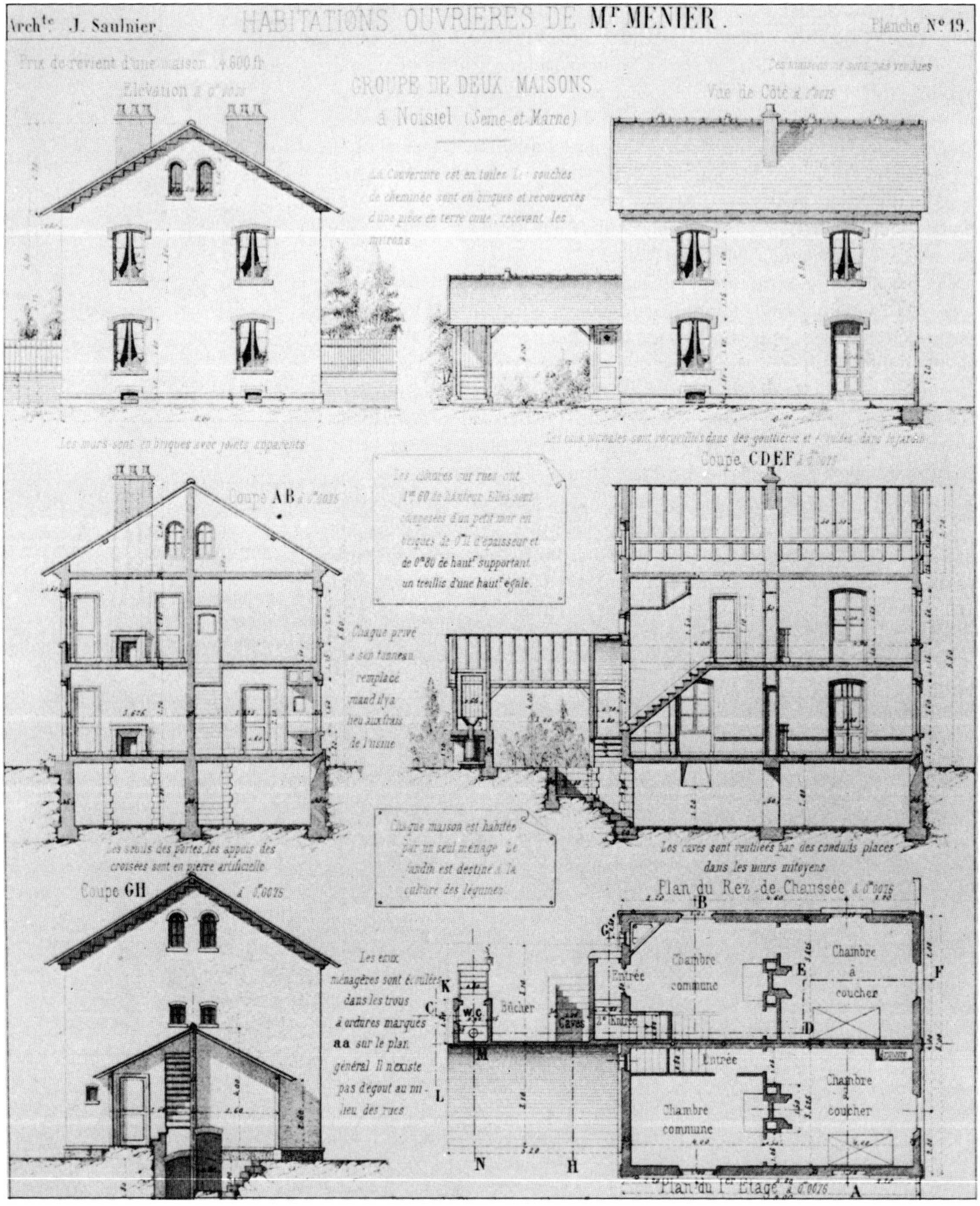


Die berühmte Sammlung von Muller und Cacheux ist die vollständigste Dokumentation über die Arbeiterwohnung im 19. Jahrhundert, die wir besitzen. Diese Tafel beweist die hervorragende Qualität der Häuser in Noisiel, in denen allerdings fließendes Wasser und Kanalisation fehlten.
(Paris, Bibliothèque Nationale)

Gaston Le Fol, *Petites Constructions à loyer économique*, 1913. Im Jahre 1909 hatte die »Société des mines de Dourges« bereits 500 dieser Häuser für ihre Belegschaft bauen lassen. Es begann die goldene Zeit des Fachwerkhauses im Stil der Normandie, das in Frankreich neben dem »baskischen« Furore machte.
(Paris, Bibliothèque Nationale)

Kindertagesstätte – das »pouponnat«, wie es unter ausdrücklicher Berufung auf Fourier heißt. Die Unverheirateten beiderlei Geschlechts sind in zwei Hotels mit Restaurants im Erdgeschoß untergebracht, wo man für 0,70 Francs ein ordentliches Essen bekommt: Suppe, Eintopf oder Braten, Brot und Cidre. Jede Familie bewohnt ein eigenes Haus mit Garten und zahlt dafür nur 100 Francs pro Jahr Miete. Das neue, hochgelobte Vorbild ist Noisiel, das jemand im Auftrag Perrines sorgfältig studiert. Offenbar waren Meniers Häuser nach dem Geschmack Malots, der selber ein Einfamilienhaus besaß; sie kamen seinem tiefverwurzelten Individualismus entgegen.

Mit steigendem Gesundheitsbewußtsein, insbesondere der Vorbeugung der Tuberkulose, die geradezu verheerend unter den Arbeitern wütete, wurden die Unternehmenssiedlungen mehr und mehr zu Gartenstädten, in denen das Einfamilienhaus inmitten von Grünanlagen stand. In Dourges im Pas-de-Calais gab die Société des Mines ihre alten Zechenhäuser auf und baute ein »veritables kleines Sanatorium«, das aus über fünfhundert malerischen Einfamilienhäusern bestand. Jedes Gebäude hatte einen überdachten Eingang, ein Vestibül und vier Zimmer.[106] Mit dem »Häuschen« schien der Liberalismus endlich den idealen Wohnungstyp für die Arbeiterklasse gefunden zu haben . . .

## Gefangen im Einfamilienhaus

### »Besitzerwerb« in Mulhouse?

Im Zweiten Kaiserreich begannen jene Agitatoren zu wirken, die das soziale und moralische Heil im Grundbesitz erblickten. Es fing mit einem Paukenschlag im Elsaß an. Die Anfang des 19. Jahrhunderts gegründete

Société Industrielle von Mulhouse wurde 1832 in eine wohltätige Stiftung umgewandelt. Am 24. September 1851 legte eines der Stiftungsmitglieder, der Fabrikant Jean Zuber fils, seinen Kollegen ein Papier über Arbeiterwohnungen vor.[107] Er zeigte der Versammlung den Grundriß eines in Großbritannien gebauten Musterhauses und bat, die Angelegenheit auf die Tagesordnung zu setzen. Der Wunsch wurde ihm erfüllt. Bei der Sitzung der Gesellschaft am 30. Juni 1852 gab Dr. Penot das Ergebnis einer Umfrage unter Besitzern von Arbeiterwohnungen im Département Haut-Rhin bekannt. Demnach waren zwei Arten von Unterkünften zu unterscheiden: Mietskasernen und Einfamilienhäuser. Die Mietskasernen waren aus moralischen Gründen abzulehnen: »Die Unterbringung zahlreicher einander unbekannter Familien unter einem Dach führt selten zu einem friedlichen und harmonischen Zusammenleben und kann ernsthafte Spannungen auslösen.« Von allen vorliegenden Plänen für Arbeiterwohnungen erschienen die der Papierfabrik Zuber auf der Île Napoléon als besonders empfehlenswert. Die Häuser bestanden aus einem Keller, zwei Zimmern und einer Küche im Erdgeschoß sowie zwei Schlafzimmern nebst Speicher im ersten Stock (unter dem Dach); die Latrinen befanden sich im Garten. Zum erstenmal erkannte eine »soziale Autorität« an, daß den Arbeitern vielleicht der gleiche Komfort gebühren könnte wie ihren Herren. Dr. Penot äußerte den Wunsch, großzügige Bürger möchten sich zusammentun und Musterwohnungen nach Art der Papierfabrik Zuber errichten; sie könnten dann den Weg für »ernsthafte Spekulanten« bereiten. Einer der Anwesenden, der Fabrikant Jean Dollfus, erklärte sich sofort zu dem Experiment bereit und beauftragte den Architekten Muller mit dem Bau von vier Häusern. Am 30. November 1853 konnte Dr. Penot bekanntgeben, daß am 10. Juni offiziell die Société Mulhousienne des Cités Ouvrières mit einem Stammkapital von 300 000 Francs gegründet worden war – die Summe wurde später durch eine Zuwendung Napoleons III. auf 600 000 Francs aufgestockt; die Stückelung erfolgte in 60 Aktien zu 5 000 Francs.[108] Dollfus selbst hielt 35 Anteile, der Rest verteilte sich auf elf Fabrikanten. Artikel 1 des Statuts der Gesellschaft stellt unmißverständlich fest: »Ziel des Unternehmens ist der Bau von Arbeiterwohnungen in Mulhouse und Umgebung. Die Häuser werden für jeweils eine Familie gebaut und sind miteinander nicht verbunden.« Da der Zweck der Unternehmung im wesentlichen ein wohltätiger war, durften die Aktien nicht mehr als 4 Prozent Dividende abwerfen.

Am 27. Juni legte Dollfus den Aktionären einen Gesamtplan vor, und am 20. Juli erfolgte der erste Spatenstich. Man verfügte über ein acht Hektar großes Gelände, auf dem man die Einfamilienhäuser auf dreierlei Weise gruppierte: Rückwand an Rückwand, in Viererblocks inmitten eines Gartens, zwischen Innenhof und Garten. Die Häuser waren einstöckig und unterkellert. Im Erdgeschoß befanden sich die Küche und ein großes Zimmer, im ersten Stock drei Schlafzimmer, ein Vorratsspeicher und eine Toilette. Alle Häuser wurden zu bestimmten Konditionen zum Preis von 1 850 bis 2 800 Francs verkauft. Der Käufer mußte – je nach Größe des Hauses – eine Anzahlung von 300 bis 500 Francs leisten; danach hatte er monatlich 20 bis 30 Francs zurückzuzahlen, so daß alle Unkosten, die jährlich anfallenden Zinsen sowie die Hälfte des Kaufpreises in fünf Jahren abgetragen waren. Für die andere Hälfte des Kaufpreises mußte der Käufer 5 Prozent Zinsen an den Crédit Foncier entrichten, bis der Betrag – nach Ablauf von rund dreißig Jahren – zurückerstattet war.

Knapp zehn Jahre später – 1862 – umfaßte die Siedlung 560 Häuser, von denen bis zum 31. März 488 verkauft waren.[109] Diese neuartigen Unterkünfte der alten Kaufmannsrepublik boten praktisch alle Annehmlichkeiten des Fourierschen Phalansteriums: möblierte Zimmer in Häusern mit siebzehn Räumen für unverheiratete Arbeiter, Kinderbetreuung, kostenlose ärztliche Versorgung vor Ort, ein Waschhaus mit einer Trommelschleuder, eine Badeanstalt, eine Bäckerei, wo das Brot unter dem festgelegten Marktpreis verkauft wurde, ein Restaurant, das preiswerte Speisen anbot, und einen Laden für die Güter des notwendigen Bedarfs.

Das Experiment von Mulhouse, das sich planmäßig weiterentwickelte, bis die Siedlung 1867 schließlich 800 Häuser mit 6000 Bewohnern zählte[110], wurde in anderen Städten des Haut-Rhin nachgeahmt: In Guebwiller begann der Industrielle Bourcart 1854 mit dem Bau von Arbeiterwohnungen, und eine Gesellschaft setzte ab 1860 sein Werk fort; in Beaucourt erfolgte der erste Spatenstich 1864 auf dem Gelände der Japys, in Colmar 1866. In allen drei Fällen war das tragende Unternehmen nach dem Muster der Société von Mulhouse konstruiert: Eine Aktiengesellschaft wurde von einem vier- bis fünfköpfigen Gremium unter Führung eines Hauptaktionärs verwaltet (Dollfus in Mulhouse, Japy in Beaucourt).

Hinter diesen Unternehmungen wirkte ein konservativer, paternalistischer Geist. Penot sprach von einem »philanthropischen Werk mit dem Ziele, den Arbeiter an das Sparen zu gewöhnen, indem es ihm den verlockenden Anreiz des Besitzes bietet«. In Mulhouse wurde die Siedlung von einer Persönlichkeit des öffentlichen Lebens beaufsichtigt, die das Vertrauen der Fabrikanten genoß. So wurde verheirateten Arbeitern nachdrücklich vom Besuch des Restaurants abgeraten – das übrigens ein selbständiger Betrieb im Besitz von Jean Dollfus war. Pernot formulierte sentenziös: »Der pot-au-feu ist entschieden ein Eckstein der Familie, und es wäre höchst mißlich anzusehen, daß Arbeiter auf die häusliche Mahlzeit verzichten, um sich den eitlen Zerstreuungen einer Gemeinschaftstafel zu ergeben.« Von der Familie wurde erwartet, daß sie zurückgezogen lebte und sich vornehmlich der Instandhaltung ihres Heims widmete. Jedes Jahr inspizierte eine Jury die Wohnungen und verteilte Geldpreise an jene, deren Wohnungen sich durch »Ordnung, Reinlichkeit und guten Zustand« auszeichneten.[111]

1895 war die Arbeitersiedlung Mulhouse fertiggestellt. Zu diesem Zeitpunkt umfaßte sie genau 1240 Häuser – die noch heute bewohnt werden – und beherbergte ca. 10000 Personen, d. h. über zehn Prozent der Bevölkerung der Stadt. Eine 1874 durchgeführte Untersuchung erwies, daß es sich nicht um ein Arbeitergetto handelte – in der Siedlung waren etwa 80 Berufe vertreten. Die Studie von Jonas hat allerdings gezeigt, daß der Lohn eines Industriearbeiters allein für die monatlichen

Rückzahlungen nicht ausgereicht hätte; vielmehr mußten Frau und Kinder mitarbeiten, und sie taten das, weil sie sich anders ein Haus nicht hätten leisten können. Die Falle hatte also perfekt funktioniert.

In dem Pariser Vorort Clichy folgte die Cité Jouffroy-Renault (rue des Cailloux 14) dem Vorbild von Mulhouse: Die vierzig Häuser der Anlage waren in fünf verschiedenen Modellen errichtet; sie hatten zwei bis vier Zimmer sowie Keller, Speicher und einen kleinen Garten. Die jährliche Zahlung betrug maximal 380 Francs. Nach fünfzehn Jahren bzw. für 5700 Francs (fast doppelt soviel wie in Mulhouse) konnte der Arbeiter das Haus sein eigen nennen.

In demselben Sinne bot Dollfus' Architekt in den letzten Jahren des Zweiten Kaiserreichs allen »ehrlichen, fleißigen und ordentlichen Arbeitern« von Paris im Faubourg Saint-Antoine Eigenheime mit Garten auf Mietkaufbasis an.[112] Die Wohnungen waren geräumig – dem Anbieter zufolge boten sie Platz für zehn Personen; im Souterrain befanden sich Werkstatt und Küche, im Erdgeschoß zwei Zimmer und im ersten Stock drei; dazu kamen Wandschränke und Toilette. Die Miete war auf 1 Franc pro Tag festgesetzt; um Eigentümer des Hauses zu werden, mußte man fünfzehn Jahre lang zusätzlich 49 Centimes zahlen. Insgesamt betrug der Preis für das Eigenheim über 8000 Francs. Ob dieses Projekt jemals in Angriff genommen wurde, ist unbekannt; auf jeden Fall dürfte es die finanziellen Möglichkeiten der Arbeiter weit überschritten haben.

Die Dritte Republik hat ihre parlamentarische Arbeit mit einer leider viel zuwenig bekannten Untersuchung über die Lage der Arbeiterklasse in Frankreich begonnen. Zu den Berichterstattern gehörte auch Armand de Melun.[113] Die Wohnungsfrage hatte für den Initiator des Gesetzes von 1850 stets im Vordergrund gestanden, und er erklärte, daß dieses Gesetz im großen und ganzen gute Dienste geleistet habe. Nach Meluns Ansicht waren mit den Mietskasernen keine guten Resultate erzielt worden, da sie dem französischen Nationalcharakter mit seinem Unabhängigkeitsstreben widersprächen; auch hätten sie in moralischer und sogar politischer Hinsicht erhebliche Nachteile. In den aus Einfamilienhäusern bestehenden Siedlungen gab es diese Gefahr nicht. Melun lobte die Industriellen, die ihren Arbeitern den Erwerb eines eigenen Hauses erleichtert hatten: »Besitz bringt eine kostbare Eigenschaft mit sich: Er macht den, der besitzt, ordentlicher und fleißiger, hält ihn von üblen Zerstreuungen fern und bindet ihn an den häuslichen Herd, wo er seine Mußestunden nützlich im Schoße seiner Familie verbringt.« So kam aus berufenem Mund das Thema »Hausbesitz in Arbeiterhand« gegen Ende des Jahrhunderts erneut auf die Tagesordnung. Nach Meluns Ideal mußte Besitz jedoch persönliche Berufung sein; die Proletarier sollten ihn aus eigener Kraft erwerben und nicht, wie gelegentlich schon gefordert wurde, mit Hilfe des Staates. Melun argumentierte folgendermaßen: »Indem sie die Sorge um ihr Los in die Hände des Staates legen, der bei allzu vielen als allmächtig gilt, fühlen sie sich der individuellen Anstrengung überhoben, die immer mühsam ist, und verlangen von einer neuartigen Organisation der Gesellschaft und von einer Politik, die von ihrem souveränen Willen abhängig sein soll, was sie nur von fleißiger Arbeit und der Erfüllung aller ihrer Pflichten erhoffen dürfen.«

Derselben Meinung war Frédéric Le Play, der 1856 die Société d'Économie Sociale gegründet hatte.[114] Dieser Theoretiker der sozialen Störungen in der liberalen Gesellschaft wurde nicht müde, den Gedanken vom sittlichen Charakter des Grundbesitzes zu verbreiten: »Die unauflösliche Einheit zwischen der Familie und ihrem Heim ist das Lebenselement, das den wohltätigsten Einfluß auf die Sittlichkeit und das Wohlergehen der Arbeiterfamilie ausübt.«[115] Diese Botschaft wird in seinem Hauptwerk *La Réforme sociale* ausführlich erläutert.[116] Im ersten Band[117] rechnet Le Play das Eigentumsrecht der Familie an ihrer Wohnung zu den fruchtbarsten europäischen Traditionen. In Frankreich gab es diese Tradition jedoch nur noch auf dem Lande. In den Städten und Gewerbezentren waren die meisten Wohnungen gemietet, was sozial unerwünschte Folgen hatte: »Für die sozialen Beziehungen ist die rigorose Anwendung des Prinzips von Angebot und Nachfrage in puncto Wohnraum ebenso schädlich wie in puncto Lohn.«

Das Manufaktursystem hatte die Menschen dem heimatlichen Boden entfremdet und sie an Örtlichkeiten zusammengepfercht, wo sie schutzlos den Reizen des Lasters und des Leichtsinns ausgeliefert waren. Dort war es ausgeschlossen, daß die Familie in einem eigenen Haus wohnte, was doch »eine der wesentlichen Errungenschaften jeder Zivilisation« war. Sie mußte sich mit einer Bleibe in der Mietskaserne begnügen: »Der Einzug in eine Mietswohnung, in der es an den elementarsten Hygiene- und Sanitäreinrichtungen fehlt, beweist vor allem, daß die Familie ihren Sinn für Menschenwürde verloren hat. Der Vater ist fast nie zu Hause, entweder weil er arbeiten muß oder weil er seinen dumpfen, egoistischen Vergnügungen nachgeht. Die Mutter, auf den Stand der Arbeiterin herabgewürdigt, verläßt ebenfalls das Haus, sei es, um der Prostitution nachzugehen, sei es, um auf ehrliche Art die Last einer groben Tätigkeit auf sich zu nehmen. Söhne und Töchter, von klein auf mit schwerer Arbeit belastet, nehmen nach und nach leichtsinnige und lasterhafte Gewohnheiten an. Die alternden Eltern, durch Entbehrungen und Unmäßigkeit vorzeitig geschwächt, sterben arm und mittellos und vor Ablauf der Frist, die ihnen bei einem geregelten Lebensgang beschieden gewesen wäre.«[118]

Gegen diese furchtbare Verschwendung gab es nur ein Mittel: freiwilliges Agieren der herrschenden Klassen. Hauptaufgabe der Industriellen mußte es sein, ihre Arbeiter zum Sparen zu animieren, damit sie zu einem eigenen Haus kamen, und sie dazu zu bewegen, ihre Frauen nicht zur Arbeit zu schicken. Deshalb mußten die Fabriken auf dem Lande errichtet werden: Die Stadt hatte Würde und Sittlichkeit der Familie untergraben; auf dem Lande würden wieder stabile Haushalte entstehen und zur Blüte gelangen. Dann würde auch das System der Mietwohnungen verschwinden, das bei Ausländern auf »Befremden und Kritik« stieß. Für den Rest des Lebens in einem Haus wohnend, das in angemessener Entfernung von anderen Häusern stand, war niemand mehr gezwungen, »die Fetzen seiner Persönlichkeit in allen vier Himmelsrichtungen auszuhängen«.

Jedem sein Eigenheim!

Dieser bizarre Gedanke wurde nun zur Obsession aller bürgerlichen Reformer. Die »künstliche« Praxis des Zusammenlebens in Mietshäusern wurde auf den ersten internationalen Hygienekongressen, die ab 1876 stattfanden, mehrfach verurteilt. In Brüssel[119] hatte ein Berichterstatter erklärt: »Im Interesse des materiellen und moralischen Wohls der Arbeiter, der öffentlichen Gesundheit und der sozialen Sicherheit sollte jede Arbeiterfamilie in einem eigenen gesunden, bequemen und erschwinglichen Haus wohnen.« Zwei Jahre später, auf dem zweiten Kongreß in Paris[120], betonte Émile Trélat, Verfasser eines Berichts über »Cités ouvrières – maisons ouvrières«: »Die Verbesserung der Wohnsituation der Arbeiter durch deren Kasernierung war zum Scheitern verurteilt. Es spricht für die wahre menschliche Würde des Arbeiters, daß er die wirtschaftlichen Vorteile verschmäht hat, die man ihm für die Unterwerfung unter das Reglement einer Arbeitersiedlung angeboten hat.« Und er schloß mit dem kühnen Satz: »Was heute eindeutig feststeht, ist die völlige Untauglichkeit der Mietskaserne als Arbeiterwohnung.«

Die Apostel des Einfamilienhäuschens begannen unverzüglich mit der Realisierung eines Pilotprojekts, wie es noch von keinem Philanthropen versucht worden war: Sie siedelten Arbeiter in einem Pariser Arrondissement an, welches das Bürgertum zur eigenen exklusiven Nutzung ausersehen hatte. 1880 gründeten Senator Dietz-Monin – Partner der Japys –, Paul Leroy-Beaulieu und einige andere Konservative die Société Anonyme des Habitations Ouvrières Passy-Auteuil[121] mit einem Kapital von 200 000 Francs (2 000 Aktien zu je 100 Francs). Auf einem Gelände, das der auf kleine Wohnungen spezialisierte Ingenieur Émile Cacheux zur Verfügung gestellt hatte, sollten Eigenheime mit vier Zimmern, fließend Wasser, Gas und Kanalisation entstehen. Zum Kauf des Hauses bedurfte es einer Anzahlung von 500 Francs sowie zwanzig Jahre lang einer jährlichen Mietzahlung von 600 Francs. 1893 standen bereits 67 Häuser, in denen über dreihundert Personen lebten.

Die jährlichen Raten waren so hoch angesetzt, daß sie nur für die oberste Schicht der »fleißigen und ordentlichen« Arbeiter, nämlich die Vorarbeiter, in Betracht kamen, vor allem jedoch für die Angestellten – die neue Klasse kleiner Bürokraten, ohne welche die Industrie nicht mehr auskam. Welche Ehre für sie, auf dem höchsteigenen Grund und Boden ihres Chefs geduldet zu sein! Gewiß, die Wohnungen lagen im tiefsten XVI. Arrondissement, an der rue Boileau, wo die Durchschnittsmiete zu Beginn des 19. Jahrhunderts bei 600 Francs lag. (Das war die billigste Miete in dem mittlerweile teuersten Arrondissement von Paris – im Quartier Chaillot betrug sie 2 000 Francs, im Quartier Porte Dauphine 1 900 Francs und im Quartier la Muette 1 100 Francs.)

So ernst es den Kandidaten sein mochte – es war doch ratsam, sich ihrer Klassenherkunft zu erinnern, und so traf die Société entsprechende Vorsichtsmaßregeln. Wenn der »Bewerber« um ein Eigenheim durch notorische »Unsittlichkeit« auffiel, riskierte er die Annullierung des Vertrages und die Kündigung. Aus ähnlichen Erwägungen war das Untervermieten verboten. Die Arbeitersiedlung Passy-Auteuil fungierte eine Zeitlang als beliebtes Aushängeschild des Liberalismus; sie wurde vom Präsidenten der Republik feierlich ihrer Bestimmung übergeben und häufig von ausländischen Gästen besucht. Die geistigen Väter dieser Unternehmung erwarteten sich von ihr die schönsten Resultate, wie aus dem Bericht bei der ersten Aufsichtsratssitzung hervorgeht. Er stammte aus der Feder des Ingenieurs Émile Cheysson, eines namhaften Vertreters der konservativen Sozialreformer, und erschien im *Économiste français*, der Wochenzeitschrift Paul Leroy-Beaulieus: »Der Besitz des eigenen Hauses bewirkt bei ihm [dem Arbeiter] eine vollkommene Verwandlung. [...] Ein kleines Häuschen mit Garten macht aus dem Arbeiter das Familienoberhaupt, das diesen Namen wirklich verdient, das heißt einen moralischen und umsichtigen Mann, der Wurzeln geschlagen hat und Autorität über die Seinen besitzt. [...] Bald ist er es, der von dem Haus ›besessen‹ wird: Es versittlicht ihn, läßt ihn seßhaft werden und macht einen anderen Menschen aus ihm.«[122] Verräterischer hätten es die Meisterdenker der herrschenden Klasse nicht formulieren können. Wie sein Freund und Schüler Le Play war Cheysson Absolvent der École Polytechnique; er glaubte, der Besitz eines eigenen Häuschens würde dem Arbeiter den Gedanken an kollektive Arbeitskämpfe und an Gewerkschaftssolidarität schon austreiben. Und die Architekten boten auf Empfehlung der Sozialtheoretiker ihre ganze Kunst auf, um die Eigenheimsiedlungen so zu bauen, daß der nachbarschaftliche Kontakt der Bewohner erschwert war. Denn wenn die Leute erst einmal anfingen, miteinander zu kommunizieren, dann war es nicht mehr weit bis zur »sexuellen Unmoral«, diesem Schreckgespenst des Bürgertums im 19. Jahrhundert, und zur politischen Agitation.

Auch in der Provinz gab es vereinzelt Ansätze, dem Arbeiter den Erwerb eines kleinen Eigenheims zu ermöglichen. Eugène Rostand – der Vater des Dichters und Großvater des Naturwissenschaftlers – setzte sich für dieses Vorhaben in Marseille ein, wo die Caisse d'Épargne einige ungewöhnliche Entscheidungen getroffen hatte. Damals waren diese Sparkassen schon eine beliebte Institution, doch ihre Bautätigkeit beschränkte sich im allgemeinen darauf, mit den Geldern der Armen prunkvolle klassizistische Verwaltungspaläste im Stile der »hôtels« zu errichten. Die Sparkasse von Marseille hingegen hatte 1889 ein Programm aufgelegt, das den Bau von Eigenheimen, Dreizimmerwohnungen und Unterkünften für Ledige vorsah.[123]

In Le Havre baute die Société Havraise des Cités Ouvrières 1889 vierzig Ein- und Zweifamilienhäuser[124], in Beauvais der Industrielle Rupp 1891 neunundzwanzig Häuser[125]; in Lyon entwarf der Architekt Roucheton Häuser für die Firma »Le Cottage«, die das Ziel verfolgte, »gesunde, billige Häuser zu bauen, um den Immobilienerwerb durch Arbeit und Sparen zu erleichtern«. Der Hintergedanke derartiger Programme war stets derselbe.

1903 beschäftigten sich sämtliche Fachzeitschriften des Baugewerbes

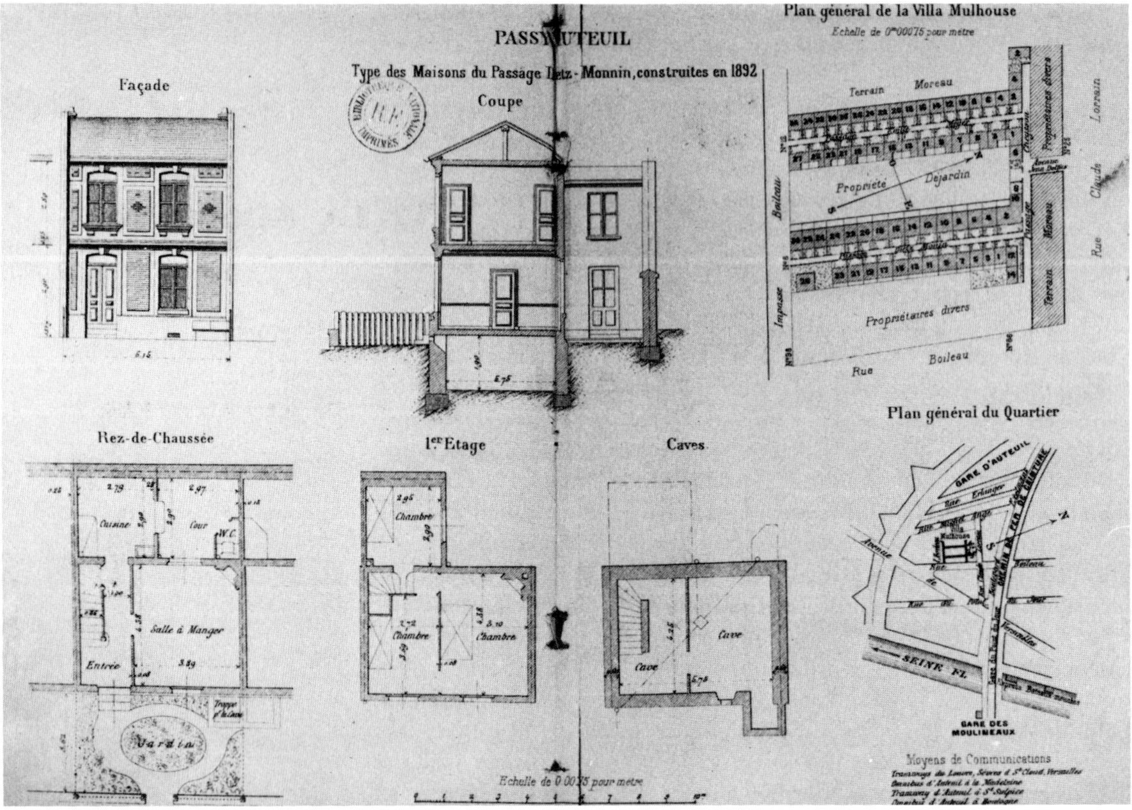


E. Chacheux, *L'Économiste pratique*. Die »Société Anonyme des Habitations Ouvrières de Passy-Auteuil« war ein Unternehmen, das auf »soziale Versöhnung« setzte. Das Projekt umfaßte hundert Häuser mit eingezäuntem Vorgarten, die noch heute stehen. (Paris, Bibliothèque Nationale)

mit einem einzigen Thema: der Weltausstellung für Wohnen, Bauindustrie und öffentliche Arbeiten, die vom 30. Juli bis 15. November im Pariser Grand Palais stattfinden sollte. Ein Journalist bemerkte am Schluß einer Artikelserie in der *Construction lyonnaise*[126] einigermaßen naiv: »Und so darf man sagen, daß Philosophen und Idealisten, Künstler, Architekten und Arbeiter, kurzum alle fleißigen Söhne der großen französischen Familie im Grand Palais einige, wo nicht alle ihre Träume verwirklicht sehen werden.« Die Schüler von Hennebique, dem Apostel des Stahlbetons, nutzten die Gelegenheit, um ihren Baustoff zu glorifizieren: »Für alle Bauträger billiger Wohnungen muß Stahlbeton von Interesse sein, weil er sicher, hygienisch, dauerhaft und selten teurer als lokale Baumaterialien ist.«[127] Entsprechend den Vorgaben der Sozialbehörden wurde auf der Ausstellung das Einfamilienhaus propagiert. Verschiedene Modellhäuser wurden vorgestellt, deren Zimmer mit zeitgenössischen Möbeln (samt Preisschildern) ausgestattet waren. Eine Aufschlüsselung der Bautätigkeit in Frankreich zwischen 1894 und 1904 unterstreicht die Bedeutung des Einfamilienhauses auf dem Immobilienmarkt – in Dünkirchen entstand die Cité G. Rosendaël, in Roubaix waren es 96 Einfamilienhäuser der Ruche Roubaisienne, in Alençon 45 der Sparkasse, in Bordeaux 74, in Montpellier 14 für den Foyer par l'Épargne, in Béziers 18 für die örtliche Sparkasse, in Marseille 24, zu denen ebenfalls die Sparkasse den Auftrag gegeben hatte.

Zum Zentrum einer häufig sozial verbrämten Bauland-Erschließung wurden die Vororte von Paris. Das Cottage d'Athis und das Toit Familial in Argenteuil fanden alsbald Nachahmer.[128]

## Mit dem Segen Zolas

Genau in diesem Augenblick profitierte das Einfamilienhaus von einer gewichtigen literarischen Fürsprache: Zola hatte es für die utopische Stadt Beauclair gewählt, den Schauplatz eines seiner letzten Werke, des 1901 erschienenen Romans *Travail*. Hier war keine Rede von Mietskasernen à la Familistère, umgeben von riesigen Gärten als traurigen Resten des alten, gewachsenen Dorfes. Hier gab es nur Einfamilienhäuser; sie standen »zwanglos verstreut; doch um so mehr Friede und frohe Gesundheit atmete alles«. Natürlich hieße es, dem Ideal die Flügel zu stutzen, wollte man in dem paradiesischen Chaos Beauclair auf so profanen Dingen wie Kanalisation oder Straßennetz bestehen. Zola verbreitet sich ausführlich über den elektrischen Strom, der jedes traute Heim erleuchtet; man fragt sich, ob er nicht vielleicht die dafür notwendigen Leitungen vergessen hat... Doch der »naturalistische« Romancier scheut auch einen Widerspruch nicht: Nachdem er die »Flut von weißen Häusern« beschworen hat, die das alte Beauclair erfaßt, beschreibt er Einfamilienhäuser, die von dieser Reinheit wenig erkennen lassen. Sie sind aus Stein, und ihre Fassade schmückt jenes keramische Bric-à-brac, das sich seit seinem Triumph bei der Ausstellung von 1889 bei den Architekten außerordentlicher Beliebtheit erfreute: »[Die Fassaden] waren mit farbigen Platten aus Sandstein und Ton, mit Emailkacheln, Dachgauben, Fenstereinfassungen, Paneelen, Friesen und Gesimsen verziert.« Dergleichen könnte ein gerührter Zola auch heute noch (oder wieder) entdecken, denn ganze Stra-

Über die Stiftung, die diese Rudimentärbauten als bescheidenste Form des Hausbesitzes errichtete, ist leider wenig bekannt.

ßenzüge in den Vororten von Paris sind in diesem Stil erhalten oder restauriert.

Mit dieser Utopie deklarierte Zola sein Ideal: das des kleinbürgerlichen Hausbesitzers, der er in Médan ja selber war. Während die französischen Bürger, um der »Gefahr des Sozialismus« zu wehren, das gehobene Proletariat, das entfremdet in seinen auf Pump gekauften Einfamilienhäusern saß, auf ihre Seite zu ziehen suchten, kam ihnen ausgerechnet jener Schriftsteller zu Hilfe, den sie am meisten verabscheuten, und wob mit am Mythos des eigenen Häuschens, der nach und nach die gesamte Mittelschicht in seinen Bann schlug.

In Wirklichkeit konnte sich nur diese Mittelschicht Häuser aus Kalkstein und Quadern leisten – vergröberte Versionen der bürgerlichen Villa, die in den buntesten Formen überall in Paris auftraten. Denn ein solches Einfamilienhaus mit fünf Zimmern und Garten am Stadtrand von Paris kostete um 1910 in der Regel 12 000 Francs. Eine Arbeiterfamilie in der Hauptstadt verdiente pro Jahr durchschnittlich 1 700 Francs, die Familie eines kleinen Angestellten 2 200 Francs. Noch genauer gesagt: Ein Bauarbeiter verdiente 1911 in der Region Paris nicht mehr als 5,50 Francs pro Tag. Für ganz Frankreich lag der Durchschnitt bei 4,86 Francs.

Den präsumtiven Hausbesitzern der unteren Schichten blieb daher nichts anderes übrig, als sich mit den Minimal-Versionen von Eigenheimen zufriedenzugeben, die von einigen geschäftstüchtigen Architekten bald auf den Markt gebracht wurden. Dem gewieften Petitpas – Herausgeber der 1905 gegründeten Zeitschrift *Ma petite maison* – zum Beispiel gelang es, den Preis für ein Haus mit zwei Zimmern, Küche und

Wohnstube einer »besseren« Arbeiterfamilie: Es gibt zwei Büfetts – auf dem einen stehen Hochzeitsvasen –, eine Deckenlampe und an den geteilten Fenster Stores und Gardinen.

Innen-WC, jedoch ohne Bad, auf 1300, ja, 1200 Francs zu drücken.[129] Sein Kollege Bourniquel[130] wurde später vom Herausgeber Garnier auf eine Weise charakterisiert, die deutlich macht, daß die Lehren Le Plays und seiner Nachfolger auf fruchtbaren Boden gefallen waren: »Man kann sagen, daß jeder, der nicht ein eigenes Haus besitzt, in einem Zustand der dauernden Unsicherheit lebt. [...] Der Familienvater, der die Seinen um einen richtigen Herd versammelt, erspart ihnen drangvolle Enge; die Würde, der sittliche Wert, ja die Herzensbildung jedes Familienmitgliedes profitieren davon.«

Der Ton ist angeschlagen, und Bourniquel kann alle seine Gebäude Revue passieren lassen: von dem kleinen Häuschen für den gutverdienenden Arbeiter über das »pied-à-terre« des Kaufmanns und das Haus für den Industriellen bis hin zur eleganten bürgerlichen Villa. Diese charakterisiert ein steiles, mit Wetterfahnen und Spitztürmchen gekröntes Dach sowie ein Treppenturm, der einen mittelalterlichen Akzent in die Landschaft setzt... Noch die bescheidensten dieser Objekte besaßen einen erhöhten, überdachten Hauseingang, der fast ein Topos bei derartigen Gebäuden war. Frankreich wurde zum Land eines bornierten Glücks im Winkel. Man schottete sich ab gegen »Pfeffersäcke« und »fremdes Pack«. Das währte bis zur Zwischenkriegszeit mit dem traurigen Kapitel der Parzellierungen, durch die der Traum vom Eigenheim zum Alp einer unhygienischen Baracke verkam. Aber was machte das aus, nun, da der Besitz per se als »wesentlich« galt? Eine Zeitschrift, die mehr als fünfzehn Jahre lang erschien, nannte sich gemütvoll-schlicht *Not' cabane* [*Unser Häuschen*] – ein weiteres Indiz für den gesellschaftlichen Verniedlichungsbetrieb, der in Frankreich immer wieder Konjunktur hat.

Doch wieso muß das »schmucke Häuschen« zwangsläufig das Glück bedeuten? Es gab mindestens einen Schriftsteller, der diesem Märchen nicht aufgesessen ist. In dem Roman *Villa Oasis ou les Faux Bourgeois* (1932) erzählt Eugène Dabit – einer der wenigen proletarischen Schriftsteller Frankreichs und heute unerklärlicherweise vergessen – die Geschichte von zwei ehemaligen »hôteliers«, die sich am Stadtrand von Paris eine Villa kaufen. Das Haus hat zwei Stockwerke, einen Garten mit hohen Mauern, um den Kontakt mit den Nachbarn zu vermeiden, einen Zierteich und eine Garage, da die beiden auch ein Auto besitzen. Es fehlt nichts zum Glück in diesem millionenfach verbreiteten Modell. Doch das Schicksal ist bisweilen unberechenbar: Das Haus bringt seine Besitzer schließlich um.

## Der neue soziale Wohnungsbau

### Der Siegeszug der Privatinitiative

Der subversive Wind des Sozialismus und einer sozialen Kunst[131] erfaßte gegen Ende des 19. Jahrhunderts auch die École des Beaux-Arts. Manche jungen Architekten wurden augenscheinlich von ganz anderen Sorgen gequält als jenen, die ihre Vorgänger – Hohepriester der unver-

Seit Beginn des 20. Jahrhunderts wurden immer wieder Wettbewerbe ausgeschrieben, die den Entwurf billiger Möbel zum Thema hatten. Die meisten Vorschläge wurden von Möbeldesignern eingereicht, die sich dem Art Nouveau zurechneten. Sie fanden jedoch nicht das erhoffte Echo, weil bereits die großen Kaufhäuser den Markt für Billigmöbel beherrschten: Das Meisterwerk war dieses Eßzimmer (oben) im Henri-II-Stil (siehe auch Abbildung Seite 395). (Wettbewerb von 1905. Paris, Bibliothèque des Arts décoratifs)

gänglichen Schönheit – umgetrieben hatten. Es erschienen Bücher über Architektur, deren Verfasser ebensogut Ingenieur oder Arzt hätte sein können.[132] Ein neuer Markt bildete sich heraus, und die Auguren des Faches waren sich dessen wohl bewußt. In einem Artikel der *Semaine des constructeurs* heißt es 1890: »Der Bau billiger Wohnungen, früher ein schlichtes Werk der Menschenfreundlichkeit, wird künftig in den Rang einer Kapitalanlage erhoben, verbunden mit einem Akt des aufgeklärten Sozialismus. An unseren Kollegen ist es, diese Frage unter technischen Gesichtspunkten zu untersuchen.«

In Paris inspirierte das Gesetz von 1894 einige größere Bauprojekte. Beispielsweise setzte die Société philanthropique ihre Aktivitäten fort: 1897 entstanden 54 Wohnungen in einem Gebäude in der rue d'Hautpoul 19 (XIV. Arrondissement); 1898 waren es 38 Wohnungen in der rue de Clignancourt (XVIII. Arrondissement). In diesem Gebäude gab es zur Verzweiflung Georges Picots im Durchschnitt weniger als ein Kind pro Familie. Hatte die neo-malthusianische Propaganda auch hier ihre verderblichen Früchte gezeitigt? Immerhin zahlten die Mieter pünktlich ihre Miete. Und um die Jahrhundertwende hatte die Société philanthropique 190 Arbeiterfamilien – insgesamt 622 Personen – vor der Hölle der Pariser Slums bewahrt . . .

1902 erhielt der Architekt Charles Guyon von der Groupe des Maisons Ouvrières[133] – eigentlich eine Stiftung der Zuckerfabrik Lebaudy – den Auftrag, drei Gebäude in der rue Jeanne d'Arc 5 (XIII. Arrondissement) zu errichten. Sie sollten 71 Wohnungen enthalten, dazu Gemeinschaftseinrichtungen: eine Bücherei, einen Stellplatz für Fahrräder und Kinderwagen, eine Waschküche, einen Raum zum Wäschetrocknen,

Bäder und Duschen sowie einen Kinderspielplatz. Für dieselbe Gesellschaft entwarf Labussière 1905 eine Gruppe von 175 Wohnungen in der rue Ernest Lefèvre (XX. Arrondissement).

Im Vorort Saint-Denis tat sich die Societé Anonyme des Habitations Économiques hervor: Sie ließ 1902 durch den bereits erwähnten Charles Guyon 342 Wohnungen in elf Gebäuden bauen, dazu 21 Einfamilienhäuser.

Manche Leute dachten sogar an die alleinstehende Frau, die Georges Picot soviel Sorgen bereitete. Er erklärte 1900 in der von Le Play herausgegebenen Zeitschrift *La Réforme sociale*, »daß die Arbeiterin, die in Paris von ihrer Hände Arbeit leben will, in einer Pension nichts zu suchen hat«. Ein hoher Polizeibeamter hatte ihm gesagt: »95 von 100 jungen Mädchen, die der Prostitution nachgehen, tun es nach meiner Überzeugung aus Wohnungsnöten.«[134] Verschiedene Wohltätigkeitsorganisationen boten insgesamt rund 1000 Betten in Wohnheimen an; freilich lebten nach dem Zensus von 1891 in Paris 339344 Arbeiterinnen, von denen 165774 zwischen zwanzig und neununddreißig Jahre alt waren. Auch die Société philanthropique erkannte dieses sittlich brisante Problem. Dank einem Geldgeschenk der Baronin Hirsch in Höhe von 500000 Francs konnte die Gesellschaft 1902 eine Pension für Damen und junge Mädchen in der rue des Grandes Carrières 37 (XVIII. Arrondissement) eröffnen. Zur Verfügung standen 20 Zimmer zu einem Francs pro Nacht und 36 Kammern zu 0,60 Francs pro Nacht. Es gab keine Waschgelegenheit in den Räumen, aber ein Badezimmer (20 Centimes) sowie Duschen (10 Centimes). Um 22 Uhr war Sperrstunde. Besuch auf den Zimmern war nicht erlaubt; die Bewohnerinnen der Pension durften Gäste zwischen 17 Uhr und 18.30 Uhr im Versammlungs-

Gaston Le Fol, *Grandes constructions à loyer économiques*. Diese Fassade mit den besonders sorgfältig gearbeiteten Simsen sieht nicht nach »Billig«-Wohnbau aus. Tatsächlich war das Gebäude jedoch für Arbeiterfamilien gedacht und enthielt im Untergeschoß Werkstätten.
(Paris, Bibliothèque Historique)

In den meisten Entwürfen für Sozialwohnungen fehlte nicht die Bibliothek; wirklich gebaut wurde sie nur in seltenen Fällen. Die Abbildung zeigt das Bibliothekszimmer in einem Gebäude, das die »Groupe des maisons ouvrières« 1907 in der rue Ernest Lefèvre errichtete.

saal empfangen. Herrenbesuch war ausschließlich im Büro der Pensionsleiterin gestattet.

Bald darauf tat eine Behörde bedeutend mehr für ihr weibliches Personal. Bliaut baute 1906 in der rue de Lille 41 (VII. Arrondissement), mitten in einem bürgerlichen Viertel und hinter der Caisse des Dépôts, die »Maison des dames employées des Postes, Télégraphes et Téléphones«, eine Pension für die weiblichen Beschäftigten der PTT. Das prunkvolle Gebäude im Art-Nouveau-Stil steht noch heute; es enthielt 111 Zimmer und bot verschiedene Dienstleistungen für die Bewohnerinnen an.

Den »Francs Amis du Parthénon« war all dies ein Dorn im Auge; sie saßen gegenüber dem Louvre und neben dem Institut in jenem Tempel, der – wie Ingres erklärt hatte, als Napoleon III. 1863 die École des Beaux-Arts reformieren wollte – der griechischen und der römischen Kunst geweiht war. Das geht auch aus der Zeitschrift *L'Architecte* hervor, des von 1906 bis 1935 erschienenen offiziellen Organs des 1877 gegründeten französischen Architektenverbandes (»Société des Architectes Diplômés par le Gouvernement«, SADG). Die SADG war eine Macht; ihr gehörten fast alle Diplomarchitekten Frankreichs und die meisten Träger des Rompreises an. Zwischen 1906 und 1914, in einem Zeitraum also, in dem wichtige gesetzgeberische Anstrengungen zur Förderung von Billigwohnungen (»Habitations à Bon Marché«, HBM) unternommen und Ergänzungen des Gesetzes von 1894 beschlossen wurden, brachte *L'Architecte* zu diesem Thema nur acht Beiträge und (1913) als einzige Illustration die Abbildung eines Wohnhauses.

## Für Billigwohnungen kein Rompreis

In demselben Jahr 1913 begann jedoch eine andere große Fachzeitschrift die Ohren zu spitzen, nämlich *L'Architecture*, das Organ der Société Centrale des Architectes. Die Herausgeber erkannten das Problem der

Gaston Le Fol, *Grandes Constructions à loyer économique*. 1908 baute A. Labussière für die »Groupe des maisons ouvrières« den großen Wohnhauskomplex in der avenue Daumesnil 124 (XII. Arrondissement). In der Hälfte der Wohnungen war die – übrigens vollständig eingerichtete – Küche durch einen halbhohen Raumteiler vom Eßzimmer getrennt. (Paris, Bibliothèque Historique)

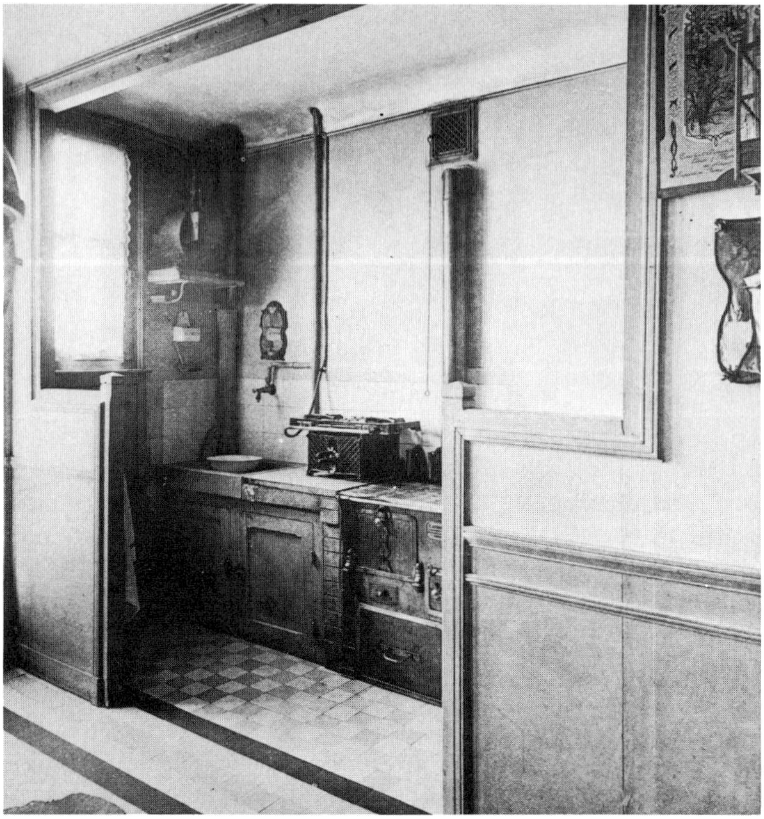

Arbeiterwohnungen und widmeten ihm zahlreiche Beiträge, gingen aber auf Distanz. In einem Bericht über Architekturarbeiten in den Salons erklärte Henri Saladin denn auch: »Ich sehe Häuser für Arbeiter, HBM, erschwingliche Mietwohnungen und wieder HBM. Ich möchte

1911 baute der unermüdliche Labussière – hier gemeinsam mit seinem Kollegen Longerey – ein Männerwohnheim mit 743 Einzelzimmern. Zum ersten Male in der Geschichte des Pariser Wohnungsbaues standen damit ledigen Arbeitern ordentliche Zimmer mit dem Komfort und dem Service eines Hotels zur Verfügung (siehe auch Abbildung Seite 400). (Archives Bernard Marrey)

nicht als Kritiker dastehen, dem man nichts recht machen kann, aber sind HBM vom künstlerischen Standpunkt aus wirklich so wichtig, daß man sie in so großer Zahl vorstellen muß? Sie sollten eigentlich nur bei außergewöhnlichem Wert im Salon vertreten sein. Das sind ausgezeichnete handwerkliche Leistungen, aber keine Kunstwerke.«[135] Die Botschaft ist klar: Die Arbeiterwohnung würde niemals der höchsten Weihe teilhaftig werden, eines Rompreises würdig zu sein. Lieber sahen die hoffnungsvollen jungen Kandidaten dieses Preises ihren Namen mit einem Botschaftsgebäude oder einer Wallfahrtskirche verknüpft. Zum Glück gab es jedoch auch Außenseiter – teilweise ohne Diplom –, die sich von akademischen Formalismen und überkommenen Denkschablonen frei machten und Lösungen entwickelten, die auf die Bedürfnisse der Arbeiterfamilie zugeschnitten waren. Einige dieser Projekte wollen wir nun betrachten.

## Henri Sauvage

Im Juni 1904 eröffnete Handelsminister Georges Trouillot, ein fanatischer Antiklerikaler, in Paris in der rue de Trétaigne (XVIII. Arrondissement) das erste Gebäude, das die Société des Logements hygiéniques à Bon Marché errichtet hatte; Präsident dieser Gesellschaft war Frantz Jourdain, einer der Propheten des Baustoffs Eisen und erklärter Gegner des Klassizismus.

Schöpfer des mustergültigen fünfstöckigen Gebäudes mit Betonskelett und Ziegelsteinfüllung sowie übersichtlichem Grundriß, der sich in

der klaren Fassade widerspiegelte, war Henri Sauvage – trotz seiner gerade dreißig Jahre kein Unekannter. Er war – allerdings ohne Diplom, wie Auguste Perret – aus dem Atelier Pascal an der École des Beaux-Arts hervorgegangen und hatte sich 1898 mit einer Villa für den Möbelfabrikanten Majorelle in Nancy als einer der führenden Architekten des Art Nouveau neben seinem Freund Guimard einen Namen gemacht.[136]

In der rue de Trétaigne gab es alle Gemeinschaftseinrichtungen, die nach Ansicht sowohl der Utopisten wie der Hygieniker in Arbeiterwohnungen unentbehrlich waren: Badezimmer mit Duschen, einen Laden für eine Verbraucherkooperative – die »Prolétarienne« –, ein nach hygienischen Gesichtspunkten gestaltetes Restaurant, Räume für Erwachsenenbildung, ja, sogar einen hängenden Garten für die Sonnenkuren, die nach dem damaligen Stand des Wissens das beste Rezept gegen Tuberkulose waren. Bei diesem Gebäude verzichtete Sauvage auf die Niedlichkeiten des neugotischen oder vegetabilen Art Nouveau, die nur noch beiläufig in kleinen Details zu entdecken sind. Das Gebäude besticht als Meisterwerk eines strengen Understatements; Perret hatte auf dergleichen bei seinem Gebäude in der rue Franklin mit seinen Keramikornamenten verzichtet. Aber der Unterschied der beiden Gebäude war eben der zwischen dem XVI. und dem XVIII. Arrondissement.

Gaston Le Fol, *Grandes Constructions à loyer économiques*. Dieses Gebäude am Boulevard de l'Hôpital 165 (XIII. Arrondissement), 1909 von Sauvage und Sarazin entworfen, war seiner Zeit durch den Verzicht auf jedes überflüssige Ornament voraus. Es war aus Stahlbeton und hatte eine Dachterrasse für Sonnenbäder.
(Paris, Bibliothèque Historique)

## Die Haute Banque

Sauvage baute noch weitere Arbeiterwohnungen in demselben Geist. Höhepunkt war 1922 das Wohnhaus in der rue des Amiraux (XVIII. Arrondissement), gleichsam der Tempel der HBM. Wer hätte dabei noch von »Armen-Architektur« sprechen wollen? Sicherlich nicht die »Messieurs Frères« mit ihrem empfindlichen Schönheitssinn.

Im Januar 1905 schrieb die Fondation Rothschild[137] einen Wettbewerb um den »Bau einer Gruppe von Häusern mit gesunden und erschwinglichen Kleinwohnungen« aus; Standort sollte ein dreieckiges, 5629 Quadratmeter umfassendes Gelände im XII. Arrondissement sein, das von der rue de Prague, der rue Charles Baudelaire und der rue Théophile Roussel begrenzt wurde und in der Nähe des Gare de Lyon lag. Die Ausschreibung war bewußt allgemein gehalten; es sollten mehrstöckige Häuser mit Gemeinschaftseinrichtungen und drei- bis vierprozentiger Kapitalverzinsung sein. Der Bau sollte in zwei Abschnitten erfolgen, wobei nicht garantiert war, daß der preisgekrönte Entwurf auch verwirklicht werden würde. Bis zum 31. März 1905 reichten 127 Bewerber ihren mit einem Stichwort gekennzeichneten Entwurf anonym im Hôtel de Ville ein, wo die Vorschläge im Festsaal ausgelegt wurden. Die Jury bestand aus sechs Architekten und sechs Vertretern der Rothschild-Stiftung, darunter Cheysson, Picot und Siegfried.

Aus den eingereichten Entwürfen wurden zunächst 25 und aus diesen wiederum sieben ausgewählt. Der erste Preis, dotiert mit 10 000 Francs, ging an den Außenseiter Adolphe-Augustin Rey für seinen Entwurf »Tout pour le peuple«. Den zweiten Preis mit 9 000 Francs gewann Henry Provensal für sein »Utile dulci«. Beide Architekten waren Schüler der École des Beaux-Arts und besaßen ein staatliches Diplom. Provensal war überdies mit Sauvage befreundet. Anatole de Baudot, der Architekt von Saint-Jean in Montmartre, war in der ersten Runde ausgeschieden. Tony Garnier, den seine aus Rom eingereichten Pläne für die Cité Industrielle berühmt gemacht hatten, kam mit einem Projekt, das der Traum aller Hygieniker war, in die zweite Runde; es ähnelte einem Sanatorium; auf Innenhöfe und Lichtschächte wurde verzichtet, statt dessen standen die Gebäude im Interesse optimaler Sonneneinwirkung im Zickzack gegeneinander versetzt; die Wohnungen waren ungewöhnlich groß und wiesen alle ein Badezimmer auf – eine luxuriöse Neuerung, die es nicht einmal in allen bürgerlichen Wohnungen gab.

Alle Bewerber der zweiten Runde huldigten dem Prinzip des offenen Innenhofs. Rey zeichnete sich dabei durch die Kompromißlosigkeit seines Entwurfs aus. Das Entlüftungssystem glich einem vertikalen Stadtplan. Besonders raffiniert waren die Küchen: Sie hatten einen Müllschlucker, eine Truhe für das Leinenzeug, Schränke, eine Duschkabine und eine zur Luftfilterung mit Watte isolierte Speisekammer. Ferner gab es Gemeinschaftseinrichtungen wie Duschen und Bäder, eine Waschküche, einen Trockenraum, eine Fahrradgarage, ein »hygieni-

Gaston Le Fol, *Grandes Constructions à loyer économiques*. Dieses Gebäude in der rue de Prague 10 wurde 1909 von dem Architekten H. Provensal und seiner Mannschaft entworfen. Es unterscheidet sich in nichts von den bürgerlichen Wohnhäusern der Zeit: Verbaut wurden qualitativ hochwertige Materialien, der Eingang war monumental, und es gab einen Steinbalkon. Die einzige ungewöhnliche Note waren Reliefs mit Motiven aus der Arbeitswelt.
(Paris, Bibliothèque Historique)

Gaston Le Fol, *Grandes Constructions à loyer économiques*. In dem Gebäude in der rue de Prague gab es einen mustergültigen Kindergarten, der den modernsten hygienischen Erfordernissen genügte; die hohen Fenster und weißen Wandfliesen erinnerten an die Pariser Métro. Die Bugholzstühle stammten aus der berühmten österreichischen Möbelwerkstatt der Brüder Thonet. (Paris, Bibliothèque Historique)

sches« Restaurant, einen Versammlungssaal, Zimmer für ledige Männer und Frauen sowie eine Terrasse zum Sonnenbaden. Mehr als Sauvage in der rue de Trétaigne, aber in ähnlichem Geist verarbeitete Rey Beton – einen Baustoff, den »seriöse« Architekten damals verachteten. Immerhin verzierte er das Gebäude mit malerischen Zutaten im Zeitgeschmack wie vorspringenden Dächern und Abdeckungen.

Sämtliche eingereichten Entwürfe berücksichtigten die Wunschvorstellungen der Hygieniker aus den vergangenen dreißig Jahren: Die Wohnungen waren hinreichend groß für eine Familie, es gab separate Zimmer, die Aufteilung entsprach einer Rationalisierung der Bedürfnisse. Mit den Kollektiveinrichtungen taten sich die Bewerber ersichtlich schwerer: Sollten sie den Arbeitern alle wünschenswerten Dienstleistungen anbieten, auf die Gefahr hin, ihre kostbare Privatinitiative zu beschneiden? Sollte man einen Konferenzsaal oder eine Bibliothek vorsehen und damit womöglich der sozialistischen Agitation Vorschub leisten? Konnte eine Kinderkrippe die Mütter in Versuchung bringen, ihre Sprößlinge auszusetzen? Konservative Sozialreformer hatten solche Fragen seit Anfang des 19. Jahrhunderts vielfach diskutiert.

Der Rothschild-Wettbewerb erregte das Interesse der gesamten architektonischen Zunft und wurde von der Fachpresse positiv aufgenommen. Ein Punkt allerdings wurde heftig kritisiert: Die Stiftung hatte die Absicht bekundet, ein Büro mit festangestellten Architekten zu gründen; die Wortführer der Fachgruppen vermuteten einen Anschlag auf die freie Berufsausübung. Doch die »Messieurs Frères« zeterten umsonst, die Stiftung kümmerte sich nicht um ihre Einwände, und das Büro leistete gute Teamarbeit. Am Eingang jedes Stiftungsgebäudes hing eine Marmortafel mit den Namen aller am Bau beteiligten Angestellten.

Das erste Grundstück, das bebaut wurde, lag in der rue du Marché-Popincourt 1 (XI. Arrondissement); hier entstanden 76 Wohnungen, die 1907 bezugsfertig waren. 1908 folgten in der rue de Belleville 117 (XIX. Arrondissement) 102 Wohnungen, 1909 in der rue de Prague 10 (XII. Arrondissement) 321 Wohnungen, 1912 in der rue Bargue 11 (XV. Arrondissement) 206 Wohnungen und zwischen 1913 und 1919 in der rue Marcadet 256 (XVIII. Arrondissement) 420 Wohnungen. Von diesen eindrucksvollen Zeugnissen der Privatinitiative erlangte das Gebäude in der rue de Prague – auf dem Grundstück, für das der Wettbewerb ausgeschrieben worden war – rasch besondere Berühmtheit. Im Volksmund nannte man es den »Louvre der Billigwohnungen«, weil die Gemeinschaftseinrichtungen – teilweise wie im Familistère in Guise – alles boten, was das Herz selbst des ehrgeizigsten Utopisten begehrte: eine Waschküche mit verbesserten Geräten (darunter ein Warmluft-Wäschetrockner), Duschen, Bäder, eine im Sinne der Präventivmedizin eingerichtete Ambulanz, einen Kindergarten für Drei- bis Sechsjährige, eine Tagesstätte, in der sich die Kinder nach der Schule und donnerstags den ganzen Tag aufhalten konnten, Kurse in Hauswirtschaft und eine Küche, die zweimal täglich warmes Essen anbot, um für gesunde Ernährung zu werben.

In diesem Fall trug die Initiative von Leuten, die über die Probleme informiert waren und auch über die notwendigen Geldmittel verfügten, reiche Früchte. Die beiden Preisträger, vor allem Augustin Rey, fanden durch den Wettbewerb zu sich selbst. Rey, der ursprünglich kirchliche Gebäude gebaut hatte, bekehrte sich ganz zur Sache der HBM; unermüdlich reiste er von Tagung zu Tagung und verfaßte Bücher und Broschüren, in denen er allen Ernstes die Kommunalisierung von Grund und Boden empfahl. 1907 trat er die Nachfolge Trélats im Conseil Supérieur des HBM an. 1912 gesellte sich Schneider dazu, der Generalsekretär der Fondation Rothschild, und für die Fondation Lebaudy kam Hatton; diese beiden repräsentierten die Elite der Privatinitiativen.

## Der Wettbewerb der Stadt Paris

Im August 1912 schrieb die Stadt Paris ihren ersten HBM-Wettbewerb aus; er lehnte sich eng an das Vorbild von 1904 an[138] und fand wie dieser großen Widerhall bei Publikum und Presse. Eingereicht wurden 111 Projekte: 58 für ein Grundstück an der avenue Émile Zola (XV. Arrondissement) und 53 für eines in der rue Henri Becque (XIII. Arrondissement). Im ersteren Fall wurde ein mehrstöckiges Wohnhaus mit fünf verschiedenen Wohnungstypen verlangt, von der Vierzimmerwohnung mit Wohnküche und einer Mindestgröße von 55 Quadratmetern bis zum Appartement für Ledige, bestehend aus einem Zimmer mit Kochnische, aber mindestens 18 Quadratmeter groß. Die Ausschreibung für die rue Henri Becque zielte auf etwas minder Aufwendiges und zeugte von der Verachtung der Armen, die keinen Anspruch auf

Raum oder Komfort hatten. Immerhin war man so vorsichtig gewesen, in der Ausschreibung zu erwähnen, daß der zu errichtende Gebäudekomplex nicht den Eindruck »einer Mietskaserne, einer Arbeitersiedlung oder einer Greisenanstalt« erwecken dürfe. Das Appartement sollte aus einem Wohnzimmer und einem durch eine bewegliche Zwischenwand abtrennbaren Nebenzimmer bestehen und nicht kleiner als 30 Quadratmeter sein. Es gab keine Verpflichtung, jede Wohnung mit einer Toilette und einem Kaltwasseranschluß zu versehen, und man wüßte gerne, welche »Autoritäten« hinter dieser Wettbewerbsbedingung standen, die »Messieurs Frères« hatten sich da eher respektvoll gegenüber den Pariser Arbeitern gezeigt...

Den ersten Preis von 15 000 Francs gewann Maurice Payret-Dortail für einen Wohnkomplex mit 143 Wohnungen in der avenue Émile Zola, der Ähnlichkeit mit dem Rothschildschen Gebäude in der rue de Belleville hatte. An beiden Enden der Anlage gab es zwei Höfe, über die man zu den Fahrzeugen gelangte; die Mitte nahm ein quadratischer Platz ein. Georges Albenque und Eugène Gonnot wurden für ihre Entwürfe für die rue Henri Becque ausgezeichnet – vielleicht deshalb, weil sie demonstrativ an den Baukosten sparen wollten? Entgegen allen hygienischen Empfehlungen mußten sich bei ihnen zwei, ja, sogar drei Wohnungen eine Toilette teilen. Alle drei Architekten machten nach diesem Preis ihren Weg im sozialen Wohnungsbau. Nach dem Ersten Weltkrieg arbeiteten sie unter Henri Sellier im Office Public d'HBM für Paris und den Bezirk Seine. Sellier war auch der Initiator des »rosa Gürtels« in Form der avenues des Maréchaux, die die alten, unter Thiers angelegten Befestigungen ersetzten.

Wenige Monate später wohnte Arbeitsminister Henri Chéron der Einweihung einer Einfamilienhaussiedlung bei, die für die radikale Regierung und die von ihr erstrebte neue Gesellschaft von größter Bedeutung war. Die Société d'Habitation Familiale hatte kurz zuvor in der rue Daniel 4 (XIII. Arrondissement) für kinderreiche Familien (mit mindestens sechs Kindern) 40 um einen zentral gelegenen Garten angeordnete »Cottages« errichtet. Jedes Haus verfügte über drei Zimmer von 20 Quadratmetern – ein räumlicher Luxus, den es für Proletarier bisher nicht gegeben hatte, zumal nicht in Mietwohnungen. Der dreißigjährige Architekt dieser Siedlung stammte aus dem fernen, rigoristischen Montbéliard. Jean Walter, der später als Walter de Zellidja weltberühmt wurde, war der Sohn eines protestantischen Industriellen aus dem Elsaß und hatte sich in Ostfrankreich einen Namen gemacht. Er hatte zu Preisen gebaut, die seine Kollegen für absurd hielten, beispielsweise in Montbéliard ein Haus mit drei Zimmern, Küche, Keller und Speicher für 2 400 Francs; auch begriff man nicht seine Vorstellungen von Massenfertigung einzelner Hauskomponenten und von Rationalisierung des Bauplatzes.

## Auf dem Wege zur »Wohnmaschine«

Walters Vorstellungen waren die einzig mögliche Lösung des Problems, Einfamilienhäuser für jene zu bauen, deren Lohn ihnen jeden Gedanken an den Erwerb eines Eigenheims verbot. Damals gab es zahlreiche mutige Investoren, die sich nach billigen Massenfertigungstechniken umsahen. In der Zeitschrift *L'Immeuble et la Construction dans l'Est*[139] konnte man 1913 lesen: »Der Bau von Wohnungen für große Familien sollte zum Gegenstand einer Industrie werden, die mit neuen Methoden die nötigen Bauteile bereitstellt: aus Holz, aus Eisen, aus Komponenten, aus Stahlbeton, aus Fertigteilen usw.; genormte Träger, Gerippe und Treppen; standardisierte Türen und Schiebefenster, genormte Armaturen, Installationen und Einrichtungsgegenstände. Die Verwendung standardisierter, leicht zu verbauender Materialien und Gegenstände sollte zu erheblichen Einsparungen führen, ohne doch zu einem eintönigen äußeren Erscheinungsbild der Gebäude zu führen, was unsere Architekten wohl leicht vermeiden können.« Doch derlei praktische Erwägungen hatten offenkundig keine Chance, vor den Hohenpriestern des Schönen Gnade zu finden und in den Lehrplan der École des Beaux-Arts aufgenommen zu werden, wo noch immer aller Augen auf die Kaiserforen gerichtet waren. Indessen bekundete die Regierung Interesse an diesen trivialen Problemen. In demselben Jahr 1913 gab das Arbeitsministerium in Fachzeitschriften bekannt, daß es 1915 diejenigen HBM-Gesellschaften und Architekten mit Medaillen auszeichnen werde, die die besten Methoden, Materialien und Techniken für den Billigwohnungsbau entwickelt hätten.

Die Wohnungen dieses Häuserkomplexes in der rue de la Saïda waren für Familien bestimmt, die nicht mehr als 6 Francs pro Tag verdienten. Es gab öffentliche Bäder und Duschen, die täglich geöffnet waren, sowie einen Trakt für verheiratete oder verwitwete Alte.

Hätte die feierliche Zeremonie wie geplant stattgefunden, so wäre der erste Preis zweifellos an einen Veteranen gefallen – einen Architekten des Jahrgangs 1853. Wir denken an Georges Christie, der kurz vor dem Krieg Vizepräsident der Société Nationale des Architectes de France und Herausgeber mehrerer Architekturzeitschriften war. Er hat Anspruch auf einen – wenn auch bescheidenen – Platz in der Geschichte des Konzepts der »Wohnmaschine«. Er prägte den Begriff »villa domino«[140] schon vor Le Corbusier, der ihn ebenfalls gebrauchte, ohne jedoch jemals den Urheber zu nennen. Das sogenannte Dominohaus war ein Einfamilienhaus, das aus einem Erdgeschoß mit vier Zimmern bestand; die Häuser standen in genau durchdachten Vierergruppen beisammen. Christie hatte geschrieben: »Das Problem des HBM-Wohnungsbaus liegt einzig und allein in der Entwicklung wirtschaftlicher Baumethoden mit standardisierten, vorgefertigten Materialien und in der – wenn ich so sagen darf – Industrialisierung des Hauses.« Diese Feststellung verdient einen Platz neben gewissen Aussagen des Modern Movement und neben Photographien eines für die Groupe des Maisons Ouvrières gebauten Wohnhauskomplexes in der rue de la Saïda (XV. Arrondissement), bestehend aus 60 Vierzimmerwohnungen; Labussière hatte sich hier mit Erfolg in der Verwendung von Hennebiques Stahlbeton versucht. Unmittelbar vor dem Krieg entstanden, war dieses relativ einfache und zukunftweisende Bauwerk zugleich der Abgesang der privaten Wohnungsbau-Stiftungen.

Ein Gesetz von 1912 begann nämlich, Früchte zu tragen. Im Mai 1914 wurde das Office Public d'HBM de Paris et de la Seine eingerichtet, um das Problem des sozialen Wohnungsbaus zu untersuchen und aus den Mitteln einer Staatsanleihe von 200 Millionen Francs geeignete Gebäude zu errichten. Der öffentliche Sektor griff dabei gern auf die Kompetenz des privaten zurück: Schneider von der Fondation Rothschild und Labussière von der Fondation Lebaudy zogen in den Verwaltungsrat des Office Public ein, wo sie dieselbe Kollegialstruktur begründeten wie bei den »Messieurs Frères«. Mit von der Partie waren Provensal und Besnard, die Sieger des Wettbewerbs von 1905, sowie Maitrasse, der später die Gartensiedlungen in Suresnes entwarf.

Doch gebe man sich keiner Täuschung hin. Ein Blick auf die *Concours publics d'architecture*[141] könnte den Eindruck erwecken, als habe an Bauten des sozialen Wohnungsbaus kein Mangel geherrscht; allerdings kannten die Fachleute auch die Realitäten des Marktes. Alle Beobachter sind sich darin einig, daß die Bautätigkeit seit Beginn des 20. Jahrhunderts den Luxusbau bevorzugte.[142]

In den Jahren vor dem Ersten Weltkrieg stiegen die Lebenshaltungskosten, und die Wohnungsmieten folgten dieser Tendenz. Die höheren Mieten trafen nicht zuletzt die Arbeiter hart, deren Unmut leicht zu instrumentalisieren schien. Am 6. Januar 1910 gründete die Bourse du Travail in Clichy auf Initiative des Automobilarbeiters Constant, der auch dem örtlichen Arbeitsgericht angehörte, die Union Syndicale des Locataires ouvrières.[143] Anarchistische Gewaltaktionen gehörten der Vergangenheit an, seit Bonnot und seine Gruppe in die Kriminalität abgesunken waren. Doch die Mietergewerkschaft hatte schon bald Mit-

Das Transparent an der Hausfassade besagt: »Ich halte mich an das Gesetz, das die Polizei im Dienst des Hausbesitzers übertreten hat, und werde dieses Haus nur unter Zwang räumen.«
(Sammlung Sirot-Angel)

glieder in fast allen Pariser Arrondissements, und über zwanzig Vorortgemeinden verabschiedeten ein Programm, das die Linksparteien nicht ignorieren konnten. Die Pfändung von Arbeitermöbeln sollte ebenso untersagt sein wie das jährliche Pflichtgeschenk an den Hausmeister und der »denier à Dieu«[144]; gefordert wurden feste Mietperioden, die Kontrolle der Mieten sowie die Sanierung gesundheitsschädlicher Wohnungen auf Kosten des Vermieters.

Georges Cochon und die »Mieterpolka«.

Anfang 1911 wählte die Mietergewerkschaft den radikalen Pariser Arbeiter Georges Cochon zu ihrem Generalsekretär. Cochon war ein Mann mit Humor und Sinn für Publizität. Er war stets für eine spektakuläre Aktion gut, und nachdem er 1913 aus der Mietergewerkschaft ausgeschlossen worden war und seine eigene Fédération Nationale et Internationale des Locataires gegründet hatte, veranstaltete er in Paris und in der Provinz zahlreiche Demonstrationen.[145] Fast sah es aus, als seien die guten alten Tage der »Ligue des Antiproprios« mit ihren »Nacht und Nebel«-Umzügen aus den 1890er Jahren zurückgekehrt; in zahlreichen populären Liedern wurde Cochon als Pariser Robin Hood gefeiert; Lieder wie *La Cochonette* oder die *Mieterpolka* wurden in allen Proletariervierteln gesungen. Wer die Aktionen Cochons miterlebt hatte, stimmte gern in den Refrain von Montéhus ein:

»V'là Cochon qui déménage
A la cloche, à la cloche ...«

[»Wie das ›Schwein‹ den Umzug macht, / klamm und heimlich bei der Nacht...«]

Oder:

»C'est M'sieur Poincaré
Qu'est le président de la République
C'est M'sieur Cochon
Le président des Sans-Pognon«

[»Das ist Monsieur Poincaré, der Präsident der Republik, / das ist Herr ›Schwein‹, der Präsident der Habenichtse«.]

Oder:

»C'est Cochon, c'est Cochon
Qui s'fout des propriétaires
C'est Cochon qui déménage un compagnon
C'est Cochon qu'est l'ami des prolétaires
C'est Cochon qui s'fout de l'administration.«

[»Herr ›Schwein‹, Herr ›Schwein‹, der sch. . . auf alle Hausbesitzer, / Herr ›Schwein‹ hilft einem Genossen ›umziehen‹, er ist der Freund der Proletarier und sch. . . auf die Regierung.«]

Im Juli 1913 leistete sich Cochon eines seiner dreistesten Stücke, und zwar im Einvernehmen mit dem Grafen Antoine de La Rochefoucauld. Dieser stellte ihm das »hôtel particulier« am boulevard Lannes 17 zur Verfügung, aus dem der Graf auszog und das noch für 18 Monate gemietet war. Cochon setzte sofort acht Familien mit insgesamt 35 Kindern in das Haus; an einer Wand befestigte er das von Steinlen entworfene Emblem der Fédération de Cochon.

Der Kampf gegen die Misere auf dem Wohnungsmarkt rief auch bessergestellte, weniger exzentrische Personen auf den Plan, welche die Behörden nicht ignorieren konnten: die Verteidiger der französischen Familie. 1896 hatte der bereits erwähnte Dr. Jacques Bertillon[146] die Alliance Nationale pour L'Accroissement de la Population Française gegründet, eine Gesellschaft ehrenwerter Männer, der auch Cheysson angehörte und die sich bescheidenerweise darauf beschränkte, eine Senkung der Mietsteuer zu fordern. Doch von Bertillon und seinen Freunden stand natürlich kein Angriff auf den individuellen Grundbesitz zu befürchten. Lautstärker gebärdete sich da schon die Ligue Populaire des Pères et Mères de Familles Nombreuses, die 1908 von Capitaine Maire, einem Vater von zehn Kindern, gegründet worden war; die Mitglieder dieser Liga marschierten gelegentlich in grundbesitzerfeindlichen Demonstrationen der Linken mit.[147]

Die Massenpresse berichtete ausführlich und in den meisten Fällen freundlich über Cochons Husarenstücke; der Skandal der Wohnungslosigkeit hatte durchaus die Aufmerksamkeit der Journalisten erregt. 1912 hatte *Le Matin*, mit einer Auflage von 600 000 eine der vier großen französischen Tageszeitungen, die Briand unterstützte und sich auf nationale Themen spezialisiert hatte, ein Komitee für die HBM gegründet, zu dessen Mitgliedern zwei prominente Träger des Rompreises zählten: Nénot, der architektonische Berater der Fondation Rothschild, und Bernier, der Erbauer der Opéra Comique. Praktische Resultate erzielte das Komitee jedoch nicht: Die Bauindustrie rührte für billige Massen-

wohnungen keinen Finger. Gleichwohl marschierten die Massen[148] unter dem Banner der Union Sacrée, an ihrer Spitze die Antimilitaristen von gestern, obwohl sie im Grunde nichts zu verteidigen hatten...

Spielzeug aus Holz und bemalter Pappe, 1900. Mit Georges Cochon endete der anarchistische Feldzug gegen die Grundbesitzer, der sich stets durch Humor ausgezeichnet hatte. Es folgten »seriösere« Aktionsformen, deren Durchschlagskraft sich freilich erst noch erweisen muß ...
(Laduz, Musée Rural des Arts Populaires)

## Anmerkungen

1 *Topographie physique et médicale de Brest et de sa banlieue*, 1834.
2 *La Bourgeoisie parisienne de 1815 à 1848*, Paris 1963, 662 S.
3 *De l'inégalité sociale dans une grande ville industrielle: le drame de Lille de 1850 à 1914*, Lille 1976.
4 Artikel von L. Roux in *Le Cabinet de lecture*, Dezember 1838; Lithographie von J. Quartley für das *Magasin pittoresque*, Dezember 1847.
5 *La Cousine Bette*, 1848.
6 Erlaß vom 15. Juli 1848.
7 22. Juli 1882.
8 Dekret vom 23. Juli 1884.
9 Dekret vom 13. August 1902.
10 Zu diesem Fragenkomplex vgl. man Louis Hautecœur, *Histoire de l'architecture classique en France*, Bd. VI und VII, Paris 1955 und 1957.
11 Louis Reybaud, *Jérôme Paturot à la recherche d'une position sociale*, 1864.
12 Balzac, *Ferrague*, 1833.
13 *Les Mystères de Paris*, 1844/45.
14 Jean-Louis Deaucourt, *Le Concierge, mythe et réalité*, unveröffentlichte Dissertation, Universität Paris VII, Dezember 1981.
15 *Un concierge de la rue du Bac*, 1868.
16 *Pot-Bouille*, 1882.
17 *La Cousine Bette*, op. cit.

18 Jean-Paul Aron, *Le Mangeur du XIX^e^ siècle*, Paris 1973.
19 Émile Cardon, *L'Art au foyer domestique*, 1884.
20 Maxime Du Camp, *Souvenirs littéraires*, 1882; Henri Rochefort, *Les Aventures de ma vie*, 1896/98; Henry Bataille, *L'Enfance éternelle*, 1922.
21 *La Bourgeosie parisienne de 1815 à 1848*, a. a. O.
22 Der berühmte Hygieniker, der sich in der Pariser Kanalisation wohler fühlte als in den Salons und das auch ungeniert zugab, war sicherlich die Ausnahme, welche die Regel bestätigt. Alain Corbin erwähnt diesen Fall in seiner Einleitung zu Alexandre Parent-Duchâtelet, *La Prostitution à Paris au XIX^e^ siècle*, Paris 1981.
23 Das Buch von Cardon [Anm. 19] ist ausschließlich vornehmen Räumen gewidmet und verliert über die Küche kein Wort.
24 *L'Architecture française, recueil de plans, élévations, des maisons particulières, châteaux, maisons de campagne, bâtis nouvellement par les plus habiles architectes*, 1727.
25 *The Plumber and Sanitary Houses*, London 1884; die französische Übersetzung trägt den Titel *La Plomberie au point de vue de la salubrité des maisons* und erschien mit Unterstützung des Verbandes der Installationsbetriebe der Stadt Paris, 1886.
26 *Principes techniques d'assainissement des villes et habitations suivis en Angleterre, France, Allemagne, États-Unis et présentés sous forme d'études sur l'assainissement de Paris*, 1884.
27 Roger-Henri Guerrand, »La bataille du tout-à-l'égout«, in: *L'Histoire* Nr. 53 (Februar 1983), S. 66–74.
28 Anne Martin-Fugier, *La Place des bonnes: la domesticité féminine à Paris en 1900*, Paris 1979.
29 Louis Hautecœur, *Histoire de l'architecture classique en France*, a. a. O.; *Le Parisien chez lui au XIX^e^ siècle*, a. a. O.
30 *Le siècle de l'éclectisme, Lille 1830–1930*, Archives de l'architecture moderne, Bd. I, Brüssel 1979.
31 Jean-Yves Veillard, *Rennes au XIX^e^ siècle, architectes, urbanisme et architecture*, Rennes 1978.
32 Jean-Pierre Chaline, *Le Bourgeois de Rouen, une élite urbaine au XIX^e^ siècle*, Presses de la Fondation nationale des sciences politiques, Paris 1982.
33 Th. Bourgeois, *La Ville moderne*, 1903.
34 *La Curée*, 1871.
35 Bernard Marrey und J.-P. Monnet, *La Grande Histoire des serres et des jardins d'hiver, 1780–1900*, Paris 1984.
36 Christian Derouet, *Grandes Demeures angevines au XIX^e^ siècle, l'œuvre de René Hodé entre 1840 et 1870*, Paris 1976.
37 Paul Bois, *Paysans de l'Ouest. Des structures économiques et sociales aux options politiques depuis l'époque révolutionnaire dans la Sarthe*, 1960, in gekürzter Fassung Paris 1971.
38 Maurice Bedon, *Le Château au XIX^e^ siècle en Vendée*, Fontenayle-Comte 1971.
39 *Viollet-le-Duc*, Paris 1980 (Galeries Nationales du Grand Palais).
40 Da Viollet-le-Duc zu weit entfernt wohnte, um den Bau persönlich überwachen zu können, übertrug er diese Aufgabe seinem Schüler Edmond Duthoit.
41 Guy de Rothschild, *Contre bonne fortune...*, Paris 1983.
42 Paul Chabot, *Jean et Yvonne domestiques en 1900*, Paris 1977.
43 Louis Burnet, *Villégiature et Tourisme sur les côtes de France*, Paris 1963.
44 *La Ville d'hiver d'Arcachon*, Paris 1983 (Institut Français d'Architecture).
45 Gabriel Désert, *La Vie quotidienne sur les plages normandes du Second Empire aux années folles*, Paris 1983.

46 Siehe Jean-Hervé Donnard, *Les Réalités économiques et sociales dans la Comédie humaine*, Paris 1961, Kap. VII. S. 173–194.

47 *Le Médecin de campagne, Le Curé de village, Les Paysans; François le Champi, La Petite Fadette, La Mare au diable.*

48 Cahiers de l'architecture rurale, 1790/91.

49 Traité des constructions rurales.

50 Léon Perthuis de Laillevault, *Traité de l'architecture rurale*, 1810; Urbain Vitry, *Le Propriétaire architecte*, 1827; A. Roux, *Recueil de constructions rurales et commerciales*, 1843.

51 *Traité des constructions rurales et de leur disposition*, 2 Bde., 1858/60.

52 *Destinée sociale*, 1834.

53 *Recueil de principaux travaux des conseils de salubrité du département de l'Aube*, 1835.

54 Henri Bon, *Recherches hygiéniques sur les habitants de la campagne de la commune de Lacaune*, 1837.

55 »Rapport d'un voyage fait dans les cinq départements de la Bretagne pendant les années 1840 et 1841«, in: *Mémoires de l'Institut (Académie des sciences morales et politiques)*, Bd. IV, 1844, S. 635–794.

56 *Voyage dans le Finistère ou État de ce département en 1794 et 1795*, 3 Bde.

57 *Mémoires en faveur des travailleurs et des indigents de la classe agricole des communes rurales de France*, 1844.

58 *Séance du conseil général du 30 août 1850, rapport sur la question des logements insalubres*, Archives Nationales, F8 210.

59 Dr. Bertrand, *Mémoires sur la topographie médicale du département du Puy-de-Dôme*, 1849; J.-S. Édourd-Noël, *Quelques considérations générales sur l'hygiène dans les campagnes des Vosges*, 1851.

60 *Tableau des populations rurales de la France en 1850*, Januar 1851, S. 9–27.

61 J. F. Eugène Deflandre, *Essai sur l'hygiène des campagnes de la Picardie*, Dissertation, Paris 1853; N. P. Abel-Poullain, *Essai sur l'hygiène des habitants dans le canton d'Arc-en-Barrois (Haute Marne)*, Dissertation, Montpellier 1855; J. B. M. Henri Demathieu, *Essai sur l'hygiène du paysan du haut Limousin*, Dissertation, Paris 1863; Paul Castenau, *Quelques Considérations sur l'hygiène d'une partie de la population de la Haute-Garonne*, Dissertation, Montpellier 1864.

62 *Topographie médico-hygiénique du département du Finistère ou Guide sanitaire de l'habitant*, 1860.

63 *Les Populations agricoles de la France*, 3 Bde., 1885–1893.

64 *Hygiène et Maladies des paysans, étude sur la vie matérielle des campagnards en Europe*, 1882, I. Teil, Kap. III: »Les habitations rurales: principales causes de leur insalubrité«, S. 36–76.

65 *Essai sur l'habitation rurale en Bretagne*, 1898.

66 *Voyage en France*, 1931, 3 Bde., Bd. I, Vorwort.

67 *Nouvelle Histoire de Paris, La Deuxième République et le Second Empire, 1848–1870*, Paris 1981, 470 S.

68 Louis Chevalier, *Classes laborieuses et Classes dangereuses à Paris pendant la première moitié du XIX^e^ siècle*, Paris 1958, 567 S.; Adeline Daumard, *Maisons de Paris et Propriétaires parisiens au XIX^e^ siècle, 1809–1880*, Paris 1965; Roger-Henri Guerrand, *Les Origines du logement social en France*, Paris 1966.

69 *Rapport sur la marche et les effets du choléra-morbus dans Paris et les communes rurales du département de la Seine*, 1854; Ange-Pierre Leca, *Et le choléra s'abattit sur Paris*, Paris 1982.

70 Jeanne Gaillard, *Paris, la ville, 1852–1870*, Paris 1976.

71 Octave du Mesnil, *L'Habitation du pauvre*, 1890; Comte d'Haussonville, *Misères et Remèdes*, 1886.

72 Madeleine Fernandez, *La Ceinture noire de Paris*, unveröffentlichte Dissertation, Universität Paris VII, 1983.

73 *Rapport général sur les épidémies pendant l'année 1882*, 1884.

74 *L'Épidémie cholérique de 1892 dans le département de la Seine*, Conseil d'Hygiène et de la Salubrité du Département de la Seine, 1893.

75 *Essai de statistique comparée du surpeuplement des habitations à Paris et dans les grandes capitales européennes*, 1894.

76 *Tableau de l'état physique et moral des ouvriers employés dans les manufactures de coton, de laine et de soie*, 2 Bde., 1840.

77 *Des classes ouvrières en France pendant l'année 1848*, 1849.

78 1861, Kap. IV: »Logements d'ouvriers«, S. 146–176.

79 Jean-Pierre Babelon, »Les cités ouvrières de Paris«, in: *Monuments historiques* Nr. 3 (1977), S. 50–54.

80 Jean-Baptiste Duroselle, *Les Débuts du catholicisme sociale en France (1822–1870)*, Paris 1951.

81 Adeline Dumard, *Maisons de Paris et propriétaires parisiens au XIX$^{e}$ siècle*, Paris 1965, S. 167.

82 *La Construction moderne*, 1. Februar 1890, S. 200 ff., 20. September 1890, S. 598 ff.; *Bulletin de la Société française des habitations à bon marché*, Nr. 2 (1890), S. 119–152.

83 *L'Architecture et la Construction dans l'Ouest*, September 1907, S. 102–107.

84 Mangini veröffentlichte 1891 eine Schrift mit dem Titel *Les Petits Logements dans les grandes villes et plus particulièrement à Lyon*, in der er den Architekten vorwarf, sie verstünden nicht, ökonomisch zu bauen. Über Mangini vgl. die Broschüre von E. Aynard, *La Vie et les Œuvres de F. Mangini*, 1903.

85 *Bulletin de la Société française des habitations à bon marché* Nr. 3 (1890), S. 204–224, und Nr. 3 (1891), S. 316–346. Siehe auch Bernard Marrey, *Rhône-Alpes*, Paris 1982, 440 S.

86 Die Zahl der an der Pariser Börse notierten Werte belief sich nach dem *Annuaire statistique de la France*, Jg. 1894, Tabelle 505, im Jahre 1894 auf 938. 1869 waren es 402 gewesen.

87 *La Fausse Industrie*, 2 Bde., 1835/36.

88 Ankündigung des *Nouveau Monde industriel et sociétaire*, 1830.

89 Zusammenfassung des *Traité de l'association domestique-agricole*, 1822.

90 *Destinée sociale*, 2 Bde., 1834.

91 Die Idee der umlaufenden Straßengalerie scheint die Zeitgenossen Fouriers sehr interessiert zu haben. Schon 1830 hatte Amédée de Tissot in einer Schrift mit dem Titel *Paris et Londres comparés* eine ganz ähnliche Anordnung im Sinn, die offenkundig dem Phalansterium entlehnt war; von dort nahm Tissot auch die Idee der Zentralheizung. Diesem neuen Komfort fügte er noch den Aufzug hinzu: »Um in dem Gebäude nach oben oder unten zu gelangen, könnte man eine mechanische oder mit Dampf betriebene Maschine benutzen.«

92 Zu Calland vgl. das Buch des Verfassers *Les Origines du logement social en France*, Kap. IV, S. 153–160.

93 Die maßgebliche Arbeit stammt aus der Feder seiner Frau Marie Moret: *Documents pour une biographie complète de J.-B. A. Godin*, 3 Bde., erschienen zwischen 1902 und 1910. Siehe ferner folgende neueren Untersuchungen: Henri Desroche, *La Société festive: du fourièrisme écrit aux fourièrismes pratiqués*, Paris 1975; Annick Brauman: *Le Familistère de Guise ou les Équivalents de la richesse*, Brüssel (Archives d'Architecture Moderne) 1976; *Le Familistère Godin à Guise. Habiter l'Utopie*, Paris 1982; Guy Delabre et J.-M. Gautier, *Godin et le Familistère de Guise*, Laon (Société Archéologique de Vervins et de la Thiérache) 1983.

94 1871; 4. Teil, Kap. XX: »Le palais social«, S. 435–625. Nachdruck – herausgegeben und mit Anmerkungen versehen von J.-F. Rey und J.-L. Pinol – Quimperlé 1979.
95 Die Toiletten wurden dreimal täglich gereinigt; das bezeugt Oyon, der 1865 als erster ein Familistère beschrieben hat.
96 Dieses Experiment gab Godin nach einiger Zeit auf, da die Bewohner des Familistère sich ihre Mahlzeiten lieber selber zubereiteten.
97 *Solutions sociales*, a. a. O., 4. Teil, Kap. XX, S. 461.
98 Jules Moureau, *Des Associations coopératives*, 1866.
99 *J.-B. André Godin et le Familistère de Guise*, 1905.
100 Alfred Dominic Roberts, *Zola and Fourier*, unveröffentlichte Dissertation, University of Pennsylvania, 1959.
101 J. Figueroa, »La politique du logement de la Société des huillères de Blanzy de 1833 à 1900«, in: *Milieux* Nr. 2 (Juni 1980), S. 34–39.
102 M. Bougaud, *Communication à la Société d'encouragement à l'industrie nationale, le 26 mars 1886*. (Bapterosses war im Jahr zuvor gestorben.)
103 Christian Devillers und Bernard Huet, *Le Creusot, naissance et développement d'une ville industrielle, 1782–1914*, Seyssel 1981.
104 Rolande Trempé, *Les Mineurs de Carmaux, 1848–1914*, 2 Bde., Paris 1971; Bd. I, Kap. V: »L'évolution du genre de vie, le logement«, S. 258–286.
105 Ausstellung von 1889, *Menier, type des maisons de Noisiel: Bulletin de la Société française des habitations à bon marché*, Nr. 4 (1892), S. 450–455; Bernard Marrey, *Un capitalisme idéal*, Paris 1984.
106 Sociéte des Mines, Dourges, *Habitations ouvrières*, 1909.
107 *Bulletin de la Sociéte industrielle de Mulhouse* Nr. 17 (August 1852), S. 127 ff.
108 »Rapport du Comité d'économie sociale sur la construction d'une cité ouvrière à Mulhouse«, ebd. Nr. 124 (April 1854), S. 299–316.
109 »Rapport sur les forces matérielles et morales de l'industrie du Haut-Rhin pendant les dix dernières années (1851–1861)«, ebd., Oktober 1862, S. 469–473.
110 »Les institutions privées du Haut-Rhin, notes remises au comité départemental de l'Exposition universelle de 1867«, ebd., Februar 1867, S. 81–91.
111 Zur Geschichte dieser Siedlung vgl. den Forschungsbericht von Stephan Jonas, *La Cité de Mulhouse (1853–1870): un modèle d'habitat économique et social du XIX^e siècle*, 2 Bde., Paris 1981 (hrsg. vom Ministère de l'Urbanisme et du Logement, Secrétariat de la Recherche Architecturale, 2, avenue du Parc-de-Passy, 75016 Paris). Den heutigen Standpunkt der Mitglieder der Société Industrielle referierte J.-P. Hohly in dem Bulletin zur Feier des hundertfünfzigjährigen Bestehens der Stiftung: Nr. 3 (1976), S. 111–115.
112 Émile Muller, *Cité ouvrière à Paris, faubourg Saint-Antoine, Maisons isolées avec jardins*, o.J.
113 *Journal officiel* Nr. 222 vom 14. August 1875, Anhang 3283 (Sitzung vom 27. Juli 1875), S. 6788–6792.
114 Zu Le Play vgl. J.-B. Duroselle, *Les Débuts du catholicisme social en France*, a. a. O., 3. Teil: »Les tendances paternalistes du catholicisme social sous Napoléon III«, Kap. IV. 2: »Le Play et son école«, S. 672–684.
115 *L'École de la paix sociale, son histoire, sa méthode et sa doctrine*, 1881, Regierungsprogramm, Art. 2: »Der Familie sind Grundbesitz und Wohnungseigentum zu erleichtern.«
116 2 Bde., 1864.
117 Kap. III: »La famille«, S. 170–181.
118 Bd. II, Kap. VI: »Les rapports privés«, S. 14–21.
119 *Congrès international d'hygiène, de sauvetage et d'économie sociale tenu à Bruxelles du 27 septembre au 4 octobre 1876*, 2 Bde., Bd. II, S. 487–550.

120 *Congrès international d'hygiène tenu à Paris du ler au 10 août 1878*, 4. Frage: »Des logements des classes nécessiteuses«, 1878, S. 1–8.
121 Statuten und Ziele dieser Gesellschaft sind im *Bulletin de la Société française des habitations à bon marché* Nr. 3 (1893), S. 250–279, abgedruckt.
122 Ausgabe vom 27. August 1881.
123 Eugène Rostand, *L'Action sociale par l'initiative privée, 1892. L'Habitation du peuple*, S. 147–348; Guy Dumont, *La Question du logement social à Marseille de 1875 à 1939*, unveröffentlichte Dissertation, Universität Aix-Marseille, 1973.
124 *Bulletin de la Société française des habitations à bon marché* Nr. 1 (1890), S. 35–75.
125 *La Construction moderne*, 29. Juli 1898, S. 210 ff.
126 1. Februar und 1. März 1903.
127 *Le Béton armé*, Organ der Konzessionäre und Repräsentanten des Systems Hennebique, September 1903, S. 49 ff.
128 Die meisten der erwähnten Objekte werden – teilweise mit Abbildungen – in den Fachzeitschriften erörtert, vor allem in *La Construction moderne* und im *Bulletin de la Société française des habitations à bon marché*.
129 *Maisons de campagne, Villas et Cottages*, 1913.
130 Hippolyte Garnier (Hrsg.), *Pour construire sa maison*, 1919, 281 Tafeln.
131 Siehe mein Buch *L'Art nouveau en Europe*, Paris 1965.
132 Charles Lucas, *Études sur les habitations à bon marché en France et à l'étranger*, 1899; Henry Provensal, *L'Habitation salubre et à bon marché*, 1908; E. Schatzmann, *Conditions hygiéniques nécessaires dans l'habitation des enfants*, 1911; Émile Guillot, *La Maison salubre*, 1914.
133 Eugène Hatton, *Fondation »Groupes des maisons ouvrières«, ses immeubles en 1907, leur exploitation, services généraux*, 1907.
134 *Les Garnis d'ouvriers à Paris*, 1. Juni 1900, S. 823–851, und *L'Habitation de la jeune fille dans les grandes villes*, 16. Juli 1901, S. 145–153.
135 *L'Architecture aux salons de 1913*, 14. Juni 1913.
136 Über Sauvage unterrichtet der Katalog einer von der SADG 1976 in Paris veranstalteten Ausstellung: Brüssel (Archives de l'Architecture Moderne).
137 Über die Fondation Rothschild existiert bisher nur die Arbeit von Marie-Jeanne Dumont, *La Fondation Rothschild et les Premières Habitations à bon marché de Paris, 1900–1914*, unveröffentlichte Dissertation, Unité Pédagogique d'Architecture Nr. 1 (1980).
138 Ville de Paris, *Premier Concours pour la construction d'HBM, rapport du jury*, o. J., o. O.
139 12. Oktober 1913, S. 461 ff.
140 *Moniteur des beaux-arts et de la construction*, August/September 1913, S. 1854 f., und Januar 1914, S. 1909–1914.
141 Eine zwischen 1895 und 1914 erschienene Monatsschrift.
142 A. Gaillardin in *La Construction moderne*, 2. Februar 1913.
143 Eine erste Untersuchung über die Mieterbewegung in Paris hat Susanna Magri vorgelegt: *Le Mouvement des locataires à Paris et dans la banlieue parisienne, 1919–1925*, Paris 1982.
144 Geldgeschenk an den Hausmeister bei Einzug eines neuen Mieters.
145 Über Leben und Taten Cochons berichtete die Zeitschrift *L'Humanité* unter dem Titel »Les Mémoires de Cochon ou le raffut de saint Polycarpe« zwischen dem 17. November 1935 und dem 17. Januar 1936. Dieses Feuilleton erschien unter dem Pseudonym Casimir Lecomte, wohinter sich André Wurmser verbarg.
146 Über den »repopulateur« Bertillon vgl. das Buch des Verfassers *La Libre Maternité, 1896–1969*, Paris 1971.

147 Zur Familienbewegung vgl. Robert Talmy, *Histoire du mouvement familial en France, 1896–1939*, 2 Bde., Paris o. J.

148 Mit Ausnahme einiger Anarchisten und Neo-Malthusianer wie Eugène Humbert, der nach Spanien ging; Cochon leistete seinen Militärdienst ab, 1917 desertierte er.

Brévannes, *Der Renaissanceportikus.*
(Sammlung R. Debuisson)

Alain Corbin

# IV. Kulissen

Étienne Azambre, *Sommer*.
(Salon von 1902)

## Vorbemerkung von Michelle Perrot

Die Erklärung der Menschenrechte bezeichnete nach Louis Dumont den Triumph des Individuums.[1] Dennoch blieb das Individuum im 19. Jahrhundert eine abstrakte, nur schwach definierte Kategorie. Der Bürger eroberte sich erst spät die ganze Fülle seiner Rechte. Das allgemeine Wahlrecht, 1848 endlich eingeführt, war eine Domäne der Männer. Eine geheime Wahl gab es erst 1913, als der Gesetzgeber den Gebrauch von Kabinen und Umschlägen für den Wahlschein vorschrieb.

Der Einzelne besaß noch keine rechtlichen Garantien. Die Verfassunggebenden Versammlungen wären in der Bestimmung ihrer eigenen Rechte gerne weiter gegangen, doch mußten sie sich den »Umständen« beugen, besser gesagt: einem eingewurzelten Jakobinismus, der sich gegen die Durchsetzung eines wirklichen Habeas-corpus-Prinzips im französischen Recht sträubte, wo es denn bis heute ein Desiderat geblieben ist. Freilich war die Sorge um die Rechte des Einzelnen nicht unbekannt. 1792 wurde die Wohnung für unantastbar erklärt, 1795 wurden nächtliche Haussuchungen verboten. Haus und Nacht bezeichneten eine raum-zeitliche Schutzzone um die »privacy« des menschlichen Körpers, dessen Freiheit und Würde man endlich anerkannte (die meisten entehrenden Körperstrafen wurden abgeschafft). So war die Homosexualität kein Straftatbestand mehr, sofern sie nicht das öffentliche Schamgefühl verletzte.

Die Juristen des 19. Jahrhunderts waren unsicher, wie sie den Rechten des Einzelnen angesichts der Vollmachten der öffentlichen Gewalt und der Familie Geltung verschaffen sollten. Das Recht auf das Briefgeheimnis wurde sehr spät anerkannt; erst in der Dritten Republik nahmen die Behörden davon Abstand, die in den Postämtern einlaufenden Sendungen zu prüfen. Doch hatte der Mann grundsätzlich das Recht, die Post seiner Frau zu kontrollieren, und in Internaten und Gefängnissen öffnete man ungeniert die Post der Schüler bzw. Gefangenen.

Die Entwicklung moderner Informationsmethoden warf neuartige Probleme auf. Armand Carrel duellierte sich mit Émile de Girardin, als dieser in seiner Zeitschrift *La Presse* »mit einer Biographie [über ihn] drohte«, und fand dabei den Tod; mit seinem Leben erkaufte er sich das Recht auf Privatheit. Die Presse war begierig auf »Vermischtes«, das heißt: auf enthüllende Skandale aus der Privatsphäre. Angesichts solcher Übergriffe mußte man sich verstellen, Pseudonyme und Listen benutzen – das 19. Jahrhundert war ein Maskenball. »Das Unbequeme in der Herrschaft der Meinung, die im übrigen die Freiheit sichert, ist, daß sie sich in Dinge mischt, die sie nichts angehen: in das Privatleben«, schreibt Stendhal.[2]

Aus dem »Wissenwollen« dieses neugierigen Jahrhunderts, das stets mit einem Auge oder einem Ohr am Schlüsselloch hing, erwuchsen die unterschiedlichsten Untersuchungen über Einzelne oder Gruppen; um so dringlicher wurde der Schutz des Individuums. So gab es zu Beginn des Jahrhunderts in Charenton eine charakteristische Kontroverse zwischen dem Leiter der Anstalt und dem Chefarzt Royer-Gollard. Dieser wollte über jeden Patienten ein umfassendes Dossier mit seiner medizinischen und sozialen Anamnese anlegen, worin jener eine Wiederbelebung von Techniken der kirchlichen Inquisition witterte.[3] In diesem Vorfall spiegelt sich die ganze Problematik einer Zeit, in welcher die Wissenschaft ebenso rasch Fortschritte machte wie die Rücksicht auf Persönlichkeitsinteressen.

Fast überall gewann das Individuum ideell und moralisch an Raum, wenn auch je nach Milieu und Ort in unterschiedlichem Tempo. Die Gesetze hinkten hinter der Wirklichkeit her. In der Praxis begehrten immer mehr Menschen gegen die einengenden Zwänge des Kollektivs und der Familie auf und forderten laut und vernehmlich einen Raum und eine Zeit für sich. Allein schlafen, ungestört sein Buch oder seine Zeitung lesen, sich kleiden, wie es einem gefiel, kommen und gehen, wann man wollte, essen und trinken, was einem Spaß machte, besuchen und lieben, wen man wollte – darin drückte sich das Recht auf ein Glück aus, das man selber schmiedete. Die Demokratie legitimierte dieses Recht, der Markt förderte es, die Migrationsbewegungen begünstigten es. Die Stadt als neuartiges »frontier«-Gebiet lockerte familiäre oder lokale Zwänge, weckte Ambitionen und brachte Überzeugungen ins Wanken. Die Stadt erzeugte Freiheit und schenkte ungekannte Freuden; diese oft böse Stiefmutter hatte etwas Faszinierendes, trotz der Strafpredigten der Moralisten. Paradoxerweise brachte die Stadt die anonyme Masse ebenso wie den verlorenen Einzelnen hervor, den Bruch mit dem Alten neben dem ereignisreichen Neuen.

Der Dandy, der Künstler, der Intellektuelle, der Vagabund, das Original – sie alle verkörperten den Protest gegen den Konformismus der Masse. Doch gab es neben dieser Minderheit symbolischer Rebellen andere, größere Gruppen, die mit Nachdruck ihr Daseinsrecht einforderten, zum Beispiel Jugendliche, Frauen oder Proletarier. Die Jugendlichen und die Frauen stellten das ganze patriarchalische System in Frage; ihre Schreie und ihr Flüstern sind – hoffentlich – auf jeder Seite dieses Buches gegenwärtig. Die Proletarier kritisierten vor allem die bürgerliche Ordnung, doch hinderte die Stärke ihres in dieser Zeit scharf ausgeprägten Klassenbewußtseins nicht die Explosion ihres Begehrens und der verschiedenartigsten Projekte. »Wir sind aus Fleisch und Blut wie ihr!« schleuderten die Wiener Arbeiterinnen 1890 ihren Fabrikherren entgegen. Libertär gesinnte Gewerkschaften übernahmen die Forderung des Neo-Malthusianismus nach Geburtenbeschränkung. »Aus Kinderreichtum erwächst Not und Knechtschaft. Habt weniger

Kinder!« »Proletarische Frau! Werde nur Mutter, wenn du es selber willst!« hieß es auf Flugblättern der CGT. Anarchistisch-individualistische Neigungen waren stark um die Jahrhundertwende.[4] Freikörperkultur, Naturverbundenheit, Sport und freie Liebe waren die Grundsätze der »milieux libres«, in welchen gerade den verwegenen Geistern die konventionellen Verhaltensnormen zum Verhängnis wurden. Es war nicht leicht, das Begehren zu befreien ...

Juristisch gesehen war das Individuum noch eine labile Größe; aber es gewann an innerer Komplexität. Hatte die Aufklärung den Menschen »als solchen«, als Geschöpf der Vernunft entdeckt, so setzte die Romantik ihm die Einzigartigkeit der Bilder, den Schleier der Nacht und der Träume, das Fließende des Seelenaustauschs entgegen und rehabilitierte die Intuition als genuine Erkenntnisform.[5] Die Innerlichkeit wurde nicht nur zum Gegenstand der Selbstbetrachtung – »Ich bin mir selber der unbewegte Raum, in dem meine Sonne und meine Gestirne kreisen«, sagte Amiel –, sie wurde auch zum Mittelpunkt und zum Vermittler der Welt: »Nach innen muß man schauen, wenn man das Außen sehen will«, heißt es bei Victor Hugo. Das Bewußtsein verlor seinen Rang an das Unbewußte, das den Menschen beherrscht und den Schlüssel zu seinen Verhaltensweisen liefert. Sogar Gesellschaften unterliegen der Macht der Bilder.

Die Entdeckungen der Neurobiologie schufen um die Jahrhundertwende die wissenschaftlichen Grundlagen dessen, was Marcel Gauchet das »reine Individuum« genannt hat. Die französische Medizin, neopositivistisch und materialistisch, wie sie war, wahrte Abstand zum deutschen Organizismus und hielt an der vagen Grenze zwischen »Leib« und »Seele« fest. Darf man hierin den Ursprung für den Widerstand der Romanen gegen die Psychoanalyse vermuten? Oder hat man ihn in dem Widerwillen zu suchen, die sexuelle Dynamik der Familie zum Nährboden der Hysterie, der Neurosen und der gesamten Lebensgeschichte des Menschen zu erklären?[6] Oder rührte die Skepsis gegenüber der Psychoanalyse von der größeren Vielfalt der Familienstrukturen in Frankreich und der relativen Schwäche des Vaters her?[7] Wie dem auch sei, in der Geschichte des abendländischen Individuums scheint Frankreich ein Sonderfall zu sein, der zu Vergleichen herausfordert.

In einer Zeit zunehmender Massenbewegungen behauptete sich das Individuum als politischer, wissenschaftlicher und vor allem existentieller Wert. Alain Corbin lädt uns ein, mit ihm diese außerordentliche Entdeckung des Ichs durch das Ich – eine Entdeckung, die neuartige Bande zum Mitmenschen stiftet – nachzuvollziehen. Es ist an der Zeit, hinter die Kulissen auf den wahren Schauplatz der menschlichen Komödie zu blicken.

Mutter und Kind: das Emblem des innigen Familienzusammenhalts. (Sammlung Sirot-Angel)

## Anmerkungen

1 [Vorbemerkung des Übersetzers: Die französische Originalausgabe verzichtet in diesem Kapitel auf bibliographische Nachweise. Diese wurden im Interesse des Lesers der amerikanischen Übersetzung von Arthur Goldhammer entnommen; vgl. *A History of Private Life*, Bd. IV: *From the Fires of Revolution to the Great War*, Cambridge (Mass.) – London 1990.] Siehe Louis Dumont, *Essai sur l'individualisme. Une perspective anthropologique sur l'idéologie moderne*, Paris 1983.

2 Stendhal, *Le Rouge et le Noir*, Paris 1830, S. 697; deutsch: *Rot und Schwarz*, Übs. Walter Widmer, München.

3 Siehe Jean Goldstein, »Foucault among the Sociologists: The ›Disciplines‹ and the History of the Professions«, in: *History and Theory* 184, S. 170–192.

4 Siehe M. J. Dhavernas, »Les Anarchistes individualistes dans la société de la Belle Epoque (1895–1914)«, unveröffentlichte Dissertation, Universität Paris-X-Nanterre, 1982.

5 Siehe Georges Gusdorf, *L'Homme romantique*, Paris 1984.

6 Siehe Elisabeth Roudinesco, *La Bataille de cent ans. Histoire de la psychanalyse en France*, 2 Bde., Paris 1986.

7 Siehe Hervé Le Bras und Emmanuel Todd, *L' Invention de la France*, Paris 1981.

Disdéri, *Visitenkarten, zu Gruppen geordnet*. Disdéri senkte die Herstellungskosten seiner in großer Zahl hergestellten Photographien und beförderte so die Verbreitung des Porträtphotos. Bei ihm bekam die Besuchskarte etwas Gravitätisches und rief förmlich nach einem Platz im Familienalbum. Die – hier sehr stilisierte – Pose vor dem Photographen gehörte fortan in das Repertoire der Selbstdarstellung. (Paris, Bibliothèque Nationale)

# Das Geheimnis des Individuums

## Auf den Spuren des Individuums

### Der eigene Name

Im 19. Jahrhundert wurde das Gefühl für die individuelle Identität klarer und geläufig. Ein Indiz hierfür ist die Geschichte des Systems der Eigennamen. Die Vielfalt von Vornamen, die bereits im 18. Jahrhundert zu beobachten war, nahm im 19. zu, und zwar gegen den Willen der katholischen Kirche, die das Vorbildhafte der Vornamen ihrer großen Heiligen gewahrt wissen wollte. In dieser Hinsicht brachte die Französische Revolution keinen wirklichen Bruch; allenfalls hat sie einen Prozeß beschleunigt, der bereits im Gange war.

Im Laufe der Jahrzehnte und in immer kürzeren Abständen änderte sich – modebedingt – die Beliebtheit bestimmter Vornamen; hierin verriet sich der Wille zur Individuation, aber auch der Wunsch, den Wechsel der Generationen zu unterstreichen und sich einer neuen, von der herrschenden Klasse vorgegebenen Norm anzupassen. Dabei übertrug sich die Vorliebe für bestimmte Vornamen gleichsam vertikal: vom Adel auf das Volk und von der Stadt auf das Land. Begünstigt wurde dieser Vorgang durch die erhöhte Differenziertheit und Komplexität der sozialen Hierarchie.

Gleichzeitig verloren die Regeln über die Weitergabe eines Namens innerhalb der Familie ihre bindende Kraft. Früher hatte man die Kinder für gewöhnlich nach ihren Taufpaten benannt, das hieß in der Praxis, nach ihren Großeltern, dem Großonkel oder der Großtante; der älteste Sohn hatte in der Regel den Vornamen seines Vaters, der Jüngstgeborene den des verstorbenen Großvaters erhalten. Man darf die Lockerung dieser traditionellen Imperative gewiß nicht überschätzen, doch setzte sich die neue Praxis durch. Der Verfall der traditionellen Namensweitergabe in der Familie verriet den Verlust des Glaubens an erbliche Tugenden und Charaktereigenschaften und an die Kraft des Namens, diese zu überliefern. In diesem Glaubensschwund kündete sich der neue Individualismus an.

Dort, wo die Familienstruktur komplex war und der begrenzte Vorrat an Eigennamen die Gefahr der Verwechslung in sich barg, blieb das System der Namengebung teilweise archaisch, so in manchen Teilen Mittel- und Südfrankreichs, vor allem im Gévaudan. Hier geriet der eigentliche Taufname durch häufigen Gebrauch schnell in Vergessen-

Die Kombination aus Ansichtskarte und Porträtphoto ermöglichte es dem Einzelnen, ungeniert Bilder von sich selbst unter die Leute zu bringen. Das aristokratische Medaillon aus dem frühen 19. Jahrhundert beendete in dieser Ersatzform seinen langsamen sozialen Abstieg.

heit und machte einem Spitznamen Platz. Der Nachname blieb mit dem Hof – dem »oustal« oder der »maysou« – verbunden, und wer in eine Familie einheiratete, verlor den eigenen Namen und nahm den der Braut an. Trotzdem gewöhnte man sich auch in diesen Gegenden an die neuartige Sitte, den Taufnamen zu gebrauchen und auch an dem vom bürgerlichen Staat registrierten Nachnamen festzuhalten. Die Verwendung von Spitznamen beschränkte sich mehr und mehr auf Randgruppen: auf Künstler und Bohemiens, auf Dirnen und Verbrecher – auf Kreise also, die sich, wie die »compagnonnages« der Gesellen und Wanderburschen, bewußt an archaischen Werten und Verhaltensweisen orientierten.

Natürlich war der Wunsch nach Individuation nicht die einzige Erklärung für die beginnende Diversifizierung der Namen. Die durch die Urbanisierung verstärkte Gefahr der Namensgleichheit und damit der Verwechslung war Grund genug für Originalität der Namengebung. Fortschritte in der Alphabetisierung und im primären Bildungsbereich schufen eine fast unauflösliche Einheit zwischen dem Einzelnen und seinem Vor- und Nachnamen. Die Namensinitialen auf Serviettenringen, Trinkbechern, Schutzumschlägen für Schulhefte, der Wachstafel und der gestickten Wäsche in der Aussteuer des heiratsfähigen Mädchens, auf den Kleidungsstücken von Internatsschülern usw. betonten die Bedeutung des Vor- und Zunamens. Daß immer mehr Neuvermählte den Ehevertrag mit ihrem Namen unterschreiben konnten, beweist die zunehmende Vertrautheit mit dieser Praxis. Seit der Restauration wurde es Mode, im Park von Fontainebleau seine Initialen in Rinden und Steine zu ritzen, vor allem bei den einfachen Leuten; die Unterschicht wußte, daß sie im Gegensatz zu den Herrschenden keine bleibenden Spuren hinterlassen würde, und hoffte auf die Dauerhaftigkeit von Baum und Fels.

In der zweiten Hälfte des 19. Jahrhunderts trug der Aufschwung des Postwesens – um 1900 wurden jährlich rund acht Millionen Postkarten verschickt – zur Inflation der Initialen bei, die für das Ich und seinen Besitz standen. Für diesen Sachverhalt zeugten auch die Verbreitung der Visitenkarte und des persönlichen Kalenders, und das sind wirklich nur einige wenige Beispiele. Allmählich begann man, sogar den Haustieren Namen zu geben; schon während der Julimonarchie dachte sich Eugénie de Guérin erlesene Namen für ihre Lieblingshunde aus.

## Der Spiegel und die Identität des Körpers

Die Betrachtung des eigenen Spiegelbildes hörte auf, ein Privileg der Reichen zu sein. Leider fehlt bisher eine gründliche Studie über Verbreitung und Gebrauch des Spiegels, doch ist vielen Anzeichen zu entnehmen, wie wichtig die Geschichte des Blicks auf sich selbst ist. Im 19. Jahrhundert war es in den Dörfern nur der Barbier, der einen wirklich großen Spiegel besaß, und zwar für die männliche Kundschaft. Hausierer verkauften den Frauen und Mädchen kleine Handspiegel, in denen sie ihr Gesicht studieren konnten, während die großen Spiegel, in denen man sich von Kopf bis Fuß betrachten konnte, auf dem Lande so gut wie unbekannt waren. Der Bauer las seine körperliche Identität wie

Gegen Ende des 19. Jahrhunderts trat unerwartet die Postkarte, millionenfach verschickt, ihren Siegeszug durch Westeuropa an. Sie erweiterte das Netz der brieflichen Kontakte, trug zur Festigung der Freundschafts- und Familienbande bei und lud dazu ein, in Alben gesammelt zu werden. Die stereotypen Formeln erleichterten die Mühe des Schreibens und erlaubten auch jenen, die bisher das Briefeschreiben gescheut hatten, ihren Gefühlen aus der Ferne Ausdruck zu geben.

*Vor dem Spiegel*, 1890. Dieser unbekannte Maler aus dem Fin de siècle ist wie die Betrachter, an die er sich wendet, fasziniert und verstört von der Intimität der Frau, die mit sich selbst allein ist, und delektiert sich an den doppelt dargebotenen Lippen. Während sich nach und nach die Identifikation des Körpers mit seinem Spiegelbild vollzieht, fördert die Verbreitung des Standspiegels die Heraufkunft des Narzißmus. (Paris, Bibliothèque des Arts décoratifs)

eh und je an den Blicken der anderen ab und vertraute im übrigen auf die innere Selbstwahrnehmung. »Wie konnte man in einem Körper leben, den man nie [nämlich in allen Einzelheiten] gesehen hatte«, fragte sich Véronique Nahoum[1] – eine Frage, die man an die Sozialhistoriker des Landlebens weitergeben kann. Verständlicher sind die Verbote, mit denen in diesem Milieu der Gebrauch des Spiegels belegt war: Einem kleinen Kind den Spiegel vorzuhalten konnte bedeuten, es in seinem Wachstum zu gefährden; der unverhängte Spiegel nach einem Todesfall in der Familie brachte Unglück.

In den begüterten Schichten wurde von einem wohlerzogenen jungen Mädchen erwartet, daß es vermied, sein nacktes Spiegelbild zu sehen, und sei es nur auf der Oberfläche des Badewassers; daher gab es Spezialpuder, der das Wasser trübe machte, um der Badenden die Schande zu ersparen. Derartige Tabus steigerten natürlich die erotische Erregung durch den Anblick des nackten Körpers, und so wurde dessen Abbild geradezu eine Obsession der »guten Gesellschaft«, die nur ihre Bordelle mit Spiegeln ausstattete, bevor – spät genug – auch die Tür des Kleiderschranks im ehelichen Schlafzimmer einen Spiegel bekam.

Gegen Ende des Jahrhunderts war die Verbreitung dieses heiklen Möbelstücks zumindest in der Stadt weit genug fortgeschritten, um den Menschen den Aufbau einer neuen Körperidentität zu ermöglichen. Der indiskrete große Spiegel gab der Schönheit eine neue Silhouette: Er bahnte einer Ästhetik der Schlankheit den Weg und bestimmte auf neuartige Weise die Diätetik.

## Die Demokratisierung des Porträts

Der wichtigste Faktor bei der Herausbildung des individuellen Selbstbewußtseins war Gisèle Freund zufolge das Bestreben der Person, sich ihrer selbst zu vergewissern.[2] Sein eigenes Bild zu erwerben und aufzustellen nahm einem die Angst vor dem Tod; man bewies sich selbst seine Existenz und sorgte dafür, daß eine Spur von ihr blieb. Das kunstvoll komponierte Porträt zeugte von Erfolg und machte den gesellschaftlichen Rang eines Menschen sichtbar. Für den Bürger, der sich wie der Adlige früherer Zeiten in der heroischen Rolle des Begründers einer Dynastie sah, lag das Problem nicht darin, den eigenen Platz in einer ununterbrochenen Folge von Generationen zu bezeichnen, sondern vielmehr den persönlichen Erfolg in das Prestige einer »neuen« Familie umzumünzen. Das 19. Jahrhundert war ein Jahrhundert der Erinnerung, doch es erlebte auch die Gründung mancher stolzen Kaufmannsfamilie. Die Mode des Porträts griff vom Adel auf das Bürgertum über, wie Gabriel Tarde sehr früh bemerkt hat; sie kam dem Wunsch nach Gleichheit entgegen. Und schließlich darf man nicht die treibende Rolle der Technik vergessen, die den Wunsch nach dem zur Ware wie zum Machtinstrument gewordenen Selbstbildnis beliebig oft erfüllen konnte.

Das Porträt war lange Zeit das Vorrecht des Adels und des wohlhabenden Bürgertums gewesen, bis es gegen Ende des 18. Jahrhunderts auch in anderen Teilen der Gesellschaft populär wurde. Es wurde zugleich intimer, und die Miniatur trat ihren Siegeszug an. Anhänger, Medaillons und Puderdöschen wurden mit dem Bild eines geliebten Menschen verziert. Barbey d'Aurevilly verweist auf die Begeisterung der Restaurations-Elite für das Porträt als Schmuckstück. Die vornehme Dame vom Boulevard Saint-Germain, die aus ihrem Körper eine wandelnde Ahnengalerie machte, negierte damit zugleich symbolisch die Epoche der Revolution.

Zwischen 1786 und 1830 machte – zumindest in Paris – Gilles-Louis Chrétien mit seinem »physionotrace« von sich reden und sorgte dafür, daß das Porträt nicht aus der Mode kam. Mit diesem Gerät konnte der Künstler in Minutenfrist den Schattenriß eines Gesichts festhalten; danach brauchte er das Profil nur noch auf eine Metallplatte zu übertragen, um eine Reihe erstaunlich genauer und preiswerter Bilder zu erhalten. Bei Bedarf konnte der Künstler das Porträt auch in Holz oder Elfenbein ausführen oder den Schattenriß »à l'anglaise« um eine Haarlocke und ein Kleidungsstück ergänzen. Allerdings blieben die Profile, obwohl sie erstaunlich ähnlich waren, blaß und ausdruckslos. Erst die Daguerrotypie half diesem Mangel ab und befriedigte eine immer stärker werdende Nachfrage.

Im Jahre 1839 meldete L. J. M. Daguerre ein Verfahren zum Patent an, das es ihm erlaubte, das Unikat eines Porträts nach etwa fünfzehnminütiger Belichtung auf eine Metallplatte zu fixieren, die er für 50 bis 100 Francs verkaufte. Der Künstler war bestrebt, den Gesichtsausdruck des Modells ebenso zu erfassen wie dessen gesellschaftlichen Rang. Leider hatte die an sich gestochen scharfe Daguerrotypie den Nachteil, daß man von der belichteten Platte keine Abzüge machen konnte.

So blieb es der Photographie vorbehalten, der Demokratisierung des Porträts den Weg zu bahnen. Zum erstenmal hatte auch der gemeine Mann die Möglichkeit, ein Bild von sich auf die Platte zu bannen, zu besitzen und beliebig oft zu vervielfältigen. Dieses neuartige Verfahren wurde 1841 zum Patent angemeldet und erlebte in den folgenden zehn Jahren eine Reihe von technischen Verbesserungen. Die Belichtungszeit wurde immer kürzer, bis zur Entwicklung der Sofortaufnahme 1851. 1854 brachte Disdéri Porträtaufnahmen im Visitenkartenformat (6 mal 9 cm) auf den Markt, und fortan erweiterte die Photographie auf frappierende Weise die durch die Daguerrotypie geschaffene Nachfrage. 1862 setzte allein Disdéri 2400 Karten pro Tag ab. Mittlerweile dauerte die Herstellung eines Klischees nur noch wenige Sekunden, und ein Dutzend Porträts kostete nur 20 Francs. In den kleinsten Orten gab es jetzt Photoläden, und Wanderphotographen zogen durch das Land und boten Schnappschüsse zu einem Franc das Stück an.

Die neue Möglichkeit des Menschen, ein Bild von sich machen zu lassen und zu besitzen, förderte sein Selbstwertgefühl und bewirkte eine Demokratisierung des sozialen Geltungsstrebens. Die Photographen waren sich dessen wohl bewußt. Das Innere des Photoateliers wurde mit Säulen, Vorhängen und Podesten theatralisch ausstaffiert, der Kunde in voller Größe und emphatischer, bombastischer Pose auf-

Die Photographie dokumentiert die Intensivierung des Gefühlslebens in der Kernfamilie, dessen Mittelpunkt seit etwa 1860 der Säugling oder das Kleinkind ist. Kunden wie Photographen waren bemüht, den Geschlechtsunterschied auch vor der Kamera zu betonen (siehe auch die Abbildung auf Seite 432).
(Sammlung Sirot-Angel)

Disdéri und seine Schüler wußten die Rolle der Mutter ins rechte Licht zu rücken. Der gleichmäßige Altersabstand der Kinder erlaubte es dem Photographen, eine optisch wirkungsvolle Pyramide aufzubauen, die wiederum das raumgreifende Volumen der Krinoline oder der Tournure hervorhob – jener Kleidungsstücke, die die Körperformen der Gebärerin verhüllten und zugleich erahnen ließen. (Sammlung Sirot-Angel)

genommen. Nach 1861, also nach Errichtung des Zweiten Kaiserreichs unter Napoleon III., kam sogar das photographische Reiterstandbild in Mode. Diese Theatralisierung der Mienen, Gesten und Gebärden, mit einem Wort: die Pose, durchdrang allmählich den ganzen Alltag – ein Wandel von historischer Bedeutung, wie schon Jean-Paul Sartre bemerkt hat. Millionen von Porträtphotos, feierlich-zeremoniell in das Familienalbum eingeklebt, verbreiteten neuartige gestische Normen, die den Bereich des Privaten transformierten; man lernte, den eigenen Körper und insbesondere die Hände mit neuen Augen zu sehen. Das Photoporträt war gleichsam die Vorschule zu jener »ordentlichen Haltung«, die den Kindern später in der Schule abverlangt wurde. Gleichzeitig verbreitete es einen neuartigen Wahrnehmungscode: Die Kunst, vor der Kamera als Großvater zu posieren, wurde nun ebenso zum Bestandteil der Selbstinszenierung wie die kontemplative Geste des Denkers.

Das Porträtphoto gehorchte denselben ästhetischen Gesetzen wie die offizielle Malerei – der schöne Schein wurde idealisiert, das Häßliche verleugnet. Bei der Weltausstellung 1855 waren die Zuschauer von den Möglichkeiten der neu entwickelten Retusche fasziniert. Diese Technik setzte sich nach 1860 allgemein durch; die Gesichtszüge wurden gemildert, störende Sommersprossen, Falten und Muttermale beseitigt, und das Gesicht erschien künstlerisch verklärt. Selbst auf dem Lande bedrohte ein neues Schönheitsideal die traditionellen Normen.

Das Album mit den Familienphotos machte Verwandtschaftsverhältnisse deutlich und festigte den durch die wirtschaftliche Entwicklung der Gesellschaft bedrohten Gruppenzusammenhalt. Das Vordringen des Porträts in neue gesellschaftliche Bezirke modifizierte die Vorstellung der Menschen von den Lebensaltern und damit ihr Gefühl für die Zeit. Die Photographie ist immer auch ein *memento mori*, wie Susan Sontag bemerkt.[3] Durch Photos wurde es leichter, sich den eigenen Tod und das Schicksal, das auf die Alten wartete, vorzustellen.

Als Gedächtnishilfe erneuerte das Photo die Sehnsucht nach früheren Zeiten. Zum erstenmal konnten sich breite Schichten ihre längst verstorbenen Vorfahren oder unbekannte Verwandte vor Augen führen. Man konnte sehen, wie Menschen, mit denen man tagtäglich umging, in ihrer Jugend ausgesehen hatten. Die Referenzpunkte der Familienerinnerung veränderten sich. Der symbolische Besitz eines geliebten Menschen im Bild kanalisierte die emotionalen Beziehungen und wertete den visuellen Kontakt zu Lasten des physischen auf; auch die Psychologie des Getrenntseins vom Geliebten wurde eine andere. Das Photo eines Toten milderte den Schmerz über seinen Verlust und dämpfte die durch sein Verschwinden hervorgerufene Reue.

Die neue Technik der Photographie ermöglichte es endlich, Bilder vom nackten menschlichen Körper in großer Zahl herzustellen und in Ruhe zu betrachten. Eine neue Methode der erotischen Stimulierung kam auf, und das Begehren beschleunigte sein Tempo; man denke nur an den »Akt von 1900«. Diese Entwicklung blieb auch dem Gesetzgeber nicht lange verborgen; schon 1850 wurde das Verkaufen unzüchtiger Photographien in der Öffentlichkeit unter Strafe gestellt. Nach 1880 konnte der Photoamateur auf den professionellen Mittelsmann verzichten; er lockerte die einstmals starre Pose vor der Kamera und öffnete sein privates Leben so weit wie nur möglich für das Objektiv, das nun unersättlich alles Intime auf die Platte bannte.

## Das ewige Gedenken

Auch auf den Friedhöfen bekundete sich der Wunsch nach Perpetuierung der eigenen Lebensspuren. Philippe Ariès hat in seinem berühmten Buch[4] den Siegeszug des Einzelgrabes und das Entstehen eines neuen Totenkultes zu Beginn des 19. Jahrhunderts beschrieben. Hier soll uns nur die persönliche Grabinschrift interessieren, die für den größten Teil der Bevölkerung ebenfalls etwas Neues war: die Beschwörung des ewigen Gedenkens. Erst allmählich wird die Geschichte dieser Textart deutlicher erkennbar. In der Zeit der Monarchie mit ihrem reinen Männerwahlrecht mehrten sich Grabinschriften, die das Verdienst des Verstorbenen als Gatte, Vater oder Bürger priesen: Sogar der Grabstein kündete vom Aufschwung des privaten Lebens. Mit der Erweiterung der Friedhöfe und der industriellen Massenfertigung von Grabsteinen kam der individuelle Grabspruch allmählich aus der Mode und wurde durch stereotype Formeln ersetzt, die aber durch das in den Stein eingelassene Porträtphoto eine glückliche Ergänzung erfuhren.

Die im Photoalbum aufbewahrte Photographie festigte die Erinnerung an die einstige geschwisterliche Eintracht. Auch wenn die Familie in alle Winde zerstreut war, diente die vergilbte Aufnahme der Auffrischung alter Gefühle. (Sammlung Sirot-Angel)

Während in den Friedhöfen die standardisierte Formel auf den Grabsteinen mehr und mehr den individualisierten Epitaph ablöste, bewahrte das Medaillon mit dem Photo des Verstorbenen die Erinnerung an dessen unverwechselbares Äußeres. Diese Gepflogenheit ist eine überzeugende Bekundung des Wunsches, die Lebensspur eines Menschen für immer festzuhalten.

Diese Entwicklung ging nicht überall gleich schnell vor sich und verlief auch nicht ohne Widerstände. Auf dem Friedhof von Asnières, einem kleinen Dorf im Ain, stammt die erste Grabinschrift von 1847. 1856 ließ die Witwe eines unbedeutenden und bei seinen Mitbürgern wenig beliebten Notabeln das Grab ihres Mannes mit einer Balustrade umgeben, was bei der Bevölkerung großen Unwillen erregte. Sogar der Pfarrer war empört, die Erinnerung an diesen keineswegs vollkommenen Christen durch Marmor verewigt zu sehen, während andererseits nicht einmal genau bekannt war, wo der fromme Küster der Kirche begraben lag. In kleinen ländlichen Gemeinden wurden Grabstein und Grabspruch noch lange als Verstoß gegen die Gleichheit der Menschen empfunden. 1840 mußte Eugénie de Guérin die weiße Säule, die sie auf dem Friedhof von Andsillac zur Erinnerung an ihren Bruder Maurice errichtet hatte, aus Sicherheitsgründen einzäunen lassen.

In den winzigen Pfarreien erlaubte die Grabinschrift auch eine nachträgliche Statusverbesserung des Toten: Noch der geringste Krämer konnte nach Belieben posieren. Umgekehrt hatte die neue Dauerhaftigkeit der Lebensspuren den Nachteil, daß diskreditierende Gerüchte sich hartnäckig halten konnten.

Alle diese Methoden zur Stärkung des Ichgefühls verband ein zentrales Element: die Tendenz zur Selbstglorifizierung und die Hypertrophie einer selbstsicheren Eitelkeit. Hierfür gab es auch andere Zeichen, die mit dem Aufstieg der Meritokratie zusammenhingen: die Bedeutung, die man ehrenden Erwähnungen und Preisverleihungen beimaß, die Gewohnheit, Diplome und Urkunden im Salon oder Wohnzimmer aufzuhängen, aber auch das mit Orden und Auszeichnungen verknüpfte Prestige sowie der hagiographische Ton von Nachrufen. Für viele einfache Leute war es ein neues Hochgefühl, den Namen eines Angehörigen »tot im Wochenblättchen zu lesen«. Jede x-beliebige Person konnte fortan die Pose des Helden einnehmen, und sei es nur im Kreis der Familie, die nun ihrerseits den Radius ihrer Ambitionen erweiterte. Sogar Verbrecher profitierten bisweilen von derartigen Bestrebungen. Angeregt durch Schriften im Stile Plutarchs, schrieb jener junge Massenmörder aus Aunay-sur-Odon, der seine ganze Familie umgebracht hatte, in trotzigem Stolz am Anfang seiner Lebensgeschichte: »Ich, Pierre Rivière, hatte meiner Mutter, meiner Schwester und meinem Bruder die Kehle durchgeschnitten.«

## Grenzen sozialer Kontrolle

Für die Behörden war die Möglichkeit der Identifikation eines bestimmten Menschen um so bedeutsamer, als in der Öffentlichkeit die Anonymität mehr und mehr an die Stelle der persönlichen Bekanntschaft trat. Die schweigsame, dichte Menschenmenge auf der Straße verlor alles Theatralische, das sie einst besessen haben mochte; sie gerann zu einem Agglomerat von Personen, die mit ihren Privatinteressen beschäftigt waren. So ist es verständlich, daß nunmehr die Methoden der Identifikation verbessert wurden und die soziale Kontrolle sich verschärfte.

Vor der Dritten Republik (1876–1879) waren die Techniken der Personenidentifikation ziemlich rudimentär gewesen; die Mängel dieser Verfahren verhinderten jene »gläserne Gesellschaft«, an der die Herrschenden angeblich ein kräftiges (und zweifellos übertriebenes) Interesse hatten. Die wesentlichen Referenzquellen dieses Identifikationssystems waren der 1792 säkularisierte und am 28. Pluviôse des Jahres III kodifizierte bürgerliche Staat, die alle fünf Jahre erneuerten Zensuslisten sowie die bis 1848 auf dem eingeschränkten Wahlrecht basierenden und im März 1848 bzw. im Dezember 1851 um das Wahlrecht für alle Männer erweiterten Wählerverzeichnisse. Für bestimmte Bevölkerungsgruppen waren besondere Verfahrensweisen vorgesehen. So mußten Arbeiter seit der Zeit des Konsulats ihrem Arbeitsherrn ein Arbeitsbuch (»livret«) vorlegen, bis das von den Unternehmern heftig bekämpfte Gesetz vom 22. Juni 1854 sie von dieser Pflicht entband und ihnen erlaubte, ihre Arbeitspapiere zu behalten. Besondere Vorschriften galten ferner für Soldaten, für Dienstboten, die ihrem neuen Arbeitgeber eine Bescheinigung des alten vorlegen mußten, für Prostituierte, die sich bei der Polizeipräfektur oder der Gemeinde melden mußten, für ausgesetzte oder Findel-Kinder, denen man die bürgerlichen Rechte verlieh und eine Halskette mit ihrem Namen umhängte, für Reisende und vor allem für Wanderburschen und Obdachlose, die sich einen Paß ausstellen lassen mußten, bevor sie weiterziehen durften.

Untersucht man die Migrationsbewegung im Limousin und die Reisenden im Département de l'Indre, so zeigt sich, daß in diesem Bereich

(wie in vielen anderen) die übertriebene Genauigkeit der Bestimmungen mit einer unglaublichen Schlamperei, um nicht zu sagen: mit totaler Anarchie, einherging. Noch lange mußten die persönliche »Amtsbekanntheit« und das Personengedächtnis der Beamten für den Verkehr zwischen den Migranten und den Behörden ausreichen. Trotzdem wurde es aufgrund der Fortschritte der Alphabetisierung und infolge einer strengeren Beachtung der einschlägigen Verwaltungsvorschriften immer wichtiger, daß der Mensch »Papiere« besaß, sie bei sich trug und auch las. Dieses neuartige Wissen von der eigenen Person, verbunden mit der auf dem Lande um sich greifenden Praxis, Verträge schriftlich und nicht mehr mündlich abzuschließen, machte es immer unwahrscheinlicher, daß man noch einem Menschen begegnete, der nicht wußte, wie alt er war – wie beispielsweise jener Bauer, der sich in seinem Alter gleich um sieben Jahre irrte und damit Eugénie de Guérin zu dem Ausruf veranlaßte: »Glücklicher Mann, der nichts von seinem Leben weiß!« Nun konnte jeder Mensch sein Alter ausrechnen, so daß die Zukunft für ihn zwar nicht vorhersehbar, aber immerhin kalkulierbar war.

Kam es darauf an, die Persönlichkeit eines Menschen noch genauer zu erfassen, so war es nach wie vor üblich, nach seinem sittlichen Lebenswandel zu fragen oder zumindest ein Leumundszeugnis einzuholen. Handelte es sich um einen Heiratskandidaten (und damit um einen Ehevertrag), einen Stellenbewerber oder auch nur um einen neuen Dienstboten, so wandte man sich an den zuständigen Bürgermeister oder Pfarrer; diese Personen waren verpflichtet, über Menschen aus ihrem Ort bzw. aus ihrer Gemeinde Auskünfte zu erteilen und Stellungnahmen abzugeben. Seltsamerweise scheint diese Praxis wenig Anstoß erregt zu haben, obwohl sie den Rekurs auf das Gerücht institutionalisierte und das Eindringen in die Privatsphäre begünstigte. Der Briefwechsel zwischen den Eltern einer gewissen Marthe, obgleich neueren Datums, erlaubt einen Blick in die Funktionsweise dieser Mechanismen. Als es darum ging, für die eigenwillige junge Dame einen Gatten zu wählen bzw. überhaupt erst zu finden, wurde ein ganzes Heer von Informanten zu Rate gezogen: Beichtväter und Pfarrer fungierten als Heiratsvermittler; Verwandte in der Provinz sollten Erkundigungen einziehen; Anwälte und Notare mußten ihre Kollegen einschalten; Beamte wurden über ihre Untergebenen ausgeforscht; Dienstboten hatten Gerüchte auszustreuen. Nur Ärzte wurden nicht befragt – vielleicht, weil man sich von ihnen mit Rücksicht auf ihre Schweigepflicht ohnehin keine wichtigen Aufschlüsse erwartete. Erkundigungen, Empfehlungen, Pressionen, ja, Erpressungen in wohlabgestimmter Dosierung prägten das private Leben dieser bedrängten Familie, deren Rückzugsscharmützel mit faszinierender Schamlosigkeit vor uns entfaltet wird.

## Das Auge des Gesetzes

Wir wollen zuletzt noch auf die Verfahren der Identifikation zu sprechen kommen, das heißt auf die Geschichte des Signalements bzw. die Suche nach unverwechselbaren, individuellen Merkmalen. Die Polizeiinstitute haben in dieser Hinsicht Laboratoriumsfunktion gehabt; hier wurden die Techniken entwickelt, die später auf vielen anderen Gebieten angewendet wurden. Der Polizist konnte wie der normale Bürger vor denselben zwei Problemen stehen: Wie beweist man die eigene Identität, und wie beweist man die Identität eines anderen Menschen (bzw. eines Toten)?

Bis etwa 1880 konnte ein findiger Mensch sein Erscheinungsbild nach Lust und Laune verändern; um sich einen neuen Geburtsschein ausstellen zu lassen, genügte es, Geburtsort und Geburtsdatum desjenigen zu kennen, dessen Identität man annehmen wollte. Nur die – ziemlich unwahrscheinliche – Begegnung mit einem Zeugen konnte diese List durchkreuzen, und selbst in diesem Fall konnte man ein lediglich vom visuellen Gedächtnis verbürgtes »Wiedererkennen« bestreiten. Unter diesen Umständen kann man sich leicht vorstellen, warum der Gedanke an einen unter falscher Identität auftretenden Unhold oder Rächer die Menschen so sehr zu ängstigen vermochte. Die Metamorphosen eines Jacques Colin, das Schicksal eines Jean Valjean oder die teuflischen Pläne eines Edmond Dantès dürften für den damaligen Leser kaum etwas Unwahrscheinliches gehabt haben. Mühe bereitete auch die Identifikation eines Findelkindes, weshalb Erkennungszeichen – ein Armreif, eine Kette, ein Muttermal oder Aschenputtels Schuh –

»Der photographische Dienst der Polizeipräfektur«: Die Nützlichkeit der Photographie war unverkennbar, und dennoch löste die neue technische Errungenschaft nicht das Problem der Polizei, Personen zu identifizieren und Wiederholungstäter festzuhalten. Der hieb- und stichfeste Klassifizierungscode, der eine unwiderlegliche Identifikation erlaubte, ließ noch lange auf sich warten.
(*L'Illustration*, 1889)

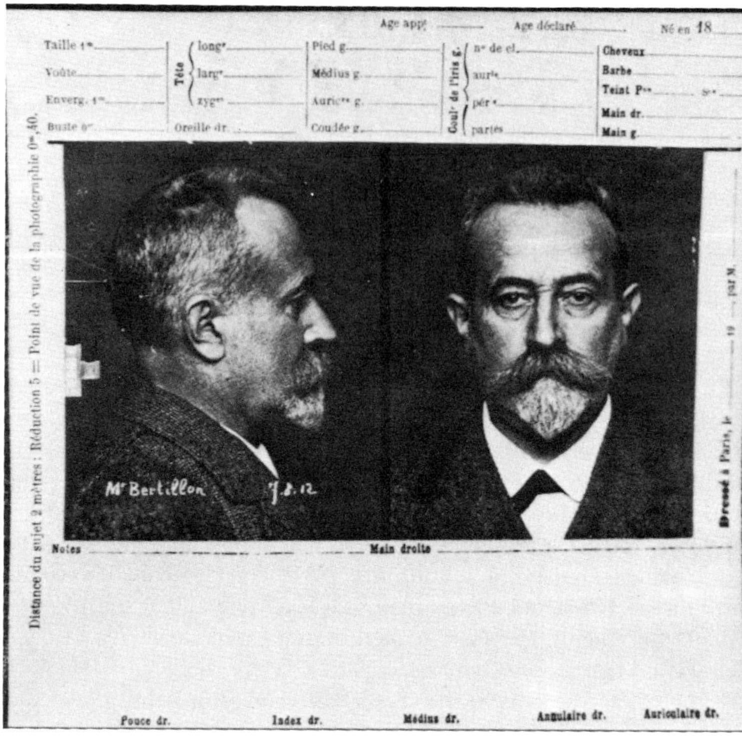


Adolphe Bertillon galt als das unbegabte Kind einer angesehenen Medizinerfamilie, aber er wußte sich zu »rächen« und seinem Namen in allen Polizeipräfekturen Achtung zu verschaffen. Wie einige andere Anthropologen der Jahrhundertwende – Cesare Lombroso oder Pauline Tarnowskaja zum Beispiel – befaßte er sich vor allem mit dem Verbrechermilieu. (Paris, Musée de la Police)

von enormer Bedeutung waren. Aus denselben Gründen war es für die Behörden schwer, einen Rückfalltäter zu überführen. Und das schwierige Problem der Identifikation von Prostituierten war vor allem der Grund, weshalb das während des Konsulats eingeführte System der offiziell zugelassenen Bordelle wieder abgeschafft wurde.

Bis zu Beginn der Dritten Republik benutzte die Verwaltung die Methode des »Signalements«. Der Polizist bestimmte durch einfache »Inaugenscheinnahme« die Farbe des Haars und der Augen, schätzte den Taillenumfang und notierte körperliche Gebrechen. Die Unzulänglichkeit dieser Methode, die sich auf neutrale und ungenaue Beschreibungen stützt, wird ersichtlich, wenn man die Unterlagen der Revisionsgerichte oder der Sittenpolizei oder Gefängnisakten studiert. Um Verkleidungen zu entlarven, konnte sich die Polizei praktisch nur auf die Wachsamkeit des einzelnen Beamten verlassen, vor allem, seit mit dem Gesetz vom 31. August 1832 die Brandmarkung von Häftlingen abgeschafft war. Alle Kriminalakten, die sich nach dem Gesetz über die strafrechtliche Verfolgung von 1808 in den örtlichen Polizeipräfekturen sammelten, beruhten auf diesen verfehlten Methoden. Bis 1850 wurden diese Akten bei den örtlichen Präfekturen aufbewahrt; danach übergab man sie den Gerichten.

## Knochenmessungen und Spurensuche

Gegen Ende des 19. Jahrhunderts waren die beiden oben genannten Probleme gelöst; neue Techniken ermöglichten es, für jeden Menschen eine unveränderliche und leicht nachweisbare Identität festzustellen. Dieses Erkennungssystem schloß künftig die Verwechslung von Personen, sogar die von Zwillingen, aus; auch die Fälschung von Geburtsurkunden war fortan unterbunden. Mit einem Wort: Es gab keine Verwandlung der Persönlichkeit mehr. Bigamie war fast schon ein Heldenstück; dagegen erleichterte der Gesetzgeber die Ehescheidung. Niemand hatte mehr Schwierigkeiten damit, seine Identität zu beweisen; die Probleme des Oberst Chabert gehörten der Vergangenheit an.

1876 begann die Polizei, sich der Photographie zu bedienen, um die Identität eines Menschen zu bestimmen, und wenige Jahre später verfügte die Präfektur bereits über einen Stamm von 60000 photographischen Aufnahmen. Diese Schnappschüsse, aus allen Blickwinkeln aufgenommen und unplanmäßig aufbewahrt, leisteten allerdings keine besonders guten Dienste; vor allem waren sie nicht geeignet, die wahre Identität eines Schwindlers aufzudecken. Die Situation wurde mit der Verabschiedung des Gesetzes vom 27. Mai 1885 über Rückfalltäter brisanter, hatte sich aber schon 1882 schlagartig mit der Einführung der anthropometrischen Methode geändert, die Alphonse Bertillon entwik-

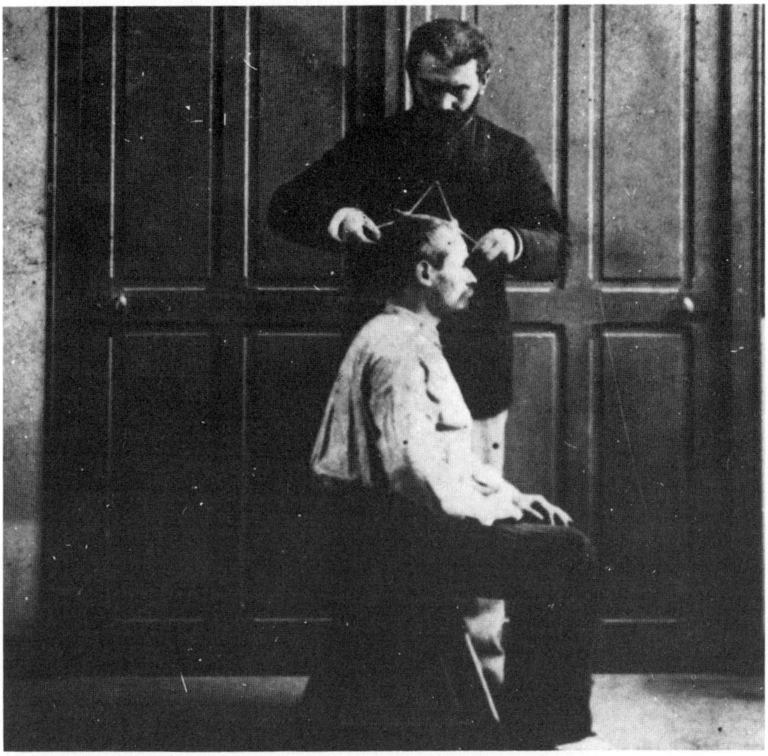

Bevor man Fingerabdrücke zur Identifikation von Personen nahm, galten die von Bertillon eingeführten Schädelmessungen als rechtswirksames Beweismittel (siehe auch die Abbildung auf Seite 442). Die Reichweite dieser Entdeckung ging über den Bereich des Verbrechens hinaus; fast überall in der Gesellschaft war fortan die Veränderung der Persönlichkeit praktisch unmöglich.

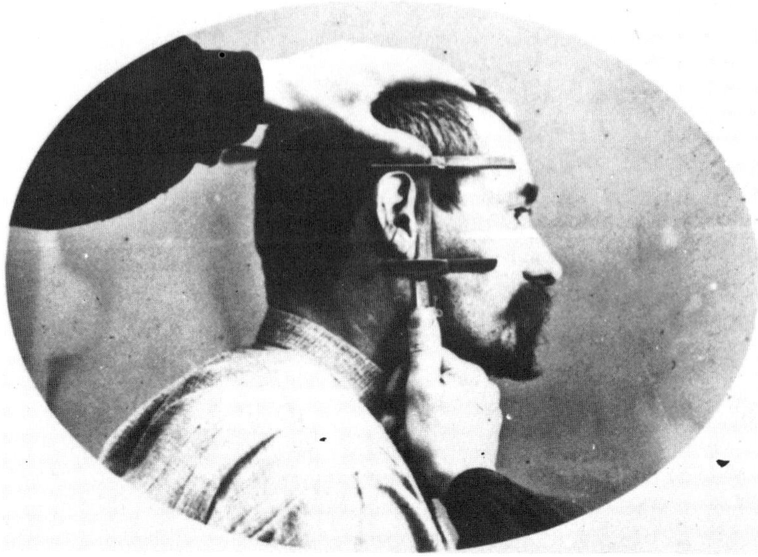

kelt hatte. Bertillon wies nach, daß sechs oder sieben präzise und nach einem bestimmten System vorgenommene Knochenmessungen ausreichen, um einen Menschen eindeutig zu identifizieren.

Dem System Bertillons folgte eine ganze Reihe weiterer Bemühungen, namentlich Barruels Untersuchungen über Spezifika des Blutes und des Körpergeruches sowie die Forschungen Ambroise Tardieus, Quételets und der Mitglieder der Société d'Anthropologie. Gleichwohl herrschte die »Bertillonage« unangefochten bis zur Jahrhundertwende. Ihr Erfinder hatte sein System mittlerweile verbessert; so berücksichtigte er neben den anthropometrischen Messungen auch andere besondere Kennzeichen und ergänzte das Signalement um eine photographische Aufnahme des Betreffenden.

Im Grunde war Bertillons System freilich nur ein Zwischenstadium. Seit Anfang des Jahrhunderts setzte sich die Identifikation durch körperliche Spuren, in erster Linie durch Fingerabdrücke, durch. Diese uralte chinesische Entdeckung hatte sich schon die britische Kolonialverwaltung in Bengalen zunutze gemacht, und Galton veranlaßte Bertillon, in seinen anthropometrischen Karteiblättern auch Fingerabdrücke abzubilden.

Am Vorabend des Ersten Weltkrieges erfaßte man mit diesen Verfahren erstmals nicht nur Straftäter und Verbrecher. Das Gesetz vom 16. Juli 1912 sah vor, daß Hausierer, Wanderburschen usw. einen »anthropometrischen Ausweis« bei sich zu führen hatten – einen Vorläufer unserer Kennkarte, der Name und Vornamen, Geburtsort, Geburtsdatum, Name der Eltern sowie die Unterschrift, die Fingerabdrücke und ein Photo des Ausweisinhabers enthielt.

Schon bald erkannte man die Gefährdung der Privatsphäre, die diese neuartigen Verfahren bzw. ihr Mißbrauch mit sich bringen konnten. Auf dem Höhepunkt der Affäre Dreyfus erregte die Anthropometrie den heftigen Unwillen der Dreyfusarden und löste eine öffentliche Dis-

»Photographisches Album jener Personen, welche beim Grenzübertritt besonders zu überwachen sind.« Im September 1894 wurde Frankreich von einer Serie anarchistischer Terroranschläge erschüttert. Diesmal brauchte sich die Fahndung jedoch nicht auf die steckbriefliche Beschreibung der vermutlichen Täter zu beschränken – die an den Grenzübergängen aushängenden Fahndungsphotos erschwerten die Annahme einer neuen Identität.
(Paris, Musée de la Police)

kussion aus. In diesem Sinne mußte der Polizeipräfekt Lépine aufgrund einer Flut von Beschwerden auf seine bis dahin geübte Praxis verzichten, die in »maisons de rendez-vous« verkehrenden Frauen durch die Hausmutter photographisch identifizieren zu lassen. Die neue Sensibilität verrät sich natürlich auch in anderen Dingen; so hat Philippe Boutry in verschiedenen Pfarreien des Ain eine bis dahin nicht gekannte Intoleranz der Bevölkerung gegenüber der Bekanntgabe persönlicher Daten durch den Pfarrer festgestellt.[5] Der Pastor, der an dem alten Selbstverständnis festhielt, der »wortgewaltige Ankläger der persönlichen Missetat« zu sein, mußte endlich zur Kenntnis nehmen, daß die neu gewonnene Autonomie des Menschen auch eine neue Privatsphäre um das Sittenleben geschaffen hatte.

In allen bisher genannten Bereichen zeichnete sich um 1860 eine Wende ab, die gegen 1880 abgeschlossen war – der Triumph der Republik brachte den Durchbruch. Der Individualismus, der das Jahrhundert prägte, kulminierte zugleich mit dem Neukantianismus der Herrschenden und der Entdeckung der den Organismus zerstörenden Mikrobe durch Pasteur. Wenn das biologische Modell Pasteurs auf den sozialen Organismus übertragbar war, dann war die Kontrolle des Individuums für das Überleben der Gesellschaft unabdingbar.

Gleichzeitig weckte die Furcht vor der Verletzung des Ichs und seiner Geheimnisse den ungeheuren Wunsch, die im anderen Menschen versteckte Persönlichkeit zu entziffern und in seine Intimität einzudringen. Auf diese verschwiegene Sehnsucht gründete sich der Snobismus des Inkognito, aus ihr erwuchsen die Leidenschaft, anonyme Briefe zu schreiben, und die Lust am Voyeurismus gegen Ende des Jahrhunderts, und sie erklärt die »Erfindung« des spurensuchenden Detektivs. Mehr noch als Arthur Conan Doyle zeugt Gaston Leroux von dieser neuen Sensibilität; denn bei ihm geht es der Polizei nicht um die Identifikation des Schuldigen, sondern um seine Identität bzw. deren Verschleierung.

## Der Körper und seine Gefährdung

### Seele und Körper

Man kann die Vorstellung von Intimität im 19. Jahrhundert nicht begreifen, ohne zuvor über die ewige Leib-Seele-Dichotomie nachgedacht zu haben, die auch auf die Einstellungen des Menschen zurückwirkt. Die Ausprägungen dieser erstaunlichen Spaltung zwischen Körper und Seele variierten natürlich je nach sozialer Zugehörigkeit, kulturellem Niveau und dem Grad der religiösen Inbrunst. Hinzu kommt, daß sich im Innersten jedes Menschen dank unablässiger Zirkulation von Verhaltensweisen unvereinbare Glaubensüberzeugungen vereinigen, so daß eine tiefergehende Analyse ungemein kompliziert ist. Ferner darf man nicht vergessen, daß die Unterscheidung aller dieser Vorstellungssysteme nur künstlich ist.

Ethnologen wie Françoise Loux haben gezeigt, daß das Wissen von den Körpern in traditionellen Gesellschaften in sich kohärent war und stets an die nächste Generation weitergegeben wurde. Interessanterweise scheinen diese Gesellschaften jedoch die Dichotomie zwischen Körper und Seele ignoriert zu haben. Die um die Jahrhundertwende von Volkskundlern gesammelten Sprichwörter spiegeln ein laizistisches

Lebensbild, das Zusammenhang und Ganzheit betont. Sie lehren Mäßigung, die Vermeidung von Überschwang und den goldenen Mittelweg zum Wohlergehen, das hier höher geschätzt wird als Lust und Vergnügen – ein moralisches Regelsystem, in dem das hart arbeitende Bauerntum zu Wort kommt, das gewohnt war, nach den Kosten für die Dinge zu fragen, und das für die Armen, ihre Gewalttätigkeit und Unordnung nur Verachtung übrig hatte. Diese Mentalität war von Pessimismus und Resignation geprägt. Aufmerksam achtete man auf die Botschaften des Körpers, die man durch symbolische Referenzen unmittelbar mit dem Kosmos und der Tier- und Pflanzenwelt verknüpft wähnte. Man beobachtete die Mondphasen als himmlische Wächter über den Monatszyklus der Frau; man horchte, wenn ein Mensch zu sterben drohte, sorgsam auf das Gackern der Hühner; man verfolgte das Wachstum des Baumes, den man bei der Geburt eines Kindes gepflanzt hatte; und man rührte nicht an die Tabus, mit denen die »Abfallprodukte« des menschlichen Organismus – Plazenta, geschnittene Fingernägel oder ausgefallene Zähne – belegt waren. Es waren archaische Vorstellungen, aber sie waren von zwingender Gewalt. Die hygienischen Normen tolerierten alles, was den natürlichen Körperfunktionen entsprach; man hatte nichts dagegen, wenn jemand öffentlich rülpste, furzte, sich schneuzte, schwitzte oder sein physisches Begehren erkennen ließ. Selbst die Beschwerden des Alterns wurden nicht ängstlich versteckt.

Fraglos standen diese Überzeugungen und Einstellungen der Verbreitung der wissenschaftlichen Hygiene im Wege, die sogar in bürgerlichen Häusern von Nährammen und Dienstmädchen perfide hintertrieben wurde. Daher verwundert es nicht, wenn die soziale Elite gewisse hygienische Normen verinnerlichte, die aus den unteren Volksschichten stammten und auch von braven Ärzten verfochten wurden, die an den Grundsatz »Nichts im Übermaß« glaubten.

Das andere Extrem bildeten Überzeugungen, die mit der christlichen Lehre vom Antagonismus zwischen Körper und Seele zusammenhingen und die vielerorts tradiert, ja, bewußt kultiviert wurden. Zwar zogen das Geheimnis der Menschwerdung Gottes, das Sakrament der Eucharistie und der Glaube an die Auferstehung des Fleisches der christlichen Leibfeindlichkeit dogmatische Grenzen. Aber es gab auch eine pessimistische Tradition der Leibfeindlichkeit, die auf die Kirchenväter, namentlich auf Tertullian, zurückging und die, von Bossuet und den Jansenisten wachgehalten, den Leib zum zeitlichen Gefängnis der Seele erklärte, das einst den Würmern zum Opfer fallen wird. Der Körper, vom Pfarrer von Ars immer nur »Kadaver« genannt, war das Gehäuse von Trieben, welche die Seele befleckten und sie daran hinderten, zu ihrer himmlischen Heimat aufzubrechen. Deshalb galt es, alle impulsiven Regungen, alle organischen Triebe zu bekämpfen. Wenn es der Seele nicht gelang, den Körper zu bemeistern, dann erhob der Körper sich wie ein Drache und unterjochte die Seele; ein Drittes gab es nicht.

Diese schier schizophrene Kompromißlosigkeit wurde zum Nährboden asketischer Verhaltensweisen, die zwar keineswegs neu waren, aber im 19. Jahrhundert in religiösen Vereinigungen und Schulen sowie

»Dr. Lortet untersucht die Auswirkungen des Bergsteigens auf die Körpertemperatur, 1869.« Wenn im 19. Jahrhundert die Männer und vor allem die Frauen lernten, auf die heimlichen Botschaften ihrer inneren Organe zu hören, dann deshalb, weil die Physiologie sie in ihren Ängsten bestätigte. Die Wissenschaft untersuchte (und überschätzte wohl auch) die Auswirkungen des Wassers, der Sonne, der Höhenluft oder der Temperatur auf den menschlichen Körper. Es entstand eine Naturheilkunde, die zum erstenmal den Wert der Sommerfrische erkannte und diese als Kur verordnete. (*L'Illustration*, 1878)

in den vielen Dritten Orden zu hoher Blüte gelangten. Bis zum Ende des Zweiten Kaiserreichs behauptete sich ein strenges Asketentum, das mit einem unerbittlichen moralischen Rigorismus einherging. Hinter dieser Gewaltsamkeit wirkte ein bestimmtes Bild von Christus auf Golgatha: Auf frommen Drucken spritzte das Blut in hohem Bogen aus Jesu Wunden. Seit der Jahrhundertmitte wurde diese Ertötung des Leibes seltener, da immer mehr Frauen, denen solche Praktiken fremd waren, zur Askese drängten. Die Kirche, die ihre spirituelle Erneuerung auf die Frau stützte, beherzigte die Warnung der Ärzte vor der Schwachheit der Evastöchter: An die Stelle von Blut und von Schmerzen setzte sie tausend kleine Selbstkasteiungen, die dem weiblichen Lebensrhythmus besser entsprachen. Mit der Verinnerlichung der Selbstverleugnung im Alltag begann die Buchführung über die erbrachten Opfer.

Folgenreicher waren die Erkenntnisse der Wissenschaft, insbesondere Ende des 18. Jahrhunderts die Schriften Georg Stahls, die das medizinische Denken in Frankreich nachhaltig beeinflußten. Die meisten Mediziner jener Zeit – gleichgültig, ob Anhänger des Vitalismus der Schule von Montpellier, des Animismus oder des Organizismus – bekannten sich zu der Lehre von der Überlegenheit der Seele über den Körper, besonders, wenn sie wie Pierre Roussel über die Eigenart des weiblichen Geschlechts schrieben.[6] Die Wächterin Seele kennt das Geheimnis des Körpers und führt ihn seiner Bestimmung entgegen. Was den Charakter der Frau prägt und sie für ihre Rolle als Mutter prädestiniert, sind daher weder ihre anatomischen noch ihre physiologischen Merkmale; vielmehr ist es die Seele, von der Geist und Körper der Frau zugleich geformt werden. Die Mutterschaft ist in erster Linie eine metaphysische Mission der Frau, die dazu berufen ist, am Werk der Schöpfung mitzuarbeiten.

## Das Körperempfinden

Im 19. Jahrhundert brach die Wissenschaft mit der Vorstellung vom Primat der Seele, wiewohl sie im übrigen an vielen Ideen festhielt, deren metaphysischen Ursprung sie bewußt verdrängte. Die Ideologen, allen voran Cabanis, gaben die Vorstellung von der Korrekturfunktion der Seele und von einem vitalen Prinzip auf; sie versuchten, wie Jean Starobinski dargelegt hat, aus Medizin und Physiologie eine einheitliche Wissenschaft zu machen.[7] Infolgedessen interessierten sie sich besonders für den Zusammenhang von organischem Leben, sozialem Leben und mentaler Tätigkeit. Weiblichkeit war für sie keine ontologische, sondern eine physiologische und soziologische Tatsache. So erklärt es sich, daß eine Vorstellung wieder auflebte, die auf Aristoteles, vielleicht sogar auf Aristippos von Kyrene zurückging und die von Descartes und Georg Stahl selbst überliefert worden war – die Vorstellung vom »inneren Takt«, gegen Ende des 18. Jahrhunderts auch »Coënästhesie« genannt. Man hat darunter eine gewisse innere Körperwahrnehmung zu verstehen, besser gesagt: die Gesamtheit der organischen Sensationen, die, wie Cabanis meinte, in Verhalten übersetzt, die Instinkte bilden.

Im 19. Jahrhundert waren die Fachleute von der ungeheuren Bedeutung des »Unbewußten« überzeugt; sie vernahmen darin »das undeutliche Murmeln der Leibesfunktionen, aus dem in gewissen Abständen die Akte des Bewußtseins aufsteigen« (Jean Starobinski). Diesem Unbewußten entsprang in voller Rüstung die Person. Die Genialität Sigmund Freuds erwies sich nicht in der Entdeckung, daß weite Bereiche der Subjektivität sich dem Bewußtsein entziehen und gleichwohl auf die mentalen Akte einwirken, sondern darin, daß er das Unbewußte nicht als Monopol des organischen Lebens anerkannte, sondern es in den psychischen Apparat selbst verlegte.

Die Bedeutung, die man damals der »Coënästhesie« beimaß, hatte eine bestimmte Art, auf seinen Körper zu horchen, zur Folge, die wir so nicht mehr kennen. Noch immer waren vage hippokratische Mutmaßungen über die günstigen bzw. ungünstigen Auswirkungen von Luft, Wasser und Wärme im Schwange, und man machte das Wetter oder die Jahreszeit für die Leichtigkeit der Atmung, die Heftigkeit des Rheumatismus oder die Stabilität der Körpersäfte verantwortlich. Kurz, es entstand eine innere Meteorologie der »Seele«. Nicht minder sorgfältig achtete man auf den regelmäßigen Vollzug der organischen Funktionen und dessen Verkettung mit dem Mentalen, auf die Physiologie der Verdauung und auf den Menstruationszyklus. Viele Leute vertrauten unverändert der Theorie von den vier Temperamenten (sanguinisch, cholerisch, melancholisch, phlegmatisch), die, wie Theodore Zeldin gezeigt hat, weiterlebte und ständig »aktualisiert« wurde – trotz des Mißkredits, in den die Lehre von den Körpersäften geraten war.[8]

So formierte sich aus alltäglichen Beobachtungen ein simples System von Vorstellungen über körperliche und seelische Gesundheit, mittels dessen man das eigene Verhalten steuern und Strategien für den Verkehr mit den anderen zu gewinnen trachtete. Persönliche Dokumente belegen, daß derlei Überlegungen und Bemühungen die Textur des privaten Lebens ausmachten. Davon zeugen beispielsweise das Tagebuch Maine de Birans, dasjenige Eugénie de Guérins, die erst kürzlich edierten Papiere Charles-Ferdinand Gambons sowie die Korrespondenz der Boileaus aus Vigné und die der Familie von Marthe. So unwahrscheinlich es klingt: Der Austausch koënästhetischer Erfahrungen war ein ebenso beliebter Gesprächsstoff wie das Wetter, sie bestimmten die Einstellung der Menschen zum Wasser oder zur Sonne, vor der man sich zu schützen suchte, aber auch zur Zugluft, gegen die man eine wahre Phobie entwickelte.

Auch in unserem Jahrhundert ist die Sorge um den eigenen Körper nichts Ungewöhnliches. Auch wir reden davon, daß wir einen »Ausgleich« für den Alltag in der Großstadt, für die Belastungen am Arbeitsplatz oder für die Umweltverschmutzung brauchen; oder wir betätigen uns körperlich, um unserem Narzißmus zu schmeicheln. In der Zwischenzeit hat sich eine Revolution vollzogen, von der noch zu sprechen sein wird: Mehr und mehr hat der Mensch gelernt, seine Subjektivität mit seinem Körper zu identifizieren und das Organische, Animalische daran nicht mehr von Grund auf zu verabscheuen. Seine Gelüste betrachtet er nicht mehr, wie früher, als bedrängenden Ausdruck eines lockend-drohenden Anderen, der er nicht selbst ist, sondern er nimmt sie in die Einsamkeit seiner Person hinein. Der Historiker, der diesen Wandel im personalen Status des Begehrens nicht erkennt, sitzt einem psychologischen Anachronismus auf.

## Eigenes Bett und eigenes Zimmer

Im 19. Jahrhundert setzte sich eine Entwicklung fort, die vor der Französischen Revolution begonnen hatte: Der individuelle Freiraum erweiterte sich. Das Einzelbett, das man früher nur in Klöstern gekannt hatte, wurde zu einer schlichten gesundheitlichen Vorsichtsmaßregel, vor allem in Krankenhäusern. Wie Olivier Faure am Beispiel der Stadt Lyon gezeigt hat, dauerte es allerdings lange, bis sich in diesen Anstalten das Einzelzimmer durchsetzte, da die Isolierung des Kranken die spontanen Sozialitätsriten in der Patientengemeinschaft störte.[9] Uns interessiert hier die Übertragung dieser Isolierung auf den privaten Raum – ein Vorgang, den die Choleraepidemie von 1832 beschleunigte. Diese Epidemie machte noch einmal die Gefahren der Übervölkerung und der Wohndichte in den unteren Bevölkerungsschichten deutlich.

Angeregt durch die Entdeckungen Lavoisiers sowie die neuartigen Einsichten in den Mechanismus der menschlichen Atmung und überzeugt vom Segen einer reichlichen Sauerstoffzufuhr für den Organismus, kämpften die Ärzte im ganzen 19. Jahrhundert unermüdlich gegen das Gemeinschaftsbett und die Enge der Wohnungen. Allmählich begann man, auf sie zu hören, und die Folgen davon sind kaum zu überschätzen – Stärkung der Persönlichkeit und des Autonomiegefühls, Erleichterung des inneren Monologs. Alles änderte sich von Grund auf: das Zeremoniell des Betens, das Dösen und Tagträumen, das Einschlafen und das Erwachen, der Traum und der Alptraum. In dem Maße, wie das Kind die Wärme der geschwisterlichen Nähe entbehren mußte, verlangte es nach einer Puppe oder nach der tröstlichen Hand der Mutter. Daß nun auch Kinder allein schliefen, erregte das Mißfallen der Ärzte, weil es dazu verführte, der heimlichen Lust zu frönen.

Im Kleinbürgertum setzte sich das Einzelzimmer schließlich durch. Die Hygieniker empfahlen es nachdrücklich; sie machten Vorschläge über seine Größe und empfahlen, Dienstboten und schmutzige Wäsche aus ihm zu verbannen. Das Schlafzimmer des jungen Mädchens avancierte zum Allerheiligsten seines privaten Lebens und war mit einschlägigen Symbolen übersät; der Raum verschmolz mit der Persönlichkeit seiner Bewohnerin und bezeugte deren Autonomie. Der Betschemel in der Ecke, der Vogelkäfig, die geblümte Tapete, der Sekretär mit dem Album und den Privatbriefen und vielleicht ein paar Bücherregale – solche Gegenstände charakterisieren das Bild Césarine Birotteaus oder Henriette Gérards, erst recht Eugénie de Guérins, die in ihrem Tage-

Das Schlafzimmer dieser Bürgersfrau ist mit Gegenständen angefüllt, die ihre Lieblingsbeschäftigungen verraten. Die Frau genießt das Alleinsein, auch wenn sie fröstelt. Ein eigenes Zimmer war damals für viele Menschen eine willkommene Neuerung.
(Paris, Bibliothèque des Arts décoratifs)

Albert Morand, *La Salpêtrière*. Sogar in der Hölle der Salpêtrière gab es für jede Frau ein eigenes Bett und die Andeutung einer Privatsphäre. (Paris, Musée de l'Assistance Publique)

buch unermüdlich das Loblied ihrer »chambrette« singt. Ähnliches Vergnügen an ihrem eigenen Zimmer empfand Caroline Brame.

Das proletarische Pendant hierzu war das idyllische Mansardenzimmer der kleinen Näherin, dessen Reinlichkeit die Tugendhaftigkeit des Mädchens bezeugte. Selbst in den offiziell sanktionierten Bordellen, auf welche die Sittenpolizei ein wachsames Auge hatte, galt die Regel »Ein Raum pro Person«. Auf dem Lande markierten Vorhänge oder provisorische Trennwände um das Ehebett die Intimität des ehelichen Raumes. Entschloß sich der Hausvater zur Übergabe an den Erben, so bedang er sich im Schenkungsvertrag ein eigenes Zimmer aus, so daß er sicher sein konnte, über einen Privatraum zu verfügen, in dem er seine restlichen Tage verbringen konnte.

Auch die zunehmende Intimität der Defäkation (»stilles Örtchen«) begünstigte den inneren Monolog. Sobald man als Bewohner einer Mietskaserne einen eigenen Latrinenschlüssel besaß, verhielt man sich zu den menschlichen Exkrementen in einer Weise, die durchaus zum neuen Gefühl der »privacy« beitrug. Als es ab etwa 1900 üblich wurde, Toiletten und Badezimmer mit Riegeln zu versehen, konnte man mit der Nacktheit des eigenen Körpers offen und in Freiheit umgehen, ohne eine Störung befürchten zu müssen. Extrem entsinnlicht, wurde das Badezimmer zu einem Tempel der Sauberkeit und Reinlichkeit und zu einem Ort der Selbsterforschung.

## Körperpflege

Neue Erkenntnisse in der Körperpflege revolutionierten das private Leben und die Interaktion. Um die Jahrhundertwende trugen verschiedene Faktoren dazu bei, die alten Sauberkeitsregeln wiederzuerwecken, die einst nur in den Klöstern geläufig gewesen waren. Als die

Vorgänge bei der Schweißabsonderung entdeckt waren und die Theorie der Infektionskrankheiten sich bewährt hatte, bemerkte man auch die Gefahr einer Verstopfung der Poren durch bazillenübertragenden Schmutz. Wenig später kam der Begriff der »Purifizierung« auf; seitdem reinigte man mit ausgesuchter Sorgfalt die »Ausscheidungsorgane« des Körpers. Der anerkannte Einfluß des Körperlichen auf das Moralische förderte den Sinn für Reinlichkeit und Ordentlichkeit. Neue Konstellationen verwandelten die Sitten; die Elite legte Wert auf erhöhtes Taktgefühl, man ekelte sich vor den organischen Körperabfällen, die an das Animalische im Menschen, an Sünde und Tod gemahnten. Insofern kam die »Purifizierung« dem Fortschritt zugute, der im übrigen auch dem Wunsch der Elite entsprang, sich von der »übelriechenden Masse« zu unterscheiden. Dies alles hatte den Effekt, dem sexuellen Begehren bzw. der sexuellen Abstoßung einen neuen Status einzuräumen, der seinerseits neue hygienische Gepflogenheiten erzwang.

Freilich waren auch Meinungen in Umlauf, die zur Vorsicht gegenüber der neuen Reinlichkeit mahnten. Das galt beispielsweise für das Wasser, dessen physische und moralische Wirkungen man sehr überschätzte, weshalb es für die Häufigkeit des Badens je nach Geschlecht, Alter, Temperament und Beruf strenge Regeln gab. Der Verbreitung des Badens stand der Wille entgegen, Verweichlichung, Selbstgenuß und Selbstbetrachtung, ja, Masturbation zu verhindern. Der Aberglaube, daß Wasser unfruchtbar mache, ließ die Intimhygiene der Frau zum Problem werden.

Gleichwohl erreichte der Wandel, von den höheren Schichten ausgehend, nach und nach auch das Kleinbürgertum. In einem kleinen Sektor der Unterschicht verbreiteten Dienstboten und Hausangestellte die Kenntnis der Körperpflege, wobei sie allerdings nur bestimmte Teile des Körpers berücksichtigten. Man wusch sich oft die Hände und einmal täglich das Gesicht; ebenso oft reinigte man die Zähne, jedenfalls die Vorderzähne, während man sich die Füße nur ein- oder zweimal im Monat wusch und den Kopf nie. Wann eine Frau badete, hing von ihrem Menstruationszyklus ab; in diesem Punkt beherzigten die meisten weiblichen Orden im 19. Jahrhundert unverändert die Vorschriften des Augustinus. Mit dem Aufkommen der Badewanne englischen Stils und der freilich zögernden Verbreitung der Dusche verlängerte sich die Zeit, die man mit der Körperpflege verbrachte. Das Duschen galt als belebend, weshalb man ihm vor dem verweichlichenden Baden den Vorzug gab. Das hinderte jedoch nicht den ungebrochenen Glauben an seine therapeutische Funktion: Das 1881 erlassene Reglement der École Normale von Sèvres bestimmte, daß die Duschen lediglich von kranken Schülern und nur in Begleitung einer Krankenschwester benutzt werden durften. Es ist also leicht zu ersehen, warum die Intimhygiene keine Fortschritte verbuchte. Beim ehrbaren Bürgertum von Nivernais kamen Bidet und Monatsbinde erst um die Jahrhundertwende in Gebrauch.[10]

In der Landbevölkerung, wo jedenfalls die Kinder gewohnt waren, bei Hitze im Fluß zu baden, hielt der Wandel erst mit dem Ersten Weltkrieg Einzug. Natürlich waren die Kommunen schon früher um Wasserversorgung bemüht gewesen: Öffentliche Brunnen, Wasserspeicher

Benjamin-Eugène Fichel, *Frau bei der Toilette*, 1891. Das Bad ist hier der Vorwand des Malers für eine Verherrlichung des weiblichen Körpers, der, wie es der Konvention entsprach, enthaart ist. Der amerikanische Kulturhistoriker Peter Gay hebt hervor, welch große Rolle das Betrachten von Kunstwerken für die »Erziehung der Sinne« der bürgerlichen Jugend spielte. (Paris, Bibliothèque Nationale)

und Badehäuser kamen in der unteren Normandie während der Restauration auf, im Nivernais während der Julimonarchie und in Minot im Châtillonnais zu Beginn der Dritten Republik. In Krankenhäusern und Gefängnissen, später in Schulen und Kasernen wurde die Landbevölkerung über die Bedeutung der Hygiene aufgeklärt – von unermüdlichen Landärzten wie dem famosen Dr. Benassis bei Balzac. Aber wie wir gesehen haben, widersprachen die hygienischen Empfehlungen der Wissenschaft häufig gewissen Volksweisheiten: Zu häufiges Waschen ruiniert das Leinen; Ordnung im Haushalt ist Zeitverschwendung; schmutzige Kinder sind die gesündesten. Die Ratschläge der Ärzte wurden als lästig empfunden; oft erblickte man in ihnen eine unerträgliche Einmischung durch die großen Herren aus der Stadt.

Die Arbeiter waren in puncto Hygiene ambivalent eingestellt. Gegen Ende des Jahrhunderts wurde ihnen Sauberkeit zu einem Bedürfnis; der Wunsch, sich nach getaner Arbeit umzuziehen, bekundete ihr Selbstwertgefühl. In der Pariser Region kam es am Vorabend des Ersten Weltkriegs sogar zu mehreren Streiks aus diesem Anlaß. Gleichwohl erwies es sich als schwierig, das 1902 beschlossene Gesetz über Hygiene bei ihnen durchzusetzen; die in diesem Gesetz vorgesehene Inspektion wurde als willkürliche Kontrolle empfunden. In Nivernais unterliefen Arbeiter und Unternehmer gemeinsam die neuen Vorschriften.

Was die Elite unter Hygiene verstand, meinte denn auch in Wahrheit, wenn es um das einfache Volk ging, das Äußere, das Erscheinungsbild. »Proper« sein bedeutete insbesondere, daß man auf seine Kleidung achtete und keine Fettflecken darauf hatte (in Lyon hieß der Kleiderreiniger »dégraisseur«), sich nicht ungehobelt benahm, sich ordentlich frisierte, sich gelegentlich die Hände (und gegebenenfalls auch den Bart) wusch und sich – später – mit Kölnisch Wasser besprengte. Für die Ragotte bei Jules Renard bedeutet »Hygiene«, daß man Suppe ißt, ohne zu schlürfen; bei ihrer Nachbarin Fifille Migneboeuf muß unterdessen ein Kind Menstruationsblut aufwischen, das auf den Boden des Wohnzimmers getropft ist. Die republikanischen Schulen, die man für ihre Bemühungen um die Hygiene und das Ritual der Reinlichkeitsinspektion zu Unrecht mit Lob überhäuft hat, entwickelten in Wirklichkeit keinen großen Ehrgeiz; um sich hiervon zu überzeugen, muß man nur noch einmal aufmerksam *Le Tour de la France par deux enfants* lesen. Die Entscheidungsschlacht ging um den richtigen Gebrauch des Kammes und die richtige Art der Defäkation. Der Junge mußte aufhören, sich mit den Fingern zu kämmen, und das Mädchen mußte lernen, seine Unterwäsche sauberzuhalten.

Anfang des 20. Jahrhunderts zeichnete sich eine Wende ab; die begrenzten Fortschritte in der sanitären Ausstattung der Wohnungen, der Einfluß der Dusche in Sportvereinen, die Bemühungen der neuen Regierung um öffentliche Hygiene sowie die zunehmende Beliebtheit von Fremdenverkehrshotels und Luxusbordellen förderten den Gebrauch des Waschbeckens und des Wasserkruges. Doch eine wirkliche Revolution in der Hygiene gab es erst in der Zwischenkriegszeit, als emailliertes Blech geläufig wurde, und in den fünfziger Jahren, in denen Dusche und Badezimmer zur Konvention wurden.

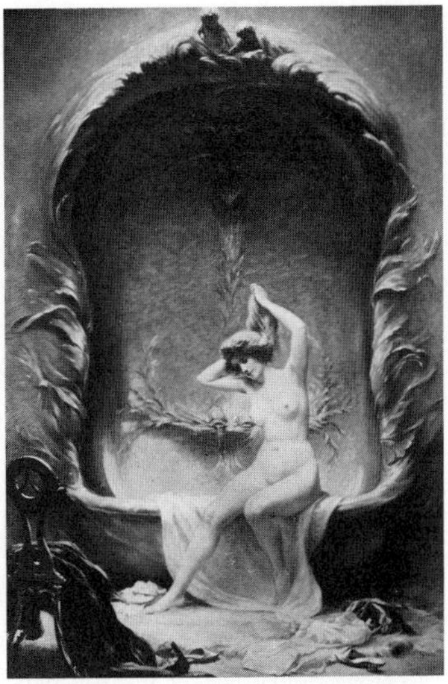

Alfred Stevens, *Die Badewanne.* Vor der festen Installation der Badewanne im modernen Badezimmer waren bewegliche Wannen aus Zinn in Gebrauch gewesen. Nach und nach entstand jedoch ein neuartiger Raum der Intimität, in welchem die Frau ungestört lesen, träumen und sich entspannen konnte. Auf dem Bild deuten das leichte Hemd, das die Frau trägt, und ihre gelangweilte Haltung eher auf den seit uralten Zeiten bekannten therapeutischen Wert des Bades als auf sinnliche Erregung hin. Das einzige erotische Element ist der Schwanenhals an den Armaturen.
(Musée de Compiègne)

Edgar Degas, *Die Badeschüssel*, 1886. Degas enthüllte die Gestik weiblicher Intimität bis hin zur Symbolik der Prostitution. Er war von der Welt des Bordells fasziniert; er registrierte und vergrößerte die Nacktheit der Toilette und verschaffte ihr eine neuartige Respektabilität. (Paris, Musée d'Orsay/Jeu de Paume)

## Die Bedrohlichkeit des Begehrens

In seinem privaten Raum bereitete sich der Einzelne darauf vor, von einem anderen gesehen zu werden, wobei seine Selbstdarstellung in einem gesellschaftlich vermittelten Körperbild gründete. Doch auch hier fand eine Revolution statt. Im 19. Jahrhundert entwickelte und forcierte man Strategien des Auftretens und ein System präziser Konventionen und Riten, die nur in der Privatsphäre galten; sie haben inzwischen an Bedeutung verloren, weil sie auf einer übertriebenen Scheidung von Drinnen und Draußen beharrten. So war es im Laufe der Jahrzehnte nur noch im Schlafzimmer möglich, sich im Nachthemd zu zeigen; das Nachthemd war zum Symbol der erotischen Intimität geworden, und die leiseste – auch implizite – Anspielung auf sie war fehl am Platze, zumal die eheliche Nachtbekleidung immer weniger Ähnlichkeit mit dem Kindernachthemd aufwies. Eine Vielfalt von Nachthemden stand nun für die morgendliche Toilette zur Verfügung, doch die wohlerzogene Frau hätte sich vor niemandem als vor ihrem Geliebten im Negligée gezeigt. Schamhaftigkeit war um so mehr geboten, als die Morgentoiletten raffinierter und die Dessous offenherziger wurden. Feydeaus Titel *Mais n'te promène donc pas toute nue* [»Daß du mir nicht nackt herumläufst«] ist nicht ganz wörtlich zu nehmen. Die Frauen pflegten zu Hause mit offenem Haar herumzulaufen; in der Öffentlichkeit erschienen mit dieser Frisur nur Dienstmädchen – oder Prostituierte. Diese Regeln gehörten zu einem Verbotekatalog, welcher der Frau den Auftritt in der Öffentlichkeit erschwerte und ihn zu einem feierlichen Anlaß stilisierte. Die Scheidung von Drinnen und Draußen machte übrigens vor der männlichen Bevölkerung nicht halt; kein Pariser hätte sich mit dem, was er daheim trug, auf der Straße sehen lassen können.

Noch ein weiterer Umstand trug zur Modifikation der privaten Verhaltensweisen bei, nämlich der Triumph der Unterwäsche. Die Erlesenheit dieser unsichtbaren Bekleidung schmeichelte der Nacktheit des Körpers und überhöhte sie zugleich. Philippe Perrot hat darauf hingewiesen, daß der weibliche Körper zu keiner Zeit so nachdrücklich unter Wäsche versteckt war wie zwischen 1830 und 1914.[11] Nach dem Nachthemd trat die lange Hose ihren Siegeszug an. Zunächst nur von kleinen Mädchen getragen, hatte sie bald auch bei erwachsenen Frauen gewonnenes Spiel, bis die Krinoline aufkam, das heißt: am Beginn des Zweiten Kaiserreichs; 1880 war die Krinoline zumindest im Bürgertum vorgeschrieben. Unterdessen behauptete sich das Korsett selbst gegen die schwersten Bedenken, die von Ärzten vorgebracht wurden. Das Korsett, das »à la paresseuse« geschnürt werden konnte, erlaubte es der Frau, sich ohne fremde Hilfe anzukleiden, und erweiterte so ihren amourösen Spielraum.

Gegen Ende des Jahrhunderts prunkte die ohnehin prachtvolle weibliche Unterwäsche mit Spitzenbesatz und Stickereien. Zu keinem Zeitpunkt war der perverse Effekt der Scham offenkundiger: Eine Frau zu entkleiden war ein Weg mit zahllosen Stationen, an denen es mit ungeduldigen Fingern immer neue Knoten, Haken und Knöpfe zu öffnen galt. Diese erotische Akkumulation der Unterwäsche schuf eine neuartige Mythologie der Lüsternheit und durfte nur in der Karikatur bildlich dargestellt werden. Sie verbreitete sich mit enormer Schnelligkeit – viel schneller als die Hygiene – in allen Schichten der Gesellschaft;

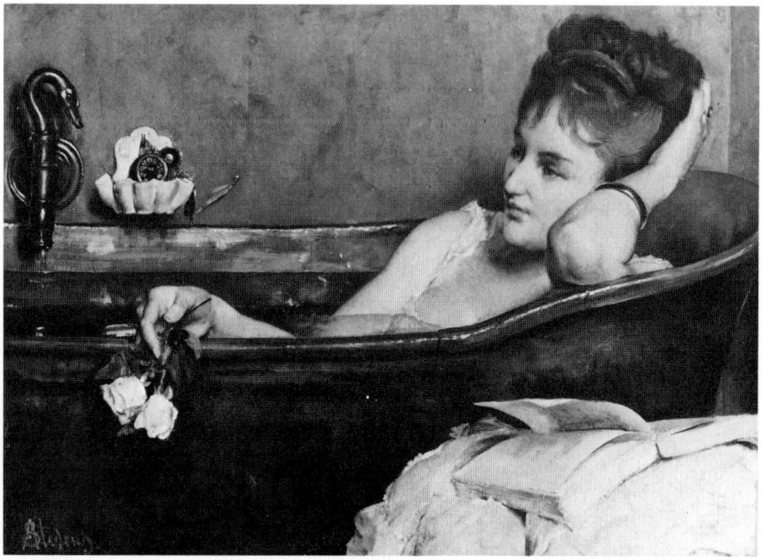

1886 war die brunnenförmige Badestelle sehr verbreitet, bevor die Badewanne und das Badezimmer aufkamen.
(Paris, Musée d'Orsay/
Jeu de Paume)

Eugène Vincent Vidal, *Jeune Fille au corset rose*. Das Korsett hatte die Aufgabe, die weiblichen Formen zu betonen. Beim jungen Mädchen, dessen Figur noch grazil war, unterstrich es die Rundung des Busens und der Hüften und verwies damit diskret auf die »ästhetische Mitgift«. Auf diesem Bild wird das Korsett von seiner Trägerin selbst »à la paresseuse« geschnürt, was eine anmutige, vom Maler festgehaltene Bewegung erlaubt, bevor die Folter des Einschnürens beginnt, sobald das Mädchen Ehefrau und Mutter geworden sein wird. (Paris, Musée du Luxembourg)

schon bald mußte selbst der unbedarfte Verführer vom Land gelernt haben, mit unerwarteten Hindernissen fertig zu werden.

Es lohnt sich, darüber nachzudenken, was diese mit Lust ertragenen raffinierten Komplikationen zu bedeuten hatten, zumal wenn man sich die Hypertrophie der erotischen Imagination im Bürgertum vergegenwärtigt, die sich in dessen Vorliebe für Draperien, Bedeckungen, Kästchen und Polster verrät. Der Wunsch, Bestehendes zu konservieren, die Sorge, eine Lebensspur zu hinterlassen, Kastrationsängste und die ständige Erinnerung an die Bedrohlichkeit des Begehrens gingen hier eine durchaus neurotische Allianz ein. Die Vorliebe jener Zeit für den Fetischismus, der um die Jahrhundertwende von Binet und Krafft-Ebing beschrieben und dokumentiert wurde, aber schon früher von Zola, Huysmans und Maupassant scharfsinnig analysiert worden war, kann unter diesen Umständen nicht überraschen. Die Mystik der Taille und der Kurve des Rückens, die Fixierung des Begehrens auf die sanfte Wölbung des Busens, die erotische Bedeutung des Fußes und der ledernen Stiefel, der Wunsch, eine Locke vom Haar der Geliebten abzuschneiden, um nach Belieben daran riechen zu können – dies alles wurde historische Tatsache, ebenso wie die Fetischisierung der Schürze als des Symbols einer Intimität, die alle Arten von Vertraulichkeiten zu gestatten schien. Intime Wäschestücke, auf denen Sexualität, Krankheit, ja, Verbrechen ihre Zeichen hinterlassen hatten, waren von kompromittierender Beredtheit; an ihnen entzündeten sich die Gerüchte, die von den Dienstboten in die Welt gesetzt und von den Wäscherinnen kräftig aufgebauscht wurden. Die Waschfrau in einem Château kannte vielerlei Geheimnisse; in ihrem Dorf genoß sie hohes Ansehen, weil sie buchstäblich die »schmutzige Wäsche« ihrer Herrschaften wusch.

## Die Strategie des schönen Scheins

In seinem privaten Raum bereitete sich der Einzelne auch auf den Schritt in die Öffentlichkeit vor. Das unproduktive Ritual des »Toilettemachens« blieb lange auf die Elite beschränkt, um dann, zwischen 1880 und 1910, von der übrigen Gesellschaft mit Eifer übernommen zu werden. Es zeichnete sich durch einige wichtige Merkmale aus, vor allem durch einen starken sexuellen Dimorphismus, der die unterschiedlichen Geschlechterrollen betonte. Die Frau benutzte Parfüm, Make-up, Rouge, Seidenstoffe und Spitzen; ihr Privileg war eine strenge »body sculpture«, die sie über jeden Verdacht erhaben machte, der arbeitenden Klasse anzugehören. Die Funktion der Frau war es, das Aushängeschild ihres Mannes zu sein, der zum Wirken in der Welt verdammt war. Die Kleidung des Mannes war röhrenförmig und in Grau oder Schwarz gehalten, was Baudelaire zu dem schmerzlichen Ausruf bewog, dieses Geschlecht gehe zeitlebens in Trauer. Die Unterwäsche des Mannes entbehrte jedes Raffinements. Der Mann des 19. Jahrhunderts war nicht stolz auf seinen Körper – allenfalls auf sein Haar. Für die Frau war es modern, das Haar in langen Locken und in der »ondulation Marcel« zu tragen, die damals von dem neuen Berufsstand der Damen-

Während die Gesellschaft der Jahrhundertwende über immer mehr Muße verfügte, intensivierte sich zugleich das, was Ph. Perrot die »Arbeit des schönen Scheins« genannt hat. Dieser Arbeit unterzog sich die Bürgerin mit Hilfe ihrer Kammerzofe, bevor sie sich in der Öffentlichkeit zeigte. Da es üblich wurde, sich im Laufe des Tages öfter umzuziehen, mußte der Kleiderschrank ständig in Ordnung gehalten werden, damit nicht herumliegende Kleidungsstücke den intimen Raum zur Kulisse der sozialen Bühne herabwürdigten (siehe auch Abbildung auf Seite 458). (Sammlung Sirot-Angel)

coiffeure propagiert wurde. Bart, Schnurrbart und Koteletten des Herrn konnte der Friseur auf nicht weniger als fünfzehn bis zwanzig verschiedene Arten schneiden.

Es wäre unangebracht, über diese Moden zu spotten; denn mit ihnen begann ein neuer Stil des privaten Lebens. Hier beweist sich abermals die historische Bedeutung des Umbruchs zwischen 1860 und 1880. Bis 1860 war man auf dem Lande skeptisch gegen alles, was aus der Stadt kam, und wenn die Landleute an Markt- und Messetagen in die Stadt gingen, trugen sie stolz die heimatliche Tracht. Die Jahre zwischen 1840 und 1860 waren dank der Prosperität auf dem Lande überhaupt das Goldene Zeitalter der Volkstracht; danach setzte die Mimikry ein, und die Lokaltrachten verloren ihre symbolische Aura und wurden nur noch von Volkskundlern in Ehren gehalten. Trachtenhaube und Janker verschwanden allmählich, während die neue Mode durch Kupferstiche bis in das letzte Dorf drang. Die neue Möglichkeit des Bestellens per Post, die zahlreichen Filialen des Kaufhauses Printemps, die vielen Modistinnen und vor allem die zahllosen Schneiderinnen, die sich jetzt überall niederließen, beschleunigten diese Entwicklung. Für heranwachsende Mädchen wurde, wie Yvonne Verdier am Beispiel Minots nachgewiesen hat, das Leben jetzt anders, weil sie notgedrungen mit der Mode Schritt halten mußten.[12]

Auch die städtische Arbeiterschaft wurde von dieser Entwicklung erfaßt. Lange Zeit war jeder einzelne Berufsstand an seiner Kleidung kenntlich gewesen; bis weit in das Zweite Kaiserreich hinein war es auf der Straße ein leichtes, den Kittel des Arbeiters vom schwarzen Anzug des Beamten oder dem Vatermörder des Angestellten zu unterscheiden.

Seit ungefähr 1860 jedoch war man in allen Schichten mehr und mehr versucht, sich sonntags besonders »fein« zu machen. Der Arbeiter verwandelte sich in einen Bürger und mischte sich frohen Herzens unter die städtische Menge. Die Sonntagsruhe gewann eine neue Qualität. Wer in seinen »Sonntagsstaat« schlüpfte, gab zu verstehen, daß er sich der Moral und der Schicklichkeit verpflichtet wußte. Für die junge Arbeiterin bedeutete das, daß sie sich der neuartigen Verführungstechniken der Frau bediente – das lockende Spiel mit dem Schnürstiefel, dem parfümierten Taschentuch, dem modellierten Busen und der selbstbewußten Haltung – und daß sie gelernt hatte, nicht dem Kitzel des Kaufrausches zu erliegen, aber sich darüber im klaren war, daß Kleider jetzt früher »aus der Mode kamen« als ehedem. Die Erzählungen Maupassants und viele Schlager von 1900 handeln von diesen Veränderungen, deren Inbegriff das Laufmädchen als späte Nachfolgerin der Grisette war.

## Scham und Schande

Im 19. Jahrhundert wurde das Verhalten von den Begriffen Scham und Schande beherrscht. Hinter diesen Begriffen verbarg sich eine doppelte Furcht: einerseits die Furcht vor dem »Sichgehenlassen«, vor dem Selbstausdruck des Körpers, also des Anderen im Menschen – die Scheu, das animalische Wesen aus der Flasche zu entlassen; andererseits die Furcht, seine innersten Geheimnisse, diesen durch mancherlei Vorsichtsmaßregeln geschützten Schatz, durch Indiskretion verletzt zu sehen – eine Furcht, die gerade das Begehren nach dem Wissenwollen weckte. Der ersten Furcht entsprang die Verhaltung, das Bestreben, jede organische Reaktion, die an die Existenz des Körpers erinnerte, zu unterdrücken. Richard Sennett spricht in diesem Zusammenhang von der »grünen Krankheit« bei Frauen, nämlich der Verstopfung als Folge einer krampfhaften Zurückhaltung der Darmwinde in der Öffentlichkeit.[13] Die Medizin entwarf das klinische Bild einer sekundären Schamhaftigkeit, nämlich der morbiden Angst, das Erröten nicht unterbinden zu können. Die zweite Furcht äußerte sich zum Beispiel in der Ablehnung des Spekulums, dessen Anwendung in der Sicht vieler Frauen einer »medizinischen Vergewaltigung« gleichkam; um die Jahrhundertwende mobilisierte man dieses Argument im Kampf gegen die Legalisierung der Prostitution. Derselben Furcht entsprang bei der Frau das sogenannte »weiße Übel« – die Weigerung, aus dem Haus zu gehen, aus Besorgnis, von Fremden gesehen zu werden.

Diese zweifache Sorge verlangte, daß die Frau sich »züchtig« und »schamhaft« verhielt – eine Pädagogik, die insbesondere die Ausbildung der Nonnen prägte. In bezug auf Kinder hatte sie das Ziel, deren Lebhaftigkeit zu zügeln. Natürliche Triebregungen wurden diszipliniert, doch wollte man zusätzlich die emotionalen Quellen des Kindes verstopfen und die Ausbrüche seiner Sinnlichkeit hemmen. Die Sinne waren Einfallspforten des bösen Geistes, deshalb mußte das Kind lernen, umsichtig und vorsichtig zu sein, unablässig seine Hände zu beschäftigen, nicht zu gaffen, nur mit leiser Stimme zu sprechen oder sich – besser noch – des Schweigens zu befleißigen. Odile Arnold hat in diesem Punkt in den Frauenklöstern um die Mitte des 19. Jahrhunderts

Henri Evenepoel, *Sonntagsspaziergang*, 1889. Als die Arbeiterbewegung um die Jahrhundertwende die kirchliche Forderung nach Heiligung der Sonntagsruhe übernahm, wurde der bisher auf das Bürgertum beschränkte Sonntagsspaziergang plötzlich Allgemeingut. Begünstigt wurde er durch die Verlängerung der freien Zeit und den Wunsch der Menschen, ihren »Sonntagsstaat« vorzuführen, ihren sozialen Status zu demonstrieren und von einer flüchtigen, aber interessanten Begegnung zu träumen. (Lüttich, Musée des Beaux-Arts)

eine deutliche pädagogische Verhärtung beobachtet, nachdem zuvor eine relative Freiheit, ja, wirkliche Spontaneität des Verhaltens toleriert worden war.[14] Das pädagogische Ziel der Entkörperlichung wurde in dem Moment verpflichtend, als das existentielle Vorbild des Engels in den Vordergrund trat, mit dem sich manches junge Mädchen wahrhaftig identifizierte. Diese Phantasie, die Jean Delumeau zum Teil mit dem Einfluß des Neuplatonismus erklärt, breitete sich rasch aus.[15] Sie drückte sich wahrnehmbar in einer neuen Gebetshaltung aus und wurde von einer zunehmenden Verherrlichung der Jungfräulichkeit und einer neuen Lyrik der Keuschheit begleitet. Aufschlußreich ist in diesem Zusammenhang der Kult der hl. Philomena, der seit 1834 rasch Anhängerinnen fand. Mit dem Vorbild dieser »Heiligen«, die es nie gegeben hat, über die aber dennoch zahlreiche Biographien existieren, kamen Gebete, Embleme und sogar Keuschheitsgürtel für Mädchen in Schwang, die sich ihre Jungfräulichkeit bewahren wollten. Man darf dabei nicht vergessen, daß in diesem Jahrhundert, in dem das männliche Wort den Primat behauptete, das Predigen der Frau durch die Rhetorik des Körpers, den gen Himmel gewandten Blick und die inbrünstige Geste geschah.

Zu fragen bleibt, wie die neuen Verhaltensweisen sich verbreiteten. Suzanne Voilquin, ein Mädchen aus dem Volk, berichtet von dem Noviziat, zu dem sie zwischen 1805 und 1809 von den Lehrerinnen der Klosterschule Saint-Merry gezwungen wurde, und von den trübseligen alten Jungfern in der Normandie, bei denen sie mit neun Jahren in die Lehre ging.[16] Immerhin expandierte die in der Romantik wiedererwachte Engelsanthropologie erst in dem Augenblick, als die katholische Gegenoffensive einsetzte, das heißt nach 1850. Die in den Klosterschulen vermittelten Techniken der Selbstzucht wurden nun auch von Laien übernommen. Vor kurzem hat Marie-José Garniche-Merrit nach sorgfältiger Auswertung von Erinnerungen auf packende Weise geschildert, wie sehr noch zwischen 1900 und 1914 die Mädchen in dem kleinen Dorf Bué-en-Sancerrois unter der Fuchtel der Klosterfrauen standen.[17] Namentlich in ländlichen Gemeinden bildeten sich christliche Jugendverbände. Es gab unzählige Bünde von Marienkindern und Mariendienerinnen, vor allem von »rosières«, das heißt, von Mädchen, denen man zur Anerkennung ihres tugendhaften Verhaltens Rosen schenkte; Martine Segalen schätzt die Anzahl dieser Bünde auf rund tausend. Sie bekräftigten den Sitten- und Verhaltenskodex der republikanischen Schulen, die ihrerseits auf das Anstandsbüchlein Lasalles zurückgriffen, das bereits während der Julimonarchie von vielen Lehrern genutzt worden war.[18] In der Touraine wurde die »rosière« des Dorfes vom Bürgermeister und vom Pfarrer gemeinsam ausgewählt und geehrt. Am Morgen seines großen Festtages mußte sich das Mädchen vom Dorfarzt auf seine Jungfräulichkeit untersuchen lassen. In Nanterre, wo die Bindung an den christlichen Glauben sich bereits lockerte, hielt man dennoch an diesem Muster häuslich-privater Tugenden fest.

In den Wohnungen des Volks ging die körperliche Selbstzucht mit dem Wunsch nach »Vornehmheit« einher. Louis-Ferdinand Céline schildert in seinem halb autobiographischen Roman *Mort à crédit* die

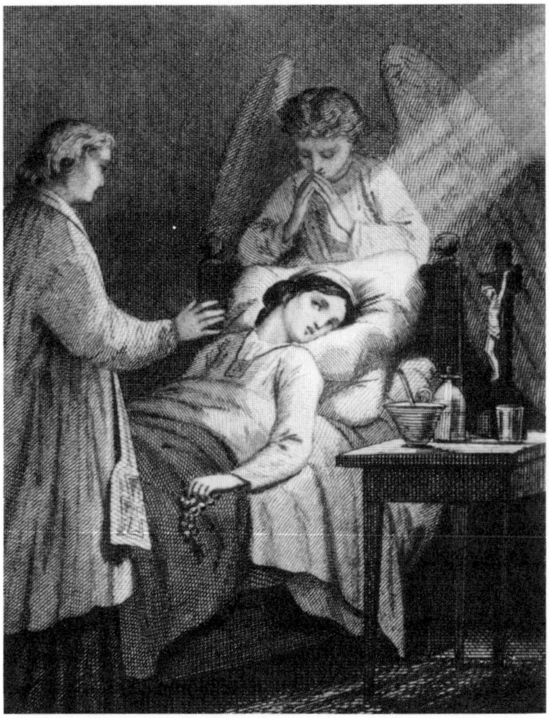

Qualen, die der junge Held bei seinen Eltern auszustehen hat, einem kleinen Angestellten und einer Verkäuferin in einer Pariser Passage. Es würde zu weit führen, hier alle Disziplinierungsmaßnahmen aufzuzählen, die einstmals öffentliche Praktiken in private Gesten transformierten. Sich ungeniert auszuziehen, bevor man zu seinem Bruder ins Bett schlüpfte, vor den Augen anderer Toilette zu machen, im gemeinsamen Schlafzimmer der Familie den Beischlaf auszuüben – das alles waren Handlungen, die nunmehr als »Schande« verpönt waren.

Verweilen wir noch einen Augenblick bei der erwachsenen Tochter im heiratsfähigen Alter, die den Moralisten so viel Kopfzerbrechen bereitete. Speziell für sie wurden dicke Bücher zu physiologischen und hygienischen Fragen verfaßt, die das – natürlich imaginäre – Bild eines Kindes zeichneten, das durch die mit Beginn der Monatsblutungen in seinem Körper vor sich gehenden Veränderungen erschreckt oder überrascht wird. Das pubertäre Mädchen war ein merkwürdiges Wesen mit unverständlichen Vorlieben; sie war um so gefährlicher, als sie das Frausein noch nicht erfahren hatte und jenen Naturkräften noch zu nahe stand, die sich sichtbar in ihr regten. Ihre Rede, ihre Seufzer, ihre spontanen Tränen verrieten Andersartigkeit und empfahlen das Mädchen der Sorge ihrer Umgebung. Man umgab ihr Leben mit Verboten, von denen freilich viele reine Theorie blieben. Die Medizin riet dazu, alles zu vermeiden, was die sexuelle Neugier des Mädchens reizen konnte. Da die Kinder infolge der zunehmenden Urbanisierung nicht mehr die Möglichkeit hatten, Tiere bei der Kopulation zu beobachten, und da die eheliche Sexualität mittlerweile ganz auf den Raum des elter-

Andachtsbilder prägten das Leben des christlichen jungen Mädchens und mahnten es, auf sein Seelenheil zu achten. Auf diesem Bild kennt die Heldin die irdische Glut ihres Verlangens und weiß, daß sie ohne den Beistand der Jungfrau Maria nicht fähig sein wird, den Verlokkungen des Balles zu widerstehen. Die Andachtsbilder kultivierten besonders die Gestalt des Schutzengels, dem die frommen Seelen in ihrer Himmelssehnsucht nachzueifern trachteten.
(Paris, Bibliothèque Nationale)

lichen Schlafzimmers beschränkt war, stieg die Zahl der »dummen Gänse«. Das Märchen vom Klapperstorch, der die Kinder bringt, wurde fleißig kolportiert. Allerdings müßte genau geprüft werden, inwieweit das Mädchen vor seiner Umgebung »Theater spielte« und wie weit äußeres Tun und inneres Denken bei ihm auseinanderklafften; leider ist eine solche Prüfung nicht möglich. Doch wenn uns die Colette erzählt, wie Claudine und ihre Schulfreundinnen die Größe ihrer Brüste vergleichen, bekommen wir ein anderes, nämlich differenziertes Bild vom jungen Mädchen.

## Das einsame Laster

Der Horror der bürgerlichen Gesellschaft vor autoerotischen Praktiken gibt uns Aufschluß über das Ausmaß der in ihr geläufigen Heuchelei. Viele Historiker, von Jean-Louis Flandrin bis zu Jean-Paul Aron, haben hervorgehoben, wie übertrieben die medizinische Diskussion über dieses von der Kirche seit langem verdammte Übel war. Ein wichtiges Datum war das Jahr 1760, in dem Dr. Tissots berühmte *Onania* erschien, die dann bis 1905 mehrfach neu aufgelegt wurde. In der Fachwelt war die Frage nach der Ausbreitung masturbatorischer Praktiken umstritten, eine Frage, über die uns auch die quantitative Geschichtsforschung keine definitiven Auskünfte liefern kann. Verschiedene Faktoren sprechen dafür, daß autoerotische Praktiken auf dem Vormarsch waren – es sei denn, die Sublimierung hätte in demselben Maße zugenommen –; genannt seien das höhere Heiratsalter, das Entstehen von Junggesellen-Gettos in den Großstädten, der Wegfall der traditionellen vorehelichen Sexualität auf dem Lande, die steigende Zahl der Internate, die Verbreitung des Schlafzimmers und des Einzelbettes sowie die allgemeine Furcht vor Geschlechtskrankheiten. Hinzu kommt, daß jene Errungenschaften, von denen oben die Rede war und die das Individuum stärkten und seinen inneren Monolog förderten, auch diese Form des sexuellen Vergnügens begünstigt haben müssen. Denken wir ferner an die Faszination der Grenzüberschreitung, an die Wonnen des Erliegens und Sündigens, aber auch – bei unbefriedigten Ehefrauen – an den Wunsch nach Ersatz oder nach Rache, verbunden mit dem Bestreben, die mit der Wahl eines Geliebten verknüpften Komplikationen zu vermeiden. Dies alles läßt vermuten, daß die Kampagnen der Moralisten gegen die »Onanie« nicht so heftig ausgefallen wären, wenn die einschlägigen Praktiken nicht wirklich verbreitet gewesen wären.

Wenden wir uns nun wieder den grimmigen Mahnungen der Mediziner zu, deren abschreckende Wirkung wohl nicht zu unterschätzen ist. Die endlosen Diatriben gegen die Masturbation, die im übrigen mit der von Michel Foucault beobachteten Sexualisierung der Kindheit einhergingen, gründeten in erster Linie auf dem Wahnbild einer gesunden »Ökonomie des Spermas«, das man um keinen Preis verlieren oder vergeuden durfte.[19] Daher führte die männliche Autoerotik, wie man nicht müde wurde zu betonen, zu rapidem Verfall. Auszehrung, vorzeitiger Altersschwachsinn und dann der Tod, das waren die Wegstationen dieser hohlwangigen, blassen, anämischen Wesen, die offenbar die Wartezimmer der Ärzte bevölkerten. In dieser Dramatisierung des klinischen Bildes pochte die panische Furcht, die Masturbation könne die Kraftreserven des Mannes erschöpfen und ihn arbeitsunfähig machen; dahinter verbarg sich die Weigerung, den Menschen über seine Lust lernen zu lassen und die hedonistische Funktion der Masturbation anzuerkennen.

Besonders unerträglich und verpönt war der Selbstgenuß der Frau ohne Mitwirkung des Mannes. Diese »Manualisierung« war das Laster schlechthin; für den Mann war sie etwas absolut Geheimnisvolles – noch geheimnisvoller als die Erregung der Frau beim Orgasmus. Die Gefahren der Kraftvergeudung konnte man hiergegen nicht ins Feld führen, schien doch die erotische Kapazität der Frau unerschöpflich zu sein. Dafür malte man andere, nicht minder schreckliche Visionen an die Wand: Keine klinische Erhebung, keine Lebensgeschichte einer Nymphomanin, Hysterikerin oder Prostituierten, die nicht mit dem Bild der jungen Onanistin beginnt. Wir haben es hier mit der bekannten Feindschaft der Medizin des 19. Jahrhunderts gegen die Klitoris zu tun – ein Organ, das einzig der Lust dient und für die Zwecke der Fortpflanzung überflüssig ist.

## Die Überwachung des Onanisten

Zum Kampf gegen das Übel der Onanie waren die Eltern, der Pfarrer, vor allem jedoch der Arzt aufgerufen. Die Fachliteratur empfahl strenge häusliche Überwachung der Kinder. In den Augen kirchlicher Erzieher hatte der Schlaf ein Abbild des Todes zu sein, das Bett ein Ebenbild des Grabes, das Erwachen ein Vorgeschmack der Auferstehung. Im Schlafsaal der Mädchenpensionate wachte eine Schwester darüber, daß es beim Zubettgehen und beim Aufstehen »sittsam« zuging. Tagsüber war es ratsam, die Kinder nicht ungebührlich lange sich selbst zu überlassen. Die Schulordnung in den Häusern der Ursulinerinnen schrieb vor, daß jedes Mädchen stets in Sichtweite mehrerer Kameradinnen zu bleiben hatte. Die Ärzte warnten vor zu warmen und feuchten Betten; sie verboten Daunen und eine zu große Zahl von Decken und verordneten eine bestimmte Lage beim Schlafen. Reitende Frauen erregten ebenso ihren Verdacht wie die Nähmaschine, die von der Académie de Médecine 1866 offiziell verurteilt wurde.

Bei der Verhütung der Onanie waren Gerätehersteller und Orthopäden behilflich. 1878 empfahlen Fachleute die Ausrüstung der Toiletten mit Spezialtüren, die oben und unten eine Öffnung aufwiesen, durch die sich die Haltung des Benutzers hinter der Tür beobachten ließ. Manche Ärzte präferierten als Kleidungsstück für Jungen das lange Hemd mit Zugsaum. In hartnäckigen Fällen von »Onanismus« sollten, so die Meinung der Fachleute bis 1914, besondere Bandagen angelegt werden; für Mädchen wurden »Züchtigkeitsgürtel« hergestellt. In Irrenanstalten fesselte man geisteskranke Nymphomaninnen mit Handschellen und legte ihnen Apparate an, die verhinderten, die Oberschenkel aneinander zu reiben. Wurde das Übel nicht behoben, konnte der

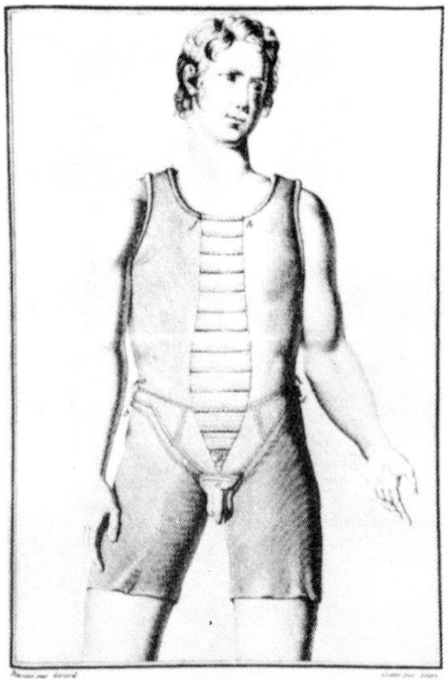

Wo die Aufsicht der Eltern oder Lehrer nicht ausreichte, mußte ein Korsett oder ein orthopädischer Apparat den Jugendlichen an dem heimlichen Selbstgenuß, das heißt am Verlust seiner kostbaren Samenflüssigkeit, hindern, der die Ursache von Altersschwachsinn war. (Paris, Bibliothèque de l'Ancienne Faculté de Médicine)

Chirurg eingreifen. So scheint die Kauterisierung der Harnröhre ziemlich häufig vorgenommen worden zu sein. Theodore Zeldin schildert das Martyrium eines achtzehnjährigen Kommis, der diese Prozedur, die den unfreiwilligen Samenabgang unterbinden sollte, siebenmal über sich ergehen lassen mußte.[20] Noch aufschlußreicher sind die Torturen, die Amiel erdulden mußte und die er selbst ausführlich dargestellt hat. Der Ärmste »erlitt« in regelmäßigen Abständen »Samenabgänge«. »Jede Pollution ist ein Schlag in Ihr Gesicht«, hatte ein Facharzt dem Neunzehnjährigen erklärt, und seitdem registrierte Amiel besorgt jeden seiner nächtlichen Ergüsse. Er gelobte Besserung und faßte immer neue Vorsätze; abends nahm er ein kaltes Bad, aß feingestoßenes Eis und rieb den Unterleib mit Essig ein. Nichts half; am 12. Juni 1841 beschloß er, nachts nicht länger als vier bis fünf Stunden zu schlafen, und zwar auf einem Stuhl sitzend ...

Die Kauterisierung der Klitoris und der Scheidenöffnung blieb hingegen eine seltene Prozedur. Noch seltener war die Klitorisdektomie, die Dr. Robert seit 1837 vornahm und die Dr. Demetrius Zambaco noch um die Jahrhundertwende praktizierte. Man muß allerdings Augenmaß bewahren und darf die Häufigkeit solch furchtbarer Praktiken nicht überschätzen, so negativ ihre Folgen für die Betroffenen auch waren.

Wir haben gesehen, wie im Laufe des 19. Jahrhunderts der Körper zu einer Obsession des privaten Lebens geworden war. Das Horchen auf die geheimen Zeichen im Innern des Körpers, die Wachsamkeit gegen die fleischliche Versuchung, die ständige Bedrohung, welcher die Scham sich ausgesetzt wähnte, die stets mögliche Faszination der sexuellen Grenzüberschreitung – dies alles trug zur Aufwertung des Körpers bei. Man vermied jetzt den Anblick kopulierender Tiere. Aus harmlosen Anspielungen wurden schmutzige »Herrenwitze«, über die man heute nicht einmal mehr schmunzeln kann. Man gründete Liedertafeln und Vereine zu dem alleinigen Zweck, über sexuelle Dinge zu reden und zu lachen. Die Nacktheit unter ihren vielen Hüllen erregte die Phantasie der Männer. Die Besucher der Comtesse Sabine in Zolas Roman *Nana* diskutierten lang und breit über die Form der Hüften ihrer Gastgeberin. Im Vergleich dazu wirkt unsere heutige vielbeschworene Sexualisierung unsinnlich, ja, geradezu krude.

## Selbstentzifferung und Selbstkontrolle

### Verbreitung der Selbsterforschung

Während in der Literatur mehr und mehr das persönliche Innere Ausdruck fand, vertiefte sich der Wunsch des Menschen nach Selbstentzifferung, nach Introspektion. Hierzu trug die Ausbreitung der geistlichen Exerzitien bei, die die Katholiken im Zusammenhang mit post-tridentinischen Bemühungen um eine Erneuerung der religiösen Disziplin entwickelten. Die Praxis der Gewissenserforschung erfreute sich großer Beliebtheit, und zwar paradoxerweise just in dem Moment, da die Zahl der praktizierenden Gläubigen schrumpfte. Eine neuartige

Perspektive auf die Gebote der Moraltheologie eröffnete jetzt der Masse der Gläubigen den Zugang zu geistlichen Übungen, die lange Zeit der kirchlichen Elite vorbehalten gewesen waren. Während der Restauration nahm die Zahl der frommen Werke und der Missionen zu, die beide zur Generalbeichte führten und Gelegenheit zu einer ausgiebigen Selbsterforschung boten. Für die Diözese Vannes hat Claude Langlois nachgewiesen, daß diese frommen Werke im Volk verwurzelt waren. Am 24. März 1821 nahmen Gérard Cholvy zufolge sechstausend Menschen mit einer Kerze in der Hand an dem feierlichen Bußgottesdienst teil, dem Höhepunkt der Mission von Montpellier.[21] 1866 – fast ein halbes Jahrhundert später – kamen Prediger nach Chasseradès, einem schwer zugänglichen Dorf im Gévaudan, und bewogen die verschlossenen Bauern in ihren »oustaux« zur Selbstbesinnung und zum Reden. Der jahrzehntelang übliche Brauch der doppelten Beichte mit hinausgeschobener Absolution sowie die Praxis einer in Etappen erfolgenden öffentlichen Beichte, die den Beichtkindern Gelegenheit zu vertiefter Selbsterforschung geben sollte – eine Praxis, die der während der Julimonarchie zum Missionar gewordene Pfarrer von Ars empfohlen hatte –, mündeten bei der Suche nach begangenen Sünden in peinlichster Gewissenserforschung.

Begleitet wurde die Selbsterforschung von zahlreichen »Lebensregeln« und immer präziser formulierten Vorsätzen. Prediger und geistliche Lehrer machten sich erbötig, den frommen Seelen den Weg zu der neuartigen Selbstbemeisterung zu zeigen. Auf diese Weise wurde zugleich das private Verhalten geregelt und überwacht. Auf Anraten der Nonnen unterwarfen Eltern ihre aus dem Pensionat heimkehrenden Töchter einer rigiden Disziplin, um sie vor den Versuchungen eines Lebens zu bewahren, das geeignet schien, sie zum Müßiggang zu verleiten – ein bewegendes Zeugnis davon ist das *Cahier de résolutions* der jungen Léopoldine Hugo. Von guten Seelen wurden kleine Mädchen dazu gedrängt, in Ergänzung des Bußsakraments ein Tagebuch zu führen. Die zwölfjährige Isabelle Fraissinet aus Marseille zwang man, jeden Tag ein gewisses Pensum niederzuschreiben. Das Papier hielt auch die Fortschritte fest, die das geistliche Leben der Erwachsenen machte, und linderte so die Reue über die kleinen Sünden des Alltags. Nach 1850 wurde es üblich, daß Frauen nach ihrer Konversion zum Katholizismus Tagebuch führten; das Modell hierfür war das von Falloux edierte Tagebuch der Madame Swetchine. Auch hinter dieser Praktik stand der Wille, das wachsende Bedürfnis nach schriftlicher Selbstvergewisserung zu erbaulichen Zwecken zu befriedigen.

Entscheidend blieb jedoch die Laisierung dieser im Schatten des Beichtstuhls herausgebildeten Methoden der Selbstentzifferung. Im 19. Jahrhundert stand die Rechenschaftslegung des Menschen über jeden Tag und jede Stunde nicht nur im Zeichen der Sündenfurcht; ausschlaggebend war die Angst vor jeglicher Art von Verlust, die den Bürger ebenso sorgfältig sein Haushaltsbuch führen ließ, wie er die Vergeudung seines Spermas fürchtete oder ganz einfach das tägliche Schwinden seines Lebens bedauerte. Um solchen Verlust möglichst gering zu halten, führte man Tagebuch.

## Der Tagebuchschreiber

Dieser Zusammenhang wird deutlich, wenn man sich den 1810 erschienenen, bemerkenswerten *Essai sur l'emploi du temps ou Méthode qui a pour objet de bien régler l'emploi du temps, premier moyen d'être heureux* des Offiziers im Ruhestand Jullien ansieht. Der Verfasser, der sich auf Locke und Benjamin Franklin beruft und dessen Werk von Fourcroy geschätzt wurde, empfiehlt die Einteilung des Tages in drei Abschnitte zu jeweils acht Stunden. Die ersten acht Stunden sind für den Schlaf reserviert, die nächsten acht für die Erfüllung der »Berufspflichten« und die Weiterbildung und die letzten acht für das Essen, die Erholung und Leibesübungen. Darüber hinaus rät Jullien, drei verschiedene Tagebücher oder »offene Konten« zu führen, in denen man die Fluktuation seiner Gesundheit, die Schwankungen seiner moralischen Haltung sowie das Pulsieren seines Geistes festhält. Alle drei bis sechs Monate sind drei entsprechende Situationsberichte und ein »analytisches Memorandum« zu verfassen, die man dann einem vertrauten Freund zur Prüfung der eigenen Weiterentwicklung vorlegt. Dieses System verbindet den Wunsch, Klarheit über das eigene Innere zu gewinnen, mit der Furcht vor Verlust und läßt eine Lebenspraxis entstehen, die nicht mehr vom Zwiegespräch des Menschen mit seinem Schöpfer bestimmt wird. Die permanente, geradezu zwanghafte Selbstprüfung war eine Funktion der Art und Weise, wie der Mensch sich selbst sah und wie er von seinen Mitmenschen und seiner Umwelt gesehen wurde. Der ununterbrochene innere Monolog erlaubte es dem Einzelnen, sein äußeres Erscheinungsbild zu überprüfen und sich damit für andere noch mehr zu verrätseln. Das notwendige Geheimnis, das den Menschen umgeben sollte, zwang ihn förmlich zur Introspektion.

Der Selbstklärung unterzogen sich die großen Tagebuchschreiber aus der ersten Hälfte des 19. Jahrhunderts ohne den geringsten literarischen Ehrgeiz. Ihre Aufzeichnungen, die häufig die Mühen des Alltags ebenso vermerkten wie diverse Ausgaben, die Verwendung der Mußestunden und den Verlauf amouröser Abenteuer, waren dazu gedacht, jeden Verlust zu registrieren. Das Tagebuch sollte eben jene Todesfurcht bannen, die hervortrat, weil man es führte. Indem man der Vergeudung der eigenen Kräfte auf die Schliche kam, konnte man lernen, die Ressourcen zu schonen. Delacroix notiert am 7. April 1824: »Indem ich die Geschichte meines Erlebens aufschreibe, lebe ich doppelt: Die Vergangenheit kehrt zu mir zurück; die Zukunft ist immer da.« Auf diese Weise konstituierte sich ein Erinnern, welches das Vergessen ebenso zuließ wie das Gedenken.

Das Tagebuch diente überdies der Selbstdisziplin: Dem Papier vertraute man an, was man sonst verschwieg. Schreibend analysierte man seine Schuldgefühle, registrierte sexuelle Fehlschläge, gestand sich seine Unfähigkeit zu handeln ein und faßte insgeheim gute Vorsätze.

Es gab noch andere Faktoren, die die faszinierende Praxis des Tagebuchschreibens begünstigten. Bei Maine de Biran war es der Ehrgeiz, die Wissenschaft vom Menschen auf Beobachtung zu gründen und zu

Philippe Jolyet, *Der Brief*. (Salon von 1908) Bei Einführung des republikanischen Schulsystems war die Alphabetisierung der Bevölkerung praktisch bereits abgeschlossen. Zum erstenmal hatten auch junge Menschen die Möglichkeit, sich in unterschiedlicher Weise schriftlich auszudrücken. Seither gehört das Aufsetzen und Schreiben eines Briefes zu den Schülerpflichten.

Vicomtesse de Cistello, *Die Antwort*. (Salon von 1909) Eine Dame aus dem Adel oder dem Bürgertum wendete täglich mehrere Stunden an ihre Korrespondenz. So konnte Caroline Chotard-Lioret Tausende von Briefen analysieren, die im ersten Drittel des 19. Jahrhunderts zwei kleine Notabeln im Saumurois, die Boileaus, einander schrieben. Briefe erlaubten es, den Zusammenhalt einer Gruppe zu bestätigen und zu festigen, und spielten eine wichtige Rolle in Liebesdingen. In dieser »belle époque« des Ehebruchs waren es in aller Regel Briefe, die dem Ehemann die Möglichkeit eröffneten, seiner Frau auf die Schliche zu kommen.

diesem Zweck den Zusammenhang zwischen dem Physischen und dem Moralischen zu klären. Das Streben des Tagebuchschreibers nach Selbstfindung wurde auch durch die vielen historischen Tatsachen gefördert, die zur Stärkung des individuellen Identitätsgefühls beitrugen. Vor allem die Beschleunigung der sozialen Mobilität erzeugte Unsicherheit, die den Tagebuchschreiber bewog, sich seiner eigenen Stellung zu vergewissern und über das Urteil anderer Spekulationen anzustellen. Die stumme Gegenwart der Gesellschaft drang bis in die private, einsame Existenz des Tagebuchschreibers. Die durch die Urbanisierung erzwungenen neuen zwischenmenschlichen Beziehungen brachten narzißtische Kränkungen mit sich und erzeugten Frustrationen, vor denen man Zuflucht im eigenen Innern suchte. Maine de Biran sagte 1816 diese Notwendigkeit der seelischen Revanche voraus; er sah eine Zeit kommen, in der »die Menschen des Fühlens müde sind und geneigt sein werden, sich in sich selbst zurückzuziehen, um dort jene Ruhe, Heiterkeit und Tröstung zu finden, die man nur in der Intimität des eigenen Gewissens findet«.[22]

Das aufkommende Besitzdenken hing ebenfalls mit der Suche des Menschen nach sich selbst zusammen; auch hiervon hatte Maine de Biran eine Vorahnung. Er freute sich darüber, daß sein Freund, der Abbé Morellet, in seinem Memorandum zu diesem Thema das Recht auf Besitz gründete, »daß jeder Mensch sich selbst, seine Fähigkeiten und sein Ich besitzt«.

## Schreiben über sich selbst

Wer waren nun die Menschen, die über sich selber schrieben? Hält man sich an die großen, aus der Literaturgeschichte bekannten Tagebuchschreiber, ist die Antwort einfach. Es gab Frauen, denen der Anstand verbot, als Schriftstellerin hervorzutreten, und die daher ihrem Schreibbedürfnis, ja, ihrer Schreibwut im Tagebuch Genüge taten. Eugénie de Guérin bekannte, daß sie sich durch das Schreiben einen ununterdrückbaren Wunsch erfüllte, und alles deutet darauf hin, daß für Madame de Lamartine – die Mutter des Dichters – dasselbe galt.

Häufig war der Tagebuchschreiber ein Fremdling in der Gesellschaft, in der er leben mußte, und litt darunter, sich anderen nicht mitteilen zu können. Und oft fiel es ihm schwer, Entscheidungen zu treffen. Im Mai 1848 wog der 27jährige Amiel in seinem Tagebuch immer wieder das Für und Wider einer Heirat ab. Und Maine de Biran gestand: »Ich sehe überall Gespenster und Widrigkeiten für nichts und wieder nichts«, weil er von dem gepeinigt wurde, was er seine »Präokkupation« nannte – wir würden »Angst« sagen – und wofür er »mangelndes Selbstvertrauen« haftbar machte.

So erweckt der große Tagebuchschreiber mitunter den Eindruck eines kranken, jedenfalls eines furchtsamen und kraftlosen Menschen, geplagt von homosexuellen Tendenzen, die er nicht ausleben kann. Der ideale Kontext für das Tagebuch war die bürgerliche Kleinfamilie in der Provinz: Sie begünstigte die Bindung an die Mutter und an die Kindheit. Béatrice Didier vertritt die These, daß das Tagebuchschreiben Ausdruck der Regression sei, des Wunsches, in den Mutterschoß zurückzukehren, und man kann wohl nicht bestreiten, daß die Pflicht zu täglichen Aufzeichnungen an die Pflichten des Kindes erinnert, seine Schularbeiten zu machen oder im Haushalt zu helfen.[23]

So war das Tagebuchschreiben zunächst und vor allem eine Lebenspraxis. Es erforderte einen immensen Arbeitsaufwand; man denke nur an die 17 000 Seiten, die Amiel geschrieben hat! Doch wer den inneren Monolog schätzte, fand darin auch ein erlesenes Vergnügen. »Wenn ich allein bin«, erklärt Maine de Biran, »bin ich vollauf damit beschäftigt, dem Gang meiner Gedanken und Impressionen zu folgen, mich selbst zu ergründen, meine Stimmungen und die Veränderungen in meiner Lebensweise zu beobachten, mir selbst mein Bestes zu entlocken und die Ideen festzuhalten, die mir zufällig kommen oder die mir beim Lesen einfallen.« In dieser Hinsicht war das Tagebuch das höchste Medium der »privacy«. »Ich bin bestrebt, durch das Eintauchen in das Privatleben und in meine Familie ich selbst zu werden«, gesteht derselbe Autor. »Bevor ich das nicht erreicht habe, bleibe ich hinter mir selbst zurück und bin nichts.« Freilich war das Tagebuch auch, wie man sich denken kann, der Feind der ehelichen Gemeinschaft. Insbesondere die Frauen mußten heimlich schreiben. Eugénie de Guérin versteckte sogar vor ihrem vergötterten Vater das Heft, das sie nachts, in die Betrachtung der Sterne versunken, in ihrem »Zimmerchen« vollschrieb – ein Tagebuch zu führen hat in der Tat jenen masturbatorischen Charakter, von dem Béatrice Didier spricht.

Noch hat die Sozialwissenschaft sich nicht genügend mit der Verbreitung einer Praxis befaßt, deren Untersuchung bisher das Monopol der Literaturwissenschaft geblieben ist. Außerdem hat die Vergänglichkeit dieser Dokumente ihre Quantität unterschätzen lassen: Vieles deutet darauf hin, daß das Tagebuch für sehr viele Menschen den Kontrapunkt ihres privaten Lebens bildete. Selbst im Kleinbürgertum war es nicht unbekannt, wie das Tagebuch des kleinen Pariser Autodidakten P. H. Azaïs beweist; hier gibt es sich als später Nachkomme des »livre de raison« und als Pendant zur Buchhaltung. Man kann sich vorstellen, daß die Zahl der jungen Mädchen Legion war, die im Tagebuch ein Gefäß ihrer Herzensergießungen fanden. Caroline Brame, deren Aufzeichnungen auf einem Flohmarkt aufgetaucht sind, und Marie Bashkirtseff waren zweifellos keine Einzelfälle, ebensowenig wie Isabelle Fraissinet.

In diesem Zusammenhang ist an die ungeheure Beliebtheit des »Albums« zu erinnern, einer Mischung aus Tagebuch, Gästebuch und Poesiealbum. Pierre Georgel schreibt, daß während der Julimonarchie praktisch jedes Mädchen aus gutem Hause ein solches Album besaß und es den Freunden des Hauses vorlegte.[24] Lamartine blätterte im Album Léopoldine Hugos – bis zu ihrem 13. Lebensjahr hält die kleine Didine darin ihre kindlichen Spiele, ihre Träume und ihre Lektüre fest. Später begegnet man den Seufzern und Schwüren der ersten Verehrer, für die das junge Mädchen allmählich empfänglich wurde. Jetzt beschäftigt es sich mit seiner Toilette und beschreibt Bälle, auf denen es gewesen ist, und Theaterstücke, die es gesehen hat; auch Reiseeindrücke werden fixiert. Das Album war ein rechtes Sammelsurium, in das Didine gern Notizzettel und bunte Gravüren einklebte. Nach der Heirat kam es zusammen mit anderen Heften in das neue Victor-Hugo-Museum mit dem Familienarchiv.

In den unteren Gesellschaftsschichten gab es symbolische Äquivalente, die das Album und wohl auch das Tagebuch ersetzten. Waren die Muster, die das heranwachsende Mädchen in seine Aussteuer stickte, nicht ebenso Ausdruck von Selbstwahrnehmung und Zukunftshoffnung wie die Einträge in einem Tagebuch? Agnès Fine hat beschrieben, mit wieviel Liebe die heiratsfähigen Mädchen in den Pyrenäen einen Schatz nähten, stickten und mit rotem Monogramm versahen, den sie später kaum gebrauchen konnten.[25] Sogar junge Mädchen, die mit einem erklecklichen Erbe rechnen konnten, unterwarfen sich diesem Ritual, das in ihrem Fall keinerlei praktischen Nutzen hatte. So erklärt sich die enorme Wertschätzung dieser symbolischen Akkumulation durch die Frau. In *Icarie* soll Cabet die Absicht gehabt haben, alle Aussteuern zu konfiszieren. In den *Travailleurs de la mer* markiert der Autor den symbolischen Wert der Truhe mit Wäsche, die Gilliat von ihrer Mutter geerbt hat, ganz deutlich und erschließt damit etwas, das für das Empfinden der Menschen zentrale Bedeutung besaß.

Heldentum, männliche Größe, das literarische oder künstlerische Werk oder die Begabung zum Redner – aus solchen Träumen baute sich das Ich des Mannes. Die Eliten des 19. Jahrhunderts reproduzierten sich in der juristischen und in der medizinischen Fakultät der Universitäten, vor allem aber in den sogenannten »grandes écoles«, deren Uniformen für viele von unwiderstehlicher Anziehungskraft waren.

## Ambition mit Augenmaß

Die retrospektive Suche des Tagebuchschreibers nach sich selbst weckte Reue und Wehmut, doch sie stachelte auch seine Ambitionen an und erlaubte den Entwurf eines imaginierten besseren Selbst. Leider muß eine Geschichte der Ambitionen ein Wunschtraum bleiben. Auffällig ist immerhin die Zurückhaltung, mit der man sich im 19. Jahrhundert die Zukunft ausmalte und die der gängigen Vorstellung widerspricht, dies sei das Jahrhundert der zügellosen Gier gewesen. Man darf dabei die Anziehungskraft einer gleichförmigen sozialen Reproduktion und die Gewalt der sie erhaltenden Mechanismen nicht vergessen. Das verbreitete System der Patronage und der »Empfehlung«, mit einem Wort: die Bedeutung von Beziehungen und feingesponnenen Familienstrategien, verhinderte lange Zeit den Aufstieg einer Meritokratie, die auch nach dem Sieg der Republik nicht recht Fuß zu fassen vermochte. Zur weisen Mäßigung der Ambitionen trug, wie Theodore Zeldin nachweist, nicht zuletzt die von der Medizin geschürte Furcht vor Übertreibung und Überarbeitung bei. Hinzu kam der Einfluß einer klassisch-humanistischen Bildung, deren Rolle heute nur aus Überheblichkeit heruntergespielt wird. Wie viele Männer im reifen Alter, die ihren Horaz kannten, trachteten nicht zuerst nach dem *otium* und befolgten das alte *carpe diem?* Man denke an die von Vincent Wright beschriebenen Dichter-Präfekten und an den Präsidenten de Neuville, jenen Magistrat, den Duranty in *Le Malheur d'Henriette Gérard* auf die Bühne bringt. Stärker als das Streben nach Reichtum war häufig der Wunsch nach öffentlicher Anerkennung, der sich in Titel- und Ordens-

sucht artikulierte, und die Schwierigkeiten, mit denen der »Parvenu« zu kämpfen hatte, beweisen, daß soziale Mobilität nicht allein eine Sache des Geldes war.

So gesehen, werden gewisse Befunde der quantitativen Geschichtsforschung verständlicher, beispielsweise die Anziehungskraft der freien Berufe und des öffentlichen Dienstes. Eine Umfrage, die Duruy 1864 unter Schülern verschiedener Lyzeen in der Provinz veranstaltete, ergab, daß die meisten Jugendlichen Jura oder Medizin studieren oder auf die Militärakademie Saint-Cyr gehen wollten. Der Welt des Handels zog das Bürgertum den Staatsdienst vor. Christophe Charle hat den gelungenen Versuch unternommen, die Beharrungskraft der Mechanismen der gesellschaftlichen Reproduktion und die Attraktion des höheren Staatsdienstes zu quantifizieren.[26] Die bürgerliche Jugend begeisterte sich für die École Polytechnique und die anderen »grandes écoles«, obwohl die Praxis der »pantouflage«* noch nicht üblich und die Beamtenlaufbahn daher keineswegs mit der Anhäufung von Reichtümern verbunden war.

Den Wunsch, dem sozialen Kontext zu entfliehen, gab es in der Arbeiterschaft nicht, wo man stolz auf seine Fähigkeiten und seine Fachkenntnisse pochte. Das erklärt, warum die Endogamie in dieser Schicht so verbreitet und die Mobilität nach oben so gering war. Die Häufigkeit des Berufswechsels in den verschiedenen Generationen darf hier über die prinzipielle Stabilität des sozialen Status nicht hinwegtäuschen. Allerdings gab es auch negative Erfahrungen, wie Jacques Rancière für die

Die strenge Auslese erzeugte viel Bitterkeit bei durchgefallenen Prüflingen, die gezwungen waren, sich mit subalternen Posten zufriedenzugeben.

* Wechsel vom Staatsdienst in die Industrie und zurück. *A.d.Ü.*

Zeit von 1830 bis 1850 an einer Minderheit von Arbeitern gezeigt hat, die von einem neuartigen Mißbehagen heimgesucht wurden.[27] Es waren Menschen, die sich zu anderem berufen fühlten als dazu, sich ausbeuten zu lassen, und denen die Zeit leid tat, die ihnen ihre Arbeit wegnahm. Sie litten gleichsam an einem Überschuß an Lebensenergie, den sie durch veritable »Schlafzimmer-Delirien« abzuführen suchten. Die Nächte dieser Proletarier waren von Zukunftsträumen und vom paradiesischen Gefühl ihrer eigentlichen Identität erfüllt. Diese wenigen Proletarier, die zwar wie Arbeiter lebten, aber wie Bürger dachten und schrieben, nahmen außergewöhnliche Mühen auf sich, um schwierige Bücher zu lesen, Exzerpte anzufertigen und ganze Passagen auswendig zu lernen. Von solchen höheren proletarischen Ambitionen zeugt auch die während der Julimonarchie stetig steigende Zahl von Pariser Arbeitern, die Abendkurse besuchten. Die Geschichte dieser Ausnahmeerscheinungen wirft neues Licht auf die stummen Daten einer quantitativen Geschichtsforschung und lehrt uns einiges über die Genese des Wunsches.

Auch die Landbevölkerung sperrte sich nicht gegen den Traum von der individuellen Zukunft; die ersten, tastenden Ansätze waren allerdings eher gestischer als diskursiver Art. So mag man das brutale Verbrechen Pierre Rivières als Anzeichen der persönlichen Bewußtwerdung eines kollektiven Unbehagens interpretieren. Langsam und in regional unterschiedlichem Ausmaß zerfielen die Familienstrukturen durch die Artikulation persönlicher Ambitionen; Erbschaftsstrategien wurden durchkreuzt und das Problem des jüngeren Sohnes in der Stammfamilie wie von selbst gelöst. Gregor Dallas zufolge, der die bäuerliche Bevölkerung im Orléanais erforscht hat, lockerte die fortschreitende Individuation das Band zwischen Mutter und Kind, verschärfte das Gefühl der Unsicherheit und löste den Zusammenbruch einer »bäuerlichen Ökonomie« aus, die andernfalls die wirtschaftlichen Umwälzungen überlebt hätte.[28] Die Familie scharte sich nicht um das Kind als ihren heimlichen König, sondern zerfiel infolge der Auflösung der affektiven Bande. Man könnte leicht noch andere Beispiele für diese zunehmende Gleichgültigkeit gegenüber den Angehörigen und diese Verkümmerung des Familiensinnes aufbieten. So weigerten sich die Wanderarbeiter aus Creuse seit der Restauration immer häufiger, ihre Ersparnisse dem Vater auszuhändigen, und es dauerte nicht lange, da kamen sie jahrelang nicht mehr nach Hause, um die Mutter und die Schwestern zu umarmen.

Für den jungen Mann auf dem Land gab es drei Möglichkeiten, seine Ambitionen zu befriedigen; sie hingen von den subtilen intrafamilialen Hierarchien und von seiner relativen Stellung in der Reihe seiner Brüder ab. Erstens konnte er den Status des Grundbesitzers anstreben; dieses traditionelle Ziel war jetzt leichter zu erreichen als in der Vergangenheit, was sich in den steigenden Bodenpreisen, der Aufteilung des bäuerlichen Besitzes unter die Erben und der Wiederaufnahme der Flurbereinigung niederschlug. Zweitens konnte er einen gewissen sozialen Aufstieg ins Auge fassen, indem er einen der ländlichen Hilfsberufe ergriff und Müller oder, besser, Wirt wurde; für die ländlichen

Jules James Rougeron, *Eine Karmelitin nimmt den Habit.* In der Zeit zwischen der Unterzeichnung des Konkordats (1801) und dem Ende des Zweiten Kaiserreichs stieg die Zahl der Frauen, die Nonnen wurden, sprunghaft an; nach Claude Langlois handelte es sich um 0,8 Prozent der weiblichen Bevölkerung. Die katholische Kirche Frankreichs überließ es den Frauen, in der Gesellschaft wie in der Familie auf Seelenfang auszugehen. (Musée de Dijon)

Gebiete des Pas-de-Calais hat Ronald Hubscher nachgewiesen, daß diese Berufe Sprungbretter für den sozialen Aufstieg waren.[29] Drittens konnte er definitiv in die Stadt abwandern; die mit einem solchen Exil verbundenen Gefahren wurden durch die landsmannschaftlichen Gruppierungen aufgefangen, die sich seit Jahrzehnten in den großen Städten gebildet hatten und die dem Neuankömmling Solidarität, Schutz und Unterstützung bei der Suche nach Arbeit und einer Wohnung gewährten. Neue Verbindungen wurden geknüpft und neue Laufbahnen eingeschlagen, die der folgenden Generation den endgültigen Aufstieg ermöglichten. Exemplarisch ist in dieser Hinsicht der Fall der Migranten aus der Auvergne, den Françoise Raison beleuchtet hat.

## Formen religiöser Berufung

Nicht vergessen dürfen wir die höchste Ambition – diejenige, die sich auf einen religiösen Beruf richtete. Die Unwiderstehlichkeit der frommen Berufung störte – oder enthusiasmierte – das private Leben mancher Familie des 19. Jahrhunderts. Die Vorbild-Funktion des religiösen Berufs wurde in der Tat immer ausgeprägter, wie die Zunahme der Kleriker zu Beginn der Dritten Republik beweist. Der soziale Hintergrund hierfür war von Diözese zu Diözese so verschieden, daß der Versuch selbst einer kurzen Systematisierung zwecklos wäre. Insgesamt kann man aber von einer zunehmenden »Verländlichung« des Klerus sprechen. Die Berufung erfolgte häufig am Vorabend der Erstkommunion, im Rahmen jener mystischen Krise, die George Sand später lebhaft geschildert und unter der die bedauernswerte Caroline Brame heftig gelitten hat. Nach 1850 förderten Engelssymbolik, Marienkult, die Verkündigung des Dogmas von der Unbefleckten Empfängnis Mariens, die wiedererwachte Verehrung einiger bis dahin vernachlässigter Heiliger und das Schwinden der einstigen Mystikfeindlichkeit einen religiösen Überschwang bei der Jugend, der mit einer entsprechenden Körperfeindlichkeit einherging. Marienerscheinungen von La Salette (1846) bis Pontmain (1871) bezeugten die Gegenwart Gottes in der Welt und vervielfachten die Zahl der religiösen Berufungen.

Es gab auch eine säkulare Variante der religiösen Berufung, die unsere Aufmerksamkeit verdient. Einige bürgerliche Politiker führten ein Leben, das darauf schließen läßt, daß sie sich als Apostel des Volkes verstanden. Charles-Ferdinand Gambon, Teilnehmer der 48er-Revolution und von sagenhaftem Reichtum, verlor lieber fünfzehn Jahre seines Lebens im Gefängnis und widerstand dem Drängen seiner Familie und seiner Braut sowie den ausgeklügelten Schikanen seiner Bewacher, als daß er den Kaiser um Begnadigung gebeten hätte; als er endlich freikam, widmete er sich der republikanischen Sache. Ungezählte militante Arbeiteraktivisten führten ein geradezu apostolisches Wanderleben auf der Straße, viele Feministinnen beschlossen, jungfräulich oder doch ledig zu bleiben, und manche asketische Lehrerin orientierte ihr Verhalten – mehr oder minder unbewußt – an dem alten Vorbild der religiösen Berufung. Schon vor geraumer Zeit hat Françoise Mayeur nachgewiesen, daß das Leben an der École Normale in Sèvres klösterliche Züge hatte.[30] Es wäre gewißlich fruchtbar, diese Hingabe der Privatperson an einen kollektiven Traum an den zahllosen Einträgen im *Dictionnaire du mouvement ouvrier* des unermüdlichen Jean Maitron zu verfolgen.

Damit wollen wir unsere Skizze zu einer Geschichte der Ambitionen abbrechen. Eines ist sicher: Es gab immer wieder herbe Enttäuschungen. 1864 träumte der Schüler des humanistischen Gymnasiums davon, General, Industriekapitän oder ein berühmter Anwalt zu werden; statt dessen fand er sich als Schulmeister, Kanzleiangestellter oder Amtsdiener wieder. Genauso enttäuscht wurde das junge Mädchen bürgerlicher oder ländlicher Herkunft: Mochte es auch von einem Märchenprinzen oder einem attraktiven Handwerksburschen träumen, so kannte es die Zwänge der familiären Heiratsstrategie doch zu gut, um nicht zu wissen, daß ihm wahrscheinlich ein Dasein neben einem heruntergekommenen Hagestolz oder einem ausgepichten Stoffel beschieden sein würde.

# Wege und Irrwege der Seele

## Das neue Erlebnis des Raumes

In der ersten Hälfte des 19. Jahrhunderts vollzog sich eine Revolution des Reisens. Eine neue Erfahrung bildete sich heraus, die in den Träumen des privaten Lebens fortan einen wichtigen Platz einnehmen sollte. Das klassische Modell des ruhigen und gemächlichen Reisens, unterbrochen von Aufenthalten in größeren Städten, in denen man seine Sehnsucht nach dem Anblick bestimmter Kunstwerke und Baudenkmäler stillen konnte, wich allmählich einer Reisepraxis, die Ende des 18. Jahrhunderts entstanden war und für die beispielhaft die Exkursionen Saussures in die Alpen, die Touren Ramond de Carbonnières in die Pyrenäen oder die Abstecher Cambrys ins Finistère genannt seien. Wesentliches Ziel des Reisens war es nunmehr, das Lebensgefühl zu steigern und außerhalb des gewohnten Rahmens bereichernde, neue Erfahrungen mit fremden Räumen und Menschen zu machen. Man liebte die grandiose Szenerie, die »unfrisierte« Landschaft. Der Reisende kletterte auf Bergspitzen, lagerte sich an Abgründen und kampierte an Berghängen – halbwegs zwischen Himmel und Erde, zwischen dem sonnenbeschienenen Gipfel und dem lieblichen Tal. Vorbereitende Lektüre ermutigte ihn, sich mit den edlen Wilden in diesen abgeschiedenen Gegenden zu vergleichen. Das Bild des schottischen Highlander aus Scotts *Waverley*-Romanen oder des Indianers bei Chateaubriand entfesselte eine krude, weithin auf freien Erfindungen beruhende »Völkerkunde«. Die gelehrten Mitglieder der Académie Celtique und die Archäologen anderer gelehrter Gesellschaften wiesen den Reisenden auf Spuren der Vergangenheit im Boden hin und konstruierten rätselhafte Korrespondenzen zwischen dem Mineralischen, dem Vegetabilen und dem Menschlichen.

Von den überfüllten Badeorten aus unternahmen die Touristen gruppenweise Exkursionen zu den Ausläufern nahe gelegener Berge. 1816 wagte Maine de Biran sich in die Pyrenäen, seinen Ramond in der Hand. Reiseführer aus der Zeit der Julimonarchie machen auf eine »schöne Aussicht« oder einen reizvollen »Rundblick« aufmerksam. Diese »Baedeker« boten ebenso wie die illustrierte Presse eine Art Vorschule des Sehens, die sich bald auch auf den photographischen Schnappschuß stützen konnte. Immer neue Reiseziele kamen in Mode – nach den Alpen und der Auvergne war die Reihe an der Normandie und später an der Bretagne, obwohl die Unterkünfte in diesen Gegenden zu wünschen übrigließen. Zur Zeit der Julimonarchie und des Zweiten Kaiserreichs erfaßten die neuen Reisegewohnheiten – mit begreiflicher Verspätung – breitere Schichten. Während der biedere Bürger aus Rouen in die Schweiz fuhr, riskierte Perrichon Kopf und Kragen auf dem »mer de glace«, einem Gletscher in der Nähe des Mont Blanc.

Sogar der schlichte Spaziergang änderte seinen Charakter. Der Wunsch, eine Zuflucht aufzusuchen, wo man mit sich allein war, um das heitere Schauspiel der Natur zu genießen, das heißt, um die Emp-

In der Belle Époque stieg man familienweise auf die Berge. Das neu erwachte Interesse am Sport führte zu einer Renaissance der alten Mode, Exkursionen zu den »Gletschern« der Alpen oder Pyrenäen zu unternehmen.

findungen Rousseaus auf der Ile Saint-Pierre nachzuempfinden – dieser Wunsch war noch immer da, fand aber eine bislang ungekannte Befriedigung. Die Grotte, die windgepeitschte offene Landschaft, die Felsenküste, an der sich die Wellen brachen, das Vorgebirge mit dem Leuchtturm – solche Plätze bevorzugte man nun, um nachzudenken und zu grübeln. Durch Bücher wie *René* oder *Dominique* verbreiteten sich die neuen Verhaltensweisen rasch. Jean-Pierre Chaline hat festgestellt, daß die biederen Bürger von Rouen in ihren Ferien am liebsten lange Spaziergänge durch Wald und Flur unternahmen und dabei ihren Träumen nachhingen, obwohl das Meer vor ihrer Tür lag.[31]

Seit der Julimonarchie bildete sich eine neuartige Form der Erlebnisreise heraus, deren beredtes Beispiel die Ausflüge Flauberts und Du Camps in die Bretagne sind. Der Reisende achtete nicht mehr so sehr auf die Offenbarungen des Bodens, er suchte nicht mehr die metaphysische und ethnologische Erkenntnis und interessierte sich weniger als früher für die Entdeckung von Äquivalenzen. Statt dessen beachtete man nun vornehmlich die Botschaften und Sensationen des eigenen Körpers. Die ersten Stationen auf dem Weg zur Entkleidung des Körpers waren die beliebten Landpartien – mit den schlafenden Schönen bei Courbet und den Bootsfahrern bei Maupassant –, die Vorliebe für den Strand, wo man noch nicht das Sonnenbad suchte, sondern frische Luft und Wind, oder das prickelnde Erlebnis eines Bades im Meer bei 13 °C, von dem Didine in ihrem Album berichtet.

An dieser Stelle muß die initiatorische Rolle der großen »Orient«-Reise für den gebildeten jungen Mann erwähnt werden, die in der Regel über Spanien nach Griechenland und Ägypten oder an den Bosporus führte, sowie die wachsende Attraktivität und soziale Verbreitung der Hochzeitsreise, die eine Initiation in doppelter Hinsicht, sozusagen die

Auch das heroisch stilisierte Erinnerungsphoto von der Exkursion trug zur Festigung der familiären oder freundschaftlichen Bande bei. Zwar kam bei den Arbeitern das Verreisen bald wieder aus der Mode, aber weite Teile der Bevölkerung suchten Erholung und neue Eindrücke im Tourismus. Die Entdeckung der landschaftlichen Schönheiten Frankreichs war nicht länger das Monopol der Pariser Elite und der reichen Ausländer.
(Paris, Bibliothèque Nationale)

Synthese zweier uralter Praktiken bedeutete. Die jungen Paare reisten entweder nach Venedig und Tunis oder an die Küste der Bretagne oder die norwegischen Fjorde.

Das Reisen blieb eine Unterbrechung des normalen Lebensablaufes und ließ den Reisenden mit einer Fülle von Erinnerungen zurück, deren Wichtigkeit wir heute kaum mehr nachvollziehen können. Von der Intensität der Reiseerlebnisse zeugen die unvermeidlichen Alben mit ihren bruchstückhaften Impressionen und Skizzen nach dem Vorbild der *Voyage pittoresque* ebenso wie die zahllosen Notizbücher und Reiseberichte der größten Schriftsteller, von Stendhal bis Flaubert, von Gautier bis Nerval. Doch bedurfte es erst der Einrichtung von Vergnügungszügen und vor allem der großen Pilgerfahrten, also der zwischen 1871 und 1879 gestarteten Offensive der Assumptionisten, damit die Masse der Landbevölkerung jenen Gefühlsüberschwang erleben konnte, der die Elite schon seit fast hundert Jahren innerlich bereichert hatte.

In der Großstadt verriet der von Victor Hugo entdeckte und dann von Baudelaire scharfsinnig sezierte »Flaneur« die Verwandlung des öffentlichen Raums und gleichzeitig den Inbegriff der »privacy«. Dieser neuartige Spaziergänger in der steinernen Landschaft der Stadt inaugurierte Strategien der Privatisierung, die sich im öffentlichen Raum entfalteten; insofern erscheint der Flaneur als eine Gestalt des Übergangs. Bei seinen Streifzügen durch die Stadt war er auf der Suche nach Räumen, welche die Rekonstitution des privaten Lebens erlaubten; für ihn war die Straße selbst ein Abbild der Wohnung. Die Passagen, deren Zahl die Stadtplaner der Julimonarchie erheblich vermehrt hatten, und die in ihnen versteckten Cafés waren der ideale Nährboden für die Herausbildung dieser neuen Formen öffentlichen Verhaltens; dem Flaneur präsentierten sie sich als – trügerisches – Interieur. Zur

Zeit der »Haussmannisierung« waren es der Bahnhof und das Großkaufhaus – dieses moderne Labyrinth der Warenwelt –, die als letztes Refugium des Flaneurs fungierten. Obsolet geworden, räumte der Flaneur nach und nach das Trottoir für den eiligen Passanten. Der gehetzte Fußgänger, um seine Sicherheit besorgt und in Gedanken bei seinen Geschäften, hatte keinen Blick mehr für das Schauspiel der Straße; für ihn kam es nicht mehr in Betracht, die Straße als Fortsatz seiner Wohnung zu nutzen.

## Traumpfade

Bekanntlich haben die Romantiker mit Kühnheit das Reich des Imaginären erneuert, der Träumerei neue Wege gebahnt, den inneren Monolog um neue Modalitäten bereichert und ihre Leser eingeladen, an Meditation, Kontemplation und mystischer Ekstase teilzuhaben. Die einzelnen Stationen dieser umfassenden Erneuerung können hier nur angedeutet werden. In der Restaurationszeit triumphierte jene empfindsame Träumerei im Schoß der Natur, die von Rousseau herrührt und von Lamartine entfaltet wurde; sie erlaubte es dem Bewußtsein, sich den Bewegungen seines Innenlebens ganz und gar zu überlassen. Es gab vielfältigen Anlaß zu privater Meditation: den Gedanken an den Tod, das Thema der Flüchtigkeit der Zeit angesichts verfallener Zeugen der Vergangenheit, die Betrachtung des Meeres oder des Sternenhimmels, das Lauschen auf das Lied der Nachtigall ...

Nach 1830 wurden die Pfade breiter, die zum Imaginären führten; die empfindsame Träumerei wich der märchenhaften, irritierenden Träumerei, die der Phantasie freien Lauf ließ und die sich um fremde Länder und längst vergangene Zeiten rankte.

Zu untersuchen bleibt, inwieweit diese literarischen Themen die Lebenspraxis befruchteten. Die mannigfachen Barrieren, die das Geheimnis des privaten Lebens umgaben, die um sich greifende rigorosere körperliche Disziplin sowie die strengere Zeiteinteilung veranlaßten viele Menschen gleichsam notwendig zur Flucht in das Imaginäre. Insbesondere die jungen Mädchen hatten unter diesen Beschränkungen zu leiden und überließen sich daher um so williger dem Traum von der überirdischen Liebe; das ist jedenfalls das Bild, das der Briefroman dieser Zeit, von Balzac bis zu Edmond de Goncourt und Marcel Prévost, entrollt. Die Unerreichbarkeit des jungfräulichen Mädchens sowie die Isolierung im Internat verführten den heranwachsenden Jungen einerseits zu erniedrigenden sexuellen Praktiken und ließen ihn andererseits von der imaginären ätherischen Sylphe träumen. Die schlanke Silhouette eines Mädchens, das er in der Kirche erspähte, oder das hinter einem Fenster aufscheinende, vollkommene Oval eines Gesichts boten dem Jungen Nahrung für seine Phantasien.

In den Archiven des jugendlichen privaten Lebens finden sich zahlreiche Spuren dieser Neigung zur Phantasie. Während Eugénie de Guérin sich auf dem Friedhof ergeht, beflügelt sie bis in ihre Gestik hinein die Ikonographie vom Tod und dem Mädchen. Das »Stilheft«, das Léo-

# INTRODUCTION

AU VOYAGE DE L'ASIE MINEURE.

Magnificas Asiæ perreximus urbes.
OVIDE, Ex Ponto II, x, 21.

Ὄψις τε ἐμὴ ἐστι.
HÉRODOTE, Eut. II, 99.

Nous avons parcouru les magnifiques villes de l'Asie. Ce que je raconte de ce pays, je l'ai vu.

A presqu'ile qui s'étend à l'occident de l'Asie, entre l'Europe et l'Afrique, est connue, depuis le cinquième siècle de l'ère chrétienne, sous la dénomination d'Asie Mineure; c'est la contrée que je vais décrire.

Laborde, *Reise in den Orient*, 1837.
(Paris, Bibliothèque Nationale)

poldine Hugo mit sechzehn und siebzehn Jahren führt, verrät, daß dieses Mädchen mit »Gedankenübungen« glänzte, und offenbart eine erstaunliche Reife des Meditierens – einer der Texte mit dem Titel »Abend« ist nichts anderes als eine ausführliche Analyse jenes Zustands der Träumerei. George Sand berichtet, wie sie sich als junges Mädchen in ihrer Phantasie den Park von Versailles erschuf, den sie nie gesehen hatte. Später war es die junge Aurore, die sich angewöhnte, den illusionären Eingebungen des Augenblicks zu folgen und sich den verrücktesten Ideen anheimzugeben; bei ihr grenzte die irritierende Träumerei fast an Manie, und so bestätigte sie auf ihre Weise die berühmte, von der Medizin behauptete »Andersartigkeit« des jungfräulichen Mädchens. Hierher gehört auch die Flaubertsche Versuchung, sein Leben zu träumen und nicht zu leben – eine Versuchung, von der wir leider nicht feststellen können, wie verbreitet sie in der Gesellschaft damals war.

## Traumbilder

Das vermehrte Traumbedürfnis des 19. Jahrhunderts, das Jean Bousquet erschlossen hat, erklärt die außerordentliche Beachtung, die man damals dem Vorgang des Träumens schenkte; der Traum galt als die innerste Offenbarung der Persönlichkeit und war bei Tag unter zahlreichen Schutzschichten verborgen. Um nicht in Anachronismen zu verfallen, muß man sich an dieser Stelle an verschiedene Vorstellungen des 19. Jahrhunderts zum Thema Traum erinnern, die man später dank der Freudschen Theorien aus dem Blick verloren hat. In den ersten Jahrzehnten des 19. Jahrhunderts beschäftigte die Philosophen vor allem die Frage nach dem nächtlichen Zustand der Seele. Maine de Biran war der Ansicht, daß nachts auch die Seele schlafe, während Jouffroy im Gegenteil überzeugt war, daß sie wache, und Lélut, daß sie zwar ruhe, aber nicht schlafe. Bei den Romantikern erlebte die Seele im Traum eine veritable Wiederauferstehung; der Traum war für sie eine Manifestation des innersten Wesens.

Die wissenschaftlichen Erklärungen der Traummechanismen standen lange Zeit unter dem Druck der Ideologen und ihres Interesses an den inneren Körperempfindungen und an dem Einfluß des Physischen auf das Moralische. Man glaubte an die Bedeutung organischer, zumal zerebraler Botschaften sowie an die Wirkung der »Tagesreste« und dessen, was den Träumenden tagsüber beschäftigt hatte. So kam es zu der von Maine de Biran und später von Moreau de Tours, Alfred Maury und Macario entwickelten Unterscheidung zwischen sensorischen, affektiven und intellektuellen Träumen.

Zwischen 1845 und 1860 traten dann in Frankreich Gelehrte auf, die der Theorie des Traumes neue Perspektiven eröffneten. Für sie war der Traum nur einer von vielen Mechanismen der Rückbildung und Auflösung höherer seelischer Zustandsformen. Der Traum sah sich in den Bereich des Pathologischen verwiesen und auf eine Stufe mit dem Delirium und dem Wahnsinn gestellt. Daher galt die besondere Aufmerksamkeit der Forscher dem Somnambulismus sowie dem hypnagogischen Prozeß, das heißt, jenen undeutlichen Empfindungen, die sich an der Schwelle zum Schlaf einstellen, wenn die Kohärenz des Denkens sich auflöst. Diese »Psychiatrisierung« der Traumforschung zeigt sich an Moreau de Tours' Buch *De l'identité de l'état de rêve et de la folie* (1855) ebenso wie an der Faszination, die von Nervals *Aurélia* ausging. Es entstand eine Wissenschaft vom Traum, die zumindest in Frankreich bis zum Aufstieg der Psychoanalyse unangefochten in Geltung blieb.

Ein heiklеres Problem ist die Geschichtlichkeit der Phänomenologie des Traumes und der sozialen Klassifizierung des Träumens. Jean Bousquet eröffnete diese Debatte mit einem bemerkenswerten Diktum: »Die Menschen träumen erst seit etwa 1780 jene befremdlichen Szenen und bizarren Gebilde ohne Sinn und Bedeutung«, aus denen die moderne Traumtätigkeit besteht. Ihm zufolge änderten sich Ende des 18. Jahrhunderts gleichzeitig Form, Inhalt und Funktion des Traumes.[32] Wie dem auch sein mag, die Fachleute konstatierten übereinstimmend das Verschwinden des warnenden, mahnenden Traums. George Steiner zufolge war es nach dem Siegeszug des Newtonschen Weltbildes und dann der Darwinschen Evolutionstheorie nicht mehr zulässig, im Dunkel der individuellen Nacht nach Hinweisen auf die Zukunft zu fahnden.[33] Doch der anhaltende Erfolg, den in dieser Zeit die von fliegenden Händlern vertriebenen »Traumschlüssel« beim Volk unverändert genossen, beweist, daß moderne, wissenschaftliche Einstellung und die Treue zu uralten Überzeugungen weit auseinanderklafften.

Ein weiterer Anhaltspunkt ist die Hinwendung der Träume zu der individuellen Vergangenheit des Träumenden. Den Anfang machten die Romantiker; sie deuteten den Traum als Rückkehr zu jenen Zeichen der Existenz, die sich in frühester Kindheit dem Bewußtsein eingegraben hatten. Dem korrespondierte die Neubewertung der Kindheit, zu der es in der Kleinfamilie kam.

Weniger sicher sind die Veränderungen des erotischen Traums, die sich vollzogen zu haben scheinen. Hält man sich an das Zeugnis der Literatur, so war der erotische Traum im 18. Jahrhundert meist ein klarer Ausdruck des sexuellen Begehrens, während er später, in der Zeit bis 1840 oder 1850, zum Bild platonischer Liebe regredierte. Die Traumtätigkeit nahm also denselben Weg wie die Träumerei im Wachen. Nach 1850 kehrte die Erotik zurück, und es entwickelte sich der schmutzige Traum von Bordellszenen, wie ihn beispielsweise Flaubert schildert. Wenn man Chantal Briend Glauben schenken darf, war der unzüchtige Traum zwischen 1850 und 1870 en vogue; die Freuden der käuflichen Liebe und die Ausschweifungen des Kaiserreichs verfolgten den Menschen bis in seine Träume. Alfred Maury erblickt in der Rückkehr des erotischen Traums den Reflex eines Bedürfnisses nach »Abreaktion« angesichts der kirchlichen Einsprüche wider die Freuden des Fleisches. In der Tat verlief das Vordringen des sexuellen Traums synchron mit der Entfaltung der Engelsmystik. Den Versuchungen der Traumerotik erlagen vornehmlich hysterische Frauen und sexuell unerfahrene junge Männer – womit wir wieder beim Drama des unfreiwilligen Samenabgangs wären – sowie »Menschen, die sich der Meditation

Auch die Gestalten des Alptraums haben ihre Geschichte. Die Zeit zwischen der Erfindung der Guillotine und dem nervösen Fin de siècle erlebte die Abschaffung einiger Arten der Folter sowie den Aufstieg neuartiger Bilder der Angst und des Leidens und damit eine Veränderung der Bilderwelt des Traums. Louis Boulanger, Illustration zu der Erzählung »Das Auge ohne Lid«. (Paris, Bibliothèque Nationale)

und geistiger Arbeit widmen« (Macario). Gewisse Träume, die Edmond de Goncourt berichtet, und mehr noch die inzestuösen Traumszenen, von denen Jules Renard in seinem Tagebuch erzählt, zeugen von klarer Einsicht in den Zusammenhang von Traum und sexuellem Begehren, der genau in dem Augenblick enger wurde, als die Psychoanalyse entstand.

Bemerkenswert ist noch die Häufigkeit von Traumthemen wie Reise, Kutsche, Eisenbahn oder Landschaft. Das spricht in der Tat für ein neuartiges Raumerleben. Alfred Maury träumte selbst von majestätischen Szenerien und von Bildern, die er als Tourist bewundert hatte. In den Träumen, die er erzählt, kommen nicht weniger als sechs verschiedene Städte vor. Anläßlich einer ganz bestimmten Form von hypnagogischer Sensation bekennt er: »Diesen malerischen Halluzinationen bin ich vor allem auf Reisen ausgesetzt.«[34]

Aufschlußreich wäre ein Katalog politischer Traumthemen im 19. Jahrhundert. Ich möchte hier lediglich darauf hinweisen, daß in der Fachliteratur wie ein Leitmotiv das Thema Revolution wiederkehrt: War sie unbewußter Ausdruck einer tiefsitzenden Angst? Der Traum Maurys von der Guillotine, den Bergson analysiert hat, ist berühmt geworden, ebenso der Traum desselben Maury von der Feuerzange, der auf die Ereignisse der Junitage zurückgeht. Aber vielleicht waren das auch nur zwei Beispiele für den sadistischen Traum, von dem Chantal Briend behauptet, er sei gegen Ende des 19. Jahrhunderts sehr häufig gewesen ...

Gustave Doré, *La rue de la Vieille-Lanterne*, 1855.
(Paris, Bibliothèque Nationale)

Das 19. Jahrhundert war die hohe Zeit der Votivbilder. Die Abbildung veranschaulicht die Entwicklung, die dieses Genre durchlaufen hat. Der Raum, den die himmlischen Fürsprecher und Mittler auf dem Bild einnehmen, wird immer kleiner, während die Episoden aus dem privaten Leben, die zur Stiftung des Votivbildes geführt haben, immer breiter ausgemalt werden. (Notre-Dame-de-Laghet)

Neben dem imposanten theoretischen Gebäude, das Jacques Bousquet nach der Analyse einiger hundert Träume in der Literatur errichtet hat, nehmen sich diese wenigen Bemerkungen ziemlich zufällig aus. Bousquet zufolge vollzog sich seit dem Ende des Ancien Régime eine zunehmende Diversifizierung der Traumbilder, die bis dahin auf Symbole des Paradieses bzw. der Hölle beschränkt gewesen waren. Zu den Träumen vom Garten Eden müssen wir auch den Traum vom Garten überhaupt und von der Landschaft und der Natur rechnen; zu den Höllenträumen gesellen sich der Traum vom Verlies und von der Großstadt sowie alle Angstträume aufgrund psychiatrisch bekannter Formen von Delirium; auf sie gehen die neuen Arten des Alptraums zurück; so gab es im Traum auch Szenen der Hemmung, Akte der Unfreiwilligkeit und Episoden der Persönlichkeitsspaltung. Mit der Säkularisierung des Traumes nach 1850 näherten sich beide Traumtypen einander allmählich an und verschmolzen schließlich. Nun konnte der moderne, bizarre und absurde Traum seinen Weg nehmen.

Bousquets faszinierende Gesamtschau sowie meine einleitenden Bemerkungen scheinen die – antifreudianische – These zu stützen, daß auch die Phänomenologie des Traumes ihre Geschichte hat. Jedenfalls ist es immer wieder frappierend, die vielfältigen Entsprechungen zwischen der Geschichte der Imagination und der Entwicklung der Trauminhalte zu konstatieren.

## Mittler des einsamen Gesprächs

### Stilles Gebet und Meditation

Die quantitative Studie Claude Savarts über die Verbreitung religiöser Bücher ist mit Vorsicht zu genießen: Im Zweiten Kaiserreich gab es mehr Neuauflagen von Büchern als Neuerscheinungen.[35] Die Kontinuität dieser Literatur mit der Vergangenheit würde wahrscheinlich noch deutlicher hervortreten, wenn in die Untersuchung auch die für die Masse bestimmte Kolportageliteratur einbezogen würde. Das läßt darauf schließen, daß Frömmigkeit und die Formen des privaten Gebets sich nur langsam fortentwickelt haben. Die Techniken der geistlichen Exerzitien atmeten noch ganz den Geist der Vergangenheit. Die *Imitatio Christi*, von Lamennais neu übersetzt, blieb lange das beliebteste Seelengeleit des frommen Christen. Der »gute Pfarrer« von Ars lieferte das Vorbild eines spirituellen, zeitentrückten Eklektizismus, der diverse Muster der Selbstheiligung in sich vereinigte, und die fromme Eugénie de Guérin las noch mit Andacht die Werke des hl. Augustinus, des hl. Franz von Sales, Bossuets und Fénelons. Die Missionare der Restaurationszeit, die mit wahrem Feuer-Eifer die Qualen der Hölle beschworen, ließen sich vom dramatischen Ton der Prediger früherer Zeiten inspirieren. Die Romantik, vom Todesgedanken fasziniert, erzitterte vor den furchtbaren Tiraden Tertullians oder des hl. Bernhard. Wie von selbst geriet die Meditation über die letzten Dinge in die auf einen melancholischen Ton gestimmten Dramatisierungen der Melancholie.

Trotz dieser Vorbehalte zugunsten einer gewissen Kontinuität kann man indes nicht leugnen, daß die Frömmigkeit des 19. Jahrhunderts etwas Neues war, auch wenn sie von der einzig auf das Ausmaß der Entchristlichung fixierten Religionssoziologie stiefmütterlich behandelt worden ist. Eine Untersuchung des Bittens um und Dankens für den Beistand des Himmels zeigt, daß man sich aus spezielleren und privateren Gründen als früher an Gott wandte. Zu den traditionellen Gebeten um Bewahrung vor Krankheit, um den glücklichen Ausgang einer Schiffsreise oder um Behütung eines Soldaten im Krieg gesellten sich jetzt Gebete für die Bekehrung oder das Seelenheil des Ehegatten oder Bruders, für geschäftlichen Erfolg oder Glück bei einer Prüfung. In diesem Punkt stimmen die Aussagen der Gefährten des Pfarrers von Ars mit den Befunden Bernard Cousins überein. Votivtafeln waren niemals so verbreitet wie im 19. Jahrhundert; in der Provence ging ihre Zahl erst zwischen 1870 und 1880 zurück. Die Votivtafel als materielles Zeichen der Dankbarkeit für göttlichen Beistand trug unverkennbar Züge des Kleinbürgertums, für welches sie die bevorzugte Ausdrucksform wurde. Dabei unterstrich die wachsende Bedeutung der Person des Stifters auf diesen Tafeln den entfalteten Individualismus, der uns in diesem Kapitel auf Schritt und Tritt begegnet ist.

Von der mehr und mehr familienorientierten Natur des Gebets zeugt auch die steigende Beliebtheit der Fürbitte für die Seelen im Fegefeuer; erst im 19. Jahrhundert wurde diese Form der Andacht wirklich popu-

Die meisten Kreuzwege, die man in Frankreich findet, stammen aus dem 19. Jahrhundert und zeugen von der tragischen Grundstimmung der Religiosität jener Zeit. Die weißen Kleider der Mädchen, die der Prozession folgen, veranschaulichen dagegen den seraphischen Charakter der von inbrünstiger Marienverehrung geprägten Frömmigkeit um die Mitte des Jahrhunderts.
Émile Charlet, *Ende der Prozession*. (Salon von 1913)

lär. Um die Leiden der Seele von abgeschiedenen Familienangehörigen zu lindern, deren flehentliches Bitten er zu hören glaubte, ließ der fromme Sohn Messen lesen, ging zur Kommunion, betete vermehrt und tat sein Bestes, Ablässe zu erlangen. 1884 gründete ein Landpfarrer, der Abbé Buguet, der sich selbst »Handlungsreisender für die Seelen im Fegefeuer« nannte, in La Chappelle-Montligeon das »Œuvre Expiatoire«*, dem außerordentlicher Erfolg beschieden war: 1893 zählte es bereits drei Millionen Mitglieder. Das rapide Wachstum dieses Unternehmens bezeugt das Bedürfnis der Menschen, die Verstorbenen in ihr Leben zu integrieren – ein Gefühl, das auch das wuchernde Interesse für den Spiritismus erklärt, das sich zu Beginn des Zweiten Kaiserreichs unter den Gebildeten verbreitete. Die Kodifizierung des Totenkults in der Familie verstärkte den Wunsch, mit den Toten in Kontakt zu treten. So ist es begreiflich, daß das Fegefeuer jetzt nicht mehr als Ort der Flammen und der läuternden Pein der armen Seelen angesehen wurde, sondern die ermutigenden Züge eines »Wartezimmers« annahm (Philippe Ariès).

Neue Ausdrucksformen der Spiritualität und neue »rites de passage« der Seele entstanden, während gleichzeitig Agnostizismus und Freidenkertum um sich griffen. Eine wachsende Zahl von Menschen mußte feststellen, daß sie ihren Glauben verloren hatten. Auch darüber vertiefte sich die Kluft zwischen den Geschlechtern. Der junge Mann

* Sühnewerk. *A.d.Ü.*

mußte sich im Alter von sechzehn bis fünfundzwanzig Jahren notgedrungen mit seinen Glaubenszweifeln auseinandersetzen, wenn er in die Sozialität der Erwachsenen eintrat. Als untilgbare Spur der revolutionären Vergangenheit behauptete sich im Hintergrund des Bewußtseins ein tragisches Bild, das den Schock der Glaubenskrise erhärtete: das Bild des abtrünnigen Priesters, der seinen Stand zum Gespött macht und beispielsweise in den erstaunlichen Romanen Barbey d'Aurevillys zu finden ist. Daneben rückte die Gestalt des Konvertiten in den Vordergrund. Eine neue Gruppe eifernder Christen suchte der Kirche neue Seelen zuzuführen und fand Befriedigung darin, in anderen Menschen jenes religiöse Erlebnis zu stiften, das ihrem Leben eine neue Richtung geben sollte. Es traten ganze Heerscharen berühmter reuiger Sünder auf, die vom Blitzstrahl des Glaubens getroffen worden waren, von Madame Swetchine (1815) bis zu Eve Lavallière, der »malvenfarbenen Kantharide« (1917), und von Huysmans bis zu Claudel, der sich am Fuß einer Säule von Notre-Dame auf die Knie warf; diese Menschen halfen den Zweifelnden und den Abgefallenen, Furcht und Schrecken zu überwinden.

## Die Verklärung des Schmerzes

Jenseits solcher Verallgemeinerungen läßt das 19. Jahrhundert sich auch in diesen Belangen in zwei deutlich voneinander unterschiedene Epochen gliedern. Die erste zeichnete sich durch barocke Sinnlichkeit aus, die ihren Höhepunkt während der Restauration erreichte und von der Verklärung des Schmerzes beseelt war. Ein Ausdruck davon waren die das Gebet begleitende Ikonographie und Literatur. Der Realismus, mit dem dabei die Leiden Christi dargestellt wurden, grenzte an das

Jules Breton, *Die Anlage eines Kreuzwegs.* (Musée de Lille)

Sadistische. Diese Periode begann 1815 mit dem Erscheinen von Grous *Intérieur de Jésus et Marie* und endete 1835 mit der Übersetzung der *Visionen* der Anna Katharina Emmerich. Die Todesangst Christi im Garten Gethsemane wurde auf grauenerregenden Seiten beschrieben. In diesen Werken, die den Anstoß zur Gründung der neo-lamartineschen Schule gaben, spritzte und quoll aus den Wunden Christi das Blut, bis es seinen ganzen Körper bedeckte. Üblich war es auch, das Herz Christi mit der Dornenkrone umgürtet darzustellen. Auf vielen Bildern legt Christus den Finger auf die klaffend offene Wunde in seinem Körper. Die Romantiker machten sogar aus dem Jesuskind eine Leidensgestalt, und es entstand die Ikonographie des von einer blutigen Krone umgebenen Allerheiligsten Herzens des Jesuskindes. Auch der Marienkult folgte dieser Faszination des Schmerzes; die Marienfrömmigkeit entzündete sich an den Sieben Schmerzen der Gottesmutter und an der Gestalt der »Mater dolorosa«. Noch 1846 trug die Jungfrau von La Salette die Insignien der Passion.

Die religiöse Praxis spiegelte diese tragischen Empfindungen wider, die von dem Glauben verstärkt wurden, daß das Blut Christi in der ganzen menschlichen Geschichte kreise. Es gab viele Frauen und sogar junge Mädchen – nicht nur in den Dritten Orden –, die berühmten kirchlichen Vorbildern nacheiferten und ein härenes Gewand, ein Büßerhemd, ja, einen Gürtel aus Metall trugen. Der Pfarrer von Ars geißelte seinen »Kadaver«, während Lacordaire sich von den Menschen treten und ins Gesicht speien ließ. Die Nachfolge Christi allein war nicht mehr genug. Neue Gebete kamen auf, die den freudigen Einzug in ein himmlisches Refugium zum Thema hatten; sie bekräftigten den Wunsch des Betenden, durch Betrachtung der Wunden des Herrn zum Herzen Jesu vorzudringen und dort zu wohnen. Derselben Seelenregung verdankte sich das Ritual des Kreuzwegs, das sich allerdings, wie Untersuchungen in den Diözesen Arras und Orléans gezeigt haben, erst in der zweiten Hälfte des 19. Jahrhunderts durchzusetzen begann. Yves-Marie Hilaire weist in diesem Zusammenhang darauf hin, daß zu keiner Zeit so viele Kalvarienberge angelegt worden sind wie im 19. Jahrhundert.[36]

Das Andachtsbild zeigt mit rückhaltlosem Realismus Schmerzen und Wunden eines romantisierten Heilands. Diese weitverbreiteten Gebetskarten mit dem Heiligsten Herzen Jesu stimmten empfindsame Seelen auf das Mysterium des Todes ein.

## Seraphische Frömmigkeit

Nach der brüderlichen Revolution vom Februar 1848 ließ die allgemeine Frömmigkeit nach. Schon zehn Jahre zuvor hatte der Arzt und Trappistenmönch Pierre Debreyne die blutrünstigen Auswüchse der Askese verurteilt, weil sie nicht nur die Hysterie, sondern auch die Tuberkulose förderten. Eine gefühlsbetonte Religion stieß Angst und Mystikfeindlichkeit vom Thron. Die ikonographischen Themen wurden ruhiger und sanfter. Neue Marienerscheinungen sowie die Weiterentwicklung der kirchlichen Dogmatik begünstigten eine seraphische Frömmigkeit; ein weiter Abstand lag zwischen der strahlenden weißen Frau von Lourdes und der *Mater dolorosa* von La Salette; das süße Bild der Unbefleckten Empfängnis von Sées fügte sich freundlich zu der

Auch solche Szenen sind von der Geschichtsforschung bisher zu wenig beachtet worden. Die häusliche Andacht war stark von den neuen Figuren des privaten Lebens geprägt. Das Beten und das Lernen der Gebete festigten die Bande zwischen Mutter und Kind, und die gemeinsame Liebe zum Jesuskind ermutigte zum Austausch von Gefühlen.

beruhigenden Gestalt des Schutzengels, die als Farbdruck ihren Siegeszug antrat. Sogar die Muttergottes vom Allerheiligsten Herzen in Issoudun hat die Aura des Tragischen eingebüßt.

Es entstand jene Familienszene, die zum Symbol der neuen, entspannten Frömmigkeit wurde: das gemeinsame Gebet von Mutter und Kind. In den pädagogischen Handreichungen wurde dieses »rührende Bild« immer wieder beschworen: Die Mutter nimmt das Kind auf den Schoß, legt seine Händchen ineinander und bringt ihm bei, die ersten Worte seines ersten Gebets zu stammeln. So verschmilzt in den Herzen der Kleinen das Bild von der Jungfrau Maria und dem »lieben Jesulein« mit dem Bild der Mutter. Über diese sanfte Katechetik, die in einer Erneuerung der privaten Frömmigkeit mündete, weiß die Geschichtsforschung noch wenig; sie führte 1910 zu der päpstlichen Enzyklika *Quam singulari*, die zum erstenmal die häusliche Kommunion gestattete.

Die Verehrung des »Allerheiligsten Sakraments« und die immer häufigere Kommunion trugen zur Milderung der Frömmigkeit bei. Die ewige Anbetung, die 1852 als Vorbild in der Diözese Orléans eingeführt und im folgenden Jahr von der Diözese Arras übernommen wurde, öffnete eine neue Quelle der individuellen Emotion: Die Gleichheit vor Gott, das einsame, wunderbare Zwiegespräch mit Ihm, ergriff auch die schlichtesten Gläubigen. In der Umgebung des »guten Pfarrers« von Ars erzählte man gerne von dem ungebildeten Bauern, der stundenlang in der kleinen Kirche verharrte, um das Bild des Heilands zu betrachten; als man ihn fragte, wie seine Meditation aussähe, gab er zur Antwort: »Ich sehe ihn an, und er sieht mich an.« Über diesem erhabenen »Nullpunkt« des Gebets dürfen wir allerdings nicht vergessen, welche Bedeutung für den Gläubigen das Beten des Rosenkranzes und das Meditieren über dessen Geheimnisse hatte. Die Praxis des Rosenkranzgebets wurde zwischen 1850 und 1880 immer beliebter und breitete sich durch das Wiederaufleben alter Bruderschaften bzw. die Gründung neuer selbst in den unteren Schichten aus.

Nach 1850 gingen immer mehr Menschen zur häuslichen Andacht über. Diese Dezentralisierung der Zuflucht zu Gott und die Vermehrung der himmlischen Mittler, von der die Fülle religiöser Statuen Zeugnis ablegt, erwies sich als geschickter Schachzug der Kirche in ihrem Kampf gegen die im Volk verankerte Verehrung wundertätiger Heiliger und magischer Brunnen, die, wie verschiedene Wissenschaftler nachgewiesen haben, in Charente ebenso im Schwange war wie im Limousin, im Loir-et-Cher wie in Morbihan. Dieselbe Strategie mag, jedenfalls teilweise, in vielen Diözesen und Kantonen der Wiederbelebung oder Stiftung frommer Wallfahrten zugrunde gelegen haben, und zwar noch bevor es nach der Niederlage im Deutsch-Französischen Krieg und der Pariser Commune zu den großen, von den Assumptionisten inszenierten landesweiten Glaubenskundgebungen kam.

Zu Beginn der 1860er Jahre zeichnete sich ein neues Bild von Religiosität ab: sie war jetzt ernst, moralisierend und vor allem berechnend. Der Diskurs der Frömmigkeit bediente sich fortan der Sprache des Kapitalismus; zu diesem Schluß gelangt jedenfalls Claude Savart in seiner bereits erwähnten Schrift. Die neue, utilitaristische Auffassung vom Gebet, die der Mode der Votivtafeln entsprach, bewirkte auch eine Veränderung der Askese. Während der bürgerliche Betschemel immer bequemer wurde, trat an die Stelle der blutigen Selbstgeißelung mehr und mehr die Aufrechnung der eigenen Verdienste und Versäumnisse. Die tägliche Disziplinierung der Triebe, die Selbstaufopferung in der Mühsal der Arbeit und die maßvolle Abstinenz in vielen Dingen begründeten einen ununterbrochenen Seelen-Kalkül und damit die Integration des Gebets in den Alltag des privaten Lebens.

## Die Puppe und der innere Monolog

Der innere Monolog bedarf stummer Gesprächspartner, welche die Seele in ihrer Schwingung erhalten. Drei von ihnen spielten im 19. Jahrhundert eine beträchtliche Rolle, und einer davon war die Puppe, deren komplexe Mittlerfunktion noch zu erforschen wäre.

Über die französische Puppe in der ersten Hälfte des 19. Jahrhunderts schreibt Robert Capia: »Sie sah nicht wie ein kleines Mädchen aus, sondern wie eine Frau en miniature, mit sehr gepflegter Kleidung, die immer mit der Mode ging.«[37] Die geschnürte Taille und die breiten Hüften genügten dem weiblichen Schönheitsideal der Zeit. Der Körper der Puppe bestand entweder aus Stoffresten oder aus mit Sägemehl gefülltem Lammfell. Kopf und Hals waren aus Papiermaché, die Zähne aus Stroh oder aus Metall. Das kleine Mädchen nahm seine Puppe mit,

Zu Beginn der Dritten Republik hatte die Puppe noch Ähnlichkeit mit einem kleinen Kind, und das Mädchen konnte sich mit ihr identifizieren und ihr sein Vertrauen schenken. Gegen Ende des Jahrhunderts hatte die Puppe hauptsächlich die Funktion, das Mädchen auf das Erlernen der Mutterrolle vorzubereiten.
(Paris, Bibliothèque des Arts décoratifs)

wenn es spazierenging. Die Vielfalt der Puppenmodelle, der Reichtum ihrer Aussteuer und die Größe des Puppenhauses spiegelten die gesellschaftliche Hierarchie der Puppenbesitzerinnen, und so stiftete die Puppe in dem kleinen Mädchen das Bewußtsein seiner sozialen Identität. Um so leichter konnte die Puppe in den Rang der vertrauten Busenfreundin aufsteigen. Bücher, in denen die Puppe sprechen konnte, sowie technische Fortschritte in der Puppenherstellung stärkten diese psychologische Funktion. Seit 1824 waren »sprechende« Puppen auf dem Markt, und ab 1826 gab es Puppen, die »gehen« konnten.

Um die Jahrhundertmitte (1855) gab es eine kleine Revolution: Mit der Verwendung von Guttapercha zur Puppenherstellung wurde die Puppe selbst zum kleinen Kind, das man unpassenderweise als »Baby« bezeichnete. Im Laufe der Jahre setzte sich dieses neue Puppenmodell durch. Das kleine Mädchen konnte sich durch diese Verjüngung leichter mit der Puppe identifizieren und wurde zum Nachdenken über die Mutter-Kind-Beziehung und zur imaginierten Vorwegnahme seiner eigenen, späteren Mutterrolle angeregt. Während des Zweiten Kaiserreichs existierte die »erwachsene« Puppe neben der »Baby«-Puppe, was zu einer reizvollen Ambiguität führte. Indem das Mädchen die Aussteuer seiner Puppe stickte, für sie einen Ball organisierte und sich seine Heirat ausmalte, nahm es in Gedanken sein eigenes Schicksal vorweg. Im übrigen pflegten diese Aktivitäten eine kindliche Sozialität, die es dem Mädchen erlaubte, sich auf seine Rolle als Frau und auf die Bräuche der Welt vorzubereiten.

Die ständige Verjüngung der Puppenmodelle hatte eine psychologische Verarmung des stummen Zwiegesprächs mit der Puppe zur Folge.

Henri-Laurent Desrousseaux, *Die Puppenstube.* (Salon von 1904)

Als 1879 die Puppe zum Füttern mit dem Nuckelfläschchen aufkam und das Puppenhaus zur Wiege schrumpfte, konnte die Puppe nicht länger Identifikationsobjekt oder vertraute Busenfreundin sein. Das neue Spielzeug war nur noch dazu geeignet, das Mädchen in seine künftige Rolle als Mutter einzuweisen. Dieser Wandel bekundete sich auch in der Kindersprache und war praktisch das Vorspiel der Haushaltsschule.

1909 war diese Entwicklung abgeschlossen. In diesem Jahr kam das »Charakterbaby« auf den Markt, das den Kopf eines neugeborenen Knaben aufwies. Das neue Puppenmodell wurde sogleich ein großer Erfolg und bereitete den Weg für die »Badepuppe« aus Zelluloid, die 1920 erschien. Inzwischen hatte bereits das Stofftier die Herzen der Kinder erobert; es reproduzierte und intensivierte jene Beziehung zwischen Mensch und Tier, die im Laufe des 19. Jahrhunderts inniger geworden war.

## Das Haustier

Auch in der Geschichte des Haustieres ist der folgenschwere Bruch zu beobachten, der sich um die Mitte des 19. Jahrhunderts abzeichnete. Bis dahin dominierten elitäre Einstellungen gegenüber dem Tier, die aus vorrevolutionärer Zeit überkommen waren. Schon der Hof Ludwigs XVI. hatte mit der christlichen Tradition der Gleichgültigkeit, ja, des Mißtrauens gegen das »seelenlose« Tier gebrochen, ebenso wie mit der cartesianischen Vorstellung vom Tier als einer belebten Maschine.

Die Zeiten waren vorbei, in denen ein Malebranche seine trächtige Katze in den Bauch treten konnte, um dann die Schmerzensschreie »animalischen Geistern« zuzuschreiben. Die Zuneigung, die Rousseau für seinen Hund empfand, machte Schule in den Salons; man sah im Tier nicht mehr eine lebende Puppe, sondern ein Individuum, das der Gefühlszuwendung würdig war.

Um die Wende zum 19. Jahrhundert war, Valentin Pelosse zufolge, die Tierliebe nicht nur geduldet, sondern ein fest installiertes Sozialverhalten, das indes in zwei Versionen vorkam.[38] Von besonderer Bedeutung war das Band zwischen der Frau und ihrem Hund. Das freundliche Anlächeln des Hundes, die liebevollen Blicke, die ihm galten, die »unschuldigen Liebkosungen« und »närrischen Spiele« verrieten die Neigung der Frau zu Zärtlichkeit und Mitleid, die ihr von der Medizin attestiert wurde. Diese Gesten des Mitgefühls waren zugleich Botschaften der Frau an den Mann. So kam dem Tier eine neuartige Funktion im häuslichen Bereich zu – es wurde zum Übungsobjekt einer Vorschule des Gefühls.

Die andere Version der Tierliebe war das emotionale Band, das alte Leute in ihrer Gebrechlichkeit mit ihrem vierbeinigen Tröster verknüpfte. Viele bedeutende Texte feiern die unerschütterliche Treue des Hundes, denken wir nur an die Predigt Lacordaires über den letzten Freund des alten Mannes, an den weißen Hund des Pfarrers in *Jocelyn* und, später, an die ruhelose Silhouette des Wolfes Homo in Victor Hugos *L'homme qui rit*.

Charles Trevor Garland, *Mädchen, seine Katze beschützend*. Gegen Ende des Jahrhunderts zeichnete sich eine Umkehrung der Abhängigkeitsverhältnisse im Privatbereich ab. (Paris, Bibliothèque des Arts décoratifs)

Die Daguerrotypie bannte auch den treuesten Freund des Menschen auf die Platte und konservierte ihn für die Nachwelt. Dafür mußte der Hund sich abrichten lassen. (Paris, Bibliothèque Nationale)

Vor dieser Folie häuslicher Tierliebe der Reichen hob sich um so schärfer das Gegenbild der in aller Öffentlichkeit praktizierten Gewalt und Grausamkeit der unteren Schichten gegen Tiere ab. Es kam hier zu einer bedauerlichen Gewöhnung an blutrünstige Spektakel, die durch eine notwendige soziale Prophylaxe eingedämmt werden mußte. Die Regierung der Julimonarchie begann, zumindest für den Raum Paris das öffentliche Schlachten von Tieren zu verbieten. 1850 stimmte die gesetzgebende Versammlung für die »Loi Grammont«, die das öffentliche Mißhandeln von Haustieren durch deren Halter unter Strafe stellte. Die Maßnahme blieb ohne besondere Wirkung, machte jedoch die Unüberwindlichkeit der Barrieren deutlich, welche die Menschen mittlerweile um ihre Privatsphäre errichtet hatten.

Die Zeit der Romantik lieferte zahlreiche Beispiele zärtlichen Verhaltens gegen das Haustier. Eugénie de Guérin hing sehr an ihren kleinen Hunden; sie spielte mit ihnen, kämmte sie und betete sogar für sie, und als einer von ihnen starb, vergoß sie bittere Tränen und bereitete ihm ein würdiges Begräbnis. Dieses Kapitel ihres Gefühlslebens nimmt in ihrem Tagebuch viel Platz ein. Eugénies Liebe galt auch den Vögeln, namentlich der Nachtigall, ja, sie schonte sogar die kleinen Mücken, die ihr beim Lesen über die Buchseite krochen. Schon wurde das Tier zum Trost in den Qualen der Einsamkeit. Als Stendhal 1841 unbekannt in Civitavecchia lebte und niemanden hatte, den er lieben konnte, liebkoste er seine beiden Hunde. Prosper Merimée lebte, als er alt geworden war, mit seiner Katze und seiner Schildkröte zusammen. Victor Hugo bewies große Anhänglichkeit an den treuen Hund, der ihn ins Exil begleitete. Noch mehr von dieser Tierliebe verraten die Aufzeichnungen Gambons. Die Augen einer Kuh, die Ausgelassenheit eines Pferdes, die Zartheit eines Schafes konnten den alten Achtundvierziger zu Tränen rühren. Im Gefängnis fütterte er, wie Silvio Pellico, eine Spinne und freute sich über die Gesellschaft einer Schnecke. In Doullens, in Mazas und in Belle-Ile zog er Grasmücken auf; sie wurden seine bevorzugten Freunde. Einer seiner Leidensgefährten, ein armer Bauer aus dem Limousin, brachte Gambon den Gesang des Stieglitz bei, und er versuchte, ihn in Notenschrift zu übertragen.

Eine solche Szene spricht für das vertraute Verhältnis der einfachen Leute zum Tier. Man darf sich dabei nicht von dem Gerede über die Brutalität der Kutscher oder die Skrupellosigkeit der Veranstalter von Hahnen- oder Hundekämpfen irremachen lassen. Um 1820 waren die Bauern von Aunay-sur-Odon erstaunt über die Grausamkeit, mit der Pierre Rivière Frösche und Vögel traktierte, und empört über die bestialische Art, wie er Pferde quälte. Aus dem Briefwechsel der Familie Odoard aus Mercurol wissen wir, daß es bei den Bauern der Drôme Sitte war, Tiere, die ihnen treue Dienste geleistet hatten, nicht zu schlachten. Bekannt ist auch die Begeisterung der nordfranzösischen Arbeiter für die Taubenzucht. 1839 erschien die *Histoire d'un cheval de troupe* von J. B. Rochas Séon, eine erbauliche Geschichte, in der es um einen jungen Landmann geht, der sich unerschrocken zur Kavallerie meldet, nachdem er der Armee sein Pferd hat verkaufen müssen. Er stirbt an Tuberkulose, und sein treues Pferd stirbt ihm nach.

Valérie Rottenbourg, *Mach Männchen!* (Salon von 1912) Die Dame mit dem Hündchen war eine Erscheinung, die im 19. Jahrhundert immer häufiger wurde. Die zärtlichen Empfindungen für das Haustier entsprachen dem Bild von weiblicher Sensibilität.

## Einübung einer Neurose

Nach 1860 nahm die Zärtlichkeit gegenüber Tieren in allen Schichten der Bevölkerung zu und intensivierte sich dabei noch; es kam zu einer veritablen kollektiven Neurose. Schon 1845 wurde in Paris die »Société Protectrice des Animaux« gegründet. Diese Gründung war Ausdruck einerseits der herrschenden Anglomanie, andererseits des Engagements der französischen Tierfreunde, zu deren Wortführer sich Dr. Pariset gemacht hatte. Während des Zweiten Kaiserreichs wurde die Hundehaltung in der Wohnung gesellschaftlich akzeptabel; namentlich der Pudel kam in Mode. Vielerorts gab es Hundeausstellungen. Die Hauptsorge der Hundebesitzer galt dem Stammbaum und der Pflege ihrer Vierbeiner, und deren Photo wanderte mit den Bildern der Kinder ins Photoalbum der Familie. Nach seinem Tod begrub man den Hund im Garten; öffentliche Tierfriedhöfe zeugten von einer neuen Spielart des Totenkults. Seit der Julimonarchie war auch die Vogelhaltung populär geworden; der Vogelkäfig im Zimmer des jungen Bürgermädchens oder in der Mansardenwohnung der Näherin kündete von weiblicher Empfindsamkeit und war ein Zeichen ihrer Tugend. 1856 schrieb Michelet ein Buch über Vögel, das diesen Zusammenhang bekräftigte.

Im letzten Viertel des Jahrhunderts gab es eine gewisse Veränderung im Status des Tieres. Der wachsende Einfluß der Freidenker mündete in einem Bruderbund zwischen Mensch und Tier. Die Rechte der Tiere zu garantieren und auf ihr Wohlergehen bedacht zu sein, hieß zumindest tendenziell, die Einsamkeit des Menschen zu durchbrechen. Das Thema wurde indes kaum einmal in ökologischen Begriffen erörtert; es ging vielmehr um das Gefühl für Humanität und um die gesellschaftliche Nützlichkeit des Tieres. Schon in der Volksschule wurde nun dem Tier vermehrte Aufmerksamkeit zuteil. Die Popularisierung der Evolutionstheorie, die Fortschritte der Veterinärmedizin und die Erfolge der Tierzucht förderten die neue Brüderlichkeit zwischen Mensch und Tier, leisteten aber auch der Anthropomorphisierung des Tieres Vorschub, die jetzt kuriose Blüten trieb. Es erschienen Bücher, die keinen anderen Sinn hatten, als diesem überhitzten Bedürfnis nach Kommunikation mit dem Tier Genüge zu tun, so beispielsweise die *Zoologie passionelle* von Alphonse Toussenel.

Freilich verursachten auch auf diesem Gebiet die Entdeckungen Pasteurs einen gewissen Wandel im Verhalten des Menschen gegenüber dem Tier. Eine Zeitlang herrschte Angst vor Ansteckung durch die Tiere. Das hatte zur Folge, daß die Hauskatze, die im Ruf der Sauberkeit stand, dem Hund in der Gunst des Publikums den Rang ablief. War die Katze bis dahin ausschließlich in der »high society« und bei Künstlern geschätzt gewesen, so genoß sie nun auch das Wohlwollen des einfachen Mannes. Die Siamkatze der kaiserlichen Familie, die Hausgenossin eines Gautier oder Baudelaire schmeichelte sich sogar bei den Hausmeistern ein – nicht nur deshalb, weil sie Ratten und Mäuse fing. Um die Wende zum 20. Jahrhundert kehrte sich das affektive Abhängigkeitsverhältnis zwischen Mensch und Tier um – das Tier machte sich den häuslichen Raum untertan.

## Das Klavier – Haschisch für die Frau

Es war kaum übertrieben, wenn Edmond de Goncourt vom Klavier als von dem »Haschisch für die Frau« sprach, denn als solches präsentierte sich das Instrument der künstlerischen Imagination. Danièle Pistone hat in der französischen Romanliteratur des 19. Jahrhunderts zweitausend Szenen entdeckt, in denen das Klavier vorkommt. In der Hälfte dieser Szenen spielt ein junges Mädchen eine Rolle, in einem weiteren Viertel eine verheiratete Frau. Zur großen Mode wurde das Klavier ab 1815; in seiner Bevorzugung spiegelte sich der Kodex bürgerlicher Prüderie: die Violine, die Harfe oder gar das Cello zu spielen, galt für Frauen zunehmend als »unanständig«. In der Julimonarchie entdeckte das Kleinbürgertum das Klavier; danach kam es zu einer Demokratisierung des Instruments. Ab 1870 geriet es in den Geruch der Vulgarität, sein Ansehen zerbrach.

Das auffälligste Ergebnis der Studie von Danièle Pistone ist, daß das Klavier eine soziale Funktion erfüllte. Das Kind, das ordentlich Klavier spielen konnte, stand in gutem Ruf und stellte öffentlich seine gute Erziehung unter Beweis. Die Virtuosität des jungen Mädchens auf dem Flügel war, neben anderen Elementen seiner »ästhetischen Mitgift«, ein wichtiges Moment in der elterlichen Verheiratungsstrategie. Dagegen war das Klavier nur selten ein Medium des liebevollen Austauschs oder des innigen Zwiegesprächs; diese Rolle fiel dem Lied zu, namentlich der Ballade. Trotz dieser Vorbehalte kann man in der Romanliteratur vier

Dejonghe, *Junge Frau am Klavier*, 1880. Das Mädchen, das Klavierspielen konnte, erhöhte seine Chancen auf dem Heiratsmarkt. Geschickte Finger schufen dem Spiel der Allerkleinsten wie den Tagträumen lieber Angehöriger den tönenden Hintergrund. Das verstummte Klavier der frisch vermählten Tochter bewies den Eltern, wie sehr ihr Kind ihnen fehlte.

Auguste Renoir, *Frau am Klavier*, 1875.
(Chicago Art Institute, Martin A. Ryerson Collection)

Schlüsselszenen unterscheiden, in denen sich das Klavier, vorzugsweise in stiller Abendstunde, als Vertrauter und Medium der einsamen Herzensergießung empfiehlt. Allerdings verloren sich diese Funktionen des Klaviers im Laufe der Jahrzehnte, bis am Ende des Jahrhunderts seine Reize in der Pose des stummen Möbelstücks erstarrten.

1. Das unwissende junge Mädchen vermochte dem Klavier die Signale von Herzensregungen zu entlocken, die auszusprechen ihm untersagt war. Eben aus diesem Grunde riet Balzac seiner Schwester Laure Surville, sich ein Klavier anzuschaffen. Das Instrument fungierte als Ventil der Schüchternheit.

2. In selteneren Fällen hallt im Klavierton die Sehnsucht unerfüllbarer Liebe wider, eine einsame Botschaft an den fernen Geliebten; oder er drückt den durch die Trennung verursachten Schmerz der Seele aus. Edmond About zufolge war es üblich, daß ein Mann der verlassenen Geliebten ein Klavier zum Geschenk machte.[39] Dieser Brauch entsprach dem literarischen Klischee der guten, aber nicht sonderlich hübschen Frau, die, verständnisvoll und sensibel, mit gebrochenem Herzen ihren Schmerz in berückenden Improvisationen verausgabt – jener Frau also, die, mit Jules Laforgue zu reden, »sich selber mit Chopin seziert«.

3. Am häufigsten ist die dritte der genannten literarischen Szenen: das Klavier als Organ einer unwiderstehlichen, rasenden Leidenschaft, wie bei der Herzogin von Langeais, die am Flügel den Aufruhr ihrer Sinne besänftigt. Bei solchen Anlässen ersetzt das Klavier den Ausritt zu Pferde oder das Wandern durch Gewitter und Sturm (man beachte übrigens die Nachbarschaft dieser drei semantischen Felder); Edmond de Goncourt assoziiert das Klavierspiel aus diesem Grund mit autoerotischen Praktiken – lange vor der Psychoanalyse.

4. Schließlich trug das Klavierspielen dazu bei, der Frau die unerfüllte Zeit zu vertreiben, in der ihr Gatte abwesend war. Nach Hippolyte Taine half ihr das Klavierspiel, sich mit der »Nichtigkeit der weiblichen Situation« abzufinden. Im übrigen beweisen alle diese konventionellen Szenen, die von der Bedeutung des Klaviers im privaten Leben zeugen, vor allem, daß die klavierspielende Frau die Phantasie des Mannes beschäftigte: mit wallendem Haar und verhangenem Blick, auf dem Gesicht den Schimmer des Kerzenlichts, scheint sie die erträumte Beute des begehrenden Mannes zu sein.

Bis zum Ersten Weltkrieg blieb der Kalender oder Almanach die wichtigste Lektüre des Bauern, auch wenn sein Inhalt sich neuen Verhältnissen anpassen mochte. Leicht zu transportieren, bildete er am Abend das Vergnügen des ganzen Dorfes. Im übrigen half er den Bauern, die größere Welt zu verstehen. (Paris, Bibliothèque Nationale)

## Einsame Muße, geheime Schätze

### Der Griff zum Buch

In der ersten Hälfte des 19. Jahrhunderts waren Bücher teuer. Zur Zeit der Restauration mußte ein Landarbeiter für den Kauf eines neuen Romans ein Drittel seines Monatslohns ausgeben. Aus diesem Grund waren Buchhändler bis weit in das Zweite Kaiserreich hinein dünn gesät, während Leihbüchereien die Regel waren. Die gewichtige Rolle der Lesekabinette im Paris der Restaurationsperiode ist dank den Untersuchungen Françoise Parent-Lardeurs inzwischen allgemein bekannt.[40]

Mary Shepard Greene, *Short Story*. (Salon von 1902) Der Titel des Bildes läßt vermuten, daß die Malerin nicht nur den üblichen Zeitvertreib junger Besucherinnen darstellen wollte. Bei genauerer Betrachtung zeigt sich, daß es sich bei dem Buch wohl nicht um etwas Erbauliches handelt, sondern um einen Roman – um zweideutige, aber dezente Lektüre, aus der das junge Mädchen in der Einsamkeit des stummen Lesens so viel lernt, daß es künftig kein »Gänschen« mehr ist.

Man konnte die Bücher entweder einzeln oder im Abonnement ausleihen; wer sich in sein Haus auf dem Lande zurückzog, konnte sogar zwanzig bis hundert Bände mitnehmen. Die Lesekabinette wurden von 40 000 Parisern frequentiert, von denen die meisten wohl dem neuen Bürgertum zuzurechnen waren, namentlich dem Kleinbürgertum, für welches das System der Leihbücherei wie geschaffen war. Aber neben Rentnern und Studenten traf man im Lesekabinett auch Leute an, die täglich Umgang mit den herrschenden Klassen hatten: Kammerzofen, Hausmeister, Ladenmädchen. Die Domestiken vom Boulevard Saint-Germain mußten Bücher ausleihen, um sie dann ihren Herrschaften vorzulesen. Im Quartier du Temple wurden die Leihbüchereien vornehmlich von Näherinnen, »Grisetten« und Handwerkern aufgesucht, Arbeiter verirrten sich nur selten dorthin. Auch in der Provinz gab es Lesekabinette, allerdings faßten sie dort langsamer Fuß als in der Hauptstadt. Die Kurzwarenhändlerinnen in den größeren Orten des Kantons Limousin entliehen, vor allem, wenn sie verwitwet waren, zur Zeit der Julimonarchie und des Zweiten Kaiserreichs ihre Romane aus billigen Sammlungen. Wer in entlegenen ländlichen Gegenden wohnte, mußte sich seine Bücher mit der Post bestellen. Ein Buch war etwas Kostbares; wer es unerwartet geschenkt bekam, freute sich sehr.

Die Landregionen waren das Betätigungsfeld jener meist aus den Pyrenäen stammenden Kolporteure, die vor allem während des Zweiten Kaiserreichs die Produktion großer Verlage vertrieben und die fliegenden Händler früherer Jahrzehnte verdrängten, die Bücher wie *Télémaque*, *Simon de Nantua*, *Genoveva von Brabant* oder *Robinson Crusoe* in zahllosen Exemplaren unter das Volk gebracht hatten.

Nach 1860 setzte sich ein effizienteres Verteilungssystem durch. Zwar dämmerten die öffentlichen Bibliotheken weiter vor sich hin; ihr Fundus an klassischen und wissenschaftlichen Werken, der teilweise

Jules Trayer, *Das Bilderbuch.* Das gemeinsame Betrachten eines Bilderbuches in der Geborgenheit der Wohnung festigte die geschwisterlichen Bande. Das Buch war für bürgerliche Kinder eine ruhige und erholsame Alternative zum lärmenden Spiel im Garten und trug dazu bei, das Bild vom wohlerzogenen Kind zu prägen.

von alten Klöstern ererbt war, interessierte nur eine kleine Schar von Fachleuten, für die die kurzen Öffnungszeiten eine zusätzliche Erschwernis waren. Das Schweigen, das in diesen hehren Hallen beachtet werden mußte, und die vom Leser erwartete »straffe Haltung« widersprachen zu sehr den gängigen Gewohnheiten, als daß diese Bibliotheken eine allgemeine Bedeutung hätten erlangen können. Doch dafür stand den Großstädtern jetzt ein dichtes Netz von Buchhandlungen zur Verfügung, zu denen noch die Bahnhofsbüchereien hinzukamen. Der Aufschwung einer billigen Massenpresse machte überdies die »fliegenden Blätter« aus der ersten Hälfte des 19. Jahrhunderts obsolet, nicht jedoch die Kalender, die für die Landbevölkerung weiterhin eine wichtige Funktion erfüllten.

## Veränderung der Lesegewohnheiten

Louis Tesson, *Meditation*. Aus der Literaturgeschichte ist seit langem die Bedeutung des Fensters für die Darstellung weiblicher Empfindungen im 19. Jahrhundert bekannt. Für die junge Frau, die zu Hause auf die Rückkehr ihres Mannes wartete, bot das Fenster einen privilegierten Ausblick in die Welt. Die Fülle des einfallenden Lichts erleichterte die Lektüre, und statt zu träumen, konnte die Frau das bunte Treiben draußen beobachten, dessen Lärm nur gedämpft durch die Scheibe drang.

Es entwickelten sich nun drei Kategorien von Büchereien. Die Pfarrbüchereien, die während der Julimonarchie noch in der kleinsten Stadt eingerichtet wurden, propagierten das »gute«, nämlich erbauliche Buch; die öffentlichen Leihbüchereien (Volksbüchereien) entstanden zur Zeit der Dritten Republik und waren auf leichte, aber gediegene Kost spezialisiert; die Schulbüchereien, die es seit 1865 gab, wurden vorwiegend von jungen Leuten frequentiert, die in der Schule Geschmack am Lesen gefunden hatten – so hatte die Schulbücherei dieselbe Funktion wie die Sammlung preiswerter Bücher im Schrank des Bauern. Für die lesehungrige Landbevölkerung reichten diese mageren Ressourcen jedoch nicht aus, um die Kluft zu überbrücken, die sich nach der Verdrängung des »fliegenden Händlers«, aber vor dem Erscheinen einer regionalen Massenpresse auftat.

Mit der veränderten Zugänglichkeit des Buches änderten sich die Lesegewohnheiten. Der Brauch des Vorlesens verschwand zwar nicht völlig aus der häuslichen Sphäre, ließ aber ebenso nach wie das Schreiben nach Diktat. Zwar pflegten beispielsweise die Bürger von Rouen sich noch in der Julimonarchie abends an den Kamin ihres Salons zu setzen und zu lesen, aber mehr und mehr bevorzugte man doch das Singen, Musizieren oder Malen. Das Lesen galt als altmodische Betätigung für Alte und Kranke. So wurde das Vorlesen zur Domäne der aufopferungsvollen Tochter oder der Gesellschafterin. Verloren ging auch die Gepflogenheit, den lese- und schreibunkundigen Bediensteten des Hauses aus erbaulichen Schriften vorzulesen, wie dies zum Beispiel die Burgherrin des Pfarrers von Ars mehrmals täglich tat.

Dafür blieb auf dem Lande das abendliche Vorlesen eine Übung, die sich bis zum Ersten Weltkrieg erhalten hat. Die vorgelesenen Texte mußten kurz sein; sie sollten der versammelten Familie Anregung und Gesprächsstoff liefern. Darin unterschied sich diese Art des Vorlesens von dem in den bürgerlichen Salons üblichen monotonen Vortragsstil, der eher ermüdend war. Gegen Ende des 19. Jahrhunderts gab es noch das Vorlesen in der Werkstatt, etwa bei den Porzellanarbeitern von Limoges – ein später Nachklang des Vorlesens während der Arbeit oder

Émile Adan, *Die Vorleserin*. Das Vorlesen, einst in den Salons gang und gäbe, kam um die Jahrhundertwende aus der Mode; danach war es nur noch der Zeitvertreib der alten, müde gewordenen Frau, die sich von ihrer Gesellschafterin vorlesen ließ. Diese aus dem Adel stammende Praxis erfreute sich im Bürgertum nur kurzer Beliebtheit. Die Gesellschafterin wurde bald durch andere, neue Formen des Zuhörens ersetzt und damit überflüssig.

bei Tisch, das in den mittelalterlichen Klöstern geübt worden war und heute noch in religiös orientierten Internaten gebräuchlich ist. Im großen und ganzen freilich trug das stille Lesen den Sieg davon.

Stilles Lesen bedeutete nicht einsames Lesen; man war stets in Gesellschaft, wenn man in der Bibliothek, im Club, im Café oder im Salon des Lesekabinetts las. Allerdings gebot dieses stille Lesen eine gewisse Selbstversenkung, ein Abstrahieren von der Umwelt, mit einem Wort: ein komplexes privates Verhalten, das den Unterschichten lange Zeit als unerreichbar schien. Dagegen bedeutete das einsame Lesen für manche Menschen, sich bewußt einer Gruppe von Lesern zuzugesellen und sich mit imaginären Gesprächspartnern zu unterhalten. Der Wähler, der während der Julimonarchie im Salon seine Zeitung las, nahm am öffentlichen Leben teil, und sein Tun wurde genau in diesem Sinne verstanden. Wer zur Zeit Lucien Leuwens in Nancy die *Quotidienne* abonnierte, bekannte sich öffentlich zu dem kleinen Kreis der Legitimisten. Im Bürgertum von Rouen wurde viel gelesen, obwohl Flaubert das bestreitet. Das Gespräch der »Leute von Welt« drehte sich um die Ereignisse des Tages, und deren Kenntnis setzte die stumme Lektüre voraus – im Salon, im Schlafzimmer, auf der Gartenbank oder in der Natur.

Dieser Zeitvertreib der Elite erreichte mit den Fortschritten der Alphabetisierung breitere Schichten der Bevölkerung. Parent-Duchâtele entdeckte zu seiner Verblüffung, daß manche Prostituierte ihre freie Zeit mit der Lektüre von Liebesromanen verbrachte. Wir haben weiter oben gesehen, welche Faszination die nächtliche Lektüre auf eine kleine

Elite von Arbeitern ausübte, nachdem die Revolution von 1830 vorbei war. Schon 1826 und 1827 zehrte Agricol Perdiguier bei seiner Rundreise durch Frankreich von disparater, zufälliger Lektüre; er las nicht nur die von Kolporteuren vertriebenen Romane und hegte eine Vorliebe für die Lieder der Handwerksburschen, sondern entdeckte auch seine Leidenschaft für die fadesten Autoren des 18. Jahrhunderts, von denen damals gerade Gesamtausgaben erschienen.

Die Lesegewohnheiten waren vom Alter und vom Geschlecht abhängig. Mehr als je zuvor versuchte man, die Lektüre der Kinder auf einst populäre Märchen und Legenden zu beschränken. Zu den vielen Neuauflagen Perraults oder der Madame d'Aulnoy gesellten sich zahllose Werke von Autoren wie der Comtesse de Ségur oder Jean Macé, die an die eigentümliche Vorstellungswelt des Kindes appellierten. Neu war der beachtliche Aufschwung einer Literatur, die eigens für das bürgerliche Kind bestimmt war und dessen soziale Besserstellung mit seiner moralischen Überlegenheit zu begründen trachtete. Eine Heerschar wohlmeinender Damen, an ihrer Spitze Madame Necker de Saussure und Madame Guizot, folgte dem Vorbild, das Madame de Genlis gegeben hatte. Mit der Schulmedizin teilten alle diese Autorinnen die Ansicht, daß vor allem der Lesestoff des jungen Mädchens strengster häuslicher Überwachung bedurfte, und alle verurteilten die verderblichen Einflüsse des Romans, dessen verbotene Lektüre für viele junge Mädchen zum lustvollen Spiel mit dem Feuer wurde.

Mehr Freiheit wurde der verheirateten Frau zugestanden, von der denn auch bei den wohlmeinenden Damen nicht viel die Rede war. Viele Jungvermählte erweiterten den Horizont ihrer Lektüre auf der Hochzeitsreise. Zur Zeit Paul Bourgets wandte sich eine Literatur, die sich in der partiellen Entschleierung der »Mysterien des Geschlechtlichen« gefiel, eigens an diese Frauen, die in ihrer relativen Unerfahrenheit noch Elemente der angstbetonten Neugier der Jungfrau bewahrten. Von den Männern wiederum wurden diese Schriften in die hintere Reihe der Bücherregale verbannt, so daß wir über ihre tatsächliche Verbreitung nichts wissen. Der verbissene Kampf gegen das »obszöne« Buch, den Senator Béranger und die Sittlichkeitsvereine um die Jahrhundertwende führten, läßt einen beträchtlichen Erfolg dieser Literatur vermuten, der durch neue, »höchst private« Vertriebswege begünstigt wurde.

Selbstverständlich hing die Art der Lektüre von der sozialen Herkunft des Lesers ab. Nur eine Bemerkung in diesem Zusammenhang: Vor Einführung der Schulbüchereien war der wißbegierige junge Bauernsohn ganz und gar auf Zufallslektüre angewiesen, deren Bedeutung er überschätzte und die mitunter einen verblüffenden Einfluß auf ihn hatte. Pierre Rivières Verarbeitung seiner Leseeindrücke im Jahre 1820 unterschied sich kaum von derjenigen des friaulischen Müllers aus dem 17. Jahrhundert, die Carlo Ginzburg erschlossen hat – beide wurden das bedauernswerte Opfer ihrer planlosen Lektüre. Noch lange haftete den Lesegewohnheiten des Autodidakten der Makel jener zügellosen Lesewut an, über die Sartre in *Der Ekel* seinen Spott ergießt. Ein halbes Jahrhundert nach Perdiguier ist es der Bergarbeiter Jules Mousseron aus

*Verbotene Früchte*, nach einem Bild von Auguste Toulmouche (Salon von 1865). Toulmouche läßt erkennen, daß die jungen Mädchen zur Zeit des Zweiten Kaiserreichs sehr wohl mit Wonne die Bücher »in der hinteren Reihe« entdeckten, mochte den Forschungen Claude Savarts zufolge die Erbauungsliteratur auch noch so verbreitet sein. Zu fragen bleibt, ob die heimliche Unruhe der Mädchen und ihre zur Schau gestellte Schamhaftigkeit nicht einem männlichen Phantasiebild des Malers entsprangen. (Paris, Bibliothèque des Arts décoratifs)

Valenciennes, der sich, nachdem er aus dem Untergrund aufgetaucht ist, sich auf jedes Buch stürzt, das ihm in die Hand fällt. Die Arbeiterinnen der Belle Époque hatten weniger Mut und bekamen Gewissensbisse, wenn sie Zeit für das Lesen abzweigten, anstatt etwas »Nützliches« zu tun. Sie prahlten nicht mit ihrer Lektüre und wagten nicht, ihre individuellen Vorlieben preiszugeben. Dabei verschlangen sie nicht minder begierig die populären Romane, die darauf angelegt waren, in Portionen genossen und auf der Fahrt im Omnibus oder während der Arbeit in der Werkstatt besprochen zu werden.

## Themen der Lektüre

Was lasen nun die Menschen besonders gern, wenn sie alt genug waren, um ihre Lektüre selbst bestimmen zu können? Bei der Beantwortung dieser Frage darf man sich nicht von den Werturteilen und Gattungsvorlieben der Literaturgeschichte beirren lassen. So hat Claude Savart darauf hingewiesen, wie verbreitet 1861 Schriften erbaulichen Inhalts waren, und aus der Untersuchung von Nachlaßverzeichnissen kennen wir die Bedeutung von Fachliteratur jeder Art. Die Stadtväter von Poitiers hatten in ihren Bibliotheken juristische Werke stehen, die Ärzte auf dem Land sammelten medizinische Bücher. Im übrigen konzentrierte man sich auf die Klassiker; Adeline Daumard unterstreicht in diesem Zusammenhang die Verachtung des Pariser Bürgertums für die zeitgenössische Literatur.[41] Eugène Boileau, seit 1872 zurückgezogen auf seinem »château« in Vigné lebend, verfaßte dort Kommentare zu Seneca und Benjamin Franklin, zwei Autoren, denen er die Regeln seiner Lebensgestaltung verdankte. Andererseits gibt es Indizien dafür, daß im 19. Jahrhundert die Lektüre von Gedichten hochbeliebt war. Poetischen Texten begegnete man in allen Schichten der Gesellschaft auf Schritt und Tritt, man denke an die Übung des Meßknaben am Chorpult, das Anhören liturgischer Texte in der Kirche, die Vorliebe des gebildeten, zumeist zweisprachigen Publikums für die lateinischen Dichter, die poetischen Improvisationen nach Tisch, die Karriere poetischer Gesellschaften, vor allem aber an die allgemeine Neigung zum Gesang und zu den Arbeiterdichtern. Nur zwei Beispiele von vielen seien herausgegriffen: In der Belle Époque gab es in Valenciennes praktisch keine Bergarbeiterfamilie, in der die Tochter des Hauses nicht ein Notenheft mit Liedern führte; dasselbe berichtet Marie-Dominique Amaouche-Antoine von den Hutmachern im Aude-Tal.[42]

Im übrigen haben schon die Zeitgenossen den Vormarsch des Romans auf Kosten der klassischen Autoren und historischen Werke beobachtet. Seit der Julimonarchie verrät sich dies in der außerordentlichen Resonanz des Fortsetzungsromans. Niedrige Papierpreise beflügelten die enorme Verbreitung dieses Genres, das von dem Verleger Charpentier erfunden worden war. Gleichzeitig förderten die in der Schule vermittelten naturwissenschaftlichen Erkenntnisse und patriotischen Werte den Erfolg von Autoren wie Jules Verne und Erckmann-Chatrian. In den Weilern der Creuse entstanden gegen Ende des Jahrhunderts bescheidene Büchereien, in denen neben den genannten drei Autoren auch Victor und Paul Margueritte repräsentiert waren.

## Das häusliche Interieur als Museum

Die zunehmende Attraktion des »Kabinetts«, des eigenen Arbeitszimmers mit seinen einsamen Freuden, war mit dem Aufschwung des stummen Lesens verbunden. Im 19. Jahrhundert blieb das Sammeln im wesentlichen eine Domäne des Mannes; er bestimmte, was und wie gesammelt werden sollte. Die Frau verstand sich nur darauf, »tausend Nichtigkeiten« zusammenzutragen. 1892 und 1895 gab es Ausstellungen von Sammlungen, die Frauen angelegt hatten – das Echo der Kritiker war ironisch; man wollte diesen lächerlichen Produkten der Untätigkeit keinerlei Wert beimessen. Das einzige Zugeständnis an die Zärtlichkeit oder Frömmigkeit der Frau waren ein paar rührende Familienandenken, die sie als Freundin oder Mutter in einer Schublade ihres Sekretärs aufbewahren durfte.

Auch das Sammeln hatte seine Geschichte, und so bildete sich in der ersten Hälfte des 19. Jahrhunderts eine neuartige Praxis heraus. Gegenstände, die einst die Arbeitszimmer des Adels geschmückt hatten, waren in den Wirren der Revolution in alle Winde verstreut worden und zum Teil in einem erbärmlichen Zustand. Vieles tauchte als Trödel in den einschlägigen Läden wieder auf; Victor Hugo zeichnet hiervon ein bewegendes Bild in seinem Roman *Quatre-Vingt-Treize*. Zu einer Zeit, da die großen öffentlichen Sammlungen entstanden, beendete der Umbau der Hierarchien den sozialen Supremat der alten Eliten und stellte das mit ihm verbundene Zeichensystem in Frage. Ein neuer Typus des Sammlers trat jetzt auf den Plan. In dem Vierteljahrhundert zwischen 1815 und 1840 blieb die Konjunktur für die Käufer günstig, und es gelang – nach dem Vorbild des Vetters Pons bei Balzac – auch Antiquitätenhändlern ohne großes Vermögen, in kürzester Zeit erstaunliche Sammlungen aufzubauen. Um 1840/1845 wurde es plötzlich Mode, Kunst zu sammeln, und die bürgerlichen Käufer stürmten die Antiquitätenläden. Es entwickelte sich ein regelrechter Kodex des Antiquitätenkaufs – die Aneignung einschlägiger Kenntnisse, der Besuch beim Händler und die geduldige Suche nach einer »Okkasion« wurden zum Ritual. Die Julimonarchie war das Goldene Zeitalter des »archäologischen« Kabinetts, des privaten Museums, das von den Wertmaßstäben des Kunstmarkts keine Notiz nahm. Die Sammler bevorzugten antike Objekte; sie hatten den Ehrgeiz, »ein Stück Geschichte zu bewahren«, und dachten noch nicht an Wiederverkauf. Nach dem Tode des Sammlers wurden seine Schätze versteigert; die Sammlung löste sich auf. Auch die Provinz kannte diese Mode; rund ein Dutzend Sammler lebten beispielsweise in Toulouse.

Nach 1850 stabilisierten sich die Preise von Kunstgegenständen, und der Antiquitätenmarkt nahm feste Konturen an. Daß Pons' Schätze schließlich dem ungebildeten Popinot in die Hände fallen, verweist auf

Arthur Henry Roberts, *M. Sauvageot in seinem Arbeitszimmer*. Der Sammler wirkt wie ein Gefangener inmitten seiner scheinbar disparaten Schätze, die den gesamten verfügbaren Platz einnehmen, und unterstreicht damit die Geschlossenheit des Raumes. Im Inneren eines solchen Zimmers erfreute man sich seines Besitzes um so mehr, als man vor jeder Störung sicher sein konnte. (Paris, Louvre)

die intensivierte Vermarktung von Kunst, womit eine veränderte Einstellung der Käufer einherging. Den Ton gaben jetzt die extrem reichen Sammler an. Nicht zufällig waren alle großen Unternehmer von dem Wunsch beseelt, kostbare Sammlungen anzulegen; bei manchen von ihnen ist dieser Wunsch nachweislich zur verzehrenden Leidenschaft geworden. Finanzmagnaten, namentlich die Brüder Pereire in ihrem »hôtel« im Faubourg Saint-Honoré und die Rothschilds in Ferrières, erfaßte eine Sammelwut. Dasselbe gilt für viele Industrielle. Eugène Schneider sammelte Gemälde und Zeichnungen der alten Holländer; damit niemand außer ihm seine Schätze zu Gesicht bekam, schloß er sie in einem Kabinett ein, dessen Schlüssel er stets bei sich trug. Auch die Besitzer der großen Warenhäuser – überwiegend Parvenüs – ließen sich von der neuen Torheit anstecken: Boucicot hortete Schmuck, Ernest Cognacq und Louise Jay – die Gründer der Samaritaine – Kunstgegenstände des 18. Jahrhunderts.

Alle diese Sammler waren zugleich Mäzene und nahmen Einfluß auf Kunsttendenzen. Impressionismus und Art Nouveau hatten diesen ambitionierten Bürgern viel zu danken. Nach 1870 wehrten sich die Sammler dagegen, daß die von ihnen akkumulierten Kunstgegenstände nach ihrem Tode in alle Winde zerstreut wurden, und fanden Mittel und Wege, posthum berühmt zu bleiben – um im Gedächtnis der Nation fortzuleben, vermachten sie ihre Sammlung einem staatlichen Museum, wo ein Saal fortan ihren Namen trug.

## Die einsamen Freuden des »Kabinetts«

Die Leidenschaft des Sammlers scheint also einer doppelten Quelle entsprungen zu sein. Für denjenigen, der den Ehrgeiz hatte, eine neue Dynastie zu gründen, entsprach die Akkumulation symbolischer Werte dem Wunsch, seine Position zu legitimieren. Die Kunstsammlung vermittelte kulturelles Prestige; wenn sie mit Mäzenatentum verbunden war, gab sie dem Sammler die Möglichkeit, den Kunstgeschmack und die künstlerische Produktion zu beeinflussen. So kam es zu einer Vermengung aristokratischer und bürgerlicher Intentionen, die selbst einen Gelehrten wie Arno Mayer dazu verleitet hat, für Frankreich im bürgerlichen Eklektizismus das Fortwirken des Ancien Régime zu vermuten.[43]

Die Leidenschaft des Sammlers enthüllt allerdings eine geheime seelische Struktur und gestattet einen Einblick in die Geschichte des privaten Lebens. Der Aufbau des privaten Museums entsprang den unterschiedlichsten Wünschen. Die Sammlung konnte schlicht die Anhäufung einzelner Erinnerungsstücke sein. Die versteckte Truhe, in der Nerval die Haarlocken und Briefe Jenny Colons aufbewahrte, oder die Sammlung von sinnlichen und duftenden Dingen, die Flaubert in Croisset an die herrlichen Nächte mit Louise Colet erinnerten, erlaubte ein stilles Vergnügen, das wehmütig und ängstlich zugleich war. Ausschlaggebend für diese Praxis mochte – vorzugsweise bei Männern über vierzig – das Bestreben sein, die eigene Libido gleichsam unter Verschluß zu halten.

Der Besitz der Rothschilds in Ferrières zu Beginn der Dritten Republik. Er gibt Anlaß, über das Legitimationsbedürfnis der neuen Dynastien, über ihren Wunsch nach feierlicher Verewigung der individuellen Lebensspur und über die Neigung des Bürgertums zu gepflegtem Müßiggang nachzudenken. (Paris, Bibliothèque Nationale)

Die Sammlung war Besitz im Reinzustand, ohne funktionelle Legitimation, und befriedigte damit die individuelle Leidenschaft für das Privateigentum; doch konnte sie auch leidenschaftliche Flucht sein – Zuflucht zur Kunst als dem narzißtischen Äquivalent des Ich. Snobismus und ästhetisches Vergnügen waren oft nur das Alibi für das Sammeln von Kunst; dahinter rumorte der Wunsch nach Kompensation für ein – reales oder vermeintliches – Scheitern. Als der kleine Stadtrat Henri Odoard seine berufliche Karriere durch die kaiserliche Verwaltung ruiniert sah, zog er sich nach Chantemerle zurück, wo er andächtig das Familienarchiv ordnete und Muscheln und Münzen zusammentrug. Der Rückzug in den häuslichen Kosmos bekräftigte das Scheitern der Beziehung zur Außenwelt – ein Scheitern, von dem auch das Helldunkel des bürgerlichen Interieurs der achtziger Jahre, die gepolsterten Möbel und die schweren Vorhänge künden. Muß man in diesem Rückzug das Zeichen einer unbewußten Angst vor den proletarischen Massen sehen, den Ausdruck von Gewissensbissen über die Geldverschwendung, von der die angehäuften Kunstgegenstände zeugten? Die Neurose der Des Esseintes in Huysmans' *A Rebours* legt diesen Gedanken jedenfalls nahe.

Zweifellos war aber das private Sammeln demselben Regressionsprozeß unterworfen wie das Tagebuchschreiben. Beide Arten des Zeitvertreibs sollten die Vergänglichkeit bannen; sie waren einsames Vergnügen und gleichzeitig eine Form der Selbstdestruktion. Doch wie dem auch sei, mit Sicherheit war die Omnipräsenz der Kunstsammlung einer der auffälligsten Aspekte der Geschichte der herrschenden Klassen des 19. Jahrhunderts; ihn zu ignorieren hieße, die Motive der wichtigsten Wirtschaftsführer jener Epoche zu verkennen.

## Soziale Verbreitung des Sammelns

Das Wesentliche blieb indes die »Demokratisierung« des Sammelns, das lange Zeit das Vorrecht der Elite gewesen war. Während das Briefmarkensammeln bereits in höchster Blüte stand, begannen zahllose

Menschen zwischen 1890 und 1914, Ansichtskarten, Muscheln, Münzen, später auch Puppen zu sammeln. Den Vorsatz, ein Familienarchiv anzulegen und Erinnerungsstücke zusammenzutragen, faßte bald auch das Kleinbürgertum, vor allem in der Provinz, ja, er sickerte, wie Chantal Martinet gezeigt hat, schließlich bis in die Unterschichten durch.[44] Bald nachdem der erwähnte Henri Odoard damit begonnen hatte, andächtig die Familienkorrespondenz zu ordnen, ging man allenthalben dazu über, Photographien, Wachstafeln, Brautkleider, Blumensträuße und Brautkränze zu sammeln. Diese »selbstgemachten« Schätze fügte man mit Akten und militärischen Dokumenten zu einem Ensemble spröder Erinnerungsstücke zusammen, das nach dem Tod wertlos wurde. War es Nachahmungstrieb, die Demokratisierung einer ursprünglich elitären Beschäftigung? Das gewiß. Aber es war auch das nun in allen Schichten verbreitete Gefühl, daß die Werte der Vergangenheit bedroht seien und daß man den Bruch zwischen den Generationen nicht tatenlos akzeptieren dürfe. Die Unfähigkeit, die Weitergabe dieses Erbes zu sichern, erzeugte ein neuartiges Schuldgefühl und bewog die Menschen, alles zu sammeln, was die Spur ihres Daseins bewahren konnte. Wir begegnen hier demselben Impetus wieder, der zur Personalisierung der Grabinschrift führte. »Joseph Brunet ist ein Mensch, glaubt mir, ich sage es euch!« schrieb 1864 ein unbekannter Grundbesitzer auf das Vorsatzblatt eines seiner Bücher.

Es gab noch andere Phänomene, die mit diesem Nachahmungsprozeß zusammenhingen. Während um 1880 das bürgerliche Interieur nahezu überquoll, kauften die Unterschichten mit wahrer Begeisterung Reproduktionen bedeutender Gemälde, und es setzte ein schwunghafter Handel mit gefälschten Antiquitäten ein, die manche Leute sogar

gezielt sammelten. Das Schlafzimmer im »Louis-Quinze«-Stil, das Eßzimmer im »Henri-Deux«-Stil verlieh der Beziehung der Menschen zu ihren Möbeln und zum Interieur eine neue Qualität; das ganze Ritual des privaten Lebens wurde hiervon berührt.

Die Geborgenheit des Einzelnen in seiner Kunstsammlung, das Pierre Louÿs während seines Aufenthalts in dem Dörfchen Boulainvilliers empfunden hat, bezeichnet den Endpunkt des Rückzugs auf sich selbst, der den Triumph des Gefühls für die eigene Person besiegelt. An diesem Verhalten mag man ermessen, wie bedrückend der Wunsch nach Kommunikation werden konnte. Die Untersuchung der einsamen Freuden und des einsamen Müßiggangs bedingt die Erforschung der Suche nach der intimen Beziehung, welche Austausch eines Ichs mit einem anderen und gleichzeitig das körperlich-seelisch-geistige Band ist, welches das Selbst mit dem anderen verknüpft.

## Anmerkungen

1 Véronique Nahoum, »La Belle Femme ou le stade du miroir en histoire«, in: *Communications* 31 (1979).
2 Siehe Gisèle Freund, *Photographie et société*, Paris 1974.
3 Siehe Susan Sontag, *On Photography*, New York 1977, dtsch. *Über Fotografie*, München 1989.
4 Siehe Philippe Ariès, *L'Homme devant la mort*, Paris 1977.
5 Philippe Boutry, *Les Vénérés pasteurs du diocèse du Belley, Cheminement des mentalités et des opinions religieuses dans les paroisses du diocèse de l'Ain de 1815 à 1880*, unveröffentlichte Dissertation, Universität Paris I, 1983.
6 Siehe Pierre Roussel, *Système physique et moral de la femme*, Paris 1775.
7 Jean Starobinski, »Brève histoire de la conscience du corps«, in: *Revue française de psychanalyse* 2 (1981), S. 272.
8 Siehe Theodore Zeldin, *Ambition, Love and Politics*, Oxford 1973.
9 Olivier Faure, *Genèse de l'hôpital moderne: Les Hospices civils de Lyon de 1802 à 1845*, London und Paris 1982.
10 Siehe Guy Thuillier, *Pour une histoire du quotidien en Nivernais au XIX^e^ siècle*, Paris 1977.
11 Philippe Perrot, *Le Travail des apparences ou les transformations du corps féminin (XVIII^e^–XIX^e^ siècle)*, Paris 1984.
12 Yvonne Verdier, *Façons de dire, façons de faire. La laveuse, la couturière, la cuisinière*, Paris 1979.
13 Richard Sennett, *The Fall of Public Man*, New York 1977, dtsch. *Verfall und Ende des öffentlichen Lebens. Die Tyrannei der Intimität*, Frankfurt a. Main 1983.
14 Siehe Odile Arnold, *Le Corps et l'âme. La vie des religieuses au XIX^e^ siècle*, Paris 1984.
15 Siehe Jean Delumeau, *La Péché et la peur*, Paris 1983.
16 Suzanne Voilquin, *Souvenirs d'une fille du peuple*, Paris 1978.
17 Marie-José Garniche-Merritt, *Vivre à Bué-en-Sancerrois*, unveröffentlichte Dissertation, Université Paris VII, 1982.

18 Martine Segalen und Josselyne Chamarat, »La Rosière et la *Miss:* Les Reines des fêtes populaires«, in: *L'Histoire* 53 (Februar 1983), S. 44–56.
19 Michel Foucault, *Sexualität und Wahrheit*, Band 1, Frankfurt a. Main 1983.
20 Theodore Zeldin, *Intellect, Taste and Anxiety*, Oxford 1977.
21 Claude Langlois, *Le Diocèse de Vanne au XIX$^{e}$ siècle (1800–1830)*, Paris 1974; Gérard Cholvy, *Religion et société. Le diocèse de Montpellier au XIX$^{e}$ siècle*, unveröffentlichte Dissertation, Universität Paris IV, 1972.
22 Maine de Biran, *Journal*, 3 Bde., Paris 1955.
23 Béatrice Didier, *Le Journal intime*, Paris 1976.
24 Pierre Georgel, *Léopoldine Hugo, une jeune fille romantique*, Paris 1967 (Katalog des Victor-Hugo-Museums).
25 Agnès Fine, »A propos du trousseau: Une culture féminine«, in Michelle Perrot (Hrsg.), in: *Une Histoire des femmes est-elle possible?* Marseille 1984, dtsch. *Geschlecht und Geschichte. Ist eine weibliche Geschichtsschreibung möglich?* Frankfurt am Main 1989.
26 Christophe Charle, *Les Hauts fonctionnaires en France au XIX$^{e}$ siècle*, Paris 1980.
27 Siehe Jacques Rancière, *La Nuit des prolétaires. Archives du rêve ouvrier*, Paris 1981.
28 Gregor Dallas, *The Imperfect Peasant Economy. The Loire Country, 1800–1914*, Cambridge 1982.
29 Siehe Ronald Hubscher, *L'agriculture et la société rurale dans le Pas-de-Calais du milieu du XIX$^{e}$ siècle à 1914*, 2 Bde., Arras 1979.
30 Françoise Mayeur, *L'Enseignement secondaire des jeunes filles sous la Troisième République*, Paris 1977 (Fondation Nationale des Sciences Politiques).
31 Jean-Pierre Chaline, *Les Bourgeois de Rouen. Une élite urbaine du XIX$^{e}$ siècle*, Paris 1982 (Fondation Nationale des Sciences Politiques).
32 Jean Bousquet, *Les Thèmes du rêve dans la littérature romantique*, Paris 1964, S. 52.
33 George Steiner, »Les Rêves participent-ils de l'histoire? Deux questions adressées à Freud«, in: *Le Débat* Nr. 25 (Mai 1983).
34 Alfred Maury, *Le Sommeil et les rêves*, Paris 1861, S. 62.
35 Siehe Claude Savart, *Le Livre catholique témoin de la conscience religieuse en France au XIX$^{e}$ siècle*, unveröffentlichte Dissertation, Universität Paris-Sorbonne 1981. Diese quantitative Erhebung über die Verbreitung religiöser Literatur ist geeignet, den Historiker zur Vorsicht zu mahnen.
36 Siehe Yves-Marie Hilaire, *Une Chrétienté au XIX$^{e}$ siècle. La vie religieuse des populations du diocèse d'Arras, 1840–1914*, Lille 1977.
37 Robert Capia, »L'Age d'or de la poupée au XIX$^{e}$ siècle«, in: *Histoire de la poupée*, Ausstellungskatalog Courbevoie 1973.
38 Siehe Valentin Pelosse, »Imaginaire social et protection de l'animal. Des amis des bêtes de l'an X législateur de 1850«, in: *L'Homme* Nr. 21 (Oktober–Dezember 1981) und Nr. 22 (Januar–März 1982).
39 Zitiert bei Danièle Piston, *Le Piano dans la littérature française des origines jusque vers 1900*, Paris 1975.
40 Siehe Françoise Parent-Lardeur, *Lire à Paris au temps de Balzac. Les cabinets de lecture à Paris, 1815–1830*, Paris 1981.
41 Siehe Adeline Daumard, *La Bourgeoisie parisienne de 1815 à 1848*, Paris 1963.
42 Siehe Marie-Dominique Amaouche-Antoine, »Espéranza, 1870–1940: une ville ouvrière chante«, in: *Ethnologie française* 1986.
43 Arno J. Mayer, *The Persistence of the Old Regime: Europe to the Great War*, New York 1982.
44 Siehe Chantal Martinet, »Objets de famille, objets de musée, ethnologie ou muséologie«, in: *Ethnologie française* Nr. 1 (1980).

Charles Cres, *Liebesgeflüster*. (Salon von 1906)

# Intimität und Vergnügungen im Wandel

## Die intime Beichte und die Bande des Vertrauens

Das Gefühl der Verletzlichkeit, das die Individuation des Einzelnen begleitete, das Scheitern zwischenmenschlicher Beziehungen, das manchen Vertreter der herrschenden Klasse zum Rückzug in die Freuden der Einsamkeit trieb, sowie die Verinnerlichung einer immer rigider werdenden Sexualmoral und der mit ihr verbundenen Schuldgefühle – dies alles machte den Austausch mit einem anderen Menschen besonders wertvoll. Es festigten sich die Bande des Vertrauens, und gleichzeitig steigerten sich Lust und Qual der intimen Beichte.

### Das Jahrhundert der Beichte

In der Religionsgeschichte gilt das 19. Jahrhundert als das Goldene Zeitalter des Bußsakraments. Das Gottesgericht bildete die Achse jener »introspektiven, ausforschenden, schulderzeugenden Frömmigkeit«, die Philippe Boutry zufolge typisch für den damaligen Katholizismus war.[1] Selbstprüfung und Beichte waren die zentralen Vorbedingungen des Seelenheils. Gleichzeitig zählte das Bußsakrament zum Waffenarsenal der Kirche im Kampf für den sittlichen Schutz der Familie – es riß die jungen Leute von dem Verderben zurück, es beugte dem Ehebruch vor, und es verhinderte – zu einem späteren Zeitpunkt – die Scheidung. Damit diente es der Aufrechterhaltung der gesellschaftlichen Ordnung; es schob, wie der obskure Abbé Debeney 1853 in diesem Zusammenhang schrieb, »dem Sozialismus einen Riegel vor« und gereichte daher »Frankreich zum Segen«.

Gelegentlich nahm der Priester die Beichte in der Privatwohnung seines Beichtkindes ab, doch kam das äußerst selten vor. Die Privatbeichte blieb Kranken vorbehalten; es gab sie allerdings auch in jener kleinen Elite, die über eine Privatkapelle, vielleicht sogar über einen eigenen Hauskaplan verfügte. In der Regel war die Kirche oder die Sakristei Schauplatz des Bußsakraments. Seit Beginn des 19. Jahrhunderts kam der Beichtstuhl in Gebrauch, der im Laufe der Zeit reich verziert wurde. Wenn der Pfarrer von Ars die Beichte abnahm, saß er auf einem schlichten Stuhl, der auf zwei Seiten von Brettern verdeckt war; doch man kannte auch jene pompösen Schränke aus gewachstem Eichenholz, die den skeptischen Michelet an das Munkeln im Dunkeln erinnerten.

Man vergleicht den Beichtstuhl gern, wiewohl vorschnell mit der Couch des Psychoanalytikers. Die Ähnlichkeiten liegen auf der Hand: Der Priester muß wie der Analytiker aufmerksam, gesammelt, hellhörig und diskret sein; hinter dem Sprechgitter verborgen, darf er weder sein Gesicht noch seine Augen zeigen. Das Beichtgeheimnis wurde während des ganzen Jahrhunderts sehr ernst genommen, da hiervon die Berufsehre des Priesterstandes abhing. Aber wie auffällig unterschied sich der reuige Sünder in seinem Verhalten von dem Patienten in der Psychoanalyse! Durch seine Haltung, seine Gebärden und sogar seine Bekleidung gab er zu verstehen, daß er gewillt war, sich zu demütigen. Kniend, mit gefalteten Händen, barhäuptig oder, wenn es sich um eine Frau handelte, mit herabgelassenem Schleier unterwarf sich das Beichtkind im vorhinein dem Urteil des Priesters. Mit gedämpfter Stimme zählte der Gläubige die Liste seiner Verfehlungen auf und befleißigte sich dabei der Sprache der Ohrenbeichte, die der Landbevölkerung, an derbe Ausdrucksweise gewöhnt, keineswegs leichtfiel.

Der Katholik mußte bei der Beichte Zerknirschung zeigen; erst dann konnte die Absolution durch den Priester – und nur sie – ihn von seinen Sünden reinwaschen und ihm die Rettung seiner Seele verheißen. Daher hatte die Verweigerung der Absolution, seit der zweiten Hälfte des 18. Jahrhunderts geläufige Praxis, etwas enorm Gravierendes für den Gläubigen; sie schloß den Gläubigen vor aller Öffentlichkeit von der österlichen Kommunionfeier aus und lehrte ihn fürchten, in alle Ewigkeit verdammt zu sein. Jean-Marie Vianney trug keine Bedenken, seinen Beichtkindern auf den Kopf zuzusagen: »Mein Freund, Ihr seid verloren!« oder »Mein Junge, du bist verdammt!«

Im Dunkel eines der 40 000 »Eichenschränke«, über die Michelet sich mokierte, nahm der Priester der Restaurationszeit – zur Strenge neigend und doch zurückhaltend in seinen Fragen – den Frauen die Beichte ab und bestimmte ihre Buße. Mit den Volksmissionen wurde auch der Aufschwung des Bußsakraments, das einem spontanen Bedürfnis entsprungen zu sein scheint, in die kirchliche Strategie des Seelenfangs einbezogen. (Paris, Bibliothèque des Arts décoratifs)

Es wäre allerdings falsch, einen allzu großen Unterschied zwischen Beichte und Seelengeleit zu machen. Die meisten Geistlichen, einige glaubenseifrige junge Mädchen und Frauen zumeist adliger oder bürgerlicher Herkunft sowie gewisse ältere Damen, die in der Nähe des Pfarrers wohnten, kamen in den Genuß eines kontinuierlichen, auf sie persönlich abgestimmten Seelengeleits. Derlei Privilegien waren jedoch die Ausnahme. Meist war die Beichte zugleich Zuflucht und bedeutete in jedem Fall die Unterwerfung unter die Autorität eines Seelenhirten; die wenigen Worte, die der Priester sprach, bevor er dem reuigen Sünder die Buße auferlegte und ihn ermahnte, sich zu bessern und gute Vorsätze zu fassen, waren ebenfalls eine – wenngleich krude – Version des Seelengeleits.

Theoretisch mußte der Gläubige bei dem Pfarrer beichten, der für seine Pfarrei zuständig war. Bis etwa 1830 hütete der ländliche Klerus dieses Vorrecht eifersüchtig; danach gestand man dem Gläubigen eine gewisse Freiheit der Wahl zu. In sehr frommen Kreisen stellte die Auswahl eines Beichtvaters einen veritablen »rite de passage« dar; für das junge Mädchen, das seinen Pensionatsaufenthalt beendet hatte und vor dem Eintritt in die Gesellschaft stand, war diese Entscheidung von weitreichender Bedeutung. So verraten die Briefe der jungen Fanny Odoard den enormen Einfluß, den ihr Seelenhirte, der nachmalige Erzbischof von Paris, Abbé Sibour, auf sie ausübte. Die Vorzüge ihrer Beichtväter waren bei den Damen ein häufiger Gesprächsstoff. In den

Bevor um die Jahrhundertmitte die Verehrung der Muttergottes in Mode kam, blickten die frommen Massen gern zu einem Mann auf, und zwar einem sehr lebendigen: Der »gute Pfarrer« betrieb als Beichtvater eine Art innerer Mission. Tag und Nacht stand er den Gläubigen Rede und Antwort, tröstete bekümmerte Seelen, redete hartnäckigen Sündern ins Gewissen und weinte mit denen, die bereuten. Der Landpfarrer verkörperte noch etwas von der empfindsamen Religiosität des 18. Jahrhunderts; gleichzeitig war er ein Muster romantischer Herzensergießung.

städtischen Pfarreien gab es Priester, die sich auf bestimmte Gruppen von Beichtkindern spezialisiert hatten: die einen nahmen vorzugsweise Kindern und Jugendlichen die Beichte ab, andere dem Gesinde großer Häuser. Manche Seelenhirten standen in höchstem Ansehen und boten in besonders diffizilen Fällen von Gewissensnot eine allerletzte Zuflucht. Das leuchtende Beispiel solcher Apostel der Beichte bleibt der Pfarrer von Ars. Fast dreißig Jahre lang stand er siebzehn Stunden täglich in der Fron der Gläubigen, die sich – von einem regelrechten Ordnungsdienst formiert – vor seinem Beichtstuhl versammelten. Für Pilger aus allen Regionen des Landes war die Wallfahrt zu diesem »bon curé« die wichtigste ihres Lebens, woraus hervorgeht, wie bedeutungsvoll für sie das Bußsakrament war. Doch Jean-Marie Vianney war nicht der einzige berühmte Beichtvater; so gab es in Fourvière den Pater P. A. Mercier, der sich im Alter von 66 Jahren hierher zurückgezogen hatte und in knapp vier Jahren 20 000 reuigen Sündern die Beichte abnahm.

Der Gläubige, dem die routinemäßige Beichte nicht genügte, konnte seine Sünden auch in einer Generalbeichte bekennen. Das pflegten die Konvertiten zu tun, aber beispielsweise auch jener Professor, der von der Person des Pfarrers von Ars fasziniert war, nachdem er sich 44 Jahre lang keinem Priester mehr anvertraut hatte. Die Generalbeichte beendete häufig Exerzitien, eine Volksmission oder eine Wallfahrt; vorgeschrieben war sie für Sterbende, soweit sie noch bei klarem Bewußtsein waren.

## Die Praxis der Beichte

In der Diözese Vannes war, wie Claude Longlois ermittelt hat, zwischen 1800 und 1830 die Häufigkeit des Bußsakraments bei den einzelnen Gläubigen sehr verschieden.[2] Damals war in den Sekundarschulen die monatliche Beichte Pflicht. Es gab jedoch schon Fromme – meist ganze Familien –, die häufiger zur Beichte und zur Kommunion gingen, und es kam so weit, daß der zuständige Bischof die zusätzliche Arbeitsbelastung seines Klerus durch diese übereifrigen Katholiken mit Sorge betrachtete. Allerdings darf man den Beichteifer im Volk nicht überschätzen. So stand die Landbevölkerung der Diözese Belley während des ganzen 19. Jahrhunderts der häufigen Beichte ablehnend gegenüber; in der Diözese Arras waren sogar die Geistlichen selbst aus einem gewissen eingewurzelten Rigorismus heraus mißtrauisch gegen das häufige Beichten; in der oberen Bretagne setzte sich die häufige Beichte erst im 20. Jahrhundert durch, bis dahin hatte es den Gläubigen genügt, drei- bis viermal im Jahr den Beichtstuhl aufzusuchen.

Auch beim Bußsakrament ist die Dichotomie der Geschlechter zu beobachten, die für die Religionsausübung im 19. Jahrhundert insgesamt typisch war. Die Statistiken aus der Diözese Orléans, die auf Ersuchen des Monsignore Dupanloup ermittelt wurden, zeugen ebenso wie die quantitative Analyse der Beichtkinder des Pfarrers von Ars und die bei Pastoralvisiten vorgebrachten Beschwerden der Pfarrer von der zunehmenden Feminisierung dieses Sakraments. Diese Tendenz wurde

Jules Alexis Muenier, *Der Katechismus*, 1891. Der gute Pfarrer von Ars senkte schon zur Zeit der Julimonarchie fromme Gefühle in die Seele der Kinder, wenn er seine Katechismusstunden abhielt. Ende des 19. Jahrhunderts widmete sich der französische Klerus vermehrt der Sorge um die Kleinen, was unter anderem die Einführung der Privatkommunion zur Folge hatte.

verstärkt durch das, was Boutry die »Beichte der Abhängigen« genannt hat: Dem Priester fiel neben der Abnahme der Beichte die Aufgabe zu, über die Tugend des jungen Mädchens, die Treue der Gattin und die Ehrlichkeit des Dienstmädchens zu wachen.

An der Kinderbeichte war der französische Klerus in der ersten Hälfte des 19. Jahrhunderts wenig interessiert. In der Bretagne beichtete das Kind zum erstenmal nach der Erstkommunion, also nicht vor dem zwölften Lebensjahr.[3] 1855 regte sich Kritik aus Rom an dieser Zurückhaltung, und der französische Klerus begann, sich den neuen Weisungen anzupassen. 1861 verlangte die Synode der bretonischen Bischöfe von den Priestern, daß sie Kindern nicht nur pro forma die Beichte abnahmen. Nun wurde die Kinderbeichte immer häufiger, und gegen Ende des Jahrhunderts folgte sie mehr oder weniger dem Rhythmus der Erwachsenenbeichte. Das päpstliche Dekret *Quam singulari* führte im Jahre 1910 in sämtlichen Diözesen die Einzelbeichte ein. Freilich wurde die neue Praxis von den Gläubigen – beispielsweise in der Diözese Saint-Brieuc – nur unter Vorbehalten angenommen.

Von den Jungen blieben nach der Erstkommunion die allermeisten dem Beichtstuhl fern. Das Desinteresse der Männer an der Beichte war jedoch regional sehr unterschiedlich: Im Tal der Lys gingen Ende des Jahrhunderts 60 Prozent der Männer an Ostern zur Kommunion, in dem nur wenige Kilometer entfernten südlichen Artois waren es dagegen nur 20 Prozent. Namentlich junge Arbeiter waren von der Beichte enttäuscht. Humorvoll erzählt Norbert Truquin von seinem einzigen derartigen Vorstoß: Als der Priester ihn eindringlich befragte, ob er »Umgang mit Mädchen habe«, ließ er ihn einfach stehen.[4] Der Klerus bemühte sich nach Kräften, jedoch oft vergeblich, die Männer wieder an eine Praxis zu gewöhnen, die die meisten von ihnen aufgegeben hatten; dabei ließ man auch einmal fünf gerade sein. Die Statuten der Synode von Montpellier rieten 1877 den Beichtvätern, die Männer nicht warten zu lassen, sie nicht über Gebühr mit der Ausforschung der Fleischeslust zu behelligen und insgesamt Nachsicht zu üben.

## Die Entwicklung der Moraltheologie

Derartige Ratschläge lassen erkennen, daß sowohl die Moraltheologie wie auch die Einstellung der Beichtiger im 19. Jahrhundert einen Entwicklungsschritt gemacht hatten. In der Zeit vom Konkordat bis etwa 1830 dominierte ein Rigorismus, der gut zum gallikanischen und mehr noch zum jansenistischen Erbe des französischen Katholizismus paßte. Der Gedanke an die ewige Verdammnis sowie die Furcht vor einer gotteslästerlichen Beichte peinigten die Priester. Diese Rigorosität fügte sich in den düsteren Ton, in dem über die letzten Dinge gepredigt wurde. Die Verweigerung bzw. der Aufschub der Absolution kam demgemäß häufig vor; sie betraf allerdings vorwiegend notorische und gewohnheitsmäßige Sünder, nicht jedoch solche, die in den Augen der Theologen bloß »Gelegenheitssünder« oder »Rückfalltäter« waren. Kein Wunder also, wenn es in den Irrenanstalten viele Frauen mit religiösen Wahnvorstellungen gab, die sich mit Selbstkasteiungen marterten und die Nahrungsaufnahme verweigerten, um der sündigen Menschheit die verdiente Strafe Gottes zu ersparen.

Der Gewissensrigorismus äußerte sich vor allem in der Verdammung jener festlichen oder spielerischen Anlässe, über die der Klerus keine Kontrolle hatte. Bälle, Geselligkeiten, die bretonischen »pardons«, Wirtshäuser, das abendliche Zusammensein der Bauern, das Hochzeitsmahl, der jugendliche Umgang mit Gleichaltrigen, ja, das normale, kokette Wohlgefallen am eigenen Körper erregten das heftige Mißfallen einer gestrengen Geistlichkeit. Das alte Thema der unanständigen »Entblößung« kam wieder aufs Tapet, wobei sogar die Guillotine als schreckliche Rächerin aller Laster des Ancien Régime beschworen wurde. Während Jean-Marie Vianney Jungen wie Alten die Leviten las, verbot der Pfarrer von Véretz seinen Bauern das Tanzen. Noch im Zweiten Kaiserreich ging der Pfarrer von Massac im Tarn vor der Messe die Bankreihen in seiner Kirche entlang und inspizierte die Aufmachung der Frauen; einer von ihnen schnitt er ungeniert eine Haarlocke ab, die ihn allzu vorwitzig dünkte.

Etwa ab 1830 trat dann eine gewisse Lockerung ein. In den Priesterseminaren und klerikalen Zirkeln setzten sich in den folgenden zwanzig Jahren allmählich die Lehren des Alfons Maria von Liguori in der Übersetzung Thomas Goussets durch; maßgeblichen Anteil an dieser Entwicklung hatten resolute Seelsorger wie der Bischof von Melley, Monsignore Devie. Die neue Moraltheologie ermutigte den Beichtiger zu Besonnenheit und Nachsicht; insbesondere riet sie, den Sünder nicht an seiner Erlösung verzweifeln zu lassen. Anders als früher schien es nun dem Heil des Menschen förderlicher zu sein, die Seele zu besänftigen, als sie bewußt zu ängstigen. Begünstigt wurde diese Humanisierung des Bußsakraments durch den Einfluß der Jesuiten und Lamennais' sowie später durch eine ultramontane Frömmigkeit. Nachdem die meisten Gläubigen sich mit den vereinfachten Geboten der Moraltheologie angefreundet hatten, durften auch die Prediger einen leichteren Ton anschlagen. Sogar der formidable Pfarrer von Ars wurde weich und schämte sich nicht mehr, zusammen mit seinen Beichtkindern Tränen der Reue zu vergießen.

Während des Zweiten Kaiserreichs kam es partiell zu einem Rückfall in den Rigorismus; Gegenstand des klerikalen Unbehagens war jetzt die Sexualität in der Ehe, die nicht ausschließlich der Fortpflanzung diente. Während Dr. Bergeret dem »Betrug am Gatten« den Kampf ansagte, richtete sich der Unmut der Kirche auf die eheliche »Onanie zu zweit«. Zwischen 1815 und 1850 hatte die Kirche in diesem Punkt eine gewisse Untätigkeit bewiesen.[5] Es war die Zeit der »diskreten Verbreitung« empfängnisverhütender Methoden; in der Pfarrei Ars wurde zunehmend Geburtenkontrolle praktiziert, ebenso in der Diözese Mans, wie deren Bischof, Monsignore Bouvier, bekümmert feststellen mußte. Dennoch hielten die römischen Theologen an der Doktrin fest, daß eine Frau den Geschlechtsverkehr auch dann dulden durfte, wenn sie aus Erfahrung wußte, daß ihr Mann den »coitus interruptus« bevorzugte. Die Kirche wollte mit dieser Großzügigkeit verhindern, daß die Frau Opfer einer Vergewaltigung in der Ehe wurde oder der Mann zu Prostituierten floh.

Nach 1851 wurde die Haltung Roms kompromißloser; die Frage, ob Gott oder der Mensch Herr über das menschliche Leben sei, bewegte die Gemüter. Nunmehr verurteilten es die Theologen des Heiligen Stuhls, wenn die Frau auch nur passiv einen Geschlechtsakt zuließ, der einzig der sexuellen Befriedigung diente. Die katholische Kirche Frankreichs scheint der neuen Entwicklung noch schneller gefolgt zu sein, als Flandrin einst vermutet hat: Schon mit Beginn des Zweiten Kaiserreichs hielt Monsignore Parisis den Klerus der Diözese Arras zur Härte in der Frage der »ehelichen Onanie« an. Der Bischof von Belley vertrat seit 1860 dieselbe Ansicht. Die Niederlage im Deutsch-Französischen Krieg und die Pariser Commune verstärkten den neuen Rigorismus noch. Hatten die Beichtiger bis dahin in puncto Fleischeslust sehr zurückhaltend gefragt, so stellten sie nun ein regelrechtes Verhör an; die Zeiten waren vorbei, da es sich für den Priester gehörte, zu warten, bis das Beichtkind dieses Thema von sich aus zur Sprache brachte.

## Die heimliche Macht des Beichtvaters

Die Verschärfung des Verhörs im Beichtstuhl fiel mit einer Phase wachsender Kirchenfeindlichkeit zusammen. Michelets Buch *Du prêtre, de la femme, de la famille* hatte 1845 die antiklerikale Offensive eröffnet. Bekanntlich haben viele Romanciers das Thema aufgegriffen – bei Zola *(La Conquête de Plassans)*, Edmond de Goncourt *(Madame Gervaisais)*, George Sand *(Mademoiselle de la Quintinie)* und Pèladan *(Le Vice suprême)* erscheint die Beichte als eines der bewegenden Probleme des Zeitalters –, und auch publizistisch wurde die Kampagne fortgeführt. 1885

Luís Jiménez Aranda, *Die reuige Sünderin*, 1902. Seit dem Zweiten Kaiserreich galt den Sünden des Fleisches die besondere Aufmerksamkeit der Beichtiger, was wiederum die Kirchenfeinde auf den Plan rief. Daß dieses gefällige Bild von der innigen Reue der schönen, jungen Sünderin etwas anderes meint, kann man sich schwer vorstellen.

veröffentlichten Léo Taxil und Karl Milo die *Débauches d'un confesseur*. Die militant antiklerikale Literatur und die kirchenfeindliche Presse beharrten unerbittlich auf dem Thema Beichte – in welchem Grade, hat Jean Faury am Beispiel Tarn dargelegt. Die Feindschaft gegen die Beichtiger griff mitunter sogar auf das Volk über; schon 1839 hatten sich die Bauern von Dompierre-en-Dombes über ihren Pfarrer beschwert, dessen Fragen ihnen »zu vielsagend« waren. Der Klatsch der Dorfbewohner verfolgte den Priester bis in das Dunkel des Beichtstuhls. Andererseits waren Arbeiter lange Zeit fast täglich mit dem Problem konfrontiert, vom Pfarrer bespitzelt zu werden.

Die antiklerikale Offensive hatte vier Hauptziele. Die heimliche Macht, die der Beichtvater ausübte, behinderte die freie Entfaltung der Persönlichkeit, und die ständig notwendige Zufluchtnahme des Gläubigen bei seinem Geistlichen widersprach dem Grundprinzip der kantianischen Ethik, nämlich dem Gedanken der Autonomie der Person. Die indiskrete Wißbegierde des Priesters, die nicht einmal vor Familienangehörigen und Nachbarn zurückscheute, errichtete eine absolute Kontrolle über die intimsten Regungen der Menschen; Michelet spricht von »transhumanisation«.

Die Sexualität des Klerus wurde auf unterschiedliche, zum Teil widersprüchliche Weise thematisiert. Der Beichtvater mit seinem Wissen von den Sünden des Fleisches mochte, so hieß es, gerade mit seinen insistierenden Fragen die ersten Gelüste in der unschuldigen Seele wekken – Suzanne Voilquin beschloß mit vierzehn Jahren, auf das Bußsakrament zu verzichten, weil sie durch die Worte ihres Seelenhirten tief geängstigt und abgestoßen worden war. Der Priester, wurde ferner behauptet, war besessen vom Gedanken an »das Weib«, dem er durch seinen Rock und die ihm zugeschriebene Sensibilität ähnlich war. Die schamlose Beichte einer Frau konnte ihn – sexuell frustriert, wie er aufgrund seines Keuschheitsgelübdes sein mußte – in Verlegenheit bringen, ja, in Erregung versetzen. Diesem Verdacht entsprang das Bild vom Priester als dem Verführer, das quer durch die antiklerikale Literatur geistert. Schlimmer noch war, daß der Priester sich mit seinen Ausforschungen zum Mitwisser aller, auch der intimsten ehelichen Geheimnisse zu machen suchte und durch seine Gebote und Verbote bestimmen wollte, was im Bett geschehen durfte und was nicht; damit lief er Gefahr, das Glück des jungen Paares in seiner Entfaltung zu stören. Eine engherzige Überwachung des jungen Mädchens und seiner Tugend konnte Heiratspläne zerstören, ja, auf das Wort ihres Beichtvaters hin mochte selbst die Tochter eines Freidenkers Geschmack am Kloster entwickeln...

Für den Ehegatten, der auf die seelische Macht des Beichtvaters über seine Frau eifersüchtig war, wurde der Priester zum Konkurrenten. Die Wortführer des Antiklerikalismus verteidigten nicht etwa die Freiheit der Frau, doch die Einmischung des Priesters verletzte ihren Sinn für das Schickliche. Diese Rivalität mit dem Eindringling, der das private Leben seines Beichtkindes umzukrempeln trachtete, Hausbesuche für seine Zwecke mißbrauchte und auf den Augenblick lauerte, da sich ihm die verletzliche Seele der Gattin offenbaren würde, trug, wie Jean Faury formuliert, Züge eines veritablen »antiklerikalen Machismo«.[6]

Der letzte große Streitpunkt im antiklerikalen Kampf war die finanzielle Gefährdung ganzer Familien durch die Einflußnahme des Pfarrers auf die Abfassung von Testamenten. Artikel 909 des Code civil sah ausdrücklich vor, daß der Beichtvater nicht sein Beichtkind beerben konnte. Daher waren in den Augen der Antiklerikalen die frommen Legate nichts anderes als Raub durch die Kirche.

Die Heftigkeit der Auseinandersetzung läßt erahnen, wieviel auf dem Spiele stand. In den Augen ihrer Gegner bedrohte die Beichte die Intimität der Privatsphäre, sie verstieß gegen die Gebote der individualistischen Ethik, und sie verhinderte die freie Entfaltung jenes »geschwisterlichen Paares«, von dem Michelet träumte. Jeder Neugierige, der den Schlüssel zu diesem Dialog zwischen Sünde und Schuldzuweisung besaß, konnte das private Leben bis in seine Winkel erkunden.

Wie es der Zufall will, hat die Entdeckung eines bislang unbekannten Briefwechsels geholfen, den Schleier zu lüften und das reale Drama der Beichte zu dechiffrieren. In den Jahren 1872 und 1873 schrieb der junge, begüterte Antiklerikale Eugène Boileau, der Zeitungsausschnitte mit Skandalberichten über Priester sammelte, eine Reihe von bewegenden Briefen an seine Verlobte, in denen er ihr auseinandersetzte, wie er sich ihre künftige Verbindung dachte. Als er erfuhr, daß das Mädchen von einem zwielichtigen Beichtiger terrorisiert wurde, der es anscheinend nicht nur auf ihr Vermögen, sondern auch auf ihre Unschuld abgesehen hatte, befahl er ihr voller Empörung, den Kontakt mit diesem unerfreulichen Patron abzubrechen. Die Kinder, die die beiden später bekamen, wurden selbstverständlich nicht getauft.

## Sexuelle Beichte und ärztliche Schweigepflicht

Man muß wissen, daß es den Menschen im 19. Jahrhundert sehr schwerfallen konnte, eine sexuelle Verfehlung oder eine Geschlechtskrankheit zu beichten. So fürchtete man sich davor, gewisse Wörter auszusprechen. In den besseren Kreisen wurden geschlechtliche Dinge niemals beim Namen genannt. Wenn Romanschriftsteller von Impotenz handelten, dann begnügten sie sich damit, das Fiasko anzudeuten. Die Syphilis erzwang ihre sprachliche Kaschierung – der Erkrankte »verkehrt mit der hl. Veronika«; nach 1902 hieß es, er sei »geschädigt«. Diese reichlich milde Formel, die aus den Theaterstücken Brieux' stammt, machte das Sprechen über das heikle Thema endlich salonfähig. In den 11400 Briefen der Familie Boileau ist an keiner Stelle von sexuellen Verfehlungen oder Geschlechtskrankheiten die Rede; auch Brustkrankheiten waren tabuisiert und wurden niemals erwähnt.

Die medizinische Fachliteratur bestätigt diese Hemmungen, sexuelle Erfahrungen zu bekennen. Alfred Fournier, Verfasser des Buches *La Syphilis des innocents*, berichtet den Fall eines unberührten Mädchens, das durch einen Kuß angesteckt worden war, das furchtbare Geheimnis jedoch für sich behielt, obwohl bereits der ganze Körper mit einem Ausschlag bedeckt war. Ein Offizier jagte sich nach dem Besuch beim Arzt eine Kugel durch den Kopf, um seiner keuschen Verlobten nicht gestehen zu müssen, daß er Syphilis hatte. Ein junger Mann brachte es nicht übers Herz, seiner Mutter zu beichten, daß er sich angesteckt hatte; es war ihm schon schwer genug gefallen, seinen Vater einzuweihen. »Hab keine Angst davor, es mir zu sagen«, schreibt Marie-Laurent Odoard in diesem Zusammenhang an ihren in Paris studierenden Sohn Henri.

In diesen Belangen war der Arzt die bevorzugte – und meist auch die einzige – Vertrauensperson; aber selbst in seinem Sprechzimmer fiel Offenheit schwer. Immer wieder beklagten sich die Doktoren, daß junge Onanisten beharrlich schwiegen. Bergeret mußte viel Geduld aufwenden, um seine Patienten zum Eingeständnis ihrer »ehelichen Verfehlungen« zu veranlassen. Nach 1880 wurde Geschlechtskrankheit für viele Menschen zur Obsession. Die Theorie von der Erblichkeit der Syphilis fand immer mehr Anhänger und ließ jede Heilung als unmöglich erscheinen; in den Köpfen der Syphilitiker spukte das Gespenst des erbkranken, zu einem frühen Tod verurteilten Nachwuchses. Ganz Europa sprach plötzlich von der »Pflege des Erbgutes«; die ärztliche Schweigepflicht war bedroht.

In der Tat war auf sie nur bedingt Verlaß. Bei der Musterung wurde die Krankengeschichte des Mannes publik. In den Krankenhäusern wurden Lungenkranke während der Visite den Studenten vorgeführt; Charcot präsentierte der Elite der Pariser Gesellschaft Hysterikerinnen aus der Salpêtrière. Die Pariser Geschlechtskranken, die in Lourcine oder in Saint-Lazare eingepfercht waren, die Syphilitiker, die man in Provinzspitälern oder -gefängnissen unter Quarantäne hielt – sie alle hatten kaum eine Chance, ihr Leiden vor der Öffentlichkeit zu verbergen. Skrupellose Zuhälter machten nicht einmal vor dem Krankenbett

Lucien-Hector Jonas, *Die Ärzte.* (Salon von 1911) Die Privatpatienten der Ärzte kamen aus dem Bürgertum. Die Gegenwart mehrerer Kapazitäten änderte nichts an der Einhaltung der ärztlichen Schweigepflicht, die in der drangvollen und klatschsüchtigen Enge des Krankenhauses nicht garantiert war. Die gravitätische Miene der Fachleute, von fern an die Pose des Professors in der Vorlesung erinnernd, verbürgt diese Verschwiegenheit.

halt; in jedem Stadtviertel war bekannt, welche Prostituierte infiziert war und welche nicht. Auf dem Land wußte das Gerücht von jedem, der »verdorbenes Blut« hatte. Erst gegen Ende des Jahrhunderts wurde es in der dermatologischen Abteilung des Krankenhauses Saint-Louis üblich, Patientennamen zu verschlüsseln und auch den einfachen Leuten das Privileg einer relativen Geheimhaltung zu gewähren.

Für die ehrbaren Bürger, die als Privatpatienten zum Hautarzt kamen, sah die Sache anders aus. Bei ihnen konnte ein erblicher Makel die Heiratsstrategie durcheinanderbringen. Ein junger Mann, von dem man wußte, daß er lungenkrank war, konnte durch die Genesung allein seine angeschlagenen Aufstiegschancen nicht reparieren – die Angst vor einem Rückfall und vor erbkrankem Nachwuchs stempelte ihn gleichwohl zu einem Kranken, weshalb für ihn die Geheimhaltung seines Leidens überaus wichtig war. Zum Glück stellte Artikel 378 des Code pénal den Bruch der ärztlichen Schweigepflicht unter Strafe.

Zwischen 1862 und 1902 gab es indessen einige führende Ärzte, die infolge der grassierenden Furcht vor Erbkrankheiten das Prinzip der ärztlichen Schweigepflicht in Zweifel zogen. In ihren Augen kam es vornehmlich darauf an, »entarteten Nachwuchs« zu verhindern. Die Professoren Brouardel, Lacassagne und Gilbert-Ballett schlugen gewisse Tricks vor. Sie gaben den Eltern eines Mädchens den Rat, den Bräutigam um Abschluß einer Lebensversicherung zu bitten, was ihn dazu zwang, sich auf Herz und Nieren untersuchen zu lassen. Brouardel empfahl außerdem, die beiden Hausärzte der beteiligten Familien

Suzanne Hurel [ohne Titel]. (Salon von 1911) Die Historiker haben der Bedeutung der Freundschaft und den Freuden der Vertraulichkeit im 19. Jahrhundert bisher wenig Beachtung geschenkt und damit die Empfänglichkeit dieser Zeit für Wahlverwandtschaften aller Art verkannt.

sollten sich miteinander ins Benehmen setzen; danach könnten sie ihren Klienten Hinweise geben, ohne ihre Schweigepflicht verletzen zu müssen. Eine Minderheit von Medizinern um Louis-Adolphe Bertillon plädierte für die Einführung einer »Medizinalakte« oder eines »Gesundheitsdossiers«; darin sollten die Krankengeschichte des Betreffenden selbst sowie die seiner Vorfahren registriert werden. Einige Schüler Galtons erwogen, jeden unverheirateten Mann auf seine »Ehetauglichkeit« zu untersuchen und ihm diese gegebenenfalls zu bescheinigen; es gelang ihnen jedoch nicht, diese Maßnahme vor dem Ersten Weltkrieg durchzusetzen. Eine 1903 veranstaltete Umfrage der Zeitschrift *La Chronique Médicale* erbrachte, daß die Ärzteschaft dem »Ehegesetz« ablehnend gegenüberstand. Der Terror der Erbgut-Fanatiker war abgeklungen; die Schüler Pasteurs verbreiteten, wie wir noch sehen werden, nicht mehr denselben Schrecken wie einst die Schüler Benedict Morels oder Prosper Lucas'. – Der ganze Vorgang beweist im übrigen, mit welcher Wachsamkeit die herrschenden Klassen die Geheimnisse ihrer Privatsphäre zu hüten verstanden.

## Kindliche Vertraulichkeiten

Die kleinen Jungen und Mädchen aus dem Bürgertum wurden sorgfältig vor dem Umgang mit dem Volk geschützt und in streng reglementierte Rituale eingebunden. Das begünstigte den Aufbau exklusiver Freundschaften; die Schwierigkeit der Beichte weckte im Kind den Wunsch, einem auserwählten Gefährten sein Herz auszuschütten.

Diese – den Geschlechtsunterschied respektierende – Vertraulichkeit war für die Persönlichkeitsentwicklung von entscheidender Bedeutung.

Im Leben des heranwachsenden Mädchens war die Wahl einer »Busenfreundin« ein wichtiger Vorgang. Die Mütter begrüßten es, wenn zwischen seriösen und offenen Mädchen eine dauerhafte Bindung entstand. Sie hofften, daß die Solidität einer solchen Beziehung, die im Gegensatz zu den frivolen Bekanntschaften der feinen Gesellschaft stand, zu einem Orientierungspunkt im Dasein ihrer Tochter werden würde. Mit der allmählichen Auflösung der Riten jugendlicher Sozialität erwachte bald auch auf dem Lande das Interesse an derlei speziellen Freundschaften. In katholischen Familien war es meist eine Mitkommunikantin, an die sich das Bedürfnis nach einer zuverlässigen Bindung heftete. Bei einer Befragung, die 1976 in Bué-en-Sancerrois durchgeführt wurde, hoben die alten Frauen übereinstimmend die besondere Bedeutung einer solchen Gefährtin hervor.

Wenn das Mädchen aus der Geborgenheit in der Familie herausgerissen und in die Welt des Pensionats hineingestoßen wurde, wünschte es sich nichts sehnlicher als eine Busenfreundin. Das Reglement in diesen Anstalten, das seit den Tagen der Madame de Maintenon unverändert herrschte, erwartete von den älteren Mädchen, daß sie die jüngeren Neuankömmlinge unter ihre Fittiche nahmen. George Sand erzählt anschaulich, wie herzerwärmend solche Freundschaften waren. In dieser hermetisch abgeschlossenen Welt begünstigte die Trennung der Geschlechter den vieldeutigen Gestus der Unzertrennlichkeit. Hier, wo Mädchen unter sich waren, tauschte man Bilder und Schwüre. Oft erwiesen sich diese Freundschaften als dauerhaft. »Erwachsene Mädchen«, die das Pensionat verlassen hatten und nun nichts weiter tun konnten, als geduldig der Ehe zu harren, unterhielten eine ausgiebige Korrespondenz und besuchten einander. Für die Solidität dieser Bindungen gibt es zahllose Belege. Eugénie de Guérin staunte selbst über das Netz von Freundschaften, das sie mit verständigen, liebenswürdigen und durch Todesfälle in der Familie früh gereiften Mädchen geknüpft hatte. Freilich spielte häufig auch eine Cousine die Rolle der bevorzugten Gesprächspartnerin. In der Familie Boileau schrieben die Mädchen einander auf englisch, um den neugierigen Eltern ein Schnippchen zu schlagen. Zwischen Fanny Odoard in Nîmes und Sabine Odoard in Mercurol gingen tausend kleine Geheimnisse hin und her. In diesem Briefwechsel überrascht der ernste Ton: Es geht nicht mehr um den Märchenprinzen, sondern um Gewissensskrupel und die rechte Lebensführung. Als die Cholera ausbrach, traf die junge Fanny Vorsichtsmaßnahmen; sie verwahrte ihre Privatpapiere an einem sicheren Ort und bereitete sich auf das Jenseits vor. Gewohnt, in ihrer Familie die Rolle der Krankenschwester und gegenüber den Bedürftigen des Ortes die der engelhaften Wohltäterin zu spielen, waren die jungen Mädchen dieser Schichten längst mit Leid und Not in Berührung gekommen. Ihre Briefwechsel lassen an der Stichhaltigkeit der vor allem bei Männern verbreiteten Vorstellung zweifeln, daß das junge Mädchen ungeduldig einen verschleierten Bericht über die Hochzeitsnacht seiner besten Freundin erwartete. Bekanntlich ist dieses Thema in der Litera-

tur gern aufgegriffen worden, von den *Mémoires de deux jeunes mariées* (1842) bis zu Edmond de Goncourts *Chérie* (1889).

Ganz anders, aber ebenso intensiv gestalteten sich die im Internat, im Collège oder in der Universität geschlossenen Freundschaften zwischen Männern. Die jungen Leute hatten ihre ersten, häufig unter erniedrigenden Umständen gemachten Liebeserfahrungen schon hinter sich. Mit ihrer Familie konnten sie darüber nicht sprechen, zur Beichte gingen sie nur noch in seltenen Fällen, und ihre Sexualpartnerinnen wären über derartige Geständnisse kaum erfreut gewesen, ganz abgesehen davon, daß diese Partnerinnen das »Andere« waren, das Beuteobjekt, dem man sich nicht anvertraute. Diese jungen Männer aus dem Bürgertum wußten in ihrem Innersten, daß sie es nicht weiter als bis zum Anwalt oder Kanzlisten bringen würden, hegten aber dennoch maßlose Ambitionen; sie verabscheuten den »Philister« und fühlten sich zu Höherem berufen. Sie waren stolz auf ihre Kultur. Damit erfüllte die Männerfreundschaft eine bestimmte Funktion in der Erziehung des Herzens und der Sinne: sie ermöglichte den Erfahrungsaustausch. Spott, Gelächter und Späße wurden großgeschrieben; einen hohen Stellenwert hatte beispielsweise auch die »freimaurerische Burschikosität« (J.-P. Sartre), die den jungen Flaubert auf dem Collège in Rouen umgab.

Solche privilegierten Freundschaften waren nicht mit der Freundschaft in einer Gruppe oder einem Zirkel junger Leute zu vergleichen. Man traf einander privat und tauschte im abendlichen oder nächtlichen Gespräch am Kamin seine Geheimnisse aus. (Flaubert sehnte sich sehr nach den Abenden in Croisset zurück, die er rauchend mit einem seiner Freunde – Alfred Le Poittevin, Ernest Chevalier, Maxime Du Camp – verbracht hatte.) Lange Wanderungen durch Wald und Feld oder später der gemeinsame Bordellbesuch besiegelten diese engen Freundschaften. Nach Sartres Deutung waren die Dirnen Kollektivbesitz; man benutzte sie gemeinsam und riß hinterher Zoten über die Art, wie sie die Beine spreizten. Darin bekundete sich der Wille, das andere Geschlecht einer männlichen Kameraderie zu opfern, die, wie jede plakative Männlichkeit, tendenziell homosexuell war.

Ein lebhafter Briefwechsel, in dem sexuelle Geständnisse im Vordergrund standen, festigte diese Freundschaften, die erst mit dem Tod endeten. Prahlereien über die eigenen Heldentaten im Bordell, wüste Beschimpfungen des Bürgertums und die Erinnerung an die gemeinsamen Streiche von einst hatten die Funktion, die durch den Kontakt mit der Erwachsenenwelt erlittenen Kränkungen zu mildern.

Mit der Einführung der allgemeinen Wehrpflicht 1872 übertrug sich die Unzertrennlichkeit von Jugendfreunden auf das Bild des Regimentskameraden. Für junge Großstadtproletarier indes, die durch die Wechselfälle der Stellungsuche und der Wohnungsnot zur Mobilität gezwungen waren, blieb das Eingehen fester Freundschaften äußerst schwierig; diese, so schien es, waren eher etwas für die an Seßhaftigkeit gewohnte Landbevölkerung und für das von seiner »privacy« profitierende Bürgertum. Die wenigen Arbeiter, die Lebenserinnerungen hinterlassen haben, berichten von Gelegenheitsfreundschaften und spontaner Sympathie, die sie für einige Monate mit einem Mitbewohner in ihrem Quartier oder mit einem Arbeitskameraden verband.

## Vertraulichkeit zwischen Bruder und Schwester

Kehren wir zum Bürgertum zurück. Hier gab es eine Ausnahme von der sonst beobachteten Trennung der Geschlechter: die besondere Beziehung zwischen Bruder und Schwester, deren Bedeutung oft unterschätzt wird. Zweifellos hat die Bindung, die zwischen Mutter und Tochter herrschte und die durch die strikte Differenzierung der Geschlechtsrollen noch enger wurde, dazu beigetragen, die frühkindliche Bruder-Schwester-Beziehung in den Hintergrund zu drängen. Der Bruder war der einzige Junge, mit dem ein Mädchen vertrauten Umgang haben durfte; die Schwester war das einzige anständige Mädchen, von dem der Junge intime Kenntnis hatte. Die Strenge der bürgerlichen Moral und die rigorosen Besuchssitten führten dazu, daß die geschwisterliche Beziehung an Wichtigkeit gewann, gleichzeitig jedoch in ihrer emotionalen Bedeutung zurückgenommen wurde. Die beiderseitigen Trugvorstellungen erzeugten eine auf Moll gestimmte Vertraulichkeit, die weder das Begehren noch die Angst vor der Selbstpreisgabe kannte. Wenn Flaubert an seine jüngere Schwester Caroline schrieb, für die er tiefe Zuneigung empfand, enthielt er sich des sonst üblichen freien Tons und erzählte keine anstößigen Geschichten.

Die Schwester, als Frau durch die Kultur und die Männerwelt meist unterdrückt, brachte dem Bruder eine mit gleichsam mütterlicher Fürsorge untermischte Bewunderung entgegen. Sie bangte um seine Gesundheit, seine Festigkeit im Glauben, seinen Erfolg. Darüber hinaus erwarteten die Eltern von ihr, daß sie das Ihre tat, dem Sohn der Familie ins Gewissen zu reden. Die Verehrung, die Eugénie de Guérin ihrem Bruder Maurice entgegenbrachte, war zweifellos ein Extremfall; aber ein vergleichbares, wenn auch minder starkes Gefühl verband beispielsweise Sabine Odoard mit ihrem in Paris studierenden Bruder Henri, für den sie mehr empfunden zu haben scheint als für den farblosen Gatten, den die Familie für sie ausgesucht hatte. In beiden Fällen herrschte dieselbe Asymmetrie des Gefühls zwischen Schwester und Bruder, und es gab dieselben unablässigen Klagen über zu seltene und zu oberflächliche Briefe.

Die Schwester war das weiche, bildsame Wachs, das den Bruder zum Pygmalion werden und aus ihr ein Abbild seiner selbst formen ließ. Durch diese Beziehung wurde der Junge zum »Mann«; er hatte Gelegenheit, ein junges Mädchen heranzuziehen, das seinen Träumen entsprach, und damit jene eheliche Rolle einzuüben, auf die er aus sozialen Gründen noch warten mußte. Man könnte, angefangen bei dem komplizierten Verhältnis zwischen René und Lucile, zahllose Vorbilder für solche Paare aufzählen, die die häusliche Sphäre prägen: Balzac und Laure, Stendhal und Pauline, Marie de Flavigny und Maurice sind, neben den Guérins, nur die eklatanten Beispiele. Die Verklärung der Geschwisterbeziehung, in welcher das Wunder zweier Wesen, die füreinander geschaffen sind, neben den Mythos vom androgynen Menschen tritt, scheint insbesondere in der Romantik sehr ausgeprägt gewesen zu sein. Gegen Ende des 19. Jahrhunderts lockerten sich die geschwisterlichen Bande; Jules Renard fühlte sich von seiner älteren Schwester, so lieb und gut sie war, bloß gestört.

## Die Zirkulation von Familiengeheimnissen

Die Familienkorrespondenz des 19. Jahrhundert war, wie wir gesehen haben, ungemein ausgedehnt. Die Mitglieder des Familienverbandes ließen den Kontakt zueinander nicht abreißen. Das kommunikative Netz, das uns der Blick in zufällig überlieferte Archive erkennen läßt, war bei den Odoards in Mercurol oder den Dalzons in Chandolas ebenso dicht wie bei den Boileaus in Vigné.

Das obligate Ritual des Briefeschreibens diente der Vorbereitung von Besuchen und begleitete den Austausch von Geschenken oder von Dienstleistungen, die auf geographischen oder funktionalen Standortvorteilen gründeten. Der Brief übermittelte Nachrichten über Personen, Empfehlungen, Ratschläge, Börsentips. Am Leitfaden des brieflichen Austauschs läßt sich die Familienhierarchie ablesen, die entweder aus dem angeborenen Rang des Einzelnen resultierte oder sich auf seinen persönlichen Erfolg stützte. Aimé Dalzon, ein Ingenieur aus Saint-Étienne, hatte eine glänzende Karriere gemacht. Als bewunderungswürdiger Bruder empfand er starke Zuneigung zu Arsène, der auf dem Land geblieben war. Er unterstützte seine Familie, erledigte mancherlei Behördenkram für ihn, unterrichtete ihn über die neuesten Entwicklungen auf dem Gebiet der Seidenwurmzucht und über bevorstehende Schwankungen des Seidenpreises und ließ die guten Beziehungen seines Schwiegervaters für ihn spielen. Er war es auch, der die Internate für seine Nichten und Neffen aussuchte.

Der Briefwechsel zwischen Erwachsenen enthielt wenig vertrauliche Geständnisse oder Bekenntnisse; über Sexuelles wurde nicht gesprochen. Die Zurückhaltung wird kräftiger, die Illusionen werden weniger. Gleichwohl zirkulierten in diesen Briefen unaufhörlich Familiengeheimnisse (anders war es bei den Boileaus, deren Briefe arm an privaten Bekenntnissen waren und in kleinem Kreis laut vorgelesen wurden). Das »Skelett im Schrank« war denen, die für das Wohl der Familie verantwortlich waren, mehr oder weniger peinlich. Bei den Odoards waren es die Geisteskrankheit des ältesten Sohnes Auguste und die Missetaten eines Onkels, der Geistlicher war und aus Gründen, die für immer im dunkel bleiben werden, Zuflucht in einem Trappistenkloster suchen mußte. In der Korrespondenz der Familie von Marthe trägt die Wahrung der Familiengeheimnisse leicht groteske Züge. Der »Fehltritt« der Tochter, die mit einem Kutscher geschlafen hatte, wird bereits in den ersten, 1892 geschriebenen Briefen unverblümt beim Namen genannt; doch es dauert lange, bevor der Leser von der Syphilis des verstorbenen Vaters erfährt. Vorsichtige Anspielungen auf das »Unglück« der Mutter sowie die Hysterie der Tochter machen den Leser stutzig, bis schließlich der Schwiegersohn mit der Wahrheit herausplatzt. Von daher versteht man die Angst, die diese Familie vor der Ehe zwischen Cousin und Cousine hatte, und man entdeckt das traurige Los von Marthes Schwester Éléonore, die zur Ehelosigkeit verurteilt war – erst nach ihrem Tod wagte die Familie damit herauszurücken, daß Éléonore einen Wasserkopf hatte.

Wenn es galt, das »Skelett im Schrank zu verstecken«, hielt die Familie zusammen und demonstrierte absolute Solidarität. Trost und Entschädigung für diese Verschworenheit fand man im endlosen Wiederkäuen des Unglücks im Kreise des Familienverbandes, das die Versuchung zur öffentlichen Preisgabe des Geheimnisses minderte. Merkwürdigerweise kehren im Bürgertum Verhaltensweisen wieder, die der Ethonologe von den Bauern kennt. Für die Familien von Notabeln wie für die »oustaux« im Gévaudan war die Geheimhaltung des privaten Lebens Ehrensache und Vorbedingung für das Gelingen der Familienstrategie. Gleichzeitig kam es in beiden Fällen darauf an, hinter die Geheimnisse der anderen zu kommen. Während die Bauern von Lozère ihre Kinder in die Cafés schickten, um Gerüchten auf die Spur zu kommen, die vielleicht von taktischem Interesse waren, legten die bürgerlichen Familien ein Informationsnetz von bemerkenswerter Komplexität aus, wenn es darum ging, einem Heiratskandidaten auf die Schliche zu kommen.

## Die Erziehung des Herzens und der traditionelle Besuch

### Die romantische Liebe

Die Konfiguration der Liebesempfindung und die von ihr inspirierten Verhaltensweisen verraten zugleich die erotischen Träume und Spannungen der Gesellschaft als ganzer. Auch in diesem Bereich gab es einen ständigen Wandel der imaginierten Wunschvorstellung und der gesellschaftlichen Praxis. Die Historiker haben diesen Aspekt der Mentalitätengeschichte des 19. Jahrhunderts durchaus vernachlässigt. Statistikbesessen wie sie sind, haben sie die quantitative Untersuchung vorehelicher Schwangerschaften über die Auswertung privater Briefwechsel gestellt.

Das Gefängnis der »longue durée« erweist sich da als besonders ausbruchsicher; auch darf man nicht vergessen, daß die Empfindungen der Menschen nach wie vor von uralten Codes beherrscht waren. Die höfische Liebe mit ihren komplizierten Erwägungen, der Neuplatonismus der Renaissance mit seiner Engels-Anthropologie, der Diskurs der Klassik über die Stürme der Leidenschaft und die Verurteilung des »amour fou« durch die Gegenreformation – dies alles formte im 19. Jahrhundert das Betragen des Liebenden, ob er es nun wußte oder nicht. Belastend scheint insbesondere der Einfluß der aus dem Jahrhundert der Aufklärung ererbten Ideen gewesen zu sein – die Reflexion der Metaphysiker über das Wesen der Seele, das Nachdenken von Medizinern und Psychiatern über den Status der Leidenschaft, die Existenz zweier sexueller Naturelle und die Gefahren des physiologischen Mißbrauchs, schließlich die Theorien der Theologen über die geschlechtliche Verfehlung prägten die Haltung des Liebenden.

Das entscheidende Phänomen war jedoch Blüte und Verfall der romantischen Liebe. Diese neue Struktur des Liebesgefühls entstand im Lichte mannigfacher Theorien, die den denkbaren Zusammenhang zwischen Körper und Seele formulierten und auf die wir hier nicht näher eingehen wollen. Statt dessen lohnt es sich, bei der Vorstellung der Bipolarität der weiblichen Natur zu verweilen, ohne die die Mentalität des 19. Jahrhunderts nicht zu verstehen ist. Die Evastochter, für immer gezeichnet von ihrem alten Bund mit dem Bösen, lief stets Gefahr, der Sünde zu erliegen; ihre ganze Natur zwang zum Exorzismus. Die Frau stand der Welt des Organischen nahe und hatte zu ihrem Vorteil tiefen Einblick in die Mechanik des Lebens und des Todes. Sie identifizierte sich gerne mit der Natur, war jedoch immer in Gefahr, jenen tellurischen Mächten zu verfallen, die in der Raserei der nymphomanischen oder der hysterischen Frau erschreckend zum Vorschein kamen. Aber wehe, wenn diese brodelnden Gluten ungehindert losbrachen! Dann war das schwache Geschlecht wie entfesselt; dann wurde die Liebe des Weibes unersättlich, ihr Glaube fanatisch, ihr Gebaren bizarr wie das einer Verrückten. In der zweiten Hälfte des 19. Jahrhunderts ließen sich die Maler von den neuen Darstellungsweisen inspirieren, die gegen Ende des Ancien Régime aufgekommen waren, und legten den Akzent auf das Enigma des Weibes. Die marmorkalte und zugleich animalische Frau, die Sphinx, mit einer Schlange umgürtet und wildes Glitzern in den Augen, entsprach jenem hieratischen Code des Modern Style, den Claude Quigeur brillant analysiert hat.[7] Dieses verstörende Bild vom alles verschlingenden Weib trugen Romanciers wie Zola sogar in ihre Schilderungen der Arbeiterklasse. Für die Männer jener Zeit, umgetrieben von der Angst vor dem Weib, kam es mehr denn je darauf an, die Sexualität des Geschöpfs an ihrer Seite zu bändigen und sie der entfalteten männlichen Ordnung zu unterwerfen.

Daneben beanspruchte der religiöse Code sein Recht. Die Nachkommin Evas war ja im spirituellen Sinne auch die Tochter der Gottesmutter. Dies war die lichte Seite des Weiblichen. Schon früher hatten die Methodisten die Frau als Erlöserin gefeiert, und das 19. Jahrhundert suchte in ihr den Schutzengel und guten Geist des Mannes. Des Mitleids und Erbarmens fähig, zur Nächstenliebe geboren, mußte die Frau Botin des Höheren, Idealen sein; hier machte sich der Einfluß der Martinisten bemerkbar. Die unbestreitbare Existenz immaterieller Wesen – der Engel nämlich – implizierte die Existenz von Zwischenwesen zwischen Engel und Mensch, da andernfalls das göttliche Kontinuum des Seins einen Bruch offenbart hätte. Die Frau war berufen, sich zur Stufe der Mittlerin zu erheben, um sich von dort dem Manne zuzuneigen und sich ihm in himmlischen Erscheinungen zu bekunden.

Noch vor der Verkündung des Dogmas von der unbefleckten Empfängnis Mariä (1854) und der Welle der Marienerscheinungen in Europa (1846–1871) flohen fromme Literaten und mystische Maler vor der Erdenschwere des Körpers in einen unirdischen Engelskult, wie ihn zum

Paul Albert Steck, *Melodie*. Das Bild der Frau wurde gegen Ende des Jahrhunderts entscheidend vom Symbolismus geprägt, der am Weiblichen das Ätherische wie das Gefährliche betonte und damit auf seine Weise der Angst des Mannes vor der Frau Ausdruck gab. (Paris, Musée du Luxembourg)

Louis Janmot, *Virginitas*. Kein Maler hat es so gut wie Janmot verstanden, die vieldeutige Zweisamkeit romantischer, vergeistigter, ätherischer Liebender auf die Leinwand zu bannen. Die böse Raubkatze zu Füßen des jungfräulichen Mädchens gemahnt an die Kastrationsdrohung, die über diesem lichten Paare schwebt, das im Begriff ist, die androgyne Ur-Einheit des Menschen wiederherzustellen. (Lyon, Musée des Beaux-Arts)

Beispiel die vom Illuminatentum Lyons inspirierten Bilder Louis Janmots, vor allem sein schöner Zyklus *Virginitas*, verraten. Die anmutige junge Frau hebt den Blick gen Himmel und stellt die Verbindung zwischen ihrem Gefährten und der Welt des Unsichtbaren her. So gesehen, wurde die Liebe zum Himmel auf Erden, zur Verwandtschaft zweier Seelen, die ein gemeinsames spirituelles Abenteuer bestanden.

Die Prozedur der Beichte war eng mit der Dialektik der Liebe verknüpft, so als ob das Verdrängte auf denselben assoziativen Bahnen wiederkehrte, die die Verdrängung genommen hatte.[8] Das romantische Liebeserleben entlieh dem Beichtsakrament die religiöse Sprache des Bekenntnisses, die erlösende Funktion des Leidens und die Erwartung künftiger Belohnung. In der Liebe lag die geistliche Führung bei der Frau; sie war es, die über Gut und Böse entschied.

Doch die romantische Liebe war noch komplexer: Mit der Sprache der Religion verband sich der neue Status der Leidenschaft. Die Unruhe des Herzens, die Erschütterung der Seele, die Verwirrung des Seins, mit einem Wort: der Code, der schon im 17. Jahrhundert entwikkelt worden war und zwischen 1720 und 1760 eine neue Blüte erlebt hatte, trat jetzt in den Hintergrund. Namentlich in Frankreich wurde zwischen 1820 und 1860 das Gefühl gleichsam neu erfunden. Die Leidenschaft war nurmehr eine Art Energie; sie löste jenen elektrischen Schock aus, der der Liebe voraufging. Die Liebe war das Band zwischen zwei Menschen und zugleich der gemeinsame Schritt in eine Zauberwelt; sie bewirkte den Übergang von der natürlichen Ordnung zur poetischen Ordnung. Dieses Gefühl implizierte eine so starke Seelenverwandtschaft, daß beide Partner der Ewigkeit ihres Bundes gewiß sein konnten. »Die Liebe in ihrer Fülle entflieht der Wirklichkeit und wohnt an jenen Grenzen des Lebens, wo Nähe und Ferne, der Anblick des Geliebten und sein erinnertes, sein geträumtes Bild ineinander verfließen«, schreibt Paul Hoffmann.[9]

An der Frau war es, beim Manne dieses Erwachen, diese »Turbulenz der Seele« zu bewirken und in ihm die Sehnsucht nach dem Ideal nicht erlöschen zu lassen. Dieses Konzept hatte Rousseau dem romantischen Jahrhundert vermacht; er hatte den Mythos von der spirituellen Androgynie zu neuem Leben erweckt. Es wäre zu reduktionistisch, in Sophie lediglich das männlich-chauvinistische Idealbild der unterwürfigen Gefährtin zu sehen. Die Rückbesinnung auf die uralte Sehnsucht nach der Ur-Einheit des Menschen, nach seiner ursprünglichen, mythischen Ganzheit mündete in jener sexuellen Unentschiedenheit der beiden Liebenden, die auf den Bildern eines Janmot ins Auge fällt. Gerade diese Undifferenziertheit erlaubte den geschwisterlichen Aufschwung zum Ideal.

Hier schließt sich der Kreis, und unerwartet kommt die dunkle Seite des Weiblichen wieder zum Vorschein. Die zarte, ätherische Jungfrau leugnet die Sexualität ihres Gefährten, so daß sie ihn verstört und heimlich kastriert. Und so wird der Mann am Ende ein Opfer jenes Wesens, das er in den Rang der Engel erhoben hat, um den Dämon seiner eigenen Animalität bannen zu können.

## Liebe auf den ersten Blick

Eine populäre Literatur beschrieb nun die neuen Verhaltensmuster, zeichnete spirituelle Werdegänge nach und veranschaulichte das neue System der Liebe. Bestimmte Klischees kamen auf: der Schock der ersten Begegnung, die Frau als »Erscheinung«, das Erblicken einer flüchtigen Silhouette. Auch der Schauplatz der Liebe änderte sich – statt im Wald oder in der freien Natur erging man sich nun auf Gartenpfaden. Die Sprache der Liebe war vermittelt; den Vorrang hatte nun die Botschaft von ferne. Die ersten Blicke, die aufeinander treffen und ineinander verweilen, der ferne Wohllaut der Stimme, der süße, natürliche Duft, der aus einem sommerlichen Gewande drang – sie wahrten die weibliche Schamhaftigkeit und schmiedeten doch die festesten Ketten.

Die romantische Liebe veränderte den Status des Geständnisses, intensivierte das Gefühl für Scham und Schande und brachte neuartige Formen des Sich-Erklärens mit sich. Die Bekundung männlichen Begehrens war mit dem Engels-Code unvereinbar, und so entstand eine Erotik von systematischer Raffinesse. Wo Worte Anstoß erregt hätten, da mußten ein Blick, ein Lächeln, äußerstenfalls eine leichte Berührung genügen; auch Verlegenheit, Erröten oder Schweigen waren beredte Ausdrucksformen.

Dies alles gehörte zu jener »Erziehung des Herzens«, die der Topos dieser Literatur war und die den schwierigen Prozeß des Reifens bestimmte. Die Frau mußte dem Mann den Verlust der verbotenen Liebe zur Mutter ersetzen. Der Trost, den sie ihm spendete, und das Vertrauen, das er ihr entgegenbringen durfte, glichen dem Wunder einer

Édouard Gelhay, *Zukunftspläne*. (Salon von 1897) Das Bild zeugt vom sozialen Niedergang des romantischen Gefühlscodes. Die Liebenden, die hier an dem Holztisch einer Waldwirtschaft sitzen, erinnern eher an Frédéric und Rosanette in Flauberts *Erziehung des Herzens* als an die Helden in *Volupté* oder *Lys dans la Vallée*.

Wiedergeburt, einer Rückkehr ins Paradies, die den Mann für sein initiatorisches Leiden vor der Begegnung mit der Geliebten entschädigte. Madame de Warens, Madame de Rénal, Madame de Couaën, Madame de Mortsauf und viele andere fungierten als zweite Mutter, die über das Begehren nach Liebesinitiation beraten mußte. Aber die Unmöglichkeit des Umgangs mit der Mutter und das furchteinflößende Bild der kastrierenden Frau, das sich hinter der Schlüsselfigur dieser Erziehung des Herzens verbarg, waren eine schwere Belastung für die Entfaltung der romantischen Sexualität.

Nach 1850 zerfiel das System der romantischen Liebe, wiewohl die braven Wörterbücher wie etwa der Larousse der idealen Liebe noch lange die Treue hielten. Das semantische Feld des Wortes »Liebe« zeigte dieselben Elemente wie früher, verlor jedoch seine innere Struktur. Das Scheitern der Generation von 1848 führte zur Flaubertschen Ironie, die dem Glauben an das engelhafte Wesen der Frau den Boden entzog. Die Erziehung des Herzens geriet ins Stocken. Mit der Entzauberung der romantischen Liebe ging ihre Verbreitung, um nicht zu sagen: ihre Demokratisierung, Hand in Hand. Sie wurde zu einem Verbrauchsgegenstand, fast zu einer Ware. Die konstituierenden Gefühlselemente in den Träumereien Emma Bovarys und ihres Geliebten Rodolphe gegen Ende des Romans sind zersprengt und scheinen isoliert wie auf Wasser zu treiben. Daran sollte sich in den folgenden fünfzig Jahren nichts ändern. Während die Sphinx den Engel ablöste, folgte auf den unbezwinglichen Drang zum Ideal eine unbestimmte Mixtur schwankender Gefühle, Träumereien, Erinnerungen und Ängste.

## Das reale Verhalten

Die Untersuchung der praktischen Verliebtheit ist heute die dringendste Forderung an die Geschichtswissenschaft, nachdem ihr die Wege der Liebes-Imagination kein Rätsel mehr sind. Die ersten Arbeiten zu diesem Thema offenbaren den beherrschenden Einfluß romantischer Verhaltensmuster, gleichzeitig jedoch die wachsende Kluft zwischen der Elaborierung dieser Vorbilder und ihrer Integration in das Alltagsgebaren.

Nicole Castan hat festgestellt, daß die Sprache der leidenschaftlichen Liebe gegen Ende des 18. Jahrhunderts bis in die untersten Gesellschaftsschichten vorgedrungen war; man berief sich schon damals auf die Gewalt der Gefühle und den Schwung des Herzens. Eine neue Rhetorik setzte sich durch, die man den Ärmsten zuschrieb.[10] Selbst die Analphabeten sprachen jetzt von »zärtlichsten Schwüren« und »überquellenden Zähren«. Man vernimmt bereits das Echo der *Neuen Heloïse*.

Die Analyse von Privatkorrespondenzen aus der ersten Hälfte des 19. Jahrhunderts läßt Rückschlüsse auf die Heftigkeit der Sprache der Leidenschaft in den Jahren nach der Revolution zu.[11] Die »Liebesraserei« grassierte; die Eifersucht grenzte an den Wahnsinn; die Stärke des Gefühls nährte die Todessehnsucht. Kurzum, während sich die Privatisierung der Tränen vollzog, machte sich im Verhalten immer mehr der klassische Code des »Liebeswahnsinns« geltend. Gleichzeitig aber griff die Engelsrhetorik um sich, und religiöse Metaphern drangen in die Sprache ein. Der Liebende war ein himmlisches Wesen; der Kult, den man ihm weihte, war Gottesdienst.

Rund fünfzig Jahre später (1850–1853) finden wir diese Sprache im Kleinbürgertum wieder. Der junge Jules Odoard verliebte sich hoffnungslos in eine Lehrerin vom Lande, deren Eltern Bauern waren. Es war eine wilde Leidenschaft, die ihre dramatische Spiegelung in umfangreichen Briefen fand. Der Liebende sandte der Geliebten »lange, feurige Küsse«. Den beiden jungen Leuten blutete das Herz, und sie dachten an das romantische Bild von Christus: »Mein Gott ... Dein Wille geschehe«, schreibt Jules, jenes »göttlichen Balsams« beraubt, als den er den Körper der Geliebten bezeichnet.

Wir können an dieser Stelle nicht sämtliche Ausdrucksformen der Verliebtheit Revue passieren lassen. Spaziergänge im Garten, Blicke, ein Bekenntnis und ein Händedruck signalisierten die aufkeimende Liebe Victor Hugos zu Adèle, und Stendhals Gesten der Leidenschaft für Métilde reichten auch nicht weiter. Die Erziehung des Herzens, die der streng religiöse Guizot in seiner Jugend genoß, folgte dem romantischen Vorbild. Hippolyte Pouthas hat die leidenschaftliche Liebe des jungen Protestanten zu einer Freundin seiner Mutter nachgezeichnet; es fehlte nicht viel, und der zukünftige Geistliche hätte sich vor Verzweiflung das Leben genommen.

## Die Liebe auf dem Dorf

In Liebesdingen scheint sich in der traditionellen Gesellschaft, jedenfalls auf den ersten Blick, eine gänzlich andere Welt aufzutun. Die Bauern des 19. Jahrhunderts schrien ihre Gefühle nicht hinaus. Die wenigen Briefe, die die Migranten aus dem Limousin an ihre Frauen schrieben, redeten nicht die Sprache des Herzens, sondern drehten sich fast ausschließlich um die Bewirtschaftung des Hofes.

Gleichwohl ist Vorsicht geboten: Unsere Gewährsleute betrachteten die ländliche Gesellschaft mit dem Blick des Ethnologen, der zudem von Vorurteilen getrübt war. Unter dem Eindruck der Anthropologie der Aufklärung sah man im Bauern einen Wilden, der aus Gründen der Anpassung an das »Klima« auf dem Weg zur Zivilisation zurückgeblieben war. Die Beobachter – schlechte Schüler Condillacs und der Ideologen – waren außerdem überzeugt, daß die menschlichen Organe miteinander in Konkurrenz stünden; die für körperliche Arbeit erforderliche Kraft, um nicht zu sagen Gewalttätigkeit, sowie die unhygienischen Bedingungen auf dem Lande seien einer Verfeinerung der Sinne und damit der Gefühle nicht günstig; die robuste Art dieser Menschen verhindere die Kultivierung ihrer Seele. Zugleich behaupteten die Beobachter, daß der Bauer außerstande sei, seine Leidenschaft anders als auf monströse Weise zu artikulieren; er schien ihnen unfähig zu jener romantischen Liebe, die das Gespür für nonverbale Signale voraussetzte. Die Vitalisten scheuten sich nicht, vom knorrigen Äußeren des Bauern auf die Dürftigkeit seiner Seele zu schließen. Beim einfachen Volk, so glaubte man, reduziere sich Liebe auf den animalischen Trieb oder auf verblendeten Verzicht.

Anthropologen und Historiker haben derartigen Vorstellungen längst eine Absage erteilt. Sie haben festgestellt, daß in der ländlichen Gesellschaft die Liebe sehr wohl bekannt war. Martine Segalen schreibt: »Man redete über Liebe, und man ›machte Liebe‹.«[12] Aber sie gehorchte auf dem Lande einem anderen Code, und das hat die Beobachter irritiert. Auch gab es bei den Ausdrucksformen der Liebe erhebliche regionale Unterschiede.

Man drückte seine Gefühle selten in Worten aus, sondern durch Gesten. Mann und Frau begegneten einander beispielsweise bei einem Fest oder auf dem Markt, bei der Nachtwache oder nach der Kirche; sie bemerkten und gefielen einander. Ein verliebter Mann war in der Regel wortkarg; meist wußte er sich nicht anders zu helfen, als seine Neigung hinter anzüglichen Witzen oder groben Späßen zu verbergen. Gesten begleiteten den Fortgang der Liebe: Die Liebenden drückten sich so fest die Hand, daß es wehtat, sie verdrehten einander das Handgelenk oder rieben ihre Wangen oder Schenkel aneinander; ein tüchtiger Klaps auf die Schulter, ein Stoß in die Rippen, ja, sogar ein Steinwurf waren deutliche Zeichen erwiderter Liebe. Jeder kannte die Bedeutung solcher Verhaltensweisen und auch die Nuanciertheit der Reaktionen darauf.

Wenn ihre Familien einverstanden waren, dann konnten die jungen Leute beginnen, »Liebe zu machen«, nämlich einander zu umwerben. Fortan wachte die soziale Gruppe streng über den durchritualisierten »Umgang« der Liebenden miteinander. Das Liebeswerben vollzog sich meist schweigend. Es gab verschiedene Techniken, die vorehelichen sexuellen Bedürfnisse zu stillen; auch sie waren kodifiziert und unterlagen der Gruppenkontrolle, diesmal durch die Gleichaltrigen. Die bekanntesten Beispiele für solche Techniken (»maraîchinage«, »fouillage«, »mignotage«) stammten aus der Vendée; wir kommen darauf noch zurück. Der Austausch von Zärtlichkeiten durfte nicht bis zur gegenseitigen Masturbation gehen, doch das Mädchen durfte sich von dem Jungen »abknutschen« und die Brüste streicheln lassen.

## Probleme der Interpretation

Solche Verhaltensweisen sind seither allgemein bekannt; trotzdem werfen sie Probleme auf. So muß man zunächst unterscheiden zwischen dem Umgang innerhalb der eigenen sexuellen Gruppe, der nicht selten zum Petting mit einem beliebigen Partner führte, und dem persönlichen Umgang, der gegenseitige Zuneigung verriet und einem anderen Rhythmus gehorchte. Auch schloß die öffentliche, oft sehr ritualisierte Liebeserklärung eine vorangegangene Verführung nicht aus, die viel diskreter erfolgt sein mochte, als uns die Ethnologen glauben machen wollen. Junge Leute hatten mancherlei Gelegenheiten, sich täglich zu treffen, etwa beim Viehhüten, beim Kirchgang oder auf dem Weg zum Markt, und eine Vertraulichkeit herzustellen, die der Gruppenkontrolle verborgen blieb; und zweifellos bekannten sie einander in diesen unbeobachteten Augenblicken ihre wahren Gefühle.

Edward Shorter hat diese Problematik erkannt.[13] Seiner Ansicht nach hat sich seit dem 18. Jahrhundert eine erste sexuelle Revolution vollzogen. Die jungen Leute waren bestrebt, sich langsam zu emanzipieren: von allen Ritualen, von der Gruppenkontrolle durch Gleichaltrige und von den diversen Familienstrategien. Mit dem Exodus der Bauern in die Stadt und dem Zerfall der dörflichen Strukturen wurden die Beziehungen zwischen den Geschlechtern auch in diesen Schichten spontaner, zärtlicher und einfühlsamer und führten zu einem neuen, individuelleren Verhalten in Liebesangelegenheiten. Diese Theorie über die Ausbreitung der »romantic love« entspricht ganz dem, was wir oben festgestellt haben, so daß es verfehlt wäre, sie zu kritisieren.

Man darf jedoch nicht glauben, die Unterordnung eines Menschen unter den sozialen Code einer traditionellen Gesellschaft lasse auf die Abwesenheit individueller Gefühle schließen. Familienstrategien schlossen persönliche Sympathie nicht immer aus; sie ließen, wie Pierre Bourdieu am Beispiel des Béarn betont, dem Einzelnen einen Spielraum, seine individuellen Neigungen zur Geltung zu bringen.[14] Einfache Erfahrungssätze und Empfehlungen, die aus dem Erfolg bzw. Mißerfolg von Handlungsweisen resultieren, darf man nicht als »gesellschaftlichen Zwang« mißverstehen. Außerdem hatten beide Partner eines Liebesverhältnisses die Familiennormen seit frühester Kindheit verinnerlicht und waren daher gegen gewisse sentimentale Gefühle gefeit.

Das war für die Landjugend des 19. Jahrhunderts ein Glück; denn in einer Periode wachsenden Wohlstands wurden die Heiratsstrategien nicht etwa gegenstandslos, sondern im Gegenteil verpflichtender denn je, zumal für jene Kinder, die erben sollten. Der Graben, der die einzelnen Geschwister trennte, wurde denn auch breiter; die relative Freiheit der jüngeren Söhne ging auf Kosten der Ambitionen des Ältesten, denen scharfe Grenzen gezogen waren. Selbst die Tochter des Tagelöhners genoß mehr Ellbogenfreiheit als das Mädchen, das einmal den Hof übernehmen sollte, und in den ländlichen Gegenden des Pas-de-Calais gelang ihr bisweilen, wenn sich der »Richtige« in sie verliebte, ein beachtlicher gesellschaftlicher Aufstieg.[15]

Nicht zu unterschätzen ist auch die Offensive des Klerus, die ihren Höhepunkt zwischen 1870 und 1880 hatte und noch einmal eine stärkere Betonung der Geschlechtertrennung durchsetzte. Die Strenge, mit der jetzt in manchen ländlichen Regionen die Jugendlichen kontrolliert wurden, beweist, daß der oben erwähnte Emanzipationsprozeß keineswegs unumkehrbar war. Keine Tugend ist wohl so unnachsichtig überwacht worden wie die der jungen Mädchen von Bué-en-Sancerrois am Vorabend des Ersten Weltkriegs.

Andererseits folgt das Verhalten Liebender immer vorgegebenen Mustern; so gilt es stets, sozioökonomische Zwänge zu beachten. Je wortreicher der Wunsch nach Freiheit war, desto eher lief er auf die Übernahme eines vorgestanzten Rollenverhaltens hinaus. Die »romantische Liebe« war gewiß, wie Edward Shorter meint, individualistischer als die Liebe im traditionellen Bauerntum; aber man darf ihre

Spontaneität auch nicht überschätzen. Außerdem sollte man sich keine falschen Vorstellungen von der Freiheit machen, die ein in die Stadt abgewanderter Bauer genoß. Das ist ein altes Stereotyp verängstigter Bürger, die sozusagen vor ihrer Haustür gefährliche und lasterhafte Klassen vagabundieren sahen; dieses Klischee verdankt seine unangefochtene Geltung der Unkenntnis der Historiker vom Netz landsmannschaftlicher Hilfeleistungen, das den Neuankömmling in der Stadt auffing. Das Stadtviertel, die regionale Kolonie, in denen der Immigrant lebte, besaßen ebenfalls ihre Kontrollmechanismen und brodelten von Gerüchten, die der Freiheit des Betragens Schranken setzten.

Das Entscheidende wäre eine Analyse des Prozesses, in dessen Verlauf die romantische Liebe bis zum Fuß der sozialen Pyramide gelangte. Den Kommunikantinnen wurde der Traum vom Weib als dem Engel natürlich von der Kirche suggeriert. Zur Verbreitung der neuen Bilderwelt der Liebe trugen ferner Romanzen und jene Schmonzetten bei, die nach Auskunft eines Beobachters etwa im Limousin zur Zeit der Julimonarchie mit ungeheurer Begeisterung gelesen wurden, aber auch tränenselige Melodramen, die Romane aus der Leihbücherei, die man heimlich im Büro las, und nicht zuletzt die Fortsetzungsromane in den Zeitungen. Für das obere Aude-Tal hat Marie-Dominique Amaouche-Antoine nachgewiesen, daß nach 1870 das Liederrepertoire der Cafékonzerte und Tanzlokale die Sensibilität der Menschen mitgeprägt hat.[16] Der Verliebte, der nach Verhaltensmustern suchte, fand ab 1890 auf Ansichtskarten eine ganze Palette vorfabrizierter Attitüden, eine Inszenierung des Gefühls nebst Emblemen des hl. Valentin. Diese Karten sorgten für die Demokratisierung der Liebeserklärung.

Die Sexualität der Erwachsenen war von sozialer Asymmetrie bestimmt: Der Student hielt sich eine Näherin als Geliebte – bis er heiratete. Solche disharmonischen Verbindungen beschleunigten freilich auch die Verbreitung romantischer Vorstellungen von Liebe und Lust. Der jugendliche Bürger gab – oft ohne es zu merken – Gesten und Haltungen an seine »grisette« weiter, die für sie die Bühne der Liebe neu belebten. Die Séance auf dem Sofa, der Abend in der »chambre séparée« oder die Landpartie waren von Nonchalance geprägt und zugleich Unterweisung im neuen Code romantischer Liebe.

## Die sinnliche Liebe in der Epoche der Romantik

Auf die Gefahr hin, die Dinge ein wenig zu schematisieren, sei im folgenden eine chronologische Gliederung dieser heiklen Thematik gewagt. Die Sexualität bleibt ein dunkler Kontinent, umringt von einer Mauer des Schweigens und überschattet von dem nicht auszurottenden Vorurteil, die Sexualität habe keinen Platz in der Geschichte. Wieder einmal erweisen sich die Jahre nach 1860 als Wendepunkt. Beginnen wir also bei dem längeren ersten Teil des 19. Jahrhunderts, der sich vom Konsulat bis zur Glanzperiode des Zweiten Kaiserreichs erstreckt.

Alfred-Philippe Roll, *Verliebt.* (Salon von 1895)

## Figuren der Wollust

Träume und Verhaltensweisen der Menschen wurden beherrscht von der Sprache der Sexualität; das darf man nicht übersehen, wenn man nicht in Anachronismen verfallen will. Bronislaw Baczko zufolge taucht das Wort »Sexualität« erstmals 1859 auf, frühestens 1845.[17] Es bezeichnete zunächst nur die Eigenschaft(en) dessen, was geschlechtlich differenziert war. Vor dem Aufkommen der »scientia sexualis« sprach man von »Liebe«, »Liebesleidenschaft«, »Begehren« oder »Zeugungstrieb«, von »fleischlicher Vereinigung« oder vom »Liebesakt«, in der Medizin von Kopulation oder Koitus. Von der physischen Liebe zu reden war mehr oder weniger das Monopol des Mannes, und auch er durfte die Dinge nicht beim Namen nennen. Einzig der Mediziner durfte offen vom Geschlechtlichen sprechen; er hantierte dabei mit dem Begriff »Zeugungstrieb«. Sexualität hatte nichts mit Leidenschaft zu tun, sondern galt als eine zur Fortpflanzung der Art notwendige Kraft, deren inferiorer Status es erlaubte, über die erniedrigenden Formen der Liebesbeziehung hinwegzusehen. Die Mediziner katalogisierten die verschiedenen Varianten des Liebesspiels, was ihnen einen Vorwand für die ausgiebige Beschäftigung mit den Arten des Orgasmus lieferte. Schon begannen einige Ärzte, sich über abweichendes Sexualverhalten zu ereifern, das sie als »Verirrung« des Zeugungstriebes brandmarkten. Dieser Drang, den Bereich des »Pathologischen« zu erweitern, ging fürs erste hauptsächlich auf Kosten des Onanisten.

Die physische Liebe wurde zur Obsession zahlloser Romane und Gedichte. Das Obszöne, das unter der Oberfläche des Textes allgegenwärtig und zugleich versteckt war, zwang den Leser zur ständigen Decodierung des Gelesenen und steigerte so die Lust am Verbotenen. Rhetorische Figuren wie die Ellipse, die Litotes, die Periphrase und auch die Metapher regten die Phantasietätigkeit an. Nach demselben Prinzip wurde der Höhepunkt der Lust evoziert. Der Mann in dieser Literatur »zieht die Frau an sich«, und sie »ergibt sich ihm«; das »Glück« – das heißt: der Beischlaf bzw. der Orgasmus – bereitet »unerhörte Freuden« oder »unsagbare Wonne«, eine »tolle, ja konvulsivische Verzückung«. Der Roman thematisierte jene Geheimnisse des Geschlechtslebens, über die sich einst der Libertin verbreitet hatte; er spielte auf Frigidität oder Impotenz an und gefiel sich im Skandalon der Homosexualität.

Hinter dem scheinbar nur Komischen konnte sich Sexuelles verbergen. »Gesunde«, »fröhliche« Heiterkeit bedeutete im Klartext »lose Scherze« oder »Schlüpfrigkeit«. Im Kleinbürgertum und in den Unterschichten waren derbe Lieder im Geiste des galanten Jahrhunderts, die angeblich nur Trübsinn und Grillen vertreiben sollten, im Schwange. Das harmlose Bilderrätsel eignete sich für pikante Aussagen, ebenso der lustige Schüttelreim, der in der Phantasie des Lesers obszöne Assoziationen auslöste. Dieser Diskurs des Lachens dreht sich ausschließlich um die narzißtische Liebe des Mannes zu seinem Penis. »Der Liedermacher träumt von der unersättlichen Frau, die nur Augen für das Instrument ihrer Lust hat«, schreibt Marie-Véronique Gautier. Besonders beliebt war in diesem Genre die Metaphorik von Liebe und Krieg – unablässig muß das Mädchen »die Waffen strecken«, während das Vergnügen des Mannes sich darauf reduziert, »ins Schwarze zu treffen«.[18]

Die weibliche Bipolarität, das »lichte« und das »dunkle« Wesen der Frau kennzeichneten auch die Figuren der Wollust, die die Phantasie beschäftigten. Bilder der Idealisierung und Bilder der Erniedrigung lösten einander ab; das rhythmische Pulsieren der Sexualität oszillierte unerbittlich zwischen den Höhen leidenschaftlich-seraphischer Sehnsucht und den Tiefen der Lasterhöhle.[19] Der Code der romantischen Liebe sah in der Frau sogar noch im Bett ein Engelwesen; heute kann man darüber nur lächeln. Das Tabu, mit dem jede Bekundung des weiblichen Begehrens belegt war, ließ der Frau in der Liebe keine andere Wahl, als die Beute zu spielen, die erst dann bereit war, zu »erliegen«, wenn die Heftigkeit des Ansturms die »Kapitulation« rechtfertigte. Ein Körper, der seine Wollust ausgeplaudert hatte, mußte wenigstens nach der »Ekstase« die erlösende Haltung der Reinheit einnehmen. Louise Colet war nicht zimperlich; sie war es, die sich in der Kutsche dem jungen Flaubert in die Arme warf. Doch nach der ersten Liebesbegegnung in einem zweifelhaften Hotel blieb sie ausgestreckt auf dem Bett liegen, »mit gefalteten Händen, den Blick gen Himmel gewandt, das aufgelöste Haar über das Kissen gebreitet, und redete wie von Sinnen auf ihn ein«. 1846 – so kommentiert Sartre diese Szene –

Hubert-Denis Etcheverry, *Taumel*. (Salon von 1903) Bei dieser Verführung, in luxuriös-raffinierter Umgebung inszeniert, läßt die Stellung der jungen Frau bereits ihre Kapitulation erahnen. Auf dem mit vielen Kissen ausstaffierten Sofa im Salon oder im Arbeitszimmer durfte die Frau die Ahnungslose und Überraschte spielen. Anders als im Bett hatte sie, auf dem Sofa liegend, die beruhigende Ausrede, ihr sei schwindelig geworden oder gar, sie sei in Ohnmacht gefallen. Der Maler kontrastiert die heimliche Intimität in dem verschwiegenen, durch Vorhänge geschützten Winkel mit dem Empfangssaal, wo sich die tanzenden Paare drehen.

erwartete die bürgerliche Gesellschaft von der Frau, die das Tier gespielt hatte, daß sie danach den Engel spielte.

Das Gefühl seiner sexuellen Unterlegenheit weckte beim Mann dumpfe Ängste. Spricht bei Musset ein Mann über seine Liebeserlebnisse, so ist er weit entfernt von dem triumphalen Gestus eines Restif de la Bretonne. Die Literatur des 19. Jahrhunderts betont den paroxystischen Charakter der Lust; Mediziner wie Romanciers unterstrichen die Entrücktheit in der Ekstase, die Auflösung des Seins sogar – oder gerade – in der sexuellen Erniedrigung. Der Orgasmus ist für Namouna wie eine Vernichtung: »ein leises Beben, eine ungeheure Blässe, / das Zukken ihrer Kehle, ein Fluch, / ein paar Worte, sinnlos und allzu leise gekeucht . . .«

Dieses romantische Bild der Wollust, abgetrennt von der Bosheit der sadistischen Lust, aus der es hervorgegangen ist, ging mit einer zwanghaften Koital-Arithmetik einher, die von der Angst des Mannes vor Erschöpfung und Verausgabung diktiert war. Der bürgerliche Mann des 19. Jahrhunderts brauchte ermutigende Zeichen seiner Potenz oder zumindest den mathematischen Beweis einer Regelmäßigkeit. Die Tatsache, daß Vigny und Hugo ihre Orgasmen zählten, daß Flaubert seine einschlägigen Heldentaten aufaddierte, daß Michelet jährlich die Bilanz seiner geschlechtlichen Aktivitäten zog, läßt vermuten, daß diese Art von Sexual-Buchhaltung in den Kreisen dieser Männer weit verbreitet gewesen sein muß.

Das Theater der Wollust, in dem Ekstase und Erniedrigung sich mischten, spielte sich vorzugsweise in den gesellschaftlichen Randzonen ab. Im Bordell, durch zufällige Straßenbekanntschaften, in der glitzernden Welt der Kurtisanen oder bei den Freunden des Ehebruchs bildeten sich die Varianten der Lust heraus. Dem wollen wir nun nachgehen, wobei wir uns von den verschiedenen Konfigurationen der Paarbeziehung leiten lassen.

Achille Devéria, *Der Abend*. (Paris, Bibliothèque Nationale)

## Vorehelicher Geschlechtsverkehr

Rufen wir uns zunächst einige historische Tatsachen ins Gedächtnis zurück, die für die Begegnung von Mann und Frau ausschlaggebend waren. Im 19. Jahrhundert war die Zeit zwischen Pubertät und Ehe überlang, und zwar vor allem deshalb, weil die Mädchen jetzt bei der ersten Monatsblutung fast zwei Jahre jünger waren als früher. Dank der gestiegenen Lebenserwartung mußten die Kinder länger auf das Erbe warten, das ihnen endlich erlauben würde, zu heiraten. So erklärt sich die große Zahl der unverheirateten Männer und Frauen im 19. Jahrhundert, aber auch die Entstehung städtischer Gettos mit ihrer enormen Nachfrage nach vorehelicher Sexualität. Migranten, die eine Weile in den Gemeinschaftsstuben der Hauptstadt hausten, Soldaten der Garnison, Studenten, Angestellte und Kommis, die zu wenig verdienten, um jenen kleinbürgerlichen Hausstand gründen zu können, von dem sie träumten, nicht zu vergessen die Dauermigranten der Julimonarchie, die in manchen Städten das numerische Gleichgewicht der Geschlech-

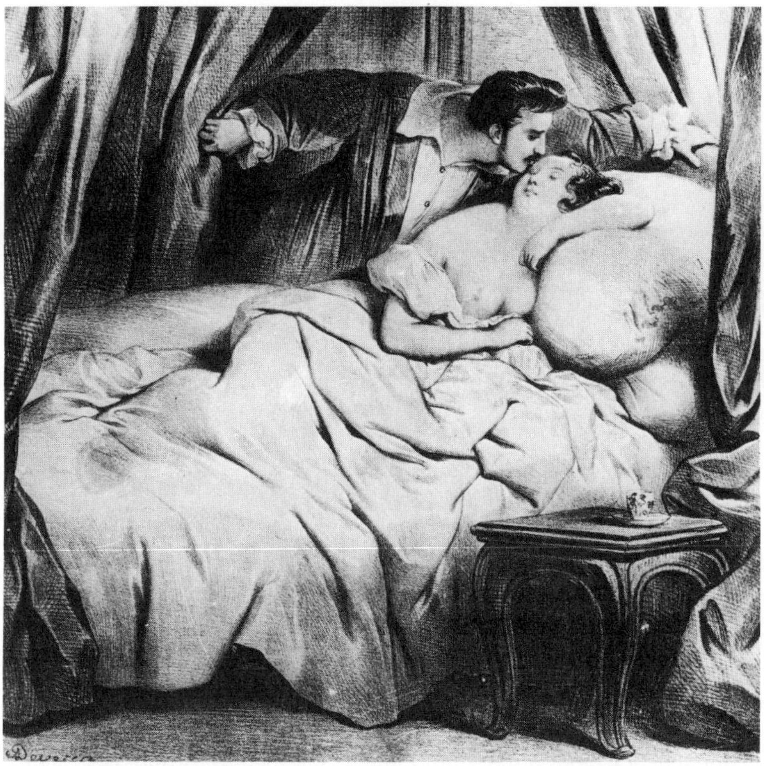

Achille Devéria, *Der Morgen*. Devéria war in der beginnenden Julimonarchie ein recht zaghafter Gestalter der Wollust. Auf diesen Bildern zeigt er eine Zurückhaltung, die eher an die ehelichen Freuden, genauer gesagt: an die Hochzeitsnacht, erinnert als an die Ausschweifungen der Unzucht. Die Frau, ein besiegtes, aber williges Opfer, hängt schwer in den Armen des Mannes, um sich gleich auf das Bett legen zu lassen (siehe Abbildung Seite 544). Am Morgen verrät das gelöste, nur scheinbar verschämte Gesicht die entspannte Erfüllung des befriedigten Körpers, und allein die nackten Brüste zeugen von den Wonnen der Nacht. (Paris, Bibliothèque Nationale)

ter empfindlich störten[20] – sie alle brachten die weibliche Tugend ständig in arge Bedrängnis. Wo auf dem Lande das System der Stammfamilie fortbestand, mußte mancher von den jüngeren Söhnen (die jetzt häufiger als früher das Erwachsenenalter erreichten) damit rechnen, niemals eine Frau zu finden. Auch das Proletariat der Dienstboten, das in kultivierten Gegenden wie beispielsweise Berry entstand, erlebte die Qualen realer Sexualnot.

Die Vorstellung von einem »Zeugungstrieb«, dessen Heftigkeit die Medizin kannte und quantitativ zu fassen suchte, begründete die Überzeugung, daß es zwei verschiedene Sexualethiken geben müsse. Der moralische Realismus der Kirchenväter, insbesondere des hl. Augustinus, drängte den animalischen Aspekt des Liebesaktes weit zurück und duldete ein komplexes System männlicher Sexualbefriedigung. Die Sexualität war eine Hölle, die man nach Möglichkeit zu bannen suchte – das Gegenbild jenes Liebeshimmels, nach dem die engelgleichen Liebenden eines Louis Janmot trachten. Es grassierte eine entwürdigte Sexualität, kompensiert durch die Idealisierung der Liebe.

## Der erste Kreis der verbotenen Lüste

Im ersten Kreis dieses Archipels der verbotenen Lüste war die Masturbation angesiedelt, bei der wir uns nicht aufzuhalten brauchen. Aber es gab auch andere Formen der vorehelichen Sexualität. Hier kommt die

Edmond de Goncourt, *Das Mädchen Élisa*, 1877. Das Sujet zu dieser Prostituiertenszene fand Goncourt in Soldatenbordellen in der Nähe der École Militaire. Die Freizügigkeit der Haltung und die lustlose Erschöpfung der Mädchen stehen in deutlichem Kontrast zu den Gefühlsregungen, die die schamhafte Hingabe der Frauen bei Devéria begleiten. (Paris, Bibliothèque Nationale)

historische Demographie zum Zuge. Zwischen 1750 und 1860 nahm nicht nur die Zahl der unehelichen Geburten zu, sondern auch die Häufigkeit der vorehelichen Empfängnis. Diese Fakten sind bedeutsam, doch leider ist eine quantitative Geschichtsforschung außerstande, sie zu deuten. Für manche Forscher beweisen diese Daten, daß die freie Partnerwahl und der Individualismus in der Liebe auf dem Vormarsch waren, während gleichzeitig traditionelle Mechanismen des Heiratsbündnisses zerfielen. Die Steigerung der beiden Indikatoren könnte jedoch auch aus einer Entleerung der codierten Rituale des vorehelichen Umgangs resultieren; diese Rituale, im 17. Jahrhundert und Anfang des 18. Jahrhunderts herausgebildet, beruhten im wesentlichen auf der Selbstkontrolle der Partner. Die Kirche hatte, wie erinnerlich, diese Formen jugendlicher Sozialität stets befehdet, weil sie in ihnen die Vorstufe zum Laster sah. Nun, mit der Abschwächung der durch die Gruppe geübten Kontrolle, blieben die jungen Mädchen dem stürmischen Drängen ihrer Verführer wehrlos ausgeliefert.

Andere meinen, die zunehmende Häufigkeit der vorehelichen Empfängnis könne bedeuten, daß der junge Mann stärker als früher unter dem sozialen Druck stand, das von ihm geschwängerte Mädchen auch zu heiraten; doch spricht die gleichzeitige Zunahme der unehelichen Geburten gegen diese Erklärung. Ja, es könnte sogar sein, daß die Zunahme der unehelichen Geburten nicht den Verfall familiärer Heiratsstrategien, sondern im Gegenteil das Insistieren auf ihnen verrät: Hoffnungslose Liebe ohne Aussicht auf legitime Erfüllung wußte keinen anderen Schlupfwinkel als den Heuschober oder die Wiese.

In bestimmten ländlichen Gegenden gab es im 19. Jahrhundert elaborierte Formen vorehelicher Sexualität, die über den schlichten Austausch von Liebesschwüren hinauswiesen. Mitunter erlaubte der Code des jugendlichen Umgangs das Übernachten bei dem oder der Verlobten, was nicht in jedem Fall den Vollzug des Beischlafs bedeutete. Auf Korsika kannten die jungen Leute das voreheliche Konkubinat; im Baskenland gab es die Ehe auf Probe. Im Morvan mußten Nährammen, bevor sie heiraten durften, den Beweis für ihre Fruchtbarkeit erbringen. In der Diözese Arras waren 40 Prozent der Frauen bei der Eheschließung schwanger; Yves-Marie Hilaire zufolge mußten hier Mädchen, die verlobt waren, nachweisen, daß sie Kinder bekommen konnten.[21] Die Menschen waren also sehr tolerant. Zwischen 1838 und 1880 pflegten die Jugendlichen, sobald sie fünfzehn bis siebzehn Jahre alt waren, sich am Sonntag in Nebenzimmern, Dachböden oder an »geheimen Orten« zu vergnügen. Danach fiel dieser Brauch dem Zorn der Geistlichkeit zum Opfer.

Es gab auch minder ritualisierte Formen der sexuellen Vereinigung. In den »oustaux« des Gévaudan schliefen die jungen Burschen bei den Mägden im Pferdestall und wurden durch Beobachtung und die körperliche Nähe zu den Mädchen sexuell aufgeklärt. Die erfahrene Magd, die soeben noch den Knecht umarmt hatte, gab ihre Kenntnisse an den wißbegierigen jungen Sohn des Hausherrn weiter. In diesem Teil Lozères herrschten rauhe Sitten. Man nahm es hin, daß jüngere Söhne, die keinerlei Heiratschancen mehr hatten, sich an kleinen Schäferinnen vergingen; wurden die Vergewaltigungen zu brutal und es kam zu einem Drama, blieben die Lippen der Dorfbewohner versiegelt, so daß es der Polizei nicht gelingen konnte, den Schuldigen zu überführen. Seine Sexualität zwang den Ledigen, sich ein weibliches Proletariat gefügig zu machen. Die »oustaux« wachten denn auch peinlich genau über ihre »Erbinnen« und deren Tugendhaftigkeit. Ein Mädchen, das schwanger war, zog in diesem frommen Milieu die Blicke aller auf sich. Um eine Zeitlang Ruhe vor Gerüchten zu haben, suchte es seinen Zustand zu verbergen, indem es sich sehr fest schnürte, nicht zu lange bei der Beichte verweilte, ostentativ zur Kommunion ging und härter als sonst arbeitete.

## Formen des Konkubinats

Einer alten These zufolge, die auf Louis Chevalier zurückgeht und neuerdings von Edwart Shorter aufgegriffen worden ist, wurde das Konkubinat, wie es die großstädtische Arbeiterschaft in der ersten Hälfte des 19. Jahrhunderts praktizierte, zu einem neuartigen Modell nichtehelicher Sexualität.[22] Der Manipulation ihrer Liebesbeziehungen überdrüssig, verstanden es die in die Stadt zugewanderten jungen Arbeiter, die der Bevormundung durch die Dorfgemeinschaft entronnen und ihrer sozialen Kontrolle nicht mehr ausgeliefert waren, »wilde Ehen« zu schließen, die den Aufbau gehaltvoller Beziehungen ermöglichten. Damit, so heißt es, entwarfen sie das genuin proletarische Modell einer außerehelichen Verbindung, während sich in der Mittelschicht die Struktur der Kleinfamilie verfestigte.

Leider sprechen die Tatsachen gegen eine solche Verklärung der proletarischen außerehelichen Verbindung. Michel Frey hat anhand einer Stichprobe von 8588 nicht verheirateten Pariser Paaren aus der Zeit der Julimonarchie festgestellt, daß bei einer sehr breiten sozialen Streuung dieser Stichprobe nur zwei Drittel der beteiligten Männer aus der Arbeiterschaft kamen, dagegen neun Zehntel der Konkubinen. Unter der Rubrik »Arbeiter« sind hier allerdings überwiegend Handwerker und kleine Ladenbesitzer erfaßt sowie eine kleine Gruppe von Dienstboten, Tagelöhnern und Hausierern; die eigentlichen Manufakturarbeiter bilden einen Anteil von nur 10,4 Prozent. Die Konkubinen gehören dagegen fast alle dem Proletariat der Dienstboten und der Fabrik- oder Industriearbeiterinnen an. Diese soziale Asymmetrie läßt darauf schließen, daß das Konkubinat eine hochkomplexe Einrichtung war. Michel Frey zeigt ferner, daß es in Paris 1847 keine statistisch signifikante Korrelation zwischen Dichte der Arbeiterbesiedlung und Verbreitung des Konkubinats gab; es sieht sogar so aus, als sei die Arbeiterklasse schon zu diesem frühen Zeitpunkt außergewöhnlich heiratsfreudig gewesen.[23]

Zwar beziehen sich diese Ergebnisse nur auf einen kurzen Zeitraum, aber sie mahnen doch zur Vorsicht. In Wirklichkeit verbergen sich hinter dem Begriff »Konkubinat« sehr verschiedenartige Praktiken. Es soll nicht in Abrede gestellt werden, daß außereheliche Verbindungen in den ärmeren Schichten der Gesellschaft weit verbreitet waren. Es gab viele voreheliche Lebensgemeinschaften, die zwar nach dem Muster der Ehe geführt, mit Rücksicht auf die Kosten einer Heirat jedoch erst zu einem späteren Zeitpunkt legalisiert wurden. Pierre Pierrard hat ausgerechnet, daß in Lille der mit einer Heirat verknüpfte finanzielle Aufwand – Hochzeitskleid, Anzug, Aussteuer, Kirchengebühren für Aufgebot und Messe, Hochzeitsessen – zahlreiche Paare von der Legitimierung ihrer Verbindung abhielt.[24] Die erforderlichen Papiere waren schwer zu beschaffen; wer vom Land stammte und in der Stadt wohnte, mußte kostspielige Anträge stellen, und vor 1850 gab es bei den Behörden keine Gebührenbefreiung für Bedürftige. 20 Prozent der Seidenarbeiter, die 1844 in Lyon heirateten, hatten zuvor bereits im Konkubinat gelebt, und die meisten von diesen (80 Prozent) wollten durch die Heirat lediglich die Kinder legitimieren, die aus ihrer vorehelichen Beziehung hervorgegangen waren. Laura Strumingher schreibt dazu: »Nach den kulturellen Normen dieser Handwerker waren sexuelle Beziehungen und die Existenz von Nachwuchs ganz offensichtlich kein hinreichender Grund zum Heiraten.«[25]

Die Stadtbevölkerung war toleranter als die Dorfgemeinschaft; die Kontrolle durch die Familie war minder bedrückend. Daß ein junges Mädchen »von seiner Jugend profitierte«, wurde um so eher geduldet, als Konkubinat und Ehe hier mehr oder weniger dasselbe waren und keine Erbschaft auf dem Spiele stand. Die junge Frau, die selber verdiente, besaß außerdem die Machtmittel, ihren Ansprüchen Nachdruck zu verleihen. Sozialforscher haben wiederholt darauf hingewiesen, wie schwierig es für eine alleinstehende Frau war, in der Großstadt ihr Auskommen zu finden. Die Konkubine befand sich daher gegenüber ihrem Lebensgefährten in der schlechteren Position und hatte es schwer, die Legalisierung ihrer Beziehung durchzusetzen, zumal der im Konkubinat lebende junge Mann in der Stadt nicht im gleichen Grade kritischem Klatsch ausgeliefert war wie auf dem Lande.

Die Art des Konkubinats hing von der Dauer des Zusammenlebens ab. 1847 waren in Paris 43 Prozent der unverheirateten Paare seit weniger als drei Jahren zusammen; man darf in diesem Fall von Ehen auf Probe sprechen. Jedoch lebten 34 Prozent der Paare seit mehr als sechs Jahren zusammen; dies verrät jedenfalls Mut und Entschlossenheit der Partner, mit gesellschaftlichen Normen zu brechen.

Neben dem Konkubinat der von Frey als »Arbeiter« rubrizierten Gruppen, das nachteilig für die Frau war, gab es das mit einem Abhängigkeitsverhältnis der Frau verbundene Konkubinat; rund ein Drittel aller Männer aus dem (Groß- oder Klein-)Bürgertum hielten eine Näherin, eine Wäscherin oder eine Verkäuferin aus. In manchen Fällen, etwa beim befristeten Zusammenschluß eines Studenten mit einer »grisette«, gehorchten die Verbindungen den Maximen vorehelicher männlicher Sexualität. Aus der Romanliteratur kennt man das Bild des munteren, treuherzigen, witzigen Mädchens, das gerne tanzen geht und einen Hauch von Unverfälschtheit, Lebenslust und Frische in die bürgerliche Welt ihres Freundes mischt. Die augenfällige Schlichtheit dieser Mädchen ließ den unvermeidlichen Bruch des Verhältnisses nach Beendigung des Studiums weniger zynisch erscheinen. Jean Estèbe zu-

Eugène Edmond Thiérry, *In der Mansarde*. Mit Behagen gönnte der Bürger des 19. Jahrhunderts dem Studenten, dem Angestellten oder dem Kommis das flüchtige Glück mit seiner kleinen Grisette in einer »sturmfreien Bude«, erinnerte es ihn doch an die zwanglosen Augenblicke seiner eigenen Erziehung des Herzens.

folge, der den jugendlichen Werdegang späterer Minister der Dritten Republik erforscht hat, schworen alle Hochschulabsolventen auf die spontane Hingabe ihrer Gefährtin, die sie als »étudiante« bezeichneten.[26] Jeder Student der École Polytechnique hatte seine »grisette«, die ihn zu Prüfungsgesprächen begleitete, und im Laufe der Jahre wurde der junge Mann durch diesen Umgang häuslicher in seinen Gewohnheiten. Sobald er das nötige Geld dazu hatte, trennte er sich von seiner Freundin und gönnte sich den Luxus einer eleganten Liaison, oder er hielt sich an die Reize einer Prostituierten.

Ein Offizier, der heiraten wollte, hatte andere Probleme: die drakonische Strenge des Reglements, die häufigen Versetzungen und die Verpflichtung, eine Mitgift zu stellen. Oft wartete er mit der Heirat, bis er pensioniert war. Man duldete es, daß er im Konkubinat lebte, vorausgesetzt, es blieb geheim und seine Gefährtin hatte einen gewissen sozialen Rang. Im Zweiten Kaiserreich begnügten sich viele Offiziere mit dieser »Übergangslösung«.[27] Die Liebe des Malers oder Bildhauers zu seinem Modell war ein Romanklischee, dessen Wahrheitsgehalt wir jedoch nicht ermitteln können, da einschlägige Untersuchungen fehlen.

Manche der auf Abhängigkeit gegründeten Verbindungen erwiesen sich dennoch als dauerhaft. Nüchtern denkende Junggesellen verspürten durchaus das Bedürfnis, »einen Hausstand zu gründen«. Damals war es für einen Mann schwierig und geradezu beschämend, häusliche Arbeiten zu verrichten, die Zeit kosteten und ständige Präsenz im Haushalt verlangten. Feuer machen, frisches Wasser holen, Abwässer beseitigen, kochen und waschen – das waren Zwangstätigkeiten, vor denen ledige Angestellte, die das Essen in billigen Restaurants satt hatten, zurückschreckten. Auf dem Land zerriß man sich das Maul über einen Mann, der sich mit derlei »Weiberkram« abgab. So bot sich das Konkubinat mit einer Dienstmagd oder die Verbindung mit einer braven, stillen und tüchtigen Frau an, wobei unklar blieb, ob ihre Ergebenheit die einer Gattin oder die einer Dienerin war. Im Gévaudan nahm der Hofbesitzer die Magd zur Konkubine und umging damit das Problem der Mitgift; solange seine finanzielle Lage sich nicht gebessert hatte, war diese Art der Gemeinschaft für ihn die einzig mögliche.

Solche aus praktischen Erwägungen getroffenen Arrangements darf man nicht mit den Amouren des verheirateten Mannes verwechseln, der bei der Magd seine Sehnsucht nach jungem Fleisch stillte. Auf dem Lande war es noch lange üblich, daß alternde Männer jungen Mädchen nachstellten. Wie wir aus Prozessen gegen Kindsmörderinnen wissen, gab es viele »Herren«, die – mit Billigung ihrer Frau, ja, sogar ihrer Schwiegermutter – die Magd, die sie geschwängert hatten, aus ihren Diensten entließen. Doch scheinen derartige Verbindungen mit einer abhängigen, mitunter käuflichen Frau beispielsweise in Nantes schon gegen Ende des 18. Jahrhunderts seltener geworden und einer neuen, von Respekt und Gefühl geprägten Beziehung gewichen zu sein. Die verheirateten Männer hielten jetzt ihre junge Freundin vom ehelichen Lebenskreis fern und brachten sie in einer eigenen Wohnung unter. Doch ist auch hier Vorsicht geboten: Marie-Claude Phan gelangt aufgrund anderer Zeugnisse zu dem Schluß, daß in dem genannten Zeit-

Pierre Jules Tranchant, *Der Bruch.* (Salon von 1808) In der Regel war es der Mann, der am Vorabend seiner Verheiratung die Initiative ergriff und eine Liebesbeziehung auflöste. Es galt, sich einer lästigen Mätresse, das heißt: eines ausgehaltenen Mädchens, zu entledigen und nach Möglichkeit Tränen und »Komplikationen« zu vermeiden. In der Belle Époque war es für den Mann von Welt weniger riskant, eine verheiratete Frau zu verführen, als sich eine Konkubine zu halten.

Karikatur in der *Assiette au beurre*, 13. April 1907. Anfang des 20. Jahrhunderts waren Abtreibungen nicht mehr auf die Sphäre der käuflichen Liebe und des Kriminellen beschränkt. Auch brave Bürgerinnen oder Arbeiterinnen mit großer Familie scheuten nicht den Gang zum Kurpfuscher oder zur »Engelmacherin«. Im übrigen war die Praxis der Abtreibung nicht so verbreitet, wie Demographen und Neo-Malthusianer aus durchsichtigen Gründen glauben machen wollten. (Paris, Bibliothèque Marguerite-Durand)

raum die außerehelichen Verhältnisse mit Dienstboten in Hochblüte standen.[28]

Wie dem auch sei – und die Vorschriften des Code civil mögen mit dieser Entwicklung zu tun gehabt haben –, während der Julimonarchie war die von einem verheirateten Mann heimlich ausgehaltene Frau ein stadtbekanntes Phänomen. Balzac seziert Lust und Qual eines solchen Doppellebens in seinem Roman *Une double famille*. Der Kult des Privaten bestimmte auch das Verhalten des Bürgers gegenüber seiner Mätresse; er wünschte bei ihr denselben Komfort zu finden wie zu Hause – angereichert um die Glut der Erotik. Dem Bild der diskret finanzierten Geliebten korrespondierte das Gegenbild der verständnisvollen, warmherzigen Gattin; beide Frauen lebten in ungeduldiger Erwartung des Mannes.

## Der Archipel der käuflichen Liebe

Ganz anders stand es um Huren und Kurtisanen. Während des Kaiserreichs und der Julimonarchie hatten die Behörden von einer Reglementierung der Bordelle geträumt und auch das »French system« entwikkelt, das bald in ganz Europa übernommen wurde – es war das Goldene Zeitalter des Freudenhauses. Das Bordell erfüllte drei Funktionen: Es diente, obschon das im Grunde verboten war, der Initiation Minderjähriger, insbesondere junger Studenten; es befriedigte den »Zeugungstrieb« jener Junggesellen, die in sexuellen Gettos hausten, weshalb die meisten Kunden aus der Arbeiterklasse kamen; es linderte – sehr diskret – die Sexualnot frustrierter Ehemänner. Gründe, den Weg ins Bordell zu suchen, gab es genug: die Zimperlichkeit unerfahrener Ehefrauen, die oft in eine unglückliche Verbindung hineingezwungen worden waren; den sexualfeindlichen Einfluß des Beichtvaters; die durch die Mutter verursachten Kastrationsängste; die häufige Unterbrechung des Verkehrs während der Menstruation, bei Schwangerschaften und in der Stillzeit; das Ende der sexuellen Beziehungen nach der Menopause; die Frauenkrankheiten; schließlich die Zwänge der Empfängnisverhütung. Hinzu kam, daß der Mann, der zu Hause den gestrengen Familienvater zu spielen hatte, sich im Bordell gehenlassen durfte. Durch die fast vulgäre »Animalität« und die schlüpfrigen Reden wurde der »Salon«, in dem sich nackte Frauen in einer Wolke billigen Parfüms feilboten, erst recht faszinierend.

Seit Pasquier die Weichen gestellt hatte, träumten die Anhänger des offiziell sanktionierten Bordells von einem Ort, an dem die Männer auf hygienische und diskrete Weise ihre ununterdrückbaren Wünsche befriedigen konnten. Es kam ihnen darauf an, dieses Sexualventil erotisch so steril wie möglich zu gestalten; sie forderten einen raschen Koitus ohne innere Gefühlsbeteiligung. Die »maison de tolérance« sollte der Tempel einer sterilen, utilitaristischen Sexualität sein – der absolute Gegenpol des Hinterhof-Puffs. Die dort beschäftigten Mädchen – unter ständiger sittenpolizeilicher und ärztlicher Kontrolle stehend und von der »Hausmutter« streng bewacht –

sollten ihre Freier befriedigen und sie sodann ihrer Familie und der Gesellschaft intakt zurückgeben.

Dieses System erreichte seinen Höhepunkt 1830, als es dem Präfekten von Paris, Mangin, für einige Wochen gelang, sämtliche Pariser Prostituierten in »maisons de tolérance« zu sperren; im Grunde jedoch hat es nie wirklich funktioniert. Es bot zu viele Schlupflöcher und konnte die heimliche Prostitution nicht unterbinden. Selbst der subtile Realismus eines Parent-Duchâtellet vermochte dagegen nichts auszurichten; die illegalen Hinterhof-Puffs bestanden weiter; es gab die bedauernswerten »pierreuses«, die sich auf einer Baustelle oder in einem Graben an der Stadtmauer für ein paar Sous verkauften; Soldatenbräute trieben sich, in ständiger Furcht vor den Behörden, vor den Garnisonen herum. So herrschte ein ewiger Kreislauf zwischen den offiziell geduldeten Freudenhäusern, die im Lichte standen, und den zwielichtigen Absteigen im Schatten.

Unterdessen verfestigte sich ein sexuelles Bild von der proletarischen Frau, das von Schmutz und Gestank, Krankheit und Tod geprägt war – ein Bild, von dem die akademische Geschichtsschreibung sich bis heute nicht frei gemacht hat. Es ist an der Zeit, daß wir uns auch der dionysischen Funktion jener vulgären Vergnügungen widmen, die die Behörden in die Unterwelt verbannen wollten.

Ausgehaltene junge Frauen von einfacher Herkunft, die es verstanden, sich zu emanzipieren und ihre Reize gezielt einzusetzen, konnten es als Mätressen erstaunlich weit bringen. Kleine Krämerinnen leisteten Kupplerdienste und arrangierten Verabredungen für ihre weiblichen Schützlinge. Im Schatten der Julimonarchie feierten die »Kokotten« und »grandes horizontales« der folgenden Generation Triumphe; doch wissen wir über diese Vorgeschichte der Glanzzeit des Kaiserreichs noch zu wenig.

## Das Ehebett

Wenden wir uns zuletzt der ehelichen Sexualität zu. Sie war in diesem Jahrhundert der Jungfräulichkeit Gegenstand der Sehnsüchte ebenso wie der Ängste aller erwachsenen Mädchen und Endpunkt des ungebundenen Junggesellendaseins für alle Männer, die die erträumte Initiation in das Liebesleben zur Genüge genossen hatten. Für die zeitgenössische Literatur war das Ehebett kein Thema – sei es, weil sie sich nicht über die Schwelle zu diesem Heiligtum wagte, sei es, weil sie das, was sich dort abspielte, nicht hinreichend pikant fand. Die historische Bevölkerungsforschung errechnet Fruchtbarkeitszyklen, was uns wenig Aufschluß über die hedonistischen Praktiken beim ehelichen Beilager gibt. So müssen wir uns an die nebulösen Diatriben der Kirche und an die ärztlichen Normen halten, die schon verräterischer sind. Bei aufmerksamer Lektüre der Quellen werden einige Hauptpunkte deutlich. Der wichtigste ist die Bedeutung der sexuellen Initiation der Frau in der Hochzeitsnacht; das gilt für das gesamte 19. Jahrhundert. In dieser Nacht bekundete die Frau Scham, Angst und Unwissenheit, wie die

Théophile Alexandre Steinlen, *Die Razzia.* Das System der legalisierten Prostitution konnte nur funktionieren, wenn es gelang, die registrierten Prostituierten am »Fremdgehen« und die nicht registrierten am »Anmachen« zu hindern; außerdem erforderte es regelmäßige Razzien der Sittenpolizei. Dieses Vorgehen stieß auf die heftige Kritik jener, die die Legalisierung der Prostitution ablehnten, zumal es immer wieder vorkam, daß die Polizei bei Razzien auch unbescholtene Frauen festnahm.
(Paris, Bibliothèque Nationale)

Ärzte einhellig betonten. Daher war man darauf bedacht, die peinliche Episode der Defloration vor den Augen der Familie zu verbergen – eine Sorge, die zum Teil die Beliebtheit der Hochzeitsreise erklärt. Die Initiation erfolgte oft brutal, wie zahllose Beobachter bezeugen; die Männer hatten bis zu dieser Nacht gewartet, bevor sie sich dekuvrierten. Noch 1905 bemerkt Dr. Forel, daß die Bräutigame unter seinen Patienten es mit Rücksicht auf die guten Sitten vermieden, über ihre sexuellen Bedürfnisse zu sprechen.

Von nun an war es die Aufgabe des Gatten, die Lust seiner Gefährtin zu kanalisieren. Wie jede Frau konnte sie, auch ohne es zu wissen, eine hemmungslose Sinnlichkeit entwickeln; nur eine wohldosierte Sexualität war geeignet, ihr die Qualen der Nymphomanie oder das häufigere Problem der »Enervierung« zu ersparen. Zum Glück, so glaubte man, war das sinnliche Begehren des Weibes nicht von Anbeginn wirksam, sondern mußte geweckt werden. Dem Ehegatten wurde also von der Medizin eine schwere Verantwortung aufgebürdet. Man kann sich deshalb die Verblüffung des jungen Mannes, der entdecken mußte, daß seine Frau sexuell erfahrener war, als er gedacht hatte, unschwer ausmalen. Aus vielen Berichten ist uns das Drama der ersten Nacht bekannt. Bei der jungen Madame Lafarge, die 1839 heiratete, spielte es sich in einem öden Provinzhotel ab; der Geschlechtsakt blieb unvollzogen und hatte den Charakter einer Vergewaltigung. Ein halbes Jahrhundert später erlitt Zélie Guérin, die Mutter der hl. Theresia vom Kinde Jesu, bei ihrer Initiation einen regelrechten Schock.

Die Ärzte warnten unermüdlich vor der »Schwächung« des Mannes durch den Sexualakt. Gemäß der Mentalität der herrschenden Klasse plädierten sie für sparsame Verausgabung des Spermas. Auch der eheliche Beischlaf mochte, zu häufig ausgeübt, die Gesundheit des Mannes

Édouard Gelhay, *Die Heimkehr des Gatten.* (Salon von 1906) Vor den Besuchern des Salons von 1906 verkündete dieser Maler unverblümt die Erotisierung des Ehelebens. Kein Sofa, kein üppiger Luxus, keine anzüglichen Nippsachen betonen hier die Innigkeit des Kusses. In dem Salon des Paares wohnt der Betrachter dem Liebesvorspiel bei.

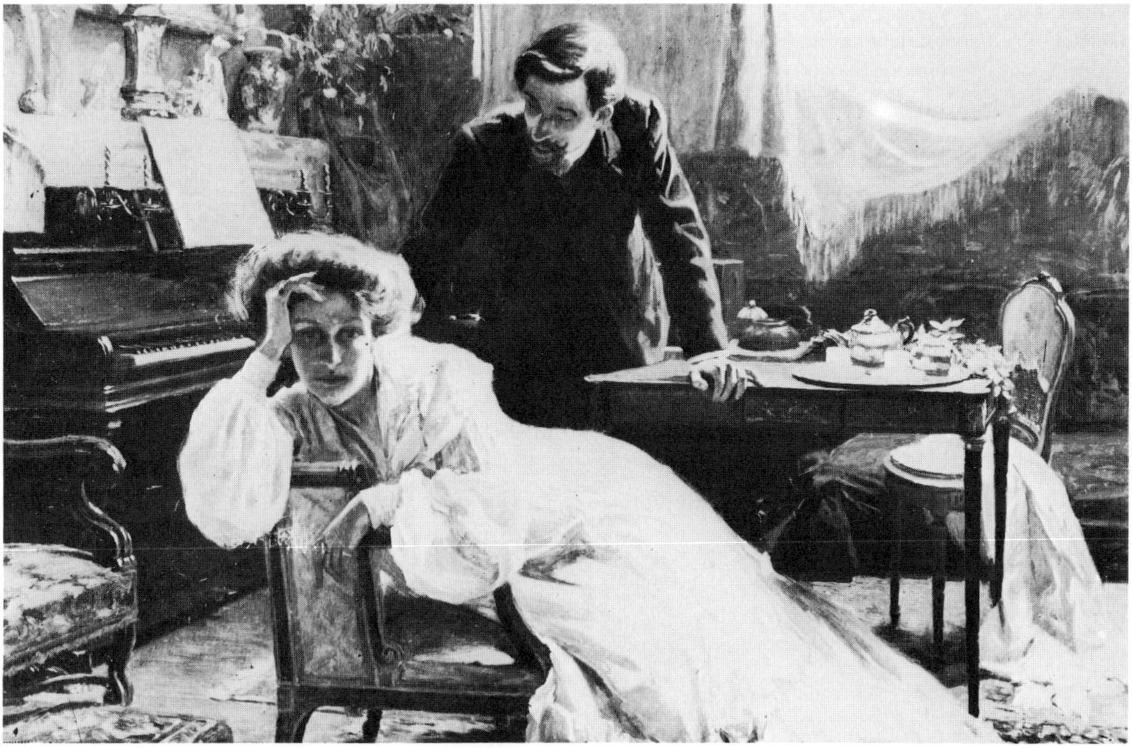

zerrütten. So gab es eine Reihe von Vorsichtsmaßregeln, die auf das Alter des Gatten abgestimmt waren. Diese Ratgeber-Literatur, die ausgiebig aus den älteren Werken eines Lignac oder Nicolas Venette schöpfte, regelte auch die Häufigkeit des ehelichen Verkehrs, ohne daß man freilich wüßte, wie strikt die Männer sich an die Empfehlungen gehalten haben. Dem Geschlechtsverkehr im Alter stand die Ärzteschaft ablehnend gegenüber. Für die menopausale Frau war ebenso wie für die unfruchtbare der Koitus nicht nötig; beide bewiesen jedoch einen unersättlichen Liebeshunger, der durch keine Schwangerschaft gestillt werden konnte und für den Mann daher um so gefährlicher war. Der Mann sollte seine Sexualbetätigung nach Ansicht vieler Ärzte nicht über das 50. Lebensjahr hinaus ausdehnen; danach beschleunige sie seinen Tod.

Der Erfolg des Fortpflanzungsaktes hing nach allgemeiner Überzeugung von der Heftigkeit des Koitus ab. Die Medizin war weit davon entfernt, die zärtliche Langsamkeit und Raffinesse der Liebesumarmung zu schätzen; für sie hing die Qualität des ehelichen Verkehrs von der eruptiven Kraft und Schnelligkeit des Mannes ab. Das Problem der für die Frau überaus enttäuschenden vorzeitigen Ejakulation stellte sich für die Ärzte nicht. Allerdings erörterten sie immer wieder den unbeabsichtigten Samenabgang. Auf jeden Fall war die Kürze des ehelichen Beischlafs für das ganze Jahrhundert bezeichnend, der gleichzeitige Orgasmus der Partner scheint die Ausnahme gewesen zu sein – bei den bürgerlichen Patienten Forels kam er noch 1905 äußerst selten vor.

Frédéric Louis Levé, *Leichte Trübung*. (Salon von 1907) Alles deutet darauf hin, daß hier ein Ehestreit bevorsteht; das Bild verrät in allen Stücken das wachsende Interesse an der Psychologie des Gefühlslebens. Es entspricht dem diskret-erotischen Roman, den Paul Bourget kreierte und der von den erfahrenen Frauen verschlungen wurde.

Félicien Rops, *Die Massage*, 1870/80. (Paris, Ordre National des Pharmaciens, Sammlung Bouvet)

Im 19. Jahrhundert schenkte man der Lust des anderen beim Sexualakt noch wenig Aufmerksamkeit. Als gegen Ende der Julimonarchie die Mechanismen des Eisprungs entdeckt wurden, war der schlüssige Beweis erbracht, daß die Frau eben nicht lediglich »Gefäß« war, wie Aristoteles geglaubt hatte; vielmehr war sie, wie Galen geahnt hatte, aktiv an der Empfängnis beteiligt. Indessen mußte sie, entgegen der Lehre des griechischen Arztes, dabei keine sexuelle Befriedigung empfinden. Der Automatismus des Eisprungs ermutigte zur Rücksichtslosigkeit gegen das weibliche Lustempfinden. Die wissenschaftliche Entdeckung der Ovulation rechtfertigte den sexuellen Egoismus des Mannes, erzeugte ein für den weiblichen Orgasmus ungünstiges Meinungsklima und begründete die Feindseligkeit gegen die »überflüssige« Klitoris. Immerhin darf man nicht übersehen, daß die Entdeckung der Ovulation auch eine befreiende Wirkung hatte, jedenfalls für jene Frauen, die bisher von der Notwendigkeit eines Orgasmus bei der Empfängnis überzeugt gewesen waren und sich aus Furcht vor einer ungewollten Schwangerschaft zum Lustverzicht beim Geschlechtsverkehr gezwungen hatten. Noch gegen Ende des Jahrhunderts gab es ungläubig staunende Frauen, die niemals in ihrem Leben einen Orgasmus erlebt hatten und deshalb nicht fassen konnten, daß sie schwanger waren – ein weiterer Beweis dafür (falls es dessen noch bedurft hätte), daß zwischen naturwissenschaftlicher Erkenntnis einerseits und Alltagspraxis andererseits ein Abgrund klaffte.

Kult der Jungfräulichkeit, romantische Verklärung der Frau zum Engel und Überbewertung der weiblichen Schamhaftigkeit ließen dem frommen Bürger das eheliche Schlafzimmer samt dem Bett als ein Sakrament erscheinen, als einen Altar, auf welchem das heilige Gebot der Fortpflanzung vollstreckt wurde. Der junge Auguste Vacquerie stellte im Schlafzimmer seiner Léopoldine einen Betstuhl auf; das Ensemble aus Ehebett, Kruzifix und Betgelegenheit betonte den religiösen Charakter des Zimmers. Schamhaftigkeit nötigte dazu, den Liebesakt im Dunkeln und fern von jedem Spiegel zu vollziehen; die Ärzte empfahlen zudem, sich nur der sogenannten Missionarsposition zu befleißigen; allerdings hielten sie, wie ihre Kollegen aus dem 18. Jahrhundert und übrigens auch die Theologen, jede Stellung für erlaubt, die die Empfängnis erleichterte, und duldeten daher auch den Koitus a tergo.

Es fragt sich, inwieweit die Spiele der Wollust, die der Gatte in den sozialen Randzonen der Sexualität kennengelernt hatte, seine Aktivitäten im Ehebett beflügelten. Wie weit durfte der Mann die Kühnheit treiben und die Frau ihre Lust offenbaren, ohne daß der eine Partner die Schamhaftigkeit des anderen verletzt und seine Verachtung oder seinen Widerwillen herausgefordert hätte? Welche Formen der Wollust gestatteten sexuell entflammte Gatten einander, ohne Rücksicht auf die Gefahr von Krankheit oder Verdammnis zu nehmen? Die Quellen schweigen sich darüber aus: In Scheidungsprozessen wurde niemals mit sexueller Disharmonie argumentiert, es sei denn, sie firmierte als »seelische Grausamkeit« oder »Körperverletzung«. Es dauerte bis zur Jahrhundertwende, bevor Frauen den Mut hatten, öffentlich zu bekennen, daß sie sich weigerten, Fellatio zu praktizieren.

## Die Gefahr des Anachronismus

Während heutzutage die Sexualität im Mittelpunkt jeder Ehe steht, bildete sie im vorigen Jahrhundert nur die Folie des ehelichen Lebens. Adeline Daumard hat nachgewiesen, wie krisenfest der bürgerliche Hausstand war, der in der Regel der Erhaltung ererbten Wohlstands diente. Die zahllosen Schenkungen unter Lebenden und testamentarischen Verfügungen, die, sofern die Kinder auf eigenen Füßen standen, dem überlebenden Ehegatten den größten Teil des Vermögens vermachten, zeugen von Zuneigung zwischen den Gatten. In diesen Kreisen kam es kaum vor, daß ein kinderloser Mann seine Frau leer ausgehen ließ. Schon aus der Art, wie die Testamente formuliert sind, spricht dieselbe Zärtlichkeit zwischen Mann und Frau, auf welche auch die enorme Seltenheit von Ehescheidungen im 19. Jahrhundert schließen läßt.

Über die Sexualität in der bäuerlichen Ehe wissen wir wenig, doch sollten wir uns davor hüten, allzu unkritisch auf dem angeblichen Mangel an Intimität und auf der Promiskuität der bäuerlichen Familie zu beharren. Auf dem Land war der Liebesakt nicht auf das Schlafzimmer beschränkt; in der Scheune, auf dem Speicher oder im Wald konnte man jederzeit heimlich seine Lust befriedigen. Hier gab es vorläufig

Félicien Rops, *Hommage au Pan*. (Musée Royal de Mariemont; Namur, Musée Félicien-Rops)

weder Unterwäsche noch raffinierte Korsetts, noch Intimhygiene, und die komplizierten bürgerlichen Hemmungen und Abneigungen beim Geschlechtsverkehr waren unbekannt. Gleichwohl darf man, worauf Martine Segalen mit Recht hinweist, die Zärtlichkeit der bäuerlichen Gattenliebe nicht unterschätzen. Die gemeinsam verrichtete schwere körperliche Arbeit, die Solidarität bei der Aufgabenverteilung und die Aufzucht der Kinder scheinen zwischen den Ehegatten ein Band geknüpft zu haben, das fest und dauerhaft war. James Lehning hat für die damalige Zeit bei den Bauern des Dorfes Marlhes im Tal der Loire eine erhebliche Zunahme der ehelichen Zugewinngemeinschaft sowie der Schenkung zwischen Ehegatten registriert.[29]

## Der Siegeszug der Sexualität

Um 1860 fängt die Geschichte der modernen Sexualität an. Ein unterirdisches Grollen erschütterte die traditionelle Kultur; die erotische Vorstellungswelt wandelte sich. Der Bürger, eingeschlossen in seiner Privatheit, beginnt, unter seiner Moral zu leiden: Die Fata Morgana der animalischen und freien Liebe bei den Unterschichten verlockte ihn zur Flucht aus der etablierten Gesellschaft; die Prostitution wurde zu einer neuen, lustvoll-dunklen Versuchung. Zola machte sich zum Anwalt dieses Leidens; der herzzerreißende Monolog des Industriellen Hennebeau, der seine jungen Angestellten gierig beim Liebesspiel belauscht, verrät die Intensität dieser verzweifelten Sehnsucht nach einer anderen Sexualität: »Wie gern wäre er wie sie vor Hunger krepiert, wenn er sein Leben noch einmal hätte leben können, mit einer Frau, die sich ihm aus ganzem Herzen und mit brennendem Schoß auf Kieselsteinen hingab.«

### Die Verwandlung der erotischen Vorstellungswelt

Der romantische Liebescode zerfiel, und damit verlor die sexuelle Grenzüberschreitung für die Frau das Beunruhigende und Erregende; die Verführung wurde etwas Alltägliches. Der moderne Don Juan war keine mythische Gestalt mehr, sondern zeichnete sich durch eine merkwürdige Passivität aus. Bel-Ami hatte es nicht mehr nötig, Gefühle zu heucheln. Statt in Leidenschaft zu verfallen, fürchtete man jetzt »Komplikationen«. Gleichzeitig wuchs die Angst des Mannes vor »dem Weib«. Führende Persönlichkeiten, die nach der Niederlage Frankreichs im Deutsch-Französischen Krieg und unter dem Eindruck der Pariser Commune das Schreckgespenst einer Entfesselung der bisher mühsam gebändigten weiblichen Sexualität heraufziehen sahen, versuchten eine moralische Ordnung herzustellen, die sich freilich als unwirksam erwies. Der schreckliche Gedanke, daß das niedere Volk mit seiner Animalität das Bürgertum erfassen und anstecken konnte, weckte sexuelle Ängste. Auch die Literatur griff das Thema Prostitution auf; Zola schilderte in *Nana* jene neuartige Zirkulation des Lasters in der Gesellschaft, die Maxime Du Camp wortreich geißelte. Es ent-

*Das Feigenblatt*. Das Gesamtwerk von Félicien Rops kündet vom beginnenden Zeitalter der Sexualität. Das Weib in seiner bedrohlichen Nacktheit und seiner von Tragik umwitterten Schamlosigkeit beschäftigte die Phantasie des Mannes, der sich von dem entfesselten weiblichen Begehren bedroht fühlte.
(Musée Royal de Mariemont; Namur, Musée Félicien-Rops)

stand ein neues, letzten Endes beunruhigendes Szenario der Verführung durch das Weib. Vorbei war es nun mit den strahlenden Augen und dem zum Himmel gewandten Blick, mit den engelweißen Gewändern, den Tränen, Seufzern und verschämten Schwüren heißer Leidenschaft; die neue Frau verstand es, ganz unverhohlen das sexuelle Begehren zu provozieren, und hüllte sich wieder in die Wolken schweren Moschusduftes. Die »Halbwelt« wurde zum Faszinosum, und schon bald suchte die Verführerin, umschlungen von Lianen und exotischen Pflanzen, sich zur hieratischen Prinzessin aus Elfenbein oder Alabaster zu stilisieren.

Parallel zu dieser Entwicklung bildete sich eine »scientia sexualis« heraus, die in einer taktischen Neubegründung der Enthaltsamkeit mündete. Eine erste Generation von Sexualwissenschaftlern – von Moll bis zu Hirschfeld, von Féré bis zu Binet, von Krafft-Ebing bis zu Forel – gliederte das Feld der Erotik, kodifizierte Perversionen und verwarf Verhaltensweisen als pathologisch, die noch vor kurzem lediglich der Amoralität verdächtigt worden waren. Die kommende Herrschaft des Sexuellen zeichnete sich ab. Auch die häusliche Sphäre erlebte eine Erotisierung; zugleich wurde sie das Epizentrum des bevorstehenden großen Bebens.

## Der Flirt als schöne Kunst betrachtet

Gegen Ende des 19. Jahrhunderts kam in der bürgerlichen Jugend das Flirten, das die voreheliche Sexualität veränderte und künftige Umwälzungen vorbereitete, in Schwang. Zu der Gesamtheit dieser Verhaltensweisen, die das Liebesleben der Jugend ein Jahrhundert lang bestimmen sollten, liegen noch keinerlei wissenschaftliche Forschungen vor. Anstatt nun auf eine literarische Figur wie die »demi-vierge« zu pochen, die bei Marcel Prévost als Maud de Rouvre erscheint, hören wir lieber einem Fachmann, Auguste Forel, zu, der diese neuen Praktiken beschrieben hat. Demnach übernahm der Flirt vom romantischen Liebescode die Verpflichtung zu anfänglicher *Distanz*. Unser Gewährsmann unterstreicht die Bedeutung des Blickkontakts vor der ersten Begegnung. Der zärtliche Blick war gleichsam der erste Schritt auf einer klar abgesteckten Bahn. Die scheinbar zufällige Berührung zunächst der Kleidung und dann der Haut des anderen sowie der Händedruck fungierten als Präliminarien. Dann suchten und fanden einander Ellenbogen und Knie – bei Tisch, im Coupé oder im Eisenbahnabteil. Danach begann das »Liebesspiel«, das Küssen, Liebkosen und Streicheln. Laut Forel führte dieses kundige Wecken der Lust häufig zum »Orgasmus ohne Koitus«. Viele junge Leute vermieden es, »sich durch Worte zu verraten«; im Flirt spielte sich erstaunlicherweise das »stumme Zwiegespräch des Sexualtriebs« ab.

Diese neue Version des Liebesspiels hatte schon bald ihre bevorzugten Schauplätze: den Kurort am Meer, das Seebad, die Spielbank, das »Grand Hotel«, das Sanatorium. Der Flirt respektierte Tugend und Schamhaftigkeit und besänftigte doch die Begierde. Deshalb spielten auch verheiratete Frauen begeistert mit; sie ließen ihre Sinnlichkeit durchscheinen, ohne sich wirklich zu kompromittieren. Außerdem verlangte die neue Erotik Zartgefühl; sie affizierte jedes Raffinement und jeden Reiz der Sinne. Der Flirt, graziös und charmant, erlaubte es den Partnern, ihre geistigen und künstlerischen Fähigkeiten zu entfalten. Er bestimmte von nun an das Verhalten Verlobter. Laut Forel hatte er sogar schon seine »Opfer«, nämlich Männer und Frauen, für die er an die Stelle der Liebe und des Beischlafs trat. Aus heutiger Sicht erscheint der Flirt als ein Übergangsverhalten: Das flirtende Mädchen, ein Mittelwesen zwischen »dummer Gans« und emanzipierter Frau, konnte ein Begehren stillen und eine Lust bekunden, die offen einzugestehen noch immer schwierig für es war.

Die Gelehrten streiten seit langem über das Verhältnis des Flirts zu anderen Formen vorehelicher Sexualität. Während Edward Shorter im Flirt ein neuartiges Handlungsmuster zu erkennen meint, vertritt Jean-Louis Flandrin die klassische These, wonach der aus der Vendée bekannte Brauch des »maraîchinage«, das heißt, die bis zur gegenseitigen Masturbation gehenden stummen Liebkosungen eines unter einem großen Regenschirm im Graben hockenden Liebespaares, nichts anderes als das Relikt uralter Sexualpraktiken der Jugend ist.[30] Das ist ohne Zweifel richtig. Allerdings darf man nicht übersehen, daß der »maraîchinage«, den Dr. Baudoin um 1900 (ebenso wie ein Priester aus der Vendée um 1880) als »Brauchtum« einstufte, möglicherweise dem Einfluß bürgerlicher Verhaltensweisen unterlag. Flandrin behauptet ziemlich vorschnell, dergleichen habe es im Bürgertum nie gegeben; bei kulturellen Modellen sind jedoch wechselseitige Anleihen und Zirkulation nicht zu unterschätzen. So stellte Forel 1905 fest, daß der bürgerliche Flirt wie eine Sturmflut die untersten Volksschichten erfaßt hatte – in seinen Augen eine plumpe Imitation kultivierten Eliteverhaltens. Es ist also durchaus denkbar, daß der »maraîchinage« eine Wiederbelebung und Verfeinerung unter dem Eindruck von Oberschichtmodellen erfahren hatte.

## Die Erotisierung der Ehe

Das Flirten ließ die eheliche Sexualität in einem neuen Licht erscheinen: Es versteht sich von selbst, daß die »demi-vierge« das Ehebett mit anderen Aspirationen bestieg als die »dumme Gans« aus den Zeiten der Julimonarchie. Das Eingeständnis von Lustgefühlen war den Frauen nicht mehr so streng untersagt wie früher. Im letzten Viertel des 19. Jahrhunderts entwickelte sich zwischen Ehepartnern ein eher geschwisterlicher Konsens; weder vorehelich erworbene Sexualerfahrungen noch die Verdikte des Beichtvaters traten jetzt störend zwischen Mann und Frau. Das neue Paar entsprach dem Bild der neuen Gesellschaft, wie es die Propheten der neuen Herrschaftsordnung malten, die im übrigen auch – wie Camille Sée – jungen Mädchen den Zugang zur höheren Schulbildung ermöglichen wollten. Die Ehegatten pflegten einander nun mit »Lieber« bzw. »Liebes« anzureden, und die junge Frau delektierte sich unbefangen an der geheimen Erotik der aktuellen Moderomane.

Zwischen einem erfahrenen Mädchen und einem auf die Lust seiner Partnerin bedachten jungen Mann konnte ein neuartiges erotisches Einvernehmen, eine Gemeinsamkeit der Ekstase entstehen, die nichts mit dem egoistischen Sexualakt früherer Epochen zu tun hatte. Manche Moralisten und Pädagogen unterstützten diesen Wandel. 1903 verfaßte ein Dr. Burlureaux im Hinblick auf die Gefahr venerischer Erkrankungen eine kleine Aufklärungsbroschüre für junge Mädchen. Die »Société de Prophylaxie Sanitaire et Morale« griff auf Betreiben von Erzieherinnen und Müttern die Idee auf. Der Rektor von Paris, Louis Liard, wurde unter Druck gesetzt, weigerte sich aber, Sexualkunde in den öffentlichen Lehrplan für Mädchen aufzunehmen, um nicht seinen politischen Gegnern Munition zu liefern.

Schon 1878 war ein Buch von Dr. Dartigues mit dem Titel *De l'amour expérimental ou des causes de l'adultère chez la femme au XIX^e siècle* erschienen, das ein Plädoyer für den weiblichen Orgasmus enthielt; in diesem erblickte der Autor das beste Mittel gegen den grassierenden Ehebruch. Gleichzeitig empfahlen Dr. Montalban und einige seiner Kollegen den Ehemännern Behutsamkeit und Zärtlichkeit beim Umgang mit ihrer Frau; neu war auch, daß sie dem Aspekt der weiblichen Lust erhöhte Beachtung schenkten. Gewiß dürfte es sich hier um die Verhaltensweisen einer Minderheit gehandelt haben; aber sie standen mit den Fortschritten der Empfängnisverhütung im Einklang. Diese neuen Methoden verhalfen einer erotischen, lustorientierten Sexualität auf Kosten einer genitalen, rein zeugungsorientierten Sexualität zum Durchbruch.

Die Hersteller von Pessaren und anderen empfängnisverhütenden Mitteln waren in einer der großen Geschäftsstraßen von Paris konzentriert. Zu Beginn des Jahrhunderts befanden sich die Anbieter von Präservativen in den Kolonnaden des Palais Royal. (Paris, Musée d'Histoire de la Médicine)

## Techniken einer Lust ohne Risiko

Seit Ende der 1850er Jahre begannen die Mediziner, einen heftigen Feldzug gegen die »Onanie in der Ehe« zu führen. Dr. Bergeret zählte 1857 die diversen Praktiken auf, die bei seiner Klientel in Arbois im Schwange waren. Gebräuchlich war vor allem der Coitus interruptus. Die Selbstbeherrschung, die diese Verhütungstechnik erforderte, entsprach jener moralischen Autonomie des Individuums, die die Neukantianer als geistige Väter des republikanischen Schulwesens propagierten. Bergeret verurteilte aber auch die gegenseitige Masturbation, die er als »schändlichen Gunstbeweis« abqualifizierte, ferner die Fellatio bzw. den »oralen Coitus« sowie den »analen Coitus«, der, wenn man Dr. Fiaux glauben darf, häufiger war als die Fellatio. Die Reichen benutzten Kondome, während die Arbeiter an dem Aberglauben festhielten, daß der Geschlechtsverkehr im Stehen die Gefahr einer Schwangerschaft banne.

Gegen Ende des Jahrhunderts traten die Neo-Malthusianer auf den Plan und propagierten die Geburtenkontrolle. Auf Betreiben Paul Robins und Eugène Humberts riefen die »Ligue de la Régénération Humaine« (1896) und die Gruppe um die Zeitschrift *Génération consciente* (1908) zum »Streik der Bäuche« auf. Die Neo-Malthusianer trugen ihre

Anschauungen bis in die Reihen der Arbeiter. Ihre Propaganda erreichte vorwiegend das Proletariat im Norden Frankreichs, jedoch auch im XX. Arrondissement in Paris[31]; verschiedene Präfekten beobachteten, daß die Werktätigen jetzt mit Informationen über Techniken der Empfängnisverhütung schier überschüttet würden. Prospekte und Broschüren klärten über mechanische Methoden auf, die zuverlässiger und weniger unangenehm als der Coitus interruptus waren; die Patienten von Dr. Forel zeigten sich über diese Methoden wohlinformiert. Manche Frauen spülten nach dem Beischlaf die Scheide mit warmem Wasser, das mit Essig versetzt war; andere führten einen desinfizierenden Schwamm in die Vagina ein. Ein eleganteres Verhütungsmittel war das »Okklusivpessar«; es bestand aus einer Gummimembrane, die von einem beinernen Ring umschlossen war. Für diese Methode entschied sich Marthe auf Anraten ihres Arztes. Das Gummikondom kam erst allmählich in Gebrauch; es war minder kostspielig als das Kondom aus tierischer Dickdarmhaut und außerdem reißfester. Die Empfängnisverhütung entwickelte sich also gleichzeitig mit der Intimhygiene; der »Pariser« lag fortan griffbereit neben dem Bidet.

Mit den Fortschritten der antiseptischen Methoden nahm seit 1882 die Zahl der Ovariektomien sprunghaft zu. Professor Péan vom Hôpital Saint-Louis nahm zwischen Januar 1888 und Juli 1891 nicht weniger als 777 dieser Operationen vor; die meisten seiner Patientinnen stammten aus den Unterschichten. Ein empörter Dr. Étienne Cam schätzte 1897, daß allein in Paris 30 000 bis 40 000 Frauen auf diese Weise »kastriert« worden seien, und Zola geißelte diesen »großen Betrug« in der Ehe (der den Mann um die Fruchtbarkeit seiner Frau »betrog«) in seinem Roman *Fécondité*. Es gab allerdings einen noch schlimmeren chirurgischen Eingriff – benannt nach Baldwin Mari –, dem sich etliche Frauen unterzogen und der wohl unzählige Opfer gekostet hat, nämlich die Einsetzung einer künstlichen Vagina.

Gleichwohl mußte, wer Ende des 19. Jahrhunderts konsequent Empfängsnisverhütung praktizieren und dem frönen wollte, was Guy de Téramond 1902 die »ewige Anbetung« genannt hat, die Verbote der Beichtväter und der Ärzte ignorieren. Die meisten Ärzte waren weiterhin davon überzeugt, daß der »Betrug in der Ehe« alle möglichen Erkrankungen zur Folge hatte. Auf die Frau, deren Sexualdurst nicht durch die männliche Samenflüssigkeit, insbesondere jedoch nicht durch eine Reihe von Schwangerschaften gestillt wurde, warteten »erschreckende Blutungen« (Bergeret), Magenkrämpfe, Auszehrung, »Enervierung« und seelische Störungen. Diese Meinung wurde von den meisten Patientinnen geteilt. Die Familie von Marthe machte sich Sorgen, daß deren Mann sie durch die Befriedigung ihrer Sexualgelüste überanstrenge; und als Marthes Mutter erkannte, daß das weibliche Temperament ihrer Tochter nicht durch eine Schwangerschaft zu sättigen war, fürchtete sie um Marthes geistige Gesundheit und um ihre Lebenserwartung. Die Angehörigen des Gatten wiederum munkelten, daß Marthe ihrem Mann das Mark aus den Knochen söge.

Unklar bleibt, auf welche Weise empfängnisverhütende Methoden in der Bevölkerung propagiert wurden. Obwohl die Kampagne der Neo-

Malthusianer nicht alle Schichten erreichte, nahm der »Betrug in der Ehe« sprunghaft zu, wie eine 1911 von Dr. Jacques Bertillon durchgeführte Erhebung zeigt. Häufiger Umgang des Mannes mit Prostituierten, die von jeher gewohnt waren, die Empfängnis mit Hilfe von Spritzen zu verhüten, trug zweifellos zur Verbreitung rein erotischer Sexualpraktiken bei.

Während beim kleinen grundbesitzenden Bauern der Coitus interruptus noch lange bevorzugt wurde, sah der Arbeiter in der kontinuierlichen Fruchtbarkeit seiner Frau einen Beweis seiner stolzen Männlichkeit. Diese Einstellung, verbunden mit der Gleichgültigkeit vieler Männer, war der Verbreitung der Empfängnisverhütung lange hinderlich. Trotzdem entwickelte sich in diesen Kreisen seit den 1880er Jahren das, was Angus MacLaren den »häuslichen Feminismus« genannt hat, obwohl das Infektionsrisiko bei Entbindungen abgenommen hatte.[32] Es bildete sich eine weibliche Solidarität – der Mutter mit der Tochter, der Matrone mit der jungen Schwangeren – heraus, die der Frau erlaubte, Einfluß auf das Wachstum ihrer Familie zu nehmen. Arbeiterfrauen waren im Gebrauch der mechanischen Mittel der Empfängnisverhütung weniger erfahren als ihre bürgerlichen Geschlechtsgenossinnen; sie verstanden es auch nicht, ihren Mann zum »trockenen Coitus« zu veranlassen, und wählten daher mit Vorliebe den Ausweg der Abtreibung. Wenn weder exzessive körperliche Betätigung noch Kräutertränke, noch Spritzen etwas halfen, dann gingen sie zu einer der zahllosen »Engelmacherinnen«, die es in den Städten gab. Viele Frauen nahmen sogar selbst den Eingriff an sich vor und fanden sich wenig später im Krankenhaus wieder.

Die öffentliche Meinung zeigte sich mehr und mehr permissiv, weshalb am Vorabend des Ersten Weltkriegs die Zahl der Abtreibungen enorm anstieg. Fachleute schätzen, daß jedes Jahr – je nach Art der Berechnung – 100 000 bis 400 000 Schwangerschaften illegal abgebrochen wurden. Zu Beginn des 19. Jahrhunderts hatten vor allem verführte ledige Mädchen sowie Witwen (aus Angst vor der Schande) abtreiben lassen. Nun waren es vornehmlich verheiratete Frauen, die zur Abtreiberin gingen. Eine Praxis, die einst von Verzweiflung und Not diktiert war, wurde in dem Maße alltäglich, wie das Selbstbestimmungsrecht der Frau über ihren Körper an Kraft gewann.

## Der Hang zum Küchenpersonal

So hatte das bürgerliche Eheleben die Reize eines vorsichtigen Hedonismus kennengelernt; aber auch der »Hang zum Küchenpersonal« lebte jetzt wieder auf. Die Hausangestellte wurde zum sozialen Prestigeobjekt, selbst im Kleinbürgertum. In den oft recht kleinen Wohnungen entstand eine neuartige Promiskuität. Das junge Mädchen vom Lande trug die Verlockungen seines jungen, drallen Körpers in den bis dahin stillen und friedlichen Haushalt. Die »Haussmannisierung«, die in der Dritten Republik stetige Fortschritte machte, hatte das Gesinde in die Dachkammern im sechsten Stock verbannt, und nichts war für den

*Der verräterische Spiegel*, Lithographie nach Duboulez, 1863. Die ständige Gegenwart einer Hausangestellten, die stets zu Diensten und an flüchtige oder drängende Berührungen gewöhnt war, trug zur Erotisierung des privaten Raumes bei. Des Hausherrn »Hang zum Küchenpersonal« war für viele bürgerliche Ehefrauen ein Unglück, das sie mit vornehmer Zurückhaltung ertrugen, während ihre proletarischen Rivalinnen oft ungeniert und sogar aufdringlich auftraten.

Herrn des Hauses leichter als eine kurze Eskapade über die Dienstbotentreppe nach oben. Die Hausangestellte, an deren Busen Monsieur Trost suchen und sein Herz ausschütten durfte, mochte damit süße Rache an einer herrschsüchtigen Madame nehmen. Die Bürger der neuen Generation, von einem zur Familie gehörenden Kindermädchen erzogen, waren gewohnt, in alles, was mit ihrem Körper zusammenhing, Frauen aus dem Volk zu verwickeln; es war klar, daß sie sich mit Vorliebe an die junge Hausangestellte hielten, wenn die Pubertät und damit die Zeit der sexuellen Initiation herannahte. Der Körper des Dienstmädchens war nur einer von vielen, die auf dem Altar der bürgerlichen Libido geopfert wurden. Die Psychoanalyse hätte vermutlich einiges über den Fetischismus der Schürze zu sagen – dieses leicht »faß-bare« Kleidungsstück symbolisierte die Initimität der Privatsphäre und gleichzeitig die Verfügbarkeit des weiblichen Körpers. Mitunter machte die Herrin des Hauses sich zur Komplizin eines »ménage à trois«; die kranke, frigide oder verlassene Frau konnte auf diese Weise die Seitensprünge ihres Gatten oder gar ihres Sohnes auf den Bereich der eigenen vier Wände begrenzen. Eine Affäre mit dem Dienstmädchen schadete weder dem Familienvermögen noch der Gesundheit des Mannes; sie war geeignet, »Komplikationen« zu vermeiden.

Die Romanliteratur der Zeit griff die Seitensprünge des Hausherrn mit dem Personal begierig auf; Zola, Maupassant und Mirbeau schwelgten förmlich in dem Thema. Im übrigen können wir über die quantitative Verbreitung dieser Praxis nichts Genaues sagen. Die redseligen Phantasien der Schriftsteller verraten nur allzu deutlich die erotischen Projektionen von Männern, denen es der Gedanke an die Dienstbarkeit des im Hause lebenden jungen Mädchens vom Lande angetan hatte; daher ist Vorsicht geboten.

Die Sexualität mit Abhängigen kehrte noch in einer anderen Form wieder: Es gab zahllose Fabrikanten und vor allem Vorarbeiter, die ihre Machtstellung im Betrieb dazu mißbrauchten, sich junge Arbeiterinnen gefügig zu machen. Militante Arbeiterführer und namentlich die Anarchosyndikalisten äußerten wiederholt ihre Empörung über diese Neuauflage des »ius primae noctis«. Angeblich untergrub diese Schändung junger Mädchen vom Land die Moral der Werktätigen – eine Einschätzung, die nicht unberechtigt war, wie wir wissen. In Limoges führte die Agitation der Militanten zu einer Menschenjagd auf den angeblichen »Satyr« der Stadt, der regelrecht Spießruten laufen mußte. Aufgrund dieses Vorfalls kam es noch im selben Jahr zu blutigen Ausschreitungen in der Porzellanstadt.

## Die eheliche Untreue vor dem Richter

Die Erotisierung der verheirateten Frau steigerte die Furcht des Mannes vor einem Ehebruch. Die Rechtsstellung der beiden Ehegatten in diesem Punkt war sehr ungleich. Der Mann konnte bei einem Ehebruch strafrechtlich nicht belangt werden, es sei denn, er hätte mit seiner Frau *und* mit seiner Konkubine unter einem Dach gelebt. Ein solches Verhalten kam der Bigamie gleich, weil es den Bestand der Familie bedrohte. Nur in diesem Fall konnte die betrogene Frau klagen, und ihr Mann mußte unter Umständen eine happige Geldstrafe zahlen. Außerdem konnte sie die Trennung verlangen, zumal dann, wenn der Mann nicht nur Ehebruch begangen hatte, sondern gewalttätig gewesen war und seine Frau mißhandelt oder schwer beleidigt hatte. Und seit 1884 konnte die Frau die Scheidung einreichen. Der Ehebruch der Frau hingegen stellte stets eine strafbare Handlung dar, gleichgültig, wo er sich abgespielt hatte. Die Frau, die ihrem Mann untreu war, riskierte bis zu zwei Jahren Haft. Sobald der Mann die Verurteilung seiner Frau erwirkt hatte, stand es ihm frei, die Aussetzung des Strafvollzugs zu beantragen und der Schuldigen die Rückkehr ins eheliche Heim zu erlauben; er hatte durch dieses Begnadigungsrecht also das Schicksal seiner Frau in der Hand. Auch der Geliebte der Ehebrecherin mußte mit Bestrafung rechnen, woraus hervorgeht, daß der Gesetzgeber nicht bloß die Absicht hatte, systematisch das männliche Geschlecht zu bevorzugen, sondern daß er vor allem an den Schutz der Familie dachte. Gleichwohl bedeuteten diese Bestimmungen, wie Naquet gesagt hat, »eine Quasi-Ermutigung des Mannes zum Ehebruch«, zumal im Falle einer Trennung die Gattin weiterhin zu ehelicher Treue verpflichtet war, während der Mann tun und lassen konnte, was ihm beliebte, da es keinen gemeinsamen Haushalt mehr gab.

Zur Rechtfertigung dieser Ungleichbehandlung führten die Juristen

Émile Tabary, *Der Ehebruch*. (Salon von 1909) Den Ehebruch gab es nicht nur auf der Bühne, sondern auch in den Salons des Bürgertums. Hier deutet der Maler einen tragischen Ausgang an. Mit zunehmender Erotisierung der Ehe wurde der Körper, der einem anderen gehörte, immer faszinierender.

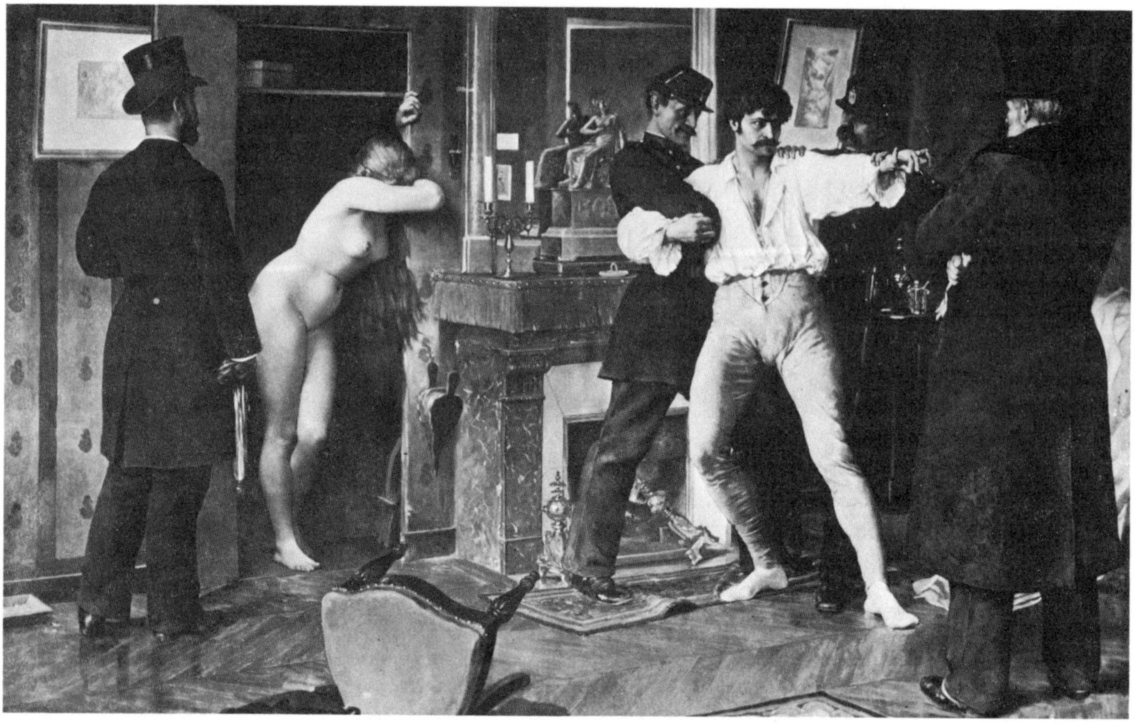

*Überführt*, 1885.
Ein Jahr, bevor dieses Bild gezeigt wurde, war in Frankreich die Ehescheidung wieder eingeführt worden. Das Gemälde behandelt ein Modethema, das auch Maupassant in *Bel-Ami* gestaltet. Wieder einmal dient der tragische Anlaß als Vorwand zur sinnlichen Präsentation weiblicher Nacktheit. Bemerkenswert willig bietet die schuldige Sünderin mit dem wallenden Haar ihren entblößten Körper den vorwurfsvollen Blicken der schwarzgekleideten Amtsperson dar, die pflichtgemäß in diese ungesetzliche Intimität einzudringen hat.
(Paris, Bibliothèque Nationale)

im wesentlichen zwei Argumente ins Feld: Der Frau als dem minderen Geschöpf stand es nicht zu, das Verhalten ihres Mannes zu kontrollieren; vielmehr mußte sie seine Treue unterstellen. Ferner brachte nur der Ehebruch der Frau, nicht jedoch der des Mannes, die Gefahr mit sich, daß die Erbgüter fremden Kindern in die Hände fielen.

Im Endeffekt rückten die Gerichte diese Asymmetrie weitgehend zurecht. Sukzessive wurden der Frau rechtliche Möglichkeiten eröffnet. Sie konnte ihren Mann belangen, wenn der Ehebruch publik geworden war oder mit beleidigendem Verhalten einherging (1828), wenn der ehebrecherische Mann die Familie im Stich ließ (1843), nicht mit seiner Frau zusammenleben wollte (1848) oder gar den Beischlaf verweigerte (1869). Anne-Marie Sohn hat festgestellt, daß zwischen 1890 und 1914 der Ehebruch der Frau nicht strenger geahndet wurde als die Untreue des Mannes[33]; so gesehen, war die rechtliche Benachteiligung der Frau reine Theorie geworden. Dazu kam, daß die Gerichte im Ehebruch mehr und mehr ein minderes Delikt sahen, dem sie nur noch untergeordnete Bedeutung beimaßen.

Bemerkenswert ist, daß zwischen 1816 und 1844 der eheliche Betrug ein sekundärer Grund für Trennungen war; vor allem bot eine Trennung der Frau die Gelegenheit, der Gewalttätigkeit ihres Gatten, die von der öffentlichen Meinung immer weniger toleriert wurde, zu entkommen. Nach 1884 waren Mißhandlungen durch den Ehemann und Geldmangel Hauptmotive für das Scheidungsbegehren der Frau.

Zahlreiche Faktoren begünstigten die Zunahme der Ehebrüche zumal im Kleinbürgertum. Erwachsene Töchter wurden endlich nicht mehr so streng bewacht wie früher; es gab bescheidene Verbesserungen in der Intimhygiene; Frauen gingen schwimmen, spielten Tennis und fuhren sogar Rad; die Menschen ließen sich ungenierter streicheln und liebkosen als früher. So fielen nach und nach die Tabus, die auf der Betrachtung und Zurschaustellung des Körpers und auf dem Sammeln erotischer Erfahrungen gelegen hatten. Die neue Sinnlichkeit in der Ehe, die Verbreitung empfängnisverhütender Methoden und der Anspruch der Frau auf sexuelle Lust, wie ihn eine Madeleine Pelletier anmeldete, ließen das Vorbild der tugendhaften Gattin verblassen. Die bessere Vertrautheit des Mannes mit den Techniken der Verführung, die Laxheit der Gerichte, die Furcht vor Geschlechtskrankheiten und die größere Diskretion beim späteren unvermeidlichen Bruch begünstigten eine Übertragung des männlichen Sexualbegehrens auf die verheiratete Frau, die leichter kennenzulernen und außerdem in Liebesdingen erfahrener war als früher.

## Das Begehren der verheirateten Frau

Die Haussmannsche Stadtsanierung ermöglichte es anständigen Frauen, aus dem Haus zu gehen und die Stadt für sich zu entdecken. Seit den achtziger Jahren durften sie, ohne Verdacht zu erregen, im Schein der Gaslaterne und später des elektrischen Lichts in einem Straßencafé sitzen. So wurde es leichter, Vorwände für ein Wiedersehen zu finden und einen Ort für ein Rendezvous zu vereinbaren. Die großen Warenhäuser ermöglichten diskretes Verschwinden. Sogar philanthropische Unternehmungen mußten als Ausrede für die Abwesenheit von zu Hause herhalten: 1897 konnte so mancher Ehemann ungläubig und überglücklich seine Gattin in die Arme schließen, die er nach dem Brand des Wohltätigkeitsbasars unter den Toten gewähnt hatte ... »Se non è vero, è ben trovato«: Bezeichnend ist, daß ein solches Gerücht überhaupt aufkommen konnte. Mietdroschken, private Räume und ein Netz von Luxusbordellen leisteten flüchtigen Umarmungen Vorschub. Die Ruhe des ehelichen Daseins wurde immer häufiger und immer länger unterbrochen. Bahnreisen, getrennte Ferien der Ehegatten, Massenwallfahrten, Aufenthalte in Kurorten und Seebädern, ja, sogar eintägige Vergnügungsfahrten mit der Bahn begünstigten das amouröse Abenteuer.

Der Ehebruch war ein beliebtes Gesprächsthema beim Nachmittagstee. In den Kreisen der hohen Politik war es üblich, sich eine Geliebte zu halten: »Die Liaison mit einer Dame von Welt konnte sogar ein positives Echo wecken.«[34] Romane und Boulevardkomödien gaben das Vorbild. Alexandre Dumas fils, Feydeau, Becque und Bataille beschworen immer wieder die ehebrecherische Liebe; bei ihnen funktioniert der »ménage à trois« mit bürgerlicher Effizienz. Dieses Arrangement erlaubte die Befriedigung der Sinnlichkeit und den Genuß einer Wollust, deren Heimlichkeit ein zusätzlicher Kitzel war; außerdem setzte der Mann dabei weder seine Gesundheit noch seinen guten Ruf aufs Spiel. Die Komödie war jedoch nicht bloß Anstiftung zum Ehebruch; sie zer-

Oswaldo Tofani, Zeichnung, 1896. Der Ehebruch konnte zur Trennung oder zu einem Verbrechen führen; er konnte aber auch mit der Verzeihung enden. Die Frau des 19. Jahrhunderts, ob reich oder arm, pflegte ihren Gatten um Vergebung zu bitten. In allen Schichten der Gesellschaft fungierte das demonstrative »Erbarmen mit den Frauen« als Gegengewicht gegen die Übermacht des Mannes.

streute mit ihrem Spott auch geheime Ängste, die aus der Infragestellung überkommener Verhaltensmuster erwuchsen. Der Mann, der an der Seite seiner Gattin über eine Komödie von Feydeau lachte, bannte die Gefahr des verlockenden Seitensprungs, der seine Familie zu sprengen gedroht hätte.

Aus emanzipierten Kreisen vernahm man sogar vorsichtige Kritik an der Institution der Ehe. Ein paar Militante begannen, die freie Liebe zu fordern. 1907 begrüßte Léon Blum ausdrücklich voreheliche Sexualerfahrungen; fünfzehn Jahre später schrieb Georges Anquetil dicke und überzeugende Bücher, in denen er das Recht beider Ehegatten, sich einen außerehelichen Partner zu halten, offen proklamierte.

Trotz allem sollte man die Häufigkeit des Ehebruchs nicht überbewerten. Große Teile der Bevölkerung machten die neue Mode nicht mit. Das Bild der tugendhaften Gattin blieb für das Bürgertum insgesamt verpflichtend. Daß die Französinnen mit Rücksicht auf die »deutsche Gefahr« an die Aufgabe Mutterschaft gemahnt wurden, verrät natürlich eine neue und andere Sorge, die gleichwohl im Dienst der herrschenden Moral stand. Bonnie Smith hebt in ihrer sorgfältigen Studie über nordfranzösische Unternehmerfrauen die Tugendhaftigkeit dieser Ehegattinnen hervor, die ihre ganze Kraft wohltätigen Werken widmeten.[35] Zwischen 1890 und 1914 führten Sittlichkeitsvereine unter Führung von Senator Béranger und Vertretern der protestantischen Kirche einen erbitterten Kampf gegen obszönes Schrifttum, anstößiges Betragen in der Öffentlichkeit und den moralischen Verfall der Truppe.

Diese Vereine scheinen unmittelbar vor dem Ersten Weltkrieg, als sich eine Welle des Nationalismus über Frankreich ergoß, einigen Erfolg gehabt zu haben. In gewissen Kreisen wurde eheliche Untreue übel vermerkt; eine leichtsinnige Ehefrau konnte die Karriere eines Verwaltungsbeamten oder Unterpräfekten ruinieren. Auch Gerüchte und selbst anonyme Verleumdungen konnten einen Beamten, von dem ja Zurückhaltung erwartet wurde, in Verlegenheit bringen.

## Das Janusgesicht der Mätresse

In der Belle Époque unterschied sich die dauerhafte Liaison gründlich von den illegitimen Amouren der freien, emanzipierten Frau; zu diesem vorläufigen Schluß kommt Anne-Marie Sohn. Die außereheliche Liebschaft folgte dem alten Muster des asymmetrischen Konkubinats; in mehr als der Hälfte der untersuchten Fälle war der Geliebte ein verwitweter oder lediger Bürger, der sich eine jener Frauen zur Mätresse nahm, die man einst »grisettes« nannte. Die ehebrecherische Frau hingegen betrog ihren Gatten mit einem Mann aus ihren eigenen Kreisen, wobei sie ihre Gunst bevorzugt einem Gleichaltrigen schenkte. Die Auswertung von Gerichtsakten läßt erkennen, daß die Frau kaum Gewissensbisse hatte, wenn sie ihren Mann diskret mit einem einzigen Geliebten betrog. Für sie war eine solche Affäre die natürliche Folge einer schlecht funktionierenden Ehe, gegebenenfalls auch die Reaktion auf die Untreue des Mannes oder dessen syphilitische Erkrankung. Kurz gesagt, diese Frauen scheinen in ihrem Herzen implizite Kritik an der offiziellen Institution der Ehe geübt zu haben. Auch die aufflammende Diskussion über die Nachteile des Dotalsystems bezeugte, daß der Merkantilismus in der Ehe jetzt mit anderen Augen betrachtet wurde als früher – allerdings eher von der Mutter der Braut als von dieser selbst, falls man der Romanliteratur glauben darf.

Die Aufdeckung des Ehebruchs der Frau hatte je nach sozialer Schicht unterschiedliche Folgen. Im Bürgertum kam man der Ehebrecherin meist durch verfängliche Briefwechsel auf die Schliche; hier legte der Mann die schmerzliche Angelegenheit in die Hände der Justiz und rächte sich mit Schikanen. Um seine Eitelkeit zu befriedigen und das Verhalten seiner Gattin zu rechtfertigen, dichtete er ihr nötigenfalls eine seelische Krankheit an. In den unteren Schichten des Volkes vertrugen es die Männer schlecht, wenn sie sich durch ihre Hörner der Lächerlichkeit preisgegeben fühlten. Sie waren dann leicht in Versuchung, gewalttätig zu reagieren, vor allem im Midi. Bei zahlreichen Strafverfahren, die in Belleville anhängig waren, ging es um beleidigende oder anzügliche Äußerungen über den Lebenswandel einer Frau. Am Abend, wenn die Leute betrunken waren, flogen in den engen Gassen wüste Beschimpfungen zwischen den Häusern hin und her. Wörter wie »Hure« oder »Lesbe« explodierten zu Schlägereien, in die die ganze Nachbarschaft verwickelt war.

Für verheiratete Frauen, gleich welcher Schicht, bedeutete die Entdeckung, daß sie betrogen worden waren, einen emotionalen Schock, ebenso die Scheidung, die daraufhin meist erfolgte. Doch verarbeiteten Frauen den Scheidungsschock im allgemeinen leichter als Männer, die nur schwer darüber hinwegkamen, daß die Frau nun ihre sexuelle Freiheit zurückerlangt hatte, und mitunter brutal wurden. Nur freie und emanzipierte Frauen wurden gelegentlich gewalttätig, wenn es zum Bruch kam. Eine Frau, die lange Jahre die Konkubine eines Witwers oder eines Junggesellen gewesen war, ertrug schwerlich, verlassen zu werden und allein der öffentlichen Mißbilligung ausgesetzt zu sein. Aus Liebe hatte sie unbedenklich dem Gerede der Leute getrotzt, und nun fiel dieses Motiv fort. Der Bruch konnte für den Mann zum Problem werden, falls die Partnerin zu heftigen Reaktionen neigte. Einige verlassene Frauen entfachten einen öffentlichen Skandal, andere schrieben rachsüchtige Briefe, wieder andere übergossen den einstigen Geliebten mit Säure.

Manchmal geschah es, daß der Mann sich seiner lästig gewordenen Mätresse auf versöhnliche Weise zu entledigen suchte, indem er ihr ein Abschiedsgeschenk machte. Der mürrische Jules Ferry überließ seinem Bruder Charles die »Abwicklung« seiner Liaison mit der hübschen blonden Näherin aus der rue Saint-Georges. Oder der verärgerte Mann suchte seiner einstigen Geliebten eins auszuwischen und zeigte sie bei den Behörden an. In manchen Fällen sah er keinen anderen Ausweg, als sie umzubringen. Dabei hatte er die öffentliche Meinung auf seiner Seite; denn eine Frau, die sich an den Mann klammerte, wurde scheel angesehen. So erstaunt es nicht, daß Männer, die vor der Ehe eine Liaison mit einer emanzipierten Frau gehabt hatten, danach den diskreten Ehebruch vorzogen.

## Die Illusion des käuflichen Ehebruchs

Die zögernde Revolution der ehelichen Sexualität wirkte sich auch auf die Prostitution aus, deren Reglementierung in tolerierten Freudenhäusern in dem Maße illusorisch wurde, wie die Männer im Bordell die Lust am erotischen Raffinement und nicht nur die bloße Abfuhr ihrer Sexualspannung suchten. Viele Freier empfanden die vulgäre Zurschaustellung nackten Fleisches und die tierische Gefügigkeit der Prostituierten als erniedrigend oder gar abstoßend. Für das Bordell »um die Ecke« brachen schwere Zeiten an, außer in der tiefsten Provinz, wo eine traditionell rigide Mentalität die Entwicklung verzögerte. Die reglementierte Prostitution wurde auch von einer neuen Bewegung bekämpft, die die käufliche Liebe abschaffen wollte und dabei Schützenhilfe von der extremen Linken erhielt. Um überleben zu können, mußten die offiziell tolerierten Bordelle sich auf die veränderten Ansprüche der Kundschaft einstellen. 1872 nahmen die älteren Bürger von Château-Gontier mit Empörung zur Kenntnis, daß die Prostituierten jetzt die Fellatio praktizierten, die bis dahin in den offiziellen Bordellen verboten gewesen war.

Abzulesen war diese Entwicklung an den großen Pariser Bordellen der Jahrhundertwende mit ihrer neuartigen Verführung zur Wollust:

Léon-Laurent Galand, *Ein Fest.* (Salon von 1909) Wer mit den »grandes horizontales« der Dritten Republik einen festlichen Abend verbringen wollte, mußte auf den Rahmen bürgerlicher Wohlanständigkeit nicht verzichten. Dieses Bild hält geschickt die Ambiguität fest, die den Wandel des männlichen Begehrens auszeichnete: Handelt es sich um Ehefrauen oder Kurtisanen? Der Betrachter kann es kaum entscheiden. Das Gemälde meidet alles Schockierende, aber es enthüllt die im privaten Kreise ausgelebte Lüsternheit des reifen Mannes.

den betörenden Düften, der luxuriösen Innenausstattung, den Spiegeln an den Wänden, den dicken Teppichen und der verschwenderischen Fülle von elektrischem Licht. In den Grotten der Kalypso warteten Nymphen auf ihre Freier, während in sadistisch angehauchten »Klöstern« erfahrene »Nonnen« Züchtigungen anboten. Lebende Bilder brachten die Voyeure in Stimmung; für diese gab es nun verschwiegene Kabinette mit Gucklöchern – die Vorläufer unserer Peep-Shows. Für Sonderwünsche standen Spezialbordelle zur Verfügung; die von der aufkommenden Sexualwissenschaft vorgenommenen Klassifizierungen führten auch in der Prostitution zu einer Neuorientierung. Jede »Perversion« hatte nun ihre speziellen Häuser und ihre speziellen Prostituierten.

Parallel zu dieser Entwicklung entstanden Formen der Prostitution, die den neuen Bedürfnissen besser genügten. Schon zu Zeiten der Julimonarchie hatten die Tänzerinnen der Pariser Oper sich gerne von vornehmen Herren aushalten lassen, denen sie dafür ihre Gunst gewährten. Im Zweiten Kaiserreich waren es die keckeren »Kokotten« gewesen, die der Galanterie zu neuem Ansehen verholfen hatten. Danach kam es zu einer Demokratisierung der Edel-Prostitution. Der Kleinbürger träumte davon, sich einmal denselben Ausschweifungen hinzugeben wie der Aristokrat, und fand im Konzertcafé, im Tanzlokal, im Tingeltangel die Verwirklichung seines Traums. In diesen neuartigen Vergnügungsetablissements war ein Proletariat von armen Künstlerin-

Es gab luxuriösere Bordelle als dieses in der rue de Londres; aber man beachte die vielen Teppiche, Vorhänge und Stoffbespannungen an den Wänden, die dem anrüchigen Ort die Wohlanständigkeit des bürgerlichen Salons verliehen. Nichts deutet hier auf zügellose Wollust hin, nicht einmal die Nippsachen auf dem Kamin; die anstößige Zurschaustellung nackten Fleisches gehört der Vergangenheit an. Allein die Akkumulation der Frauen, die sich dem (gleichsam hinter der Kamera stehenden) Freier anbieten, und die forcierte Munterkeit dieser »Tribaden« lassen erkennen, daß es sich nicht um einen gutbürgerlichen Empfang handelt.
(Paris, Musée Carnavalet)

nen beschäftigt, die sich nach der Vorstellung in der anheimelnden Intimität eines Einzelzimmers an weinselige Herren verkaufen mußten. Die Kellnerinnen in den Bierlokalen des Quartier Latin weckten in den Studenten Liebesillusionen und entschädigten sie für das Aussterben der »grisettes«.

Am besten entsprachen den veränderten erotisch-sexuellen Bedürfnissen jedoch die heimlichen oder immerhin diskreten »maisons de rendez-vous« – und zwar so sehr, daß Präfekt Lépine beschloß, sie nicht zu verbieten, sondern zu dulden, um sie besser überwachen zu können. Diese Luxusbordelle befanden sich in der Regel in der besten Etage eines eleganten Mietshauses und wurden von einer Dame mit untadeligem Ruf geleitet. Man konnte sie nur tagsüber aufsuchen. Die Begrüßung fand in einem bequem eingerichteten Salon statt. Die Damen kamen im Hut und waren wie gute Bürgerinnen gekleidet. Ohne jede Spur von Vulgarität akzeptierten sie einen ausgedehnten Liebesakt in einem quasiehelichen Schlafzimmer; danach gab es ein kleines Geschenk. Die gesitteten Herren, die diese Häuser frequentierten, suchten hier den käuflichen Ehebruch; zwar begehrten sie die Frau eines anderen, doch waren sie offensichtlich unfähig, sie anders als auf diese Weise für sich zu gewinnen. In der »maison de rendez-vous« mochten sie sich der Illusion hingeben, mondäne Verführer zu sein. Die Inhaberin des Etablissements behauptete – meist zu Unrecht –, daß es sich bei den Frauen, die ihren Salon aufsuchten, um sittsame Ehegattinnen, verarmte »Gesellschaftslöwinnen« oder sexuell Frustrierte handele. Für den Rentner vom Land, den es einmal in die große Stadt verschlug, war der Abstecher in diese Schattenwelt eine beträchtliche Versuchung. Auf jeden Fall war in der »maison de rendez-vous« die anschließende Flucht vom Ort der Sünde – diese entsetzliche Flucht, die Huysmans und Maupassant so peinigte – weniger demütigend als im grellen Licht des Bordells.

Der Kleinbürger, der von der berühmten Sinnlichkeit der Künstler träumte, konnte hoffen, beim Konzertkaffee jener käuflichen »chanteuse« zu begegnen, die ihm die Illusion erlaubte, ein großer Verführer zu sein. Aus den Untersuchungen Concetta Condemis geht hervor, daß die meisten dieser Damen gleichzeitig Prostituierte waren. Seit ungefähr 1860 breitete sich die Galanterie, eine ursprünglich aristokratische Verhaltensweise, auch in den komplizierten Hierarchien der Mittelschichten aus.

Das Bedürfnis, wenigstens die Illusion eines Gefühls zu wahren und an die Möglichkeit einer Verständigung mit dem Sexualpartner zu glauben, regte sich schließlich auch in den Unterschichten. Seit 1880 ermöglichten die gelockerten Bestimmungen über den Ausschank alkoholischer Getränke Formen der käuflichen Liebe in Wirtshäusern und Schenken, die für den Kunden wie für das Mädchen minder demütigend waren als die Nacktheiten des Bordells. Von demselben Zeitpunkt an nahm auch die sogenannte heimliche Prostitution stark zu. Die Straßenmädchen – zahlreicher als früher – mischten sich auf den großen Boulevards unter die Passanten und griffen auch zur Verstellung, vor allem dann, wenn es darauf ankam, einem Einfaltspinsel geschickt das Hochgefühl einer vermeintlichen Eroberung zu verschaffen.

Dem Leser wird klargeworden sein, welche Bedeutung das halbe Jahrhundert zwischen der Glanzzeit des Zweiten Kaiserreichs und dem Ersten Weltkrieg gehabt hat: Es vollzog sich in dieser Periode eine untergründige Umwälzung, die die Physiognomie des Ehepaares verändern sollte und die Revolution in der Sexualethik vorbereitete. Man darf sich daher nicht von der Vorstellung einer intransigenten und monolithischen »viktorianischen Moral« beirren lassen. Nach meinem Dafürhalten ist dieses halbe Jahrhundert, das für Edward Shorter nur eine Übergangsphase zwischen zwei sexuellen Revolutionen darstellt, im ganzen gesehen doch innovatorischer als der lange Zeitraum zwischen dem Konsulat und der Mitte des Zweiten Kaiserreichs.

Die Erschütterungen, die seit etwa 1860 das Bild des privaten Lebens zu trüben oder zu revidieren begannen, resultierten zu einem nicht geringen Teil aus einem Prozeß der Nachahmung. Der soziale Zerfall ursprünglich aristokratischer Verhaltensmuster, die dann vom Bürgertum aufgegriffen wurden, überwog den von den unteren Schichten empordrängenden Einfluß. Sicherlich war das Geschlechtsleben des einfachen Volkes etwas Faszinierendes, und sicherlich gab es, insbesondere während der Julimonarchie, bei den Werktätigen eine gewisse erotische Freiheit, bevor auch die Arbeiter die Familie entdeckten. Aber das waren nicht die Verhaltensweisen, die Schule gemacht haben. In Frankreich war die gegenwärtige Liberalisierung des Sexualverhaltens – das, was Edward Shorter die zweite sexuelle Revolution nennt – das Werk der herrschenden Klassen. Die Verfasser von Boulevardkomödien, Politiker der radikalen Linken, bürgerliche Feministinnen, Neo-Malthusianer, die Verfechter der freien Liebe und vor allem die Begründer der Sexualwissenschaft haben mehr dazu beigetragen, das Gefühlsleben des modernen Menschen zu prägen, als die unter Louis-Philippe nach Paris zugewanderten Arbeiter mit ihren konfusen wilden Ehen. In der Julimonarchie fungierte, wie Bronislaw Baczko bemerkt, das Konkubinat bei den unteren Volksschichten als Vorform oder Ersatz der Ehe; das moderne Konkubinat hingegen setzt sich meist bewußt über diese Institution hinweg.

## Anmerkungen

1 Philippe Boutry, »L'Anticlérical, la femme et le confessional«, in: *L'Histoire* 16 (Oktober 1979), S. 94.

2 Siehe Claude Langlois, *Le Diocèse de Vannes au XIX$^{e}$ siècle (1800–1830)*, Paris 1974.

3 Siehe Michel Lagrée, »Confession et pénitence dans les visites pastorales et les statuts synodaux bretons, XIX$^{e}$–XX$^{e}$ siècle«, in: *Pratiques de la confession des Pères du désert à Vatican II*, Paris 1983.

4 Norbert Truquin, *Mémoires et aventures d'un prolétaire à travers la Révolution (1888)*, Paris 1977.

5 Jean-Louis Flandrin, *L'Église et le contrôle des naissances*, Paris 1970.

6 Jean Faury, *Cléricalisme et anticléricalisme dans le Tarn*, Université de Toulouse – Le Mirail 1930.

7 Claude Quigeur, *Femmes et machines 1900. Lectures d'une obsession modern style*, Paris 1979.

8 Lucienne Frappier-Mazur, »Le Régime de l'aveu dans *Le Lys dans la vallée*«, in: Paul Vialleneix und Jean Ehrard (Hrsg.), *Aimer en France 1760–1860*, Clermont-Ferrand 1980 (Verhandlungen des Internationalen Colloquiums, 2 Bde.).

9 Paul Hoffmann, »L'Héritage des Lumières: mythes et modèles de la féminité au XVIIIe siècle«, in: *Mythes et représentations de la femme*, Sondernummer von *Romantisme*, Paris 1976, S. 17.
10 Nicole Castan, »Inégalités sociales et différences de conditions dans les liaisons amoureuses et les tentatives conjugales«, in: Vialleneix und Ehrard (Hrsg.), *Aimer en France*, a. a. O.
11 Jean-Maurice Gautier, »Amours romantiques, Amours frénétiques«, in: Vialleneix und Ehrard (Hrsg.), *Aimer en France*, a. a. O.
12 Martine Segalen, *Love and Power in the Peasant Family*, London 1983, S. 75.
13 Edward Shorter, *The Making of the Modern Family*, New York 1975.
14 Pierre Bourdieu, »Les Stratégies matrimoniales dans le système de reproduction«, in: *Annales. Économies. Sociétés. Civilisations, Juli/August 1972*.
15 Ronald Hubscher, *L'Agriculture et la société rurale dans le Pas-de-Calais du milieu du XIXe siècle à 1914*, 2 Bde., Arras 1979.
16 Siehe Marie-Dominique Amaouche-Antoine, »Espéranza, 1870–1940: une ville ouvrière chante«, in: *Ethnologie française*, 1986.
17 Bronislaw Baczko, »Le Calendrier républicain. Décréter l'éternité«, in: Pierre Nora (Hrsg.), *Les Lieux de mémoire*, Bd. I: *La République*, Paris 1984.
18 Marie-Véronique Gautier, *Les Sociétés chantantes au XIXe siècle*, unveröffentlichte Dissertation, Universität Paris I, 1989.
19 Jean Borie, *Le Célibataire français*, Paris 1976.
20 Siehe Jeanne Gaillard, *Paris, la ville, 1852–1870*, Paris 1976.
21 Yves-Marie Hilaire, *Une chrétienté au XIXe siècle. La vie religieuse des populations du diocèse d'Arras, 1840–1914*, Lille 1977.
22 Louis Chevalier, *Classes laborieuses et classes dangereuses à Paris pendant la première moitié du XIXe siècle*, Paris 1958; Shorter, *Making of the Modern Family*, a. a. O.
23 Michel Frey, »Du mariage et du concubinage dans les classes populaires à Paris en 1846–1847«, in: *Annales ESC*, Juli/August 1978.
24 Siehe Pierre Pierrard, *La Vie ouvrière à Lille sous le Second Empire*, Paris 1965.
25 Laura Strumingher, »The Artisan Family: Tradition and Transition in Nineteenth Century Lyon«, in: *Journal of Family History* (1977), S. 218.
26 Jean Estèbe, *Les Ministres de la République, 1871–1914*, Paris 1982 (Fondation Nationale des Sciences Politiques).
27 Siehe William Serman, *Les Officiers français dans la nation* 1848–1914, Paris 1982.
28 Siehe Marie-Claude Phan, »Typologies d'aventures amoureuses ... Carcassone de 1676 à 1786«, in: Vialleneix und Ehrard (Hrsg.), *Aimer en France*, a. a. O.
29 James R. Lehning, *Peasants of Marlhes: Economic Development and Family Organization in Nineteenth-Century France*, Chapel Hill 1980.
30 Shorter, *Making of the Modern Family*, a. a. O.; Flandrin, *Les Amours paysannes. Amour et sexualité dans les campagnes de l'ancienne France, XVIe–XIXe siècle*, Paris 1975.
31 Siehe Gérard Jacquemet, »Médecins et maladies populaires dans le Paris de la fin du XIXe siècle«, in: *Recherches* 29 (Dezember 1977).
32 Angus MacLaren, *Sexuality and Social Order: The Debate over the Fertility of Women and Workers in France, 1770–1920*, New York 1983.
33 Siehe Anne-Marie Sohn, »Les Rôles féminins dans la vie privée: approche méthodologique et bilan de recherches«, in: *Revue d'histoire moderne et contemporaine*, Oktober/Dezember 1981.
34 Estèbe, *Ministres de la République*, a. a. O., S. 85.
35 Bonnie Smith, *Ladies of the Leisure Class: The Bourgeois of Northern France in the Nineteenth Century*, Princeton 1981.

Jean-François Raffaëlli, *Genesende Alte*, 1892. Das Alter mit seinem Leid und seiner Einsamkeit ist in der Sozialgeschichte des 19. Jahrhunderts bisher vernachlässigt worden; zu sehr haben die Historiker sich von der glanzvollen Rolle der Jugend in der bürgerlichen Gesellschaft blenden lassen.
(Paris, Louvre)

# Schreie und Flüstern

## Symptome individuellen Leidens

### Neue Quellen der Angst

Die fortschreitende Individuation des Menschen erzeugte neue Formen subjektiven Leidens: Sie zwang den Einzelnen, sich selbst ins Gesicht zu sehen, und was er sah, gefiel ihm nicht. Je weniger der Platz eines Menschen in der Welt durch seine soziale Herkunft bestimmt wurde, desto mehr blieb es ihm selbst überlassen, seine Stellung in der Gesellschaft zu definieren. Die zunehmende soziale Mobilität (deren Dynamik freilich nicht überschätzt werden sollte), die Fragilität und Anfälligkeit der gesellschaftlichen Hierarchien sowie die Komplexität der Rangsymbole beeinträchtigten die Ambitionen und riefen Unentschlossenheit und Verwirrung hervor. Die Bemühungen des Einzelnen um die Formung seiner Persönlichkeit und die Rücksicht auf das Urteil der anderen mündeten in Unzufriedenheit, ja, in Selbstverneinung; am Ende stand das Gefühl des Ungenügens. Die Gesellschaft war weniger starr gefügt als im Ancien Régime, was die Furcht vor dem Scheitern verstärkte. Das Leben war ein Konkurrenzkampf, der hohe Belastung und vermehrte berufliche Rivalität zur Folge hatte. Prüfungsängste peinigten den Menschen und schürten die Furcht vor dem Versagen, der Zwang zu ständiger Anpassung und die Angst vor Verlassenheit schmälerten seinen Lebensmut, lähmten seinen Willen. Dies war die Signatur des von Musset beschriebenen »mal du siècle«.

Zu dem Verlust alter Gewißheiten gesellte sich das Bewußtsein der Pflicht zum Glücklichsein, welches die Relation zwischen Sehnsucht und Leid veränderte. Die Langeweile, an der die kultiviertesten Geister der Zeit litten, und der Baudelairesche »spleen« verrieten ein neuartiges Schuldgefühl des Einzelnen gegenüber sich selbst, das sich in privaten Tagebüchern und Briefen bis zum Überdruß bekundete und in dem steigenden Bedarf an psychiatrischen Kliniken objektivierte. Die Ängste wurden durch eine ausufernde Nosologie und die Weitschweifigkeit der medizinischen Fallbeschreibungen verschärft. Neue Krankheitskategorien wie »manische Logorrhoe« oder »luzides Irresein« ermöglichten es den Fachleuten, die Spuren der Entfremdung bis in die trügerische Geborgenheit der Privatsphäre zurückzuverfolgen. Die Ausbreitung der klinischen Medizin hatte den Effekt, daß die Menschen ihren Körper nun mit anderen Augen sahen. Wie viele Wehrpflichtige, die sich für normal gehalten hatten, mögen bei der Musterung mit Entsetzen von einer ihnen bislang verborgenen Krankheit erfahren haben?

## Figuren des Monströsen

Aber es gab Dinge, die noch mehr ängstigten. Zwei Bilder des Fremden und Wilden erzeugten in den herrschenden Klassen Panik. Louis Chevalier war es, der in der ersten Hälfte des 19. Jahrhunderts als erster die Furcht und die Faszination wahrnahm, welche die in den Großstädten lebenden werktätigen Klassen im Bürgertum weckten. Viele Romane hatten diese Gefahr zum Gegenstand; die Sozialforscher analysierten sie, die Philanthropen suchten sie zu bannen. In diesem Punkt wich der ursprüngliche Optimismus der Restaurationszeit unter der Julimonarchie einem rabenschwarzen Pessimismus. Gleichzeitig machten sich die Eliten an die Entdeckung des heimlichen Frankreich, und was sie zutage förderten, waren Wilde: einfältige Schäfer in den Bergregionen, wortkarge Fischer an der Küste des Léon, Kätner in den Mooren des Poitou, ein finsteres Geschlecht in den Sümpfen der Dombe und der Brenne. Das alles waren rauhe, bodenständige Leute, sie wußten von der Kraft der Mineralien und dem Wesen der Pflanzen; etwas Animalisches umgab sie.

Zu den diffusen Ängsten, die die Nähe solcher »Eingeborenen« verursachte, kam die erschütternde Erkenntnis, daß es mitten in der Gesellschaft veritable Ungeheuer gab. Sensationelle Kriminalfälle demon-

strierten die Nachbarschaft von Mensch und Tier: der Vatermörder Pierre Rivière, die Menschenfresserin von Sélestat, die 1817 den Schenkel ihres Kindes in Weißkohl gekocht aß (nicht ohne Stücke von diesem Gericht für ihren Mann übrigzulassen), der Winzer Antoine Léger, der 1823 einem kleinen Mädchen den Leib aufschnitt und das Blut aus seinem Herzen saugte. Die Skandalblätter schwelgten in derlei Untaten, die die unerträgliche Qual manchen privaten Lebens in ein tragisches Licht rückten. Seit dem Königsmord vom 21. Januar 1793 war die Bestie losgelassen; die Menschenfresser waren, wie Jean-Pierre Peter schreibt, aus dem »friedlichen Inventar der Märchen« ausgebrochen.[1] 1831 besiegelte der unglückliche Quasimodo endgültig die teratologische Affinität des niederen Volkes zur Bestie.

Während die Gewalttätigkeit des Proletariats nach der traumatischen Erfahrung der Pariser Commune nachließ, wurde das Fremde, Wilde um so präsenter. Aber nun schlummerte die Gefahr im Innern des Menschen. Das Ungeheuerliche lauerte im Organismus selbst, es konnte hervorbrechen und den Menschen in Wahnwitz verstricken. Am meisten Angst hatte man nun vor der Wiederkehr eines Ahnen, die seit alters ein böses Vorzeichen war.

Zur Zeit der Julimonarchie hatte es das moralisch Monströse den Menschen angetan. Zwar verschwand die Folter allmählich aus den Gerichtsverfahren, aber die Erinnerung an die Zeit des Schreckens und an den Königsmord erzeugte noch immer diffuse Angst. So erklärt sich die Faszination, die die Trilogie »Brudermord«, »Vatermord«, »Kindsmord« auf die damaligen Betrachter ausübte. Die Leichtigkeit, mit der man damals eine neue Identität annehmen konnte, und die Schwierigkeiten bei der sicheren Identifikation eines Menschen weckten das Interesse an polizeilichen Dingen (siehe auch Abbildung auf Seite 580). (Paris, Bibliothèque Nationale und Musée des Arts et Traditions Populaires)

## Die pathologische Familie

Der Begriff der »pathologischen Familie« war so bezeichnend für jene Zeit, daß es sich lohnt, kurz bei ihm zu verweilen. Er beschäftigte die Wissenschaftler ebenso wie die Ideologen und die Künstler. Die Vorstellung der Erblichkeit hatte schon im 18. Jahrhundert viel Anklang gefunden; die damalige Medizin vertrat den Standpunkt, daß der Nachwuchs nicht mehr ganz junger Eltern zur Kränklichkeit neige, daß Wunschkinder besonders schön würden und daß der Alkoholiker Gefahr laufe, eine Mißgeburt zu zeugen. Eine neohippokratische Medizin empfahl daher, worauf Jacques Léonard hinweist, die Mischung der

Temperamente in der Ehe, um extreme Idiosynkrasien auszugleichen. In der Folge gaben die Untersuchung der Pathologie von Industrie und Stadt, das Entsetzen vor der »revoltierenden Hysterie« und das Schauspiel der Neuropathie bei Künstlern Anlaß zu Pessimismus: Zwischen Zivilisation und Degeneration, so schien es, bestand ein enger Zusammenhang.

Der auf die Schöpfungsgeschichte zurückgehende teratologische Mythos zeichnet das Bild von dem vollkommenen Menschen, der zur Strafe für die Erbsünde immer tiefer sinkt und verfällt. Diesen Gedanken griff Benedict Morel unter dem Einfluß Buchez' 1857 wieder auf: Der Mensch, so Morel, hat sich von seiner ursprünglichen Natur gelöst und ist degeneriert; infolgedessen entfernt er sich vom Primat des Sittengesetzes und wird zum Sklaven seiner körperlichen Gelüste, mit einem Wort: er »vertiert«. In den gut dreißig Jahren zwischen 1857 und 1890 war den Gebildeten die Theorie der morbiden Heredität in säkularisierter Form geläufig. Man wußte noch nichts von den Mendelschen Gesetzen und glaubte an die Vererbbarkeit erworbener Eigenschaften; nichts hinderte daran, sich den genetischen Niedergang der Spezies Mensch auszumalen. Die wissenschaftliche Ätiologie der Mißgeburt mündete sehr bald in den Entwurf einer sozialen Teratologie und eines imaginären Museums der Monstren, der »erblich Belasteten und Entarteten«. Erblichkeit war im Grunde nichts als ein krankhafter Vorgang: Das der Facies oder Morphologie eines Menschen aufgedrückte »Siegel« ließ das Individuum als Individuum verschwinden und in einer teratologischen Familie aufgehen. Der von Moreau de Tours geprägte Begriff der »unglücklichen Erbanlage« und der Glaube an »Latenzen« machte jede Hoffnung auf Erlösung zunichte. »Jede Familie lebte verschanzt in einem mittelalterlichen Bergfried, in dessen Verliesen eine Horde grauenvoller Monstren auf ihre Stunde wartete.«[2]

Die Darwinschen Theorien, die ab 1870 Einzug in die Welt der Medizin hielten, zwangen dazu, »den Fall der Heredität unter entwicklungsgeschichtlichen Gesichtspunkten neu aufzurollen«, wie Jacques Léonard es ausdrückt.[3] Die Wissenschaft bemühte sich, herauszufinden, welche Defekte den Krankheitsprozeß auslösten, und hatte die Schuldigen schnell gefunden: die einfachen Leute. Armut, ungesunde Lebensverhältnisse, mangelnde Hygiene, Sittenlosigkeit und Trunksucht bewirkten, offenbarten oder beschleunigten den hereditären Prozeß. Von der Straße, aus der Fabrik und aus der Mansarde kam diesen Medizinern zufolge die Gefahr, die das genetische Erbe der Elite bedrohte. Die Angst vor Ansteckung durch Kontakt mit dem Volk verdichtete sich zu der Furcht vor Degeneration – einer Degeneration, die man sich bei dem herrschenden Primat der Neurologie nur als Pathologie des Nervensystems vorstellen konnte.

Die Naturalisierung der Sünde, ja, der schlichten Nachlässigkeit, erlegte jedem Einzelnen eine neue Verantwortung auf. Der Mythos von der Erblichkeit der Syphilis verwandelte das sexuelle Begehren in eine »Höllenmaschine« (Jean Borie). Die Symbolfigur des Syphilitikers wurde zur Obsession der Romanciers und der Maler. Die Träume der Helden bei Huysmans und die gräßlichen Gestalten eines Félicien Rops

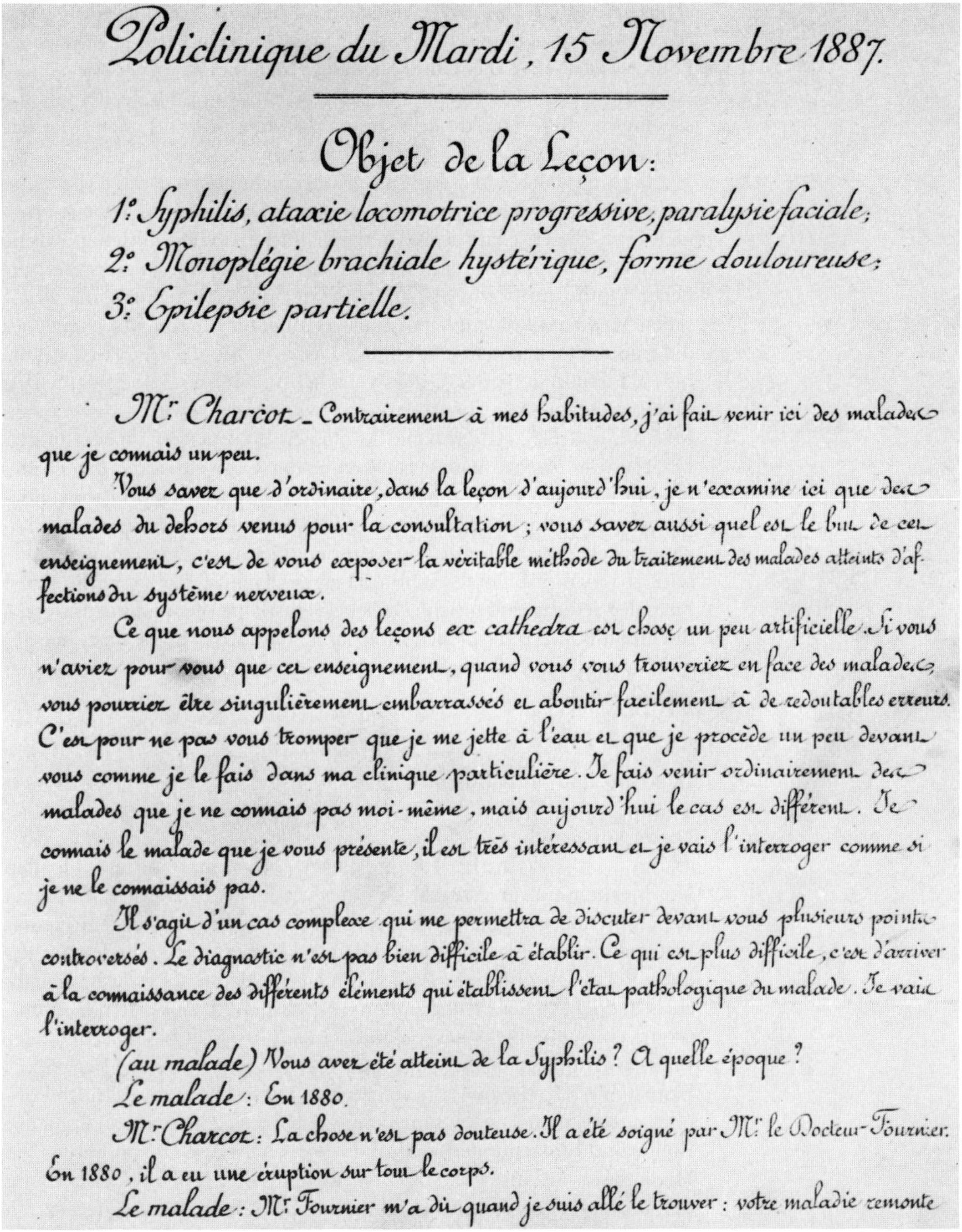

# Policlinique du Mardi, 15 Novembre 1887.

## Objet de la Leçon:

1° Syphilis, ataxie locomotrice progressive, paralysie faciale;
2° Monoplégie brachiale hystérique, forme douloureuse;
3° Epilepsie partielle.

Mr Charcot _ Contrairement à mes habitudes, j'ai fait venir ici des malades que je connais un peu.

Vous savez que d'ordinaire, dans la leçon d'aujourd'hui, je n'examine ici que des malades du dehors venus pour la consultation; vous savez aussi quel est le but de cet enseignement, c'est de vous exposer la véritable méthode du traitement des malades atteints d'affections du système nerveux.

Ce que nous appelons des leçons ex cathedra est chose un peu artificielle. Si vous n'aviez pour vous que cet enseignement, quand vous vous trouveriez en face des malades, vous pourriez être singulièrement embarrassés et aboutir facilement à de redoutables erreurs. C'est pour ne pas vous tromper que je me jette à l'eau et que je procède un peu devant vous comme je le fais dans ma clinique particulière. Je fais venir ordinairement des malades que je ne connais pas moi-même, mais aujourd'hui le cas est différent. Je connais le malade que je vous présente, il est très intéressant et je vais l'interroger comme si je ne le connaissais pas.

Il s'agit d'un cas complexe qui me permettra de discuter devant vous plusieurs points controversés. Le diagnostic n'est pas bien difficile à établir. Ce qui est plus difficile, c'est d'arriver à la connaissance des différents éléments qui établissent l'état pathologique du malade. Je vais l'interroger.

(au malade) Vous avez été atteint de la Syphilis? A quelle époque?

Le malade: En 1880.

Mr Charcot: La chose n'est pas douteuse. Il a été soigné par Mr le Docteur Fournier. En 1880, il a eu une éruption sur tout le corps.

Le malade: Mr Fournier m'a dit quand je suis allé le trouver: votre maladie remonte

Die Dienstagsvorlesungen von Professor Charcot waren ein gesellschaftliches Ereignis in Paris; kaum jemand von Rang und Namen versäumte es, der einen oder anderen dieser Veranstaltungen beizuwohnen und dem berühmten Gelehrten zu lauschen, dessen (vermeintliche und wirkliche) Erfolge aus der Neurologie eine Modewissenschaft gemacht hatten. Die hier auszugsweise abgebildete Vorlesung vom 15. November 1887 erinnert daran, daß nach Maßgabe der Forschungen Professor Alfred Fourniers das »venerische Leiden« im Mittelpunkt der Störungen des modernen Menschen stand. Siehe auch S. 590 ff. (Paris, Bibliothèque Charcot)

artikulieren eine kollektive Angst, die durch die Tragödie der großen Syphilitiker geschürt wurde. Die Ausschweifung hatte jetzt ernstere Folgen als früher; die Unmöglichkeit einer biologischen »Erlösung« verdrängte oder verstärkte die Furcht vor Sünde und Hölle; der Glaube an eine morbide Heredität forderte den Menschen auf, sich über das Tier zu erheben.

Allerdings darf man diese Ängste auch nicht überbewerten. Es fehlte nicht an Beschwichtigungen. Gegen den Darwinismus protestierten nicht nur Wissenschaftler, die in der Tradition der katholischen Kirche standen, sondern auch republikanische Ideologen, die ein unerschütterlicher Optimismus antrieb, ältere Ärzte, die sich der neohippokratischen Medizin und dem Vitalismus verpflichtet fühlten, vor allem aber die Kontagionisten in der Nachfolge Pasteurs. Sie alle sahen in der morbiden Heredität nichts Unausweichliches. Während Weismann den Glauben an die Vererbbarkeit erworbener Eigenschaften ins Wanken brachte, »schlugen mikrobielle Ätiologien Breschen in die hereditären Erklärungsmuster«.[4] Zur Verbesserung der Umweltbedingungen setzten Wissenschaftler auf sanitäre bzw. soziale Reformen und auf solidarisches Handeln; manche forderten sogar eine »bewußte Fortpflanzung« nach wissenschaftlichen Kriterien. Derartige Bestrebungen führten zur Kritik am Dotalsystem und an der Geldheirat; sie implizierten Sexualerziehung und geschlechtliche Selbstkontrolle und begünstigten die Heraufkunft jenes neuen Ehepaares, das besser informiert, harmonischer und ausgeglichener war als früher und von dem wir schon gesprochen haben.

## Impotenz und Neurasthenie

Dieser kursorische Überblick über verschiedene Ursachen des Leidens erklärt die historische Bedeutung, die jetzt die Symptome individuellen Unglücklichseins gewannen. Um dies verstehen zu können, muß man sich den Dolorismus jener Zeit vergegenwärtigen, der stets auf Krankheitsmanifestationen lauerte und den unklaren Grenzverlauf zwischen dem Normalen und dem Pathologischen beklagte. Gerade im häuslichen Bereich, in der Geborgenheit des privaten Lebens traten die Symptome eines Unglücks hervor, das seinen Grund in biologischen oder sozialen Ängsten, in Enttäuschung und Scheitern hatte. Hier gab es Unterschiede im Leiden, die abhängig vom Geschlecht waren. Im Hinblick auf die damals noch sehr strikte Dichotomie in der Verteilung der Rollen und Einstellungen sowie die asymmetrische Beanspruchung von Mann und Frau am Arbeitsplatz empfiehlt es sich, bei der Beschreibung des individuellen Unglücks diese simple Geschlechterdifferenz im Auge zu behalten.

Wir müssen beim Mann beginnen, da es den Anschein hat, daß er es war, der im Spiel des Dolorosen gleichsam den ersten Zug tat und das Unglücksgefühl der Frau zunächst provozierte und dann konturierte. In diesem Jahrhundert der Zurückhaltung bekundete der Mann sein Leiden nur diskret, jedenfalls in der Öffentlichkeit. Nach Moreau de Tours

Die offensichtliche, doch unerklärliche Qual: eine Phase der von Charcot beschriebenen »grande hystérie«.
(Paris, Bibliothèque Charcot)

war jeder Erbschaden eine stumme Gebärde und für den Betrachter ein Schauspiel – ein Aphorismus, der zur Diskretion aufrief. Der Mann überließ der Frau die Artikulation eines Schmerzes, dessen Anzeichen er in sich selbst zu unterdrücken suchte.

Von den vielen Symptomen männlichen Unglücklichseins will ich nur einige Beispiele nennen. Da war in erster Linie das defekte Verhältnis zum sexuellen Begehren, hinter dem sich die Angst vor der Frau verbarg. Das Bild von Eva als der Versucherin, die ständige Furcht vor der dunklen Seite des Weiblichen und vor dem rauschhaften Überschwang einer alles verschlingenden Sexualität, schließlich gegen Ende des Jahrhunderts die rätselhafte Gestalt der Sphinx – dies alles stand der hedonistischen Selbstverwirklichung des Paares im Wege. Die Warnung der Ärzte vor den Gefahren der Masturbation und der sexuellen Ausschweifung nährten Schuldgefühle und begünstigten damit das Auftreten von Impotenz. Während des ganzen 19. Jahrhunderts stand die Furcht vor dem Fiasko im Hintergrund aller männlichen Bilder von Sexualität. Berühmt geworden ist das zeitweilige Versagen eines Stendhal bei der Prostituierten Alexandrine und das eines Flaubert bei Louise Colet. Edmond de Goncourt stilisierte die Furcht, das Glied könne nicht rechtzeitig erigieren, zur Panik des mondänen Verführers. Dr. Roubaud postulierte eine »idiopathische Impotenz« aus Schamhaftigkeit. In dem Kapitel über das Fiasko schildert Stendhal das Gespräch mit fünf gutaussehenden jungen Leuten zwischen fünfundzwanzig und dreißig. »Es stellte sich heraus«, schreibt er, »daß wir – mit Ausnahme eines Affen, der wahrscheinlich schwindelte – alle miteinander beim erstenmal ein Fiasko bei unseren berühmtesten Mätressen erlebt hatten.« Die mit der Impotenz verbundenen Ängste waren um so größer, als man den Mechanismus der Erektion nicht genau verstand. Es gab eine Vielzahl von »Therapien«, an denen Quacksalber sich eine goldene Nase verdienten. Vor allem wenn es Frühling wurde, erschienen in den Zeitungen Anzeigen, in denen für mechanische Flagellationen, Duschen, Massagen, Behandlungen des Penis mit Strom, Magnetismus oder Brennesselkuren, für Akupunktur usw. geworben wurde.

Es würde an dieser Stelle zu weit führen, die individuellen Störungen aufzuzählen, die mit der erhöhten Kompliziertheit des Lebens und der längeren Lebenserwartung zusammenhingen. Sie zogen den Blick des Irrenarztes auf sich und bewirkten die Ausdifferenzierung einer Psychiatrie, die bis gegen 1860 am Primat der moralischen Ätiologie des Wahnsinns festgehalten hatte. In den ersten Jahrzehnten des 19. Jahrhunderts war die Hypochondrie verbreitet, hauptsächlich bei Männern, vor allem bei Freiberuflern. Gegen Ende des Jahrhunderts griffen dann Neurasthenie und Psychasthenie um sich. Zahllose Menschen begannen, unter Kopfschmerzen zu leiden – der Tribut an den Konkurrenzcharakter des Lebens und den damit verbundenen »Ärger«.

Zum erstenmal erschienen in der französischen Literatur jetzt Schilderungen, in denen ein Mann seine Geisteskrankheit beschrieb. 1887, vierzig Jahre nach den Opiumträumen eines Théophile Gautier und Nervals *Aurélia*, entwarf Maupassant in *Le Horla* das Szenario eines inneren Bruches, einer gespaltenen Persönlichkeit. Und in diesen Sog einer neuartigen Angst wurde das 20. Jahrhundert hineingezogen. Das Monströse offenbarte sich jetzt nicht mehr nur in der Animalität des sexuellen Begehrens, es war nicht länger »das Andere«; vielmehr verwischte es durch seine Gegenwart das Gefühl für die Grenzen der eigenen Person.

## Das junge Mädchen und die Bleichsucht

Ganz anders präsentierten sich im 19. Jahrhundert die Symptome weiblichen Leidens. Die faszinierende Physiologie der Frau, ihre Fragilität und die Überzeugung, daß alle ihre Krankheiten geschlechtsbedingt seien, erklären die vielfältige Skala der Störungen, die man unter dem Sammelbegriff »Frauenleiden« zusammenfaßte. Diese polymorphe Morbidität der Frau geriet zum alltäglichen Ärgernis in den Familien und hielt die Ärzte des Bürgertums in Atem. Als erstes trat die Bleichsucht auf. Ganze Heerscharen junger Mädchen mit grünlich-weißer Gesichtsfarbe beherrschten die Ikonographie und bevölkerten Romane und medizinische Fallberichte. Die Angelolatrie, die Begeisterung für die Jungfräulichkeit, die Furcht vor dem Sonnenlicht und später der symbolistische Kult der schneeweißen Haut erzeugten bei der Elite das Bild des liliengleichen Mädchens, das mit der Beschaffenheit seines Teints Zartheit und zugleich Kränklichkeit zu beweisen schien.

Die Hektik der medizinischen Diskussion und die Fülle der wissenschaftlichen Theorien zeugen von der Beunruhigung, die diese merkwürdige Krankheit auslöste. Bis etwa 1860 überschnitten sich die Erklärungen im Grunde. Für die treuen Anhänger der alten hippokratischen Glaubenssätze resultierte die Bleichsucht aus einer Fehlfunktion des Menstruationszyklus und damit aus einer unfreiwilligen Bekundung des erwachenden Sexualtriebes. Nach Ansicht dieser Ärzte war eine vorbeugende Therapie notwendig, die alles unter Verbot stellte, was

James Tissot, *Die Rekonvaleszentin*, ca. 1875/76. Das junge Mädchen aus dem Bürgertum weckte Ängste. Dieses fragile Wesen machte zwischen seiner Pubertät und der erlösenden Heirat eine unheimliche, gefährliche und häufig auch schmerzhafte Verwandlung durch, die der Familie Grund zu besonderer Wachsamkeit und dem Arzt Anlaß zu energischem Eingreifen bot. (Sheffield, City Art Galleries)

diese Leidenschaft zu begünstigen vermochte – jedenfalls solange die wahre Medizin, nämlich die Heirat, noch nicht ihre Wirkung kannte. Für prüdere Praktiker wurzelte die Bleichsucht in einer Schwäche des »Magens«, den man sich als symbolisches Äquivalent der Gebärmutter dachte. Und für wieder andere verriet sie einen Mangel an vitalem Antrieb; in ihren Augen handelte es sich weder um einen Überschuß noch um einen Mangel, sondern um das, was laut Jean Starobinski für ein »Sich-selbst-Verfehlen der Frau« gehalten wurde, das erblich sei.[5] Diese Theorie legte besonderes Gewicht auf die weibliche Pubertät, die ja ohnehin, wie wir gesehen haben, die Phantasie der Mediziner wie der Romanciers stark beschäftigte – das belegen zur Genüge die Heldinnen Zolas, denen es nicht leichtfällt, diese Schwierigkeiten zu überwinden. Da die Bleichsucht mit dem Einsetzen der Monatsblutung verbunden war, hatte sie mit den »Nerven« zu tun und schien daher nicht weit von der Hysterie entfernt, ja, mit dem »pubertären Wahnsinn« verwandt zu sein.

Im letzten Jahrhundertdrittel brach sich dann eine neue Wahrheit Bahn: Man betrachtete die Bleichsucht nunmehr als Mangelkrankheit. Die bessere Kenntnis der Anämie und die neuartige Technik des Zählens der weißen und roten Blutkörperchen rechtfertigten den Rückgriff auf die alte Behandlung der Blutarmut durch dosierte Gaben von Eisen.

Die Fortschritte der Wissenschaft bewogen die Erwachsenen, den Augenblick des Erwachens des weiblichen Sexualbegehrens vermittels

einer moralischen Hygiene so weit wie möglich hinauszuzögern. Die Vermutungen über die sexuelle Ätiologie der »Frauenleiden« führten aber auch dazu, daß die Mädchen früher heiraten durften, nachdem die Menarche im Laufe der Jahrzehnte immer früher einsetzte. Die Phantasien, zu denen das Blut der Frauen anregte, waren mitbestimmend für deren Lage.

## Gebärmutter und Gehirn der Hysterikerin

Noch prägnanter war ein anderes Bild, nämlich das der hysterischen Frau; es suchte die private Vorstellungswelt heim, beherrschte die sexuellen Beziehungen und beeinflußte den täglichen Umgang. Nachdem die Grimasse der Hexe aus der Öffentlichkeit verschwunden war, war es die Omnipräsenz der Hysterie, die das private Leben belastete. Die Hysterie galt praktisch während des ganzen 19. Jahrhunderts als spezifisch weibliche Krankheit; Mediziner, die etwas anderes behaupteten, fanden kein Gehör. Erst in den letzten Jahrzehnten des Jahrhunderts gewann die Vorstellung einer männlichen Hysterie an Boden – im Bildarchiv der Salpêtrière stammt das erste Foto eines Mannes, der an dieser

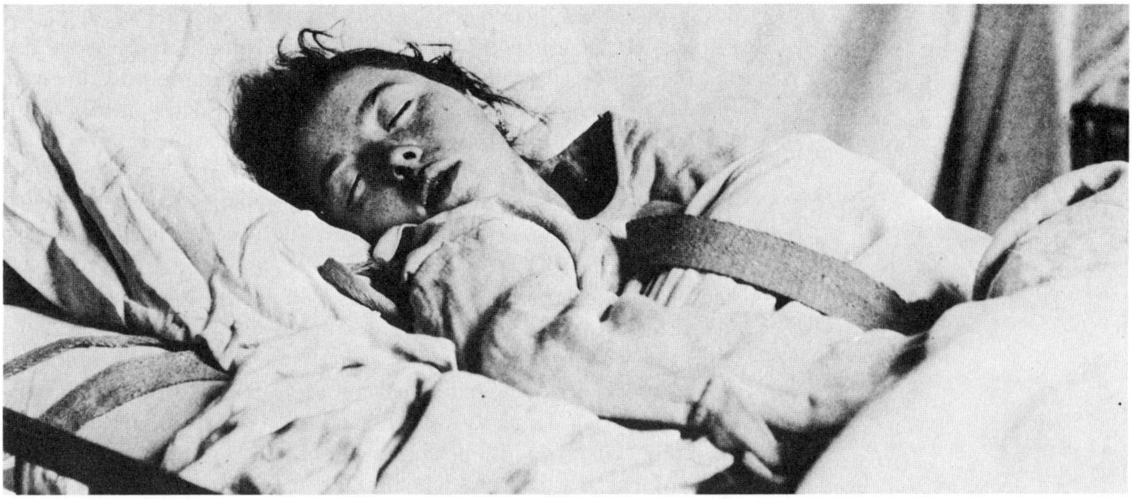

merkwürdigen Krankheit litt, aus dem Jahre 1888. Die Hysterie brach aus, ohne organische Spuren zu hinterlassen; genau dieser Umstand gab den Medizinern seit Hippokrates Rätsel auf. In der Antike schrieb man die Krankheit einer Verselbständigung des Uterus zu, der wie ein Tier im Innern des weiblichen Organismus wütete. So erklärte man sich auch die jeden Willen brechende Gewalt des sexuellen Begehrens sowie die Distanziertheit des Körpers vom Ich. Während des hysterischen Anfalls wurde die Frau von dunklen Mächten ergriffen, die sie überwältigten und damit zugleich von jeder Schuld freisprachen.

Gegen Ende des 18. Jahrhunderts wurde die Hysterie neuerlich zum Gegenstand intensiver Forschungen. Dabei verrannten sich die Gelehrten in einer tautologischen Diskussion, die diese Krankheit mit der Natur der Frau begründete. Im 19. Jahrhundert hielten die Ärzte in ihrer Alltagspraxis lange an dieser Konzeption fest, die die Rolle der Gebärmutter und die Manifestationen des geschlechtlichen Begehrens bei der Hysterie betonte, und verwiesen die Hysterikerin an den Gynäkologen. Zahllose Ehemänner, die in diesen Gedankengängen befangen waren (noch hatte ja Michelet den Mechanismus des Eisprungs nicht entdeckt), verziehen ihren Frauen die Sonderlichkeiten, die das Herannahen der Regel begleiteten; manche überwachten sogar sorgfältig das normale Funktionieren des Menstruationszyklus, um sicherzugehen, daß »alles in Ordnung« war.

In der Medizin war jedoch der jeweilige Anteil des Genital- bzw. des Nervensystems an der Ätiologie der Hysterie lange Zeit umstritten. Mitte des 19. Jahrhunderts tendierte man dazu, die Krankheit auf Einflüsse des Gehirns zurückzuführen. Briquet beschrieb 1859 die Hysterie als Neurose des Encephalons. Diese Kehrtwendung war bedeutsam. Sie leitete diese Krankheit zum erstenmal aus den positiven Eigenschaften der Frau ab: Die Frau litt an Hysterie, weil sie zu hoher Sensibilität und zu edlen Gefühlen und Empfindungen fähig war; sie neigte aufgrund ihrer ganzen Natur zu diesem Leiden und mußte ihm gerade um jener Qualitäten willen Tribut zollen, die aus ihr eine gute Gattin und

Diese drei Klischees aus dem Bildarchiv der Salpêtrière erlauben einen erschreckenden Einblick in das Leiden, das durch Störungen des Nervensystems verursacht wurde. Vor der Kamera schnitten die Patientinnen teilweise scheußliche Grimassen, ohne daß man stets genau sagen könnte, ob dieses tragische Theater Spiel oder Ernst war. Auf jeden Fall beeinflußte es das Verhalten der Frauen im privaten Bereich, allerdings auch das Agieren von Schauspielerinnen auf der Bühne.
(Paris, Bibliothèque Charcot)

Mutter machten. Plötzlich hatte die Hysterie nichts Pathologisches mehr an sich.[6] Briquets Buch erschien übrigens fünf Jahre vor der Verkündung des Dogmas von der Unbefleckten Empfängnis und kurz nach den Marienerscheinungen von Lourdes, als die Engel-Anthropologie der Kirche noch zum Lehrplan der Mädchenpensionate gehörte.

Charcot vertrat zwischen 1863 und 1893 weiterhin den Primat der Neurose in der Ätiologie der Hysterie. Die Neurose schrieb er einer morbiden Heredität zu, die durch einen »nervösen Schock« ausgelöst wurde. Daß die Hysterie keine organischen Spuren hinterließ, lag Charcot zufolge daran, daß sie nur die Großhirnrinde affizierte.

Mochte die Hysterie nun durch Störungen der Gebärmutter oder des Gehirns hervorgerufen werden – man betrachtete sie als die Erkrankung eines Körpers, der dem weiblichen Subjekt äußerlich war. Die Krankheit wurde, wie Gladys Swain schreibt, »von der Frau, in der sie wütete, immer als etwas ihr Fremdes erlebt«.[7] Dahinter stand eine anonyme Macht, der die Frau sich von Zeit zu Zeit ebenso zu unterwerfen hatte, wie sie das gewalttätige Begehren des Mannes über sich ergehen lassen mußte. Dieselbe Frau, die sonst keusch, ja, indifferent oder frigide war, konnte, von Naturgewalten erfaßt wie einst die Besessene, zur Nymphomanin werden.

Alle diese Überlegungen führten dazu, daß die Medizin empfahl, das Verlangen der Frau nach Sexualität und Zärtlichkeit in einem »vernünftigen Umfang« zu befriedigen. Die Furcht vor der Hysterie überzeugte viele von der Ratsamkeit einer maßvollen Sexualhygiene im häuslichen Zusammenleben. An dem Gatten war es, den Gefühlen der Frau zu genügen, ohne sie durch exzessive Sinnlichkeit in den Bannkreis der stets lauernden Hysterie zu bringen.

Daneben war freilich eine andere Diskussion im Gange, die die Dinge komplizierte. Die Animisten des 18. Jahrhunderts erblickten in der Hysterie nicht die Chiffre einer Spannung oder eines Mißverhältnisses zwischen dem Körper und seinem Subjekt, sondern das Resultat einer seelischen Störung. Für Stahl besiegelte diese Krankheit den eruptiven Ausbruch der Liebesleidenschaft; sie war das Zeichen für den Konflikt einer in sich gespaltenen Seele. Paul Hoffmann schreibt: »Die Seele versagt es sich, ihre Befriedigung offen auszuleben, und muß wenigstens ihr Begehren hinausschreien.«[8] Diese Anschauung bereitete, wie man sieht, jene Subjektivierung des Körpers vor, die nach Gladys Swain zwischen 1880 und 1914 allmählich Eingang in die Theoriebildung über die Hysterie fand und in die psychologische Analyse eines Janet und später in die Psychoanalyse mündete. Für diese Theoretiker war die Hysterie die Manifestation einer Dissoziation des Ich. Sie signalisierte einen inneren Bruch im Subjekt. Zum erstenmal in der Geschichte trat jene konvulsionäre Auffassung der Hysterie, in der sich das alte Gefühl von der Exteriorität des Körpers verriet, in den Hintergrund; zugleich hörte das Schauspiel der Hysterie auf, Inbegriff weiblichen Schicksals zu sein.

Für die Erforschung des privaten Lebens ist jedoch entscheidend, daß die Hysterie im häuslichen Bereich nach wie vor allgegenwärtig war. Die Frau der damaligen Zeit verfiel in Schreien und Toben, wenn sie sich anders nicht Gehör zu verschaffen vermochte; sie verfügte über ein Arsenal von Kränklichkeiten und Störungen, um ihre Umgebung auf ihr privates Leiden aufmerksam zu machen. Die stummen Wortmeldungen finden erst in jüngster Zeit das Interesse der Historiker.

## Die Suche nach der weiblichen Identität

Gewisse Manifestationen der Hysterie nahmen eine spektakuläre Gestalt an. Kollektive Hysterien gab es im privaten Bereich ebenso wie in der Öffentlichkeit. Die einen brachte man mit der Besessenheit in Zusammenhang; in den anderen vermutete man den Nachläufer konvulsionistischer Riten. Zwischen 1783 und 1792 gelang es zwei Geistlichen, den beiden Fratres Bonjour der kleinen, drei Kilometer von Ars entfernten Gemeinde Fareins, sich einige junge Mädchen aus der Pfarrei völlig hörig zu machen. Die Mädchen bäumten sich gegen die väterliche Autorität auf, ließen sich von ihrem Priester geißeln und gaben sich jeder Ausschweifung hin; eines ließ sich sogar in der kleinen Dorfkirche kreuzigen. Das fanatischste Mädchen wurde die Geliebte von François Bonjour und schenkte einem »Neuen Messias« das Leben. Aus diesen Anfängen entwickelte sich in dem Dorf eine eigentümliche Häresie, die noch in der Dritten Republik im Schwange war. Vom Fortbestand solcher kollektiven Formen des Wahns unter der Oberfläche des privaten Lebens zeugten 1855 die »abouyeuses« [»bellende Frauen«] von Josselin ebenso wie 1881 die »possédées« [»Besessenen«] von Plédran.

Noch bekannter sind die Hysterikerinnen von Morzine geworden. In diesem abgeschiedenen Alpendorf gab es zahlreiche unverheiratete Frauen, so daß sich eine spezifisch weibliche Sozialität entfaltete. Die Kirche, die hier starken Einfluß ausübte, untersagte alles, was nach Fest oder Spiel aussah. Diese Einschränkung, verbunden mit der Beunruhigung durch das als bedrohlich empfundene moderne Leben, führte bei den Frauen dieses Dorfes sechzehn Jahre lang, von 1857 bis 1873, zu hysterischen Manifestationen, deren Symptomatik uns Einblicke in weibliches Unglücklichkeitsbefinden im 19. Jahrhundert erlaubt.

Die ersten Störungen traten im Frühling 1857 bei zwei Mädchen auf, die sich auf die Erstkommunion vorbereiteten. Sie tobten und fluchten auf Gott, verfielen in Zuckungen und beschimpften die Erwachsenen, die sie zu beruhigen suchten. Bald machte ihr Beispiel nicht nur bei Gleichaltrigen Schule, sondern auch bei den älteren Frauen, den Hüterinnen der Werte in einer Gemeinschaft, der es nicht gelungen war, sich in ihre Umwelt zu integrieren, sondern die für sich selbst hatte bleiben wollen.

In dieser Hysterie verriet sich auch – vielleicht vor allem – das individuelle Unglücklichsein von jungen Mädchen, die auf der Suche nach ihrer Identität waren, die nicht tanzen durften, die Angst hatten, keinen Mann zu finden, und denen es schließlich auch Spaß machte, einander in ihrem kollektiven Wahn zu imitieren. Die Mädchen demonstrierten Gleichgültigkeit gegen ihre Eltern, die Mütter Gleichgültigkeit gegen ihre Kinder. Die Mädchen beschimpften ihre Väter und kümmerten

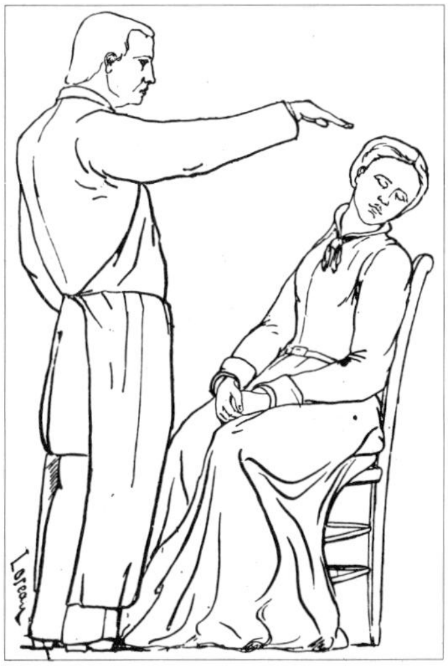

Die Ärzte griffen oft grundlos in das Schauspiel ein, dessen Inszenierung ihr eigenes Werk war: So war einige Jahre lang in Nancy, aber auch in Paris die Hypnose in Mode. (Paris, Bibliothèque Charcot)

sich nicht mehr um das, was sie sagten; die Frauen fingen an, ihre Männer zu schlagen, und machten sich über den Gottesdienst lustig, dessen Riten sie auf den Kopf stellten; am 30. April 1864 verfluchten die entfesselten Hysterikerinnen feierlich den Bischof, der indes einen Exorzismus verbot. Noch verräterischer ist, daß die Frauen die Arbeit verweigerten; statt dessen spielten sie Karten, tranken Alkohol, was sonst den Männern vorbehalten war, sie aßen fortan nur noch Weißbrot und wollten von Kartoffeln nichts mehr wissen.

Entgegen dem Rat seiner Oberen versuchte es der Priester privat mit dem Exorzismus, allerdings ohne Erfolg. Die französischen Behörden, die sich seit 1860 mit dem Fall beschäftigten, starteten einen wahren Zivilisationskreuzzug, um die Frauen zur Besinnung zu bringen: Straßen wurden gebaut, eine Garnison in den Ort verlegt, Tanzveranstaltungen organisiert. Vor allem versuchte der mit weitgehenden Vollmachten ausgestattete Irrenarzt Constans, den kollektiven Wahn auf die häusliche Sphäre zu beschränken; er setzte auf Trennung, Isolierung und Individualisierung der einzelnen Fälle. Mit diesem Konzept hatte er schließlich, am Vorabend der Dritten Republik, Erfolg.

Für solches Leiden und Aufbegehren von Frauen gibt es übrigens noch andere, oft übersehene Belege, von denen einige erwähnt seien. 1848 brach eine ähnliche hysterische Epidemie mitten in Paris aus, in einer Fabrik, in der vierhundert Arbeiterinnen beschäftigt waren. 1860 gerieten die Schülerinnen der École normale in Straßburg außer Rand und Band, 1861 die Erstkommunikantinnen der Pfarrei Montmartré, 1880 die Schülerinnen eines Internats in Bordeaux. Zu hysterischen Manifestationen kam es auch 1883 in einem Betrieb in Ardèche, zu dem auch eine Schule gehörte und in dem Seidenarbeiterinnen untergebracht waren.

Die Faszination, welche die Hysterie auf die Zeitgenossen ausübte, gipfelte zwischen 1863 und 1893 in der theatralischen Zurschaustellung des Leidens in der Salpêtrière. Es war eine erschütternde Szene, und der Angstschrei, den die hysterische Frau hier ausstieß, verriet mehr über das privateste Leiden der Menschen im 19. Jahrhundert als irgend etwas sonst.

## Das Theater der Salpêtrière

Dieses Theater unterstand dem Diktat Charcots, der den Ablauf und die einzelnen Phasen des großen hysterischen Anfalls beschrieben hat. Der große Professor ließ dort gehorsame Frauen auftreten, die begierig waren, seine und die Aufmerksamkeit seiner Kollegen und Schüler zu erregen. Stets im Zwiespalt zwischen ihrem Begehren und den Geboten des Meisters, schienen die Frauen doch die Inszenierung ihrer narzißtischen Kränkung zu genießen. Charcot führte seine Patientinnen einem Publikum aus Künstlern, Schriftstellern, Publizisten und Politikern vor; bei manchen seiner Dienstagsvorlesungen waren Männer wie Lavigerie, Maupassant oder Lépine zugegen. Die Inszenierung der Hysterie, die von den Photographen Régnard und Londe aufgezeichnet

Pierre André Brouillet, *Vorlesung Charcots in der Salpêtrière*, 1886. (Paris, Fondation Nationale d'Art Contemporain; als Leihgabe in der Nervenklinik Lyon)

wurde, hob Zeichen hervor, betonte Züge des Gesichts, reizte zur Imitation und enthüllte die Erotik der Gebärde. So gewannen Nervenkrankheiten für eine breitere Öffentlichkeit hohe Anziehungskraft. Die hysterische Gebärde fand sich auf den Pariser Bühnen wieder. Sarah Bernhardt mimte die Patientinnen – oder soll man sagen: die Aktricen – des berühmten Mannes. Die großen Opernheroinen, von Wagners reuegeplagter Kundrie (1882) bis zu Richard Strauss' Elektra (1905) mit ihrem nicht enden wollenden Racheschrei, schienen es mit manchen inzwischen in ganz Europa bekannten Patientinnen der Salpêtrière aufnehmen zu wollen.

Subtile Bündnisse zwischen Literatur und Psychiatrie bahnten sich an: Edmond de Goncourt zeichnete in drei gut dokumentierten Romanen das Bild der hysterischen Misandrie *(La Fille Élisa)*, der religiösen Hysterie *(Madame Gervaisais)* und der Neurose des jungen Mädchens *(Chérie)*. Die Nöte einer Marthe Mouret, von Zola in *La Conquête de Plassans* (1874) beschrieben, oder die eines Hyacinthe Chantelouve in Huysmans' *Là-bas* trugen dazu bei, das in der Salpêtrière kodifizierte Bild des menschlichen, speziell des weiblichen Wahnsinns im allgemeinen Bewußtsein zu verankern. Sogar die Schriftsteller selber kokettierten, von Charcot berauscht oder einer Mode folgend, mit der Hysterie oder behaupteten, an hysterischen Anfällen zu leiden.

In der Salpêtrière wurden alltägliche Vorfälle in der Weise inszeniert, daß die Frau, die ihre Symptome simulierte, glaubte, auf der Bühne zu stehen und in einer Rolle zu agieren. Das zweideutige Augenzwinkern der Hysterikerin, ihr vielsagendes Lächeln erschienen als pathologisches Abbild weiblicher Verführungskunst. Männer waren da-

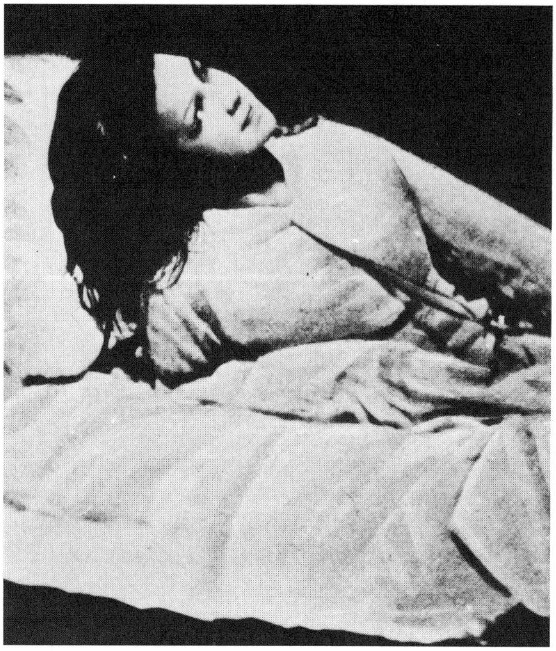

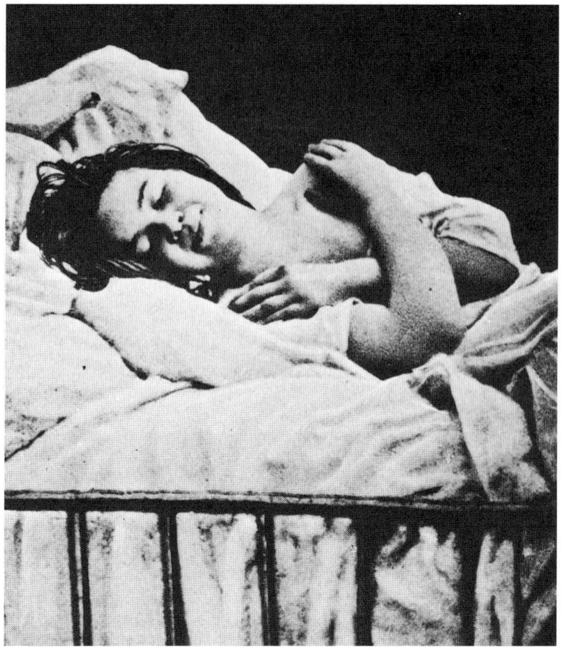

Die sechzehnjährige Augustine scheint die Lieblingspatientin der Salpêtrière-Belegschaft gewesen zu sein. Den Photographen bereitete es ein offenkundiges Vergnügen, die »leidenschaftlichen Posen« des hübschen Mädchens auf die Platte zu bannen; Augustine war Opfer einer Vergewaltigung geworden, die sie zwanghaft immer wieder nachspielte.

her versucht, die Manifestationen der Hysterie mit der Verzückung der Frau beim Orgasmus oder mit dem provozierenden Gebaren von Straßenmädchen zu verwechseln. Jede Frau, die einem Mann Avancen machte, imitierte fortan, ob sie es wußte oder nicht, die hübsche, junge Augustine, den unbestrittenen »Star« der Salpêtrière – ihrer Blicke, ihrer »leidenschaftlichen Posen«, ihrer »Ekstasen« wurden Charcot und seine Schüler offenkundig nicht überdrüssig, immer wieder mußte Augustine die Vergewaltigung nachspielen, das Leid wiederholen, das ihr angetan worden war, bis es ihr eines Tages zu dumm wurde und sie aus der Anstalt verschwand.

Wozu dieses Theater? Woher dieses unersättliche Sich-Delektieren der Ärzte, die offenbar ihr Vergnügen an der zweifelhaften Übertragung hatten, zu der es zwischen ihnen und ihren Patientinnen kam? Woher die unerhörte Geltung dieses großen Professors, den manch einer – und der sich wohl auch selbst – für einen zweiten Napoleon, ja, einen zweiten Jesus hielt? Unbestreitbar gab es ein therapeutisches Ziel und die Notwendigkeit, den klinischen Blick der jungen Ärzte zu schulen. Aber das allein erklärt nicht das heimliche Wohlgefallen daran, die Artikulation einer mit Leid untermischten weiblichen Erotik zu evozieren, und rechtfertigt nicht die Ersatzbefriedigung, sich an nachgespielter sexueller Lust zu weiden. Das theatralische Zurschaustellen der Hysterie war letztlich wohl nichts anderes als simple Taktik in der subtilen Ökonomie männlichen Begehrens; es war vor allem Symptom – und vielleicht unbewußte Therapie – männlichen Unglücklichseins. Das komplexe Wechselspiel von Exhibitionismus und Voyeurismus auf der Bühne der Salpêtrière verriet auf beiden Seiten Defizite im Verhältnis zum eigenen sexuellen Wunsch.

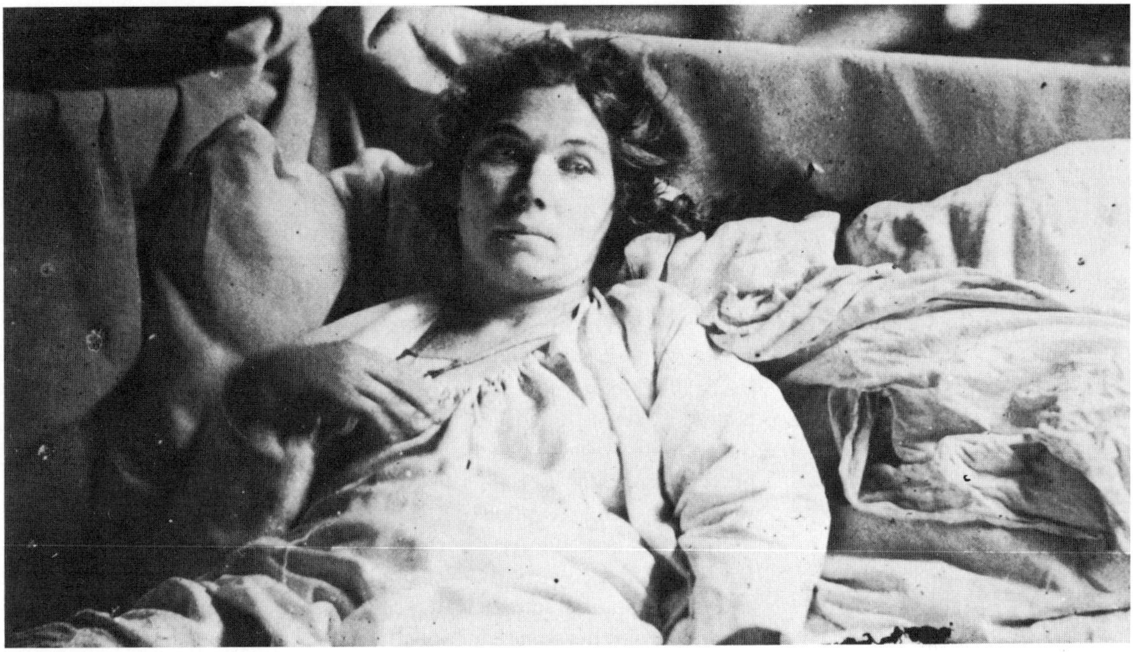

Solche Bilder, gegen Ende des Jahrhunderts entstanden, verraten, gleichgültig, ob sie Augustine oder die weibliche Hysterie überhaupt abbilden, indirekt auch etwas über das Unglücklichsein des Mannes und die Inadäquatheit seines sexuellen Begehrens.
(Paris, Bibliothèque Charcot)

Charcot behandelte auch eine immense Zahl von Privatpatienten, viele von ihnen aus dem Ausland. Jahr für Jahr kamen 5000 Personen in sein Sprechzimmer. Unter diesen Umständen ist es nicht verwunderlich, daß die Salpêtrière so viele Hysterikerinnen beherbergte oder daß ein einfaches Mädchen wie Marthe mit seinen unerfüllten Wünschen von den eigenen Angehörigen für eine unheilbar Kranke gehalten wurde.

Am Ende dieser fieberhaften Geschäftigkeit stand oft eine ebenso grausame wie nutzlose Therapie. Damit ist nicht das Theater selbst gemeint, das die Aktricen immerhin in den Genuß einer privilegierten Stellung in der Hölle der Salpêtrière brachte. Gemeint ist vielmehr die Unzahl der Hysterektomien, die gegen Charcots Einwände erfolgten, der Kauterisationen des Gebärmutterhalses, die Charcot selbst vornahm, und der experimentell – durch Hypnose – ausgelösten Hysterien; gemeint ist schließlich die Neigung vieler dieser gemarterten Frauen zur Drogenabhängigkeit, so daß sie zuletzt als Alkoholikerinnen, Ätheromaninnen oder Morphinistinnen endeten.

## Die neue Permanenz des Alkoholismus

Sich zu betrinken kann ein Vergnügen sein; oft genug jedoch verbergen sich hinter dieser Angewohnheit Lebensprobleme. Nicht zufällig hat das 19. Jahrhundert den Alkoholismus und den Typus des einsamen Trinkers hervorgebracht. Von zwei Seiten rückte man dieser neuen Geißel der Menschheit zu Leibe. In den herrschenden Klassen betonte man, gestützt auf die Meinung der Medizin, den Kausalzusammenhang

Félicien Rops, *Absinthtrinkerin.* Rops ließ keine Gelegenheit aus, Figuren einer verstörenden Weiblichkeit auf das Papier zu bannen – hier die trunksüchtige Verführerin. (Paris, Bibliothèque Nationale)

zwischen der Neigung des Proletariats zur Trunksucht und seinem liederlichen Lebenswandel. Um dieser neuen Pest zu begegnen, welche Familien zerrüttete, dem Gebot der Sparsamkeit zuwiderlief, die Entvölkerung begünstigte, die Degeneration der menschlichen Rasse beschleunigte, sozialen Unfrieden schürte und die Größe der »Grande Nation« schmälerte, galt es vor allem, dem Arbeiter Moral zu predigen. 1873 begann mit der Gründung von Temperenzlervereinen eine Kampagne gegen den Alkohol, die auf die Aufklärungsarbeit in Schulen, Kasernen, Arbeitersiedlungen und Freizeitstätten sowie auf den moralischen Einfluß der Frauen setzte. Mit eher gedämpften Tönen nahm die Bewegung auch den Alkoholismus der Oberschichten aufs Korn. Insbesondere der Absinthgenuß beunruhigte die Gemüter, wirkte er doch nach allgemeiner Auffassung unmittelbar auf die Gehirnzellen und konnte Epilepsie auslösen. So gefährdete er, wie seine böse Schwester, die Syphilis, das genetische Erbe der herrschenden Klassen. Und der brave Bürger, der im Café saß und sich vor aller Augen sinnlos betrank, war ein obszöner Anblick, der tunlichst die Ausnahme bleiben sollte.

Seit 1890 griff die Arbeiterbewegung diese vom Bürgertum lancierten Bestrebungen auf, und zwar mit demselben Elan; allerdings führte sie das Übel auf eine andere Ursache zurück, nämlich die in proletarischen Kreisen herrschende Not. Im Arbeitermilieu gab man der Droge Alkohol die Schuld an der mangelnden Bereitschaft der Werktätigen, sich zu organisieren. Der Alkohol war das neue Opium des Volkes; nachdem die Religion ihre Macht über die Gewissen der Menschen eingebüßt hatte, trat der Schnaps an ihre Stelle, trübte die Gedanken und behinderte den Klassenkampf. Auch hier sahen die Frauen sich in die Rolle des Moralpredigers gedrängt. Die Arbeiterfrau mußte ihren Mann zum Temperenzlertum bekehren, so wie einst die Bürgerfrau ihren vom Glauben abgefallenen Mann auf den Weg der Orthodoxie zurückzuführen hatte.

Mögen die beiden Kampagnen gegen den Alkoholismus auch ganz unterschiedlichen Antrieben entsprungen sein, die der Historiker leicht miteinander verwechseln kann, so betonen doch alle Beobachter einmütig das gewandelte Bild des Trinkers. »An die Stelle des rotgesichtigen, jovialen, gutmütigen und gesprächigen Säufers trat der verhärmte, deprimierte, mitunter gewalttätige, aggressive und zum Teil kriminelle Alkoholiker«, schreibt Chantal Plonevez. Mit diesem Wandel hing eine Veränderung der Trinkgewohnheiten zusammen, die man am besten in der Normandie und der Bretagne studieren konnte. Hier war, wie Thierry Fillaut schreibt, in der ersten Hälfte des 19. Jahrhunderts noch das »wilde Besäufnis« und die »lärmende, polternde Betrunkenheit« gang und gäbe. Jede Zäsur im normalen Lebensrhythmus nutzte man aus, um sich zu betrinken. Kirchenumgänge und Patroziniumsfeste, Märkte und freudige Ereignisse in der Familie boten Anlaß, über die Stränge zu schlagen; das Resultat war eine hochgestimmte Trunkenheit, die beim bürgerlichen Beobachter Anstoß erregte. Leute aus Paris, die zufällig an einem solchen Tag in die Bretagne kamen und viele Volltrunkene in den Straßengräben liegen sahen, pflegten diesen Anblick zu überschätzen; sie waren entsetzt ob solcher Exzesse und sahen sich in

Jules Adler, *Mutter*, 1899. Am Vorabend des Ersten Weltkrieges zogen die Bürger ebenso wie die Wortführer der Arbeiterbewegung gegen den Alkohol zu Felde – er stürzte Familien ins Unglück, verstärkte Not und Armut und barg die Gefahr der Degeneration in sich. Ärgernis erregte vor allem der Absinth, der angeblich direkt die Gehirnsubstanz angriff. Allerdings war die – während des Weltkriegs verbotene – »grüne Fee« niemals das bevorzugte geistige Getränk der Werktätigen gewesen.

Edgar Degas, *Der Absinth*, 1876/77; (Paris, Louvre; Albi, Musée Toulouse-Lautrec).

ihren schlimmsten Vorurteilen gegen die Barbarei in diesem Teil des Landes bestätigt.

Seit etwa 1870 trat ein maßvoller, aber chronischer Alkoholismus an die Stelle des demonstrativen öffentlichen Besäufnisses. Als Krankheitsbild wurde Alkoholismus erstmals 1849 von dem Schweden Magnus Huss beschrieben, und bald brachte man ihn mit der Ätiologie der Degeneration in Zusammenhang. Zwischen 1850 und 1870 gab es – wiederum nach den Beobachtungen Thierry Fillauts – eine Übergangszeit, »in der zeitweilige Nüchternheit mit dem täglichen Genuß von Alkohol abwechselte«.[9] So verlagerte sich das Trinken allmählich von der Öffentlichkeit in den privaten Bereich. Dieser Unterschied wurde auch vom Staat bemerkt; ein Gesetz von 1873 stellte die Trunkenheit in der Öffentlichkeit unter Strafe, sagte jedoch nichts über den heimlichen Alkoholismus. Das Gesetz wurde inkonsequent angewendet und blieb ohne große Wirkung; am ehesten traf es Randgruppen der Gesellschaft, vor allem Obdachlose, die ihrer Trunksucht nicht privat frönen konnten.

## Alkohol und der Raubbau am Körper

Alles deutet darauf hin, daß die oben geschilderte Entwicklung im französischen Westen auch für andere Landesteile typisch war, freilich mit Unterschieden je nach sozialer Klasse. Der heimliche Alkoholkonsum in der Privatsphäre scheint aus dem Bürgertum zu stammen, auch wenn hierzu keine speziellen Fallstudien vorliegen. Der Apéritif vor dem Essen, der Cognac zum Kaffee und sogar der Absinth wahrten noch lange Spuren ihres elitären Ursprungs und versagten sich im Grunde der Demokratisierung. Das genüßliche Schlürfen der »grünen Fee« ging mit einem ausgeklügelten Ritual einher, welches ebenso das Raffinement des Trinkenden bezeugte, wie es auf dessen heimliches Einverständnis mit seiner Selbstzerstörung schließen ließ.

Beim städtischen Proletariat griff der Alkoholismus schon sehr früh um sich. Maurer, die als Migranten aus dem Limousin in die Stadt gekommen waren, konsumierten größere Mengen Alkohol als die daheimgebliebenen Bauern, und zwar schon seit der Julimonarchie. Man wird einwenden, daß diese Art von Alkoholismus uns hier nicht zu interessieren braucht, weil sie Ausdruck einer spezifischen Geselligkeit gewesen sei und sich in der Öffentlichkeit abgespielt habe. Aber die Kneipen und die Läden der Weinhändler waren Orte, an denen sich die Grenze zwischen dem Öffentlichen und dem Privaten verwischte, wo öffentliches und privates Verhalten kaum mehr unterscheidbar war. Der Schankwirt war ein Freund, dem man sein Herz ausschütten konnte; er lieh einem Geld, wenn man es brauchte, oder legte es an, wenn es nötig war. In diesem Zusammenhang befriedigte der Alkohol nicht nur ein physiologisches Bedürfnis, er lieferte auch den Vorwand für eine private Beziehung. Es ist kaum übertrieben, in den Zeremonien des Trinkens einen Ersatz für die Beichte zu vermuten.

Gleichzeitig festigte der Alkohol die Geselligkeit, die der gemeinsamen Arbeit entsprang. Wer nicht trank, der lief Gefahr, aus dieser Geselligkeit ausgeschlossen zu werden; er galt als »feiner Pinkel, der sich als was Besseres vorkommt« (C. Plonevez).[10] Alkoholkonsum erschien als Zeichen von Männlichkeit und trug dazu bei, das Bild eines Menschen zu prägen. Wie sehr man sich hier durch konsequentes Nichttrinken diskreditierte, schildert der Roman *Sublime* von Denis Poulot – jedes

Henri de Toulouse-Lautrec, *Die Trinkerin oder Verkatert*, 1889. Besonders Degas (siehe Abbildung auf Seite 598) und Toulouse-Lautrec arbeiteten jene Besonderheiten des Alkoholismus heraus, die Magnus Huss Mitte des Jahrhunderts beschrieben hatte. Die beiden Maler gestalteten nicht die ausgelassene Trunkenheit, sondern das einsame, verdrossene Absorbieren des Alkohols, wovon der Trinker sich Befreiung von seinen Sorgen erhofft. Die beiden Künstler registrierten auch, daß am Vorabend der Dritten Republik erstmals Frauen die Pariser Cafés bevölkerten.
(Albi, Musée Toulouse-Lautrec)

freudige Ereignis wird zum Anlaß genommen, »eine Runde auszugeben«: ein Geburtstag, die zufällige Begegnung mit einem Freund, das Eintreffen eines Telegramms, eine neue Stelle und, natürlich, die Aushändigung des Lohns.

Unter dem Eindruck des thermodynamischen Modells verglich man den menschlichen Körper mit einem Dampfkessel oder einem Motor, der ständig Treibstoff benötigte; der Alkohol, so glaubte man zu wissen, hatte den Vorzug, diesen Treibstoff zu liefern. Die Illusion vom »Aufmunterungsschluck« beförderte den regelmäßigen Genuß von Alkohol – bei den Maurern in Paris ebenso wie bei den Hafenarbeitern in Rouen oder den Metallarbeitern von Valenciennes. Der morgens um fünf Uhr »gekippte« Schnaps ließ den Arbeiter für eine Weile die Müdigkeit, die Gefährlichkeit der Arbeit und die Trostlosigkeit seiner Lage vergessen. Der Alkohol hatte wesentlichen Anteil an dem Raubbau, den der Arbeiter mit seinem Körper trieb (oder treiben mußte). Das erklärt zum Teil den unterschiedlichen Alkoholkonsum der Geschlechter. Die Frauen griffen auf andere, dem Mann verschlossene Taktiken zurück, um dem vorzeitigen physischen Verfall entgegenzuwirken.

Die Historiker haben eine ganze Reihe weiterer Erklärungen für die Karriere des einsamen Trinkens angeboten, die freilich nicht leicht zu erhärten sind. Die Verkümmerung der Kunst des Feierns, die Entwertung gewisser, einst hoch geschätzter handwerklicher Fertigkeiten, die zunehmende Eintönigkeit der Arbeit, die gestiegenen Löhne bei vermehrter Freizeit (was zwar das Bedürfnis nach Erholung weckte, aber das Problem einschloß, »die Zeit totzuschlagen«) – dies alles verstärkte möglicherweise den Kummer des Arbeiters, den er im Alkohol zu ertränken suchte. Zur stärksten Versuchung wurde das Wirtshaus für jene, die es zu einem gewissen Wohlstand gebracht, aber nicht gelernt hatten, die neugewonnene Freizeit sinnvoll zu gestalten.

Die Einführung industrieller Fertigungsmethoden, der niedrige Preis von Spirituosen sowie die 1880 erfolgte Liberalisierung der gesetzlichen Bestimmungen über die Abgabe alkoholischer Getränke trugen unzweifelhaft zur Steigerung des Alkoholkonsums in den Städten bei. Eine Umfrage bei den unteren Schichten der Pariser Bevölkerung vermittelt eine Vorstellung von den jeweiligen Präferenzen: Die Arbeiter tranken gern Wein, bittere Liköre, chininhaltige Alkoholika und auch Absinth, was sie allerdings nicht zugeben wollten; auch tranken sie lieber Branntwein als Rum; dagegen hatten sie für Cidre oder Bier kaum etwas übrig. Die Frauen, sofern sie überhaupt Alkohol tranken, bevorzugten Apéritifs, Liköre und Rumtöpfe usw.

## Das Opium der Landbevölkerung

Aus dem privaten Leben der Arbeiter von Belleville war der Alkohol nicht wegzudenken, wie Gérard Jacquemet nachgewiesen hat.[11] Trunkenheit begünstigte häuslichen Zwist, bestärkte den betrogenen Gatten in seiner Eifersucht, reizte ihn zur Gewalttätigkeit auf bloßen Verdacht hin und endete damit, daß er seine Frau verprügelte, die ihn als Säufer

Auch Bauer und Bäuerin gingen dazu über, sich in der Ungestörtheit der vier Wände zu betrinken. Während in den größeren Städten der Ausschank alkoholischer Getränke liberalisiert wurde, begleitete der heimliche Alkoholismus auf dem Lande den Siegeszug der Republik und die hervorragenden Erfolge der staatlichen Schulen.

beschimpfte. Schlägereien unter Betrunkenen waren an der Tagesordnung, ebenso das Delirium tremens als tragischer Beweis für die mit der Trunksucht verbundene Gefahr der Degeneration.

Der Alkohol eroberte das flache Land später als die Stadt. Lange Zeit hatten die Bauern sich mit Wasser, Milch, billigen Rachenputzern oder leicht fermentierten Obstsäften begnügt (im mittleren Westfrankreich einfach »Trank« [»boisson«] genannt). Noch zur Zeit des Zweiten Kaiserreichs tranken die meisten Bauern im Limousin Wein nur zum Essen. Der Siegeszug des Alkohols hatte eine regional ganz unterschiedliche Chronologie. Im Westen Frankreichs begann er zwischen 1870 und 1880 und erreichte in den folgenden Jahren seinen Höhepunkt. Er ging hier einher mit der großen Krise in der Landwirtschaft, dem Triumph der Republik und der Verbreitung staatlicher Schulen, in denen vergeblich vor den Gefahren des Alkohols gewarnt wurde. In gewissen Gegenden der unteren Normandie begann die Trunksucht schon um die Jahrhundertmitte ihr Zerstörungswerk, während in den Randgebieten, zum Beispiel in der Vendée oder im Finistère, die alten Trinksitten viel länger fortbestanden. Übrigens darf man den Alkoholismus auch in den Weinbauregionen nicht unterschätzen; eine geschickte Propaganda hat lange Zeit die Fiktion vom vorbildlich nüchternen Winzer aufrechterhalten.

Zur Ausbreitung des Alkoholkonsums auf dem Lande trugen neben dem billigen Preis von Spirituosen und dem hohen Lebensstandard auch die verbesserten Kommunikationsmittel, der Einfluß städtischer Lebensmuster sowie die 1872 eingeführte allgemeine Wehrpflicht bei. Hinzu kam, wie Hervé Le Bras hervorhebt, die Desorientierung der Menschen durch den Zusammenbruch alter Verhaltensstrukturen und

Glaubensbindungen.[12] Der Exodus vom Lande verstärkte die Isolierung des Einzelnen oder der Familie. Selbst wo die Kernfamilie fortbestand, gestaltete sich mit dem Niedergang des »Hauses« die Ehelosigkeit für die Kinder dramatischer und trostloser. In den ländlichen Regionen der Creuse – um nur ein Beispiel herauszugreifen – überalterte die Bevölkerung, und die Höfe verfielen. Das Fahrrad erlaubte den Jugendlichen die bequeme Flucht in die Cafés der nächstgelegenen Stadt.

Über die Wurzeln dieses neuen Unglücklichseins, das mit dem um sich greifenden Alkoholismus auf dem Lande einherging, könnten nur anthropologische Analysen im Verein mit ethnopsychiatrischen Erhebungen Aufschluß geben. Sie vermöchten wohl auch eine Gewohnheit aufzuhellen, der Männer wie Frauen fast zu gleichen Teilen verfielen. In der unteren Normandie konnten selbst die Frauen, wenn sie allein zu Hause waren, kaum der Versuchung des »Schnäpschens« widerstehen. Die Moralpredigten der Temperenzler fanden auf dem Lande so gut wie keinen Widerhall; vielmehr ergaben sich bäuerliche Ehepaare oft gemeinsam dem Trunk. Der Branntweingenuß entfesselte hier zwar nicht die nämliche Gewalttätigkeit wie in der Stadt, aber bestimmte vielleicht noch nachhaltiger die Atmosphäre des häuslichen Daseins. In dieser Gegend wurde die Gesundheit der Bauern allmählich durch den täglichen Genuß von Cidre, »Schnäpschen« und vor allem Calvados (zum Kaffee) untergraben. Die Landwirte des Montanais, die täglich einen halben Liter Branntwein tranken, waren nicht mehr die Ausnahme. Die meisten bäuerlichen Haushalte konsumierten pro Jahr 50 bis 75 Liter Alkohol. Im Laufe der Zeit wurde die Palette der in den ländlichen Regionen geschätzten Getränke immer bunter. In der Gegend von Porzay trank man 1879 erstmals Wermut, 1880 Rum, 1889 Kirschwasser und Curaçao, 1901 Absinth. Doch das bevorzugte Getränk blieb weiterhin der Branntwein.

Félicien Rops, *Schändung und Prostitution beherrschen die Welt*. (Paris, Bibliothèque Nationale)

## Der Auftritt einer neuen Spezies

Die jüngste Geschichtsschreibung kämpft gegen die Pathologisierung der Homosexualität, die im 19. Jahrhundert üblich war; sie belegt, wie schwer es der »Päderast« in der damaligen Zeit hatte. Aus demselben Blickwinkel müssen wir hier die Geschichte dieser als »widernatürlich« stigmatisierten Einstellung betrachten. Gerade in diesem Feld ist die Analyse der einschlägigen Vorstellungen und Diskurse von besonderer Bedeutung. Die Untersuchung des Imaginierten gibt dreifachen Aufschluß: über die Mentalität der Heterosexuellen, über die Repression, unter der die Homosexuellen zu leiden hatten, und über die Verhaltensstrategien, deren die Homosexuellen sich bedienten, um der Ächtung durch die Umwelt zu entgehen.

Ende des 18. Jahrhunderts scheint die Homosexualität noch glimpflich beurteilt worden zu sein – als eine Veranlagung, die mitunter von Zufallsbegegnungen profitierte und meist mit heterosexuellen Aktivitäten gekoppelt war. Im 19. Jahrhundert jedoch wurde aus dem Homosexuellen unter dem Blick des Klinikers eine neuartige Spezies. Aus

der verwirrenden Welt der Ausschweifungen kristallisierte sich ein »Typus« heraus: das merkwürdige Produkt eines biologischen Determinismus. So entstand jene »Dispersion der Sexualitäten«, die Michel Foucault beschrieben hat.[13]

Der Glaube an den Zusammenhang von Physischem und Moralischem verdächtigte die neue Spezies als feminin. Der »Päderast« liebte Schmuck, Kosmetika und Parfüm; er schwang in den Hüften und wollte stets gut frisiert sein. Das machte ihn der Frau ähnlich, mit der er übrigens »typische« Merkmale teilte: Geschwätzigkeit, Klatschsucht, Eitelkeit, Wankelmut, Doppelzüngigkeit. Die Gerichtsmedizin, die sich darauf verstand, Menschen zu demaskieren, zeichnete ein phantastisches Bild vom Homosexuellen und schrieb ihm alle Insignien der Niedertracht zu, die das 19. Jahrhundert kannte. Für Dr. Ambroise Tardieu, die sich 1857 zu dem Thema äußerte, ließ es der »Päderast« an Hygiene und Sauberkeit fehlen; er scheute reinigende Waschungen. Schon an seiner Morphologie erkannte man den »Päderasten«: Die Beschaffenheit des Gesäßes, die Elastizität des Sphinkters, ein trichterförmiger Anus sowie Gestalt und Größe des Penis verrieten die neue Spezies, ebenso »der verquere Mund«, »die kurzen Zähne und die aufgeworfenen, wulstigen, unförmigen Lippen«, die auf die Praktik der Fellatio schließen ließen. Als neues Mitglied im Monstrositätenkabinett hatte der Päderast etwas vom Tier an sich; seine Koitalstellung erinnerte

1872, als der Rausch der Kaiserzeit zu Ende ging und die »moralische Ordnung« die Herrschaft antrat, war die Polizei nicht bereit, die Überwachung sogenannter »Päderasten« zu lockern. Dieser junge Transvestit wußte ein Lied davon zu singen – er wurde sechsmal verhaftet.
(Paris, Archives de la Police)

an die des Hundes. Seiner ganzen Natur nach war er dem Kot verbündet und suchte den Gestank der öffentlichen Pissoirs.

In der Sicht der Polizei war der Homosexuelle ein Mensch, der soziale Barrieren mißachtete. Sein »unnatürliches« Verhalten war nicht länger das Privileg des Adels, auch Großbürgertum und Künstler hatten sich infizieren lassen – die Statistiken der polizeilichen Repression verraten, daß diese Personen oft mit Proletariern verkehrten. »Päderasten« waren von der Unterschicht noch stärker fasziniert als Männer, die zu Prostituierten gingen; sie hatten keine Hemmungen, sich über Rassen- und Klassenschranken hinwegzusetzen. Dies alles waren verabscheuenswerte Verhaltensformen in den Augen des Bürgers, der, auf Reinheit der Sexualität bedacht, seinen Körper in ähnlicher Weise vor jeder Kontamination zu bewahren suchte wie der Aristokrat sein blaues Blut.

Während des letzten Jahrhundertdrittels signalisierte das facettenreiche Bild des »Invertierten« die verstärkten biologischen Ängste des Bürgertums. Die noch in den Kinderschuhen steckende Sexualwissenschaft brachte den Habitus des »Invertierten« auf den Begriff und klassifizierte gleichzeitig die verschiedensten Formen der Perversion. Der »Invertierte« wurde zu einem »Typus« neben anderen; er fand sich neben Fetischisten jeder Couleur, neben Exhibitionisten oder Zoophilen wieder. Allen gemeinsam war der Makel des Pathologischen; man hielt sie nacheinander für Opfer eines »moralischen Wahns«, einer »Genitalneurose«, schließlich einer hoffnungslosen Degeneration. Zu den Opfern der morbiden Heredität zählten nach Auffassung Magnans und Charcots auch die »Invertierten«.

Seither war Homosexualität – das Wort taucht erstmals 1809 auf – nicht mehr nur eine Silhouette, eine Morphologie, ein Temperament; sie markierte vielmehr die individuelle Geschichte eines Menschen, eine besondere Art, zu leben und zu fühlen. Der Homosexuelle war durch den Verlauf seiner Kindheit, ja, bereits in der »intrauterinen Lebensphase« zu dem gemacht worden, was er war. Er zog die Wißbegier der Interpreten auf sich. Er war nicht mehr lediglich ein Sünder; er war ein Kranker, ein erblich Belasteter, dem man helfen mußte. So entstanden die verschiedenen Therapien; sie setzten je nach Fall auf Hypnose, gymnastische Übungen, Betätigung in freier Natur, sexuelle Enthaltsamkeit oder das Talent der Prostituierten.

## Soziale Stigmatisierung

Man hat viel darüber diskutiert, wie stark die Unterdrückung von »Sodomiten« im 18. Jahrhundert war. Es scheint indes klar zu sein, daß »Sodomie«, die übrigens im täglichen Lebensvollzug schwer nachzuweisen war, im Adel geduldet worden ist, bei den unteren Schichten der Bevölkerung jedoch konsequent geahndet wurde. Meist begnügte man sich damit, sie dann zu bestrafen, wenn sie mit einer anderen Straftat einherging. Wie weit die Liberalisierung auf diesem Gebiet zur Zeit der Französischen Revolution ging, ist unter den Historikern umstritten; jedenfalls setzte danach die brachiale Unterdrückung der »Sodomie« verstärkt wieder ein.

Die Verfolgung der Homosexualität gründete sich sowohl auf polizeiliche wie auf medizinische Erwägungen; der Mediziner Tardieu arbeitete mit dem Polizeioffizier Carlier Hand in Hand. Dem Code pénal von 1810 war der Straftatbestand der Päderastie unbekannt. Erst das Gesetz vom 28. April 1832 führte das Verbrechen der »Pädophilie« ein, worunter der Geschlechtsverkehr mit Minderjährigen unter elf Jahren zu verstehen war; strafbar war schon die versuchte Verführung, ja, die einfache Liebkosung des Kindes. Am 13. März 1863 wurde die Altersgrenze auf dreizehn Jahre hinaufgesetzt. In der Praxis verfuhren Polizei und Gerichte strenger, als es der großzügige Wortlaut des Gesetzes forderte. Seit 1834 ging die Polizei dazu über, an öffentlichen Plätzen Razzien zu veranstalten; traurige Berühmtheit erlangte die Razzia vom 20. Juli 1845 in den Tuilerien, an diesem Tag wurden einige »Päderasten« vom Pöbel halb totgeschlagen. Zwischen 1850 und 1880 folgte die Repression der Homosexualität denselben Mustern wie die der Prostitution, nur daß sie heftiger war. 1852 beschlossen die Gerichte, alle »Berufspäderasten« ohne Arbeit und festen Wohnsitz aus dem Département Seine zu verbannen. 1872 wurde der Strichjunge Alfred, genannt »Le Saqui«, der allzu offen auf Kundenfang gegangen war, zu zwei Jahren Gefängnis verurteilt; das Urteil hat Rechtsgeschichte gemacht.

Wie das private Leben der Homosexuellen bei solcher Repression aussah, kann man sich unschwer denken. Sie waren gezwungen, sich zu verstecken. In Großstädten entwickelten sie spezifische Formen der Geselligkeit – die einzige Zuflucht marginalisierter Menschen, die sich mehr und mehr dem Bild anglichen, das die Gesellschaft sich von ihnen machte. Während des Zweiten Kaiserreichs widmete sich neben der Medizin und der Polizei auch die Anthropologie dem männlichen Homosexuellen. Die Homosexuellen mußten selbstverständlich ihr Begehren signalisieren, und zwar mit Rücksicht auf die herrschende Repression überaus vorsichtig; also wählten sie für ihre Begegnungen spezielle Orte, die abgelegen und ruhig waren. Die Furcht vor Polizeispitzeln ließ einen eigentümlichen Argot entstehen, der Uneingeweihte ausschloß, und zwang zu komplizierten Erkennungszeichen.

Die soziale Stigmatisierung bewog nach Philippe Ariès' Beobachtung die leidenden Opfer gelegentlich zu rührenden Geständnissen.[14] Andere, die bloßgestellt worden waren, erholten sich nie mehr von der moralischen Verdammung durch die Umgebung. Villemain, Bildungsminister unter Louis-Philippe, starb in geistiger Umnachtung; es war ihm nicht gelungen, sein sexuelles Begehren nach Männern zu befriedigen. Trotzdem sollte man sich davor hüten, ein allzu düsteres Bild zu malen. Zumindest in der ersten Hälfte des 19. Jahrhunderts gab es Homosexuelle wie Cambacérès oder Junot, die eine glanzvolle Karriere machten. Die öffentliche Meinung brachte sogar Toleranz für die gleichgeschlechtliche Liebe auf, vorausgesetzt, daß sie die Zone der privaten Intimität nicht verließ. Die Pariser »high society« duldete stillschweigend, daß Destutt de Tracy mit einem anderen Ideologen zu-

sammenlebte; ebenso akzeptierte sie den Bund des Marquis de Custin mit seinem englischen Freund Saint-Barbe. Joseph Fiévée lebte mit Théodore Leclercq zusammen, dem Verfasser didaktischer Theaterstücke; die beiden Liebenden wurden in demselben Grab auf dem Friedhof Père-Lachaise beigesetzt.

Wie dem auch sei, die »Päderasten« des 19. Jahrhunderts entwarfen als erste das Modell einer hedonistischen, nicht auf Fortpflanzung eingeschworenen Sexualität – ein Modell, dem die Zukunft gehören sollte. Als die Homosexuellen endlich aus der Heimlichkeit heraustraten und auf ihre Normalität pochten, boten sie, wie Philippe Ariès hervorhebt, der Jugend ein neues Bild strahlender Männlichkeit dar.

## Die Lesbierin – ein Produkt der männlichen Phantasie

Die Geschichte der weiblichen Homosexualität zu schreiben ist gegenwärtig noch nicht möglich. Außer den Lesbierinnen der »high society« – von den »Anandrinen« des späten 18. Jahrhunderts bis zu den reichen Amerikanerinnen, die sich in der Belle Époque in Paris niederließen – kennen wir wenig mehr als die endlosen Tiraden von Ärzten und Gerichten gegen die wachsende Zahl von »Tribaden« in Bordellen und Gefängnissen. Was wir hingegen genau wissen, ist, daß im 19. Jahrhundert die männliche Phantasie von der Lesbierin fasziniert war – ein weiterer Beweis für das beschädigte Verhältnis des damaligen Mannes zu seinem eigenen sexuellen Begehren. Die Diskussion über sapphische Praktiken war gänzlich anders strukturiert als die über die Päderastie – wurde diese in der Phantasie des Mannes pathologisiert, so jene poetisiert. Erst das 19. Jahrhundert erfand die »Lesbierin« als Inbegriff des

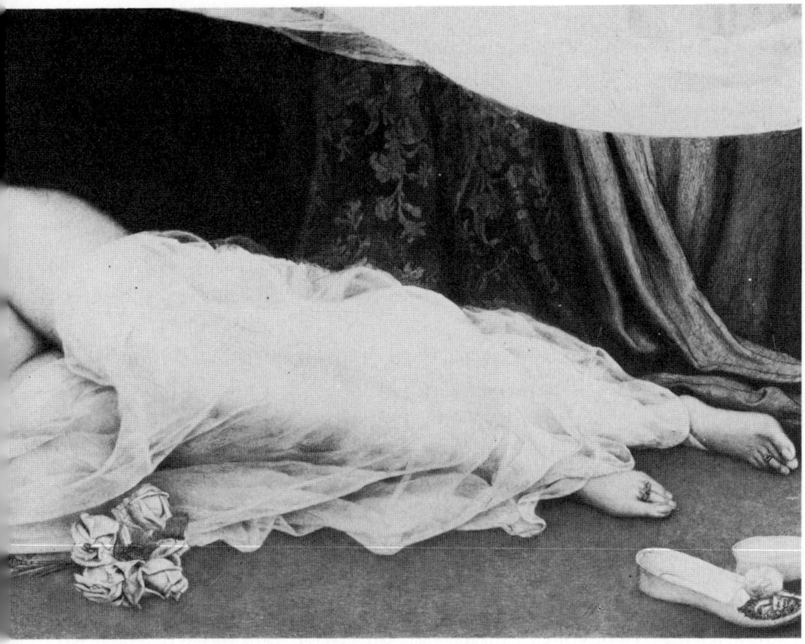

Jean-Alexandre Coraboeuf, *Hingabe*. (Salon von 1909) Während des ganzen 19. Jahrhunderts profitierte die weibliche Homosexualität von der heimlichen Komplizenschaft des Mannes, dessen Phantasie sie beschäftigte. Das Sujet lieferte dem Maler einen Vorwand, die Sinnlichkeit des nackten weiblichen Körpers zu evozieren. 1909 waren die Veranstalter des Salons über dieses Bild nicht schockiert – trotz seines Titels. Die Evokation männlicher Freuden wäre ohne Zweifel auf weniger Gegenliebe gestoßen.

Zärtlichen, Süßen und Reinen – schon das Wort ist, wie Jean-Pierre Jacques bemerkt, eine Liebkosung der Zunge.[15]

Natürlich waren die Ärzte beunruhigt über die seltsame weibliche Lust, die sich männlicher Kontrolle entzog, und vertraten mit Entschiedenheit den Standpunkt, daß auf jeden Fall eine der beiden Partnerinnen männliche Verhaltensweisen annehmen und die Rolle des Mannes spielen müsse. Diese Auffassung nährte abenteuerliche Spekulationen über die Klitoris und die Deformation der Vulva bei Tribaden. Alle Frauen, die sich wie ein Mann kleiden wollten, wurden von der Polizeipräfektur erfaßt; sie mußten nämlich hierzu einen offiziellen Antrag stellen (die Malerin Rosa Bonheur kam dieser Vorschrift tatsächlich nach). Dieses männliche Bild der Lesbierin entbehrte jedoch der Überzeugungskraft. Schon vor 1836 hatte Parent-Duchâtelet nachgewiesen, daß die Tribade sich durch keinerlei klinische Merkmale von der heterosexuellen Frau unterschied.

Das Bild der Sappho, wie es die Männer jener Zeit imaginierten, blieb ein zweideutiges – hin und her gerissen zwischen der Faszination durch weibliche Lebensfülle und der Furcht vor einer weiblichen Lust, die sich ohne Zutun des Mannes erfüllte. Der Sapphismus war ein bevorzugter Gesprächsstoff der Männer. Von sexueller Minderwertigkeit bedroht, malten sie sich gerne die erotische Bulimie von Frauen aus, die ihren Gefühlen freien Lauf ließen. So entstand das Bild von der exzessiven lesbischen Lust – in ihrer Enthemmtheit zieht die unersättliche, ekstatische Lesbierin alle Register. Derlei Männerphantasien, in einem Roman wie *La Fille aux yeux d'or* explizit ausgespielt, waren der Grund dafür, daß Fourier – wie später so mancher Voyeur in den Fin-de-siècle-Bordellen – ein hohes Vergnügen an lebenden Bildern hatte, bei denen alle Figuren von Frauen dargestellt wurden. Die Inszenierung des weiblichen Körpers hatte hier, wie in dem Theater der Hysterie in der Salpêtrière, eine therapeutische Funktion.

Paradoxerweise war gerade die sapphische Bulimie für die Männer eine Art Selbstbestätigung, bewies sie doch das Unbefriedigtsein der Frau ohne den Mann, das Gefühl des Mangels ohne ihn. Nichts gegen Maupassant, aber der Liebende schien sich nicht wirklich betrogen zu fühlen, wenn seine Partnerin mit einer anderen Frau schlief. Der alte Herzog von Morny, ein Genießer, wie er im Buche steht, war, wie uns die Brüder Goncourt berichten, der Ansicht, daß der Sapphismus die Frau sensibilisiere; er führe sie gefahrlos in die Erotik des erwachsenen Mädchens ein, wovon letztlich der Mann profitiere. So erklärt sich vielleicht die relative Nachsicht, die das 19. Jahrhundert – nach dem Vorbild des Gatten in Colettes *Claudine* – mit einer Praktik übte, deren wahre Verbreitung wir wahrscheinlich niemals erfahren werden.

Festzuhalten bleibt jedoch, daß das, was wir über lesbische Paare, beispielsweise über Renée Vivien und Nathalie Clifford-Barney, wissen, das milde Bild einer zärtlichen und sanften Beziehung bestätigt. Die Tiefe der Gefühle zwischen beiden erinnert an die ersten Briefe zweier Liebender. Der Salon, den Nathalie unterhielt, ermutigte lesbische Frauen, sich zu ihrer Veranlagung zu bekennen; er wurde zu einem »Schmelztiegel der Leidenschaft und der Freiheit«, wie Marie-Jo Bonnet sich ausdrückt. Das Bild der homosexuellen Frau emanzipierte sich von der männlichen Perspektivik, und eine neue Chance des Glücks zeichnete sich ab, auf die wir hier nicht näher eingehen wollen.

## Der Suizid

Für den Bauern und den Arbeiter war der Strick die einzig anständige Methode, seinem Leben ein Ende zu setzen.
Honoré Daumier, *Der Selbstmord*. *(Paris, Musée Carnavalet)*

Ein Übermaß an Leiden kann beim Mann wie bei der Frau im Entschluß zum Selbstmord enden. Dieser private Akt ist auch ein Hilferuf, ein verzweifelter Aufschrei gegen das Scheitern der Kommunikation. In ganz Europa war im Laufe des 19. Jahrhunderts eine Steigerung der Suizidrate zu vermerken. Frankreich bildete keine Ausnahme; erst seit 1894 ging die Anzahl der Selbsttötungen zurück. Es kann jedoch auch sein, daß die Zunahme der Suizide sich ganz oder teilweise mit der Verbesserung der seit 1826 üblichen Registrierungsmethoden erklärt. Wie dem auch sei, der Suizid war ein faszinierendes Thema: Von Guerry und Quételet über Falret und Brierre de Boismont bis zu Durkheim waren Nervenärzte und Soziologen um seine Erhellung bemüht. Der Besuch der Morgue gehörte bei vielen Pariser Familien zum Sonntagsritual – der Anblick der erkalteten Leiber auf den Marmortischen jagte einem angenehme Schauer über den Rücken.

Das bohrende Gefühl der Unsicherheit schwächte den Lebenswillen. Der Einzelne sah in sich selbst nicht mehr einen hinreichenden Lebenszweck und kapitulierte vor der Entzauberung der Welt; dies konnte zu dem führen, was Durkheim 1897 den »egoistischen Suizid« genannt hat. Auch hemmungslose Begierden und das zu starke Engagement im gesellschaftlichen Konkurrenzkampf bargen die Gefahr der Enttäuschung in sich; wurde diese Bewährungsprobe für das Individuum zu

Frauen sahen in anderen Todesarten die beste Lösung: sie griffen lieber zum Gift oder gingen ins Wasser. Es gab also auch auf dem Gebiet der Selbsttötung geschlechtsspezifische Unterschiede. Octave Tassaert, *Der Selbstmord*, 1852. (Montpellier, Musée Fabre)

schwer, so daß es sie nicht zu bestehen vermochte, so konnte es zu dem kommen, was Durkheim den »anomischen Suizid« nennt. Die Analyse der Statistiken bestätigt die Bedeutung, welche die Isolierung des Einzelnen und die damit zusammenhängenden Erfahrungsprozesse hatten. Überdurchschnittlich hoch war die Suizidrate im 19. Jahrhundert bei ledigen, verwitweten und geschiedenen Männern und Frauen. Umgekehrt schützte die Ehe oder die Existenz von Kindern vor der Versuchung zum Selbstmord. Wie auch immer, wir können an dieser Stelle nicht den seit 150 Jahren tobenden Streit entscheiden, ob für den Suizid eher soziale Faktoren ausschlaggebend sind oder ob er eher auf individuelle Faktoren psychiatrischer oder genetischer Art verweist.

Die Gründe für den Suizid, die die Betroffenen selbst oder Zeugen der Tat angaben, waren nicht sonderlich überzeugend. Die Angehörigen des Selbstmörders und die Behörden neigten dazu, die Dinge zu beschönigen, Zeugenaussagen zu manipulieren und Beweismaterial verschwinden zu lassen. Vage Hinweise liefert der Umstand, daß bei den Personen, die sich zwischen 1860 und 1865 das Leben nahmen, als Tatmotiv an erster Stelle »Geisteskrankheit« genannt wird; es folgen »Liebe, Eifersucht, unsittlicher Lebenswandel« und sodann Armut sowie familiäre Streitigkeiten.

## Der Mann erhängt sich, die Frau ertränkt sich

Dank der Sorgfalt der amtlichen Untersuchungen wissen wir genau, was für Menschen es waren, die sich im 19. Jahrhundert in Frankreich das Leben nahmen. Auffallend ist, daß Männer in der Selbsttötungs-Statistik überdurchschnittlich stark vertreten waren; je nach Jahrzehnt suchten drei- bis viermal so viele Männer den Tod wie Frauen. Schon Quételet hat festgestellt, daß die Selbstmord-Neigung mit zunehmendem Alter zunimmt. Umstrittener war die Suizidgefährdung in den verschiedenen Berufsgruppen. Überdurchschnittlich häuften sich, ganz schematisch betrachtet, die Suizide an den beiden Enden der sozialen Skala. Rentner, Intellektuelle, überhaupt Freiberufler, ferner Armeekader – vor allem Kolonialoffiziere – gaben der Verlockung leichter nach als der Durchschnitt der Bevölkerung. Dies könnte bedeuten, daß der Todestrieb um so stärker wurde, je höher das Bildungsniveau und je ausgeprägter das Bewußtsein des Einzelnen von sich selbst war.

Genauso deutlich ist allerdings die überdurchschnittlich hohe Suizidrate bei Hausangestellten, vor allem gegen Ende des Jahrhunderts, als diese Personen sich das Elend ihrer Lage klarer vor Augen führten. Eine extrem hohe Suizidneigung war ferner bei Personen zu beobachten, die keinen Beruf hatten oder deren Beruf unbekannt war, ferner bei den Häftlingen der staatlichen Strafanstalten.

Zur Zeit der Julimonarchie nahmen sich in Paris die »misérables« scharenweise das Leben, so wie wenn sie unfähig wären, sich mit den neuen Verhältnissen in der Großstadt abzufinden. Dafür war, im Gegensatz zu heute, die Suizidrate bei den Bauern im 19. Jahrhundert extrem niedrig.

Mehr als die Hälfte der männlichen Suizidanten erhängte sich, ein Viertel ging ins Wasser, 15 bis 20 Prozent jagten sich eine Kugel in den Kopf oder durch das Herz – dies galt als »noblere« Todesart, die von der Elite bevorzugt wurde. Die Hälfte der Frauen, denen die Selbsttötung gelang, hatte sich ertränkt, 20 bis 30 Prozent – je nach Zeitraum – sich erhängt. Mit der Zeit suchten verzweifelte Frauen mehr und mehr den Tod durch Ersticken oder durch Gift.

Meist wurde im 19. Jahrhundert der Suizid morgens oder nachmittags begangen, manchmal abends, selten nachts; freitags bis sonntags war er weniger häufig als unter der Woche; zwischen Januar und Juni stieg die Suizidrate an, von Juli bis Dezember nahm sie wieder ab. Es hat also den Anschein, als ob lange Tage, Sonnenschein, der Anblick tätigen Lebens und die Schönheit der Natur den Menschen zum Suizid geneigter stimmten als der traute Abend, eine quälende Nacht oder der kalte Winter.

## Neue Wege der Heilung

### Der Arzt und die Frauen

Seit Beginn des 19. Jahrhunderts war der Hausarzt im Adel wie im Bürgertum eine vertraute Erscheinung. Er war ein Gleichgestellter, ja, ein guter Freund; der Patient und seine Angehörigen hörten auf seine Diagnose und richteten sich nach seinen Ratschlägen. Sie wußten, wie sie die Anordnungen des Arztes zu befolgen hatten, und verfügten über die Mittel für die vorgeschriebene Hygiene. Jacques Léonard schreibt: »Ihr Lebenswille gab ihnen die Kraft, der medizinischen Rationalität ins Auge zu sehen.«[16] Die Beziehungen zwischen dem Hausarzt und seinen Patienten führten zu häufigen Besuchen, von denen man nicht recht weiß, ob sie aus Freundschaft, aus Höflichkeit oder aus medizinischen Gründen gemacht wurden. Oft trank der Arzt bei seinen Patienten Tee oder verbrachte den Abend mit ihnen. Durch seine Berufstätigkeit kam er mit den Stadtvätern in Kontakt, und da er sich auf das Reiten verstand, konnte er sich auch bei den Jagden des örtlichen Adels sehen lassen. Der »gute Doktor« Herbeau bei Jules Sandeau, Dr. Sansfin bei Stendhal und der Zyniker Torty in Barbey d'Aurevillys *Bonheur dans le crime* veranschaulichen die Zugehörigkeit des Hausarztes zur Familie.

Gegen Ende des Jahrhunderts hatte ein Landarzt keine Bedenken, sich offen mit dem Volksschullehrer oder dem Sekretär des Bürgermeisters anzufreunden. Eine wachsende Schar von Neureichen und kleinen Honoratioren – Holz- und Viehhändler, Gastwirte, Müller, Wallacher – suchte nun den Umgang mit diesen Akademikern; sie fungierten als Vermittler des medizinischen Wissens an die Masse der Landbevölkerung.

Der Wohlstand der Patienten erlaubte es ihnen, sich einen Arzt zu leisten; nicht selten waren sie auf ihn »abonniert«, wie aus den Haushaltsbüchern vieler bürgerlicher Familien hervorgeht. Im übrigen empfand man in diesen Kreisen große Dankbarkeit gegen den kompetenten,

Albert Guillaume, *Die Impfung*, 1908. Die Auskultation war für schamhafte Frauen lange Zeit ein Schrecken. Trotzdem muß die prüde Geste der schönen jungen Dame, die hier ihren Busen zu bedecken sucht, 1908 auf den Betrachter bereits sehr altmodisch gewirkt haben. Immerhin gibt der Maler zu verstehen, daß noch zu diesem Zeitpunkt das Alleinsein des Arztes mit der im Bett liegenden Patientin etwas Peinliches haben konnte. (Paris, Bibliothèque Nationale)

achtunggebietenden Arzt, dessen Dienste und Hilfsbereitschaft unschätzbar waren.

Die medizinische Betreuung der Familie wurde vom Verhältnis zum Arzt bestimmt. Der Arzt konnte über seine Zeit nach Gutdünken verfügen; nötigenfalls verbrachte er Stunden bei dem Patienten und machte seine therapeutische Ohnmacht durch geduldiges Zuhören und höfliches, kultiviertes Auftreten wett. Er kannte die ganze Familie und ihre Geheimnisse; wenn es die Sache erforderte, wurde er zum Verbündeten und war ihr behilflich, die erbliche Belastung eines Familienmitgliedes zu vertuschen oder sich eines kompromittierenden Angehörigen zu entledigen; er war auch zur Stelle, wenn es Probleme mit der Verheiratung eines Kindes gab. Dabei waren die Frauen seine natürlichen Alliierten. Jeder Arzt mußte den Damen zu gefallen trachten, denn sie waren es, die seinem Ruf schaden oder nützen konnten und denen in der Familie die Wahrung der Gesundheit zufiel. Auch die zunehmende Bedeutung von »Frauenleiden« in der Pathologie rechtfertigte diese besondere Rücksichtnahme – die Behandlung heikler und schamhafter Patientinnen verlangte Takt und Fingerspitzengefühl. Wenn der Arzt aus therapeutischen Gründen in körperliche Regungen und Bedürfnisse eingeweiht war, mußte er Andeutungen verstehen und Hilfestellung geben, ohne die Patientin zu erschrecken oder zu kränken. Im Laufe der Zeit gewann das Bild des Arztes mehr und mehr die Züge eines Vaters und Gatten, und seine Autorität nahm zu. Schließlich wurde die Frau zu seiner Beauftragten und Helferin: »Beide wirkten zusammen, wenn es galt, ein Familienmitglied aufzurichten, zu retten, zu verheiraten oder gesund zu machen.«[17]

Es wird oft beklagt, die neue Autorität des Arztes sei zu Lasten traditioneller weiblicher Heilkünste gegangen; der gehorsame Respekt vor den ärztlichen Anweisungen habe zu einer regelrechten Enteignung jenes Wissens geführt, das früher von der Mutter an die Tochter weitergegeben worden war. In der Tat gibt es viele Beweise dafür, daß der Einfluß der Medizin auf die Kindererziehung immer größer wurde. So wünschten die Ärzte eine Nähramme »vor Ort«; sie führten einen erfolgreichen Kampf gegen das Wickelzeug und sprachen sich für den sukzessiven Übergang zu fester Nahrung, also gegen das abrupte Entwöhnen aus. Die Mütter überließen es dem Hausarzt, ihre Töchter über die Anzeichen der beginnenden Pubertät aufzuklären. Man darf jedoch das Tempo dieser Medizinalisierung der Kindheit nicht überschätzen; sie ging in Wahrheit sehr langsam vonstatten.

## Der Arzt und die Armen

Völlig anders gestaltete sich die Rolle des Arztes, wenn er es nicht mit reichen, sondern mit armen Leuten zu tun hatte. Der kulturelle Graben, der ihn von diesen Patienten trennte, erschwerte die Verständigung und zwang zu simplen Erklärungen und leicht faßlichen Anordnungen. Die Therapie erfolgte punktuell und unregelmäßig, meist nur in Notfällen – bei einer Epidemie oder wenn die Schwere der Erkrankung ein ärztliches Eingreifen erzwang. Kurz, diese Art der medizinischen Versorgung hatte etwas Karitatives. Häufig war es das Wohlfahrtsamt, das den Arzt zu einem Armen schickte; dann war die Visite praktisch kostenlos. In anderen Fällen mußte der Arzt bedürftigen Patienten Kredit einräumen. Dies alles begünstigte ein asymmetrisches, paternalistisches Arzt-Patient-Verhältnis.

Die Einstellung der ländlichen Bevölkerung zum Arzt und zur Medizin kann man gut anhand von Sprichwörtern erschließen. Die Überzeugungen dieser Menschen hatten mit der Rationalität und dem Optimismus der Aufklärung nichts gemein. Krankheit war für sie etwas Schicksalhaftes und meist auch Unheilbares. Die Bauern fragten selten nach einer physiologischen Erklärung für das Leiden; sie glaubten, wie wir oben gesehen haben, an eine Medizin der Zeichen, gründend auf der Analogie, die zwischen dem Reich der Pflanzen und Tiere sowie der kosmischen Ordnung waltete. In den Augen der Bauern war der Kranke mitverantwortlich für seinen Zustand; die Ursache für die Störung in seinem Körper schien ihnen ein Versäumnis, eine begangene Sünde oder eine Veranlagung zu sein. Um zu gesunden, mußte der Kranke zunächst sein Leiden genau beschreiben und es sodann mit stoischer Zurückhaltung ertragen. Deshalb war es sinnlos, einen gelehrten Doktor an das Krankenbett eines Kindes zu rufen, das seinen Schmerz ohnehin nicht artikulieren konnte.

Der Erkrankte verdiente Mitleid, doch dieses Mitleid hatte kaum eine therapeutische Funktion. Im ländlichen Milieu war der Gang zum Arzt nur eine Möglichkeit unter vielen. Vom Doktor erwartete man entschlossenes, energisches Handeln. Er sollte ohne Bedenken Knochenbrüche einrichten und gründlich die Wunden untersuchen. Aber die Menschen standen seiner Arbeit feindselig, zumindest skeptisch gegenüber. Dem einen war der Arzt zu jung, dem anderen zu kokett, einem dritten zu habgierig. Indem er den Arzt verspottete, rächte sich der Bauer am Herrschaftswissen der Herrschenden.

Weniger ist über die Einstellung der Arbeiter zur Krankheit bekannt, jedenfalls für die Zeit vor dem Siegeszug der Lehren Pasteurs. Doch hat man neuerdings in dieser Schicht Ansätze zu einer primitiven Präventivmedizin entdeckt. Spontan entwickelten sich Methoden der körperlichen Ertüchtigung, je mehr das Arbeitstempo zunahm. Um der Gefahr der Tuberkulose vorzubeugen, versuchten die Arbeiter, mit ihren Kräften hauszuhalten und in ihren relativ flexiblen Arbeitsplan Ruhepausen einzuschieben. Derlei Beobachtungen werfen indes nur spärliches Licht auf ein System von Einstellungen, das genauer Analyse bedarf.

## Volksmedizin

Ethnologische Untersuchungen traditioneller Verhaltensweisen gegenüber der Krankheit haben ergeben, daß es im 19. Jahrhundert eine sehr effiziente Volksmedizin gab, die sich einerseits auf heilkräftige Zaubersprüche usw., andererseits auf alterprobte Rezepte stützte. Sie wußte sich zu behaupten, indem sie Anleihen bei der modernen Wissenschaft machte, ohne ihre innere Kohärenz aufzugeben. Während des ganzen 19. Jahrhunderts suchten die Menschen ihr Heil bei Hexern und Kräuterweiblein und wallfahrteten zu Gesundbetern und Wunderbrunnen. Zahllose Hilfesuchende wandten sich an Menschen, die über »besondere Kräfte« verfügten, an Heiler, Zauberer und Quacksalber aller Art. Diese Leute verstanden sich auf die Kunst, den Körper wieder gesund zu machen – allerdings auf oft grausame Weise, die das tragische Ende beschleunigte.

Indes waren die Methoden der Wunderheiler von denen der Wissenschaft gar nicht so sehr verschieden, wie man glauben möchte. Die Volksmedizin machte zwar Anleihen bei einer gänzlich anderen Konzeption von Gesundheit und Krankheit, nahm sich aber in Wirklichkeit oft wie die – durch die Fortschritte der Wissenschaft überholte – medizinische Praxis vergangener Zeiten aus. So herrschte zwischen den beiden kulturellen Sphären ein reger Austausch. Auch die Ärzte scheuten sich nicht, nötigenfalls andere Wissenssysteme anzuzapfen; manche rieten ihren Patienten noch immer zur Wallfahrt an einen Gnadenort, und Scharlatane mit Universitätsdiplom hatten während des ganzen Jahrhunderts Hochkonjunktur.

Der herrschenden Klasse stand neben der offiziellen Medizin ein Arsenal alternativer Therapien zur Verfügung. Der Pfarrer und seine

Die sogenannte Volksmedizin spielte in der Gesundheitsökonomie des Zweiten Kaiserreichs eine hervorragende Rolle. Die Strukturen der offiziellen Medizin ließen die Ausübung von Praktiken zu, die selber ihre Geschichte hatten und heimlich Anleihen bei der wissenschaftlichen Medizin machten. (*L'Illustration*, 1856)

Haushälterin sowie Ordensfrauen, die an Klosterschulen unterrichteten, verabreichten Arzneien und gaben Ratschläge. In den Châteaux des Adels gab es – sehr einfache – Hausapotheken; aus ihnen versorgte die Schloßherrin die Armen des Dorfes. In »feinen Familien« griff die Mutter bei harmlosen Erkrankungen gern auf die alten und bewährten Hausmittel ihrer eigenen Mutter oder Großmutter zurück. Die Boileaus in Vigné-en-Saumorois nahmen die Dienste des praktischen Arztes nur ausnahmsweise in Anspruch; man verließ sich auf überlieferte Familienrezepte.

Zur gleichen Zeit brachten Hausierer und Marktschreier die Produkte der offiziellen Pharmakopöe unters Volk und drehten den Gutgläubigen orthopädische Prothesen an; ja, sie borgten ungehemmt bei der offiziellen Medizin, so daß man sie geradezu als Wegbereiter der Medizinalisierung betrachten kann. Ihre Überredungskünste trugen dazu bei, den Fatalismus der Landbevölkerung abzubauen. Sogar die »Knocheneinrenker« und Kurpfuscher, deren Treiben zunehmend gesetzlich eingeschränkt wurde, machten sich mehr oder weniger methodisch die neuen chirurgischen und orthopädischen Erkenntnisse zunutze.

## Familienhygiene und Ansteckungsgefahr

Der Einfluß des medizinischen Fachmanns auf das private Leben hing von der Art der Arzt-Patient-Beziehung und von der Zeitstimmung ab. Bis ungefähr 1880 erfreuten sich die Ärzte in bürgerlichen Familien einer Reputation, die durch die Wirksamkeit ihrer Kunst nicht gedeckt war. Die Therapie bestand hauptsächlich aus Einläufen, Aderlaß, Schröpfen und ähnlich schlichten Praktiken – unabhängig davon, welcher medizinischen Schule der Arzt anhing. Was die Therapie vermissen ließ, füllte eine verbesserte Hygiene aus. Die Bedeutung dieser »Familienhygiene« ist gar nicht zu überschätzen. Die hygienischen Maßnahmen berücksichtigten Geschlecht, Alter, soziale Stellung, Beruf, Temperament und Klima und erstreckten sich auf alle Aspekte des Gruppenlebens. Die körperliche Hygiene verlangte vom Einzelnen vor allem Reinlichkeit und Sauberkeit; die Hygiene in der Ernährung verdichtete sich zu einer komplexen Diätetik; die Maßnahmen und Empfehlungen summierten sich zu einem System von Lebensregeln. Der Hygieniker – und damals war jeder Arzt mehr oder weniger Hygieniker – reglementierte die Leibesübungen, das Reiten, Tanzen, Romanelesen und sogar den ehelichen Beischlaf. Die medizinische Wissenschaft erweiterte ihre Anweisungen auf den Diskurs der Leidenschaften, auf die Seelenregungen und, sehr gewissenhaft, auf den Gebrauch der Sinne. Selbst der Inhalt von Träumen war Gegenstand medizinischen Interesses. Generell rieten die Ärzte zu Mäßigung.

Gleichzeitig entwickelte sich eine Art von Naturheilkunde in Verbindung mit einer noch schlecht definierten ökologischen Zielsetzung. Die Herausbildung einer urbanen Pathologie und das anarchische Wachstum von Industriegebieten schürten Zweifel, ob die Bedingungen für ein gesundes Leben nicht bereits radikal kompromittiert seien. Dieses Problem belastete die herrschenden Klassen. Die Medizin empfahl »Luftkuren« und förderte damit entscheidend die Erneuerung der Thermalkur und – seit der Julimonarchie – die Attraktivität der Seebäder. An der Furcht vor der Tuberkulose entzündete sich eine bürgerlich zu nennende Kunst der Erholung. Die Techniken der Isolierung von Patienten verfeinerten sich – weniger aus Angst vor der Ansteckung, an die niemand so recht glaubte, als um den Lungenkranken oder den geistig Umnachteten zu verstecken, der das genetische Kapital der Familie bedrohte.

Der Siegeszug des Kontagionismus sowie die Theorien Pasteurs veränderten die Krankheitsbilder, modifizierten die Einstellungen der Menschen und rissen diese aus ihren Gewohnheiten heraus. Auch das Verhältnis zwischen Arzt und Patient wandelte sich. Die Ärzte wollten jetzt beweisen, daß sie sich wirksam um das Wohlergehen des Körpers kümmern konnten; es ging jetzt nicht mehr so sehr darum, die Moral des Kranken zu kräftigen und ihn vor jedem Übermaß zu bewahren, als darum, ihn zu heilen. Die Aufgabe des Arztes war einfacher geworden, der therapeutische Weg klarer vorgezeichnet. In puncto Hygiene hatte nun der Kampf gegen die Mikrobe den Vorrang. Wasser, Seife und Antiseptika ließen die bisher beobachteten, komplizierten Vorschriften rasch veralten. Wenn der Arzt sich zunächst sorgfältig die Hände wusch, bevor er an das Bett eines Kranken trat, erfüllte er eine Vorbildfunktion. Gleichzeitig waren die Menschen immer weniger bereit, dem Mediziner Fehler und Irrtümer nachzusehen.

Die neuen Theorien betonten die Ansteckungsgefahr, die in der

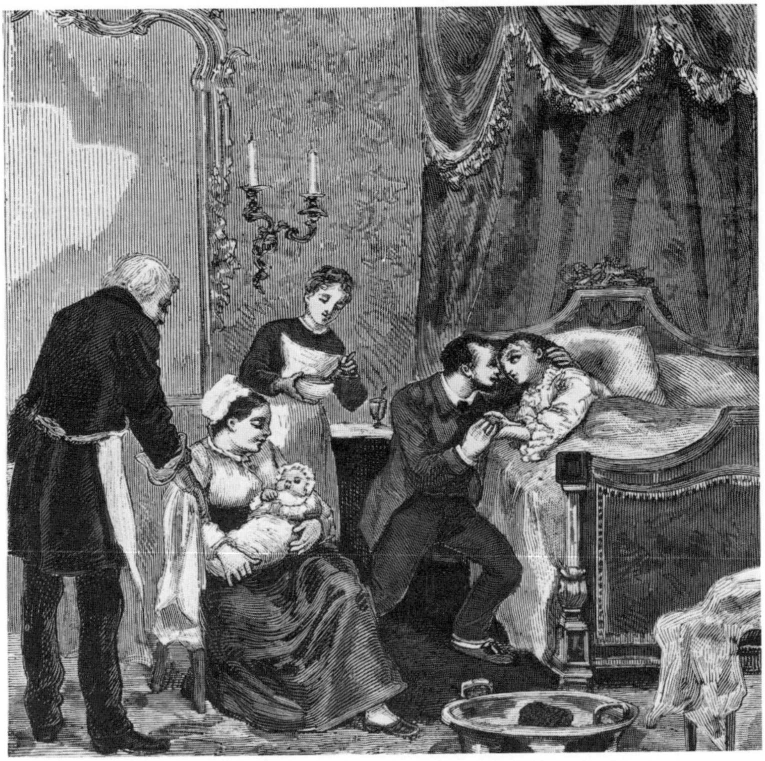

Die Sorge um die »Familienhygiene« beanspruchte die Ärzte im 19. Jahrhundert ebensosehr wie die klinische Beobachtung von Kranken. Die Anweisungen des Arztes besiegelten das Bündnis zwischen diesem und der Frau des Hauses – die Frau fungierte als Bindeglied zwischen Medizin und Familie.
(Paris, Bibliothèque Nationale)

häuslichen Umgebung lauerte; doch mochten die großen Kapazitäten lange nicht anerkennen, daß die Tuberkulose ansteckend war. Diese wissenschaftliche Wahrheit war seit 1865 durch Villemin nachgewiesen, wurde jedoch noch 1867 von der Académie de Médecine ignoriert. Pidoux erklärte, selbst wenn es eine reale Gefahr gäbe, sei es besser, den Familien nichts zu sagen, damit sie nicht in Versuchung kämen, sich ihrer erkrankten Angehörigen auf irgendeine Weise zu entledigen. Als dann Robert Koch 1882 den Tuberkulosebazillus isolierte, war es nicht länger möglich, die Wahrheit zu verheimlichen.

## Die Jagd auf die Mikrobe

Bis 1880 versuchten die Ärzte, die in der Großstadt die Armen behandelten, die Ansteckungsgefahr zu vermindern, die aus der Überbelegung der Armenwohnungen und Mietskasernen resultierte. Es galt vor allem, Seuchen vorzubeugen. Auf dem Land fungierte der Arzt als Mentor und Ratgeber, der den Menschen half, ihre Wohnungen und ihre Umgebung sauberzuhalten. Mehr konnte er im Sinne der Prävention kaum tun. Ab 1880 erfolgte auch hier die ärztliche Intervention methodischer. Mit der Antisepsis hielt eine neue Therapeutik Einzug; so kam im Nivernais zwischen 1870 und 1890 der Gebrauch von Medikamenten auf.

Zwar analysierten die Anhänger Pasteurs die tödliche Bedrohung noch immer in Begriffen der Umwelt und nicht der sozialen Beziehungen; trotzdem waren die neuen Theorien folgenreich. Sie mündeten in sanitären und sozialen Maßnahmen, die mit einer genaueren Überwachung der Familien verbunden waren. Luc Boltanski hat dargelegt, wie verquer und zögerlich die neuen Vorschläge zur Kindererziehung in der Arbeiterklasse Fuß faßten.[18] Die Notwendigkeit der medizinischen Prävention und der Erkennung von Krankheiten sowie die Pflicht, anstekkende Patienten von ihrer Familie zu isolieren und die Beachtung von Prophylaxe-Vorschriften zu garantieren, geboten staatliche Eingriffe, die die Grenze zwischen Öffentlichem und Privatem tendenziell verwischten; hinzu kam, daß Mikroben nicht mit bloßem Auge zu orten waren, so daß die Erkennungsprozeduren umfassender und systematischer sein mußten als die bisherigen Verfahren, Ansteckungsherde aufzudecken.

Ganz zaghaft traten jetzt auch die ersten Krankenschwestern und Sozialhelferinnen auf. Hatten früher adlige Damen die Armen und Kranken besucht, so ging man nun methodischer vor. Mädchen aus dem Großbürgertum, die froh waren, von zu Hause wegzukommen – oder der Ehe zu entgehen –, suchten Selbstbestätigung in neuen Verantwortungen, wozu der Kampf gegen die Tuberkulose reichlich Gelegenheit bot. Dr. Calmette hatte als erster die Idee, »Hygienehelferinnen« in die Arbeiterwohnungen von Lille zu schicken. An ihre Stelle traten bald »Sozialhygiene-Betreuerinnen«. Es entstanden eigene Schulen für die neuen Medizinalpersonen, die berühmteste eröffnete 1903 in der rue Amyot in Paris ihre Pforten.

Das Aufkommen dieser neuen Rollen unterstreicht den engen Zusammenhang zwischen medizinischer Macht und dem Siegeszug des Pasteurschen Kontagionismus; erst dieser Siegeszug ermöglichte jenen »sanitären Staatsstreich«, den Jacques Léonard so kundig beschrieben hat.

## Psychiatrie und Privatsphäre

Man darf nicht glauben, daß das Interesse an psychischen Phänomenen zwischen 1800 und 1914 unverhältnismäßig stark zugenommen hätte; was sich änderte, war die Art der Reaktion auf diese Phänomene. Zumindest während der ersten beiden Drittel des 19. Jahrhunderts war die Seelenheilkunde geprägt von therapeutischer Hilflosigkeit, methodischem Synkretismus, ärztlicher Ratlosigkeit, verblasener Theoriebildung über Bleichsucht, Hysterie, Hypochondrie und die Gefahren der Leidenschaft sowie dem Glauben an den Zusammenhang von Physischem und Moralischem.

Bei bürgerlichen Patienten wandten nüchterne, wohlmeinende Fachärzte eine mehr oder minder krude empirische Psychotherapie an. Selbst die Landärzte, die in dieser Hinsicht weniger beschlagen waren als die großen Irrenärzte, achteten angelegentlich auf Symptome wie Schwindel, Alpträume, Ängste oder leidenschaftliche Ausbrüche.

Bei schweren geistigen Erkrankungen sahen sich Eltern und Arzt vor

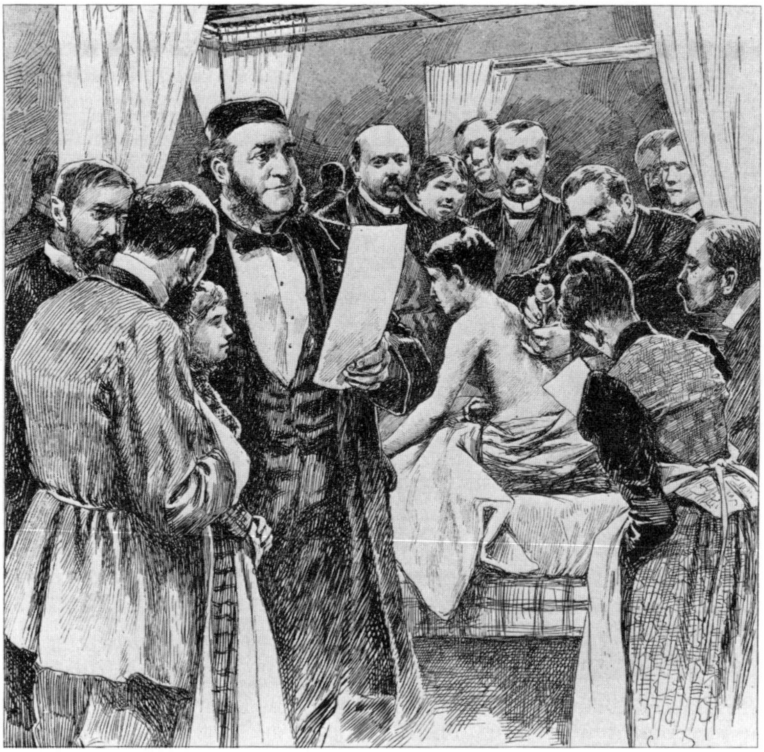

Edward Loevy, *Tuberkulosebehandlung im Hôpital Saint-Louis.* Seit der Entdeckung des Tuberkulosebazillus wurde durch den Nachweis der Kontagiosität dieser Krankheit, verbunden mit einer wenig wirksamen Behandlung, das Schicksal des Erkrankten im Schoße seiner Familie noch tragischer. Der Kranke war nun eine Gefahr. Auch durch Phasen der Erholung ließ man sich kaum mehr zu falschen Hoffnungen verleiten. Nicht zuletzt hatte die Krankheit jene Aura verloren, mit der eine romantische Sensibilität sie umgeben hatte. Pierre Guillaume weist darauf hin, daß auch nach der Entdeckung Kochs die Diskussion darüber nicht aufhörte, ob die Krankheit ausschließlich durch Ansteckung übertragen werde oder nicht vielleicht doch erblich sei. Wie die Syphilis oder die Neurose bedeutete dieses furchtbare Leiden einen Makel, den man zu verbergen suchte, da er die Verheiratung der Geschwister gefährden konnte. (Paris, Bibliothèque Nationale)

viel größere Probleme gestellt. Die Gegenwart eines Wahnsinnigen erzeugte Angst in seiner Gruppe; das furchtbare Geheimnis kompromittierte die Ehre der Familie und konnte die ausgeklügeltste Heiratsstrategie zunichte machen. Handelte es sich bei dem Kranken um ein Kind, war es nur natürlich, es im Haus zu behalten. Auguste Odoard war der Belastung durch seine Verpflichtungen als ältester Sohn nicht gewachsen und ließ Anzeichen einer geistigen Erkrankung erkennen; daraufhin sperrte man ihn zunächst in seinem Schlafzimmer ein, dann in einem kleinen Raum neben dem Arbeitszimmer seines Vaters und schließlich in einer Bude unter dem Taubenschlag. Seine beiden jüngeren Schwestern Sabine und Julienne brachten ihm zu essen und schnitten ihm die Haare. Schließlich zog der Hausarzt, der bei derartigen Erkrankungen vor einer schwierigen Aufgabe stand, einen Irrenarzt als Berater hinzu. Hier werden Umrisse einer frühen psychiatrischen Behandlungspraxis deutlich, über die wir noch sehr wenig wissen. 1866 wurden 58 687 Geisteskranke von ihrer Familie betreut, während 323 972 in Anstalten lebten.

Wenn der Kranke ein Erwachsener war, konnte man ihn nicht im Haus behalten. Meist beschloß dann die Familie, ihn wegzugeben, vor allem, wenn es sich um eine unverheiratete Frau handelte, die zum Unterhalt der Familie weniger beitrug als ein Mann. Der rechtliche Status des Geisteskranken wurde 1838 durch ein Gesetz geregelt; zuvor herrschte auf diesem Gebiet die reine Anarchie. Die Familie benötigte zur Einweisung eines Angehörigen lediglich eine Bescheinigung des

Bürgermeisters, des Pfarrers, einer Ordensfrau oder einer prominenten Person des Ortes. Vielfach ging der Einweisung ein richterlicher Beschluß voran. Im Maine-et-Loire mußten seit 1835 die entsprechenden Papiere von einem Arzt ausgestellt werden. Das Gesetz von 1838 bemühte sich, das psychiatrische Einweisungsverfahren in geordnete Bahnen zu lenken, und schrieb zwingend die Hinzuziehung eines approbierten Arztes vor. War es der Familie einmal gelungen, den Geisteskranken abzuschieben, vergaß sie ihn meistens rasch. Yanick Ripa zufolge gelang es 29 Prozent der Frauen, die zwischen 1844 und 1858 in Pariser Irrenhäusern untergebracht waren, geheilt oder ungeheilt der drangvollen Enge der Anstalt zu entkommen[19]; dagegen konnten in demselben Zeitraum in der Provinz nur drei Prozent der in Anstalten festgehaltenen Frauen ihre Entlassung erwirken.

In den staatlichen Irrenanstalten gab es spezielle Abteilungen für zahllose Patienten, die in verschiedene Kategorien unterteilt wurden. Das war beispielsweise in Charenton, in Limoges, in Mareville bei Nancy und in Yon in der Seine-Inférieure der Fall. Patienten aus bessergestellten Familien erfreuten sich hier einer bevorzugten Behandlung; ihre Zimmer waren geräumiger als die der anderen Kranken, und sie durften ihre Speisen wählen. Manche verfügten sogar über einen Diener, was ihren relativ privaten Status noch unterstrich. Als die Ergotherapie aufkam, konnten sie sich der Verpflichtung zu körperlicher Arbeit entziehen. Von den 40 804 Kranken, die 1874 in Spezialanstalten untergebracht waren, brauchten sich 5067 nicht an das übliche Anstaltsreglement zu halten.

Gleichzeitig entstand ein dichtes Netz von Sanatorien, erste Vorläufer privater Nervenkliniken. Auch diese »maisons de santé« waren den Privilegierten, Anspruchsvollen vorbehalten. 1874 gab es 25 solcher

Die Zellen von wahnsinnigen Frauen in der Salpêtrière waren Argumente im Kampf gegen die Verwahrung von Geisteskranken in geschlossenen Abteilungen. Allerdings hat Yanick Ripa nachgewiesen, daß die Patientinnen dieser großen Irrenanstalt in Paris bessere Chancen hatten, entlassen zu werden und in ihre Wohnung oder zu ihrer Familie zurückzukehren, als ihre Leidensgefährtinnen, die in Anstalten in der Provinz abgeschoben worden waren.

Im Zweiten Kaiserreich entstand das moderne Krankenhaus. Zahlreiche Anstalten wurden gebaut oder geplant, in denen der karitative zugunsten des therapeutischen Aspekts zurücktrat. In diese funktionalen Gebäudekomplexe zog sich nicht mehr, wie in das Hospital früherer Zeiten, der Arme zurück, um einen friedlichen Tod im verborgenen zu sterben; vielmehr begab sich der Kranke nun mit der Hoffnung in das Krankenhaus, es geheilt wieder zu verlassen.
(Hôpital Fernand Widal. Paris, Musée Carnavalet)

Sanatorien, die 1632 zahlende Patienten beherbergten. Die berühmtesten Privatkliniken waren Esquirol – zuerst beim Jardin des Plantes, dann in Ivry –, das Château Saint-James in Neuilly, an dem Casimir Pinel wirkte, und die Klinik von Passy. 1853 begab sich Gérard de Nerval, der zweimal in der Maison Dubois, einer städtischen Anstalt, hospitalisiert war, in die Privatklinik des Dr. Blanche; er stellte dort seine eigenen Möbel auf und brachte seine Sammlungen mit; im Jahr darauf suchte er erneut Zuflucht in diesem Haus, in dem später auch Guy de Maupassant einige Zeit verbringen sollte. Weniger bekannt waren die Kliniken in der Provinz, wie die des Dr. Guérin, die 1829 in Grand-Launay (Maine-et-Loire) eröffnet wurde. Auch hier hatten wohlhabende Patienten eigene Zimmer.

Schließlich gab es viele private Anstalten, in denen reiche Leute ihre leichteren neurotischen Störungen auskurieren konnten. Wie Robert Castel bemerkt hat, herrschte in allen diesen Häusern zwischen dem Arzt und dem Patienten eine sehr enge, personalisierte Beziehung, die in den überfüllten großen psychiatrischen Kliniken nicht möglich war und dem Kranken zugute kam.[20] Im Zirkel dieser privaten Sanatorien gedieh allmählich die therapeutische Praxis für jene soziale Schicht, die später das Publikum der Psychoanalyse bilden sollte.

Diese Behandlung der Ataxie war zwar neuartig, entsprach aber durchaus den orthopädischen Vorstellungen des 19. Jahrhunderts; man versuchte, den Körper mit Methoden und Apparaten, die häufig grausam waren, wieder »in Form zu bringen«. Viele junge Mädchen mit leicht gebückter Haltung, die ihre Chancen auf dem Heiratsmarkt wahren wollten, zwängten sich in schreckliche Korsetts oder eiserne »Geradehalter«. (*L'Illustration*, 1889)

## Das neue »Psy«-Bedürfnis

Im letzten Viertel des 19. Jahrhunderts kamen neue psychologische Bedürfnisse auf, die nicht mehr direkt mit Geisteskrankheiten zu tun hatten und für das private Leben ebenso verräterisch wie folgenreich waren. Damals begann die Mode, den Rat des Psychologen zu suchen; die riesige Privatpraxis eines Charcot gab davon bereits einen Vorgeschmack. Wir sind auf die Ursachen jenes Unglücklichseins, an dem die Zeitgenossen litten, bereits oben eingegangen und wollen das hier nicht noch einmal tun. Die zwischen 1857 und den neunziger Jahren zunehmende Angst vor morbider Heredität, das schon damals beachtliche Prestige, das die Neurologie genoß, und das wachsende Vertrauen in die Wirksamkeit psychologischer Beratung sind Beweis genug für die Explosion der neuen psychologischen Bedürfnisse. Nicht zu übersehen ist, daß die psychologische Hilfestellung durch Allgemeinärzte, die von den Lehren Pasteurs beeinflußt waren, immer lustloser gewährt wurde; diese Mediziner standen unter dem Eindruck der Erfolge, die sie nun immer häufiger mit naturwissenschaftlichen Mitteln gegen ansteckende Krankheiten verbuchen konnten, und liehen den endlosen Klageliedern ihrer Patienten nur noch ungern ihr Ohr. Das geschulte Zuhören wurde zu einer besonderen Disziplin.

Der Wandel fiel mit bedeutenden Fortschritten in der wissenschaftlichen Erkenntnis zusammen. Angeregt durch das Prestige Hippolyte Taines, entstand eine experimentelle Psychologie, die sich insbesondere der Erforschung der Intelligenz verschrieb. Die beherrschende

Wie Claude Quétel hervorgehoben hat, war die Hydrotherapie während des ganzen 19. Jahrhunderts die wichtigste Form der Behandlung von Geisteskrankheiten. (*L'Illustration*, 1868)

Gestalt auf diesem neuen Gebiet wurde bald Pierre Janet; große Beachtung fanden die Arbeiten Alfred Binets und Théodule Ribots sowie die introspektiven Techniken Henri Bergsons. Die neue Wissenschaft entwickelte sich in zwei Richtungen. Die hauptsächliche Neuerung war die psychologische Analyse, wie sie Pierre Janet 1889 definiert hatte. Dieses Verfahren, im Zweiergespräch angewendet, gründete auf der Methode der freien Assoziation von Worten und präsentierte sich als eine Art Spurensuche im Unbewußten, von dem man annahm, daß es nicht völlig losgelöst vom Bewußtsein existiere. Das andere bedeutsame Konzept war die Intelligenzmessung, die jedes Intelligenzquantum zwischen dem Idioten und dem Genie auf einem Kontinuum zu lokalisieren sich anheischig machte. Die von 1903 bis 1905 von Binet und Simon eingeführte metrische Intelligenzskala und der Intelligenztest, der jedem Individuum seinen Platz auf dieser Skala zuwies, gehörten fortan zum Credo der französischen Psychologie.

Alle diese Entdeckungen hatten belangvolle Implikationen. Die psychologische Analyse brachte ein neues therapeutisches Ideal mit sich; der Psychologe nahm Abschied von autoritären Verfahren und verzichtete auf die Hypnose. Janets Methode ersetzte das Sehen durch das Hören; die gedämpfte Stille im Behandlungszimmer des Analytikers löste die theatralische Inszenierung in der psychiatrischen Klinik ab. So bildete sich schon vor dem Beginn der Psychoanalyse ein neuartiger psychischer Raum heraus.

An dieser Stelle sei angemerkt, daß der Freudsche Pansexualismus den damaligen französischen Theoretikern des Unbewußten gegen den Strich ging; bis zum Ersten Weltkrieg wußten sie erfolgreich die Verbreitung der Wiener Lehren in Frankreich zu verhindern. Die Bemühungen Théodore Flournoys im Jahre 1903, Freuds Theorien zu popularisieren, blieben ebenso fruchtlos wie die massiven Anstrengungen, die ein obskurer Professor aus Poitiers namens Moricheau-Beauchant zu diesem Zweck unternahm. Gleichwohl haben sowohl Janets psychologische Analyse wie andere Errungenschaften der experimentellen Psychologie, etwa Binets Theorie des Fetischismus und Charles Férés Studien über die Pathologie des Gefühlslebens, unbestreitbar dem heutigen »Psy-Imperialismus« den Weg geebnet.

Der Intelligenztest, durch die erst kurze Zeit zuvor erfolgte Einführung der allgemeinen Schulpflicht von besonderer Bedeutung, sollte fortan das Leben zahlloser Kinder tangieren. Dank den Entdeckungen Binets konnten die Schulen als – wie Robert Castel und Jean-François Le Cerf sich ausdrücken – »großes demokratisches Gericht«[21] an den Kindern Abnormitäten ausmachen, die früher unerkannt geblieben wären. Idiotische und schwachsinnige Kinder wurden ebenso erkannt wie geistig Behinderte. Gab es früher nur die undifferenzierte Gesamtheit aller Kinder, so gab es nun die Zurückgebliebenen, die Labilen, die Debilen. Das Gesetz von 1909 sah die Einrichtung besonderer Klassen zur Förderung dieser Behinderten vor, wurde jedoch erst 1950 in die Tat umgesetzt.

## Körperertüchtigung

Soziale und ökonomische Bedürfnisse erzwangen gewisse Bilder und Gebrauchsweisen des Körpers, die von Herrschaftsbeziehungen abhängig waren und in die Pädagogik eingingen, die sich die Vermittlung bestimmter Gebärden und Haltungen zum Ziel setzte. Die Folge war eine Gegenbewegung, welche die Befreiung des Körpers von diesen Zwängen anstrebte und die von der Geschichte der Psychologie beobachtete zunehmende Subjektivierung des Körpers begleitete. So erlebte das 19. Jahrhundert die Entwicklung zahlreicher körperlicher Disziplinierungs- und Ertüchtigungstechniken, die von der Geschichtswissenschaft noch keineswegs alle hinreichend klassifiziert worden sind. Auf diesem wie auf vielen anderen Gebieten ist man erst bei der Untersuchung des theoretischen Diskurses, nicht der tatsächlichen Praxis angelangt. Der gestische Code der guten Manieren – Erbe der Lassalleschen »Zivilität« –, die dem Schüler, dem Internatszögling, dem Soldaten, dem Häftling abverlangte Haltung, die Gestik der Industriearbeit, die Stellungen der Ruhe oder der Entspannung, der Wille zur Befreiung der körperlichen Bewegung, wie er sich in der Belle Époque bekundete – dies alles ist ein enormes, aber noch kaum betretenes Forschungsfeld. Im privaten Leben der Menschen spiegelte sich die Geschichte der körperlichen Zucht ebenso wider wie die Emanzipation des Körpers, doch gilt es auch hier, je nach sozialem Milieu zu unterscheiden.

Besonders langsam vollzog sich der Wandel auf dem Lande. Die Gesten und Haltungen der Bauern von Millet scheinen uns an weit zurückliegende Zeiten zu gemahnen; aber vielleicht ist dieser Eindruck nur die Folge unserer Unwissenheit. Guy Thuillier, der sich bislang als einziger Historiker mit diesem Problem beschäftigt, hat ein Repertoire der traditionellen Gestik bei den Bauern des Nivernais erstellt und ist zu dem Schluß gekommen, daß sich an diesem Repertoire bis um die Mitte des 19. Jahrhunderts so gut wie nichts geändert hat.[22] Auch Ethnologen aus dem Umkreis des Musée des Arts et Traditions Populaires haben sich mit diesem schwierigen Thema befaßt und die Arbeitshypothese formuliert, daß beispielsweise die Bewegungen bei der Benutzung des Küchengeräts zwischen dem 14. Jahrhundert und 1850 im Grunde konstant geblieben sind. Von da an bis etwa 1920 beeinflußten technische Verbesserungen und neue Materialien allmählich die traditionellen Praktiken. Erst danach ist es zu dem Umbruch gekommen, der zu einer vollständigen Erneuerung der die Privatsphäre prägenden Alltagsgestik geführt hat. Es wäre wichtig, diese Chronologie zu präzisieren. Mit Recht macht Philippe Joutard darauf aufmerksam, daß das gestische Repertoire eines Menschen ein geschlossenes Ganzes bildet; wenn man weiß, wie der Bauer die Heugabel ergreift, kann man sich vorstellen, wie seine Liebesumarmung aussieht.

Auf dem Lande, wo man an die Formbarkeit des Körpers glaubte, hielt man lange an gewissen korrektiven Techniken fest. Hebammen pflegten noch im 19. Jahrhundert den Kopf des Neugeborenen zu bandagieren; Wickelkinder, die so fest verpackt waren, daß sie lediglich

Zwei Bilder, die die neue Sorge für den Körper dokumentieren. Das Schwimmen im Meer – seit der Restaurationszeit in Frankreich immer beliebter werdend – verlor während der Belle Époque seine rein therapeutische Bedeutung. Es war nicht mehr Selbstüberwindung im Dienste der Gesundheit, sondern Ausdruck jugendlicher Ausgelassenheit in der Gemeinsamkeit der Geschlechter.
Oben: Jules Scalbert, *Mach doch mit!* (Paris, Bibliothèque Nationale), Abbildung Seite 627: *L'Illustration*, 1892

die Arme rühren konnten, waren in gewissen ländlichen Gebieten bis zu Beginn der Dritten Republik anzutreffen. Auch die Geschichte der orthopädischen Hilfsmittel zeugt vom Glauben an die Modellierbarkeit des Körpers. Die Mütter von gutbürgerlichen Töchtern mit krummem Gang verpaßten ihren Kindern greuliche »Geradehalter« – kreuzförmige Gebilde aus Eisen, die auf den Rücken geschnallt wurden und die Schultern nach hinten zwangen. Das Ganze sollte die »ästhetische Mitgift« der heiratsfähigen jungen Damen erhöhen.

## Korrektur der Haltung, Verbot des Müßiggangs

Das alles sind jedoch nur Archaismen; dank der Forschungen Georges Vigarellos wissen wir heute eine Menge über die Geschichte der körperlichen Ertüchtigung. Das Bild vom idealen menschlichen Körper war in der ersten Hälfte des 19. Jahrhunderts von der Mechanik bestimmt, nach 1851 vom Energiemodell der Thermodynamik. Der Körper wurde zunächst als System von Kräften, später als Motor begriffen; es kam nicht mehr darauf an, ihn zu formen, sondern darauf, ihn zu trainieren. Die Leibesübung hatte nichts Militärisches mehr an sich; in allen gesellschaftlichen Gruppen betrieb man nun Gymnastik mit dem Ziel, die körperlichen Kräfte zu maximieren. Größter Wert wurde dabei auf eine gerade, aufrechte Körperhaltung gelegt. Für den Mann galt, den Gürtel so eng wie möglich schnallen und »Brust raus, Bauch rein«. Demselben

Zweck, aber zugleich der Erotisierung der weiblichen Formen, diente das Korsett, das nun zu neuen Ehren kam und dem praktisch alle Frauen in der Dritten Republik eine leichte Lordose zu verdanken hatten. Was die häusliche Sphäre betraf, so bekamen Kinder ständig Ermahnungen wie »Halt dich grade!« und »Zieh den Bauch ein!« zu hören. Aus Angst vor der Lungentuberkulose machte man Atemübungen, um das Lungenvolumen womöglich zu vergrößern. Auch in der Orthopädie gab es Neuerungen; an die Stelle starrer Apparate, die die Körperhaltung verbessern sollten, traten nach und nach Vorrichtungen, die die körperliche Ertüchtigung in bestimmter Weise kanalisierten und das Training erleichterten. Es entstand eine korrektive oder Heil-Gymnastik, bestehend aus einer sorgfältig geordneten Reihe einzelner Bewegungsabläufe.

Die Pädagogik in der Schule und zu Hause ließ sich von diesen neuen Modellen inspirieren. Eltern und Lehrer verboten ihren Zöglingen jede Art von schlapper, schlaffer Haltung, die ein Zeichen von Untätigkeit war. Es war die Zeit frischer, dynamischer Bewegung. In Schulen und Betrieben traten Leerzeiten und Lässigkeiten der Haltung unter dem Eindruck einer wissenschaftlichen Ausgestaltung der Leibeserziehung immer mehr zurück. Man betonte den Wert einer »Ertüchtigung durch Ermüdung« (Georges Vigarello).[23] Diese Zielsetzungen wurden nach 1860 durch die Furcht vor Degeneration ebenso wie durch die Fortschritte in der Tierzucht unterstrichen.

Den Höhepunkt dieser Geschichte der Körperertüchtigung in Frankreich markierte, wie Eugen Weber und Marcel Spivak nachgewiesen haben, die notwendige Vorbereitung auf die Rache an Deutschland. Leibesübungen wurden zur nationalen Pflicht; Schülerbataillone und ausgedehnte Fußmärsche bezeugten das Gebot der Stunde. Aus dem

Zusammenwirken der ambitionierten Leibesertüchtigung mit eher spielerischen Aktivitäten aristokratischen Ursprungs entstand nach dem Vorbild der englischen »games« das, was wir heute »Sport« nennen. Reiten, Jagen und diverse Ballspiele bestimmten das Bild einer mehr oder weniger zweckfreien Betätigung, die – wie stets in solchen Fällen – von der Spitze der sozialen Pyramide nach unten wanderte. Der Sport wurde von den Lehren Darwins ebenso angestachelt wie von der »germanischen Gefahr« und wirkte seinerseits auf das Verhalten der Menschen zurück. Er begünstigte die Selbstsucht des Individuums ebenso, wie er sie zum Ausdruck brachte; was ihn im Innersten bewegte, war die Jagd nach Punkten, die der Ermittlung des Besten diente.

## Die Entfaltung des befreiten Körpers

Es gab eine dritte, bisher noch nicht untersuchte Tendenz, die gegen Ende des 19. Jahrhunderts zu dem neuen Interesse an der Entfaltung des Körpers beitrug. Die schon erwähnte Naturheilkunde hatte das Wandern in freier Natur, das Bergsteigen, das Schwimmen im Meer und das Fahrradfahren propagiert. Im Laufe der Jahre kam es zu einer Emanzipation aller dieser Betätigungen insofern, als sie aufhörten, bloß »gesund« zu sein. Jetzt ging es nicht mehr um Körperertüchtigung, um Leibesübungen oder um Krankheitsvorbeugung, sondern um den Ausdruck des subjektiven Wohlbefindens, um die Entfaltung des selbstbefreiten Körpers. Die Tanzsprache einer Isadora Duncan in Paris symbolisierte trotz ihrer Anklänge an die Antike die Suche nach Gebärden und Haltungen, die den Selbstausdruck des nicht mehr als das Andere des Ichs empfundenen Körpers abbilden sollten. Bezeichnenderweise ging diese neue Freiheit mit den neuen psychologischen Bedürfnissen und mit der Erotisierung des Paares einher. Das Körpergefühl war nicht mehr vom angstvollen Lauschen auf innere Störungen beherrscht; vielmehr genoß man das Gefühl des Gesundseins und dessen Freuden. Es dauerte nicht lange und sogar der gestrenge Paul Valéry analysierte die lustvolle Empfindung des nackten Körpers in der flutenden Bewegtheit des Meeres.

Marcel Proust, hingerissen von den hübschen Radlerinnen am Strand, beschrieb diese Revolution um so glühender, als es ihm selbst versagt war, an ihr teilzuhaben. Und um nichts weniger als eine Revolution handelte es sich; sie hat die Ausdrucksformen des privaten Lebens von Grund auf verändert.

## Anmerkungen

1 Jean-Pierre Peter, »Ogres d'archives«, in: *Nouvelle Revue de psychanalyse* Nr. 3 (1972).
2 Siehe M. Jeanneret, »La Folie est un rêve. Nerval et le Dr. Moreau de Tours«, in: *Romantisme* Nr. 27 (1980); Jean Borie, *Mythologie de l'hérédité au XIXe siècle*, Paris 1981, S. 144, 124.
3 Siehe Jacques Léonard, »Eugénisme et darwinisme. Espoirs et perplexités chez les médecins du XIXe siècle et du début du XXe siècle«, in: *De Darwin au darwinisme*, Paris 1983.
4 Ebd.
5 Jean Starobinski, »Sur la chlorose«, in: *Romantisme* Nr. 31 (1981).
6 Siehe Gérard Wajeman, *Le Maître et l'hystérique*, Paris 1982.
7 Gladys Swain, »L'Ame, la femme, le sexe et le corps. Les métamorphoses de l'hystérie à la fin du XIXe siècle«, in: *Le Débat* (März 1983).
8 Paul Hoffmann, »Le Discours médical sur les passions de l'amour. De Boissier de Sauvages à Pinel«, in: Paul Viallaneix und Jean Ehrard (Hrsg.), *Aimer en France (1760–1860)*, 2 Bde., Clermont-Ferrand 1980, Bd. II, S. 346 (Verhandlungen des Internationalen Colloquiums).
9 Thierry Fillaut, »Manières de boire et alcoolisme dans l'ouest de la France au XIXe siècle«, in: *Ethnologie française* 14 (Oktober – Dezember 1984), S. 382, 385.
10 Chantal Plonevez, *L'Alcoolisme dans les milieux ouvriers à Paris*, 1880–1914, unveröffentlichte Dissertation, Universität Paris 1975.
11 Siehe Gérard Jacquemet, *Belleville au XIXe siècle*, Paris 1984.
12 Hervé Le Bras und Emmanuel Todd, *L'Invention de la France*, Paris 1981.
13 Michel Foucault, *Geschichte der Sexualität*, Bd. 1, Einleitung, Frankfurt a. Main.
14 Philippe Ariès, »Réflexions sur l'histoire de la sexualité«, *Sexualités occidentales*, in: Sonderheft *Communications*, Nr. 35, S. 589.
15 Siehe Jean-Pierre Jacques, *Les Malheurs de Sapho*, Paris 1981.
16 Léonard, *La Vie quotidienne du médecin de province au XIXe siècle*, Paris 1977, S. 190.
17 Jean-Pierre Peter, »Les Médecins et les femmes«, in: *Misérable et glorieuse: la femme du XIXe siècle*, Paris 1981.
18 Luc Boltanski, *Prime éducation et morale de classe*, Paris – Den Haag 1977.
19 Yanick Ripa, *La Ronde des folles. Femme, folie et enfermement au XIXe siècle*, Paris 1986.
20 Siehe Robert Castel, *L'Ordre psychiatrique*, Bd. 1: *L'Age d'or de l'aliénisme*, Paris 1976.
21 Robert Castel und Jean-François Le Cerf, »Le Phénomène *psy*. et la société française«, in: *Le Débat*, Mai 1980.
22 Guy Thuillier, *Pour une histoire du quotidien en Nivernais au XIXe siècle*, Paris 1977.
23 Georges Vigarello, *Le Corps redressé. Histoire d'un pouvoir pédagogique*, Paris 1978, S. 111.

Schon um die Jahrhundertwende schadete das Radfahren nicht der Reputation der Frau, wenn die Begleitung ihres Mannes ihren guten Ruf verbürgte. (Sammlung Sirot-Angel)

Michelle Perrot

# Resümee

Zwischen dem Öffentlichen und dem Privaten bestand eine heikle Balance, die von der politischen Theorie fortwährend neu formuliert wurde. Rousseau träumte von einer absoluten Transparenz: »Wenn ich den Ort meiner Geburt hätte wählen können, so wäre es ein Staat gewesen, in dem weder die heimlichen Schliche des Lasters noch die Bescheidenheit der Tugend dem Blick und dem Urteil der Öffentlichkeit entgehen, weil jeder den anderen kennt.« Tocqueville dagegen unterstrich die Vorteile des Individualismus – »eines neuen Begriffs«, wie er 1850 schrieb. Er verstand ihn als gleichbedeutend mit privaten sozialen Beziehungen: »Der Individualismus ist eine friedliche Gesinnung, die jeden Bürger bestimmt, sich von der Masse seiner Mitmenschen zurückzuziehen und Zuflucht im Kreis seiner Familie und seiner Freunde zu suchen, dergestalt, daß, nachdem er sich eine kleine Gesellschaft nach seinem eigenen Behagen geschaffen hat, er die große Gesellschaft gerne sich selbst überläßt.« Anfang des 20. Jahrhunderts erblickte Léon Bourgeois im »Solidarismus« eine Chance, die Rechte des siegreichen Individuums mit seinen Pflichten – seiner »Schuldigkeit« – gegenüber der Gesellschaft zu versöhnen, von der das Individuum ein organischer Bestandteil war. Dieses Band begründete ein »Sozialrecht«, welches totalitäre Lösungen ebenso ausschloß, wie es ein liberales Laissez-faire und den Eingriff des Staates in den gesellschaftlichen Prozeß rechtfertigte.

Das 19. Jahrhundert hatte verzweifelt versucht, die Grenze zwischen Individuum und Gesellschaft zu stabilisieren, indem es sie in der Familie, mit dem Familienvater als Oberhaupt, lokalisierte. Aber kaum schien sie befestigt zu sein, als sie auch schon unter den Druck zahlreicher Einflüsse und subtiler Aushöhlungen geriet und wich.

So gesehen, markierte der Beginn des 20. Jahrhunderts eine neue Modernität. Die Expansion der Märkte, das Wachstum der Produktion, die Explosion des technischen Fortschritts intensivierten Konsum und Handel. Die Reklame weckte die Begehrlichkeit. Die Massenverkehrsmittel erleichterten die Mobilität; Eisenbahn, Fahrrad und Automobil begünstigten die Zirkulation von Menschen und Waren. Postkarte und Telefon personalisierten die Kommunikation. Die Ausstrahlungen der Mode veränderten überall das äußere Erscheinungsbild des Menschen, die Photographie erlaubte ihm die Vervielfachung seines Selbst-Bildes. Es war ein Feuerwerk der Zeichen, das mitunter die Unveränderlichkeit des Hintergrundes überblendete.

Befreit von räumlichen und zeitlichen Zwängen, hegten die Menschen die Illusion, ungehindert auf dem Weg ihrer eigenen Ambitionen voranschreiten zu können. Im Zentrum der neuen Ästhetik und der modernen philosophischen Erwägungen stand die Sorge des Menschen für sich selbst: für seinen Körper, der jetzt besser gepflegt und in seiner neurologischen Komplexität genauer bekannt war, für sein Seelenleben, dessen Abgründe man auszuloten begann, und für seine Sexualität, die jetzt von der Pflicht zur Fortpflanzung, ja, zur Ehe und zum heterosexuellen Credo entbunden war.

Diese emphatische Durchsetzung des Individualismus berührte alle Schichten der Gesellschaft, vor allem die städtischen. So legten beispielsweise die Arbeiter in dem Augenblick, da die Betriebsdisziplin straffer wurde, um so mehr Wert auf ihre Ferien und ihre Freiräume. Und die Betonung des Klassenbewußtseins stand nicht im Kontrast zu dem Wunsch nach sozialem Aufstieg. Selbst die Landbevölkerung, die lange Zeit dem Fatalismus der Vorväter verhaftet geblieben war, fand sich jetzt – beeinflußt von den Migranten, die als kulturelle Mittler fungierten – nicht mehr einspruchslos mit den überkommenen Praktiken des Lebens, Liebens und Sterbens ab.

Doch waren es vor allem drei soziale Gruppen, die das alte Joch abschüttelten: die Jugendlichen, die Frauen und die geistig-künstlerische Avantgarde. »Wollen, wirken, leben« – das sind die Ziele, die der 27jährige Martin du Gard seinem Alter ego in *Devenir* (1908) predigt. Die Frauen, denen neue Berufe und neue Freiheiten offenstanden, pochten auf ihr Recht, zu arbeiten, zu reisen und zu lieben. Der Feminismus als kollektiver Ausdruck diffuser Bestrebungen und Wünsche – im 19. Jahrhundert ein eher sporadischer Impuls zur Ausnutzung taktischer Blößen, welche die Macht sich gab – wurde nun zu einer dauerhaften Bewegung. In Zeitschriften wie *La Fronde*, in Gruppen und auf Kongressen forderte er die bürgerliche und politische Gleichberechtigung der Frau. Dabei stützte er sich im wesentlichen auf zwei Argumente: 1. auf die Rolle der Frau in der Gesellschaft und als Mutter, 2. auf die Logik des Naturrechts: Warum sollte die Frau in der Unmündigkeit gehalten werden, da sie ja ein Individuum war? Die »neue Frau« – auf mitunter zwiespältige Weise von Männern gefeiert, die neue Formen der Paarbeziehung erproben wollten – wurde zu einem gesamteuropäischen Phänomen.

Alle diese Veränderungen, die ohnehin eher tendenziell als endgültig waren, trafen allerdings auf enorme religiöse, moralische und politische Gegenkräfte – verschanzt in den Ruinen eines Ancien Régime, das noch nicht tot war (Arno Mayer), und munitioniert mit neuen Rechtfertigungsgründen und Strategien. Jugendbewegungen wie die Pfadfinder versuchten, eine sich mühsam emanzipierende Jugend wieder zu reglementieren. Ein virulenter Antifeminismus – Ausdruck einer Identitätskrise des Mannes, der die Umkehr tausendjähriger Geschlechtsrollen nicht hinnehmen wollte – gab der Frau die Schuld am moralischen Niedergang, der den Niedergang des ganzen Volkes ankündige. Sittlichkeitsvereine aller Art sorgten für Moral auf der Straße, verpönten öffentliches Händchenhalten und Schmusen und bekämpften in der Literatur »Schmutz und Schund«, der die Phantasie unschuldiger Menschen mit Bildern aus der Hölle des Eros fülle.

Symptomatisch hierfür war der Sinneswandel eines Barrès. Hatte er einst den Kult des Ichs gefeiert, so propagierte er nun den Kult der Scholle und der Ahnen.

In ganz Europa richteten die Staaten – so offensichtlich wie nie zuvor – ihr Handeln an der Psychologie der Massen aus; sie mobilisierten die öffentliche Meinung im Namen der nationalen Verteidigung und betonten die Überlegenheit kollektiver Werte. Das *Futuristische Manifest* von 1909 proklamierte: »Wir wollen die Vernichtung von Museen und Bibliotheken, den Kampf gegen Moralismus und Feminismus. [...] Wir wollen die Verherrlichung des Krieges, der einzig wahren Hygiene der Welt.« Ausgerechnet des Krieges ... Die »Erklärung« des Krieges rief jedermann den Primat des Öffentlichen sowie die Grenzen und den relativ untergeordneten Charakter des privaten Lebens in Erinnerung. Der Kriegsausbruch bedeutete das Ende der Ruhepause. Gestützt auf einen gestärkten Staat und effiziente Technologien, rekrutierte der Krieg die Energien einer in die Pflicht genommenen Jugend, verwies jedes Geschlecht an den ihm zukommenden Platz und ordnete jedem Individuum den Rang des Staatsbürgers zu. Obwohl das private Leben niemals wirklich zum Stillstand kam, ja, in mancher Hinsicht sogar neue Wege einschlug, mußte es doch heucheln, sich verstecken, sich mit noch mehr Heimlichkeit umgeben als zuvor, vor allem dann, wenn es keinen unmittelbaren Beitrag zur nationalen Pflichterfüllung leistete.

Was dieser Krieg alles beendete, umbog oder in Gang setzte, sollte der weitere Verlauf der Geschichte erweisen. Dabei darf nicht vergessen werden, daß das neue System der sozialen Beziehungen sich schon vor dem Krieg abgezeichnet hatte.

Mit welchen Gedanken mögen jene offenbar hochgemuten jungen Leute in einen Krieg gezogen sein, von dem alle wähnten, er werde nicht lange dauern? Diese Kinder, die man ein Spiel spielen ließ, von dessen Grausamkeit sie noch nichts wußten? Diese jungen und minder jungen Frauen, die mit dem Taschentuch den ausfahrenden Zügen

12. April 1915: Abfahrt der Klasse 16 vom Pariser Bahnhof Montparnasse.
(Paris, Bibliothèque Nationale)

nachwinkten – ganz und gar erfüllt von der unvermeidbaren Bekundung eines Patriotismus, dessen Notwendigkeit ihnen verborgen blieb? Welche Bande wurden zerschnitten, wieviel Liebe wurde zerstört? Welche Hoffnungen wurden enttäuscht, welche Hoffnungen geweckt? Was war die Vergangenheit und was die Zukunft? In diesem geschichtsträchtigen Augenblick vereinigten sich viele Lebensströme, einander ähnlich und doch jeder vom anderen verschieden, zu einer einzigen großen Flut.

Ein Bahnhof und ein Zug – moderne Sinnbilder des Schicksals.

# Anhang

# Bibliographie

## I. Allgemeine Darstellungen


Ariès, Ph., *Histoire des populations françaises et de leurs attitudes devant la vie depuis le XVIII^e^ siècle*, Paris 1948.
– *Geschichte der Kindheit*, München 1978.
– *Geschichte des Todes*, München 1982.
– *Images de l'homme devant la mort*, Paris 1983.
Certeaux, M. de, *Kunst des Handelns*, Berlin 1988.
Dumont, L., *Essai sur l'individualisme. Une perspective anthropologique sur l'idéologie moderne*, Paris 1983.
Elias, N., *Über den Prozeß der Zivilisation. Soziogenetische und Psychogenetische Untersuchungen*, Basel 1939; 2., erweiterte Auflage Bern – München 1969.
Elshtain, J. B., *Public Man, Private Woman. Women in Social and Political thought*, Princeton 1981.
Foucault, M., *Sexualität und Wahrheit*, Frankfurt a. Main. Bd. 1: *Der Wille zum Wissen*, 1977; Bd. 2: *Der Gebrauch der Lüste*, 1986; Bd. 3: *Die Sorge um sich*, 1986.
Goffman, E., *Rahmen-Analyse. Ein Versuch über die Organisation von Alltagserfahrungen*, Frankfurt a. Main 1977.
– *Wir alle spielen Theater. Die Selbstdarstellung im Alltag*, München 1969.
– *Das Individuum im öffentlichen Austausch. Mikrostudien zur öffentlichen Ordnung*, Frankfurt a. Main 1974.
Habermas, J., *Strukturwandel der Öffentlichkeit. Untersuchung zu einer Kategorie der bürgerlichen Gesellschaft*, Neuwied – Berlin 1969.
Hirschman, A., *Engagement und Enttäuschung: Über das Schwanken der Bürger zwischen Privatwohl und Gemeinwohl*, Frankfurt a. Main 1984.
Mayer, A., *La persistance de l'Ancien Régime. L'Europe de 1848 à la Grande Guerre*, Paris 1983.
Moore, B., *Privacy*, Princeton 1984.
Sennett, R., *The Fall of Public Man*, New York 1977; dtsch.: *Verfall und Ende des öffentlichen Lebens. Die Tyrannei der Intimität*, Frankfurt a. Main 1983.
– Families against the City. Middle Class Homes of Industrial Chicago, 1872–1890, Cambridge/Mass. 1970.


## II. Die Französische Revolution und das private Leben

Memoiren:


La Revellière-Lépaux, Paris 1895, 3 Bde.
Madame Roland, Paris 1820, 2 Bde.


Sekundärliteratur:


Baczko, B., ›Le calendrier républicain. Décréter l'éternité‹, *Les Lieux de mémoire*, P. Nora (Hrsg.), Bd. 1, *La République*, Paris 1984.
Cobb, R., *Death in Paris*, Oxford 1978.
Dessertine, D. *Divorcer à Lyon sous la Révolution et l'Empire*, Lyon 1981.
Garaud, M. und Szramkiewicz, R., *La Révolution française et la Famille*, Paris 1978.
Ozouf, M., *La Fête révolutionnaire (1789–1799)*, Paris 1976.
Roderick, Ph., *Family Breakdown in Late Eighteenth Century France: Divorce in Rouen, 1792–1803*, Oxford 1980.
Staum, M. S., *Cabanis: Enlightenment and Medical Philosophy in the French Revolution*, Princeton 1980.


Über Sade:


Blanchot, M. *Lautréamont et Sade*, Paris 1971.
Barthes, R., *Sade, Fourier, Loyola*, Frankfurt a. Main 1974.
Lynch, L. W., *The Marquis de Sade*, Boston 1984.

## III. Das private Leben in England


Basch, F., *Les Femmes victoriennes. Roman et société, 1837–1867*, Paris 1979.

Blunden, K., *Le Travail et la Vertu. Femmes au foyer: une mystification de la révolution industrielle*, Paris, 1982.

Davidoff, L., *The Best Circles. Society. Etiquettes and the Season*, London 1973.

Davidoff, L. und Hall, C., *Family Fortunes: Men and Women of the English Middle Class, 1780–1850*, Chicago 1987.

Fraser, D. und Sutcliffe, A. (Hrsg.), *The Pursuit of Urban History*, London 1983.

Gilbert A. D., *Religion and Society in Industrial England: Church, Chapel, and Social Change, London 1976*.

Girouard, M., *Das feine Leben auf dem Lande. Architektur, Kultur und Geschichte der englischen Oberschicht*, Frankfurt a. Main 1989.

Hobsbawm, E. J. und Ranger, T. (Hrsg.), *The Invention of Tradition*, Cambridge 1983.

Mitchell, J. und Oakley, A. (Hrsg.), *The Rights and Wrongs of Women*, Harmondsworth 1976.

Navailles, J.-P., *La Famille ouvrière dans l'Angleterre victorienne. Des regards aux mentalités*, Camp Vallon 1983.

Pinchbeck, I., *Women Workers and the Industrial Revolution, 1750–1850*, London 1969.

Quinlan, M., *Victorian Prelude. A History of English Manners, 1700–1830*, London 1965.

Steedman, C., Urwin, C. und Walkerdine, V. (Hrsg.), *Language, Gender, and Childhood*, London 1985.

Taylor, B., *Eve and the New Jerusalem. Socialism and Feminism in the Nineteenth Century*, London 1983.

Vicinus M., *Independent Women. Work and Community for Single Women, 1850–1920*, London 1985.

Vincent, D., *Bread, Knowledge and Freedom. A Study of Nineteenth Century Working Class Autobiographies*, London – New York 1981.


## IV. Das private Leben in Frankreich

### Quellen

1. Briefwechsel

Wir verwenden hier die private Korrespondenz von Künstlern, Schriftstellern und Politikern – Baudelaire, Flaubert, George Sand (hier waren die sechzehn Bände, die Georges Lubin veröffentlicht hat, eine unerschöpfliche Fundgrube), Nerval, Stendhal, Madame Swetchine, Tocqueville (vor allem seine Briefwechsel mit Gustave de Beaumont und Madame Swetchine, Bd. VIII und XV des Gesamtwerks) und Van Gogh (Briefe an seinen Bruder Theo).

Zusätzlich haben wir einige Familienkorrespondenzen herangezogen:


Perrot, M. (Hrsg.), *Les Filles de Karl Marx. Lettres inédites*, Paris 1979.

Fréminville, B. de (Hrsg.), *Marthe* (1892–1902) und *Emilie* (1802–1872), Paris 1982–1985.

Chotard-Lioret, C., *La Socialité familiale en province: une correspondance privée entre 1868 et 1920*, thèse de 3^e^ cycle, Paris 1983.

*Ecrire, Publier, Lire. Les correspondances (problématique et économie d'un »genre littéraire«)*, Protokollband des internationalen Kolloquiums »Les correspondances« in Nantes, Oktober 1982, Nantes 1982.

Frère, C. und Ripert, C., *La Carte postale. Son histoire, sa fonction sociale*, Lyon – Paris 1983.

Georges, R., *Chronique intime d'une famille de notables au XIX^e^ siècle. Les Odoard de Mercurol*, Lyon 1981.

Isambert-Jamati, V. und Sirota, R., ›La barrière, oui, mais le niveau?‹, *Cahiers internationaux de sociologie*, Bd. LXX, 1981, S. 5–33.


2. Tagebücher

a) Texte


Amiel, H. F., *Intimes Tagebuch*, ausgewählt und übersetzt von E. Merian-Genast, München 1986.

Bashkirtseff, M., *Tagebuch*, hrsg. von G. M. Daiber, Frankfurt a. Main – Berlin – Wien 1983.

Baude, M., *P. H. Azaïs, témoin de son temps, d'après son journal inédit (1811–1844)*, thèse, Lille-III, 1980.

Brame, C., *Journal intime. Enquête de M. Perrot et G. Ribeill*, Paris 1985.

Breton, G., *Journal*, Paris 1985.

Constant, B., *Journeaux intimes (1803–1816)*, Paris 1957.

Delacroix, E., *Dem Auge ein Fest. Aus dem Journal 1847–1863*, hrsg. von K. Mittelstädt, Frankfurt a. Main 1988.

Guérin, E. de, *Journal et Fragments*, Paris 1884.

M. de Biran, *Tagebuch*, Auswahl und Übersetzung von O. Weith, Hamburg 1977.

Renard, J., *Journal, 1887–1910*, Paris 1960.

Stendhal, *Journal, 1801–1823*, Paris 1955.

Madame Swetchine, *Lettres de Madame Swetchine. Journal*, hrsg. von Comte Falloux, Paris 1862.

b) Manuskripte

G. Laguin, *Journal*, 1890–1891.
R. Berruel, *Journal*, 1905–1916.
*Recueil Victor Hugo*, mit Anmerkungen von C. P. de Chateaufort, 1893–1919.

c) Sekundärliteratur zum Thema

Didier, B., *Le Journal intime*, Paris 1976.
Georgel, P., *Léopoldine Hugo, une jeune fille romantique*, Katalog des Museums Victor Hugo, Paris 1967.
Girard, A., *Le Journal intime*, Paris 1963.
Leleu, M., *Les Journeaux intimes*, Paris 1952.

3. Autobiographien und Memoiren

a) Texte

Bouvier, J., *Mes Mémoires ou Cinquante-Neuf Années d'activité industrielle, sociale et intellectuelle d'une ouvrière (1876–1935)*, hrsg. von D. Armogathe und M. Albistur, Paris 1983.
Canetti, E., *Die gerettete Zunge: Geschichte einer Jugend*, Stuttgart – München 1982.
Chateaubriand, F. R. de, *Erinnerungen. Mémoires d'outre tombe*, hrsg. und übs. von S. von Massenbach, München 1968.
Daudet, Madame A., *L'Enfance d'une Parisienne. Enfants et mères*, Paris 1892.
Dumay, J.-B., *Mémoires d'un militant ouvrier du Creusot*, 1841–1926, hrsg. von P. Ponsot, Paris 1976.
Feuillet, Madame O., *Quelques Années de ma vie*, Paris 1894.
M. Foucault u. a., *Der Fall Rivière. Materialien zum Verhältnis der Psychiatrie und Strafjustiz*, Frankfurt a. Main 1975.
Gambon, C. F., *Dans les bagnes de Napoléon III, Mémoires*, hrsg. von J.-Y. Mollier, Paris 1983.
Gauny, G., *Le Philosophe plébeien*, hrsg. von J. Rancière, Paris 1983.
Grafteaux, S., *Santerre, Marie-Catharine. Das Glück wohnt in dir selbst. Oma Santerre erzählt ihr Leben*, Freiburg 1976.
Lafarge, M., *Mémoires de Marie Capelle veuve Lafarge écrits par elle-même.*
Lamartine, A. de, *Le Manuscrit de ma mère*, Paris 1984.
Lejeune, X. E., *Calicot, Enquête de Michel et Philippe Lejeune*, Paris 1984.
Martin du Gard, R., *Souvenirs autobiographiques et littéraires*, Paris 1955.
Nadaud, M., *Mémoires de Léonard, ancien garçon maçon* (1895), hrsg. von M. Agulhon, Paris 1967.
Ozouf, J., *Nous les maîtres d'école*, Paris 1967.
Ozouf, J. und M., *La Classe ininterrompue. Cahiers de la famille Sandre, enseignants, 1780–1860*, Paris 1979.
Pange, Comtesse de, *Comment j'ai vu 1900*, Bd. 1: *Alte Schlösser, neue Zeit. Eine Jugend zur Jahrhundertwende*, München 1968. Bd. 2, *Confidences d'une jeune fille*, Paris 1965; Bd. 3: *Derniers Bals avant l'orage*, Paris 1968.
Perdiguier, A., *Mémoires d'un compagnon*, mit einer Einführung von A. Faure, Paris 1977.
Proudhon, P.-J., *Mémoires de ma vie*, hrsg. von B. Voyenne, Paris 1981.
Sand, G., *Geschichte meines Lebens*, Auswahl aus ihrem autobiographischen Werk, hrsg. von R. Wiggershaus, Frankfurt a. Main 1978.
Sartre, J.-P., *Die Wörter*, Hamburg 1965.
Simonin, A., *Confessions d'un enfant de la Chapelle. Le faubourg*, Paris 1977.
Stendhal, *Das Leben des Henry Brulard*, München 1956.
Truquin, N., *Mémoires et Aventures d'un prolétaire à travers la Révolution* (1888), Paris 1977.
Vallès, J., *L'Enfant* (1881), *Le Bachelier* (1881), *L'Insurgé* (1882); *Œuvres complètes*, hrsg. von L. Scheler und M.-C. Bancquart, Paris 1969–1970.
Vanderwielen, L., *Lise du plat pays* (autobiographischer Roman), Lille 1983.
Voilquin, S., *Souvenirs d'une fille du peuple*, Paris 1978.
Weiss, L., *Mémoires d'une Européenne*, Bd. 1, *1893–1919*, Paris 1968.

b) Untersuchungen

Kolloquium von Cerisy (1979), *Individualisme et Autobiographie en Occident*, Protokollband, hrsg. von C. Delhez-Sarlet und M. Catani, Brüssel 1983.
Lejeune, Ph., *L'Autobiographie en France*, Paris 1971.
– *Le Pacte autobiographique*, Paris 1975.
– *Je suis un autre*, Paris 1980.
– *Moi aussi*, Paris 1986.

## Die Akteure des privaten Lebens

1. Theorie und Politik des Privaten und der Familie

Armogathe, D. und Albistur, M., *Histoire du féminisme français. Du Moyen Age à nos jours*, Paris 1977.
Arnault, F., *Histoire de Frédéric le Play. De la métallurgie à la science sociale*, doctorat d'Etat, Nantes 1986.
Deniel, R., *Une image de la famille et de la société sous la restauration (1815–1830), Etude de la presse catholique*, Paris 1965.
Devance, L., *La Pensée socialiste et la Famille de Fourier à Proudhon*, thèse de 3e cycle, Dijon 1976.
Donzelot, J., *Die Ordnung der Familie*, Frankfurt a. Main 1980.
Edelman, B., *La Maison de Kant*, Paris 1984.
Ewald, F., *L'Etat-Providence*, Paris 1986.

Meyer, Ph., *Das Kind und die Staatsräson oder die Verstaatlichung der Familie*, Hamburg 1981.
Picq, F., *Sur la théorie du droit maternel. Discours anthropologiques et discours socialistes*, doctorat d'Etat, Paris 1979.
Prigent, R. (Hrsg.), *Renouveau des idées sur la famille*, cahier de l'INED, 8, 1954.
Rosanvallon, P., *Le Moment Guizot*, Paris 1985.

2. Gesamtdarstellungen

Goody, J., *Die Entwicklung von Ehe und Familie in Europa*, Berlin 1986.
Guillaume, P., *Individus, Familles, Nations. Essai d'histoire démographique, XIX–XX^e siècle*, Paris 1985.
Le Bras, H., und Todd, E., *L'Invention de la France*, Paris 1981.
Lequin, Y., *Histoire des Français*, Bd. 1, *Un peuple et son pays*, Bd. 2, *La Société*, Bd. 3, *Les Citoyens et la Démocratie*, Paris 1983–1985.
Segalen, M., *Die Familie: Geschichte, Soziologie, Anthropologie*, Frankfurt a. Main 1990.
Shorter, E., *Die Geburt der modernen Familie*, Hamburg 1977.

3. Recht

Arnaud-Duc, N., *Droit, Mentalités et Changement social en Provence occidentale. Une étude sur les stratégies et la pratique notariale en matière de régime matrimoniale, de 1785 à 1855*, Aix-en-Provence 1985.
Bordeaux, M., ›Droit et femmes seules. Les pièges de la discrimination‹, *Madame ou Mademoiselle*, A. Farge und C. Klapisch-Zuber (Hrsg.), Paris 1984.
Dhavernas, O., *Droit des femmes, Pouvoir des hommes*, Paris 1978.
Ourliac, P. und Gazzaniga, L., *Histoire du droit civil français de l'an mil au Code civil*, Paris 1985.

4. Funktionen der Familie

Borie, J., *Mythologie de l'hérédité*, Paris 1981.
Capdevielle, J., *Le Fétichisme du patrimoine. Essai sur un fondement de la classe moyenne*, Paris 1986.
Métral, M.-O., *Die Ehe. Analyse einer Institution*, Frankfurt a. Main 1981.
Zeldin, Th., *Ambition, Love, and Politics*, Oxford 1973.
– *Intellect, Taste, and Anxiety*, Oxford 1977.

5. Familie und soziales Milieu

a) auf dem Lande

Claverie, E., und Lamaison, P., *L'Impossible Mariage. Violence et parenté en Gévaudan, XVII^e, XVIII^e et XIX^e siècle*, Paris 1982.
Garniche-Merritt, M.-J., *Vivre à Bué-en-Sancerrois*, thèse du 3^e cycle, Paris 1982.
Halévy, D., *Visite aux paysans du Centre (1907–1934)*, Paris 1978.
Hubscher, R., *L'Agriculture et la Société rurales dans le Pas-de-Calais du milieu du XIX^e siècle à 1914*, 2 Bde., Arras 1979.
Lehning, J., *Peasants of Marlhes. Economic Development and Family Organization in 19th Century France*, North Carolina 1980.
Segalen, M., *Mari et Femme dans la société paysanne*, Paris 1980.
– *Nuptialité et Alliance. Le choix du conjoint dans une commune de l'Eure*, Paris 1972.
Weber, E., *Peasants into Frenchman. The Modernization of Rural France, 1870–1914*, Stanford 1976.

b) Bourgeoisie

*Actes de la recherche en sciences sociales*, ›Le patronat‹, 1978, 21–22.
Chaline, J.-P., *Les Bourgeois de Rouen. Une élite urbaine du XIX^e siècle*, Paris 1982.
Charle, C., *Les Hauts Fonctionnaires en France au XIX^e siècle*, Paris 1980.
Daunard, A., *La Bourgeoisie parisienne de 1815 à 1848*, Paris 1963.
– (Hrsg.), *Les Fortunes françaises au XIX^e siècle*, Paris 1973.
Estèbe, J., *Les Ministres de la République, 1871–1914*, Paris 1982.
Miller, M. B., *The Bon Marché; Bourgeois Culture and the Departement Store, 1869–1920*, Princeton 1981.
Perrot, M., *Le Mode de vie des familles bourgeoises, 1873–1953*, Paris 1961.
Royer, J.-P., Martinage, R. und Lecoq, P., *Juges et Notables au XIX^e siècle*, Paris 1982.
Serman, W., *Les Officiers français dans la nation, 1848–1914*, Paris 1982.

c) Arbeiterklasse und einfache Bevölkerungsschichten

Accampo, E., *Industrialization and the Working Class Family: Saint-Chamond, 1815–1880*, Michigan 1984.
Burdy, J. P., *Le Soleil noir. Formation sociale et mémoire ouvrière dans un quartier de Saint-Etienne (1840–1940)*, thèse, Lyon 1986.
Chevalier, L., *Classes laborieuses et Classes dangereuses à Paris pendant la première moitié du XIX^e siècle*, Paris 1958.
Frey, M., ›Du mariage et du concubinage dans les classes populaires à Paris en 1846–1847‹, *Annales ESC*, Juli–August 1978.
Gribaudi, M., *Procès de mobilité et d'intégration. Le monde ouvrier turinois dans le premier demi-siècle*, thèse, Paris 1985.

Jacquemet, G., *Belleville au XIX^e^ siècle*, Paris 1984.
Lequin, Y., *Les Ouvriers de la région lyonnaise, 1848–1914*, 2 Bde., Lyon 1977.
Noiriel, G., *Longwy. Immigrés et prolétaires (1880–1980)*, Paris 1984.
– *Les Ouvriers dans la société française, XIX^e^–XX^e^ siècle*, Paris 1986.
M. Perrot, *Enquêtes sur la condition ouvrière en France au XIX^e^ siècle*, Paris 1972 (in erster Linie die Familienmonographien von Le Play und seiner Schule).
Pierrard, P., *La Vie ouvrière à Lille sous le Second Empire*, Paris 1965.
Rancière, J., ›En allant à l'expo: l'ouvrier, sa femme et les machines‹, *Les Révoltes logiques*, 1975 (1).
– *La Nuit des prolétaires. Archives du rêve ouvrier*, Paris 1981.
Reddy, W., ›Family and Factory: French Linen Weavers in the Belle Epoque‹, *Journal of Social History*, 1975 (102–112).
– *The Rise of Market Culture. The textile Trade and French Society, 1750–1900*, Cambridge – Paris 1984.

6. Sexuelle Rollenverteilung

Aron, J.-P. (Hrsg.), *Misérable et Glorieuse: la Femme du XIX^e^ siècle*, Paris 1981.
*Colloque Jules Ferry*, hrsg. von F. Furet, Paris 1985.
Guillemin, H., *L'Engloutie. Adèle, fille de Victor Hugo (1830–1915)*, Paris 1985.
Kniebiehler, Y. und Fouquet, C., *Histoire des mères du Moyen Age à nos jours*, Paris 1977.
MacMillan, *Housewife or Harlot: the Place of Women in French Society*, 1981.
Martin-Fugier, A., *La Bourgeoise. Femme au temps de Paul Bourget*, Paris 1983.
Perrot, M. (Hrsg.), *Geschlecht und Geschichte. Ist eine weibliche Geschichtsschreibung möglich?* Frankfurt a. Main 1983.
Sarrazin, H., *Elisée Reclus ou la Passion du monde*, Paris 1985.
Smith, B., *Ladies of the Leisure Class. The Bourgeoises of Northern France in the Nineteenth Century*, Princeton 1981.
Sohn, A. M., ›Les rôles féminins dans la vie privée: approche méthodologique et bilan de recherches‹, *Revue d'histoire moderne et contemporaine*, Oktober–Dezember 1981.
Tilly, L. A. und Scott, J. W., *Women, Work, and Family*, New York 1978.
Verdier, Y., *Drei Frauen. Das Leben auf dem Dorf*, Stuttgart 1982.

7. Kindheit, Jugend und Erziehung

*Annales de démographie historique*, 1973: ›Enfance et société‹.
Berlanstein, L. R., ›Growing up as Workers in Nineteenth Century Paris: the Case of the Orphans of the Prince Imperial‹, *French Historical Studies*, Bd. XI, 4, 1980.
Boltanski, L., *Prime Education et Morale de classe*, Paris – Den Haag 1969.
Boillé, M., *Les Pédagogies du corps. Lieux et corps pédagogiques du XVIII^e^ au XIX^e^ siècle*, doctorat d'Etat, Paris 1984.
Compère, M.-M., *Du collège au lycée (1500–1850) Généalogie de l'enseignement secondaire français*, Paris 1985.
Cottereau, A., ›Travail, école, famille. Aspects de la vie des enfants ouvriers à Paris au XIX^e^ siècle‹, *Autrement* IX, 1977.
Crubellier, M., *L'Enfance et la Jeunesse dans la société française (1800–1950)*, Paris 1970.
Faye-Sallois, F., *Les Nourrices à Paris au XIX^e^ siècle*, Paris 1980.
Gélis, J., Laget, M., Morel, M.-F., *Der Weg ins Leben. Geburt und Kindheit in früherer Zeit*, München 1980.
Gillis, J. R., *Geschichte der Jugend. Tradition und Wandel im Verhältnis der Altersgruppen und Generationen in Europa von der zweiten Hälfte des 18. Jahrhunderts bis zur Gegenwart*, Weinheim – Basel 1980.
Kniebiehler, Y., Bernos, M., Ravoux-Rallo, B., Richard, E., *De la pucelle à la minette. Les jeunes filles de l'âge classique à nos jours*, Paris 1983.
Laplaige, D., *Paris et ses sans famille au XIX^e^ siècle*, thèse de 3^e^ cycle, Paris 1981.
Levy, M.-F., *De mères en filles. L'éducation des Françaises, 1850–1880*, Paris 1984.
Mayeur, F., *L'enseignement secondaire des jeunes filles sous la Troisième République*, Paris 1977.
Mayeur, F. und Gadille, J. (Hrsg. der Kolloquiumsbände), *Education et Images de la femme chrétienne en France au début du XX^e^ siècle*, Lyon 1980.
Perrot, M., ›Sur la ségrégation de l'enfance au XIX^e^ siècle‹, *La Psychiatrie de l'enfant*, 1982/1, Bd. XXV, S. 179–207.
– ›Quand la société prend peur de sa jeunesse au XIX^e^ siècle‹, Kolloquium *Les Jeunes et les Autres*, Protokollband hrsg. von A. Percheron und M. Perrot, 2 Bde., Paris 1986.
Pouthas, H., *La Jeunesse de Guizot*, Paris 1936.
Sartre, J.-P., *Der Idiot der Familie. Gustave Flaubert 1821–1857*, Hamburg 1977.
Schnapper, B., ›La correction paternelle et le mouvement des idées au XIX^e^ siècle‹, *Revue historique*, April–Juni 1980.

8. Nachbarn und Dienstboten

*Ethnologie française*, April–Juni 1980, ›Provinciaux et province à Paris‹.
Fraisse, G., *Femmes toutes mains. Essai sur le service domestique*, Paris 1979.
Green, N., *Les Travailleurs immigrés juifs à la Belle Epoque. Le »Pletzl« de Paris*, Paris 1985.
MacBride, T., *The Domestic Revolution, The Modernization of*

*Household in England and France (1820–1920)*, London 1976.
Martin-Fugier, A., *La Place des bonnes. La domesticité féminine à Paris en 1900*, Paris 1979.
Raison-Jourde, F., *La Colonie auvergnate de Paris au XIX$^e$ siècle*, Paris 1976.

9. Familienleben und private Rituale

Boiraud, H., *Contribution à l'étude historique des congès et des vacances scolaires*, Paris 1971.
Bonnet, S., und Cottin, A., *La Communion solennelle*, Paris 1969.
Burnand, R., *La Vie quotidienne en France, 1870–1900*, Paris 1947.
– *La Vie quotidienne en 1830*, Paris 1957.
Daumard, A. (Hrsg.), *Oisiveté et Loisirs dans les sociétés occidentales au XIX$^e$ siècle*, interdisziplinäres Kolloquium, Amiens, November 1982, Protokollband veröffentlicht 1983.
Désert, G., *La Vie quotidienne sur les plages normandes du Second Empire aux années folles*, Paris 1983.
Gerbod, P., *La Condition universitaire en France au XIX$^e$ siècle*, Paris 1965.
Guillaume, P., *La Population de Bordeaux au XIX$^e$ siècle*, Paris 1972.
Thuillier, G., *Pour une histoire du quotidien en Nivernais au XIX$^e$ siècle*, Paris 1977.
– *L'Imaginaire quotidien au XIX$^e$ siècle*, Paris 1985.
Tulard, J., *La Vie quotidienne des Français sous Napoléon*, Paris 1978.

10. Tragödien und Konflikte

Adler, L., *L'Amour à l'arsénic. Histoire de Marie Lafarge*, Paris 1985.
Charuty, G., *Le Couvent des fous. L'internement et ses usages en Languedoc aux XIX$^e$ et XX$^e$ siècles*, Paris 1985.
Guillais, J., *La Chair de l'autre. Le crime passionnel au XIX$^e$ siècle*, Paris 1986.
Paul-Lévy, F., *L'Amour nomade. La mère et l'enfant hors mariage (XVI$^e$–XX$^e$ siècle)*, Paris 1981.
Ripa, Y., *La Ronde des folles. Femme, folie et enfermement au XIX$^e$ siècle*, Paris 1986.
Rouy, H., *Mémoires d'une aliénée*, Paris 1883.
Schnapper, B., ›La séparation de corps de 1837 à 1914. Essai de sociologie juridique‹, *Revue historique*, April bis Juni 1978.
Tricaud, F., *L'Accusation. Recherches sur les figures de l'agression éthique*, Paris 1977.

11. Ledige und Alleinstehende

Arnold, O., *Le Corps et l'Ame. La vie des religieuses au XIX$^e$ siècle*, Paris 1984.
Beaune, J.-C., *Le Vagabond et la Machine. Essai sur l'automatisme ambulatoire. Médecine, technique et société, 1880–1910*, Champ Vallon 1983.
Borie, J., *Le Célibataire français*, Paris 1976.
Delbourg-Delphis, M., *Masculin singulier. Le dandysme et son histoire*, Paris 1985.
Farge, A. und Klapisch, Ch., *Madame ou Mademoiselle? Itinéraires de la solitude féminine au XIX$^e$ siècle*, Paris 1984.
Goffman, E., *Asylums*, New York 1961, dtsch. *Asyle. Über die soziale Situation psychiatrischer Patienten und anderer Insassen*, Frankfurt a. Main 1973.
Kempf, R., *Dandies. Baudelaire et Cie*, Paris 1984.
O'Brien, P., *The Promise of Punishment. Prisons in Nineteenth Century France*, Princeton 1982.
Seigel, J., *Bohemian Paris. Politics and the Boundaries of Bourgeois Life, 1830–1930*, New York 1986.

## Private Räume

1. Gesamtdarstellungen

Bertillon, J., *Essai de statistique comparée du surpeuplement des habitations à Paris et dans les grandes capitales européennes*, 1894.
Burnet, L., *Villégiature et Tourisme sur les côtes de France*, Paris 1963.
Daumard, A., *Maisons de Paris et Propriétaires parisiens au XIX$^e$ siècle, 1809–1880*, Paris 1965.
Devillers, C. und Huet, B., *Le Creusot, naissance et développement d'une ville industrielle, 1872–1914*, Champ Vallon 1981.
Eleb-Vidal, M. und Debarre-Blanchard, A., ›Architecture domestique et Mentalités. Les traités et les pratiques, XVI$^e$–XIX$^e$ siècle‹, *in extenso*, 2, 1984, 5, 1984/85.
– *La Maison. Espaces et intimités*, 9, 1986.
Fernandez, M., *La Ceinture noire de Paris, histoire de la Zone*, thèse de 3$^e$ cycle, Paris 1983.
Gaillard, J., *Paris, la ville, 1852–1870*, Paris 1976.
Guerrand, R.-H., *Les Lieux, histoire des commodités*, Paris 1985.
*Le Parisien chez lui au XIX$^e$ siècle, 1814–1914*, Archives nationales, November 1976–Februar 1977.
*Le Siècle de l'écletisme, Lille 1830–1930*, Brüssel, Archives d'architecture moderne, 1979, Bd. 1.
Thornton, P., *Innenarchitektur in drei Jahrhunderten. Die Wohnungseinrichtung nach zeitgenössischen Zeugnissen von 1620–1920*, Herford 1985.

Veillard, J.-Y., *Rennes au XIX^e siècle, architectes, urbanisme et architecture*, Rennes 1978.

2. Wohnhäuser des Bürgertums

Aron, J.-P., *Le Mangeur du XIX^e siècle*, Paris 1973.
Bedon, M., *Le Château au XIX^e siècle en Vendée*, Fontenay-le-Comte 1971.
Cardon, E., *L'Art au foyer domestique*, 1884.
Chabot, P., *Jean et Yvonne, domestiques en 1900*, Paris 1977.
Derouet, C., *Grandes Demeures angevines au XIX^e siècle. L'œuvre de René Hodé entre 1840 et 1870*, Paris 1976.
Marrey, B. und Monnet, J.-P., *La Grande Histoire des serres et des jardins d'hiver, 1780–1900*, Paris 1984.
Petitpas, M., *Maisons de campagne, Villas et Cottages*, 1913.
*La Ville d'hiver d'Arcachon*, Paris, Institut français d'architecture, 1983.

3. Arbeiterwohnungen

Bourniquel, M., *Pour construire sa maison*, 1919.
Flamand, J.-P. (Hrsg.), *La Question du logement et le Mouvement ouvrier français*, Paris 1981.
Godin, J.-B. A., *Solutions sociales* (1871), Quimperlé 1979.
Guerrand, R.-H., *Les Origines du logement social en France*, Paris 1966.
Guillot, E., *La Maison salubre*, 1914.
*Jean-Baptiste André Godin, 1817–1888. Le Familistère de Guise ou les équivalents de la richesse*, Ausstellungskatalog, Brüssel 1980.
Jonas, S., *La Cité de Mulhouse (1853–1870): un modèle d'habitation économique et sociale au XIX^e siècle*, 2 Bde., Paris 1981.
Lucas, C., *Etude sur les habitations à bon marché en France et à l'étranger*, 1899.
Marrey, B., *Un capitalisme idéal (Menier à Noisiel)*, Paris 1984.
Mesnil, O. du, *L'Habitation du pauvre*, 1890.
Taricat, J. und Villars, M., *Le Logement à bon marché. Chronique, Paris, 1850–1930*, Paris 1982.
Trempé, R., *Les Mineurs de Carmaux, 1848–1914*, 2 Bde., Paris 1971.

4. Wohnverhältnisse auf dem Lande

Baudrillart, H., *Les Populations agricoles de la France*, 1885–1893, 3 Bde.
Bouchard-Huzard, L., *Traité des constructions rurales et de leurs dispositions*, 1858–1860, 2 Bde.
Foville, A. de, *Les Maisons types*, 1894 (51 monographies de maisons rurales).
Layet, A., *Hygiène et Maladies des paysans. Etude sur la vie matérielle des campagnards en Europe*, 1882.
Perthuis de Laillevaut, *Traité d'architecture rurale*, 1810.
Roux, A., *Recueil de constructions rurales et communales*, 1843.
Vitry, U., *Le Propriétaire architecte*, 1827.

## Individuen und Intimität

1. Identität

Bernard, D., *Itinéraires et Ambulants dans l'Indre au XIX^e siècle*, thèse de 3^e cycle, EHESS 1982.
Besançon, A., *Histoire et Expérience du moi*, Paris 1971.
Freund, G., *Photographie und Gesellschaft*, München 1976.
Ginzburg, C., ›Signes, traces, pistes. Racines d'un paradigme de l'indice‹, *Le Débat*, November 1980.
*L'Homme*, 1980/4, Spezialnummer über Namensgebung; Artikel von A. Burguière, M. Segalen, F. Zonabend u. a.
*Identités*, Ausstellungskatalog des Centre national de la photographie, palais de Tokyo, 1986.
Kaluszynski, M., *Alphonse Bertillon, savant et policier. L'anthropométrie ou le début du fichage*, Magisterarbeit, Paris 1981.
Nahoum, V., ›La belle femme ou le stade du miroir en histoire‹, *Communications*, 31, 1979.
Perouas, L., Tricard, J., Barrière, B., Boutier, J. und Peyronnet, J.-C., *Léonard, Marie, Jean ... Etude de l'évolution des prénoms depuis un millénaire*, Paris 1984.
Rouillé, A., *L'Empire de la photographie, 1839–1980*, Paris 1982.
Sontag, S., *Über Photographie*, München – Wien 1989.

2. Der Körper

Corbin, A., *Pesthauch und Blütenduft: eine Geschichte des Geruchs*, Berlin 1984.
Delumeau, J., *Angst im Abendland: die Geschichte kollektiver Ängste im Europa des 14. bis 18. Jahrhunderts*, 2 Bde., Hamburg 1985.
Desaive, J.-P., ›Le nu hurluberlu‹, *Ethnologie française*, 3–4, 1976.
Gerbod, P., ›Les métiers de la coiffure dans la première moitié du XX^e siècle‹, *Ethnologie française*, Januar–März 1983.
Goubert, J.-P., *La Conquête de l'eau. L'avènement de la santé à l'âge industriel*, Paris 1986.
Guermont, M.-F., *La »Grande Fille«. L'hygiène de la jeune fille d'après les ouvrages médicaux (fin XIX^e – début XX^e siècle)*, Magisterarbeit, Tours 1981.

Heller, G., *Propre en ordre, habitation et vie domestique, 1850–1930: l'exemple vaudoirs*, Lausanne 1979.
Joutard, Ph., ›L'homme et son corps‹, *L'Histoire*, 22.
Loux, F., *Das Kind und sein Körper in der Volksmedizin*, Stuttgart 1980.
Loux, F. und Richard, Ph., *Sagesses du corps: la santé et la maladie dans les proverbes français*, Paris 1978.
Murard, L. und Zylberman, P., *Sanitas sanitatum et omnia sanitas*, CERFI, 1980.
Perrot, Ph., *Les Dessus et les Dessous de la bourgeoisie. Une histoire du vêtement au XIX^e^ siècle*, Paris 1981.
– *Le Travail des apparances ou les Transformations du corps féminin (XVIII^e^–XIX^e^ siècle*, Paris 1984.
Shorter, E., *A History of Women's Bodies*, New York 1982.
Spivak, M., ›L'éducation physique et le sport français, 1852–1914‹, *Revue d'histoire moderne et contemporaine*, Januar–März 1977.
Starobinski, J., ›Brève histoire de la conscience du corps‹, *Revue française de psychanalyse*, 2, 1981.
Vigarello, G., *Le Corps redressé. Histoire du pouvoir pédagogique*, Paris 1978.
– *Wasser und Seife, Puder und Parfüm. Geschichte der Körperhygiene seit dem Mittelalter*, Frankfurt a. Main 1988.
Weber, E., ›Gymnastic and Sports in Fin de Siècle France: Opium of the classes‹, *American Historical Review*, Bd. 76 (70–98), 1971.

3. Die Seele: Traum, Gebet und Geständnis

a) Traum

Beguin, A., *Traumwelt und Romantik. Versuch über die romantische Seele in Deutschland und in der Dichtung Frankreichs*, Bern – München 1972.
Benjamin, W., *Charles Baudelaire. Ein Lyriker im Zeitalter des Hochkapitalismus*, Frankfurt a. Main 1955.
Benjamin, W. und Paris: Internationales Kolloquium über die *Pariser Passagen*, 1983, Protokollband hrsg. von H. Wismann, Paris 1986.
Bousquet, J., *Les Thèmes du rêve dans la littérature romantique*, Paris 1964.
Gusdorf, G., *L'Homme romantique*, Paris 1984.
Jeanneret, M., ›La folie est un rêve: Nerval et le Docteur Moreau de Tours‹, *Romantisme*, 27, 1980.
Raymond, M., *Romantisme et Rêverie*, Paris 1978.
Steiner, G., ›Les rêves participent-ils de l'histoire? Deux questions adressées à Freud‹, *Le Débat*, 25, Mai 1983.

b) Frömmigkeit und Beichte

Bernos, M., ›De l'influence salutaire ou pernicieuse de la femme dans la famille et la société‹, *Revue d'histoire moderne et contemporaine*, Juli–September 1982.
Boutry, Ph., *Les Vénérés Pasteurs du diocèse de Belley. Cheminement des mentalités et des opinions religieuses dans les paroisses du diocèse de l'Ain de 1815 à 1880*, thèse de 3^e^ cycle, Paris 1983.
– ›Réflexions sur la confession au XIX^e^ siècle‹, *Pratiques de la confession des Pères du désert à Vatican II*, Paris 1983.
– ›*L'anticlérical, la femme et le confessional*‹, *L'Histoire*, 16.
Cabanis, J., *Michelet, le Prêtre et la Femme*, Paris 1978.
Cholvy, G., *Religion et Société. Le diocèse de Montpellier au XIX^e^ siècle*, thèse, Paris 1973.
Cousin, B., *Le Miracle et le Quotidien. Les ex-voto provençaux, images d'une société*, Aix 1983.
Hilaire, J.-M., *Une chrétienté au XIX^e^ siècle. La vie religieuse des populations du diocèse d'Arras, 1840–1914*, Lille 1977.
Lagree, M., ›Confession et pénitence dans les visites pastorales et les statuts synodaux bretons, XIX^e^–XX^e^ siècle, *Pratiques de la confession*, a. a. O.
Langlois, C., *Le Diocèse de Vannes au XIX^e^ siècle (1800–1830)*, Paris.
Marcilhacy, C., *Le Diocèse d'Orléans sous l'épiscopat de Monsignore Dupanloup*, Paris 1962.
Michaud, S., *Muse et Madone. Visages de la femme de la Révolution française aux apparitions de Lourdes*, Paris 1985.
Pelckmans, P., ›Le prêtre, la femme et la famille: notes sur l'anticléricalisme de Michelet‹, *Romantisme*, 28, 1980.
Pierrard, P., *L'Eglise et les Ouvriers en France (1840–1940)*, Paris 1984.
Savart, C., *Le Livre catholique témoin de la conscience religieuse en France au XIX^e^ siècle*, thèse, Paris 1981.

4. Individuelle Freizeitbeschäftigungen und geheime Vergnügen

a) Lektüre und Musik

Amaouche-Antoine, M.-D., ›Espéranza, 1870–1940: une ville ouvrière chante‹, *Ethnologie française*, 1986.
Bailbé, J.-M., *Le Roman et la Musique en France sous la monarchie de Juillet*, Paris 1969.
Borreil, J. (Hrsg.), *Les Sauvages dans la cité. Autoémancipation du peuple et instruction des prolétaires au XIX^e^ siècle*, Champ Vallon 1985.
Fabre, D., ›Le livre et sa magie. Les liseurs dans les sociétés pyrénéennes aux XIX^e^ et XX^e^ siècles‹, *Pratiques de la lecture*, hrsg. von R. Chartier, Marseille 1985.
Lamarre, A., *L'Enfer de la III^e^ République. Entrepreneurs moraux et pornographes*, thèse, Paris 1986.
Lenoir, R., ›Note pour une histoire sociale du piano‹, *Actes de la recherche en sciences sociales*, 28, Juni 1979.
Martin, H. J., und Chartier, R., *Histoire de l'édition française*, Bd. III, *Le Temps des éditeurs. Du romantisme à la Belle Epoque*, Paris 1985.
Ozouf, J. und Furet, F., *Lire et Ecrire. L'Alphabétisation des Français de Calvin à Jules Ferry*, Paris 1977.
Parent-Lardeur, F., *Lire à Paris au temps de Balzac. Les cabinets de lecture à Paris, 1815–1830*, Paris 1981.

Pich, E., ›Pour une définition de la poésie comme phénomène social au XIX^e^ siècle‹, *Romantisme*, 39, 1983.

Pistone, D., *Le Piano dans la littérature française des origines jusque vers 1900*, Paris 1975.

Thiesse, A.-M., *Le Roman du quotidien. Lecteurs et lectures populaires à la Belle Epoque*, Paris 1984.

b) Gegenstände und Sammlungen

Baudrillard, J., *Das Ding und das Ich. Gespräch mit der täglichen Umwelt*, Wien 1974.

Biasi, J.-M. de, ›Système et déviance de la collection de l'époque romantique‹, *Romantisme*, 27, 1980.

Boime, A., ›Les hommes d'affaires et les arts en France au XIX^e^ siècle‹, *Actes de la recherche en sciences sociales*, 28, Juni 1979.

Martinet, C., ›Objets de famille, objets de musée, ethnologie ou muséologie‹, *Ethnologie française*, 1, 1980.

Martin-Fugier, A., ›La douceur du nid. Les arts de la femme à la Belle Epoque‹, *Urbi*, V.

Pomian, K., ›entre l'invisible et le visible: la collection‹, *Libre*, 2–3, 1978.

c) Haustiere und Puppen

Agulhon, M., ›Le sang des bêtes. Le problème de la protection des animaux en France au XIX^e^ siècle‹, *Romantisme, »Sangs«*, 31, 1981.

Capia, R., *Les poupées françaises*, Paris 1979.

– *›L'âge d'or de la poupée au XIX^e^ siècle‹*, *Histoire de la poupée*, Ausstellung in Courbevoie, 1973–1974.

Manson, M., ›La poupée, objet de recherches pluridisciplinaires‹, *Histoire de l'éducation*, 18, April 1983.

Pelosse, V., ›Imaginaire social et protection de l'animal. Des amis des bêtes de l'an X au législateur de 1850‹, *L'Homme*, XXI et XXII, Oktober–Dezember 1981 und Januar–März 1982.

Pierre, E., *Histoire de la protection des animaux en France au XIX^e^ siècle*, Paris 1982.

5. Liebe und Sexualität

*Aimer en France (1760–1860)*, Protokolle des internationalen Kolloquiums in Clermont-Ferrand, hrsg. von P. Viallaneix et J. Ehrard, 2 Bde., Clermont-Ferrand 1980.

*Communications*, 35, ›Sexualités occidentales‹, Paris 1982, Aufsätze von Ph. Ariès, A. Béjin und M. Pollak (vor allem über Homosexualität) u. a., dtsch. in: Ph. Ariès, A. Béjin, M. Foucault u. a., *Die Masken des Begehrens und die Metamorphosen der Sinnlichkeit. Zur Geschichte der Sexualität im Abendland*, Frankfurt a. Main 1984.

*L'Histoire*, Januar 1984, ›Amour et Sexualité‹.

*Romantisme*, 4, 1976, ›Mythe et représentation de la femme au XIX^e^ siècle‹.

Adler, L., *Secrets d'alcôve. Histoire du couple de 1830 à 1930*, Paris 1983.

Armengaud, A., *Les Français et Malthus*, Paris 1975.

Aron, J.-P., und Kempf, R., *Der sittliche Verfall: Bourgeoisie und Sexualität in Frankreich*, Frankfurt a. Main 1982.

Bennet, J.-M., *Un choix sans équivoque. Recherches historiques sur les relations amoureuses entre les femmes, XVI^e^–XX^e^ siècle*, Paris 1981.

Bonello, C., *Le Discours médical sur l'homosexualité au XIX^e^ siècle*, thèse du 3^e^ cycle, Paris 1984.

Corbin, A., *Les Filles de noce. Misère sexuelle et prostitution aux XIX^e^ et XX^e^ siècles*, Paris 1978.

Danet, J., *Discours juridique et Perversions sexuelles (XIX^e^ et XX^e^ siècles)*, Nantes 1977.

Flandrin, J.-L., *L'Eglise et le Contrôle des naissances*, Paris 1970.

– *Les Amours paysannes, XVI^e^–XIX^e^ siècle*, Paris 1975.

– *Le Sexe et l'Occident. Evolution des attitudes et des comportements*, Paris 1981.

Foucault, M. (Hrsg.), *Herculine Barbin dite Alexina B.*, Paris 1978.

Gay, P., *Erziehung der Sinne: Sexualität im bürgerlichen Zeitalter*, München 1986.

Gillet, M., *L'Homme, la Vie et la Mort dans le Nord au XIX^e^ siècle*, Lille 1972.

Guerrand, R.-H., *Libre Maternité*, Paris 1971.

Haan, P., *Nos ancêtres les pervers*, Paris 1979.

Jacques, J.-P., *Les Malheurs de Sapho*, Paris 1981.

MacLaren, A., *Sexuality and Social Order*, New York 1983.

Noonan, J.-T., *Contraception et Mariage*, Paris 1972.

Quiguer, C., *Femmes et Machines 1900. Lectures d'une obsession modern style*, Paris 1979.

Reytier, D., *L'Adultère sous le Second Empire*, Paris 1981.

Ronsin, F., *La Grève des ventres*, Paris 1979.

Termeau, J., *Maisons closes de province (Maine-et-Loire, Sarthe, Mayenne)*, Le Mans 1986.

6. Leiden, Refugien und Hilfsmittel

a) Neue Symptome

Bercherie, P., ›Les fondements de la clinique‹, *Ornicar*, 1980.

Boltanski, L., ›Pouvoir et impuissance: projet intellectuel et impuissance dans le *Journal* d'Amiel‹, *Actes de la recherche en sciences sociales*, 5–6, November 1975.

Borie, J., *Le Tyran timide: le naturalisme de la femme au XIX^e^ siècle*, Paris 1973.

Carroy-Thirard, J., ›Figures de femmes hystériques dans la psychiatrie française au XIX^e^ siècle‹, *Psychanalyse à l'université*, März 1979.

– ›Possession, extase, hystérie au XIX^e^ siècle‹, ebd., Juni 1980.

– ›Hystérie et littérature au XIX^e^ siècle‹, ebd., März 1980.

Darmon, P., *Le Tribunal de l'impuissance, Virilité et défaillances conjugales dans l'ancienne France*, Paris 1979.
Didi-Hubermann, G., *Invention de l'hystérie. Charcot et l'iconographie de la Salpêtrière*, Paris 1982.
Hau, C., *Le Messie de l'an XIII*, Paris 1955.
Maire, C.-L., *Les Possédées de Morzine, 1857–1873*, Lyon 1981.
Moreau, T., *Le Sang de l'histoire. Michelet, l'histoire et l'idée de la femme au XIX^e^ siècle*, Paris 1982.
Peter, J.-P., ›Le corps du délit‹, *Nouvelle Revue de psychanalyse*, 3, 1971.
Starobinski, J., ›Sur la chlorose‹, *Romantisme*, 31, *Sangs*, 1981.
Swain, G., ›L'âme, la femme, le sexe et le corps. Les métamorphoses de l'hystérie à la fin du XIX^e^ siècle‹, *Le Débat*, März 1983.
Vincent, A., *Histoire des larmes, XVIII^e^–XIX^e^ siècle*, Marseille 1986.
Wajeman, G., *Le Maître et l'Hystérique*, Paris 1982.

b) Flucht in Alkohol und Drogen

Fillaut, T., *L'Alcoolisme dans l'ouest de la France pendant la seconde moitié du XIX^e^ siècle*, Paris 1982.
Hervier, D., *Cafés et Cabarets en Berry de 1851 à 1914*, Magisterarbeit, Tours 1979.
Jacquemet, G., ›Médecins et maladies populaires dans le Paris de la fin du XIX^e^ siècle‹, *Recherches*, 29, Dezember 1977, *L'Haleine des faubourgs*.
Lalouette, J., ›Le discours bourgeois sur les débits de boisson aux alentours de 1900‹, ebd.
Liedekerke, A. de, *La Belle Epoque de l'opium*, Paris 1984.
Marrus, M.-R., ›L'alcoolisme social à la Belle Epoque‹, *Recherches*, 29, a. a. O.
Plonévez, C., *L'Alcoolisme dans les milieux ouvriers à Paris, 1880–1914*, Magisterarbeit, Paris 1975.

c) Selbstmorde

Baechler, J., *Tod durch eigene Hand. Eine wissenschaftliche Untersuchung über den Selbstmord*, Frankfurt a. Main 1981.
Chesnais, J.-C., *Les Morts violentes en France depuis 1826*, Paris 1976.
– *Histoire de la violence*, Paris 1982.
Durkheim, E., *Le Suicide*, Paris 1930, dtsch. *Der Selbstmord*, Frankfurt a. Main 1983.

d) Hilfsmittel: Medizin und privates Leben

Cottereau, A. (Hrsg.), ›L'usure au travail‹, *Le Mouvement social*, 124, Juli–September 1983.
– ›La tuberculose: maladie urbaine ou maladie de l'usure du travail? Critique d'une épidémiologie officielle: le cas de Paris‹, *Sociologie du travail*, 78.
Guillaume, P., *Du désespoir au salut: les tuberculeux aux XIX^e^ et XX^e^ siècles*, Paris 1986.
Kniebiehler, Y., *Nous, les assistantes sociales*, Paris 1980.
Kniebiehler, Y. und Fouquet, C., *La Femme et les Médecins*, Paris 1983.
Léonard, J., *La Médecine entre les pouvoirs et les savoirs*, Paris 1979.
– *La France médicale. Médecins et malades au XIX^e^ siècle*, Paris 1978.
– *La Vie quotidienne du Médecin de province au XIX^e^ siècle*, Paris 1977.
Peter, J.-P., ›Les médecins et les femmes‹, *Misérable et Glorieuse: la Femme du XIX^e^ siècle*, hrsg. von J.-P. Aron, Paris 1981.

e) Irrenärzte, Psychologen und privates Leben

Baumfelder-Bloch, E., *Médecine et Société face à l'enfance anormale de 1800 à 1940*, thèse du 3^e^ cycle, Paris 1983.
Castel, R., *Die psychiatrische Ordnung. Das goldene Zeitalter des Irrenwesens*, Frankfurt a. Main 1979.
Foucault, M., *Die Geburt der Klinik. Eine Archäologie des ärztlichen Blicks*, München 1973.
Gauchet, M. und Swain, G., *La Pratique de l'esprit humain. L'institution asilaire et la révolution démocratique*, Paris 1981.
Petit, J., ›Folie, langage, pouvoirs en Maine-et-Loire (1800–1841)‹, *Revue d'histoire moderne et contemporaine*, Oktober–Dezember 1980.
Pinell, P. und Zafiropoulos, M., ›La médicalisation de l'échec scolaire. De la pédopsychiatrie à la psychanalyse infantile‹, *Actes de la recherche en sciences sociales*, 24, November 1978.
Postel, J. und Quetel, C. (Hrsg.), *Nouvelle Histoire de la psychiatrie*, Toulouse 1983.
Roudinesco, E., *La Bataille de cent ans. Histoire de la psychanalyse en France*, Bd. 1, *1885–1939*, Bd. 2, *1925–1985*, Paris 1986.

# Bildnachweise

Die in diesem Band enthaltenen Abbildungen haben uns die folgenden Personen, Archive und Institutionen zur Verfügung gestellt: Archives photographiques, Paris 598; Mary Evans Picture Library, London 55, 59, 61, 73, 76 u; Radio Times Hulton Picture Library, London 78 o, u, 79, 81; Visual Arts Library, London 147; Birmingham Reference Library 67, 70, 71; Bulloz 43, 101, 167, 173, 216, 226; J.-L. Charmet 102, 131, 169, 170, 186, 222, 228, 229, 230, 235, 253, 266, 274, 276, 277, 283, 289, 343, 430, 440, 443, 450, 464, 488, 492, 493, 499, 505, 516, 519, 556, 562, 574, 585, 596, 603, 608, 621; G. Dagli Orti 187, 210, 219, 279, 342 o, 449, 609; Edimédia 484; Giraudon 105, 149, 209, 217, 593, 597, 599; Bridgeman-Giraudon 153; Lauros-Giraudon 18, 25 u, 36, 108, 112, 126, 137, 146, 161, 200, 212, 255, 259, 270, 292, 317, 454, 578, 619; Patrick Jean 157; Bernard Marrey 334, 381, 397, 399, 400; André Martin 428, 436, 437; Roger-Viollet 133, 150 u, 162, 165, 168, 172, 175, 188, 189, 194, 223, 261, 263, 294, 297, 304, 305, 306, 365, 391, 441, 442, 470, 476, 482, 489, 497, 501, 517, 528, 533, 565, 570, 575, 601, 620; CAP Roger-Viollet 471; Harlingue-Viollet 429; NBA Roger-Viollet 491; ND Roger-Viollet siehe Roger-Viollet; François Rophé 407; Archives départementales du Haut-Rhin, Colmar 191; Archives départementales de l'Indre, Chateauroux 240; Archives départementales du Nord, Lille 344, 348; Archives municipales de Dijon 369; Archives Seuil 121, 128, 181, 185, 220, 273, 295, 301, 439, 446, 490, 615, 622, 623, 627; Bibliothèque des Arts décoratifs, Paris/Seuil 394, 395; Bibliothèque Charcot 583, 588, 589, 591, 594, 595; Bibliothèque Forney, Paris 372; Bibliothèque historique de la Ville de Paris/Seuil 190, 221, 310, 321, 347, 366, 368, 396, 398, 401, 403, 404; Bibliothèque Marguerite-Durand, Paris/Seuil 118, 139, 285, 286, 290, 552; Bibliothèque Nationale, Paris 20, 21, 23, 24, 27, 28, 29, 31, 32, 34, 35, 37, 45, 47, 52, 84, 103, 116, 117, 132, 133, 136, 150, 151, 159, 166, 205, 208, 225, 234, 239, 243, 244, 245, 256, 257 o, 257 u, 262, 272, 296, 299, 300, 302, 303, 332, 333, 337 o, 342 u, 349, 354, 355, 364, 382, 426, 452, 461, 477, 479, 483, 494, 510, 511, 544, 545, 546, 553, 568, 580, 602, 612, 617, 626, 633; Bibliothèque Nationale, Paris/Seuil 84, 88, 91, 312, 318, 319, 336, 337 u, 345, 350, 360, 373, 376, 383, 390; Coll. Serge Bianchi 406; Coll. Borgé 361; Privatsammlung 96; Sammlung R. Debuisson 418; Sammlung Jean Migrenne/Seuil 324; Coll. Rabaux/Seuil 375, 377, 378, 379, 380; Sammlung Sirot-Angel 94, 114, 115, 119, 124, 129, 138, 155, 171, 174, 176, 177, 178, 183, 211, 214, 215, 236, 258, 308, 330, 357, 363, 392, 409, 424, 432, 433, 434, 435, 457, 458, 630; Inventaire général de Lorraine, Nancy 335; Musée de la Révolution française, Vizille 12, 26, 33, 39; Musée des Beaux-Arts, Angers 352; Musée des Beaux-Arts, Lyon 534; Musée des Beaux-Arts, Nancy (Photo Gilbert Mangin) 332; Musée rural des Arts populaires, Laduz 411; Musée Victor Hugo, Paris 264, 287; Réunion des musées nationaux, Paris 22, 281, 298, 453, 508, 581; Mansell Collection, London 69, 72, 76 o, 87; A. C. Cooper Ltd., London 50; Chicago Art Institute, Martin A. Ryerson Collection 498; Founders Society Purchase, Robert H. Tannahill Foundation 207; Guildhall Art Library, London 339; Harris Museum Art Gallery, Preston 53; Manchester City Art Gallery 218; Master and Fellows of Saint John's College, Cambridge 57; Musée Félicien-Rops, Namur (Photo Speltdoorn) 559; Musée royal de Mariemont 558; Museum of Fine Arts, Boston (Mary Hopkins Foundation) 213; National Gallery of Scotland, Edinburgh 54; Privatsammlung, Stanfort 149; Sheffield City Art Gallery 587; Tate Gallery, London 14; University of Manchester 74; Union centrale des Arts décoratifs, Paris 338, 340, 341, 351; Victoria and Albert Museum, London 83, 323.

Farbige Abbildungen zwischen den Seiten 320–321 (in dieser Reihenfolge): Musée de la Révolution française, Vizille; Bridgeman-Giraudon; Art Gallery, Harrogate; Magyar-Nemzeti Galerie, Budapest (G. Dagli Orti); Musée des Beaux-Arts, Rennes (G. Dagli Orti); Mairie du XIX$^{e}$ arr., Paris (J.-L. Charmet); Woverhampton Art Library (Bridgeman-Giraudon); Musée de l'Etat russe, Leningrad (Petersburg?) (G. Dagli Orti); Universitätsbibliothek Berlin (Ost) (G. Dagli Orti); Bibliothèque historique de la Ville de Paris, Privatsammlung, Paris (G. Dagli Orti); Musée historique lorrain, Nancy (G. Dagli Orti); Bibliothèque des Arts décoratifs, Paris (G. Dagli Orti); Musée des Beaux-Arts, Dijon (Bulloz).

# Register

## Sachregister

## Namenregister

# Geschichte des privaten Lebens

Herausgegeben
von Philippe Ariès
und Georges Duby

S. Fischer

Grundriß der deutschen Ausgabe

1. Band:
Vom Römischen Imperium
zum Byzantinischen Reich

Herausgegeben
von Paul Veyne

Einleitung von Paul Veyne
I. Paul Veyne, Das Römische Reich
II. Peter Brown, Spätantike
III. Yvon Thébert, Privates Leben und
Hausarchitektur in Nordafrika
IV. Michel Rouche, Abendländisches Frühmittelalter
V. Evelyne Patlagean, Byzanz im 10. und 11. Jahrhundert

## 2. Band:
## Vom Feudalzeitalter zur Renaissance

Herausgegeben
von Georges Duby

Einleitung von Georges Duby
I. Georges Duby, Private Macht, öffentliche Macht
II. Georges Duby, Dominique Barthélemy, Charles de La Roncière, Porträts: *Französische Adelshaushalte im Feudalzeitalter; Gemeinschaftsleben; Verwandtschaftsverhältnisse und Großfamilie; Gesellschaftliche Eliten an der Schwelle zur Renaissance. Das Beispiel Toskana*
III. Danielle Régnier-Bohler, Fiktionen: *Die Erfindung des Selbst; Auskünfte der Literatur*
IV. Dominique Barthélemy, Philippe Contamine, Interieur und privates Gehäuse: *Domestizierte Festung – 11. bis 13. Jhdt., Bäuerlicher Herd und päpstlicher Palast – 14. und 15. Jhdt.*
V. Georges Duby, Philippe Braunstein, Der Auftritt des Individuums: *Situationen der Einsamkeit – 11. bis 13. Jhdt., Annäherungen an die Intimität – 14. und 15. Jhdt.*

## 3. Band:
## Von der Renaissance zur Aufklärung

Herausgegeben
von Philippe Ariès
und Roger Chartier

Einleitung von Philippe Ariès
I. Yves Castan, François Lebrun, Roger Chartier, Figuren der Modernität
II. Jacques Revel, Orest Ranum, Jean-Louis Flandrin, Jacques Gélis, Madeleine Foisil, Jean Marie Goulemot, Formen der Privatisierung
III. Nicole Castan, Maurice Aymard, Alain Collomp, Daniel Fabre, Arlette Farge, Gesellschaft, Staat, Familie: *Bewegung und Spannung*
Epilog von Roger Chartier

## 4. Band:
## Von der Revolution zum Großen Krieg

Herausgegeben
von Michelle Perrot

Einleitung von Michelle Perrot
I. Lynn Hunt, Catherine Hall, Vorspiel: *Französische Revolution und privates Leben; Trautes Heim*
II. Michelle Perrot, Anne Martin-Fugier, Die Akteure: *Der Triumph der Familie; Rollen und Charaktere; Riten der Bürgerlichkeit*
III. Michelle Perrot, Roger-Henri Guerrand, Szenen und Orte: *Formen des Wohnens; Private Räume*
IV. Alain Corbin, Kulissen: *Das Geheimnis des Individuums; Intimität und Vergnügungen im Wandel; Schreie und Flüstern*
Resümee von Michelle Perrot

## 5. Band:
## Der Erste Weltkrieg und die Gegenwart

Herausgegeben
von Antoine Prost
und Gérard Vincent

Einleitung von Gérard Vincent
I. Antoine Prost, Grenzen und Zonen des Privaten
II. Gérard Vincent, Geheimnisse der Geschichte und Geschichte des Geheimen
III. Gérard Vincent, Perrine Simon-Nahum, Rémi Leveau, Dominique Schnapper, Die Vielstimmigkeit der Kultur
IV. Sophie Body-Gendrot, Kristina Orfali, Einverleibung oder Öffnung: die fremden Muster